Charles Mackay

著 查爾斯·麥凱
譯 李祐寧

異常流行幻象與群眾瘋狂

Extraordinary Popular Delusions and the Madness of Crowds

CONTENTS

序

人類愚行史

The History of Human Folly

檢視各國歷史，我們可以發現國家與人一樣，也具備特有的怪脾氣與個性，當進入興奮與魯莽的週期時，他們經常對自己的所作所為毫不在意。整個社會在一瞬間，將全體意識凝聚到單一目標上，不顧一切地追逐，數以百萬的人同時對一個幻象深感瘋狂，誓死追求，直到另一個嶄新、愚蠢卻更顯迷人的事物攫取他們的注意力。一個國家可以突然間，舉國上下瘋狂追求軍事榮耀；又可能在突然間，沉淪在某種宗教狂熱中，直至血流成河、哀鴻片野，這才逐漸恢復理智，而後代卻要為此無辜受累。早期歐洲的年鑑曾記錄群眾為耶穌墓穴著迷，大批的人瘋狂湧入聖地；另一時期，又深陷在對惡魔的恐懼中，導致數十萬名受難者因巫術之名而失去性命。還有一時，眾人為賢者之石[1]的議題著迷，變成全然的傻瓜直至這陣熱潮退去。更有那麼一段時間，歐洲多數國家認為慢性毒殺敵人是一種可寬恕的罪行。那些反對將利刃刺進他人心臟之人，卻對在濃湯裡下藥的行為毫無愧疚。如此謀殺的行徑在出生良好、舉止端莊的淑女間蔓延，並在她們的推波助瀾下成為一種風潮。某些令人髮指的幻象，卻在那些文明且高尚的國家內，以如同誕下這些陋習的野蠻國度般，蓬勃發展且留存長久，舉例來說，決鬥就是個例子，而人們對預兆與占卜之術的信仰，進一步阻礙了知識的進步，讓這些陋習無法在大眾的觀念中根除。金錢，經常成為引發群眾幻象的根源。那些清醒的國家都曾淪為貪得無厭的賭徒，用一張紙的去向來冒存亡之險。追溯那些最引人注目的幻象，則是本書的目標。俗話說得好，人，和動物一樣，總是集體陷入瘋狂，再慢慢地、一個接一個地恢復理智。

書中部分介紹的內容對讀者來說或許並不陌生，但基於公平，這些議題必須得到應有的關注且不容忽視，因此我希望透過豐富且新鮮的細節，讓讀者在閱讀時更能接受。本書對南海泡沫與密西西比陰謀的記錄，絕對比任何一處的資料來得完整與詳盡；在女巫狂熱的歷史上也是一樣，包含德國在此階段中異常發展的記錄，以及華特・史考特（Walter Scott）男爵在《魔鬼學與巫術之文學研究》（*Letters on Demonology and Witchcraft*）中，相較之下較少被人觸碰的內容，這些都是此範疇中讓人不寒而慄卻又同時感興趣的議題。

群體幻象出現得如此之早，擴散得如此之快，存活得如此之久，當前的版本或許該被視為幻象的雜集而非史記，或是那本超豐富且讓人驚駭的人類愚行史記的其中一章（而此作品還未誕生），波森（Porson）曾打趣說道，如果讓他來寫，非要寫上五百卷不可。本書中間穿插著一些較輕微的事件，描述那些關於人們爭相仿效或秉持錯誤信念的有趣事例，而非全部聚焦在愚行與幻象上。

宗教因素在此刻意排除，因其光是列張清單可能就要花上一卷的頁數，無法容納於與當前作品篇幅下。

1 賢者之石（Philosopher's stone），傳說可將一般的非貴重金屬變成黃金。

Part I

金融泡沫

雲端坐著一隻惡魔，吹著肥皂泡泡，
然而肥皂泡泡也成為眾人羨慕與覬覦的對象，
有些人跳到別人的背上，企圖在泡泡破掉前抓住它。

第一章
Money Mania—The Mississippi Scheme
金錢熱——密西西比陰謀

那些暗中結盟的公司；
製造悖德交易中的新股；
以虛名誘惑欺騙世人；
先是累積信用，再是貶值；
從無誕生出股份；
流言召來群眾。

——狄福（Defoe）

有個人的角色及職業，與發生在一七一九至一七二〇年間的偉大騙局息息相關，或許再也沒有什麼比介紹大作家約翰．羅（John Law）的一生，更能闡述密西西比陰謀的來由。為了決定將他定位為惡人還是狂人，歷史學家們爭論不休。在他生存的那個年代，這兩個稱呼絕屬合適，尤其是當他那使人不幸的計畫苦果遲遲無法消散之時。然而，後人找到了質疑此控訴公正性的理由，並承認約翰．羅既不是惡棍，更不是狂人，只是一位受騙比行騙深，「沒有犯多大罪卻蒙受重大冤屈之人」[1]。他透徹地明瞭信貸的理論與原理。他對貨幣問題的理解在當代來看，絕對無人能出其右；他一手打造的系統之所以會轟然倒塌，並不能全部算到他頭上，那些介於他與體系間的人們，也必須承擔許多責任。他沒有計算到整個國家的貪婪風暴；他沒有預見信任（還有不信任）竟會無限上綱地膨脹，而希望也能化為恐懼，肆意流竄。他怎能預知法國人會像寓言故事中的主人翁一樣，在瘋狂渴望的驅使下，殺死了他獻給他們、為他們產下如此多金蛋的鵝？他的命運可以用首位企圖從伊利運河划到安大略省的划船手來譬喻。啟航時的河道寬廣且平穩，過程是如此輕快且愉悅，有誰能阻止他繼續向前邁進？哎，可惜他運氣不佳！瀑布就在前方。他看見了，卻已太遲，那股托起他、讓他愉快前行的水流，也是毀滅他的水流。當他拼著命轉身，卻發現自身力量太小，無法抵抗洶湧潮水，一刻一刻地，他慢慢靠近了斷崖。潮水推著他，從尖銳的岩石旁流過。他和小船一起落入谷底，碎成片片，因粗暴下墜而狂亂、吐著泡沫的河流，在沸騰且喧囂了一時後，又平靜如昔地向前奔流。如同羅與法國人的命運。他是那位划船手，群眾則是流水。

約翰．羅一六七一年誕生於愛丁堡。他的父親是法夫一個古老家族中的小兒子，承繼了金匠與金融事業。透過事業，他的父親積攢了豐厚的資產，並得以實現自己的夢想——也是那個時代所有人的夢想——他在名字裡加上領地封號。在此一想法下，他買下位於洛錫安西部與中部邊界上的勞里斯頓和福斯灣的倫多斯頓，自那時起，他們被稱作勞里斯頓的羅氏。本書的主角是家中最年長的孩子，十四歲開始，便在家裡的會計處工作，經過三年的努力學習，讓他習得蘇格蘭此處的銀行金融運作原理。他總是展現出喜愛鑽研數字的熱誠，而年幼時期的他便擁有超凡的數理能力。十七歲的他，高大、強壯、精實，儘管臉上有著天花遺留下來的疤痕，卻依舊是張討人喜歡且充滿智慧的臉。這時，他開始怠忽工作，愛慕虛榮，沉迷於豪奢的華服打扮。他熱衷女色，女人們稱他花花公子羅；而男性則鄙視他矯情的打扮，戲稱他潔絲敏．約翰。一六八八年，他的父親過世，羅

1　「沒有犯多大罪卻蒙受重大冤屈之人」，原文more sinned against than sinning.引自莎士比亞《李爾王》。

再也不碰那些煩人的工作，帶著繼承來的勞里斯頓地產的收入，他前往倫敦，準備探索世界。

當時的他年紀輕，長得俊俏，手頭闊綽，且不受控制。不難預料在他抵達首都後，立刻陷入糜爛的生活。很快地，他就成為各賭場的常客，並透過那些可以進行抽象機率計算的賭局，贏得可觀的收入。許多賭徒妒羨他的運氣，更有不少人特地觀察他賭博的樣子，並跟著下注。在談情說愛方面，他同樣一帆風順。那些時下最受歡迎的女子，都對這位英俊、年輕、富有、聰明且樂於助人的蘇格蘭男子，展露美好的笑顏。但眼前的成功，卻引導他走向截然相反的下場。九年過去了，他讓自己浸淫在歡愉無度生活的下場，就是成為無藥可救的賭鬼。隨著他對賭博的熱愛日漸瘋狂，最初的謹慎已慢慢消失。巨額的損失只能從巨額的賭注中挽回，在一個不順心的日子裡，他輸掉了必須拿家族房產做抵押才能還債的金額。事情發展至此，他可說是被逼入了絕境。而他的情場得意，也為他惹來麻煩。和一位名叫維里爾斯（Villiers）女子間的小小曖昧，或者該說是調情，讓他招來威爾森（Wilson）先生的憎恨，並收到對方下的決鬥戰帖。羅接受了，並在他那不祥的好運作祟下，當場擊斃對手。同一天，他被逮捕，威爾森的親戚控告他謀殺。接著他被認定有罪，判處死刑。該判決後來被改判為罰鍰，因法院認為其罪行是出於失誤。死者的兄弟提起上訴，羅被扣押在最高法院，但透過某些手段或方法（羅從未解釋），他從那裡逃了出去。人們大肆撻伐警長的能力，而羅也被發布到政府公報上，能將其逮捕歸案者，就能獲得賞金。公報這樣形容：「約翰．羅上尉，蘇格蘭人，二十六歲，身材高大、瘦削，膚色黝黑；體態良好，大約六呎高，臉上有個大痘疤，大鼻子，講話帶有濃厚口音且聲音宏亮。」如同漫畫人物般的描述，反而助了羅一臂之力，讓逃亡更加順利。他成功抵達歐洲大陸，旅行了三年，將大部分的精力用於研究沿途國家的貨幣與金融。他在阿姆斯特丹停留了數月，並對公債進行一定程度的觀察。早上，他致力於探究金融與交易原理，夜晚，他投身於博弈。一般認為他在一七〇〇年返回愛丁堡，且更肯定的是他在那個城市發表了自己的《建構貿易委員會的理由與建議》（*Proposals and Reasons for constituting a Council of Trade*）。但這刊物並未引起廣泛注意。

此後不久，他發表了新計畫，企圖打造所謂的土地銀行（Land-bank），根據他的想法，由該機構發行的貨幣金額不得超過國家擁有的不動產資產總價，也不能等同於土地現值（其價值皆以一般利率計算），並擁有在特定時間後可行使占有的權利。此計畫在蘇格蘭的議會裡引起熱烈的討論，而由中立第三方黨派——史夸卓羅恩（Squadrone）提出建立此特定銀行的舉動，更將整個計畫向前推，這個發展對羅來說可謂非常有利。但議會最終通過決議，簡單來說，他們認為建立任何一種紙幣並迫使其流通，對國家來說是一個不恰當的權宜之計。

此次計畫的失敗，加上無法取得威爾森謀殺案的赦免，羅只好撤回歐洲大陸，重拾他對賭博的熱愛。接下來的十四年，他持續在法蘭德斯[2]、荷蘭、德國、匈牙利、義大利和法國流浪。他很快就徹底摸熟這些國家間的貿易與資源關係，並日趨堅定自己的論點與信念——「沒有紙幣，國家就無法興盛繁榮」。在這些日子裡，他主要的資金援助來自於博弈成果。他憑藉著掌握錯綜複雜機率運算的能力（這在當時可謂無人能及），在歐洲各大賭場中聲名大噪且備受尊敬。但接下來，根據《寰宇傳記》（*Biographie Universelle*）記載，他遭到驅逐出境——先是威尼斯，接著是熱那亞。法院認為身為一名旅客，他的存在對這些城市中的年輕人來說過於危險。當他旅居巴黎時，也同樣引起警備中將阿格森（D'Argenson）的憎惡，更被下令離開此地。然而，這個命令並沒有生效，因為羅搶先一步在沙龍中，結識了旺多姆（Vendôme）公爵、孔蒂（Conti）親王，和有斷袖之癖的奧爾良（Orleans）公爵，後者注定要對他的命運掀起滔天巨浪。奧爾良公爵非常欣賞這位蘇格蘭冒險家的活力與處理問題的能力，而羅也同樣喜歡這位公爵的才智，以及承諾作為贊助者的親切。他們經常參與彼此的社群聚會，羅也抓緊每次機會，將自己的金融理論觀念灌輸給這位注定將走近王權的公爵，而在不久的將來，他確實成為政府部門的重要角色。

2 法蘭德斯（Flanders），比利時北半部的一個地區。

一七〇八年，在路易十四臨死前，羅向審計官德瑪雷（Desmarets）提出了一項金融計畫。根據記錄，路易詢問了該計畫的負責人是否為天主教徒，在被告知答案為否後，他拒絕與此人合作。

歷經了此次失敗，羅造訪了義大利。他的腦袋依舊塞滿財政計畫，因此他向薩伏伊（Savoy）公爵獻計，在其國家內建立自己的土地銀行。公爵告訴他，如此大型的計畫在自己受限的領土上施展，顯得綁手綁腳，現階段的他也太窮，無法冒失敗的風險。然而他建議羅，再次遊說法國國王；他認為，憑他對法國人個性的了解，他們非常喜歡接受前所未見且動聽的新穎計畫。

一七一五年，路易十四逝世，年僅七歲的繼位者如嬰兒般無力，因此奧爾良公爵以攝政王的身分執掌政權，直至繼位者成年。羅發現此時的政治環境對他來說非常有利。他事業的浪頭就要來了，而這場大浪更將為他捲來大筆財富。攝政王是羅的朋友，熟悉羅的理論和主張，更重要的是，他極欲重振因路易十四長期豪奢無度統治下，財政萎靡不振的法國。

統治者前腳才剛踏進墳墓，長期飽受壓抑的民眾，其怒火以野火燎原之速蔓延開來。活著的時候，他受萬人景仰與吹捧，死去以後，卻被咒罵成一名暴君、盲從者和掠奪者，這在歷史上也實屬常見。他的塑像被人丟擲石頭、毀壞；他的雕像在民眾的咒罵聲中被拆除，而他的名字更成為自私與脅迫的代名詞。從他手中誕生的榮耀被遺忘了，唯一留下的，是他的挫敗、揮霍與殘忍。

法國的財政正處於極端失衡的狀態。一位揮霍且腐敗的君王，以及全國從上到下，爭相模仿其奢腐作為的官員，共同將法國推向崩毀邊緣。當時，法國國債總額為三十億里弗爾[3]，每年歲收為一億四千五百萬，但政府每年的支出總額為一億四千兩百萬。也就是說，政府只剩三百萬來支付三十億債務的利息。攝政王首要關注的目標，就是為這個邪惡且巨大的數字找出補救的辦法，也在早些時候召開一場議會，準備研議此一問題。聖西蒙（St. Simon）公爵認為除了一個大膽且冒險的方法外，已經沒有其它做法可讓國家免於革命。他建議攝政王召開三級會議，宣布國家破產。樂施恩惠於人的諾瓦耶（Noailles）公爵，是一位老練的朝臣，善於利用才智以規避所有可能為自己帶來困擾的情況。他動用所有的影響力，阻止聖西蒙的提案。他認為這個權宜之計不誠實且會帶來毀滅性的後果。攝政王也有同感，因此這個救國良方被掃到地上。

新的方法終究還是通過了，儘管他們打著公平正義的號召，卻只讓邪惡加倍擴大。第一個，也是最不誠實的新制度，事實上沒有為這個國家帶來什麼好處。重鑄貨幣的命令下達，錢幣貶值了五分之一，那些帶著一千塊金子或銀子到鑄幣廠的人們，得到了面值相同、重量卻只有原本五分之四的金屬硬幣。透過此一詭計，國庫瞬時獲得七千兩百萬里弗爾，但國內所有的商業運作卻全部失序。減稅的把戲壓下了群眾的憤怒，眼前那點蠅頭小利，掩飾了背後更巨大的邪惡。

接著，根據計畫，國家成立了裁決法庭，來審查貸款承包商與賦稅承包者間不法的勾當。在各國，稅務員從來不是受歡迎的一群，但此刻的法國人絕對有權力憎恨這群收稅者。因此，當這些賦稅承包者和他們眾多的下級代理，一一被叫去清算他們的惡行時，整個國家沉浸在狂喜的氣氛中。在此目的下成立的裁決法庭，被賦予了極大的權力。該機構由議院的主席、委員會、聽證會或法律援助會的法官，還有審計官員所組成，其主席為財政大臣。該機構鼓勵舉報者交出犯法者觸法的證據，並承諾給予其罰鍰或充公資產的五分之一。只要能提供隱匿不報的犯罪資產，就可以得到其金額的十分之一。

當建立該法庭的詔書頒布後，恐慌開始在與此相關的人士間蔓延。從他們顯露的畏懼程度，只能推測他們侵吞的款項必定極其龐大。但沒有人會同情他們。為他們而起的審判，驗證了他們的惡行。很快地，巴士底

3 里弗爾（Livre），法國舊時使用的貨幣單位。

監獄再也收容不下送過去的囚犯，全國各地的監獄人滿為患，擠滿了罪犯與嫌疑人。一道命令下達，嚴禁所有的旅店老闆和驛站站長提供馬隻給這些試圖脫逃的人士。任何協助或包庇逃亡者，將被處以巨額的罰款。有些人被判處示眾，有些被送到軍艦上划槳，罪行較輕的則被處以罰鍰或監禁，只有一個人——賽繆爾．柏納（Samuel Bernard）例外，被處以死刑。他是有錢的銀行家和偏遠省份的賦稅承包者，這名在當地被視為暴君或獨裁者的男子，擁有分量驚人的不義之財，他竟提出願意以六百萬里弗爾或二十五萬升的銀幣，作為他獲得釋放的代價。

但賄賂沒有成功，他被處以死刑。其他那些罪行可能更重的人，相對幸運多了。對藏有不法所得的罪犯而言，充公的總額往往比罰鍰的金額低。政府嚴苛的手段漸趨緩和，向所有犯罪者徵收的各種稅金罰鍰，開始胡亂製定，但當時的政府部門是如此腐敗，導致真正進入國庫的總額非常少。朝臣與朝臣的妻子、情婦們，成為戰利品的主要瓜分者。一名承包商被依其財富與罪行，追討了一千兩百萬里弗爾的稅金。一名在政府中有些分量的伯爵找上門，告訴他可以拿十萬克朗換取赦免的機會。「你遲了一步，我的朋友，我已經和你太太達成五萬克朗的協議。」承包商回覆。

在這種情況下，約有一億八千萬里弗爾被徵收，其中八成被用於償還政府欠下的債務契約。其餘的金額自有進入官員口袋的方法。曼特農（Maintenon）夫人針對此狀況寫下：「每天，我們都會聽到一些攝政王給予的許可。人們大肆談論在此種模式下錢不斷被侵吞者奪走。」群眾在發洩完最初的怒氣後，開始同情弱者，並對政府挾一國之力對付一般民眾，感到憤憤不平。但他們沒看清的是這場以公平所實施的搶劫背後，只是肥了另一批無恥之徒。幾個月下來，罪行較重的人都被裁決，裁決法庭開始朝底層社會大眾下手。在高額的舉發獎金誘惑下，讓品行良好的商人也陷入詐欺或恐嚇的指控中。他們被迫在法庭上公開自己的隱私，好證明清白。一時之間，民怨四起，一年後，政府終於發現讓事情停止才是最明智的做法。裁決法庭的權力被壓制，那些背負莫須有罪名的人也得到了特赦。

在這場混亂的金融風暴中，羅現身了。沒有人比攝政王更為國家的現況感到悲哀，但也沒有人比他更不願努力工作。他不喜歡工作，會在不加思索的情況下簽署官方文件，並將自己該做的事交由他人。對於自己身處高位的牽掛，讓他疲憊。他知道有些事必須做，但他缺乏行動的能力，更沒有犧牲安逸與享樂來做正事的美德。毫無疑問地，在此種個性使然，他非常樂於接受那位深具才幹又聰明的冒險家所提出的計畫，其計畫大規模且易於執行。

當羅在庭上介紹自己時，得到最親切的接待。他向攝政王提交了兩份備忘錄，指出當前籠罩整個法國的惡況，肇因於不足的貨幣供給，以及在不同時期下的貶值。他認為金屬貨幣在沒有紙幣的輔助下，不足以應付商業國家的需求，他特別還以英國和荷蘭作為例子，闡述紙幣的優勢。並用許多無懈可擊的論點來支持信貸，將此作為恢復繁盛帝國的方法，他還建議在國情如此低迷的情況下，應該放手讓他成立銀行，管理皇室的收益，並據此以土地擔保來發行紙幣。他也進一步解釋這個銀行應由國王來掌管，但同時受制於由三級議會所任命的委員會。

在這些提案進行討論的同時，羅將自己的論文翻譯成法文，努力在法國奠定其金融家的聲譽。他開始成為話題人物。加上攝政王的心腹們四處宣揚掌權者對他的讚譽，眾人開始萬分期待「羅斯先生」（Monsieur Lass）[4]的作為。

一七一六年五月五日，皇家法令頒布，在這經由羅與其兄弟授權的法令下，成立以羅氏公司（Law and Company）為名的銀行，且必須以其發行的紙幣來繳交稅金。總資本額設定為六百萬里弗爾，每五百里弗爾一股，共一萬兩千股，其中的四分之一可用硬幣購買，其餘的則以國庫券交易。當時，政府同意賦予羅所要求的

---

4 法國人用此種方式讀羅的名字，以避開不正統的發音「aw」。在他計畫失敗後，諷刺者稱整個國家都「lasse de lui」（厭倦了），並建議大家自此之後用「哎先生」（Monsieur Helas）稱呼他。

全部特權，這在當時被認為是很危險的做法，但時間證明了這些措施確實是基於安全且健全的考量。

現在，羅掌握了致富的關鍵。他運用三十年所學，管理自己的銀行。他讓自己的紙幣成為見票即付，也可以任意兌換為銀幣。最後這巧妙的一招，立即讓羅的紙幣翻身，變得比貴金屬還有價值。後者（貴金屬）的價值常常因政府不明智的修改政策而貶值。一千里弗爾的銀，很有可能今天還價值其面值的百分之百，隔天就少了六分之一，但羅氏銀行的紙幣可以永遠保值。同時，他公開宣稱，如果他在缺乏足夠保證金的情況下發行貨幣，那麼他唯一的下場就該是死刑。結果就是：他的貨幣迅速得到眾人的支持，其價值甚至高過銀幣一％。不用多久，整個國家的貿易就享受到了好處。苟延殘喘的商業活動開始出現生機，稅金繳交的情況更加穩定，民眾抱怨的情況減少。民眾對於紙幣的信賴感開始產生，認為只要政策繼續施行，他們絕不會失敗，而這樣的信心讓經濟情況持續好轉。一年過去了，羅氏紙幣的價值上漲了一五％，與此同時，由奢靡君王路易十四發行，用來作為政府債權擔保的國庫券與支票，其價值則跌了將近二一．五％。這樣的比照對羅來說，確實相當有利，讓全國的注意力都投注到他的身上，而他的信用更是水漲船高。羅氏銀行的分行更幾乎同時在里昂、拉羅歇爾、圖爾、亞眠和奧爾良成立。

攝政王對羅的成功感到懾服，漸漸相信作為輔助金屬貨幣的紙幣其實可以完全取代前者的想法。在這根本性的錯誤下，他開始行動。與此同時，羅展開了一場讓他名留千古的超有名計畫。他向無法對他說不的攝政王提出建議，成立一間公司，作為銀行的西部分行，並獨占密西西比河流域與路易斯安納州西岸地區的交易。此區域被認定擁有豐富的貴金屬礦產，因此該公司在其獨占市場的特權下，將可以獨占此區的稅收與財富。一七一七年八月，專利特許狀發行，該公司收編成立。總資本額分成二十萬股，每股五百里弗爾，所有股份皆可以國庫券購買（儘管面值五百里弗爾的國庫券，在當時的市場上價值根本不超過一百六十里弗爾）。

此刻，投機買賣的風潮開始席捲整個法國。羅的銀行成效是如此卓越，讓大眾毫無保留地相信任何他所提出來的計畫。每天，攝政王都給予這名幸運的計畫者更多獨享的權利。該銀行獲得菸草買賣的獨占權，鍛造金、銀的專利權，最後還成立了「皇家銀行」（Royal Bank of France）。在成功的光環下，羅和攝政王都忘了他們之前大肆宣揚的承諾：如果一名銀行家在沒有足夠的資金下發行紙幣，其下場就是死路一條。在銀行從私人企業搖身一變為國家機構後，攝政王立即主導發行一億里弗爾的紙幣。這是背叛健全理念的第一步，但平心而論，我們不該責難羅。在羅掌管銀行的時候，他從未發行超過六千萬里弗爾的紙幣。我們無從得知羅是否反對這樣毫無節制的紙幣發行動作，但銀行才剛變身為皇家銀行就發生這種事，最公平的聯想，就是攝政王該為此事負責。

羅發現自己活在專橫政府的統治下，但他還沒警覺到當眼前的政府可以透過巧妙的結構進行信貸活動時，將引來多大的致命危機。後來，他雖然發現此一錯誤，卻因攝政王逼著他進行違背其理念的行動，而身不由己。羅讓那些毫無堅實後盾，遲早會全面崩盤的紙幣，淹沒了整個國家，這就是他最不可原諒的錯。眼前讓人眼花撩亂的財富蒙蔽了他的雙眼，讓他看不見那個只需從任何一處發出異常警訊，就能一舉將他吞滅的邪惡魔爪。議會自開始起就對羅身為一個外國人，卻擁有如此大的影響力，懷有嫉妒之心，接著又對他提出的計畫安全性感到憂慮。隨著羅的影響力日增，他們的憎惡也日益高漲。財務大臣杜蓋索（D'Aguesseau）就因反對大量發行紙幣，及質疑金、銀幣價值不斷下跌的原因，被攝政王毫不留情地免除職位。這樣的結果加深了議會的敵意，因此當攝政王憑著個人喜好，任命心腹阿格森（D'Argenson）擔任空缺的財務大臣之職兼任財政首長，他們的怒氣更是達到頂點。而新任財務首長的第一個政策，就是讓硬幣再貶值。為了清償所有國庫券，他頒布新政策：任何帶著四千里弗爾硬幣與一千里弗爾國庫券到鑄幣廠的人，可以得到價值五千里弗爾的硬幣。阿格森對於自己用較大的舊四千里弗爾硬幣打造出新款較小的五千里弗爾作為，感到沾沾自喜，對於自己造成交易與信貸真理上的重傷害，卻一無所知。

議會立刻發現此系統中隱藏的失策與危險，並一再向攝政王進諫。但攝政王拒絕接受他們的陳情。至此，議會行使了一項大膽且不尋常的權力伸張，要求任何支付行為皆只能使用舊制標準的錢幣。對此，攝政王立即召開御前會議，廢止該法令。議會反擊，接著發布另一條命令。攝政王再次行使特權，廢止法令。議會在盛怒下於一七一八年八月十二日通過另一條法案，禁止羅氏銀行以任何直接或間接的方式經手收益，並透過巨額的罰鍰禁止外國人以自身或他人名義，介入法國的財政管理。議會將羅視為這場邪惡風暴的始作俑者，有些議員甚至在對羅的滿懷憎惡下，建議對該人進行審判，一旦罪證確鑿，就將其在法院門外吊死。

羅在極大的恐懼下，逃到皇宮內，接受攝政王的庇護，懇求攝政王採取一些措施削弱議會的勢力，使其屈服。攝政王一時間有太多事，光是處理前任國王兩個兒子的繼位嫡庶之爭，就讓他非常煩惱。最後，在議會首長被捕、兩名議員被送往偏遠監獄的情況下，議會最終臣服了。

至此，籠罩在羅上方的烏雲散去：在不需要擔憂其人身安全的情形下，羅將全部的心力投注到著名的密西西比計畫上，儘管議會不斷反對，股價還是大幅上漲。一七一九年初，一項法令頒布，授予密西西比公司和東印度、中國、南海等法屬東印度公司交易的獨占特權。在此一巨大業務進展的加持下，該公司被稱為「印度公司」，並發行了五萬新股。現在，羅所畫出的大餅規模驚人。他承諾，五百里弗爾的股票一年可配息兩百里弗爾，且股票可以國庫券的面額購買（五百里弗爾的國庫券僅值一百里弗爾），這樣算下來，獲利率將近一二〇％。

大眾的熱情在經歷長久的加溫後，對於眼前的美好機會當然不肯放手。至少有三十萬人爭相申請這五萬份新股，羅位於坎康普瓦大街上的房子從早到晚都擠滿了熱情的申請者。現實無法滿足所有人的心，因此在股份持有人清單決定前的幾個禮拜，大眾焦急的心情達到了頂點。每天，羅家外頭都擠滿了等待結果的公爵、侯爵、伯爵和他們的夫人們。最後，為了避免跟大街上的數千名平民百姓人擠人，他們租下隔壁的房子，好讓他們持續貼近財神散布財富的聖殿。舊股份的價值每天都在上漲，在眾人的發財夢推波助瀾下，誕生了更多申請者，多到有人建議應該發行三十萬份新股，每股五千里弗爾，這樣一來攝政王就能趁著大眾的熱潮，一舉償還國債。但根據這個提案，至少需要十五億里弗爾才能支撐健全的體系。可是在狂熱瀰漫的氛圍下，只要政府點頭，即便要以不合理的三倍價格認購股份，大眾也願意。

羅進入了全盛時期的至高點，人們對他的迷戀也衝向高峰，上層社會與下層社會都抱持著對無窮財富的憧憬。在貴族之中，只有公爵聖西蒙和元帥維拉爾（Villars）沒有投入買賣股票的行列。無論人們的年紀、性別、社會地位如何，他們的境遇都隨著密西西比股票起伏。坎康普瓦大街曾是批發商的豪宅集中地，現在卻成了擁擠、髒亂的代表，在巨大群眾的瘋狂下，更是意外頻傳。過去年租金為一千里弗爾的房子，現在漲到一萬二或一萬六。有些皮鞋匠光是出租自己在大街上的攤位供經紀人與其客戶填寫資料，就可以每天淨賺兩百里弗爾。還有傳言，一名駝背的男子藉著出租自己的背給熱切的投機者作為寫字檯，也賺進一筆可觀的收入！那些聚集在此等待商談生意的大批群眾，又吸引了大批的投機者。這樣的光景將巴黎所有鼠竊狗盜都引了過來，暴動與騷亂持續地發生。夜幕低垂時，經常需要動用一支部隊來淨空街道。

羅這時感受到他的住處不方便後，搬到凡頓廣場，投機者也跟著他轉移陣地。寬敞的廣場很快就變成擁擠的坎康普瓦大街：從早到晚，此處看上去就像在辦市集一般。各種為了處理商業事宜，或販售食物、飲料的帳篷與攤位搭建起來，賭徒帶著他們的輪盤賭桌，佇立在廣場的正中央，用不同於股票的方式從人們手中賺進大把財富。林蔭大道和公園為人所遺忘，人們更喜歡集中到凡頓廣場上尋歡作樂，這裡變成閒人聚集的時尚交誼場，也成為進行一般聚會的地點。群眾製造的噪音是如此高分貝，讓同在該廣場上工作的法官向攝政王抱怨，他幾乎聽不到律師的話。當這樣的抱怨傳到羅的耳朵後，他立刻表示願意解決對方的困擾，並跟親王加西尼爾（Carignan）租借其名下具有好幾畝花園的史瓦松飯店。討價還價的結果，羅用天價成為該飯店的購買者，而親王本人保留了廣闊的花園，作為生財的新工具。飯店裡有幾座精緻的雕像與噴泉，塑造出極具格調的氣質。羅前腳才剛搬進新家，新法令接著就頒布了：禁止所有人在史瓦松飯店花園以外的地方買賣股票。於是，花園中、樹蔭下，出現了將近五百個小帳篷與攤位，以利股票掮客進行買賣。五彩繽紛的緞帶和橫布條隨風飄揚，洶湧的人潮來來往往——不間斷的嗡嗡聲、噪音、樂曲，混雜著商談生意與玩樂的人群面孔，交織出讓巴黎人心醉神迷的氛圍。在幻象的加持下，加西尼爾親王賺進大筆財富。每頂帳篷以月租五百里弗爾的價格出租，根據現場至少有五百座帳篷的數量來看，他每月光是依靠帳篷租金，就能得到二十五萬里弗爾，或甚至可望超過一萬英鎊。

誠實的老元帥維拉爾，對於眼前的愚蠢光景深感憂心，因此只要一聽到這個話題，就會暴跳如雷。某一天，他的馬車經過凡頓廣場，他對車窗外瘋狂的人群感到怒不可抑，於是叫車伕停下車，將頭伸出窗外，以「令人厭惡的貪婪」為題，向民眾高談闊論了足足半小時。但對他而言，這絕非明智之舉。噓聲與恥笑聲從四面八方傳過來，數不清的笑話更是以他為主角。最後在一個強烈的暗示下——某個明確的物體從空中飛向他的腦袋瓜，這位老元帥才悻悻然地離開。後來，他再也沒有針對這個議題發表任何言論。

兩位清醒、沉默且豁達的文學家——德．拉莫特（De la Motte）和修道院院長德漢森（Terrason），總是驕傲地恭賀彼此，至少他們沒有淪陷在這場弔詭的群眾狂熱中。某天，當這位德高望重的院長在史瓦松飯店買好密西西比的股票，準備離開時，偏偏遇見了抱持同樣企圖的摯友拉莫特。他說「哈！不會是你吧？」「沒錯，」拉莫特回應，並以最快的速度通過對方身旁，接著說「哎呀呀，這不是你嗎？」後來再次碰面，兩位學者高談闊論著哲學、科學和宗教，卻一直沒有勇氣開口提起密西西比。最後，當話題終於被提起時，兩人一致同意：人永遠不該對自己所做的任何一件事起誓，也沒有任何一件荒唐之事即便是聰明之人也永遠不會做的。

在這段期間，新的財神爺羅儼然成為整個國家上下最重要的人物。攝政廳的前廳被大臣、貴族、法官和主教們遺忘，人們全都擠到史瓦松飯店。你可以看到陸軍軍官與海軍軍官、擁有頭銜或最時髦的夫人小姐們、擁有世襲爵位或聲稱享有特權的人們，全都擠在羅的門前，乞求他給予自己一點印度的股票。羅感到非常苦惱，他連十分之一的申請者都無法接見完畢，而那些聰明睿智、值得聘用的策略家們，又都被其他人僱來接近他。過去，如果攝政王接見他們的等待時間超過半小時，這些人就會因自尊心作祟大發雷霆，但現在，他們願意為了可能見到羅先生的機會，足足等上六小時。為了讓羅的僕人們提起他們名字（儘管機會渺茫），大筆大筆的金錢流進僕人的口袋。出身高貴的女士們利用自己最美麗的笑容，爭取同樣的機會。然而許多人日復一日地前來，卻等上足足兩個禮拜才見到羅。有時，當羅接受邀請而出席某些場合時，卻發現自己被女士們團團包圍，爭相要他將自己的名字列到新股持有者的名單上。即便像羅這般出了名擅長周旋在女子間的男人，也感到吃不消。最荒謬的交易計謀，就是找到和羅說上話的機會。有一位女士在苦等了數天後，絕望地放棄在宅邸內與他見面的機會，並要求自己的馬車伕嚴加注意，只要在她坐車外出時發現羅，就駕馬車去撞燈柱讓她跌下馬車。馬車伕答應她的要求，於是接下來的幾天，她的馬車毫不停歇地往來城鎮中心，祈求著翻車的機會。終於，在無意間她瞥見了羅，於是趕緊對著馬車伕喊，「快讓我摔出去！我的老天，快點把車翻了！」馬車伕將車朝著柱子撞過去，那位女士尖叫，車子翻了，羅目睹這場「意外」，立刻趕去幫助。那位狡猾的女士被請到了史瓦松飯店內，很快，她意識到是時候該從驚嚇中恢復過來。於是她向羅先生道歉，懺悔著自己的詭計。羅笑了，將那位女士的名字加到印度股票買家的名單上。另一個故事則是關於布莎（Boucha）夫人，當這位女士在得知羅會在某處用餐後，立即驅車前往，並發出火災的假警報。當時，人群都聚集在餐桌旁，羅則站在人群中間，接著，在人們四處亂竄的同時，一名女士匆忙地跑進來並向他直奔，羅驚覺了這是一場詭計後，趕忙向別處逃跑。

還有更多與此有關，但被認為過分誇大的軼事，都值得留存，作為此特異時代[5]的最佳見證。有天，攝政王在阿格森、杜卜瓦（Dubois）修道院院長和其他人的陪伴下，說自己希望委託一些最好具備伯爵夫人以上頭銜的女士，照料自己住在摩德納的女兒。「但是，」他說，「我不知道該去哪裡找她們。」「不！」其中一人故作

5 好奇的讀者還可以找到法國女士為了讓羅留在她們身邊，而做出許多讓據說為人正派（還是正好相反？）的羅臉紅或發笑的行為軼事。

驚訝地說，「我可以告訴你該去哪裡找全法國的女爵們：你只需要去羅的家裡，你可以在他的前廳裡見到每位女士。」

著名的醫生希拉克（Chirac），在很不湊巧的時機下買了股票，因此急著拋售。然而股票卻連續下跌了兩三天，跌到了他的底線。一位自認為生病的女士找他看診，但他腦子裡想得卻全都是股票。他抵達了那位女士的家中，為她把脈。女士焦急地等著醫生的診斷。「掉下去了！掉下去了！天吶！一直在掉！」他若有所思地說。「噢！希拉克先生，我要死了！我要死了！（脈搏）一直掉！一直掉！一直掉！」她說著，並站起來拉了鈴，準備叫人來。「什麼一直掉？」醫生愣愣地回問。「我的脈搏！脈搏啊！」女士喊道，「我一定是要死了。」希拉克先生說，「請放心，我的好女士，我是指股票。我慘賠了太多錢，因此腦袋一團亂，我自己也不知道自己在說什麼。」

有時，在短短的幾小時內，股價就可以上漲十到二十個百分點，那些活在社會較低層的人們，可能早晨一貧如洗地醒來，黑夜卻擁抱著財富入睡。一位持股大戶不幸染病，於是他派僕人依照當時市價——每股八千里弗爾，賣掉兩百五十股。僕人出發了，等他抵達史瓦松飯店花園時，發現在這段期間內價格已經上漲到一萬里弗爾。在整整兩千里弗爾的差異下，賣掉兩百五十股所得的金額有將近五十萬里弗爾的差價，合兩萬英鎊那麼多。這位僕人冷靜地將多餘的錢轉到自己名下，再將剩餘的錢交給主人，接著連夜逃往他國。羅的馬車伕在短時間內賺進足以買下自己馬車的錢，因此他向羅徵求離職許可。羅非常看重這位馬車伕，因此請他在離去前，幫忙找一位同樣盡職的馬車伕代替他。馬車伕同意了，並在當天晚上帶來了兩位舊時同事，要羅從其中挑選一人，而他自己將僱用剩下來的另一位。負責煮飯的女僕與領人的男僕們也趁著這股機運，不費吹灰之力地賺進大筆金錢，卻也犯下不少荒謬的錯誤。帶著原有的用語及教養，他們身著華服，但卻只讓自己成為他人蔑視、嘲笑或同情的主角。但上層社會的愚蠢及刻薄，卻更叫人作嘔。其中一則與聖西蒙公爵有關的例子，清楚表達感染了整個社會的貪婪有多麼令人不齒。一名沒有任何聲望與教育背景的男子安德烈（Andre），掌握了時機，取得密西西比的股票，並在短時間內獲取大筆財富。聖西蒙用「他積攢了一座金山」，來描述這個人。這名男子發財後，開始對自己出身低下的事感到丟臉，因此迫切地想和貴族聯姻。他有一個年僅三歲，還在襁褓中的女兒，於是他向貧窮但具貴族身分的德以莎（D'Oyse）家族協商，在特定的情況下，他的女兒將嫁給該家族中的其中一人。在極其羞恥的心情下，德以莎侯爵同意這個交換，並承諾只要這位父親願意支付他十萬克朗，每年再另外給予兩萬里弗爾直到這女孩滿十二歲可以舉辦婚禮時，他願意親自迎娶她。當時，這位侯爵已經三十三歲。這份可恥的協議經過正式的簽名並密封起來，而這名股市投機者更進一步承諾，在女兒大婚的那天，將給予她幾百萬的財產。身為家族首領的布洛卡司（Brancas）公爵，全程參與討論並從中分一杯羹。聖西蒙輕蔑地看待這件事，並開始將此作為笑話傳播，「人們對這樁婚姻的譴責聲不絕於耳。幾個月後，當羅的風光不再，這樁婚事也立即告吹，毀了野心勃勃的安德烈先生計畫。」不過看來，那個偉大的家族似乎沒有誠實地將口袋中的幾十萬克朗還給對方。

儘管這些事有時讓人不齒或覺得荒謬，但與其他事件相比還是小巫見大巫。每天，人們都帶著大筆財富（紙鈔）上街，導致街上天天發生劫案，刺殺的活動更是頻繁。其中一個事件引起了全國的注意，不僅僅因為該犯罪內容的兇殘程度，更因犯罪的層級與涉案人士。

德．霍恩（d'Horn）伯爵是有名的浪蕩子，生性奢侈浪費，是德．霍恩親王的弟弟，與高貴的德．恩伯格（D'Aremberg）家族、德．里尼昂（De Ligne）家族及德．蒙特朗西（De Montmorency）家族有親戚關係。後來，他認識另外兩位與他一樣輕浮的年輕人，一位是皮埃蒙特區的上尉米勒（Mille），另一位是來自法蘭德斯的迪斯鄧朋（Destampes）。後者計畫搶劫一位非常富有的股票經紀人，據說這名經紀人（相當不幸地）將親自攜帶一筆巨款。於是由伯爵負責假裝要和此人購買印度公司的股份，並依此名義邀約他在凡頓廣場附近一家夜總會或人少的酒館見面。不知情的經紀人準時赴約，接著德．霍恩伯爵將他口中所謂的朋友介紹給對方。談了一陣後，霍恩伯爵突然衝向受害者，並用匕首朝對方胸膛刺了三下。男子重重地倒在地上，當伯爵忙著找出相當於十萬克朗的密西西比與印度計畫股票時，上尉米勒，一下又一下地刺著那位不幸受害的經紀人，以確保其斷氣。但受害者沒有安靜地死去，他的叫喊聲引起夜總會其他人的注意，並紛紛趕過來。負責看守樓梯的同夥迪斯鄧朋，跳出窗外逃跑，米勒和霍恩伯爵則當場人贓俱獲。

這起光天化日下發生在人來人往的夜總會內的殺人案，讓巴黎人心惶惶。隔日，這起刺殺案開始進行審判：證據確鑿，兩人皆被判有罪，並被判處以碎輪活生生絞殺。想當然耳，霍恩伯爵的權貴親人們立刻湧向攝政王的前廳，祈求上位者憐憫這位誤入歧途的年輕人，並宣稱他瘋了。攝政王盡可能地避開他們，他認為如此窮凶惡極的暴行必須受正義制裁。但這些深具影響力又執拗的追求者可不會這麼輕易屈服。最終，他們還是擠進攝政王的視線內，祈求他拯救整個家族的名聲，免於被公開刑求玷汙。他們暗示霍恩親王是奧爾良顯赫大家族的盟友，並聲稱如果攝政王讓自己的男性親屬死於劊子手之下，將使他自身蒙羞。攝政王十分果決地反對所有論點，並針對最後一項以高乃依（Corneille）的話語作回應：

「是犯罪帶來了羞恥，而不是刑檯。」

他還補充，不管這項懲罰會引起何種羞恥，他都非常願意和其他親人一起承擔。日復一日地，他們不斷懇求著，卻總是得到一樣的答覆。最後他們想到攝政王打從心底尊敬的聖西蒙公爵，想著如果能夠引起此人的注意，或許他們就能達成目的。這位出身高貴的公爵，對於同樣出身高貴的刺殺者居然要和平民囚犯死於同樣的方法感到震驚，並對攝政王解釋，若得罪如此資產豐厚富且有權有勢的家族，將是非常不智的選擇。他同時極力強調，德．恩伯格家族在德國擁有龐大的資產，而法律規定，任何擔任公職的人員與其親屬不能受碎輪刑，直到整個世代過世為止。基於這個原因，他建議將懲處改為在歐洲名聲較沒那麼醜惡的斬首之刑。當攝政王被這個說法打動，正打算同意時，對此事件與人犯下場感到非常有興趣的羅卻出現了，他對攝政王先前決定讓正義得以伸張的想法非常贊同。

這下子，霍恩伯爵的親屬只剩一步棋可走。在絕望的情況下，雷貝克・蒙特朗西（Robec Montmorency）親王找到混入地牢的方法，並帶著一瓶毒藥給伯爵，懇求他讓家人們免於受辱。霍恩伯爵將頭扭開，拒絕來訪者的請求。蒙特朗西一再遞上毒藥，在持續被拒絕後，他失去耐心地轉身離開。臨走前，他怒道，「那麼，死吧，讓汝枯萎，卑劣的可憐蟲！汝只適合毀滅於劊子之手！」獨留伯爵面對命運。

霍恩本人也向攝政王請願，請求以斬首實施死刑，但影響力堪稱無人能及的羅堅信，不能讓正義屈服於霍恩出於自利而提出的做法。這與攝政王最初的想法不謀而合。在這起案件發生的六天後，霍恩與米勒在格力夫廣場上被處以碎輪之刑。另一名行刺者迪斯鄧朋，一直未被捕獲。

這個嚴厲且迅速的判決，讓巴黎的民眾感到非常高興。認為坎康普瓦先生（人們如此稱呼羅）與他們同仇敵愾，要求攝政王不能輕縱貴族。然而，搶劫與刺殺的罪行並沒有減少。那些富裕的股票掮客們被洗劫時，對方往往不會手下留情。儘管過去大眾道德顯而易見地低落，但在中產階級快速擴增後，這些相較於上層社會明目張膽犯罪，或下層社會盡行偷雞摸狗之事的中產勢力，卻依舊沒能憑藉自身的純潔改善現狀。酷愛賭博的惡習在整個社會蔓延，幾乎扼殺了一切美德。

在信心持續高漲的期間，所有的交易行為都受到了刺激，並得到好處。巴黎此處的狀況最為顯著。來自世界各地的陌生人湧向巴黎，不僅努力地賺錢，更努力地花錢。奧爾良公爵夫人、攝政王的母親，計算了於此期間內由世界各地湧入巴黎的人口數量約為三十萬五千人。管家必須在閣樓、廚房，甚至是馬廄內整理床位，好讓訪客留宿。為了避免街道上各種類型的馬車與車輛發生意外，規定了這些車輛在主街上只能以走路的速度行駛。該國的紡織機編織著過去不常見的華麗絲綢、絨面呢和天鵝絨等織品，必須預先以原價四倍的紙鈔支付。供給面也得到同等的好處，麵包、肉品和蔬菜的成交價比以往都高。而勞力付出所獲得的酬勞也以同等的比例上漲。過去一天可以賺進十五蘇（sous）的工匠，現在可以賺進六十。到處都在蓋新房子，虛幻的榮華照耀著大地，使人們目眩，以至於沒有任何人看見出現在天邊的烏雲，預告著即將降臨的猛烈風暴。

用自己的神奇魔杖帶來一切榮景的羅，當然也享受著這遍及大眾的富貴。他的太太與女兒被貴族們追捧，公爵、親王的繼承人也不斷前來要求聯姻。他在法國不同地方買了兩座富麗堂皇的房子，並和敘利（Sully）公爵的家族商談購買其羅西尼領地的交易。但他的宗教信仰卻成為絆腳石，攝政王承諾，只要他能公開受洗成為天主教徒，就任命他為財政總審計長。這位什麼都不信的賭徒，當然爽快地答應這個條件，並在默倫教堂內，由東桑（Tencin）修道院院長為其施洗，現場還有大批觀禮的群眾。隔日，他被選為聖霍克教區的榮譽教區委員，為此他獻上五十萬里弗爾作為禮物。儘管羅的慈善之行總是分外隆重又招搖，但偶爾他也會選擇低調。只要有任何悲苦之事傳到他的耳朵，他絕不會坐視不理，也因此他私底下的捐款總額也相當驚人。

至此，他成為法國當前最具影響力的人物。奧爾良公爵是如此信賴他的聰明才智與成功的計畫，任何大小事都要問過他。但他絕沒有因此恃寵而驕，而是維持在失意時刻也保有的單純、親切、細心。他那討人歡喜的男子氣概是如此地溫柔、風度翩翩且讓人尊敬，沒有任何一位戀人曾經抱怨過他一句。如果他曾表現出傲慢的態度，也是針對那些不斷阿諛奉承他、使他心煩氣躁的貴族們。他非常享受觀察那些貴族們為了拜託他一件事，願意花多久的時間討好他。但對於偶然來訪巴黎、希望能與他見個面的同鄉，他則會有禮且盡心陪伴。當艾雷（Islay）伯爵、阿奇博爾德．坎貝爾（Archibald Campbell）即後來的阿蓋爾（Argyle）公爵，拜訪羅位於凡頓廣場的家時，他必須穿越前廳的重重人潮，這些人全是費盡千辛萬苦才擠進此處，並急著與那位大金融家見面好將自己的名字放到新同意書上。進去後，伯爵見到羅祥和地坐在圖書館裡寫信給洛里斯頓（家族房產）的園丁，交代關於包心菜的種植計畫！這位伯爵在此處逗留了一段時間，和老鄉玩了一場紙牌後才離開，並對他的平易近人與良好的思辯力感到滿心欣賞。

在這段期間內，許多貴族如波旁（Bourbon）、吉什（Guiche）、福爾斯（Force）、蕭納（Chaulnes）、都塔（d'Antin）伯爵們，也利用民眾輕易盲從的心態，大賺一筆，其他還有元帥迪斯特里（Marechal d'Estrées）、羅漢（Rohan）親王、普瓦親王（Poix）、里昂親王（Leon）。由路易十四與孟德斯潘夫人（Montespan）生下的兒子波旁公爵，憑著對密西西比股票的投機操作而獲益良多。他以罕見的華麗風格，重建位於尚蒂利的居所，並因對馬的熱愛，建造起一系列的馬廄，並從英國引進一百五十匹最優良的賽馬，用以改良法國馬的血統。他還買下皮卡地一塊規模驚人的領土，甚至進一步買下瓦茲省與索姆省間的高價土地。

當財富來得如此輕易，也難怪羅會被善變的群眾崇拜。從來沒有一個君王得到像他一般的吹捧。所有小詩人與文學家爭相向他傾注頌讚之辭。據他們所言，羅是國家救星，法國的守護神，他的言語即是公理，他的目光即是神意，他的行動即是智慧。他是如此神聖而偉大，導致總會有一群信眾跟在他的馬車後，攝政王只好派一對騎兵作為他的終身護衛，替他清除障礙。

當時，有人說巴黎從未擠滿如此多優雅、高貴的人們。大批來自海外的雕像、畫作和壁毯，總能立刻找到買家。而法國人擅長製造像家具及裝飾品等美麗的玩意兒，不再是貴族的專用品，在交易員和中產階級的家中也能見到。那些最昂貴的珠寶都聚集到巴黎，因為此處市場最熱絡。在這些珍寶中，攝政王買下其中一顆知名的鑽石，以自己的名字為其命名，再鑲嵌到法國皇冠上。這顆鑽石的成交價格為兩百萬里弗爾，但攝政王其實沒有像他身邊的人一樣，透過交易賺到驚人的財富。當這顆鑽石第一次帶到他眼前時，他雖然極度渴望擁有卻不願買下，他的理由是身為國家的治理者，他的職責不允許他在一件珠寶上花下如此巨額的公款。這合理且偉大的藉口讓同處一室的夫人們大驚失色，接下來的幾天只聽見連連的嘆息，惋惜沒有一個人的財富足以負擔這顆鑽石，這顆鑽石只能離開法國了。攝政王一直被鑽石的話題糾纏著，但他沒有動搖，直到那位特別擅長天花亂墜的聖西蒙公爵接下這樁差事，並且獲得羅的幫助。本性良善的攝政王總算點頭，讓羅憑著自己的聰明才智，找到支付寶石的方法：寶石所有者在規定期間內將收到兩百萬里弗爾作為保證金，還有每年五%的利息，外加切割寶石後所剩下的可觀碎鑽。聖西蒙在其回憶錄中，毫不謙遜地吹噓自己在這場交易中扮演的角色。他形容這顆鑽石有如青梅那般大，近乎渾圓，淨白無瑕，重量超過五百公克，他笑著向世界宣布，「讓攝政王進行如此了不起的交易，當中絕大部分功勞，都該歸於自己。」換句話說，他非常驕傲自己成功誘使攝政王放棄職權，花納稅人一大筆錢，買下這顆華美卻毫無用處的鑽石作為個人之用。

這個系統的繁榮盛景持續了好一陣，直到一七二〇年初。議會不斷警告大量發行紙幣的行為，遲早會讓國家走向破產，但無人理睬。對於金融原理一竅不通的攝政王認為，這麼一個帶來眾多好處的系統，是不可能崩潰的。如果五百萬紙鈔可以帶來這麼多優勢，那麼再多個五百萬紙鈔只會讓情況更好。這是攝政王最大的謬誤，而羅也沒有試著扭轉。人們異常渴望隨著幻象起舞，只要印度和密西西比的股價上漲，就會有更多國庫券發行。這樣的系統以野蠻的俄羅斯王子普譚金（Potemkin）為取悅帝王情婦、給予對方驚喜所建造的豪華宮殿來比喻，或許再適合不過：「巨大的冰柱一根根地豎起，以冰雕成做工細緻的簡潔愛奧尼柱，構成了高雅的門廊；以同樣材質搭建的堅固圓頂貼上金箔，在陽光下閃耀著，卻不至於融化。遠遠看上去整棟建築就像水晶鑽石宮殿般耀眼，但接著從南邊吹來一股暖風，這座莊嚴的宮殿立即溶解，直到一塊碎冰也不剩。」羅的紙幣系統也是如此。一股大眾不信任之風隱隱吹起，接著一切分崩離析，沒人能拯救。

第一個小小的警報在一七二〇年初響起。孔蒂親王因被羅拒絕以其開出的價格，將印度的新股份賣給他而懷恨在心，因此派人到羅的銀行將巨額的紙鈔進行兌換，最後，更動用了三輛馬車才將兌換來的硬幣搬走。羅向攝政王抱怨，並警告攝政王如果人人都模仿這樣的作為，將對系統造成損害。攝政王很清楚貴族愛報復的把戲，於是請來孔蒂親王，要求他將三分之二的硬幣退回銀行，否則就要繳交令人不悅的高額罰鍰。親王在專制政權下只好屈服。對羅來說，值得高興的是孔蒂親王人緣並不好，大家都對他的心胸狹隘與貪婪作為感到不齒，並認為羅受到欺壓。儘管如此，最令人不解的還是羅和攝政王並沒有受到此事的警惕，更遑論開始考慮控管紙幣發行量。很快地，有些人因為不信任的原因，模仿孔蒂親王的復仇之舉。股票的價格不可能無止境地漲上去，因此許多精明的股票仲介開始思考。因經營大筆資金運作而知名的波登（Bourdon）和拉黑莎迪亞（La

Richardière），悄悄地以一次一小筆的方式，將所有紙鈔換成硬幣，再將這些資金移往國外。此外，他們更購買了能輕易攜帶的金銀器皿和昂貴的珠寶，暗地裡將這些寶物送往英國或荷蘭。同樣嗅到不對勁氛圍的股票經紀人維賀馬列（Vermalet），弄到了將近一百萬里弗爾的金、銀幣，將之藏於農民的手拉車中，表面以乾草及牛糞覆蓋。接著，他穿上骯髒的農民罩衫作為偽裝，安全地將自己的寶貝們送到比利時。抵達後，他很快就找到方法將東西運往阿姆斯特丹。

目前為止，任何人想將紙幣兌換成硬幣，執行上並不困難。但此系統長期運作下去，終將因供應短缺而引發問題。抱怨的聲音四起，眾人不斷查問，問題很快就暴露了。議會對於該進行何種補救措施而僵持不下，於是詢問羅的看法，羅建議頒布命令貶低硬幣的價值，使其低於紙幣五分。於是法令頒布了，但預期失敗的心理如滾雪球般，於是只好再度頒布命令，將貶值調高到十分。同時，銀行方面也增加了兌現的限制：一次只能兌換一百里弗爾的金、十里弗爾的銀。儘管這些嚴苛的兌現限制保住了銀行的信用，卻無法恢復民眾對紙幣的信心。

縱然用盡一切方法，那些貴金屬依舊持續地被運往英格蘭與荷蘭。少數還留在法國境內的硬幣，則被謹慎地收藏起來。終於，硬幣的匱乏讓交易再也無法正常進行。在此一緊急情況下，羅貿然地進行大膽的實驗：完全禁止使用硬幣交易。一七二〇年二月，頒布一項法令，但卻沒有如預期重振紙幣信用，反而徹底毀滅系統，並將整個國家推入革命的臨界點。這項著名的法令規定：任何人不得持有超過五百里弗爾（二十鎊）的硬幣，違者將處巨額罰鍰，並沒收所有。該法令更同時禁止購買珠寶、金銀器皿和珍貴的寶石，並透過承諾給予告發者二分之一總額的方式，鼓勵舉發他人。在這前所未聞的暴政下，全國陷入一片苦海。每天都有新的迫害發生。舉發者與代理人的強行闖入，破壞了家庭的安寧。那些最正直、誠實的人，因為被舉發持有金幣的罪行而遭受譴責。僕人背叛他們的主子，人民搖身一變成為該區的間諜，每天都發生大量的逮捕與扣押，法院根本來不及處理暴增的案件。舉發人只需說他看見某個人的家中藏有金銀，搜索令即會立刻發布。英國大使史戴爾（Stair）說道：「現在已無需猜測羅加入天主教的真心，他在受洗的儀式上表明自己充分的決心後，就將大量的金子轉變成紙幣，並打造了另一種『宗教裁判所』。」

攝政王與不幸的羅，遭到人民的咒罵。硬幣，只要超過五百里弗爾就算犯罪，僅管如此，任何人只要抓到機會，都想擺脫紙幣。沒有人知道手中的紙鈔到了隔天還剩多少價值。杜克洛（Duclos）在自己的《攝政期的祕密回憶》（*Secret Memoirs of the Regency*）寫道：「從沒見過一個如此多變的政府，更不曾有人可以如此堅定地施行此般瘋狂的暴政。對於曾經目睹此刻慘況的人來說，很難想像現在可以用如夢一場的態度回看當時，革命沒有爆發——攝政王和羅也沒有以悲劇般的形式滅亡。他們心懷恐懼，而人們卻甘於作為一個抱怨者。帶著陰鬱與懦弱的絕望，愚笨的驚慌失措籠罩著眾人，但大家的心靈已低賤到不敢勇敢地忤逆。」曾有一次，人們組織了一場運動。煽動性的文字出現在牆壁上，更以傳單的方式進入各知名人物的家中。蔓延整座城市的大量間諜，令人們不再相信彼此，除了晚上那起由不知名團體進行的小小抗爭（且很快就被平息）外，這座城市的治安沒怎麼受到影響。

路易斯安納或密西西比的股票價格迅速滑落，大部分的人都不再相信那裡蘊藏著大筆財富的神話。為了重建大眾對密西西比計畫的信心，政府進行了最後一次的努力。基於此目的，政府對巴黎市的可憐蟲們下達了強制徵兵令。彷彿在戰爭期間般，將近六千名不務正業的人被徵召，他們得到配給的衣服與工具後，即被送往紐奧良，在宣稱藏有大量金礦的礦坑裡工作。每天，他們都拿著自己的茅與鐵鍬在街上遊走，根據所屬小隊送到外港準備啟航前往美國，但有三分之二的人這輩子都沒能離開。最後，他們自行脫隊，將工具轉賣，再拿著僅有的錢回去過原來的日子。三個禮拜後，幾乎有一半的人回到巴黎。然而這場鬧劇為密西西比股票帶來一絲微不足道的好處。許多易受騙的人開始相信，正式的行動終於在新葛康達展開，很快地，金條和銀錠將再次湧入法國。

在君主立憲制度下，曾有許多可有效恢復民心的做法。英國也曾經歷與此幻象非常相似的挫敗，在這之後，他們採取了非常不同的方法來拯救邪惡造成的傷害；但不幸的是，在法國，拯救者卻也是將大家推向深淵的始作俑者。攝政王企圖拯救國家而產生的任性妄為，讓國家深陷泥沼。所有交易都必須以紙幣支付，從二月一日至五月底間，至少製造了十五億里弗爾的紙幣，相當於六千萬英鎊。但是警鐘一旦敲響，別無他法可說服人們再次相信無法兌換成金屬的紙幣。巴黎議會主席蘭伯特（M. Lambert）曾當面告訴攝政王，他寧願擁有十萬里弗爾的金幣或銀幣，也不要銀行發行的五百萬紙幣。當這已成為普世想法後，大量發行的紙幣只會加劇硬幣與紙幣總額的差距對比，進一步擴大問題的嚴重性。硬幣，這攝政王急欲打壓的對手，卻在每一次的攻擊後立刻上漲。二月，他們評斷將皇家銀行和印度公司合併是較明智的做法。據此目的，頒布一則法令並經議會通過。國家將依然作為此銀行所發行的紙幣擔保者，如果沒有議會的命令，就不能發行紙幣。過去，為了讓羅無法插手銀行的獲利而將銀行轉為國有，現在，銀行的獲利將再度從攝政王手中轉到印度公司。這個做法曾經非常短暫地提高了該公司的路易斯安納等股票價格，但沒能成功地將公眾信貸轉為長期基礎。

五月初，國務會議召開，羅、阿格森（他在財政部門的同事）和所有首長都出席了。會議上，計算了市面上流通的紙幣總額為二十六億里弗爾，而國內的硬幣總額還不及這個數字的一半。對會議參與人來說，顯然他們必須採取某些計畫以平衡貨幣。部分人士認為應該減少紙幣的數量使其與硬幣相等，其他人則認為應該降低紙幣的價值使其與硬幣相等。雖然羅反對這兩種做法，卻提不出第三種辦法，因此最後決定將紙幣的價格貶低為一半。五月二十一日，一項法令頒布，命令印度公司與其銀行發行的紙幣必須在今年年底前，逐步降低價值，降至現值的一半。然而議會拒絕為此法令背書，使得此法令又引起極大的衝突，讓整個國家陷入崩潰邊緣。事已至此，攝政委員會為了維持社會的穩定，不得不在七天內頒布了另一條自相矛盾的法令，讓紙幣恢復其原本價值。

同天（五月二十七日），銀行停止紙鈔兌換。羅和阿格森同時被解除職務。當羅來到皇宮門前表明身分後，卻不得其門而入，全因那懦弱、優柔寡斷且膽小的攝政王將這場失敗的責任，全推到羅的身上。然而，入夜後，攝政王卻悄悄召見他。羅從一個祕密通道進入皇宮，攝政王不斷安撫他，用各種藉口解釋早上那嚴苛的態度是出於被迫，絕非自願。兩天後，這位任性妄為的攝政王帶著羅公開出現在歌劇院，並與他肩並肩地同坐在皇家包廂內，更在所有人面前對他禮遇有加。但這樣的做法只加劇了群眾對羅的怨恨，反而將羅推進更致命的處境。當他回到家正準備進入家門時，一群暴徒拿石頭攻擊他的馬車，如果他的馬車伕沒有即時加速進入後院，守衛沒有立刻關上大門，羅很可能已經被拖出車外，慘遭暴民撕成碎片。隔天，他的夫人與女兒在看完比賽坐馬車回家時，也被一群暴徒攻擊。當攝政王聽到這些事件後，立即指派一支精銳的瑞士衛兵前往，讓這些士兵不分日夜地駐紮在羅的家門前。但群眾的憤怒是如此高漲，羅察覺即便有這些士兵，他的家依舊不安全，於是他前往皇宮避難，住在攝政王的宅邸中。

為了重拾民心，攝政王召回一七一八年因反對羅的計畫而被解職的大臣杜蓋索。儘管為時已晚，攝政王終於發現自己對這位能力出眾、且或許還是這腐敗世道中僅存的正直人物，過分嚴苛與不信賴。自從發生那件不光彩的事後，杜蓋索就隱退並搬到位於弗雷納的鄉間宅邸中，沉浸在艱難卻又讓人愉快的哲學研究，忘卻卑劣法院的陰謀。羅本人和攝政王家臣舒菲李．德康富朗（Chevalier de Conflans）帶著必須與前大臣一同回到巴黎的命令，乘著驛馬車出發了。於是杜蓋索答應了，儘管他的朋友認為他不該接受召回的命令，尤其當這則命令還是由羅捎來的，但杜蓋索依然願意盡一己之力。在他抵達巴黎後，指派五位議會參謀加入財務局。六月一日，下達命令，撤銷持有超過五百里弗爾硬幣即違法的法令。每個人都可以隨心所欲地保有硬幣。為了應付現有紙幣被撤銷的發展，新版紙鈔開始進行印製，總量二千五百萬，以巴黎整座城市的收益（二．五%）為擔保，而收回的紙幣則公開在市政廳前燒毀。新紙幣的價值為十里弗爾。六月十日，銀行重新開放，準備了充足的銀幣供大眾兌換。

這些方法得到了相當程度的良好影響。所有的巴黎人都擠到銀行櫃檯前，將手中的紙幣換成硬幣，銀幣很快就供不應求，因此改成用面額較小的銅幣給付。儘管有時會看到這些可憐的人在大街上汗流浹背，拖著自已無法輕鬆駕馭的五十里弗爾，也從沒有人抱怨這些銅幣太重。包圍銀行的人群實在太多，幾乎每天都會發生擠死人事件。七月九日，聚集的群眾是如此稠密且吵鬧，讓駐紮在馬薩林花園的士兵只好將大門關上，禁止任何人再進入。群眾開始歇斯底里，透過欄杆朝士兵們丟石頭。士兵也開始感到憤怒，威脅要對群眾開火。就在這個瞬間，其中一名士兵被石頭砸中，他立刻舉起手中的槍朝民眾發射。一名男子隨即倒斃，另一人則身受重傷。銀行前氣氛凝重，一場暴動看似即將爆發，但當馬薩林花園的大門再度打開，一列舉著刺槍、準備好隨時做出回擊的軍隊走出來，群眾只能透過叫囂與噓聲來宣泄自己的憤怒。

八天後，聚集的民眾過於龐大，導致十五人在銀行門前因推擠而死亡。群眾憤怒難抑，他們將三具屍體移到擔架上，放在人數約為七千到八千人的隊伍前方，並走到皇宮花園，試圖讓攝政王看見自己和羅是怎樣將他們推進不幸的深淵。羅的馬車伕正巧坐在主人停留在前院的馬車上，他是一個情感勝過理智的人，恰巧又很不喜歡暴徒們一直攻擊主人的行為，於是他以足夠讓幾個人聽到的大聲量，批評那些人都是流氓，應該被絞死。此刻，暴民瞬間將目標對準他，並以為羅也坐在車上，於是將馬車整個拆了。那位傲慢的馬車伕勉強保住性命。此刻，一支軍隊出現了，攝政王向民眾保證，那三具他們帶來的屍體，將會在他個人的安排下，體面地安葬，此後人群散去，沒有再發生什麼事情。事件發生當下，議會正好在開會，主席親自起身走出去，看看發生了什麼事。回來後，他告訴議員們，羅的馬車被暴民破壞。眾人立刻站起身，大聲歡呼以表內心的喜悅，其中一個特別憎恨羅的人甚至問，「那羅呢？他有沒有被撕成碎片？」

毫無疑問地，許多問題的結果都將受印度公司是否能應付全國如此龐大需求的能力影響。因此相關部會認為，應該將任何有助於讓該公司實踐其承諾的特權全權授予，以期帶來最好的結果。在此看法下，有人建議將海上貿易的特權獨家授予印度公司，於是一條法令誕生了。不幸的是，他們忘記在這樣的規定下，全國的商家都要毀了。這樣一條影響巨大的特權授予的草案想法，通常需經過國家級的審理，表達請願的請願書被送進議會，但議院拒絕放行此法令。在議會拒絕通過此法案後，攝政王生氣地表示他們什麼都不會，只會讓事情更嚴重，於是將眾人流放到布盧瓦。在杜蓋索的求情下，流放的地點改成龐多瓦，到了那裡後，議會立刻重組，他們決心與攝政王對抗到底。他們想盡辦法，讓自己短暫的流放生活盡可能地愉快。議會主席從巴黎請來最受歡迎、最有趣的人物，給予整個行動最優雅的支持。每天晚上，都有為女士們舉辦的演奏會與舞會。平日裡嚴肅莊嚴的法官與議員們，紛紛加入紙牌與各種娛樂的行列，過了好幾個禮拜極端奢華愉快的生活，只為了向攝政王顯示他們對懲處有多麼無感，此外，只要他們願意，就可以讓龐多瓦變得比巴黎還燦爛。

縱觀全球各國，法國是最喜歡將自己的悲苦放進歌謠傳唱的民族。有許多描述該國家的論點，其中一個就是可以靠追溯法國的歌曲得知其歷史。當羅完美的計畫徹底失敗後，他成為眾矢之的，諷刺的言語開始纏著他不放。全國的商店開始出現他個人的諷刺漫畫，大街小巷也唱著關於他的歌，當然，攝政王也沒能逃過。多數的歌曲內容低俗，其中還有一首教人如何將羅的紙鈔用於最齷齪的行為。

下面這首諷刺詩也出自同一時期：

星期一，我買了股票，
星期二，我賺了幾百萬，
星期三．我買了家具，
星期四，我買了衣衫，
星期五，我開了一場舞會，
星期六，我變成了乞丐。

在眾多顯示巴黎正從美夢中驚醒過來的諷刺畫中，有一幅被收錄在《攝政王回憶錄》裡面。其作者如此描述：「『股份之神』坐在她的凱旋馬車上，愚蠢之神為其駕車。那些拉著馬車的是木腿密西西比、南海、英國銀行、西塞內加爾公司，和其他各種公司。這輛車總是跑得不夠快，那些因其狐狸尾巴與狡猾神情而出名的公司代理人們，不停地轉動車輪的輪軸，標示著股票名稱與其價值的輪子轉動著，有時高，有時低，全視輪子的轉動而定。愚蠢之神駕馭的戰車不留情地碾過地上合法商家的貨物、日記簿與帳簿。背後聚集了一群混雜著各種年紀、性別與身分的龐大群眾，在財富的身後吵吵鬧鬧，為著她大量拋給眾人的股份彼此鬥毆著。雲端坐著一隻惡魔，吹著肥皂泡泡，然而肥皂泡泡也成為眾人羨慕與覬覦的對象，有些人跳到別人的背上，企圖在泡泡破掉前抓住它。道路前方，一幢巨大的房子矗立著，截斷了道路。房子有三扇門，如果想走更遠，勢必要從其下通過，人群跟著車。第一扇門寫著『傻子收容所』，第二扇寫『有病者收容所』，第三扇寫著『乞丐收容所』。」另一幅則畫著羅坐在大鍋子裡，利用大眾的瘋狂燒滾了鍋，周圍環繞著不耐煩的人們，不斷將金子與銀子投進去，再開開心心地接回羅親手遞上的紙張。

當民眾躁動不安時，羅小心翼翼地不讓自己孤身暴露在街上。躲在攝政王的住所裡，他可以逃過各種攻擊。每當他要外出，不是隱姓埋名，就是坐在皇家馬車內，享受重重保護。一則記錄下來的奇聞軼事揭露了民眾對羅的憎恨之情，在該故事裡，羅落進暴民的手裡受盡折磨。當時，有一名叫卜賽勒（Boursel）的紳士坐在馬車裡，行經聖丹東尼街，前行的路卻被一台小馬車擋住。卜賽勒的僕人不耐煩地斥喝對方，要其趕快讓道，並在對方拒絕後朝對方的臉打了過去。這個騷動很快引起路人的注意，卜賽勒從馬車上走下來，想要維持秩序。但小馬車的車伕以為卜賽勒是來打他的，情急之下以自己最大的音量嘶吼：「救命！救命！謀殺！謀殺！羅和他的僕人想要殺我！救命！救命！」在他的叫喊下，人們紛紛拿著棍子或各種武器，從店裡走出來，暴民開始搜集石頭好對那位「羅先生」進行攻擊。幸運的是，當卜賽勒先生和僕人看見令人畏懼的群眾開始逼近他們時，前方教堂的大門敞開著，於是他們全速往裡面衝。他們在人群的追趕下跑進祭壇，但即便是這樣神聖的地方，也無法讓他們倖免於難，於是當他們看見身後有扇通往教堂聖器保管室的門時，他們立刻衝進去並把門鎖上。接著，憂心且生氣的牧師將眾人趕了出去，當憤怒的群眾發現卜賽勒的馬車還停在街上時，開始將自己的不滿對著馬車發洩，導致馬車毀壞得面目全非。

言歸正傳，每年利率僅有二．五％的巴黎市政收入實在太低，因此，以此為擔保的二千五百萬新版紙鈔沒能成功吸引大批密西西比股票持有人。也因為如此，股票的轉換成為眼下最大的難關，那些情願持有不斷下跌的羅氏公司股票者，還保持著事情可能有大翻轉的一絲期待。為了加速轉換，八月十五日通過了一項新法令，規定總值為一千至一萬里弗爾的股票不得流通於市面，只能用於支付年金與銀行帳單，或購買該公司股票時所進行的分期付款行為。

十月，另一項法令通過，宣布十一月過後，無論手中的股票價值多少，將直接失效。此外，印度與密西西比公司享有的全部利益與特權（如鑄幣權和代收稅金等）也被剝奪，成為普通的私人公司。此舉對整個系統而言，無疑是致命一擊，至此，主導權已落入敵人之手。羅在財務委員會的影響力歸零，公司也在所有特權都被剝奪的情況下，再也無法期待實踐承諾的一天。在民眾浸淫於幻象巔峰時期所得到的不法獲利，都被一一清查且處以高額罰鍰。此外，更有一項命令要求列出所有原始股東的名字，且如果這些人手中現在還握有股份，應該將這些股份轉為公司的保證金，而那些申購股票卻還沒完成認購的人，則必須以每股一萬三千五百里弗爾的價格，購買原本為五百里弗爾的股票。與其花錢購買總金額如此龐大、現值卻根本不值幾毛的股票，那些股東情願打包自己可攜帶的財物，逃往國外。一道命令隨即抵達各港口與邊境管理局，逮捕所有企圖離開法國的旅客，清查其身上是否藏有金銀器皿、珠寶，並在查明對方與當前的股票事件關係前，不得解除羈押。對於少數幾名已脫逃出境的人，則處以死刑，而其他留在國內的，更被任意地處以各種懲罰。

羅在陷入短暫的絕望後，決定離開這個對他來說不再安全的國度。他首先向攝政王請求離開巴黎並前往鄉村居住的退休准許，攝政王欣然同意。攝政王雖受當前那些令人不悅的改變影響，但內心對羅一手打造的金融體系所造成的效果與原理，依舊深信不疑。攝政王深知自己所犯下的錯誤，在餘下的人生歲月裡，他也不斷尋找可建立一個更具穩固基礎系統的機會。在羅與親王的最後一次會面中，他說的話被記錄下：「我向你坦誠我犯了許多錯。我承認這些錯誤，是因為我也是人，誰能無過，但我必須鄭重地澄清，這些錯誤全非出於不道德或不誠實的動機，在我主導的過程中，絕不可能找到這樣的事。」

在羅離開後的兩三天內，攝政王寄給他一封措辭懇切的信，准許他在任何時候離開法國，並表示他已經請人準備好他的護照。此外，他也願意給予他任何所需的金錢。羅恭敬地謝絕攝政王送來的金錢，乘著波旁公爵夫人——佩蕾夫人（Prie）的驛車，在六位騎兵的護送下，前往布魯塞爾。從那裡，他轉往了威尼斯並停留數月，而當地人對於這位看似家財萬貫的外來者，抱持高度興趣。儘管如此，沒有任何一個人猜對他的身分。羅，這位將人生精華歲月都花在賭桌上的職業賭徒，卻於此刻表現了極端的大度，不願動用一毫猶如風中殘燭的帝國的金錢，讓自己好過。在密西西比狂熱的最高峰時期，他未曾懷疑自己的計畫，深信自己將帶領法國成為歐洲最富裕、最有權勢的帝國。他將所有的財產都拿去購買法國的地產，這個舉動足以證明他對自己的部署信心滿滿。他沒有像那些卑劣的股票掮客大量囤積金銀器皿、珠寶，或將財產移往國外。除了一顆值五到六千鎊的鑽石外，他其餘的財產都投資在法國的土地上，因此當他離開法國時，他幾乎身無分文。光是這一項事實，就足以反駁那些經常不公正地控訴他為人狡詐的說法。

當羅離開法國的消息傳出去後，他所有的房產與珍藏立即充公。而羅的太太與孩子賴以生活的年金收益（二十萬里弗爾，約為八千英鎊），也被沒收，儘管當年羅的聲勢如日中天時，政府曾頒布一道特殊法令，規定無論在何種情況下，都不能將年金充公。對於羅在默許下逃離法國，人民大感不滿。民眾和議會都恨不得看到羅被絞死。少數沒被這場商業風暴波及的人，對於這位江湖術士的離去則是鼓掌稱快；其餘那些財富被席捲一空的人們（且顯然占社會多數），則無限悔恨。羅對法國財政問題的根本，有著最深厚的了解，卻沒能利用知識為法國人提供任何補救方法。

在財務委員會與攝政委員會的開會期間，檔案被完整公開，市面上流通的紙幣總價為二十七億。攝政王被召來詢問，為何在紙幣發行的日期與其授權被發行的時間點上，兩者出現差異。攝政王本可獨自攬下責任且全身而退，但他認為缺席者也該負起一些責任。於是，他說羅自行其事地，在不一致的時間點發行十二億的紙幣，當他發現時，事情已無法挽回，在出於袒護的心態，提前發布授權紙幣發行的法令。如果攝政王能全然坦白自己的所作所為，承認自己過於奢侈與缺乏耐心，迫使羅不得不逾越安全的界限，或許還能獲得更多肯定。此外，會議上也查明至一七二一年一月一日止，國家債務總額上看三十一億里弗爾，或超過一億兩千四百萬英鎊，其利息為三百一十九萬六千英鎊。一支委員會隨即組成，以檢驗所有國家債權人的安全性，並將其分成五種：前四種為利用實際財產購買債券者，第五種則是無法證明其進行的交易為真。第五種人的債權被下令消滅，前四種的債權則同時受到最嚴格與謹慎的審查。在委員會的努力工作下，製作出一份報告，建議將債券的利率調降至五千六百萬里弗爾。他們表示此建議是出自於調查報告，由於發現有許多侵占公款與勒索的行為，為因應此現象，一項正式由法國議會通過的法案發布了。

隨後更成立一個特別法庭，審理財政部門在後期那段不愉快的時間內，所發生的營私舞弊之行。一名國務院中階官員法洛奈奇（Falhonet）和克萊門（Clement）神父，及兩名受僱的辦事員，利用各種方法侵占公款，侵吞總額高達一百萬里弗爾。法洛奈奇和克萊門被判斬首，辦事員處以絞刑，但最後，他們的刑罰被改判為終身監禁於巴士底監獄。爾後，各式各樣的罪行被揭發，並被處以監禁或罰鍰。

阿格森在密西西比狂熱期間的所作所為，讓他和羅、攝政王同樣受人憎惡。他先是被卸除財務大臣的職務（由杜蓋索接任），但保留掌璽大臣的頭銜，並能隨時參與委員會議。儘管如此，他認為暫時離開巴黎，到自己位於郊外的住所避風頭，會更安全。然而，隱退生活並不適合他，他漸漸鬱鬱寡歡且不滿，加上長年的舊疾復發，不到一年，阿格森過世。巴黎的人民是如此憎惡他，甚至將這股氣宣泄到喪禮上。當他的送葬隊伍行進到他們的家族墓地——聖尼可拉斯夏爾多內教堂時，大批情緒激動的民眾包圍送葬隊伍，他的兩個兒子被迫加速通過大街，以免遭人攻擊。

至於羅，他曾有一段時間深信自己會被再次召回法國，協助建立一個更穩固的系統。但當攝政王於一七二三年驟然過世——當時他正坐在火爐旁與情婦法拉里斯（Phalaris）公爵夫人聊天，剝奪了羅的最後希望，並讓他重拾往日的賭博惡習。他曾不只一次被迫典當那顆見證他輝煌歲月的鑽石，但精湛的賭技讓他總能再次贖回。受到羅馬債權人的逼迫，於是他前往哥本哈根，並在那裏取得准許返國（英國）的許可，威爾森謀殺案的罪行也獲赦免。他被帶到海軍司令的船上，並引起上議院一陣短短的議論。柯寧斯比（Coningsby）伯爵抱怨一個放棄國家與宗教的人，不該獲得如此待遇，並認為如果讓羅於此刻出現在正因邪惡的南海計畫而人心惶惶的英國境內，將引起很大的危險。他對此提出了動議，但其他議員對他的恐懼一點都不在意，於是該動議被否決。羅在英國待了四年，再轉往威尼斯，並在窮困潦倒的情況下於一七二九年過世。當時，出現了下列的墓誌銘：

此處長眠著那位知名的蘇格蘭人，
他的計算技巧無人匹敵，
憑著代數，
他讓法國一無所有。

羅那位和他一起涉及銀行與路易斯安納公司事務的兄弟威廉．羅（William Law），因瀆職的罪名被關進巴士底監獄，但一直沒有找到任何證據。於是他在十五個月後獲釋，並在法國成就了至今依舊享有盛名的勞里斯頓（Marquises of Lauriston）家族一脈。

在接下來的一章，我們將看到同一時期內，另一起籠罩整個英國的狂熱，儘管情況非常雷同，但在憲政政府的效能與良好的判斷力下，得到與法國完全不一樣的結果。

第二章 The South-Sea Bubble

南海泡沫

長期的腐敗，猶如洪水，吞噬所有；
貪婪肆意蔓延，
如低竊的霧氣，蒙蔽太陽。
政治家及愛國者合資插股，
貴族與管家一起擠在審判席；
法官瀆職，主教出賣教區，
偉大的公爵賭下半個王位：
大英帝國浸淫於骯髒利益光芒下。

——詩人波普（Pope）

南海公司成立於一七一一年，由知名的牛津伯爵哈利（Harley）創立，企圖恢復因惠格黨（Whig）被解散而大受打擊的公眾信貸，並消除包含陸、海軍債券和流動債務等高達一千萬英鎊的債務壓力。當時，這個連名字都還未訂下的公司，表示願意承擔政府全部債務，只要英國政府同意擔保他們在特定期間內可享六%的年息。政府為了兌現其每年高達六十萬英鎊的利息承諾，長期將酒、醋、印度貨品、精製絲綢、菸草、鯨鬚等貨品的關稅挪作此用。這個由議員組成的公司在得到南海交易的壟斷權後，便以此命名，為後世所知。牛津伯爵更是驕傲地宣傳自己在此談判中所付出的貢獻，此計畫更經常被他身邊的阿諛奉承者稱為「牛津伯爵的超群絕倫之作」。

在此公司成立的早期階段，該公司與大眾目光早已鎖定南美洲東岸的豐富礦藏。每個人都聽說過祕魯與墨西哥的金、銀礦脈，大家都認為此處將帶來源源不絕的金銀，他們只需將英國的貨物運往此處交換，就能從當地獲得百倍的金塊、銀錠。當時盛傳，西班牙準備開放其在智利、祕魯海岸的四個港口，供英國進行交易用。此說法更強化大眾信心，南海公司的股價在很長一段時間內居高不下。

然而，西班牙國王腓力五世（Philip V.）從沒打算允許英國免費使用其位於美洲的港口，進行買賣。雖然協商的計畫確實進行著，但唯一談成的只有黑奴販賣合約，提供其殖民地三十年黑奴的交易特權，以及一年一艘可與墨西哥、祕魯或智利進行貿易的貨輪，但噸位與價值都受限制。而且後者許可建立在非常嚴苛的條件下：西班牙國王必須享有該船四分之一的獲利，餘下的則需繳交五%的稅金。這對牛津伯爵與其同黨來說，無疑地非常失望，他們經常用「大山鳴動，謂有一鼠來」（意喻雷聲大雨點小）來談論此狀況。

但公眾對南海公司的信心從未因此動搖。牛津伯爵對外宣稱西班牙同意在第一年，除了開放一年一度的商船外，還另外放行兩艘船載運貨物，此外更發表一份名單，指出西班牙將全面開放海岸地區的港口及碼頭與英國進行貿易。但直到一七一七年，一年一度的商船才真正成行，而隔年立即因英、西斷交而終止。

英國國王於一七一七年議會開庭演講中，婉轉地提起公眾信貸的處境，並建議應提出適宜的方案以減少國家債務。隨後，兩大金融公司——南海公司與英格蘭銀行（Bank of England）於五月二十日向議會遞交提案。南海公司請求透過認購或其他方式將其股本由一千萬增加到一千二百萬，並願意將六%的利息降低到五%。銀行呈交的提案也同樣誘人。議院在爭論了一段時間後，終於通過三項法令：南海公司法案（South-Sea Act）、銀行法案（Bank Act）和一般資金法案（General Fund Act）。第一條法案中接受南海公司的提案，議會本身也準備好發行兩百萬的股票，以紓解安妮女王執政第九與第十年時，為緩解國家債務而發行的彩券基金本金與利息壓力。第二條法案則是接受銀行以較低的利率，借予國家一百七十七萬五千零二十七英鎊和十五先令，並同意以最高兩百萬英鎊總額的國債，和每年十萬英鎊、利率為五%的年金來抵消債務，這些債券將在一年內通知贖回。他們更被要求事先準備（以防萬一）一筆不超過二百五十萬英鎊的金錢，利率同樣為五%，可由議會兌現。一般資金法案則列舉了各種需要透過外國資源來彌補的短缺情況。

至此，南海公司的名字不斷出現在大眾耳中。儘管該公司透過南美洲貿易所獲得的利潤根本微乎其微，他們還是持續以金融公司的姿態蓬勃發展。他們的股票一股難求，而受此成功鼓舞的董事，更開始思索擴大影響力的方法。由約翰．羅開創那個讓法國人神魂顛倒、魂牽夢縈的密西西比計畫，啟發他們在英國如法炮製的想法。儘管他們認為密西西比計畫終將失敗，但這並沒有打消他們的念頭。憑著對自身才智的驕傲，他們堅信自己絕不會重蹈覆轍，他們不但能讓計畫長久發展下去，還可以在不崩毀的狀態下將信貸效益推展至最極致的狀態。

此時，羅的聲勢正可謂如日中天，當上千名群眾擠到坎康普瓦大街，用狂躁的貪婪毀滅自己的同時，南海公司的負責人正將聞名後世的清償國家債務計畫提交議會。對無盡財富的憧憬，迷惑了歐洲兩大強國人民的雙眼。雖然英國在荒唐表現的專業發展上，稍晚於法國，但當這股狂熱找上他們，他們立即決定不落人於後。一七二〇年一月二十二日，下議院改組為全院委員會，以討論國王在年初演講時所提到的公共債務問題，以及南海公司提案中關於贖回與償還的方案。該提案內容繁多，分為數個部分，當時，南海公司急於將三千零九十八萬一千七百二十一英鎊的國家總債務，以五%的年息攬到自己身上，直至一七二七年的夏天。過了此期限後，議院可以進行贖回，且利率降為四%。這項提案受到廣泛的支持，但英格蘭銀行在議院中擁有眾多人脈，這些人當然希望分一杯羹。因此，他們在代表銀行的情況下表示，英國過去陷入困境時，英格蘭銀行給予國家極大且了不起的幫助，如果國家即將進行一項可能帶來好處的公共協議，那麼應該將銀行的地位置於一間過去對國家毫無貢獻的公司之上。於是，南海公司的計畫被擱置了五天。與此同時，銀行管理者也擬定了一份計畫。南海公司在擔心對方將開出優於自己條件的壓力下，重新檢視計畫，並修改了部分內容，期待得到更多的支持。新計畫的最大改變為政府的債券贖回期限為四年，而非一開始規定的七年。銀行決心不能輸掉這場奇特的競拍會，於是管理者再度審閱最初的提案，送了一份新的給議會。

至此，雙方都遞交了提案，議院開始仔細商討。羅伯特・沃波爾（Robert Walpole）為銀行派的主要發言人，財務大臣艾斯拉比（Aislabie）則是擁護南海公司的主要代表。二月二日，結果出爐，南海公司的提案能為國家帶來最大的利益。於是，南海公司贏了，並開始根據此計畫制訂法令。

股票交易巷瀰漫著興奮的氛圍。僅僅一天，南海公司的股價從一百三飆升為三百，且在法案進入討論階段的期間內，不斷向上大幅攀升。沃波爾成為議院內，唯一敢大聲反駁此計畫的議員。他用最動人且嚴肅的話語，警告著惡魔的降臨。他說：「投機式的股票買賣極端危險，很可能分散國家在貿易與產業上的心力。它將危險的誘餌丟向沒有戒備的人們，誘使其走向毀滅，更利用他們癡心追求夢想財富的心態，替自己賺錢。該項目的最核心原則為一等一的邪惡，它企圖透過市場刺激和一般大眾的迷戀，承諾給予絕不可能達成的紅利目標，來人為操控股價。」他更大膽預言，表示如果這個計畫成功，該公司的負責人將成為政府的主導者，成為帝國內嶄新且絕對的貴族專權，掌控立法機關的一舉一動。如果計畫（如他宣稱的那般）失敗，結果將導致國家陷入不滿與毀滅的風暴。這就像一場幻象，當那不可避免的邪惡之日降臨時，人們將從美夢中醒過來，反覆問自己這一切是否為真。他的話語全部付諸流水。他被視為假先知，更被譬喻成嘶吼的烏鴉，用嘶啞的聲音講著不詳之語。他的朋友則將他譬喻為卡珊卓拉[1]，當人們非要等到惡魔從煙囪潛進來，直視著他們的雙眼方能大夢初醒，而他早已預見一切。事實上，議院成員一開始還很用心傾聽他的意見，直到他們聽見主題是南海問題後，才開始紛紛離席。

該法案在下議院討論了兩個月後才出爐。這段時間內，南海公司的董事們——尤其是主席約翰·布朗特（John Blunt）與友人，大肆哄抬股價。離譜的謠言傳遍大街小巷，謠傳英國與西班牙簽訂合約，西班牙將全面開放其所有殖民地的貿易；還有波西多拉佩茲蘊藏的大量礦產將被送往英國，直到銀子跟鐵一樣平凡無奇；墨西哥當地的居民願意掏出所有的金子，購買英國大量出產的棉織品與木製品；能在南海進行交易的公司將成為世界首屈一指的有錢人，因此只要投資一百英鎊到其公司股票上，每年就可以得到好幾百鎊的回饋。在這些謠言的推波助瀾下，該公司的股票漲到將近四百鎊，但在大幅波動後，股價落在三百三十英鎊，且一直維持，直到下議院以一百七十二比五十五的比數通過法案。

法案來到上議院後，以迅雷不及掩耳的速度通過。四月四日，一讀通過；五日，二讀通過；六日，進入全院委員會；七日，三讀且通過。

少數貴族打從心底反對該計畫，但他們的警告如同耳邊風，聽者根本無動於衷。投機的狂熱席捲了上層社會，更引起下層人民的注意。諾斯（North）勳爵和格雷（Grey）勳爵認為該法案本質背離了公正，並因為肥了少數、窮了多數，將引起致命的後果。沃頓（Wharton）公爵也贊同此論點，但他只懂得重複沃波爾在下議院的冗長雄辯之詞，導致他甚至沒有得到與諾斯和格雷同等的注意力。古柏（Cowper）伯爵也支持他們的想法，並將該法案以木馬屠城記來譬喻——同樣經人為引進，在盛大且歡樂的氣氛背後，暗藏著背叛與毀滅。桑德蘭（Sunderland）伯爵努力對所有異議進行回應，但問題被提出後，只有十七人反對，其餘八十三人都贊成。同天，法案通過上議院，並得到國王的批准，正式生效。

在當時的氣氛下，整個國家似乎都成為熱衷的炒股者。交易巷每天都人滿為患，馬車在康希爾街[2]更是寸步難行。人人都在買股票。「連傻子都變貪心」，當時流行的民謠在大街小巷傳唱著：

星章與勳章落在狂暴的烏合之眾間；
買與賣，看與聽，
猶太人與異教徒的爭吵。
高尚的仕女們也來了，
加入每日的戰鬥行列，
或典當她們的珠寶，
換取交易巷中的冒險入場券。

光是南海公司的股票，已經不足以滿足席捲社會各階層的無盡貪婪。各式各樣誇大不實的計畫紛紛出動。股份申購單迅速被一搶而空，股市交易量暴增，當然，五花八門哄抬股價的手段也紛紛出籠。

與大家預期的相反，當南海法案得到國王的批准後，股價反跌沒漲。四月七日，該公司股價為三百一十英鎊，隔天，卻下跌至兩百九十。董事們已嘗過計畫帶來的甜頭，因此絕對不願意放手讓股價重回自然市場的平衡。他們的使者開始四處奔波，找上每個對南海計畫有興趣的人，並讓他們再拉來身邊一群朋友，向他們闡述南美洲海上的寶藏。交易巷充斥著別有居心的人潮，其中一人以信心十足的口吻散布謠言，對股價果然起了立即的效應。該謠言宣稱斯坦霍普（Stanhope）伯爵在法國得到來自西班牙政府的提議：基於保障南海交易的安全及擴大貿易量，西班牙願以祕魯海岸的部分地區交換英國的直布羅陀與馬翁港。此外，西班牙不再限制一年

1 卡珊卓拉（Cassandra），希臘、羅馬神話中特洛伊的公主，擁有預言能力，但因抗拒阿波羅的求愛而遭詛咒，預言不被人相信。
2 康希爾街（Cornhill），舊時倫敦的金融街。

只能派一艘船，西班牙國王也不會再徵收四分之一的利潤，公司可以隨意打造或僱用船隊，更不需要向異國君王分享收益。

「金銀財寶在他們眼中翩翩起舞」，股價急劇攀升。法案正式生效後的第五天，四月十二日，董事們開始進行一百萬股的認購登記，一百英鎊的股票以三百英鎊賣出。大廳擠滿了各式各樣的人，首次認購額就超過兩百萬原始股。三百鎊分五次付清，每次六十鎊。短短幾天內，股價飆升到三百四十鎊，股票認購書以雙倍的價格賣出。為了加倍刺激股價，該公司在四月二十一日的董事會上宣布，夏季股息為一〇%，所有的認購者都可享有此權利。此一做法果然引起了預期的效果，董事決定趁勝追擊，再次開放認購一百萬股，價格為原先的四倍。眾人對這看似穩賺不賠的投資簡直像著了魔，不到幾小時，一百五十萬股便迅速以不合理的高價脫手。

與此同時，無數的合股公司如雨後新筍般出現在市場中。人們很快就為它們起了個絕妙的名字：泡沫。群眾往往對自己起的綽號感到興奮異常，且確實沒有任何暱稱比「泡沫」來得貼切。有些公司長則存活一至兩個禮拜，短則瞬間消失無蹤。每天晚上都有新計畫誕生，每天清晨都有新事業成立。尊貴的貴族們對於這股熱潮，也如康希爾街上奮不顧身的人們那般熱衷。親王威爾斯（Wales）擔任一間公司的董事，並透過投機操作賺取了四萬鎊。公爵布理奇瓦特（Bridgewater）則替倫敦市及西敏區規畫了一樁修繕計畫，公爵錢多斯（Chandos）也提出了另一項提案。當時，有將近一百個多個計畫在進行，且一個比一個浮誇、空洞。引用《國家政治》（*Political State*）一書的說法，形容它們是「由狡猾的騙子進行設計與包裝，並受到貪婪大眾的追捧，最後，眾人才發現在其粗劣的名稱下，只有滿滿的泡沫和騙術。」根據統計，這些空殼公司賺了將近一百五十萬英鎊。傻瓜兩手空空，騙徒卻荷包滿滿。

在這些計畫中，有些確實可行，且如果能經過冷靜審慎地思考，確實會為社會帶來好處。但在當時，這些計畫僅被視為哄抬股價的幫手，計畫提出者總趁著股價剛被拉上去的時候趕緊脫手，接著這個計畫就可以退場了。梅特蘭（Maitland）在《倫敦歷史》（*History of London*）一書中，沉痛地說道：其中一個大受歡迎的計畫，居然是提出「使用木屑製作松木板」，難怪這些計畫會成為笑話。但有大量證據顯示，許多一點道理也沒有的計畫在結束短暫的一生前，已賺進數百鎊。一個關於打造永動輪的計畫，募資一百萬。另一個「改善英國的馬匹血統，提升教會耕地與土地，修繕與重建牧師住所」的計畫，照理來說，只需關注該計畫後半的神職人員，為何需要在意計畫的前半呢？唯一的解釋就是，該計畫是由一群當時常見的獵狐愛好者所擬定的，該公司的股份竟也很快就被認購一空。但最荒謬愚蠢，卻也最完整的計畫，莫過於由一位無名氏提出的「一間懷有巨大利潤但沒有人知道是什麼的公司」。如果不是由數十位可信的證人作證，恐怕無人相信居然真的有人會上這個當。想出這個大膽且成功計畫的天才，僅僅在計畫書上寫了所需資本額為五十萬，將拆成五千股，每股一百英鎊。每位繳交兩鎊訂金的認購者，每年將得到一股一百鎊的股息。他沒有交代公司該如何為大家賺進大筆利潤，只承諾數個月後，詳情就會公布，屆時股東才需要支付剩餘的九十八鎊。隔天九點，這名偉大的男子在康希爾街成立一個辦事處。大批民眾包圍了他的辦公室，當天三點收盤後，他大約賣出了一千股，且訂金都已付清。短短五小時內，這名男子就賺了兩千鎊。對於自己的成功他非常滿意，於是明智地決定在當天晚上前往歐洲大陸，再也沒回來過。

正如史威福特（Swift）將交易巷和南海海灣相比：

認購者有如萬千洪水，
前撲後湧，
每下都拍打在搖搖欲墜的船身上，
他們期待釣上金子，卻不斷落水。
時而被拍下深淵，
時而被托上雲端，

步履蹣跚，前暈後仰，
有如醉漢般，失了主意。
終於，他們停在加勒韋崖邊，
一支以船難屍體飽食的殘酷民族，
正俯身等著探險者的小船，
準備爭奪死亡的屍體。

另一個相當成功的詐騙案稱為「全球許可證」（Globe Permits）。這東西不過是一張方形的紙牌，上頭有個蠟封印，蓋著交易巷臨近區域「環球酒店」（Globe Tavern）的標誌，上頭寫著「帆布許可証」。擁有此張紙片的人，僅可以得到一個好處：未來新的帆布工廠成立時，他們可以認購該公司的股份。該計畫是由一名在當時非常富有的人主導，而此人後來因涉入南海公司侵吞公款案，而遭受處分。然而，當時這張許可證在交易巷竟叫價叫到六十基尼[3]。

不分男女、階級，眾人都對這些泡沫失了魂。男人們到酒館或咖啡廳和股票交易員見面，女人們到禮帽店或織品店進行同樣的事。儘管人們並非全然相信自己認購的計畫絕對可行，但他們的目的僅僅是如股票交易員所說的，趁股價被哄抬後趕緊脫手，賣給那些更容易上當的呆子。交易巷的情況混亂異常，出自同一個泡沫的股價在巷頭的價格可能比巷尾高上一〇％。保有理智的人們帶著悲痛與警告，屏息觀察沉淪在這場異常迷戀中的人們。議院內外都有人清楚預見即將來臨的風暴。沃波爾先生並沒有停止預言不幸即將到來，他向少數清醒的人分享自己的擔憂，並終於引起握有大權的政府高層注意。六月十一日，議院散會後，國王發表公開聲明，宣布那些不合法的計畫應被視為全民公敵，並視情況進行起訴，同時禁止所有股票交易員買進或賣出這些股票，違者處以五百鎊罰鍰。儘管如此，無賴般的投機者依舊進行著手中的計畫，著了魔的人們也繼續鼓勵他們。七月十二日，聚集在樞密院的高等法院法官們發布命令，駁回所有專利與許可狀的申請書，戳破所有泡沫公司。與此法令一同公布的內容中，還包括一張列出所有不法計畫的清單。這些計畫看上去似乎沒什麼特別之處，但每隔一段時間，大眾的腦袋卻總是一再栽在類似的手段上。

白廳會議室，一七二〇年七月十二日

與會者，大法官閣下

大法官閣下們考量到社會上出現諸多騷動，部分計畫因特定企圖而被恣意哄抬股價，眾多陛下臣民們因信賴這些虛假的保證、聽信專利與許可證將如何使人獲利的言語，致使財產殃受波及。為了停止這些令人不快之事，大法官們在考量綜合交易所的報告，及總檢察長與副檢察長之意見後，下令重新審理請願書。經其審慎考量且經樞密院建議後，撤銷下列申請：

1 由數人提出以大英漁場之名，請求獲得漁業貿易的專利許可狀。
2 由英國皇家漁業公司提出的請願書，請求獲得進一步的權利為漁業帶來有效的貢獻。
3 喬治．詹姆斯（George James）請願書，代表他本人與其他關注國家漁業的潛水員們，請求獲得合股的專利許可，以繼續當前行業。
4 由數家批發商、交易員和其他認購者提出，懇求成立公司以恢復並維護格陵蘭與其他地區的捕鯨業。
5 約翰．蘭伯特（John Lambert）爵士及其他股東的請願書，代表自身與大量批發商，請求准許成立公司以維護格陵蘭的貿易，尤其是戴維斯海峽的捕鯨業。
6 另一項關於格陵蘭貿易的請願。
7 由數位批發商、紳士和市民提出，懇求合資以購買並建造供出租或載貨的船隻。

---

3 基尼（guineas），以金幣打造，一基尼等於二十一先令或一點零五鎊。

8 由賽繆爾·安特里姆（Samuel Antrim）與他人提出，懇求取得大麻與亞麻的播種專利。

9 由數位批發商、船主、修帆工、帆布製造商提出，懇求獲得合資的許可狀，使他們能夠維護並以合股的方式激勵該行業。

10 由湯瑪士·博伊德（Thomas Boyd）和數百位批發商、船主、修帆工、織布工等商人共同提出，懇求獲得合資許可狀，讓他們可借錢買地，製造帆布和高品質的荷蘭布。

11 由數位得到威廉國王（King William）及瑪麗皇后（Queen Mary）批准專利的人士提出申請，這項專利的內容是製造亞麻與帆布，他們懇求不再授予其他人製造帆布的許可，並認可他們現行享有的特權，此外請求將棉與絲棉同樣納入特許狀中。

12 由數位倫敦市民、批發商、商人，和要求對英格蘭所有港口施行火災險的英國公司股票認購人提出，懇求能成立公司以完成上述工作。

13 由數位倫敦及英國各地的皇親貴族提出，懇求成立公司以繼續維持整個英國的火災險。

14 由湯瑪士·瑟爾吉思（Thomas Surges）及其他皇親認購者提出，代表本人與其他認購了總值一百二十萬鎊德國領地貿易業務股票的集資人，請求合股成立哈伯格公司。

15 由木材經銷商愛德華·瓊斯（Edward Jones）提出，代表本人與他人，懇求合資許可，以從德國進口木材。

16 由數位倫敦批發商提出，懇求成立公司以進行製鹽。

17 由倫敦商人梅克法德斯（Macphedris）上尉提出，代表其自身與數位服飾商、帽商、染匠等商人，請求合資許可狀，以期募得一筆購買土地的資金，以種植供染料用的茜草木。

18 由倫敦的鼻煙製造商約瑟夫·加倫多（Joseph Galendo）提出，他為加工處理維吉尼亞菸草的發明請求專利，並將此權利擴及到陛下的所有領土。

泡沫名單

根據同一法案，下列泡沫公司皆屬違法，需廢除：

1 從瑞典進口鐵的公司。
2 供應倫敦海運煤的公司。資本額三百萬。
3 全英格蘭房屋建築和重建公司。資本額三百萬。
4 印花布製作的公司。
5 經營並改善英國明礬製品的公司。
6 殖民布蘭科島與薩爾塔格島的公司。
7 為迪爾鎮提供新鮮水的公司。
8 進口法蘭德斯蕾絲的公司。
9 改善英國島嶼情況的公司。資本額四百萬。
10 改善英國馬匹血統，改善教會耕地與土地，修繕與重建牧師住所的公司。
11 英國鋼鐵製造公司。
12 改良夫林特地區土質的公司。資本額一百萬。
13 購買蓋屋用土地的公司。資本額兩百萬。
14 頭髮交易公司。
15 在霍利島打造鹽製品的公司。資本額兩百萬。
16 買賣房產，抵押借錢的公司。
17 一間利潤巨大但沒有人知道是什麼的公司。
18 替倫敦鋪路的公司。資本額兩百萬。
19 英國各地殯葬業。

20 以付息貸款買賣土地的公司。資本額五百萬。
21 維持英國皇家漁業的公司。資本額一千萬。
22 保障船員工資的公司。
23 建立貸款辦公室，協助並鼓勵勤勉大眾的公司。資本額兩百萬。
24 購買並改善可持有的土地的公司。資本額四百萬。
25 從北英格蘭和美國進口瀝青和焦油，及其它海軍軍需品的公司。
26 衣物、毛氈與波形瓦買賣的公司。
27 購買並改善埃塞克斯莊園的公司。
28 替馬匹投保的公司。資本額兩百萬。
29 出口羊毛製品，進口紅銅、黃銅和鐵的公司。資本額四百萬。
30 大型藥房。資本額三百萬。
31 建設磨坊與收購鉛礦的公司。資本額兩百萬。
32 提升製作肥皂技藝的公司。
33 聖塔克魯茲島安置公司。
34 德比郡鉛礦探採公司。
35 製作玻璃瓶與其他玻璃製品的公司。
36 製作永動輪的公司。資本額一百萬。
37 改善花園的公司。
38 保障並增加兒童財產的公司。
39 進入海關裝載貨物，協助商人進行商務談判的公司。
40 維持北英格蘭的羊毛產業的公司。
41 改善維吉尼亞胡桃樹品質的公司。資本額兩百萬。

42 在曼徹斯特製作棉與細線織品的公司。
43 製作雅法和卡斯提爾肥皂的公司。
44 改善英國的鍛鐵與鋼製品品質的公司。資本額四百萬。
45 蕾絲、荷蘭布、細棉布、上等細麻布等物品交易的公司。資本額兩百萬。
46 改善並交易國內特定農產品的公司。資本額三百萬。
47 供應倫敦市場的牛隻需求的公司。
48 製作鏡子與車廂玻璃的公司。資本額兩百萬。
49 康沃爾郡與德比郡的錫、鉛礦公司。
50 製作油菜籽油的公司。
51 進口海獺毛的公司。資本額兩百萬。
52 製造紙板與包裝紙的公司。
53 進口羊毛業需要的油及其他原料的公司。
54 提升並擴大絲織品產業的公司。
55 以股票、年金、票據等放貸的公司。
56 以低折現率支付寡婦與其他人的養老金的公司。資本額兩百萬。
57 改善麥芽酒品質的公司。資本額四百萬。
58 大美洲漁業。
59 購買並改善林肯郡沼澤地的公司。資本額兩百萬。
60 改善大英帝國造紙業的公司。
61 船舶貸款契約公司
62 以熱空氣來乾燥麥芽的公司。
63 維護奧利諾科河流域交易的公司。

64 提升科爾切斯特和英國其他地方的粗呢製造效率的公司。
65 買進海軍軍需品，供應糧食，支付工人薪水的公司。
66 僱用貧窮的工匠，並供應錶給批發商及其他人的公司。
67 改善牛的耕作效果及品種的公司。
68 另一個改善英國馬匹品種的公司。
69 另一個馬匹保險的公司。
70 維護英國境內穀物交易的公司。
71 給所有主人與女主人因僕人而造成損失保險的公司。資本額三百萬。
72 收容並扶養非婚生子女而建造房舍與醫院的公司。
73 不使用火及使物質流失的情況下漂白粗糖的公司。
74 在英國建造收費公路與碼頭的公司。
75 小偷險與搶劫險的公司。
76 從鉛中提煉銀的公司。
77 製作瓷器與台夫特陶器的公司。資本額一百萬。
78 進口菸草，再出口至瑞典與北歐的公司。資本額四百萬。
79 使用煤炭製作鐵的公司。
80 供應倫敦與西敏區乾草與麥稈的公司。資本額三百萬。
81 愛爾蘭的粗麻布與帆布製造業。
82 碎石收購公司。
83 購買並裝修抵抗海盜船隻的公司。
84 從威爾斯進口木材的公司。資本額兩百萬。
85 岩鹽公司。

86 將水銀提煉成可鍛鍊的貴金屬的公司。

儘管政府嚴厲譴責，那些仍保有理智的人也不斷嘲笑，泡沫公司仍然存在，著迷的人們依舊趨之若鶩。印刷廠堆滿各式諷刺漫畫，報紙充斥著各種打油詩與挖苦文學，全是針對當前社會盛行的愚行之舉。一名聰明的紙牌製作商，製作了一副南海紙牌（現在變得相當罕見），每張卡上除了有數字，在其中一個角落還會放上一幅迷你的泡沫公司諷刺畫，並在下頭寫著一段貼切的韻文。其中一個最著名的泡沫為「帕克機械」，專門製作方形與圓形的大砲彈及子彈，徹底顛覆戰爭的技巧。

大眾對這家公司的喜愛完整濃縮在一張黑桃八上：

一項罕見的毀滅性武器，
一舉殲滅國內非國外的傻瓜們。
別怕，我的朋友們，這陰森的殺人武器，
只會傷害那些泥足深陷的股東們。

紅心九則是一幅關於英國紅黃銅公司的諷刺畫，下面寫著：

魯莽的傻蛋也企圖學得鍊金術，
想將紅銅變金銀，
願交易巷讓我們繼續欣賞這些
以大量金屬交換劣銅的驢蛋。

方塊八以一首打油詩慶祝殖民阿卡迪亞公司的成功：

他既富有，更欲揮霍，
大筆錢往北美洲流，
他是最輕率的大股東，
那些驢蛋是他的追隨者。

這副牌讓我們見識到這些騙人計畫的一鱗半爪，並戲弄擁護者。根據統計，光是這些計畫所呈報的金額就超過三億英鎊。

儘管如此，言歸正傳，偉大的南海海灣吞噬了數萬名貪婪且輕率的人們。五月二十九日，南海公司股票漲至五百鎊，境內三分之二的政府年金都被拿去交易該公司的股票。整個五月，他們的股票仍持續上漲，二十八日的交易價為五百五十。四天後，該股突然從五百五十大漲到八百九十。至此，人們開始認為該公司的股價已經到頂，許多人為了保有獲利開始賣出。許多陪伴國王搭火車至漢諾威的皇親貴族們，也急著想賣掉手中的股票。六月三日，眾多賣家湧入交易巷，但買家卻寥寥無幾，當天的股價一下子從八百九十掉到六百四十。董事們察覺此景，立刻交代股票交易員買入。他們的方法成功了。到了傍晚，信心恢復，股價又恢復到七百五十。一直到七月二十二日股份結束登記前，股價都維持得不錯，並無太大的波動。

交代董事們如何利用各種手段操縱股價的過程，實在冗長且無趣，因此稍略。最重要的是：八月初，根據記錄，股價來到一千。終於，這個泡泡被吹到最大，不斷地顫抖與搖晃，滿滿地正醞釀著爆炸。

許多領國家年金的人們，開始表達對董事的不滿。他們控訴董事們每次在列認購者名單時，都不公正。接著，當主席約翰．布朗特爵士和其他董事們開始拋售手中股票的消息傳出後，隨即引起更大的恐慌。整個八月，股價不斷下跌，九月二日，股價跌到七百。

事態開始變得嚴重。為了避免大眾徹底失去信心，董事們於九月八日，在曼徹泰勒廳召開一般股東大會。早上九點，會場就被擠得水洩不通，齊普賽街[4]擠滿了動彈不得且情緒高亢的民眾。大批董事與友人們進場。接著是副總裁約翰．布朗特爵士，他被請到主席位上。他向所有人解釋今日開會的原因，公眾宣讀幾項由董事會通過的決議，並向大眾交代程序，解釋可贖回、不可贖回基金和訂金。接著，書記葛雷格（Craggs）進行一場短短的演說，讚揚董事的作為，並呼籲只有所有人團結一致，才能讓這場計畫得到空前的勝利。他也感謝董事會深具洞察力與技巧的經營，並渴望他們繼續為公司的利益及優勢奮鬥。那個曾在下議院大力讚揚南海公司因而備受矚目，且果斷抓準時機早早將股票脫手的亨格福先生（Hungerford），則誇張地演了一齣戲。他表示自己曾經歷過大風大浪，見過衰退與復甦的景象，但從來沒有人可以像南海公司這般，在極短的時間內展現出完美的一面。他們帶來的成功，絕非王權、宗教或法官可比擬。他們調和了所有人的共同利益，讓國內的衝突與憎恨都沉沉睡去。隨著股價的高漲，有錢人的財富迅速翻倍，鄉紳看著手中的土地價值翻了一倍，甚至三倍。同時，他們也為教會帶來好處，牧師與神職人員們皆得到所需的錢。簡而言之，他們讓整個國家富強，因此他也希望董事們在熱衷公司利益之餘，不要忘了自己。他的頌讚之詞與譏諷之詞著實相差無幾，因此演講的後半出現了一些噓聲，但董事及其友人，和台下的贏家們，都滿意地獻上了最熱烈的掌聲。波蘭公爵也發表了相似的言論，並對那些不滿的言論感到疑惑。當然，他本人正是這場投機事業的大贏家，因此這就像《喬．米勒笑話集》（*Joe Miller's Jests*）所形容的：「一個享受大餐的胖子在飽餐後，用手撫著肚子，想著這世界上怎麼會有人願意飢餓。」

在這場會議上，通過了幾項對大眾並無實質影響的決議。當天晚上，股價跌到六百四十，隔天僅剩五百四十。一天天過去，股價不斷下跌至四百。在一封收錄在考克斯（Cox）《沃波爾》（*Walpole*），由議員柏德瑞克（Broderick）寫給大法官米德頓（Middleton），落款日為九月十三日的信件中，議員寫道：「關於南海泡沫

4 齊普賽街（Cheapside），曼徹泰勒廳外的大街。

為何會如此迅速瓦解的猜測有很多。我毫不懷疑當他們看到情況對自己有利時，絕對會出手。他們毫無節制地擴張信用，超過資金所能承擔的上限。那些精打細算的人早就從這場詐欺中抽身，防止自己遭受損失。那些輕率的人們則讓貪婪與企圖從土坑挖出金山的欲望，蒙蔽了理智。數千個家庭將淪落街頭。驚恐之情無以言喻——難以描述的憤怒，無以復加的絕望，我想不出任何一個可以抵擋此股浪潮的計畫或解救方法，我也無法假裝自己有信心設法拯救事態。」幾天後，股票持續下跌，他又寫：「該公司仍然沒有下定決心，如同迷失在樹林中的人一般。最近有幾位富紳來訪，我發現南海公司那幾位董事的壞名聲已在各國流傳開來。許多淘金者已經逃了，每天還有更多人在逃。我懷疑在這之中是否能有三分之一，不，四分之一的人存活。很早之前，我就為整件事做出非常正確的評斷：一千萬（這個數字已超過我們的流動現金額）無法憑空變出兩億，這已逾越紙幣的極限。因此，雖然還不知道何時會發生，但當事情該發生的時候，偉大的國家機器將無可避免地崩潰。」

九月十二日，在書記葛雷格誠摯地懇求下，南海公司董事們與銀行董事們召開數次會議。接著，一份報告流出來，表示銀行願意注資六百萬到南海公司。這個消息讓股價上漲到六百七十，但隨即在下午證實為無稽之談後，股價再度下跌至五百八十。隔日繼續跌到五百七十，最後慢慢下跌至四百。

相關當局對事態發展感到震驚。董事們只要一出門，就會受到攻擊，時時刻刻都有暴徒被逮捕。暫留在漢諾威的國王收到急件，請求他即刻返國。人在郊外莊園的沃波爾也被派去找英格蘭銀行的董事們，請他動用自己最大的影響力，務必使對方接受南海公司的融資提案。

但銀行十分不願淌這灘渾水，他們深怕這場無法緩解的災難將波及他們，因此在明顯不情願的態度下聽取了提案。全國上下的人們都期盼著這場災難能被解決。每一個懂得商業策略的人都被召來，提供意見以找出解決方案。最後，沃波爾草擬的合約成為整個協商過程的基礎，緊繃的社會秩序總算舒緩了些。

隔日，九月二十日，南海公司在曼徹泰勒廳召開股東大會，賦予董事們權力答應英格蘭銀行與任何願意協助公司紓困人士，以及同意由其他銀行提出、且被認為妥當的提案。其中一位發言人普爾特尼（Pulteney）表示：看到人們陷入異常恐慌的狀況讓他非常驚訝。驚慌且恐懼的人們四處奔走，他們的腦中充滿各種無人可理解的災難想像，以各種模式及程度展開：

漆黑如暗夜般降臨，
狂暴恣意蔓延——宛若地獄。

兩天後，在英格蘭銀行的股東大會上，經營者告知眾人與南海公司進行的幾場會議，並表示現階段董事們還沒針對此問題做出任何適當的決定。在沒有任何異議的情況下，通過決議：董事可以自行判斷在認為合適的時間點，以任何金額來解決南海紓困案。

至此，雙方都取得權力，可根據當前情況，自由做出最符合公共利益。為了提升大眾信心，銀行開放認購三百萬資助額度，其中收取一五％的訂金、三％的佣金、五％的利息。一早，就有大批拿著現金的民眾湧入辦事大廳，人潮洶湧的勢態讓人推測當天所有額度就會被認購一空，然而到了中午，人潮轉向。儘管大家想盡辦法穩住情勢，南海公司的股價還是大跌。他們的債券是如此惡名昭彰，那些在業界還算小有名氣的傑出淘金客和金融家們，因為借出大筆錢投進南海股票，不得不關掉店舖潛逃出走。迄今一直擔任南海公司總出納的史沃德布雷德（Sword-blade）公司，停止付款。此舉被視為邪惡崩解的開端，並對銀行造成極大的影響。他們必須支付的金額，比今早收到的認購費更多、更急。隔天是公休日（九月二十九日），銀行總算有了喘息的時間。他們起身抵抗眼前的風暴，而他們的前對手南海公司，卻被擊潰，股價跌到一百五十，並在經過各種波動後慢慢落到一百三十五。

當銀行發現自己無法恢復民眾信心，阻擋毀滅的情勢後，為了不讓自己和落水的人一樣被捲走，決定拒絕已經進行到一半的協議。他們沒有繼續執行的義務，那份所謂的銀行協議不過是一份草擬的同意書，某些重要的章節還一片空白，銀行片面毀約也不會受到任何懲罰。引用《議會歷史》（*Parliamentary History*）：「我們可以看到，八個月內，這宏偉的建築在神祕的機械裝置下被高高築起，迅速發展，長成了讓全歐洲都側目且期待的程度，但其根基盡是欺騙、幻象、輕率與邪惡，因此在狡詐的手段被揭穿後，矗立的高塔瞬間倒塌。」

在危險的幻象不斷延伸其觸角，攀上最巔峰的時候，國情也變得腐敗。議會為了揭發罪行而進行的調查，揭露了那些悖德者與知識分子所犯下的醜惡、羞恥罪行。調查弊端的始末確實是一件非常有趣的研究。跟人一樣，一旦國家變成飢渴的賭徒，是無法全身而退的。或遲或緩，懲罰都會降臨。當知名作家斯摩萊特（Smollett）說出這句話後，我們就知道他是錯的：「對歷史學家來說，這樣的時代肯定特別討厭。那些纖細且富想像力的讀者絕不會對這些交易過程感興趣，這些內容既不能溫暖人心，也不能為文字添色，更不能潤飾文本，其中的細節只能用來展示無味邪惡和拙劣退化的單調景致。」與之相反（如果斯摩萊特具有幽默感，他就能理解），這個主題所蘊藏的趣味異常豐富，即便是小說家的渴望亦能滿足。難道那些犯了錯而陷入絕望的人身上，沒有溫暖？那些畫著上千個窮困且破滅家庭的畫面，難道就不能感受到生命力？那些昨日還穿金戴銀，今日卻窮困潦倒的人們呢？抑或是昨日還是舉手投足間都能散發影響力的大人物，今日卻受流放之苦四處飄零。以及那些從各處傳來的責難和祈求聲呢？看著那些人們見到發財機會後陷入瘋狂，瞬間拋下一切理智，拒絕相信眼前不過是虛假幻象，追逐在指引險境的鬼火身後，難道是無趣或不具任何意義的事嗎？但歷史上這種錯誤實在屢見不鮮。不正直的朝臣為了取悅不正直的國王，所有詭計、殘暴的戰役與圍城事跡，以各式各樣花言巧語不斷重複講述、傳頌。而那些真正影響人民道德與幸福的大環境，卻從未受到重視，還被視為枯燥乏味，無法溫暖人心與為歷史添色。

在這著名的泡沫事件中，英國呈現了異常的一面。大眾的心智不健全地發酵變質。對於緩慢但能踏實得到報酬的謹慎工作，人們不再滿意。對明日無窮財富的幻象，讓他們失去對今日的謹慎與常識。過去聞所未聞的奢侈品，被放到他們的眼前，原本的道德便分崩離析。那些靠著大賭一把而翻身，且橫行霸道的無知分子，讓那些真正知書達禮的人，對金銀力量竟如此巨大，讓整個社會陷入不良風氣的情景感到羞愧。理查．史迪爾（Richard Steele）爵士口中的「無名小卒」，從厄運降臨的那天開始，被人們當作反面教材銘記在心。在法院的審判上，許多董事得到的懲罰比他們實際犯下的罪行要重。其中一個極端傲慢無知之人說自己曾用金子餵馬，到後來落到只有水與麵包過活的日子。每個傲慢的眼神、每次蠻橫的發言都被記錄下來，並以百倍的潦倒與羞辱取討報應。

整個國家的處境是如此緊繃，讓喬治一世（George I.）立即縮短待在漢諾威的旅程，匆促趕回國。他在十一月十一日抵達，而議會於十二月八日召開。同時，國內大型城鎮也召開了公開會議，席間，許多人請求立法機關給予那些用卑劣詐欺手段，將國家推入毀滅邊緣的南海董事們，最嚴厲的懲罰。但似乎沒人想到，國家其實也跟南海公司一樣有罪。沒有人反省民眾的盲從與貪婪——對利益無恥的貪念，吞噬了這國家中所有高貴的信念，而癡迷占據了大眾的腦袋，讓他們在強烈的渴望下，撲向那張由計畫主導者為他們結好的網。然而，這些事實從未被人提起。人們不過是純真、正直、辛勤工作的好人，被那群即將面臨五馬分屍的強盜打劫罷了。

這就是全國上下幾乎一致的想法。但上、下議院的舉止並沒有更理性。在南海董事們的罪行被揭發前，嚴懲已經成為議院的口號。而國王致辭時，希望眾人能秉持著自身的謹慎、沉著與堅定，找出最適當且合理的補救措施。在回應此場演說的爭論中，幾位發言者的情緒完全沉浸在對南海公司董事的猛烈謾罵中。默思沃斯（Moresworth）動爵尤其激烈：「有人說，沒有任何法律可以用來懲罰南海董事們的作為，他公平地看待那些主導眼前這場不幸鬧劇的始作俑者們。依照他們的邏輯，面對眼前這種情況，我們只好仿照古羅馬的做法。古羅馬沒有法律懲罰弒父之罪，因為立法者認為不會有任何一個兒子如此喪心病狂，讓雙手沾滿父親的血。但當此令人髮指的事情發生後，他們立即制訂法律，將那有罪的可憐蟲裝進麻布袋裡，活生生扔進台伯河。這些設計且執行充滿惡意的南海公司計畫，對國家犯下猶如弒父重罪的人，理當比照辦理，裝進布袋丟入泰晤士河。」其他人的發言則多了幾分沉著與審慎。沃波爾先生的發言相對柔和，他建議當前的首要目標，應是重建大眾信心：「如果倫敦發生大火，聰明的人會在審問縱火犯前，先趕去撲滅火苗，並防止火勢擴大。現在，大眾信心嚴重受創，鮮血不斷流著，他們需要得到最及時的救援。之後，我們會有更充裕的時間審判作亂者。」在十二月九日作為回應國王致辭的演說中，議員們一致同意議院應該展現決心，找出挽救眼前頹勢的方法，並嚴懲導致這場混亂的惡徒們。

審判過程進展神速，議院要求南海董事會交出完整的經營帳目明細。決議出爐，簡單來說，此災難根源於炒股的卑劣之舉，為了重建大眾信心，最好的方法就是制訂防止此事重演的法律條文。接著沃波爾先生起身表示，如他先前所說，他花了一些時間研議恢復大眾信心的方法，但此方法的執行需依賴特定的基礎，因此他認為在他公開此方案前，應先捫心自問是否可以依賴此基礎。他的問題是：「那些認購南海公司公共債券、抵押權、股票與其他契約者，是否應維持現狀？」此問題引起熱烈地討論。最終在二百五十九票對一百一十七票的情況下，認為這些契約應維持現狀，除了那些在南海公司股東會上被變更為救濟基金，或根據正當法律程序被駁回的合約。隔日，沃波爾先生將自己為挽救公眾信心而擬定的計畫呈給全院委員會過目，計畫簡要來說，是在特定條件下，讓英格蘭銀行和東印度公司分別併下九百萬的南海公司股票。此計畫獲得議院的青睞。在少數反對意見下，兩大公司被命令接受這項提案。兩間公司都不願伸出援手，為此召開的股東大會上，砲火更是猛烈，但依舊無法推翻政府的命令，最終，還是接受在特定條件下承受南海公司的債券。他們向委員會提交報告，在沃波爾先生的主導下法案草擬完畢，並平順地通過上、下議院。

與此同時，另一項約束則是南海董事、總裁、副總裁、財務長、出納和事務官於十二個月內不得離開英國境內，並同時進行清查名下所有不動產與資產，防止變賣或脫產的法令。議院內最具影響力的議員們都認同此法案。在聽信坊間謠傳南海公司高層如何動手腳的中傷流言後，西朋（Shippen）先生在自己的處所接待書記葛雷格，並決定踩踩看他的痛處。他說，他很高興看到英國下議院重拾往日的活力與精力，齊心協力為公眾利益行動。他們必須扣押南海董事們的不動產和財產。「但是，」他盯住葛雷格接著說，「還有一些人身居高層卻不顧名聲，他們所犯下的罪行絕不比這些董事少。」葛雷格先生憤怒地起身，並說如果對方話裡指的就是他，他已經做好準備，無論在議院或任何地方，絕對會正面回應那些質疑自己的人。他的態度挑撥起現場的鼓譟，在這陣騷動中，默思沃斯起身，表達自己對葛雷格先生膽敢挑戰下議院的大膽行徑感到驚奇。年過六十，看上去有些老態的默思沃斯勳爵直視葛雷格先生表示，無論葛雷格先生想在議會內說什麼，他都會予以回應，他也深信即便在議會外，年輕人們也將毫無畏懼地與自己站在同一陣線。語畢，怒吼聲再度從各角落傳過來，所有人同時站起身大吼大叫，任憑發言者徒勞地試著恢復秩序。在這段持續了數分鐘的混亂中，幾乎只有默思沃斯勳爵和葛雷格先生坐在椅子上。最後，對葛雷格的怒吼漸趨激烈，葛雷格認為自己應該向下議院的眾人，解釋自己剛剛不當言論的意思。他說自己所謂的正面回應，不是指他會反抗議院，而是他會明白解釋自己的所作所為。問題解決了，議院開始討論該以常設委員會還是特別委員會質詢南海公司事件。最後，一個擁有十三名成員，具備召喚人證、調閱文件與檔案權力的祕密委員會成立。

上議院和下議院同樣積極且魯莽。主教羅徹斯特（Rochester）認為此計畫就像瘟疫般。沃頓公爵認為議院不需要尊重那些人。他認為，如果自己有任何朋友參與了南海計畫，他會立刻絕交，即便是最親密的知己也不例外。國家在如此公然且恥辱的情況下被洗劫一空，他會像其他人那樣盡一切所能撻伐惡徒。斯坦霍普伯爵說，無論對象是不是董事們，只要罪犯擁有任何一點法辛[5]，都該被充公，以彌補大眾的損失。

在此期間內，民眾的憤怒也攀升到了頂點。我們已從考克斯的《沃波爾》中得知，所有南海公司董事的名字，都被視為詐欺和惡行的同義詞。來自全國各郡縣、城市和自治區的陳情書，都怒喊著要為這受到傷害

5 法辛（Parthing），英國流通的銅板，值零點二五便士。

的國家討回公道，懲罰監守自盜的惡人。那些即便是對待罪人也不願意下重手的溫和派人士，則被指控為同謀，反覆遭到侮辱和咒罵，更在公開或匿名的社論中，成為事件受害者的報復對象。針對財政大臣艾斯拉比與另一名大臣克雷格斯（Craggs）的指責聲浪是如此大，讓上議院不得不立刻針對兩人進行調查。一月二十一日，命令所有與南海計畫相關的交易員，必須給予議院自一七一九年米迦勒節（九月二十九日）後，他們替財政部官員及稅務部官員買賣股票、進行認購或受委託的詳細帳目。在得到所有帳目後，發現艾斯拉比名下曾有大量股票轉入。五名南海公司的董事，包括知名歷史學家愛德華．吉朋（Edward Gibbon）的祖父，被交予黑杖禮儀官[6]拘留。對於斯坦霍普伯爵的舉動，眾人一致同意。在沒有任何可承擔實質支付或充分證明下，輕率給予或奪取股票信用的行為，都是惡劣且危險的腐敗之舉。此外，在南海法案交付議會進行審議的過程中，議院與議會等政府部門官員，如透過南海公司董事或交易員購買股票，並從中獲取利益或任何好處的人，同為腐敗的一分子。幾天後，另一份決議通過，幾名暗中將自己的股票賣給公司的董事，涉嫌犯下詐欺與背信，更因而致使大眾信心深受影響。艾斯拉比辭去了財政大臣之位，且停止出入議院，直到立法機關針對他個人罪行展開調查。

與此同時，深受狡猾的董事信賴，且握有所有危險祕密的會計奈特（Knight），打包了所有書籍與檔案，展開逃亡之旅。他先在河上的小船內進行變裝，再僱用一艘大船安全逃到加來。大家一致認為此事必須上報給國王以做出兩項應變，因此祕密委員會將此事報告給議院。他們的第一個請求是發布懸賞奈特的通緝令，第二項則是請陛下立即下令禁止一切港口運作，並清查沿岸以防止奈特或更多南海公司的人員逃離。這兩份陳情書才剛寫完，墨跡都還未乾，就被議院指派傳遞消息的梅休因（Methuen）拿去見國王。當天晚上，皇家下達命令，以兩千英鎊懸賞奈特。下議院命令議院大門深鎖，並將鑰匙放在桌上。

祕密委員會的其中一員羅斯（Ross）將軍，向議會通報，大量能證明南海計畫罪責的邪惡證據已經找到，那些就像是一心要把英國拖入地獄的惡魔。只待時機成熟，祕密委員將會把這些證據交給議會處理。同時，為了進一步挖掘事證，他們認為必須將幾位南海董事和主要事務官予以拘留，並取得他們手中的資料。大家一致通過建議，並付諸行動。議會成員與南海董事羅伯特・卓別林（Robert Chaplin）爵士、西奧多・詹森（Theodore Janssen）爵士和F・艾爾斯（F. Eyles）被傳喚出席，並被要求交代他們腐敗的作為。西奧多・詹森爵士和索爾布理吉（Sawbridge）立即回應傳喚，並盡力為自己辯解。議院耐心聽完他們陳述後，要求他們退下。接著，判決出爐，全場一致同意他們犯下惡行重大的背信罪，導致國內經濟受損，嚴重傷害公眾信心。根據其罪行，他們被逐出議院，並交付下議院侍衛隊予以拘留。而羅伯特・卓別林和艾爾斯四天後才出現在議院，並同樣遭受驅逐。同時議院也請求國王，派遣駐外使者到國外法院取得奈特的緝捕令，請對方將奈特交給英國當局，並防止其申請庇護。國王同意，當晚立即派遣信使到歐洲大陸。

在這些被拘留的董事中，約翰・布朗特爵士被大眾普遍認為是整起事件的始作俑者，更是計畫的推手。透過教宗與艾倫・巴瑟斯特（Allen Bathurst）勳爵的書信，我們可以知道布朗特不信英國國教，但他自稱是最虔誠的教徒，也妄稱自己是偉大的信徒。他不斷斥責當代的奢侈與腐敗、議會的偏袒與政黨精神的萎靡。他也針對那些偉大且傑出人物所表現出的貪婪大肆撻伐。最初，他只不過是擔任公證人，最後卻成為南海公司董事中最活躍的經營者。我們無從得知他是否因職務的需要，而開始培養撻伐那些貪婪大人物的能力，但從他深惡痛絕的譴責話語中，證實他確實見識過貪婪的醜惡。但這位布道者卻不能免於邪惡的汙染，因而導致之後的不幸。他站在上議院的柵欄後，接受一段漫長的質詢。他拒絕回答幾個重要的問題，表示自己在下議院回答過相同的問題，但想不起當時的答案，為了避免自相矛盾，拒絕在另一個法庭上回答相同問題。他這番解釋從另一個角度來看，等於間接承認罪行，上議院因此起了一陣騷動。當他再次被問到是否曾經將股票賣給政府要員或上、下議院的成員，以換取法案順利通過。他依舊拒絕回答。心急的他表示，他絕對打從心底尊重議院，但他覺得被迫在各種壓力下指責自己，是件很困難的事。在幾次不算成功的回憶後，他被指示可以退下了。緊接而

6 上議院中負責禮儀、門禁、議場秩序，並管理院內侍衛的官員。

來，是議會內朋友與對手間激烈的討論。有人斷言對約翰・布朗特爵士來說，議院內沒有什麼人是他不熟的，因此他乾脆選擇不回答。爭論中，沃頓公爵反駁了斯坦霍普伯爵的言論，讓後者異常憤怒。斯坦霍普激動地發言，讓人擔心是否下個瞬間，他可能就會因腦溢血倒下。他表示身體不太舒服必須離席，並回到了自己的辦公室。醫生立刻為他施行吸杯放血，隔天早晨又再度進行放血，但只稍稍緩解病況。到了傍晚，他昏昏沉沉，在翻身時把自己的臉悶住，就這樣過世了。如此致命的結果是眾人萬萬沒有料到的。這位政治家的驟然過世，引起全國的哀慟。喬治一世尤其傷心，將自己關在房間中長達數小時，哀悼逝去的長者。

至於那位會計先生奈特，在列日附近的堤內蒙市，被居住於布魯塞爾的英國公民里斯的祕書抓住，並被暫留在安特衛普的城堡內。英國不斷向奧地利法院提出遣返犯人的要求，卻徒勞無功。奈特將自己置於布拉本特聯邦的保護傘下，要求在此國接受審判。該城邦在其中一則「皇家出訪」（Joyeuse Entrée）條款下，享有特權：任何在該國抓獲的罪犯，都必須在該國進行審判。該聯邦堅持行使自己的特權，拒絕將奈特交給英國當局。在英國不斷進行勸說的同時，奈特又從城堡中逃了出去。

二月十六日，祕密委員會首度向議院報告調查結果。他們表示調查過程遇到重重困難與為難，每個罪犯都盡力為自己辯解，企圖妨礙正義的伸張。他們呈上的帳本中，有虛假不實的項目。有些帳本在股東名字後面，只有空白的金額欄。這些帳簿都有頻繁變造與塗改的痕跡，有些帳本甚至有缺頁的情況。那些關係重大的帳本，不是被銷毀，就是被帶走或藏匿起來。進入正式調查後，他們發現這些人涉及的事件種類極多且雜。為了揭發數千人高達數百萬的財產，許多人被授權進行各種活動，有的以法律為根基，也有的以不正當的方法執行。他們發現，在南海法案通過前，公司帳面上曾出現一筆總金額為一百二十五萬九千三百二十五鎊的收入，而該筆數字實際對應的股票賣出數字應為五十七萬四千五百鎊。在預期法案會通過的心理下，他們憑空捏造這筆交易數據。從帳簿上可以看出股票在同日以不同的價格成交，成交價從一・五倍到三・二五倍不等。這間公司在還不具有權力提高資本額前，就賣出大量的股票，這種做法讓委員感到吃驚，並決定仔細詳查整個交易過程。他們召來總裁、副總裁和幾位股東，進行嚴格的審問。調查後發現，在這些交易進行時，該公司的持股量根本沒有這麼多，最多也不超過三萬鎊。繼續追查下，他們發現這些股票是該公司準備在適當的時機點（儘管沒有協議指明特定時間點），用來進行假買進或持有的股票。這些股票的買賣沒有花到任何錢，公司也沒有從所謂的購買者處收到訂金、保證金，因此，假設法案最後沒有通過，股價下跌，那麼他們也沒有什麼損失。但反過來看，如果股價大漲（因計畫通過此事也確實成真），這之間的價差就可以讓他們大賺一筆。於是，法案通過了，奈特開始編造並調整股票帳目，而那些虛擬購買者則拿到了實質的金錢。這起由約翰・布朗特爵士、吉朋和奈特主導的虛擬股票買賣獲利，被分給幾名政府官員與其中間人，作為加速推動法案通過的賄賂金。桑德蘭伯爵，分得五萬鎊；肯德爾（Kendal）公爵夫人，一萬鎊；普雷藤（Platen）伯爵夫人，一萬鎊；其兩名姪女，一萬鎊；書記葛雷格，三萬鎊；查爾斯・史坦霍普（Charles Stanhope，財務大臣的其中一個祕書），一萬鎊；史沃德布雷德公司，五萬鎊。此外，帳簿也顯示史坦霍普先生透過透納卡西普公司之手，憑著股票價差，獲利高達二十五萬鎊，但此公司將其帳簿進行修改，將名字改成史坦蓋普。但財政大臣艾斯拉比賺進的不法利益更為驚人。他也有透納卡西普公司的帳戶，帳面有七十九萬四千四百五十一鎊。此外，他還建議公司在第二階段認購時，開放認購一百五十萬股，而不是授權的一百萬股。第三次的認購則是以更卑鄙的方式進行。艾斯拉比得到七萬鎊；資深的葛雷格，六十五萬九千鎊；桑德蘭伯爵，十六萬鎊；祕書史坦霍普，四萬七千鎊。這份報告還有其餘六人，但案情較輕。最後，委員會表示，因為位居要角的奈特先生缺席，讓他們無法繼續這幾人的調查案。

首份報告印製出來，並於隔日進行討論。在一陣激烈且狂熱的辯論後，通過一系列決議，強烈譴責董事、議院成員及相關的政府成員，並宣布這些人應該將自己的全部財產充公，以彌補他們對大眾造成的巨大損害。他們的行為極端腐敗、卑劣且危險。而另一項彌補受害者的法案也加緊研擬。

查爾斯・史坦霍普是第一位被推上火線，交代自己帳目的人。他著急地為自己辯護，說過去幾年來，他將自己所有財產交給奈特先生管理，不管奈特先生為自己買進哪些股票，他都必須支付高額的佣金。至於透納卡西普公司為他買賣股票的事，他則一無所知。那些交易都沒有得到他的許可，也因此他當然無法為此負責。透納卡西普公司承擔了這些交易的責任。但即便對那些心平氣和且毫無偏見的人來說，史坦霍普在那間公司的戶頭下平白無故躺著二十五萬鎊，怎麼看都不合理。然而，他在僅僅三票之差的情況下，無罪獲釋。他總算盡全力保住自己。身為切斯特福爾德（Chesterfield）伯爵的兒子，史坦霍普勳爵四處拜訪態度搖擺的議員，用盡花言巧語誘使他們投下無罪票，或乾脆缺席。許多耳根子軟的鄉村富紳，在他的說服下做出錯誤決定，導致這樣的投票結果。全國人民對於無罪的判決感到不滿。倫敦街頭出現各種危險分子組成的小團體，每當那些罪行重大的人被輕判後，人民就需要為家門外的暴力事件擔憂。地位崇高、責任重大，理應更誠實的艾斯拉比先生，是緊接在史坦霍普之後的受審者。他被認為是這起案件中，罪行最重大的一個。空氣中瀰漫著緊張氣氛，議院的大廳與走廊擠滿不耐煩的群眾，急著想知道結果。辯論持續了一整天。艾斯拉比先生找不到盟友，因為他的罪行是如此明顯且重大，導致沒有什麼人敢幫他說話。在沒有任何異議的情況下，結果出爐，艾斯拉比出於自身利益的考量，與其他董事狼狽為奸，鼓勵並促成了對公眾交易與信心帶來了毀滅性的南海計畫。因此，他將被無情地逐出下議院，並在嚴格監視下囚禁於倫敦塔。他被限制出境一年，或至下一次的議會結束。他必須根據名下所有財產製作正確的資產明細表，如未來的補救方案需要，他須將財產作為彌補因他受苦的受害者之用。

這項判決大快人心，儘管結果出爐時間已是深夜十二點半，消息依舊立刻傳遍整座城市。有些人點亮家中所有燈火來表達內心的喜悅。隔天，艾斯拉比被移送至倫敦塔，一些企圖對他叫囂及丟石頭的暴民們，聚集到了塔丘。雖然最後沒能成功，他們還是升起了篝火，開心地圍繞在營火旁跳舞，充分展現興奮之情。一個個篝火在倫敦各處點燃，倫敦進入了慶典模式，人人相互道賀，就好像他們剛逃過一場大災難般。當時，因史坦霍普無罪釋放而掀起的猛烈暴動，讓人們一度以為這股抑鬱永遠無法消散，但艾斯拉比卻為人們帶來了解放。

為了提升大眾的滿意度，隔天，透納卡西普公司創辦人喬治．卡西普（George Caswall）爵士被驅逐出上議院，關進倫敦塔，並被要求退還二十五萬鎊。接著，祕密委員會開始審理報告中關於桑德蘭伯爵的內容。桑德蘭伯爵的朋友花盡心思，想辦法讓他的貴族身分不要受到罪名玷汙。由於當時指控他的證據多半出自於約翰．布朗特爵士，因此桑德蘭的同黨費盡苦心，讓大家覺得約翰爵士的話根本不可信，尤其是在關於同儕與樞密院的事務上。所有桑德蘭在內閣的朋友都被找來，眾人談論著如果桑德蘭伯爵被判有罪，那麼保守黨在內閣的勢力將會崛起。最終，在二百三十三票對一百七十二票的情況下，他獲判無罪。但全國人民都確信他有罪，全國各地傳來憤慨的抗議聲，兇惡的暴徒再度聚在街頭。值得慶幸的是沒有任何暴動發生。

這一天，也是葛雷格先生過世的日子，原本明天是他的審判日。大眾普遍認為他是服毒自盡。然而，表面上他是因為承受不了喪子之慟（其子為財政大臣的其中一名祕書，五個禮拜前死於天花），抑鬱而終。為了他最疼愛的兒子，他不斷想辦法積累財富，拋棄一切正直，眼中只剩金錢。為了利益，他出賣榮譽，玷汙自己的名聲。隨著暴露的案情越多，他的恐懼越深，最終引發中風，更進一步導致死亡。他留下的一百五十萬鎊全數充公，作為那些因他主導而遭受苦難的受害者救濟金。

一個接一個，公司的董事們陸續接受審判。他們名下共有兩百零十四萬的財產被充公，作為日後重建的賠償金，而每個人也獲許在視自身行為與罪行輕重的情況下，留取一部分保身的錢。在約翰．布朗特爵士超過十八萬三千鎊的財產中，只被准許留下五千；約翰．費羅斯（John Fellows）爵士二十四萬三千鎊的財產，獲准留下一萬鎊；西奧多．詹森爵士，二十四萬三千鎊中留下五萬鎊；愛德華．吉朋，十萬零六千鎊中保有一萬；約翰．蘭伯特爵士，七萬兩千鎊留下五千。其他罪行較輕者，則得到更寬容的判決。其祖父遭到嚴厲懲處的歷史學家吉朋，在《我的作品與生活回憶錄》（*Memoirs of his Life and Writings*）中，對當時議院的判決提出了一個有趣的觀點。他承認自己或許不夠公正，但就像每位作家就其背景立場，對這場災難性事件的想法與解讀都不相同般，這位偉大歷史學家的文字自然也提供了重要的意見。且基於「莫聽一面之詞」的想法，他的看法顯得更為重要。他寫道：「一七一六年，我的祖父被選為南海公司的董事，從他個人帳簿可得知，在他接下這個致命的職務前，他個人財產已有六萬鎊。但他的財富在一七二〇年那場不幸的事件中淪陷，三十年的努力在一夕間化為烏有。對於我的祖父與其他董事是否有利用或濫用南海計畫的罪行，我絕非最稱職或無私的評斷者。然而，根據現代的公平思維，我們必須譴責那粗暴且武斷的審理程序，此種手段只會讓正義蒙羞，使邪惡壯大。剛從淘金夢中驚醒過來的民眾，憤怒地尋找宣泄的對象，甚至是議會，但在任何角度下，那些董事即便有罪，國家也找不出法條可審判他們。默思沃斯勳爵誇張的想法沒被實際採納，但他們找來一條動用各種懲處與責罰的舊法，判處當時本該無罪的他們。立法機關限制董事們的行動，向他們索取高額保釋金，並用舊法審判他們的罪。在宣誓下，他們被迫交出全部財產，且不得進行轉讓或脫產。對於這樣嚴苛的法條，每個人都有權利在法院上請律師為他們做出陳詞。他們懇求讓法院進行審判，但這項要求被拒絕，而這些根本不講求證據的加害者，也沒有興趣聽取辯護。最初，有人提議董事們可以留下八分之一的財產以供日後生活，但有人主張，每個人的罪行與財產不一，如果統一比例，對某些人來說判決會太輕或太重。每個人的職位和作為都被各別衡量，但這一切沒有冷靜嚴肅的評判過程，這三十三位英國人的財產與名譽就在草率的談話間被定奪。委員會中卑鄙的成員，透過一個惡意的字或無言的投票，放縱自己的怨氣與個人恩怨。侮辱加深了傷害，嘲笑加重了侮辱。二十鎊，甚至是一先令的年金，都被可笑地剝奪。一份關於某位董事先前曾在另一個計畫中讓不知名人士損失金錢的空泛陳述，也被當作加重罪行的證據。有人因過去愚蠢的發言，說要拿金子餵馬，讓他的一生就此毀滅。另一人因生來驕傲，讓他做出拒絕回答議院問題的舉動。所有人都在無法參與且未經審判的情況下，大部分的財產被任意充公，且處以各種額度的罰鍰。即便是無所不能的議院，也無法掩飾這些判決本質的惡性。我的祖父自然也沒得到比其他人更寬容的處置，他身上帶著的保守黨色彩與人脈，讓當權者更加憎惡他。他的名字出現在一份令人質疑的祕密檔案中。他傑出的能力使他不能以無知或犯錯來開脫。針對南海董事的質詢中，吉朋先生是第一個受到羈押，而最後判決的罰鍰金額更是暗指他罪行重大。他在宣誓下交給下議院的總金額為十萬六千五百四十三鎊五先令六便士，不包含之前的罰金。吉朋先生獲得兩筆金額為一萬五千鎊和一萬鎊的津貼，但當眾人必須決定給予他哪筆時，他們一致決定只給數目較小的那筆。在一片荒蕪中，我的祖父帶著議院無法剝奪的能力與信用，在人生的後半重新建立家園。十六年的辛勤付出有了收獲，我也誠心地認為這第二人生的成果不比頭一次差。」

在懲處了所有董事後，議院的目標轉移到如何恢復公眾信心。沃波爾的計畫被判斷為無效，且受到摒棄。一七二〇年底，人們統計了南海公司股本，總額為三千七百八十萬鎊，其中分配給所有者的只有兩千四百五十萬。剩餘的一千三百三十萬則歸屬於公司法人名下，這也是他們利用大眾幻想所賺取的利潤。其中，有超過八百萬的金額被取出，平均分配給股票所有者及認購者，每個人得到每股三十三鎊六先令八便士的股息。這對眾人來說是很大的幫助。議院進一步命令，那些向南海公司貸款且已經透過股票轉讓或進行抵押的人，只需要支付借款金額的百分之十，便不必再承擔任何債務。在股價異常飆高的時候，該公司共貸出了一千一百萬，股價跌回正常水準後，他們收回一百一十萬。

但恢復大眾信心並非一蹴可幾。這些企業就如伊卡洛斯[7]，飛得太高，融化了自己的翅膀。當伊卡洛斯掉進大海載浮載沉後，他發現最適合自己的環境還是堅實的大地。

在這次巨大經濟繁榮光景之後，曾幾度出現投機事件。一個成功的計畫總會引其他人的仿效。在這貿易的國度裡，模仿者總是抓住每個可能成功的機會，並讓社會陷入極端貪婪的欲望深淵中，久久無法脫困。在著名的一八二五年大恐慌中，那些與南海企畫相似的泡沫公司曾短暫存活一段時間。與一七二〇年相仿，騙徒透過民眾的貪婪賺取大筆財富，但也在清算時付出了應得的代價。一八三六年，一個可能引起重大損失的計畫出現，但在災難鑄成前，他們及時挽救了情勢。

7 伊卡洛斯（Icarus），希臘神話中的人物，他綁上蠟製翅膀逃離克里特島時，由於沉浸在飛翔的喜悅中，忘了該遠離太陽，翅膀的蠟因陽光熔化，墜海而亡。

第三章

The Tulip Mania

鬱金香狂潮

何謂瘋狂，我的同胞！

——盧坎

鬱金香——此名字來自土耳其語，意為包頭巾狀，在十六世紀中期被引進西歐。康拉德．格斯納（Conrad Gesner）表示自己第一次看見鬱金香是一五五九年，在知名收藏家康瑟勒．賀沃特（Counsellor Herwart）位於奧格斯堡的花園中。他認為鬱金香引人入勝的魅力，將掀起巨大的旋風。果不其然，不久後鬱金香在世界掀起巨大騷動。當時，這株球莖來自熱愛花草的君士坦丁堡。在此後的十至十一年間，鬱金香受到有錢人的大力追捧，尤以荷蘭跟德國最明顯。阿姆斯特丹的富人會派人到君士坦丁堡，以高額的價格買下球莖。一六〇〇年，英國種下第一株來自維也納的鬱金香。自此之後，對鬱金香的喜愛不斷攀升，到了一六三四年，任何有錢人的後院如果沒有種植鬱金香，別人就會認為他品味低劣。除了富人外，許多學者也熱愛鬱金香，如龐培．安吉利斯（Pompeius de Angelis）和著有〈一致性〉（De Constantia）論文的利普修斯（Lipsius）。擁有鬱金香的熱潮很快蔓延到中產階級間，商人和店主開始暗中較量擁有的品種稀有度，以及賺進的金額。一名哈萊姆區的商人花掉一半的財產，求得一株球莖，但他從沒有想過轉賣獲利，只是單純種在家中的溫室向朋友炫耀。

你一定會想，這種花必定具有非常罕見的優點，讓它能在天性謹慎的荷蘭人間，同樣大受歡迎。但鬱金香沒有玫瑰的豔麗與芬芳，在那外表僅如麝香、豌豆花的美貌上，還伴隨著迅速枯萎的特性。考利（Cowley）曾如此大力讚揚著：

鬱金香欲開，豔壓群芳，
強韌的生命，如此驕傲，如此醉人；
她有著世界上所沒有的染蘊：
透過交混，她便換上新容顏；
紫色與金色皆非她心嚮往，
唯有針針細繡；
別無所想，她只求亮眼，
獨領風騷。

這不太具詩意的描述，就是詩人對花的頌讚。貝克曼（Beckmann）在其《發明的歷史》（*History of Inventions*）中，寫實地畫下鬱金香，並留下比此詩更悅人的文字。他說：「鮮少植物如鬱金香這般，在經歷意外、脆弱或疾病的打擊下，卻出落得加倍動人。未經培植、維持自然狀態的鬱金香，幾乎只具有一種顏色，葉片較大，花梗直長。經人工培植的鬱金香柔弱，卻楚楚動人。花瓣嬌小、顏色皎潔，色調更多元，葉片的綠也顯得輕柔。在此狀態下的嬌豔鬱金香脆弱異常，即便在最了不起且謹慎的巧手下，也很難被移植或甚至保存。」

許多人會在不知不覺中，對那些最讓他們頭疼的事物感到牽掛，就像比起健康的孩子，媽媽總是更愛那些體質虛弱的孩子。根據此原則，我們才有辦法理解這些對鬱金香的讚頌之詞。一六三四年，荷蘭人陷入對鬱金香的瘋狂熱愛中，甚至為此拋棄該國最重要的產業。整個社會從上到下，全部投進鬱金香交易市場。在這股狂熱開始發酵後，花價大漲，一六三五年，許多人用十萬購買了四十個球莖。接著，投資者會再以伯里茲（perits）——比克更輕的單位，將球莖秤重賣出。有一種鬱金香叫「利芙肯上將」（Admiral Liefken），光是一個球莖就要四千四百佛羅林；還有一種叫「海軍上將艾克」（Admiral Van der Eyck），重四百四十六伯里茲的球莖可賣到一千兩百六十；一百零六伯里茲的「切爾德」（Childer）值一千六百一十五；四百伯里茲的「總督」（Viceroy）值三千；最貴重的還屬「永遠的奧古斯都」（Semper Augustus），兩百伯里茲，就要價五千五百佛羅林，而且這個價格還算是便宜的。最後一種鬱金香特別受歡迎，即便是最劣質的球莖也可以賣到兩千。故事是這樣描述的，一六三六年初，同時有兩個「永遠的奧古斯都」球莖出現在荷蘭，這兩個球莖的品質並不是特別良好。其中一個在阿姆斯特丹的商人手中，另一個在哈萊姆區。投資者是如此渴望得到球莖，有人甚至願意用十二畝的土地，交換哈萊姆區的鬱金香。阿姆斯特丹那株的成交價則是四千六百佛羅林加上一輛新馬車、兩匹灰馬、一套馬具。當時，一位勤奮的作家在鬱金香狂熱期間，寫下一千多頁的文字，並保留一株「總督」的球莖可換得多少種商品（包含其現金價值）的清單：

兩拉斯特的小麥	四百四十八佛羅林
四拉斯特的黑麥	五百五十八佛羅林
四頭肥牛	四百八十佛羅林
八隻肥豬	二百四十佛羅林
十二隻肥羊	一百二十佛羅林
兩大桶酒	七十佛羅林
四大桶啤酒	三十二佛羅林
兩大桶奶油	一百九十二佛羅林

一千磅起司……一百二十佛羅林
完整的床……一百佛羅林
一套西服……八十佛羅林
一個銀酒杯……六十佛羅林
共計二千五百佛羅林

那些離開荷蘭一段時間，並湊巧在這股狂熱大肆蔓延時回來的人，經常會因為無法了解眼前的怪異局面而陷入窘境。在《布蘭維斯的旅行》（*Blainville's Travels*）中，就曾記載了這麼一段。一位因擁有罕見鬱金香而洋洋自得的有錢商人，得知有一批來自地中海東岸的高價貨物。那名替他傳遞消息的水手詳細地交代了貨物的種類與狀態，並準備到會計室領賞。商人為了獎賞這名水手，慷慨地為他準備了一條上好的紅鯡魚，作為他的早餐。顯然，這位水手還是位洋蔥愛好者，當他看到有一個像極了洋蔥的球莖躺在這名商人的櫃檯上時，他想著為什麼這東西會出現在絲綢與天鵝絨布料間呢？於是他偷偷拿起球莖放進口袋，想當成鯡魚大餐的配菜。領完獎賞後，他開心地回到碼頭，準備吃一頓豐盛的早餐。當商人忙著四處尋找那株值三千佛羅林，等同於兩百八十鎊的「永遠的奧古斯都」時，水手頭也不回地走出去。搜索的動作很快就引起騷動，大家翻遍了各處，就是找不到球莖。商人煩惱至極，於是又進行了一遍搜索，但依然沒有結果。最後，終於有人想到這名水手。

在聽到這個消息後，生氣的商人帶著全副武裝的隨從衝上了街。單純的水手也確實沒有想要隱瞞事實，人們發現他靜靜地坐在繩索上，咀嚼著最後一口「洋蔥」。之後，水手被判有罪，他從沒想過自己的早餐要價幾乎等於一艘船船員十二個月的開銷。或者，如那損失慘重的商人所說：「能奢華地款待奧蘭治王子（Prince of Orange）或所有總督一餐。」安東尼（Anthony）為了克麗奧佩脫拉（Cleopatra）的健康，將珍珠溶解在水中供她飲用；理查・惠汀頓（Richard Whittington）爵士為了取悅亨利五世（Henry V.），可笑地建造了富麗堂皇的宮殿；伊莉莎白女王（Queen Elizabeth）成立皇家交易所時，湯瑪士・格雷沙姆（Thomas Gresham）爵士將一顆鑽石融在水中，祝她身體健康；而這位荷蘭搗蛋鬼的早餐與上述相比，也毫不遜色。但在他豪奢的舉動中，他做了一件事是其他人比不上的：寶石並無法讓酒更香醇或完整，但他的鬱金香球莖可是讓紅鯡魚更鮮美無比！水手不幸的地方在於商人控告他犯下重罪，他因此被關了幾個月。

另一個故事則是由英國旅行家敘述，但其荒誕程度依舊不減。這位業餘植物學家有天湊巧看到一個鬱金香球莖，躺在一名荷蘭富豪的溫室裡。在不明白價值的情況下，他拿出自己的小刀將外皮劃開，企圖進行實驗。接著，他將這顆因被剝去外皮而小了一圈的球莖對切，並花時間研究這個外形特異的未知球狀植物。突然間，主人出現了，憤怒地看著一切，問他究竟在做什麼？「幫一顆特殊的洋蔥扒皮。」這位學者回應。「你這個蠢貨！」荷蘭人接著說：「這可是『海軍上將艾克』！」「太好了，謝謝你。」這名旅行家拿出筆記開始記錄：「這種植物在這個國家內常見嗎？」「該死的魔鬼！」荷蘭人怒吼，並抓住這位驚訝的科學家衣領：「跟我去見治安官，你就知道了。」儘管旅行家不斷反抗，他還是被帶往街上，後頭更跟著一群湊熱鬧的。當他被帶到治安官面前後，他終於在驚恐中明白那個被他當作實驗犧牲品的東西值四千佛羅林。最後，儘管他盡一切努力想彌補過錯，但在湊齊那筆錢以前，他還是在監獄待了一段時間。

一六三六年，眾人對鬱金香罕見品種的追求精神漸趨瘋狂，阿姆斯特丹的股票交易所因此成立了常設的鬱金香交易市場，鹿特丹、哈萊姆、萊登、阿克馬、荷恩和其他城鎮也紛紛跟進。至此，賭博的本性漸漸展露出來。那些投機的人們總是拔得頭籌，開始大量買賣鬱金香，並使用各種他們熟知的炒作手段，操縱鬱金香價格的漲跌。最初，如同所有的投機狂熱事件，每個人都賺了不少錢。鬱金香炒作者預測花價的漲幅時機、買低賣高，許多人因此一夕致富。眾人眼前就像有個金色誘餌，紛紛被勾進鬱金香市場，並像圍繞在蜂蜜罐旁的蜜蜂般，久久不散。每個人都認為鬱金香熱潮會永生永世，因此世界上的財富都會被送到荷蘭，以買下荷蘭人種植的鬱金香——無論開價多少。歐洲富翁都將聚集到須德海岸，貧困將遠離荷蘭。貴族、市民、農夫、技師、討海人、男僕、女僕，甚至是掃煙囪的人與洗衣老婦，都投入鬱金香種植行列。所有人都把自己的財產換成現金，全部投進花市。房子與土地被賤價賣出，或成為鬱金香買賣的抵押。國外開始陷入同樣的瘋狂中，金錢從世界各地湧進荷蘭。生活必需品的價格也等比成長。房子和土地、馬匹與馬車、各式各樣的奢侈品，都和熱潮同時成長，持續好幾個月，荷蘭成為財富之神駐紮的處所。交易的過程開始變得異常廣泛且繁複，讓政府不得不立法以作為標準。那些對這股熱潮不感興趣的人，被指派作為公證員與事務員。在某些城鎮裡，如果你問公證要去哪，人們可能答不出來，但如果問起鬱金香公證要去哪，則無人不曉。在沒有交易所的小鎮上，主要的酒館會充當「展示場」，進行各種大小買賣，並在奢華的遊戲中確認彼此的出價。這些餐會有時吸引多達兩、三百人，各餐桌與邊桌上更依一定間隔，放置大盆盛開的鬱金香作為觀賞。

然而，謹慎的人開始思考，這樣的瘋狂不可能持續一輩子。有錢人不再買花放在園子中，而是將買來的花轉手賣出，倒賺一倍。看來，最終總會有人成為倒霉鬼。當這種念頭開始出現時，花價掉了，且再也沒上來過。信心不再，商人開始陷入恐慌氛圍。六個禮拜前，A向B購買十個「永遠的奧古斯都」，每個定價四千佛羅林，兩人也簽訂好契約。B在交貨時間準備好A的花，但現在花價跌到三、四百佛羅林，因此A拒絕付合約上的價格，也不願意拿走花。毀約者出現的次數越來越頻繁。幾個月前還想著荷蘭是如此富裕的人，發現自己突然間什麼都沒有，只剩幾株鬱金香，但即便他只以進貨價的四分之一開價，也沒人想買。人民瞬時從天堂掉入地獄，每個人都責怪著鄰人。少數有見地的人老早將自己的財富藏起來，轉去英格蘭投資或購買基金。那些在一夜之間變成富翁的下層社會人士，再度重拾往日生活。大批發商幾乎淪為乞丐，那些門第世家的富紳，也只能眼睜睜看著自己的家產憑空蒸發。

當第一下警鐘敲響後，幾個城鎮召開了公開會議，研議透過何種方法才能有效挽回公眾信心。大家同意各地應派使者前往阿姆斯特丹，與政府商討該如何將損失降至最低。起初，政府不願介入，但建議鬱金香所有者彼此間進行協議。調解會召開，但卻找不出一個大家都同意的解決辦法，更擬定不了賠償措施。眾人相互責怪，每場會議都在吵鬧中無疾而終。儘管如此，在各種爭吵與敵視中，一項解決方案誕生了。聚集在阿姆斯特丹的代表們一致同意，所有在鬱金香狂熱中，或於一六三六年十一月前簽訂的契約，全都無效，至於所有於此日期後才訂立的契約，只要買方付賣方十分之一的金額，就可以不用承擔約定責任。然而，這項決議並沒有得到支持。那些手上還有鬱金香的商人自然不樂見這種規定，而那些被迫購買的人，更覺得自己被占便宜。一度值六千佛羅林的鬱金香，現在只剩五百。按照決議所說，契約中的買方必須支付六百佛羅林，也就是比時價高出一百的金額購買。荷蘭各地的法院擠滿控告毀約的商人，但這些買家情願被告，也不願意進行冒險的交易。

最後，這些糾紛終於鬧上了海牙的省議會，眾人都想著以議員們智慧之高遠，必能找出修復民眾信心的方法。人們殷殷期盼著結果，而結果從未出爐。議員們認真討論案情，一個又一個禮拜過去，直到三個月後，他們宣布自己在缺乏資訊的情況下，無法做出判定。但他們同時給予建議，賣方可在見證人的認證下，將鬱金香以雙方合約上的價格賣給買方。但如果買方拒絕，雙方可進行公開拍賣，但買方需負擔拍賣價與合約價之間的差異損失。這個建議與原先代表們製定出來的方法無異，且已經被證明無效。荷蘭法院並沒有強制支付的規定，糾紛在阿姆斯特丹逐漸擴大，而法官們以賭博合約所涉及的債務在法律上是無效的，一致拒絕干涉此事。

問題就此僵持不下。政府的權力不足以進行任何補救。那些在花價急遽下跌時還經營著鬱金香花店的人們，只好盡可能以豁達的態度接受眼前的慘況。至於從中獲利的人們則被允許繼續保留其財富，但全國商業環境嚴重受創，並經歷長久的時間後才逐漸復甦。

英國在某些程度上，也步上荷蘭鬱金香事件的後塵。一六三六年，鬱金香在倫敦的交易市場公開拍賣，而炒作者無不使出渾身解數，將花價抬升到阿姆斯特丹的水平。巴黎的投機者也努力製造鬱金香狂熱。但鬱金香在這些城市裡，只取得部分成功。儘管如此，這場狂熱永久地提升人們對鬱金香的熱愛，在某些社會階級中，人們對鬱金香的評價也總是勝於其他花種。荷蘭人對鬱金香的熱情更是不曾退卻，花價總是比鄰國高些。如同英國人吹噓著自己的名種馬和名畫，荷蘭人炫耀著自己的鬱金香。

即便在現在，英國的鬱金香花價依舊高於橡木，這是一個奇怪的現象。如果你可以找到一株有如〈尤維諾〉（Juvenal）詩中黑天鵝那般烏黑的「泰里斯的菈菈」（rara in terris），賣出的價格將會與十幾畝玉米稻作收成的賣價相當。在十七世紀末的蘇格蘭，據《大不列顛百科全書》第三增訂版的權威作者記載，鬱金香的最高花價為十基尼。自此之後，鬱金香的價格下跌，一七六九年，英格蘭最值錢的兩種鬱金香分別為「唐克維多」（Don Quevedo）和「瓦倫丁尼爾」（Valentinier），前者值二基尼，後者值二・五基尼。接著，花價來到最低點。一八〇〇年，一顆球莖價值十五基尼。一八三五年，一株「芬尼肯布爾小姐」的鬱金香在倫敦公開拍賣會上，賣得七十五鎊。而最貴的鬱金香出現在切爾西區英皇大道一位園丁的手中，根據他本人的記錄，該花值兩百基尼。

Part II

未來的妄想

人們或多或少對未來總是好奇，
但唯有在經歷漫長人生歷練後，我們才能明瞭：
如果時間對了、人對了，未來自然會在我們眼前展開。

Extraordinary Popular Delusions
and The Madness of Crowds

第四章 The Alchymists 鍊金術士

水銀（開始說話）：除了消耗煤炭與烈酒，他們難道明白這胡作非為中的奧祕！無論他們如何假裝，以賈比爾（Geber）、阿諾（Arnold）、呂利（Lulli）或浮誇的霍恩海姆（Hohenheim）之名，這藝術的神蹟的結果，僅為常理之叛變！就像那些哲學家的稱號，這光榮之聖物唯有從地獄之景誕生！我是他們的原料與昇華物，他們的催化劑與油膏。時男時女，有時更雌雄同體——他們多麼想解讀我！有時他們會燒給你一位老嫗，像是女傭的母親，而灰燼中誕生出一位處子，猶如浴火鳳凰；有時他們會讓老臣如香腸或燻鯡魚般躺下，並烤熟他們，再以風箱將靈魂吹進他們體內！看吶，他們又鼓起勇氣，準備再次反抗我了！只有天才之人方能知曉我！

——本·瓊森（Ben Jonson）的劇本《鍊金術士》（*The Alchymists*）

不滿，或許是最常見的人類特質，無分年齡與國界。儘管最初被視為邪惡的特質，最終也促進我輩的文明進展。與其他事物相比，不滿甚至是使我們優於野獸的推手。但也正是這種促進一切改革與進步的不滿，孕育了人類至極的愚蠢與荒謬，而這些荒誕事跡也成為當代人探索的目標。儘管主題項目極其龐大，但在有限的篇幅下，我們還是可以輕易縮減成易於理解、讀起來深具教育意義且有趣的故事。

有三種事情最容易激起人們的不滿的情緒，而想要力挽這些無法挽救之事的心態，往往讓人們陷入瘋狂與錯誤中。這三項事物就是死亡、困頓與對未來的迷茫——面對無可避免的厄運，人們卻展現了自己對生命的熱愛、富足的渴望、與洞悉未來的欲望。第一種畏懼讓許多人幻想自己可以克服死亡、逆轉死亡，並因此延長人類的壽命至百年。這樣的念頭讓人們長久且持續地追尋「長生不老藥」或「生命之水」。曾有上千人宣稱自己掌握長生不老藥，更有數百萬人相信他們。第二種畏懼讓人們開始追尋鍊金術，好將金屬轉變成金，創造財富。至於第三種，則引發了占星術、占卜等假科學，並演變成通靈術、手相學、預示，以分析一切的跡象、凶兆與徵兆等。

在追溯這些步入歧途的科學家，或誘惑並獵食愚昧無知之人的惡意詐欺師時，先將其分為三種類型可以更好地簡化並闡明我們的對象：第一種為鍊金術士，或所有追求賢者之石與生命之水的人；第二種包含占星術士、通靈巫師、魔法師、風水師和所有假裝能預知未來者；第三種則包含販售符咒、驅邪、媚藥、萬靈丹的商人、惡靈感應者、第七子的第七子[1]、順勢療法者、動物催眠和各種術士、江湖醫師與騙子。

但在描述這些人的職業時，經常可發現他們一人身兼多職。像是鍊金術士又是算命師，而假裝可治癒各種疾病的通靈師則能施行各種奇蹟。在歐洲早期的黑暗歷史中，這種角色相當常見。即便將時間推到近代，這些人的功能依舊很難劃清。與巫師、通靈師或江湖醫師不同，鍊金術士很少將自己的專長侷限在單一的偽科學上。當你開始研究鍊金術時，很多地方都呈現隱晦不明，但隨著我們不斷前進，道路也終將清明。

現在，請將我們身為知識分子的驕傲放到一旁，收起對愚昧先人的輕蔑。從先人的錯誤中我們總能改善自己的不足，如同一個人回想起那些讓自己在年輕歲月做出錯誤決定的古怪觀念與想法時，總能獲益於深切的反

1 民間傳說，第七個兒子所生的第七個兒子，會具有特殊能力。

省，社會也是如此，回顧那些主宰舊時代的觀念，可以讓我們得到啟發。因先人的荒謬而拒絕正視歷史的人，不過是最膚淺的思想者。我們或許不夠聰明，但我們可以從過往的言行與錯誤思想中提升自己，社會也必須記取往日的愚蠢與輕率，才能繼續前行。研究此類歷史除了可讓人知道文化興替外，想以此為樂的人還能發現，世界上沒有比人腦更有意思的東西了。這是一本充滿瘋狂、荒誕且美妙的全方位小說，充滿了所有的「這不對，根本不可能啊！」但這就是被想像且相信的各類事物。

鍊金術這門學科追古溯今迷惑了無數高貴的靈魂，更讓上百萬的人們對此深信不疑。而其起源非常晦暗不明，有些信奉者堅稱起源與人類出現的時期相當，也有人將鍊金術起源推回諾亞時代。事實上，博偉・樊尚（Vicent de Beauvais）也辯稱諾亞必定擁有「長生不老藥」，否則他無法在方舟上存活這麼久，更無法在將近五百歲的時候繁衍後代。羅格雷・杜費諾亞（Lenglet du Fresnoy）也在自己的《鍊金術史》（*Hermetic Philosophy*）中寫道：「這些人宣稱諾亞的兒子閃（Shem 或 Chem）精通此道，且認為化學（chemistry）和鍊金術（alchymy）兩個字正是源自於他的名字。」另一派的人則認為鍊金術源於埃及，並由赫爾莫斯・特里斯墨吉思忒斯[2]創立。一流的鍊金術士摩西（Moses），就是從埃及學得此道。但他保守祕密，並沒有將箇中祕訣傳承給以色列的後代們。那些撰寫鍊金術書籍的人經常驕傲地舉《出埃及記》第三十二章的金牛，證明這位偉大的立法者深諳鍊金術，且可以隨心所欲變出或還原金子。根據記載，摩西對於以色列人的偶像崇拜感到憤怒：「於是他將他們做的金牛丟進烈火中燃燒，再磨成粉末，將之撒在水面上，讓以色列的孩童喝下。」鍊金術士宣稱，如果摩西沒有賢者之石，將無法辦到此事，沒有任何方法可讓金粉浮在水面上。至此，我們必須先擱置鍊金術學門（如果真有這學門的話）中的棘手問題，回到更近代的歷史中。耶穌會傳教士衛匡國（Father Martini）在其《中國歷史》（*Historia Sinica*）一書中，指出中國於兩千五百年前就精通此道，此時耶穌還未誕生。但他此番未經證實的言論沒有任何意義。儘管如此，擁護鍊金或鍊銀術的人早在一世紀羅馬時代，也就是後耶穌時代就存在著，而當時只要被發現，就會被視為惡徒或騙子並受到懲罰。到了四世紀的君士坦丁堡，人們普遍相信轉換金屬的能力，更有許多希臘傳教士以此為題發表論文。他們的名字流傳至今，而羅格雷・杜費諾亞在《鍊金術史》第三卷中，也對他們的作品留下評論。在他們的觀點中，金屬包含兩種物質：第一種，金屬接地；第二種是紅色的易燃物質，他們稱之為硫。只有純淨的物質可變成金，但金屬成分混雜且受到外來物質的汙染。賢者之石的功能就是用來分解或中和所有成分，純化鐵、鉛、銅和所有金屬，使之轉化成金。許多知識淵博且聰明的學者，將自己的時間、健康與精力浪費在這虛幻的目標中，但在接連的幾個世紀中，這門學問並沒有得到人們太多關注。顯然關於鍊金術的討論消失了，直到八世紀才又出現在阿拉伯人之間。從這裡開始，鍊金術的歷史變得較容易追溯。此時，一位被視為科學之父的大師出現，而他的名字更是與鍊金術密不可分。

奉金為智者之石——賈比爾

關於這位畢生致力於研究鍊金術的科學家賈比爾（Geber），我們只有很少的資訊。一般認為他出生在西元七三〇年。他的本名為阿布・穆薩・賈比爾（Abou Moussah Djafar），後面經常被加上「Al Sofi」或「智者」的稱謂。他出生於美索不達米亞的豪蘭。有些人認為他是希臘人，也有些人認為他是西班牙人，還有些人則認為他是印度斯坦的王子。但在這些出於敬畏而犯的錯誤中，最荒謬的猜測該數翻譯斯普林格（Sprenger）《醫學史》（*History of Medicine*）的法國翻譯家。他以賈比爾的名字發音推測此人為德國人，並認為他的名字該為「都納特」或「賈維爾」。他的生平無人知曉，但世人認為他撰寫了超過五百部，與賢者之石及生命之水相關的作品。他極度熱衷鍊金術，他將懷疑論者比喻成被關在狹小、沒有窗戶，也沒有任何縫隙房間內的孩子，因為看不見外面，而否認世界的偉大。他認為調配出來的金，可治癒萬物——人、動物與植物。他也認為所有的金屬都受制於疾病，只有金是例外，金永遠呈現最完美的健康。他證實歷史上曾不只一次出現賢者之石，但那些得到賢者之石的遠古智者，絕不會以文字或言語向一般人透露，因為一般人不配，也不會相信這些資訊。儘管賈比爾一生都在追求虛幻的科學，但他依舊為人類帶來貢獻。他在偶然間發現了意料之外的知識。拜他所賜，

2 赫爾莫斯・特里斯墨吉思忒斯（Hermes Trismegistus），埃及神祇。據信為希臘神話中神使赫密士（Hermes），與埃及智慧之神托特（Thoth）綜合的神祇。

氯化汞、紅色氧化汞、硝酸、硝酸銀終於首度被人類觀察到。

博學的阿拉伯鍊金師——法拉比

在賈比爾死後的兩百年間，阿拉伯人投身到鍊金術的領域，並結合了占星術。在這其中，最有名的人莫屬法拉比（Alfarabi）。

法拉比活躍於十世紀初，在當代更被譽為最博學之人。他的一生都在旅行，累積各式各樣關於科學的知識。沒有任何危險可以嚇阻他，也沒有任何困苦可以磨損他。許多統治者用盡辦法，想讓他留在自己的領土內，但為了找到生命最偉大的真相，他不願停歇，他的目標是找出長達百年的保存之術和無限提鍊金子的方法。然而，這種漂泊的生活卻對他造成致命的傷害。在並非出於宗教或科學的目的下，他來到麥加，並經由敘利亞返國。返鄉途中，他拜訪了王子蘇丹・賽福杜雷特（Sultan Seifeddoulet）——知名的知識追求者。他身著旅行裝束，來到國王與大臣跟前，在沒有得到邀請的情況下，淡然坐到蘇丹王子的身旁。大臣們與其他賢者紛紛感到吃驚，而不認識法拉比的蘇丹，一開始的反應也與其他人相同。他轉身向其中一名護衛，要求將這放肆的人逐出房間，但法拉比動也沒動，他斥喝他們不得無禮。接著他冷靜地轉身面對王子，表示王子因為不知道他是誰，才會選擇暴力以對，否則肯定會以禮相待。蘇丹並沒有像其他統治者那樣勃然大怒，反而開始欣賞對方的冷靜，並要求法拉比坐近一點，開始和他討論科學與自然哲學。所有人都被他淵博的知識吸引。無論人們提出什麼問題，他都能展現自己深厚的知識。他說服了每位與他持相反意見的人，他對鍊金術的原理無比透徹，讓大家立刻覺得他是僅次於賈比爾的偉大學者。其中一個大夫問道：「一位對科學瞭若指掌的學者，是否也對音樂有著同樣的造詣？」法拉比沒有回答，僅叫人替他拿來魯特琴。魯特琴拿來了，他的演奏是如此令人陶醉，讓所有人都感動得熱淚盈眶。突然間，他改變了曲風，演奏出最輕快的曲子，讓上一刻還沉浸在哀傷情緒中的學者與蘇丹，下一秒立刻跳起最輕快的舞步。最後，他以一段沉痛的旋律讓眾人安靜下來，紛紛如痴如醉地嘆息著。蘇丹非常欣賞法拉比，願意給予他任何榮華富貴與權力，只求他留下，但這位鍊金術士斷然拒絕，表示在自己找到賢者之石前，他不能停留。當晚，他就離開此處，並在敘利亞的沙漠中被強盜謀害。他的傳記中除了記載他寫下幾篇非常寶貴但已失傳的論文外，對於其他生平細節都沒有進一步交代。他卒於西元九五四年。

醫生鍊金師——阿維森納

另一位偉大的鍊金術士阿維森納（Avicenna），本名伊本・西那（Ebn Cinna），於西元九八〇年生於布哈拉。身為一名醫生與熟練各種科學技巧的他名聲卓越，連蘇丹王麥吉代・杜利夫（Magdal Douleth）都試想將他的能力應用在政治管理上。他因此成為蘇丹王的大宰相，並利用自己的知識治理國家。但在比治理更困難的科學上，他卻敗得一塌糊塗。他無法控制自己對女人和美酒的欲望，過著荒淫無度的生活。在繁忙的國事與縱情聲色的生活間，他還是擠出了一點時間，完成了七篇與賢者之石相關的論文，這七篇專文被後世的鍊金術擁護者視為最了不起的貢獻。像阿維森納這樣傑出的醫生卻縱情於聲色，是非常罕見的情況。過了幾年放蕩生活後，他被解除職務，並很快死於因荒淫無度而造成的早衰與疾病。一〇三六年，阿維森納過世。在他死後，僅有幾位較知名的阿拉伯學者繼續研究鍊金術。在此之後，鍊金術迅速風靡歐洲。許多法國、英國、西班牙、義大利的知識分子，紛紛投入自己畢生精力，鑽研此學科。這樣的熱潮在十二與十三世紀尤為顯著，當時最傑出的知識分子多與鍊金術脫不了關係。在這些人之中，最著名的為接下來介紹的幾位。

製造奇蹟的師徒——艾爾博圖斯・麥格努斯和湯瑪士・阿奎那

艾爾博圖斯・麥格努斯（Albertus Magnus）生於一一九三年，出身多瑙河畔勞因根，是紐因堡公國內的高貴家族。在他三十歲前，行為舉止一直非常遲鈍且愚笨，因此人人都很為他的未來擔憂。他非常年輕就進入道明會修道院學習，但毫無進展的研究不只一次讓眾人陷入絕望，好在他生來意志堅強，不肯輕言放棄。邁入中年後，他卻突然開竅了，沒有任何東西是想學而學不來的。上了年紀卻突然有這樣的改變，簡直像是奇蹟。人們認為且深信是聖母瑪利亞的垂憐，實現他渴望聰慧且出名的願望。聖母瑪利亞出現在這名絕望的男子面前，詢問他想要選擇哲學之路還是神聖之道。他選擇了哲學，聖母帶著悲傷且溫柔的口吻，嘆息他沒有選擇神聖之道，但仍舊成全了他，讓他成為當代最聰明的哲學家，同時也設下障礙：達到人生巔峰後，他將再度變回愚笨且無能。艾爾博圖斯並沒有花時間反駁這個傳說，只是全神貫注地做研究，而他的名聲也迅速傳遍歐洲。一二四四年，知名的湯瑪士·阿奎那（Thmas Aquinas）開始向他學習，許多關於兩人的故事被流傳下來。在他們潛心追求各種科學的同時，也沒有忘記賢者之石與萬靈丹。儘管他們並沒有發現這兩者，但一般相信艾爾博圖斯掌握了部分生命之水的成分，並苦心鑽研多年，透過適當的比例與節氣，找出能讓銅像動起來的方法。他和湯瑪士·阿奎那一起完成這項研究，並賦予機器說話的能力，讓它擔任傭人的工作。這方面的成就非常實用，但因部分機械設計問題，運作時不斷發出讓兩人不甚滿意的震顫聲。他們用了各種辦法修復機器，卻徒勞無功。某天，湯瑪士在解某道數學問題時，被機器人的聲音惹得心煩氣躁，便拿錘子將機器人敲成碎片。事後他非常懊悔自己的行為，而老師也責備他不該讓憤怒支配意志，且最終沒有走上哲學家的道路。他們也沒有試圖讓雕像再動起來。

這樣的故事也凸顯了當時的觀念。那些企圖研究生命奧祕的人，都被視作魔術師。更不難想像當這些哲學家聲稱自己發現長生不老仙丹，或可帶來無限財富的紅色石頭時，更加深大眾認為他們可以創造奇蹟的想法。當時人們甚至認為艾爾博圖斯可以改變四季的更迭，而且這件事比發現偉大的長生藥來得簡單。當時，艾爾博圖斯非常想要一塊在科隆附近的土地，以建造修道院。那塊地的領主為荷蘭伯爵、羅馬王威廉（William），但他並不想參與這件事。因此，人們相傳，艾爾博圖斯以非常特殊的方法獲得此地：他邀請行經科隆的親王來做客，並為親王與大臣準備特殊的餘興節目。親王欣然接受，並和驕傲的隨從們來到聖人的住所。當時正值寒冬，萊茵河完全凍結，空氣冷冽，騎在馬上的騎兵們甚至得冒著腳被寒霜凍壞的風險。當他們抵達艾爾博圖斯的房子時，他們大吃一驚，因為宴席設在戶外花園中，而桌邊的雪更厚達好幾寸。伯爵在盛怒下重新跳上戰馬，但艾爾博圖斯說服他在宴會桌旁坐下。沒一眨眼兒，烏雲散去——溫暖的太陽照耀大地，寒冷的北風突然改變方向，並從南邊吹來了徐徐的暖風。冰雪融化，雪水匯集成涓涓細流。樹梢長出翠綠的新芽，眾人腳邊落滿了花朵與果子。雲雀、夜鶯、畫眉、杜鵑與各種叫聲悅耳的鳴禽們，站在枝頭放聲高歌。親主與他的隨從大感驚奇，於是他們愉快地享用晚餐，而艾爾博圖斯也得到了那塊建造修道院的地，作為晚宴的回報。然而，他還沒讓他們見識到自己全部的能力。晚宴結束後，他說了一句話，烏雲再度聚攏，雪花大片大片地落下，啁啾的鳥兒死去，葉子開始從樹上落下，寒冷的北風強勁地刮著。訪客們再度用厚厚的披風將自己包起來，並撤退到溫暖的屋內，在艾爾博圖斯的廚房裡取暖。

湯瑪士和老師一樣，也能創造奇蹟。傳說他曾住宿在科隆的一條街上，並對每天被馬車伕拉上街鍛鍊、永不停歇的達達馬蹄聲感到惱怒。他請求馬車伕將馬帶到其他不會吵到哲學家思考的地方，但馬車伕對他的請求置若罔聞。在這樣的情況下，他只能借助奇蹟的力量。他製作了銅質的金屬小馬，在上面刻寫特定的猶太神祕哲學文字，並在子夜時分，將其埋在大街上。隔天早晨，一批馬車伕如往常般拉著馬來到此處，但當馬一站到昨夜施法的地點上，牠們就高高抬起前腳、劇烈掙扎，牠們的鼻孔因為恐懼而大大地開合，鬃毛豎起，汗水從兩側流下。牠們完全不聽指揮，不管馬夫如何訓斥或恐嚇，馬匹就是不願向前踏一步。隔天，情況不見改善，眾人只好另覓鍛鍊的地方，而湯瑪士則成功得到渴望的寧靜。

艾爾博圖斯．麥格努斯於一二五九年擔任雷根斯堡的主教，但他於四年後請辭，因主教的職務嚴重耽誤他進行哲學研究的時間。一二八〇年，他逝世於科隆，享年八十七歲。道明會的著作者們否認他曾找到賢者之石，但他關於礦物的學術論文則充分證明他的成功。

千歲術士——阿特福爾斯

阿特福爾斯（Artephius）在鍊金術史上，顯然占有一席之地。他出生於十二世紀初，留下兩篇著名的論文；其中一篇是關於賢者之石，另一篇則是關於人類壽命的延長。在第二篇論文中，他驕傲地向所有人宣布，當時他已經高達一千零二十五歲。在他的追隨者中，有許多人相信他的年齡，並試圖證明他是提亞納的阿波羅尼奧斯（Apollonius），那位在耶穌誕生後不久的偉人，其生命細節都被詳盡記錄在菲洛斯特拉托斯（Philostratus）的書中。他也小心不去違背任何一個關於自己的故事，好將自己對追隨者的影響力最大化。在許可的情況下，他會吹噓自己的故事。憑藉自己優異的記憶、生動的幻想與對人類歷史的了解，即便被問起人類起源、過程或遠古的偉人，他也不會露出絲毫破綻。他也宣稱自己找到賢者之石，並為了尋找此物，曾進過地獄，看到魔鬼坐在黃金打造的寶座上，被小鬼與惡魔簇擁著。他的鍊金術作品被翻譯成法文，並於一六〇九年或一六一〇年在巴黎發行。

萬物醫師——阿蘭·德萊爾

現代可與艾爾博圖斯並駕齊驅的人，非法蘭德斯的阿蘭·德萊爾（Alain de Lisle）莫屬。因其偉大的知識成就，人們稱他為「萬物醫師」。他被認為具備關於科學的一切學識，且和阿特福爾斯一樣，發現長生藥。阿蘭成為熙都修道院中的一則傳說，逝於一二九八年，享年一百一十歲。有人說，他曾於五十歲那年差點死去，但及時發現長生藥讓他又多活了六十年。他留下一篇關於梅林傳說的評論。

傑出的人類——阿諾·芬納夫

阿諾·芬納夫（Arnold De Villeneuve）這位哲學家獲得更偉大的讚譽。他生於一二四五年，並在巴黎的大學攻讀醫藥，且取得相當大的成果。接下來的二十年，他穿梭在義大利與德國間，並結識了與自己追尋同樣目標，擁有相似背景的皮耶多·達阿波內（Pietro d'Apone）。作為醫師，他被譽為史上最傑出的人類。與當時知識分子相同，他也花了許多時間研究占星與鍊金，並被認為曾用鉛和銅製作出大量金子。當皮耶多在義大利被捕，並以巫師之名進行審判時，阿諾也陷入同樣的處境。但他及時逃離義大利，遠離朋友那不幸的下場。他曾因為預言世界末日而聲勢下滑，但很快又積累了正面評價。他的卒年不詳，但普遍認為是一三一一年。當時教宗克萊門五世（Clement V.）寫信給管轄權下的神職人員，請求他們用一切心力，探索阿諾著名的〈醫藥實踐〉（The Practice of Medicine）論文。作者曾答應會用一生向教宗演釋研究內容，但卻在實踐諾言前不幸過世。

在隆傑維．拉赫賈（Longeville Harcouet）所寫的一本名為《那些活了好幾百年最後還返老還童之人的歷史》（*The History of the Persons who have lived several centuries and then grown young again*）的奇特作品中，他說阿諾曾得到一張處方，可延長人類壽命數百年。首先，拉赫賈筆下的阿諾說道：「想要延長壽命的人必須用決明子汁或精華，徹底搓洗自己，一週進行兩到三次。每晚睡覺前，他必須在心臟上方擺上石膏。石膏必須依照一定比例，由藏紅花、紅玫瑰花瓣、檀香木、沉香、琥珀浸泡在玫瑰油中，並混上最好的白蠟製作而成。早上，必須將石膏拿起，小心地放進鉛盒中保管，直到晚上使用時再取出。如果他的性情樂觀，必須取十六隻雞；如果冷漠，則需要二十五隻；如果悲觀，就要三十隻。接著，將這些雞放到空氣與水都很純淨的土地上。在吃掉牠們以前，必須餵養牠們，用一種特定的方式增肥，讓雞的肉質充滿可以延長壽命的成分。接著，這個人必須消耗掉所有過去吃入的養分，直到自己快餓死為止，再開始食用由蛇和醋熬煮的湯，該湯以小麥與麥麩調製濃稠。」在烹煮這道胡攪的食物時，還有很多儀式必須進行，而那些雞則要被餵養至少兩個月，然後，牠們可以上桌了！烹煮前，請先用質地溫醇的白酒或波爾多紅酒清洗。這套儀式每七年就必須規律地重複一遍，這樣一來，你就可以活得跟瑪士撒拉[3]一樣久！我們只能說，拉赫賈沒有什麼能力可證明阿諾．芬納夫的偉大。在此哲學家的作品中，從未發現這類文獻。十六世紀初，普瓦里埃（Poirier）找到一本手抄本，並聲稱為阿諾親筆。

世界第一魔術師——皮耶多．達阿波內

這名不幸的聖人於一二五〇年誕生在帕多瓦附近的阿波內。與摯友阿諾．芬納夫相同，他是一名傑出的醫生，更是占星術與鍊金術的研究者。他在巴黎運用自己所長，替人改變、治癒或預知命運，並因此積攢大筆財富。在（對他來說）相當不幸的一天，他頂著世界第一的魔術師光環回到祖國。人們相傳他從煉獄抓了七個邪靈，並將他們分別禁錮在七個水晶瓶中，供自己使喚。平時，他會派遣邪靈到世界的盡頭取樂。第一個

3 瑪士撒拉（Methuselah），諾亞的祖父，洪水前的猶太族長，據傳活到九百六十九歲。

邪靈擅長哲學；第二個擅長鍊金術；第三個是占星術；第四個是醫學；第五個，詩詞；第六個，音樂；第七個，繪畫。每當皮耶多需要得知這些領域的任何知識時，他會走到水晶瓶前，釋放相應的邪靈。不用多久，皮耶多就對這些領域瞭若指掌。如果他想，他可以輕易在詩詞領域打敗荷馬（Homer），在繪畫超越阿佩萊斯（Apelles），甚至在哲學界超越畢達哥拉斯（Pythagoras）。儘管他可以用紅銅鍊金，但人們說他會為了儲存實力，以其他較不費力的方式獲取金錢。當他使用金子的時候，他會小聲念著只有自己知道的魔咒，隔天，同樣的金子就會安全回到他的手中。那些收到金子的人即便將金子以最堅固的鎖、箱子或交由一支軍隊看管，那些被施了魔法的金子還是會回到主人手中。就算將金子全部埋進地底或扔到海裡，隔天早晨，第一道陽光撒下的同時，它們已回到皮耶多的口袋裡。正因為如此，很少人願意和這樣的巫師進行交易，尤其是碰到必須以金子支付的時候。但偏偏有少數人不信邪，認為皮耶多的能力或許無法讓他操控銀子。不過在進行實驗後，他們就會知道自己錯了。門栓、鐵條也無法阻擋它們，有時它們就在自己的手中消失無蹤，再經由空氣回到魔術師的手裡。因此他的名聲相當不好，最後，在發表了一些對於宗教大逆不道的言論後，被以異教徒及巫師的身分，送到宗教裁判所審判。即便在拷打刑具上，承受著一般人根本承受不了的酷刑，他依舊大聲為自己辯解。他於案子審判前死在獄中，最後仍被判有罪。他的屍骨被下令挖出，在大庭廣眾下焚毀，他的肖像更在帕多瓦的街上燒毀。

傳奇人物——拉蒙・柳利

當阿諾・芬納夫和皮耶多・達阿波內席捲法國與義大利的同時，另一位更著名的人物出現在西班牙。他就是拉蒙・柳利（Raymond Lulli），鍊金術界首屈一指的傑出代表。與前人不同，他沒有熱衷於占星術與通靈術，他以賈比爾為榜樣，專心研究金屬的成分，且絕不接觸那些咒語、魔法等任何愚蠢的儀式。直到生命的晚期，他才開始接觸這方面的知識。他將自己的早期與中期人生運用在不同範疇上，並留下了最具傳奇色彩的一生。一二三五年，拉蒙誕生在馬約卡島上一個顯赫的家族內。一二三〇年，當阿拉貢國王海梅一世（James I.）占領這座島時，原本居住在加泰隆尼亞的拉蒙父親移居此處，而國王也給予他相當豐厚的報酬。拉蒙相當年輕就已結婚，而追求享樂的他，和太太離開孤獨的小島，搬到西班牙。爾後，他在海梅國王的皇宮擔任大總管，過了相當愜意的幾年。他對自己的婚姻並不忠實，總是追在其他美女身後，直到他的心被美麗但冷漠的安伯麗婭．卡斯德羅（Ambrosia de Castello）虜獲。這位女士和自己的追求者相同，已婚，但不同的是：她忠於自己的誓言，並對拉蒙的引誘無動於衷。但拉蒙的迷戀已經走火入魔，女方的拒絕只會加深他的渴望。他整晚都在她的窗下徘徊，寫下歌頌她的熱情詩句，除此之外，拉蒙什麼事都做不了，更因此成為眾人的笑柄。某天，當他在她的窗下窺望時，她的披肩突然被風吹走，拉蒙因此看到她的胸部。他腦中突然出現靈感，於是他坐下，寫了一些溫柔的詩句，並將詩句送給她。正直的安伯麗婭從未對他的舉動給予回應，但這次不一樣。她告訴他：她永遠不會接受他的追求，且對任何一位聰明人來說，將心思放在上帝以外的事物上，都是不智的，並勸誡他將生命奉獻給宗教，戰勝自己那不名譽的渴望。然而，她卻在最後向他承諾，如果他想，她可以給他看朝思暮想的胸部。拉蒙歡喜若狂。他認為儘管這封信的前半段都在拒絕（安伯麗婭還給了他諸多建議），但最後一段才是她的真心。他跟著安伯麗婭從一個地方到另一個地方，並懇求她實踐自己的諾言，但依舊冷若冰霜的她，只是流著眼淚請求拉蒙不要再騷擾她，因為她這輩子，就算明天重歸自由之身，也不會跟他在一起。「那信裡是什麼意思？」絕望的拉蒙問道。「我會讓你看！」安伯麗婭回應，並立刻揭開胸前的衣衫，拉蒙驚恐萬分目睹她那蔓延在兩胸間的巨大腫瘤。她感受到對方的震驚，於是握著他的手，再次懇求他回歸宗教，將心獻給造物者，而不是卑微的萬物。他改變了。隔天，他辭退自己優渥的職務，和妻子離婚，向孩子道別，並留給他們自己大量財產的一半。剩餘的一半，則贈予窮人。接著，他跪倒在耶穌受難像的腳下，將自己獻給上帝，並為自己犯下的罪懺悔，發誓將用剩餘的一生，努力讓伊斯蘭教勢力拜倒在基督教的感召下。在夢裡，他見到耶穌對他說：「拉蒙！拉蒙！追隨我！」這樣的景象重複了三次，拉蒙因此深信這是天堂直接給予他的指引。在決定好他的使命後，他動身前往孔波斯特拉區的聖詹雅各神壇朝聖，並在接下來的十年間，孤身住在阿蘭達山中。在此處，他學習了阿拉伯語，以實踐自己勸服伊斯蘭教徒的使命。他向東方最聰明的人學習，研究各種科學，並鑽研賈比爾的著作，更因此改變了自己的一生。

四十歲那年，他結束隱居的日子，開始進入較活躍的生活。他拿著自己在隱居時積攢的財富，找到一間由教宗認可的阿拉伯學校，奉獻自己的熱情與信仰。後來，他驚險地逃過一名年輕阿拉伯人的刺殺，這名男子就是他的僕人。拉蒙之前因出於對信仰的狂熱，向神祈禱他希望為自己的神聖使命遭受痛苦。僕人聽到拉蒙說的話，這位跟主人一樣狂熱的僕人，決定實現主人的願望，同時為拉蒙不斷冒犯伊斯蘭教的言語，給予他一些懲罰，他用刀刺進拉蒙的心臟。僕人趁著拉蒙坐在桌前時試圖打暈他，但求生意志超越殉道的渴望，拉蒙抓住敵人，並打倒他。不過他不敢親手解決犯人，所以他將僕人交給鎮上處置，而這個人在坐牢期間死亡。

在經歷這場事故後，拉蒙去巴黎住了一陣子，認識了阿諾・芬納夫。或許是因為對方鼓勵他研究賢者之石，自此之後，拉蒙對宗教的關注減少了，開始研究鍊金術。但他並沒有忘記自己必須改變穆斯林的使命，於是動身前往羅馬，和教宗若望二十一世（John XXI）見面，親自請教達成此目標的方法。教宗用言語鼓勵他，但沒有指派任何人和他合作。因此，拉蒙隻身一人前往突尼斯，由於他在鍊金術上的成就，讓他得到許多親切的阿拉伯哲學家的款待。如果他在這個國家時，能把全部心力放在鍊金術上，那對他來說會安全得多，但他開始咒罵穆斯林，並因此惹上麻煩。當他在突尼斯市集上宣傳著基督教的教義時，被逮捕並關進監獄。他很快就被判處死刑。他的哲學家朋友四處奔走為他說情，最後他在立刻離開非洲，且再也不能踏上這片土地的但書下，獲得赦免。無論未來他因任何原因出現在此，或停留多久，他都會立即被處決。當事情進展至此，拉蒙對殉道的熱情已蕩然無存，他迅速地接受了這個條件，並立即離開突尼斯，準備前往羅馬。後來，他改變主意，選擇在米蘭住了一段很長的時間，並在鍊金術（有些人說是占星術）上取得重大成功。

那些相信鍊金術、並注意到拉蒙・柳利生平的作家，宣稱當他定居在米蘭時，收到來自英國愛德華（Edward）國王的信，邀請他定居在英國。這些人更聲稱拉蒙高興地接受邀請，而且國王在倫敦塔內安排一處供他使用的公寓，而他在那裡製造了更多金子，監督「玫瑰金幣」（rose-nobles）的鑄造，並以鐵、水銀、鉛和白蠟提鍊高達六百萬的金子。可信度較高的《寰宇傳記》作者則反駁：拉蒙從未踏上英國的領地，而那些關於他作為鍊金術士的傳說奇蹟，則是錯誤地將另一個拉蒙——猶太人塔拉杜納（Tarragona）的生平，套到他身上。為了證明拉蒙真的去過英格蘭，他的追隨者聲稱《關於金屬靈魂的嬗變》（*De Transmutation Animae Metallorum*）為他的作品，並引用當中他說自己受到英國國王的邀約，因此人在英國的內容，作為他住在英國的佐證。但這些鍊金術作家在究竟是愛德華一世還是二世邀請拉蒙，卻意見分歧。最後，在修復拉蒙一三一二年的日記後，他們認定是愛德華二世。愛德蒙．迪肯森（Edmond Dickenson）在《哲學家榜樣》（*Quintessences of the Philosophers*）一書中表示，拉蒙在西敏寺進行了研究，而後人在他離開很長一段時間後，於磚頭後發現非常大量的金粉，這些金粉讓建築師發了大財。在羅格雷替西敏寺主教約翰．卡里莫（John Cremer）撰寫的自傳中，他表示拉蒙會來英國完全是基於他的牽線。卡里莫花了三十年的時間也沒發現賢者之石，有次他在義大利碰到拉蒙，他不斷引誘拉蒙向自己透露其中奧祕，但拉蒙告訴他，他必須跟前人一樣，靠自己的力量找到。卡里莫在回到英國後，和國王愛德華談起此事，並大力讚揚這位哲學家的能力，於是一封邀請函被送到拉蒙手中。羅伯特．康士坦丁（Robert Constantinus）在一五一五年出版的《醫術專業詞彙》（*Nomenclator Scriptorum Medicorum*）中說道，在經歷仔細的蒐證後，他發現拉蒙．柳利曾在倫敦住了一段時間，並在倫敦塔中利用賢者之石製作了金子，而他也親眼看到拉蒙鑄造的金幣，也就是英國一般俗稱的「拉蒙金幣」或「玫瑰金幣」。拉蒙本人似乎也曾吹噓過自己會製造金。在他著名的《金屬靈魂》（*Testamentum*）一書中，他將不少於五千磅重的水銀、鉛和白蠟轉變成金。英國國王很有可能在相信該鍊金術士擁有的卓越能力，而邀請他到英國接受測試，並聘請他製作金子與鑄幣。不相信任何鍊金術的卡莫登（Camden），也證實了拉蒙確實鑄造了玫瑰金幣。如果一名男子因其對金屬知識而出名，並因此擔任鑄幣師，這其實也沒什麼衝突之處。拉蒙那時候已經七十七歲，有些年老昏聵。他寧願支持謠言，讓大家相信自己發現賢者之石，而不是去澄清。

在英國待了一陣子後，拉蒙回到羅馬，準備完成比鍊金術更重要的人生使命——勸服伊斯蘭教徒。他提出了幾種方法，但都沒有卓越的成效。第一個是在歐洲所有修道院中，引進東方語言；第二個則是統一軍事指令，以期軍隊團結一致，能更有效抵抗伊斯蘭教徒；第三個是偉大的教宗應禁止學校閱讀廣受伊斯蘭教徒喜愛的艾法歐伊斯（Averroes）作品。教宗並沒有以非常熱絡的態度接見這位長者，於是，在羅馬待了兩年後，他再一次隻身前往非洲宣傳耶穌基督的教義。一三一四年，他抵達波納，因不斷詛咒當地人的神明，而惹惱了伊斯蘭教徒，他們以石頭攻擊並讓他躺在海岸上等死。數小時後，他被熱那亞的一名商人發現，便將他運到自己的船上，前往馬約卡島。身受重傷的拉蒙雖然還維持著呼吸，卻無法說話。他意識不清地度過幾日，直到船剛駛近家鄉的海岸線，他就過世了。他的遺體在壯觀的送葬隊伍下，進入帕爾馬的聖由拉利亞教堂。葬禮盛大舉辦。後來，人們說他的墳墓出現了奇蹟。

至此，當時最具傳奇色彩的拉蒙．柳利一生結束了，而他生前最後一次吹噓自己的六百萬黃金，對專業鍊金術士來說可能不太具吸引力。他留下數量可觀近五百卷的作品，主題包含語法、修辭、道德、神學、政治、民法、教會法、物理、形上學、天文學、醫學和化學。

伏爾泰讚賞的羅吉爾．培根

鍊金術再次虜獲了比拉蒙．柳利更偉大的角色。羅吉爾．培根（Roger Bacon）對賢者之石的存在，深信不疑，更用盡一生追求。他的研究讓當代所有知識分子更相信鍊金術原理，且熱衷追求。一二一四年，培根生於薩默塞特郡的伊爾徹斯特。他在牛津大學念了一段時間，後來在巴黎接受了神聖博士的學位。一二四〇年，他回到英國，並成為聖方濟各的修士。在當時，他是最博學多聞的男子，他的成就超越當時世人的理解範圍，因此他們只能認為他的成就是受到惡魔的蠱惑。伏爾泰非常讚譽他，但迷信的偏見練就了他強壯的心智，他天才般的光芒儘管被遮蓋了，卻不會消失。對他（也只有他）來說，只要是渴求知識的人都能明白凹透鏡與凸透鏡的特性。他還發明了「幻燈機」[4]，這個被現代視為美麗玩物的發明，卻讓他的生命不再順遂。從鍊金術史的觀點來看，這位偉人的名字絕對不能忽略，儘管他並不像我們之後或許會有機會提到的人那樣，將鍊金術作為人生的第一目標。然而，對萬物知識的渴望占據了他的心靈，讓他不願忽略任何一門科學，即便這門科學再荒誕。他大部分的時間都迷失在追求物理與天文的知識道路上。望遠鏡、取火鏡和火藥的發明，更讓他的名聲流傳千古，並同時讓世人們忽略他在那年代、那種環境下，曾做了當時所有知識分子都會做的蠢事。他那篇〈令人欽佩的自然與藝術之力——賢者之石製作〉（Admirable Power of Art and Nature in the Production of the Philosopher's Stone）論文，於一五五七年被吉拉德．托爾梅斯（Girard de Tormes）翻譯成法文，並在里昂發行。同年，他的《鍊金術之鏡》（*Mirror of Alchymy*）也以法文發行，一六一二年，再增訂一些拉蒙．柳利的作品後重新發行。

教宗若望二十二世

這位高階神職人員教宗若望二十二世（Pope John XXII）被認為是阿諾．芬納夫的好友與門徒，向阿諾學習鍊金術的一切祕密。據說他製作出大量金子，過世的時候比克羅伊斯[5]還富有。一二四四年，他出生在法國吉耶納的卡奧爾。他是一位能言善辯的布道者，很快就在教會取得高位。他曾出版關於金屬轉變的研究，並在亞維儂擁有間知名的實驗室。他曾兩度發行詔書，譴責眾多充斥在基督教中的冒牌鍊金術士，此舉動或許能證明他本人並沒有沉迷於此一幻象。但鍊金術士們卻認為，以若望二十二世自身就是了不起且成功的鍊金術士身分而言，他的譴責對象應該只是針對那些「冒牌貨」。他們進一步解釋他詔書中的某些用語，指明「Pauperes」（poor）的鍊金術士，就是在說那些冒牌貨。他逝世於一三四四年，在金庫內留下一千八百萬的佛羅林。眾人認為這筆財富來自於鍊金術的施行成果，而非積攢，之後許多鍊金術士更經常引用此事，向懷疑論者證明賢者之石並非神話。他們問，有哪種積攢財富的方法，可讓教宗若望留下如此龐大的金錢？接著他們驕傲地宣布：「他在書中清楚交代是透過向阿諾．芬納夫和拉蒙．柳利學習的鍊金術。而他也像其他鍊金術士一樣謹慎，那些研讀他的著作、模仿他製作金子的人，往往失敗收場。他是絕不會將祕密泄露。」不幸的是正如他們自己所言，這項製作金子的祕密就在口風緊閉的情況下，永遠消失了。或許他們認為，如果人人都會鍊

4 幻燈機（Magic lantern），投影機的前身。

5 克羅伊斯（Croesus），小亞細亞古國利底亞的國王。據信為首位鑄造標準化純金、純銀流通貨幣的統治者。借此形容極富有的人。

金，那麼金子就變得一文不值，接著還要再有一門新學科，教人如何把金子變回鋼鐵。如果真是這樣，那整個社會都必須感謝他們的體貼與忍耐。

機智的詩人鍊金師——尚・德莫恩

這年代，所有人都在研究鍊金術，上一位提到的是教宗，現在這位則是詩人。著名詩篇〈玫瑰傳奇〉（Roman de la Rose）的作者尚・德莫恩（Jean de Meung）生於一二七九或一二八〇年，且在國王路易五世（Louis X.）、腓力五世（Philip the Long）、查理四世（Charles IV.）和腓力六世（Philip de Valois）的宮廷中扮演舉足輕重的角色。他那首引起轟動的詩作〈玫瑰傳奇〉，想當然也提到了鍊金術，他對鍊金術深信不疑。詩人和鍊金術士喜歡他，牧師和女人則憎惡他。坊間流傳一則他與查理四世宮廷女人的有趣故事。他曾針對女性寫下這則誹謗的對句：

> 每個人都曾經或將要，
> 被那些自願的妓女打擾；
> 我們都在尋找她們，
> 她們也在把我們尋找。6

這些詩句帶有強烈冒犯之意。某天，等在國王前廳中的幾位女士發現他後，決定懲罰他。大約有十到十二名拿著棍棒的女性包圍著這位不幸的詩人，並叫身邊的男子將他扒光，以發洩她們心中的憤怒，接著準備把他丟到大街上。現場有許多男性對這位詩人其實沒有什麼不滿，但他們也抱著看好戲的心態。尚・德莫恩對她們的威脅無動於衷，只是平靜地起身，請求她們先聽他解釋，如果解釋完還有任何不滿，他悉聽尊便。眾人安靜下來，詩人站到椅子上，開始為自己辯解。他承認這些討人厭的句子出自他手，但否認這是針對一般女性的描述。那些句子描述的對象是那些惡毒且被遺棄的女性，而他現在環顧四周，只見到端莊、美好與溫婉的女子。

倘若在場有任何女性依舊覺得自己受委屈了，他願意被扒光，讓對方打他打到手瘆為止。透過這個方式，尚逃過一劫，而那些憤怒的女性也立即平靜下來。然而現場的男士卻認為，如果現場所有女性都真的信了他的話，照理來說詩人應該已經被活活打死了。他一生都對神職人員展現極端的仇視，而他著名的詩句中更揭露部分神職人員貪婪、冷酷與不道德的情況。在他死後，留下一個沉重的箱子給聖方濟各會修道士，作為長期被他仇恨的補償。他在鍊金術方面的成就相當知名，因此眾人都猜測箱子裡裝的是他鍊製的金銀，修道士們更忍不住向彼此道賀，慶祝獲得意外之財。當他們拿到箱子並打開後，發現裡面只有滿滿的石板，上面寫著各種象形文字與卡巴拉字符[7]。憤慨的修道士們因此以尚是名巫師為理由，拒絕替他舉辦基督教葬禮。然而，他的葬禮在巴黎盛大舉行，整個皇宮的人都出席了他的喪禮。

窮困潦倒到富甲一方——尼古拉．弗拉梅爾

關於尼古拉．弗拉梅爾（Nicholas Flamel），這位鍊金術士的生平因其主要都是靠口耳相傳，加上羅格雷．杜費諾亞的修辭，讓其顯得有些不可思議。他生於十三世紀末或十四世紀初，來自龐多瓦一支貧窮但受人尊敬的家族。由於沒有得到任何遺產，他很年輕就到巴黎為人抄經，以賺取生活費。他受過良好的教育，語言學習方面深具天賦，寫作也很出色，很快就取得抄寫員與替人寫信的工作，並占據在瑪黑伏街的街角，開始學習鍊金術。但他其實賺得的收入往往連養活自己都很困難。為了改善經濟狀況，他開始嘗試寫詩，但這依舊是個收入微薄的行業。作為一名抄寫員，他至少可以換到白麵包與起司，但靠詩詞連換得麵包皮都有困難。於是他開始畫畫，卻也沒有什麼成果，最後只好開始研究賢者之石與替人算命。沒想到這個點子效果不錯，他的生活品質迅速提升，終於可以過著舒適的生活。他娶了老婆佩托妮拉（Petronella），並開始存錢，但外表還是和過去一樣窮酸。幾年過去，他開始沉迷於鍊金術，滿腦只想著賢者之石、長生不老藥和萬能溶劑（alkahest）。一二五七年，他以兩佛羅林買下一本古老的書，這本書很快占據他全部的心思。此書的內文是以金屬器材書寫

---

6 這些語句不過是將教宗的誹謗性語句「每個女人心裡都很放蕩」，以更下流的方式表達。

7 卡巴拉字符（Cabalistic characters），猶太神祕主義字符。卡巴拉與基督教為猶太兩大神學系統。

在樹皮上，裡面還有二十一片樹葉，或以他自己的話來說，有「三乘以七片」的樹葉。內容全是拉丁文構成，且語句優雅。每七片樹葉中的第七片上，只會有圖案，沒有文字。第一張圖是一條吞下權杖的大蛇；第二張是一條被釘在十字架上的蛇；第三張是一片沙漠，中間有座噴泉，布滿了蛇。此書的作者有多重身分：「亞伯拉罕[8]、族長、猶太人、王子、哲學家、牧師、利未人[9]和天文學家」，除了「殉道者或抄經人」，他詛咒任何一位閱讀此書的人，必受厄運。尼古拉．弗拉梅爾深信這本書是那位偉大族長所寫，從沒想過亞伯拉罕會拉丁文實在很不尋常。在他發現那則詛咒後，開始心生畏懼，但後來想起自己雖然不是殉道者，卻也曾經做過抄經人。他對書中的文字讚嘆不已，覺得此書完美闡述金屬變化的道理。關於實驗使用的器皿、蒸餾器、混合物和適當的等待期與季節，皆詳細記載於此書中。不幸的地方在於：擁有賢者之石是進行實驗的先決條件。但這是一個無法克服的難題，就像告訴一名快餓死的男子該怎麼煎牛排，而不是給他食物。不過尼古拉沒有氣餒，他開始研究書中大量出現的象形文字與寓言表述。很快地，他深信這本書肯定是猶太人少數流傳下來的文獻，並在提圖斯[10]破壞耶路撒冷神殿時被人拿走。但他如何推得此結論的原因卻沒有說明。

透過研讀此書中的內容，他得知第四片與第五片葉子上的寓言插畫與賢者之石有直接關聯，如果缺乏這兩張圖，再怎麼研究這本書都是徒然。於是，他邀請全巴黎的鍊金術士與學者來研究並驗證此書，但眾人一無所獲。他們對尼古拉的書或圖畫一籌莫展，有些人氣到說這本破書根本連個屁都不值，這本書沒有得到大家的喜歡。而尼古拉最後在沒有借用哲學家們的知識下，自己解開書中的天大祕密。他在第四片葉子的第一面看到墨丘利[11]受到一位代表時間或賽頓[12]的長者攻擊。後者頭上頂著沙漏，手中握著大鐮刀，並以武器攻擊墨丘利的腳。葉子的背面則是一朵花開在山頂上，這朵花有藍色的莖、紅白雙色的花、金色的葉子，受狂風粗暴蹂躪，旁邊則圍繞著許多龍與獅鷲。第五片葉子的正面是一座漂亮的花園，正中間長著一棵盛開的玫瑰樹，由巨大的橡木支撐著。樹腳邊是一座冒著乳白色水的噴泉，乳白色的水潺潺流經花園，消失在沙地邊。背面是一位手持寶劍的國王，指揮一批軍人屠殺大量年幼的孩童，一旁的母親留著淚並哀求著，希望能救出自己的孩子。孩子流出來的鮮血被另一名士兵小心搜集起來，倒進一個大型器皿中，器皿上畫著的太陽與月亮，沐浴在鮮血中。

可憐的尼古拉花了二十三年的時間研究這些圖案，卻什麼也沒發現。最後，他的太太佩托妮拉說服他去請教一些聰明的拉比[13]，但環視全巴黎找不到任何一位拉比能幫得了他。當時能在巴黎取得居住證的猶太人非常少，而那些最傑出的人幾乎都住在西班牙。尼古拉決定前往西班牙，由於擔心自己的書在路上被搶劫，他將書留在家中。他還告訴隔壁鄰居自己要去孔波斯特拉區的聖詹雅各神殿朝聖，再長途跋涉到馬德里尋找拉比。在他離開法國的兩年間，認識了無數在腓力二世（Philip Augustus）統治下，被驅逐出法國的猶太人後裔。那些相信賢者之石的人，對尼古拉的冒險作此描述：尼古拉在里昂認識一位學識淵博的猶太醫生，他向對方解釋了那本小小的書籍。當這位醫生一聽到書名後便喜形於色，並決定陪尼古拉回巴黎，以見識此書。一路上，醫生不斷向尼古拉解釋那本書的歷史背景（如果確實是他所想到的那本書的話）。該書是亞伯拉罕親自手寫，而偉大的摩西、約書亞、所羅門和以斯拉都曾經持有過。此書涵蓋鍊金術一切祕密與眾多科學知識，可說是世界上最珍貴的一本書。醫師對鍊金術研究深入，尼古拉也從他的解釋中獲益良多。一身破衣的兩人走在返回巴黎的路上，都想著自己如何將舊鏠子變成黃澄澄的金子。好景不長，當他們走到奧爾良時，醫生生了重病。尼古拉身兼醫生與護士，守在病榻旁，幾天後，醫生過世了。醫生在嚥下最後一口氣前，感嘆地說著自己沒能活著見到那本寶貴的書。尼古拉帶著一顆悲傷的心，慎重地為他舉辦喪禮，兩手空空地回到太太身旁。他立即繼續研究書中的圖畫，但兩年過去，他還是沒能解讀其中的意涵。研究進入第三年，他突然靈光乍現，回憶起醫生曾向他提過、卻不知為何被他淡忘的一些話，並頓悟自己過去做的實驗都是建立在不正確的基礎上。帶著新的動力，他開始研究新方法，並在一年後得到令人滿意的成果。羅格雷寫道，一三八二年一月十三日，他以水銀進行提煉，並得到質地純正的銀子。接著，四月二十五日，他將大量的水銀轉化成金子，他已掌握箇中奧祕。

8 亞伯拉罕（Abraham），猶太教、基督教和伊斯蘭教傳統中的先知、族長，被認為是希伯來、阿拉伯、閃族的共同祖先。
9 利未人（Levite），《聖經》中以色列十二支派的一支，負責協助祭司進行宗教儀式。
10 提圖斯（Titus），羅馬帝國皇帝，於西元七〇年攻破耶路撒冷。
11 墨丘利（Mercury），羅馬神話中的神使，對應希臘神話中的赫密士。
12 賽頓（Saturn），羅馬神話中的農業之神，也掌管時間。九大行星中的土星也以他命名，在傳統占星中代表死亡。
13 拉比（Rabbi），信奉猶太教的法學博士或法師。

尼古拉八十歲時依舊硬朗強壯，他的朋友都認為他發現了長生不老藥，讓自己遠離死亡的威脅。一四一五年，尼古拉過世，享年一百一十六歲。在過世前，他擁有大量金銀財寶，但外表依舊和流浪漢沒兩樣。當他開始能隨意製造金銀後，這位忠實的老富人向他的太太詢問，該如何花這筆錢。佩托妮拉告訴他，既然他們沒有子嗣，那麼最好的方法就是拿這些錢蓋醫院或捐給教會，尼古拉也正有此意。事實上，在尼古拉得知長生不老藥無法阻擋死亡的當下，他就這麼想了，加上死亡的腳步是追得如此緊。於是，他慷慨地將財富捐給自己住了一輩子的瑪黑伏街上的聖雅各伯教堂。此外，他還蓋了十四間醫院、三間教堂。

他驚人的財富與無私的奉獻，讓他的名聲立刻傳遍全國，大家爭相拜訪。在這些訪客中，還包括當時最有名的尚．葛森（Jean Gerson）、尚．德庫特吉思（Jean de Courtecuisse）和皮耶和．戴依（Pierre d'Ailli）。他們發現他住在簡樸的公寓中，衣著襤褸，用瓦器吃著稀粥，與其他鍊金術士前輩相同，他對祕密三緘其口。他的名聲傳到查理六世（Charles VI.）的耳中，國王好奇地派遣國事顧問坎莫西（Cramoisi）拜訪尼古拉，確認傳言是否為真。但無論坎莫西如何旁敲側擊試探這位鍊金術士，就是一無所獲。一四一四年，佩托妮拉過世。一年後，尼古拉也隨妻子而去，喪禮盛大地在聖雅各伯教堂舉辦。

尼古拉的財富毋庸置疑，那些由他創辦的醫院與教堂記錄都清清楚楚地記錄著。而他對鍊金術的研究也不容置喙，他死後留下一些關於鍊金術的作品。那些熟知他、對賢者之石卻抱持懷疑的人，也找到一個解釋他得到龐大財富的理由。他們說他為人吝嗇且以放高利貸為生，而他前往西班牙的原因其實跟其他鍊金術士猜測的不同，事實上，他是去向那些有親人在巴黎欠下債務的猶太人討債，並考慮到討債的路途是如此艱險，還向對方收取了本金百分之百的利息。而且他積攢了很多錢財，但平時一毛不拔，以放高利貸給法國皇室中那些放蕩年輕人賺錢。

尼古拉．弗拉梅爾針對鍊金術所出版的作品有《哲學總論》（*The Philosophic Summary*），另外還有一首詩於一七三五年作為〈玫瑰傳奇〉第三版的附錄，重新出版。此外他還寫了三篇關於自然哲學的論文，一篇名為〈欲望的欲望〉（Le Désir desire）的鍊金術寓言。他的寫作樣本與那些來自亞伯拉罕書中的繪畫複本，都可以在薩孟（Salmon）的《哲學家傳記》（*Bibliothèque des Philosophes Chimiques*）看到。在《寰宇傳記》的「弗拉梅爾」篇中，作者寫道，在其死後的一百年，還有許多人相信他其實還活著，而且可以活到六百歲。他在瑪黑伏街上的房子也經常被投機者買下，企圖找出可能還殘存的任何一點金子。一八一六年，巴黎流傳著一份報告，說幾名房客在地窖裡發現幾罐裝著深色沉甸甸化合物的罐子。在這則謠言的推波助瀾下，一名相信所有尼古拉傳說的人買下那棟房子，幾乎將房子拆了，努力搜索金子的蹤影，但除了修繕房屋的高額帳單外，他一無所獲。

解鍊金術之祕的喬治．瑞普利

儘管鍊金術的主要培育地為歐洲大陸，但英國在這股熱潮裡也沒缺席。在羅吉爾．培根之後，鍊金術虜獲了許多英國人的心。一四〇四年，議會通過一項法案，規定擅自製作金、銀為重罪。當時的人一度認為，如果鍊金術士能成功製造金子，那麼他可能會將其無限的財富獻給暴虐的獨裁者，為國家帶來毀滅與痛苦。但這樣的想法很快就消失了。一四五五年，國王亨利六世（Henry VI.）在接受顧問與議員的建議下，授予幾名騎士、倫敦市民、化學家、修道士、望彌撒神父等人四項許可狀，並委託他們找出賢者之石與長生不老藥。許可狀寫道：「為了國內的大眾利益，並讓國王能以金銀償還統治開銷。」在注意到這段話後，普林（Prinn）在其《金皇后》（*Aurum Reginae*）一書中表示，國王之所以授權給傳教士，可能只是因為：「他們很擅長將麵包和水變成餅與酒（聖餐），所以他們在某些程度上應該更擅長將金屬變成金。」實際上，當然沒有任何金子出現，隔年，國王對鍊金術的真實性產生懷疑，於是進一步指派十名學者與智者，負責向他評斷與證實鍊金術究竟可不可行。沒有任何記錄指出這些人是否有向國王報告任務結果。

接下來的日子裡，有人聲稱解開了這個祕密。這個人就是喬治．瑞普利（George Ripley），約克郡布里德靈頓的宗教法學者。他在義大利的大學念了二十年的書，並深受教宗依諾增爵七世（Innocent VII.）的喜愛，任命為自己的家庭牧師，並掌管家中儀式。一四七七年，他返回英國，將自己著名的作品《鍊金化合物》（*The Compound of Alchymy*）、或稱《十二扇通往賢者之石的門》（*Twelve Gates Leading o the Discovery of the Philosopher's Stone*），獻給國王愛德華四世（Edward IV.）。他所謂的十二道門為鍛燒、溶解、分離、結合、腐敗、凝固、增料、昇華、發酵、純化、增殖和嬗變。在這之中，他可能必須再加上煩惱，畢竟這可是鍊金術最重要的過程。他非常富有，因此讓旁人相信他可以點石成金。富勒（Fuller）的《英格蘭先賢》（*Worthies of England*）中提到，一名正直的英國男子在國外旅行途中，偶然在馬爾他島看到一篇文獻，裡面提到瑞普利每年都會給予該島與羅利島上的騎士一筆巨款——十萬英鎊，協助他們抵禦土耳其人。瑞普利晚年在約克郡的波士頓隱居，為鍊金術留下二十五卷研究內容，當中最重要的應屬之前提到的《十二扇》。臨死前，他似乎看透自己將一生浪費在虛假的科學上，於是要求所有看到他的書的人，請將書燒毀，或是不要給予任何評價，畢竟這些都只是出自他個人觀點，而非事實。後世的判斷可以明確地告訴他，這些觀點都是錯的。

德國鍊金術士——巴佐・勞倫頓

十五世紀，德國也孕育了不少知名的鍊金術士，最著名的該屬巴佐・勞倫頓（Basil Valentine）、特里爾的伯納德（Bernard）和修道院院長特里特米烏斯（Trithemius）。巴佐・勞倫頓出生於美茵茨，並於一四一四年擔任埃爾福聖彼得修道院院長。他終其一生都在追求賢者之石，也針對金屬轉變過程發表一些文章。這些文章原以為都已失傳，但在他死後，人們在修道院的柱子雕塑中發現這些文章。全部共有二十一篇，並全部收錄在羅格雷的《鍊金術史》中。其他鍊金術士聲稱這些了不起的事物全都是直接來自天堂，某天藏著那二十一篇作品的柱子被閃電劈中，等到這些手稿重見天日後，柱子卻又神奇地立刻合起！

特里爾的好人——伯納德

這名哲學家的一生可說是誤入歧途的最佳寫照。搜尋這神奇化合物的過程並沒有難倒他，反覆的失敗亦沒有使他灰心喪志，從十四歲到八十五歲，他將所有時間都花在實驗室的藥物與鍊爐中，浪費生命追求可延年益壽的神話產物，並帶著發財的希望最後讓自己落得一貧如洗。

一四〇六年，伯納德出生在特里爾。有些人說他的父親是小城鎮的醫師，也有人說是特里爾邊境的伯爵，也是國內最有錢的貴族。不管是醫生或伯爵，他的父親就是有錢人，並留給這兒子大量財富。十四歲，他開始對鍊金術著迷，並閱讀各種阿拉伯鍊金術原文書。他留下許多辛勤工作的有趣事蹟，以下便是其中的摘錄。他入手的第一本書是阿拉伯哲學家拉齊（Rhazes）的作品，閱讀後他發現一個讓金子翻倍的方法。接下來的四年，他眼前總是放著拉齊的書，不眠不休地工作。四年結束後，他發現自己花了不亞於八百克朗的錢在做實驗，成果卻只有讓他焦頭爛額的火災。他開始對拉齊沒有信心，並轉而求教於賈比爾。他刻苦學習了兩年，如此年輕、富有且易騙的性格，讓他被全鎮的鍊金術士盯上，大家都親切地告訴他該如何運用自己的財富。抱持對賈比爾的信心（又或許是他貪婪助手的耐心協助下），他又繼續耗費了兩千克朗，這在當時來說是非常可觀的數字。

在那些圍繞著他的虛偽人群中，只有一個人跟他一樣熱情且無私。這名男子是聖方濟各的修士，他們建立起深厚的友誼，伯納德再次將時間全部投入研究。當時，路比西夏（Rupecissa）與薩克羅博斯科（Sacrobosco）艱澀難懂的論文落入他們手中，在閱讀後，他們一致被說服：高濃度蒸餾的酒就是萬能藥劑（或溶劑），這將為他們的研究帶來極大的幫助。他們對酒進行三十次的蒸餾，直到酒精濃度高到盛著液體的容器都會爆裂。在他們花了三百克朗與辛苦工作三年後，他們終於確認原先的假設是不對的。接著，他們開始嘗試明礬與紅銅，但他們並未因此發現更偉大的祕密。後來，他們又相信在各種排泄物（尤其是人）中，存在著非常了不起的物質，因此他們花了超過兩年的時間將排泄物加到實驗中的水銀、鹽和熔鉛裡。再一次，各地的專家們再度聚攏到他身旁，想要提供指導。他熱切地接受所有人的提議，並將自己的財產慷慨且毫不猶豫地切割成數份，與這些人共享。於是大家都稱他為「特里爾的神」，而他無私的作為也讓他在鍊金術界中經常被提起。

就這樣過了十二年，他每天都嘗試用一些新的物質進行實驗，並日夜祈禱上帝讓他早日發現鍊金術的祕密。

在這期間，他失去了那位修士朋友，但得到一位與他同樣熱心的特里斯治安官。他的新同伴認為大海是黃金之母，因此海鹽可以讓鉛或鐵變成貴金屬。伯納德決定嘗試看看，於是將實驗室搬到波羅的海岸邊，花了一年的時間反覆融化、昇華、結晶海鹽，有時還會為了其他實驗喝掉海鹽。這位奇怪的愛好者依舊沒有灰心，每一次的失敗只讓他更加迫切地想要嘗試其他方法。

在快要邁入五十歲大關時，自覺對世界一無所知，他決定到德國、義大利、法國、西班牙旅行。每當他在一處停頓，他就會立刻詢問附近是否有鍊金術士。他會不辭勞苦地上門拜訪，如果對方很窮困，他就提供金援；如果對方手頭寬裕，他會鼓勵他們。在熙都時，他認識了一位修道士杰弗里．路伏耶（Geoffrey Leuvier），對方告訴他雞蛋殼是非常重要的成分。他試了，仍是徒勞無功，這一、兩年的實驗，只成功防止他嘗試來自另一位在貝爾亨認識的檢察官所給予的建議：醋與紅銅。他起初並沒有要放棄這個建議，直到自己差點中毒才放棄這實驗。接著，他在法國待了五年，直到聽聞腓特烈三世（Frederic III.）御用的告解神父亨利（Henry），得到賢者之石，才動身前往德國。一如往常，他的身邊圍繞著眾多飢渴的食客，其中幾人打定主意跟著他。他無法拒絕對方，於是帶著其他五人抵達維也納。伯納德送了一封很有禮貌的邀請函給神父，邀請他參加一場幾乎全維也納鍊金術士都會參加的盛大餐宴。亨利神父坦白地告訴他自己並沒有找到賢者之石，但他會用盡一生尋找，至死方休。亨利神父與伯納德同樣是心地善良的男子，於是他們建立起真摯的友誼。晚餐中，他們決定募集四十二馬克的金幣，而每位出席的鍊金術士都必須貢獻一定的金額，亨利神父也自信滿滿地宣布，這些募集的金幣將在他的實驗室裡翻成五倍。身為晚宴中首富的伯納德，大手筆地捐出十馬克，亨利神父捐了五馬克，其他一兩位鍊金術士捐了一、兩便士，而伯納德帶著的食客則跟他借錢捐獻。大規模的實驗展開了，金幣與鹽巴、紅銅、王水、蛋殼、水銀、鉛、糞便，被倒進鎔爐中。鍊金術士們熱切地盯著這團價值不菲的鬼東西，期待它能生成一大塊金子。三個禮拜後，他們以鎔爐不夠強壯、缺乏某些必要物質為藉口，放棄實驗。雖然我們不清楚是否有小偷將手伸進鎔爐裡，但最後將所有材料拿出來時，剩下的金幣僅值十六馬克，跟最初的四十二馬克差了一截。

儘管伯納德沒有在維也納成功製作出金子，但他也試驗了夠多的物質。每場失敗的損失都是如此慘烈，讓他不由得想放棄尋找賢者之石。但這個睿智的決定只維持了兩個月，他又重拾悲慘的生活。他的處境就像一名賭徒，只要手中還有籌碼，就想將之前的損失一次賺回，直到最後一枚籌碼也棄他而去。這次，他決定拜訪那些發現賢者之石，且像他一樣熱心、不會獨占祕密的哲學家。離開維也納，他去了羅馬，又從羅馬去到馬德里。在直布羅陀上了船，前往墨西拿；再從墨西拿到賽普勒斯；從賽普勒斯到希臘；從希臘到君士坦丁堡；接著又去了埃及、巴勒斯坦和波斯。這樣的旅行占據了他八年的時光。最後，他從波斯行經墨西拿，回到了法國。此後，他抱著尋找賢者之石的心去到英國，並在那裡住了四年。現在的他，又老又窮，六十二歲了，還被迫變賣大量祖產以維持生活。去波斯的旅程花了他不下一萬三千克朗，這其中的一半融化在他心愛的鎔爐中，另外一半則花在路途上遇見的跟班們。

在返回特里爾的途中，他悲傷地發現即便自己還不至於淪為乞丐，但情況也沒好多少。他的親戚視他為瘋子，拒絕見他。他的自尊心不允許自己向別人開口請求幫助，加上他深信終有一天會發現無盡財富，因此決定歸隱到羅德島，順便躲避世人的眼光。在這裡，他或許以無名小卒的身分過了一段快樂的時光，不幸的是，他再度遇見一位與他同樣瘋狂於鍊金術的修道士。然而他們兩個都太窮了，根本買不起鍊金需要的材料。透過分享鍊金術的知識，他們替彼此打氣，並繼續研讀所有偉人寫的鍊金術論文。於是，他們就以湯姆・奧桑特[14]那位好太太處理自己怒氣的方式：「讓他暖和點」，繼續呵護他們的愚蠢。伯納德在羅德島住

14 湯姆・奧桑特（Tam O'Shanter），是英國作家羅伯特・彭斯作品《湯姆・奧桑特》中的主角，嗜酒如命，為人差勁，即便是對自己的太太也很不好。

了一年後，一名清楚他背景的商人接近他，出價八千佛羅林想買下他手中僅有的最後一塊土地。又一次，他得到充足的資金，於是他將所有熱情與渴望都投進鍊金術。整整三年，他幾乎不曾踏出實驗室，他在裡面吃喝、睡覺，全部的時間都奉獻給實驗，讓他甚至沒什麼時間洗手或刮鬍子。想到如此驚人的毅力卻奉獻給這樣一個沒有未來的目標，就讓人不勝唏噓，如此不屈不撓的精力著實該用在更值得研究的領域。終於，他將手中最後一分錢也燒掉了，沒替年老的自己留下一點安飽的餘裕，唯一沒有棄他而去的，是他的希望。他仍盼望著那無窮的財富，於是這一頭灰髮的男子繼續研究所有關於神祕鍊金術的書籍，重看賈比爾的著作，就怕自己弄錯任何步驟——現在開始也還為時未晚。其他鍊金術士說他在八十二歲那年，成功發現鍊金術的祕密，並過了三年富裕的日子。伯納德確實活到如此高齡，更發現了比金子、寶石更貴重的祕密。就在他邁入八十三歲的那年，他親口對所有人說，最偉大的哲學祕密就是：懂得知足。如果他可以在自己變得窮困潦倒前，就發現這個真相該有多好！

一四九〇年，他於羅德島過世，歐洲的鍊金術士們一同替他哀悼，並讚頌他是「特里爾的好人」。他發表過一些鍊金術著作，最重要的有《化學書》（*Book of Chemistry*）和《字彙闡釋》（*Verbum dimissum*）。

首位寫到惡魔與浮士德的特里特米烏斯

儘管這名男子的貢獻與其受讚譽程度頗讓人不解，但他確實是鍊金術界相當知名的人物。他生於一四六二年，一處位於特里爾管轄下的特藤里海姆村莊。他的父親約翰．海登堡（John Heidenberg）以種植葡萄為生，並在他七歲時過世，留他與母親相依為命。他的母親很快就改嫁，並忽視這個來自第一段婚姻的可憐男孩。直到十五歲，他連自己的名字都不認識，天天活在繼父的虐待下，過著有一餐沒一餐的生活。但他從沒放棄對知識的渴望，並在鄰居家學會閱讀。繼父要他每日到葡萄園工作，而他積極把握夜晚時光，他會在大家進入夢鄉後，躡手躡腳跑到田地裡，在月光下學會了拉丁文與初階的希臘文。他是如此熱愛閱讀，這種家庭生活對他來說過於痛苦，於是他決定離開。他取得父親的遺產後就前往特里爾，並將自己的姓依出生的村莊改為特里特米烏斯。他在特里爾住了幾個月，接受知名老師的指導，準備繼續上大學。二十歲那年，他認為自己應該再見媽媽一次，於是他從遙遠的大學，憑著雙腳走回家裡。行經斯蓬海姆時，氣候變得相當惡劣，大雪紛飛，他無法繼續前行，只好借住在附近的修道院。但惡劣的天氣持續好幾天，道路完全中斷，修道士不同意讓他冒險上路。借住的這段日子，他非常欣賞修道院的生活模式，於是，他決定放棄外面的世界，將此處作為自己的容身處所。修道士們也很欣賞他，因此開心地接納他。兩年後，年輕有為的他，被大家一致推舉為院長。當時，修道院的外觀已到了慘不忍睹的狀態，外牆斑駁、脫落。在特里特米烏斯有效的管理下，找出改革修道院內各項花費的方法，不只修復了修道院，甚至開始出現盈餘，他的辛苦有了回報。他不喜歡看到修道士無所事事，或在祈禱者間周旋來去，或下棋打發時間，因此要求他們抄寫各大名著。在大家孜孜不倦的努力下，不出幾年，原本僅僅收藏四十卷書的圖書館，新增了數千卷珍貴的手抄本，內容更包含拉丁文經典名著、知名歷史學者、哲學家與天父的早期跟當代作品。他總共當了二十一年的院長，直到修道士們受不了他嚴厲的紀律規矩，推選其他人取代他的位置，才退位。後來他改任維爾茨堡聖詹姆士修道院的院長，並在那裡度過餘生，直到一五一六年過世。

他利用在斯蓬海姆的閒暇時間，寫了幾部關於神祕學的作品，其中最重要的一本是關於風水，或以地上的線及圓圈來占卜，另一本是關於巫術，第三本關於鍊金術，第四本是關於各國傑出統治者的事跡，此書在一六四七年被知名的威廉・李利（William Lilly）翻譯成英文並出版。

相信鍊金術的人認為，斯蓬海姆修道院的翻身全仰賴賢者之石所帶來的財富，而非特里特米烏斯精明的管理。與許多當時的學者境遇相同，特里特米烏斯被指責使用巫術。另一則神奇的故事則說他是在勃艮第瑪麗（Mary of Burgundy）的墓穴中長大，由瑪麗的丈夫馬克西米利安一世（Emperor Maximiliam）撫養。他在隱寫術、或稱卡巴拉文字方面的成就，被視為巫術與邪說，受到腓特烈二世（Frederic II.）的譴責，更將他的書從圖書館中取出，丟進火堆裡。他被認為是第一個寫到惡魔與浮士德博士（Dr. Faustus）的作者，他也深深相信自己所寫的內容。他還提到有時會受一個名叫胡德金（Hudekin）的怪異鬼魂騷擾。

神奇萊斯

十五世紀最有名的鍊金術士莫過於吉爾·德·萊斯（Gilles de Laval），又稱萊斯男爵、法國元帥。他的名字與事跡鮮少人知，但如果談及其愚蠢與犯罪史，那就有說不盡的內容可講。沒有任何一本虛構小說的內容，比得上他的瘋狂與恐怖，而那些法律文件或記載此人罪行的超詳盡內容，與其說是交代歷史，不如說是為了滿足追求羅曼史故事的讀者而留下的傳奇小說。

他於一四二〇年誕生在布列塔尼半島的一個貴族世家中。在他十二歲那年，父親過世，留給他連法國統治者都會羨慕的大筆財富。他來自蒙托莫倫西（Montmorencys）、羅西（Roncys）和克雷恩（Craons）家族，擁有十五塊領土，每年還有三十萬里弗爾的收入。除此之外，他還是名英俊、學識淵博且勇敢的男子。他在查理七世的戰爭中大顯身手，並因此受封為法國元帥。但他的生活過於奢華與高調，而少時便事事順心的經歷更寵壞了他，於是穿梭在犯罪的淵藪中，直至自己成為史上最邪惡的人類。

他在位於尚普托塞的城堡裡，過著有如阿拉伯皇帝般的奢侈生活。他擁有一支兩百人的騎兵部隊隨侍在側，他的狩獵之旅更成為左右鄰國的奇觀，家臣們打扮光鮮亮麗，戰馬更是精銳無敵。一年三百六十五天，他的城堡都敞著大門，日夜接待各種訪客。他立下規矩，即便是最卑賤的乞丐，也必須待之以禮。每天，廚房都會烤一隻全牛，並準備大量的羊肉、豬肉與雞肉，以餵飽五百人。他的個人事跡同樣令人歎為觀止。他在尚普托塞的個人教堂是全法國最美麗的教堂，比亞眠、包菲、盧昂甚至是巴黎聖母院那些有錢的教堂，來得壯觀。裡面掛著華麗的金色天鵝絨布幔。每座吊燈都以純金為材，並奇特地鑲上銀子。祭壇後方懸吊著的十字架以實銀製作，聖餐杯與香爐以純金打造。他還有一檯音色優美的管風琴，不管他搬到哪裡，這架鋼琴都會在六名男子的護送下，送到他身邊。他有一個由二十五名男、女童組成的合唱團，由當時最好的音樂家指導。這座教堂的主人（他稱為主教），與其下的首席司祭、副監督、教區牧師，都獲得大筆薪水。主教一年四百克朗，其他人依職位高低分配。

他還有一支雜耍團，裡面有十位跳舞女郎與眾多民謠歌手，還有跳莫里斯舞的、變戲法的，與形形色色的江湖術士。每天晚上，劇院都會不計成本地進行表演，萊斯會和他的家臣們、甚至是不認識的訪客，共同欣賞各種把戲或舞蹈表演。

二十三歲那年，他娶了繼承土瓦大筆財富的凱薩琳（Catherine），並花了十萬克朗重新裝修城堡。結婚對他來說，只是開啟另一種更鋪張浪費生活的契機。為了取悅自己與太太，他從各國找來最棒的歌手或知名舞者，每個週末，他還會為騎士與布列塔尼貴族們，在城堡後院舉辦長矛比武大賽。布列塔尼公爵的財富甚至不及他的一半，他對金錢的毫不在意眾所皆知，也讓他往往必須以三倍價格購買任何東西。他的城堡擠滿了各種無能者與說客，而他也總是毫不手軟地給予他們獎賞。但這些普通的感官娛樂已不能滿足他，人們發現他不再像過去那樣注重娛樂節目，那些曾得到他大量注意力的跳舞女郎，也不再誘人。他開始出現陰鬱或沉默的情況，而眼中那不尋常的神色則是他陷入瘋狂的初期徵兆。他的言談依舊如昔，對那些蜂擁而至的客人們也總是以禮相待。學識淵博的牧師們在與他交談後，往往會認為像萊斯這樣聰敏又高貴的人，實在少見。但黑暗的謠言開始蔓延，謀殺甚或是更殘忍的犯罪被人們流傳著，最駭人的事件莫過於當時有大量的男童與女童消失，從此人間蒸發。其中幾個曾被人看見進入尚普托塞城堡，但再也沒出來，然而並沒有人敢公開質問萊斯男爵這樣高貴的人。只要有人在他面前提起大量失蹤孩童的案件，他總表現得對事件非常震驚的樣子，並好奇著這些孩子的命運，譴責綁架他們的人。但世人並沒有那麼輕易被蒙蔽，他的名字就像童話中的食人魔，成為嚇唬小孩的代名詞，小孩更學到寧願多走幾里路，也不可以經過尚普托塞的塔樓。

幾年過去了，奢華無度的生活榨乾了這位男爵的財富，他被迫賣掉一些地產。布列塔尼公爵準備向他買下昂貴的安格德莊園，但當他們進入簽約階段時，萊斯男爵的繼承者請求查理七世（Charles VII.）出面阻止這樁買賣。查理七世立刻發布一則通過布列塔尼議會許可的命令，禁止他轉讓遺產中的不動產。萊斯男爵無可奈何地遵從了。但他依舊缺乏生活費，身為元帥的收入還不夠他支付十分之一的開銷。像他這樣的人無法過著正常的日子，他心痛萬分地解散騎兵團、雜耍團、莫里舞團、唱詩班，和那些寄住或讓他款待的食客們。在解散大家後，他決心總有一天要重拾往日的生活，於是決定成為鍊金術士，這樣他或許就可以將鐵變成金，讓他保有布列塔尼貴族中最富有的頭銜。

為了實現他的計畫，他派人到巴黎、義大利、德國和西班牙，邀請傑出的鍊金術士到尚普托塞。負責傳訊任務的人，是他身邊最貧窮與沒有原則的食客：吉爾斯・德西烈（Gilles de Sillé）和羅傑・德巴克韋耶（Roger de Bricquville）。羅傑是最懂得用一切手法討他歡心的食客，萊斯男爵甚至讓他教導自己年僅五歲的女兒，並答應他未來在適當的時間點下，他可以替自己女兒決定結婚對象，其中當然包括羅傑本人，只要他覺得妥當就好。這名男子熱切地替主人執行任務，並介紹一名來自帕多瓦的鍊金術士普拉蒂（Prelati），還有同樣愛好鍊金術、來自普瓦圖的醫生。

萊斯男爵命人替他們量身建造一間宏偉的實驗室，然後三個人開始尋找賢者之石。沒有多久，哲學家安東尼・帕樂莫（Anthony Palermo）加入他們的行列，並協助他們進行實驗長達一年。他們大量消耗經費，幾乎用掉萊斯手中所有的錢，於是萊斯只能天天禱告他們快點成功。每天都有來自歐洲偏遠地方的知名人士抵達他的城堡，不到一個月，他就有二十名鍊金術士替他想辦法將銅變成金，並浪費他的金子在購買藥水與萬靈丹上。

但萊斯男爵沒有耐心等待。這些人開開心心地住在舒適的宮殿中，每天慢慢消磨時光，準備度過一段愜意的日子。但男爵突然解散眾人，只留下那位義大利主教與普瓦圖醫生。留下來的兩人負責協助他以更大膽的手法，尋找賢者之石。那位醫師說服他，魔鬼是獲取各種知識的最佳對象，他可以召喚惡魔到萊斯面前，而萊斯可以隨自己高興與惡魔訂定契約。萊斯表達自己的意願，並表示除了靈魂外，他願意做任何事或承受任何痛苦。儀式由醫師與萊斯單獨進行，他們在深夜時分前往臨近的森林。醫生在兩人周圍的草地上畫下魔法圈，並念了半個小時的咒語，要求惡魔在他的召喚下現身，向他們展示鍊金術的祕密。萊斯在一旁熱切地等待著，期待看到大地裂開、人類最大的敵人現身。最後，醫生的眼神定住，頭髮豎起，露出彷彿看到魔鬼的神情。但萊斯什麼都沒瞧見。最後，醫生倒在地上，彷彿昏迷，萊斯冷靜地看著他一會兒。幾分鐘後，醫生站起身，問他是否有看到那隻魔鬼有多憤怒？萊斯說自己什麼都沒看到。於是他的同伴告訴他，剛剛魔王化身成一隻野豹，惡狠狠地向他咆哮，但什麼也沒說。而萊斯之所以什麼也看不到、聽不見，是因為他的心意不夠堅定。萊斯承認他確實有所遲疑，並詢問該用什麼方法讓惡魔開口，告訴他鍊金術的祕密？醫師回答，必須有人去西班牙與非洲取得只有當地才有的草藥，如果萊斯男爵願意資助他，他願意替他前去。萊斯立刻答應。隔天，這名醫生拿著冤大頭給他的金子出發了。之後，萊斯這輩子再也沒見過他。

但萊斯男爵的欲望沒有消退。只有金子能讓他盡情享樂，也只有透過非自然手段，才有可能得到他想要的大量財富。醫生才踏上旅程沒幾里路，萊斯就下定決心要以別種手段，強迫惡魔告訴他鍊金的方法。抱著這個目的，他隻身一人出發，但他使用的魔咒都沒有效。魔王很固執，不願現身。為了征服魔王的心，他向普拉蒂坦誠一切經過。普拉蒂同意接手此事，但要萊斯同意不可以參與召喚過程，並提供他過程所需的一切護身符與避邪物。接著，他還要萊斯割開手臂上的血管，以自己的血立下契約：「他將依魔鬼意志行事」，並要獻上一顆心臟、肺、手臂、眼珠與年輕孩童的鮮血作為祭品。這名貪婪的狂熱者立刻答應對方提出的噁心條件。隔天晚上，普拉蒂獨自走出去，在消失了三到四小時後，回到心急如焚的萊斯身邊。他告訴萊斯自己看到魔鬼，魔鬼化身成一個看上去二十多歲的年輕男子。他還說，惡魔希望以後召喚他時，稱他為巴倫。魔鬼讓他見識自己藏在一顆巨大橡樹底下的金條，並告訴他只要萊斯男爵下定決心，且完全遵守他們的契約，那麼他想要多少黃金就有多少。普拉蒂同時讓萊斯看了裝在一個匣子中的黑色粉末，表示這就是讓鐵變成金的東西，但他也表示因為製作過程太繁複，他們還是應該將目標放在橡木樹下的金條身上，且那裡的數量已經足以讓人過著最豪奢的生活。然而，他們不能在七七四十九天內去找那顆橡木樹，否則除了石板與石頭外，他們將什麼也得不到。萊斯對此表示極度的不滿與失望，並說自己等不了這麼久，並催促普拉蒂可以跟魔鬼說萊斯男爵不好惹，如果魔鬼不能加緊腳步，他們將拒絕跟他進行交易。最後，普拉蒂說服萊斯等了七個禮拜。午夜時分，他們拿著鏟子來到橡樹旁，但他們沒有挖到黃金，只挖到畫滿神祕象形文字的石板。這下子，換普拉蒂生氣了，他大聲咆哮，說魔鬼不過是個騙子。萊斯也附和了他的說法，但還是被這狡猾的義大利人說服，再進行一次交易。他表示隔天晚上，他將再次進行召喚，詢問魔鬼為何失約。他獨自一人前往，回來後，他告訴萊斯自己見到巴倫，巴倫非常生氣他們沒有等到約定的時間就提前挖開。巴倫還說，他不會再跟萊斯進行交易，他不會跟曾經想到聖地朝聖以洗清罪孽的人打交道。這名義大利人無疑是根據僱主的舉止猜中他的過去，而萊斯也坦白承認自己曾經厭倦世事的浮誇與虛偽，因此想將自己的一生奉獻給上帝。

這名義大利男子不斷反覆使用這種手段，催促易受騙與心懷愧疚的主人獻出他的金錢，並等待一個合適的時機逃之夭夭。但報應早了一步。年輕男童與女童相繼以神祕的方式消失，而謠傳尚普托塞城堡主人涉案的聲音越來越大，迫使教會不得不出面。南特的主教向布列塔尼公爵表示，如果再不針對萊斯男爵的指控進行調查，這將變成一樁醜聞。於是，萊斯在自己的城堡裡被逮捕，普拉蒂也沒能逃過。兩人被關進南特的地窖中，等待審判。

審理的法官有南特的主教、布列塔尼的大法官、法國宗教裁判所的教區牧師和知名的省議會主席皮耶・羅皮塔婁（Pierre l'Hôpital）。起訴的罪名為使用巫術、雞姦和謀殺。在審判的第一天，萊斯態度傲慢地表示自己的清白。他大膽質疑審判席上的法官們，指責他們褻瀆神明與過著不純潔的生活，更說自己寧願像狗一樣被吊死，也不願意接受卑鄙惡徒們的審判。但隨著審判繼續進行，鐵證如山的罪證一一呈現，他的信心漸漸消失。證據指明他為了滿足自己的欲望，病態地刺傷受害者，並觀察他們抽搐、眼神漸漸失去光彩直至死亡的模樣。普拉蒂的自白也讓法官首度了解這名男子的瘋狂，萊斯自己則到死前，才坦誠罪行。在他兩座城堡外圍的村莊裡，兩年內就有將近百名孩童失蹤，且大部分（如果不是全部）的孩子都成為萊斯欲望的犧牲品，或獻給惡魔的祭品。他以為這樣做魔鬼就會當他的朋友，和他分享賢者之石的祕密。

萊斯與普拉蒂被判處火刑。到了刑場，大家原以為會看到無限悔恨與充滿宗教肅穆的氣氛。但萊斯只是溫和地擁抱普拉蒂，並說：「再見，我的朋友！我們無法在這個世界相見了，但讓我們相信上帝，我們將在樂園重逢。」考量他的職位與王室的關係，對男爵的懲罰減輕了一些，他沒有像普拉蒂一樣被活活燒死，而是先被勒死，再丟進火焰中，餘剩的屍體則交給其親人帶回安葬。而那位義大利人則被燒成灰燼，撒到風中。

有錢有名的雅克．柯爾

雅克．柯爾（Jasques Coeur）這位了不起的鍊金術士，將是此時代的最後一位。他在查理七世的宮廷裡頗為出名，並在其統治任內被委以重任。出身平凡的他躍上國家的高位，並透過侵吞公款與掠奪的方式積攢了大筆財富，出賣自己服務的國家。為了隱藏自己的罪行並分散別人對其金錢來源的注意，他吹噓自己找到將低階金屬轉換成金銀的方法。

他的父親是布爾日的一名金匠，但他們的生活是如此落魄，在他晚年時甚至付不出讓兒子加入金匠行會的會費。不過年輕的雅克在一四二八年成為皇家鑄幣廠的工人，表現出色，更憑藉著對金屬的豐富知識，獲得上級提拔。幸運的他還結識了阿涅絲．索蕾[15]，因而被他人看重且尊敬。現在的雅克具備三項有利條件——能力、毅力與結識國王的情婦。很多人只需擁有這三項的其中一項，就能成功，而同時擁有這三項的雅克如果還不能成功，那就真的怪了。年紀輕輕的雅克成為鑄幣廠的廠長，同時頂替了皇室空缺的大總管職位。

15 阿涅絲．索蕾（Agnes Sorel），法王查理七世的公開情婦，以美貌著稱。

，當他被委託管理大筆資金時，他豐富的金融學識立刻成為最佳利器。他首先透過猜測民生需求物資，大量購買穀物、蜂蜜、酒等產品，等到這些東西因稀少而價格上漲後，再賣出並賺取大筆利潤，這樣的做法讓他一時聲名大噪。為了得到皇室的信賴，他不惜壓榨窮人，反覆進行先發制人與壟斷的貿易手法。俗話說交惡的朋友是最大的敵人，任何一位暴君或惡主的手段都不及這位皇室新寵兒來得凶狠與滿不在乎。雅克對下層人民的蔑視，激起自己家鄉的怒火，而他對上層人士的逢迎獻媚，只讓那些貴族更看賤他的價值。但雅克對前者不聞不問，對後者則選擇忽視。他繼續做好分內工作，直到成為全法國最有錢的人為止。國王全心信任他，任何大企業在沒有諮詢他以前，國王都不會接見他們。一四四六年，他以大使身分出訪熱那亞，隔年更拜訪了教宗尼古拉五世（Nicholas V.）。他這兩次出訪的表現都讓國王非常滿意，除了保留其原有職位外，更指派他擔任酬勞更豐厚的職務。

一四四九年，那些受貝爾福德（Bedford）公爵統治的諾曼地英國人，打破和法國國王簽訂的休戰協議，占領布列塔尼公爵領地上的幾座小村莊。這舉動成為戰爭的導火線，而法國也因此收復將近整個省。這場戰爭的開銷主要都是依賴雅克。當盧昂成為法國領地，國王查理帶著他出名的將軍杜諾（Dunois）走進城門宣告勝利時，雅克也在這凱旋的盛大隊伍中。他的戰車與馬匹就像要與國王爭奇鬥豔般，套上最華麗的裝飾。他的仇敵說他曾公開吹噓是自己讓法國戰勝英國，如果沒有他的金子，再勇猛的士兵也成不了氣候。

杜諾在某些程度上，也是如此認為。在不影響軍心士氣的情況下，他了解到是這位財政大臣讓所有軍人都能吃飽穿暖、都能領到薪水，並持續給予他們最有力的保護。

當和平降臨後，雅克再次回到商業上，並打造幾艘大船以便與熱那亞交易。他同時也在法國各處購買莊園，其中帶有男爵封號的莊園領土為聖法爾戈、明同、沙龍納、毛布朗切、夢內、聖沃克斯和聖安德博西，而帶有伯爵頭銜的莊園則有拉佩利斯、香佩內拉、博蒙特、維爾納沃萊熱內特，以及圖西侯爵身分。他同時也為決心加入教會的兒子尚・柯爾（Jean Coeur）弄到一個與布爾日大主教差不多地位的職位。

大家都認為如此巨大的財富絕不可能是透過正當手段獲得，有錢人與窮人都期待有天可以挫挫這名驕傲男子的銳氣。上層人士視雅克為新寵，下層人民卻視他為壓迫者。對於四處流竄的謠言，雅克有些心慌，尤其當這些謠言暗指他讓國王的資產減少，甚至偽造國王的封印並藉此侵占大筆財富。為了平息這些謠言，他從國外請回許多鍊金術士和自己同住，並散播他發現賢者之石的傳聞。他更在家鄉建造一座金碧輝煌的房子，並吩咐在入口處雕上科學的象徵標誌。後來，他又在蒙彼利埃蓋了第二棟比較樸素的房子，入口處比照第一棟辦理。他還寫了一篇有關神祕哲學的文章，並在其中暗示自己找到了賢者之石。

但這些嘗試掩蓋其貪贓枉法的舉動都沒有成功。一四五二年，他被逮捕，並以多起罪名被起訴。只有其中一項由政敵捏造的罪名沒有成立，該罪名指控他是毒死國王情婦阿涅絲・索蕾的幫兇。其他多項罪名成立，雅克被逐出國境，並且必須繳交四百克朗的巨額罰鍰。在他擔任鑄幣廠廠長時，曾偽造國王的封印，並因此侵吞了皇室大量的金幣與銀幣。此外，他還在裝備及金錢上幫助土耳其人，協助他們對抗其他基督教鄰國，並從中獲取大量酬勞。查理七世對雅克被起訴感到非常難過，直到最後都認為他是清白的。在國王的指示下，雅克・柯爾的罰鍰被降低到可負擔程度。在過了幾年的牢獄生活後，雅克終被釋放，於是他帶著大筆財產離開法國。有人謠傳在他攜帶的財寶中，還包含國王暗中給他作為補償財產被充公的錢。他退隱到賽普勒斯，並於一四六〇年過世，當時他是全島最富有且知名的人。

鍊金術作家們都視雅克・柯爾為他們的一分子，並認為審判結果不對，且也是對他的誣陷，對於更合理的解釋卻視而不見。皮耶爾・博雷爾（Pierre Borel）在自己的《觀古人感》（*Antiquités Gauloises*）中，堅稱雅克的清白，指他是利用賢者之石，將鉛和銅變成金子。知名的鍊金術士多半持相同態度，但他們連說服自己同時代的人都很難站得住腳，更別提我們後輩。

十四與十五世紀的二流人物

在十四與十五世紀的歐洲，鍊金術士仍舊存在。人們普遍認同鍊金的觀念，讓每位化學家都蒙上鍊金術的色彩。德國、荷蘭、義大利、西班牙、波蘭、法國和英格蘭誕生了上千位隱士，這些隱士為了維持生活與研究，經常以占星或占卜來賺取生活費。歐洲的君王們對於賢者之石的存在也興致勃勃。英國的亨利六世與愛德華四世紛紛鼓勵發展鍊金術。德國的馬克西米利安一世、魯道夫（Rudolph）、腓特烈二世也投注許多心力在鍊金術上，而其他二流君主也於統治期間仿效他們的舉動。德國貴族與卑劣的君主很流行邀請鍊金術士到家裡做客，再把他們關進大牢，直到他們製作出足以贖身的金子。很多可憐蟲因此被關了一輩子。在拉蒙・柳利的身上，我們也可以看到相同的影子。愛德華二世讓其住在倫敦塔中，以專心製作金子。但他很快就發現這個把戲，因而及時逃了出來。撰寫拉蒙傳記的作者們說拉蒙跳進泰晤士河，迅速游往岸邊接應他的船上。進入十六世紀後，同樣的把戲依舊存在，並充分體現在西頓（Seton）的人生。

下面，我們將介紹在這時代發光發熱的傑出鍊金術作家，他們的生平與冒險往往較不為人知，或較不值得我們花時間研究。

約翰・道斯頓（John Dowston），英國人，一三一五年出生，留下兩篇與賢者之石相關的論文。理查（Richard），有些人也稱他羅伯特（Robert），英國人，一三三〇年生，他的〈鍊金術實踐〉（Correctorium Alchymiae）論文，在帕拉塞爾蘇斯（Paracelsus）出現前，備受推崇。同時代還有倫巴底的彼得（Peter），他發表了〈神祕科學總論〉（Complete Treatise upon the Hermetic Science），這篇濃縮之作後被卡拉布里亞的修道士拉契尼（Lacini）重新發行。在一三三〇年代，巴黎最受歡迎的鍊金術士為奧杜瑪黑（Odomare），有很長一段時間，他的〈術士實踐〉（De Practica Magistri）在鍊金術界可說是人手一本。約翰・魯皮西薩（John de Rupecissa），聖方濟各修道士，於一三五七年發跡，兼具預言者及鍊金術士身分。他的部分預言引起教宗依諾增爵六世（Innocent VI.）的反感，為了阻止其繼續發表言論，教宗將這位預言家囚禁在梵蒂岡的地窖中。雖然沒有任何記載，但一般認為他死在地窖。他的作品有《光之書》（*Book of Light*）《五元素》（Five Essences）《哲學家的天堂》（*Heaven of Philosophers*），以及最知名的《點石成金》（*De Confectione Lapidis*）。但知名鍊金術士普遍不認為他是鍊金術界的那道光。奧赫多蘭尼（Ortholani）是另一位鍊金術士，生平不詳，只知道他在尼古拉．弗拉梅爾出現前，曾在巴黎研究鍊金術與占星術。他於一三五八年將其實驗鍊金術的成果出版。荷蘭的埃薩克（Isaac）據推測，也活在這時代，其兒子也投入鍊金術的研究。科夫司基（Koffstky），波蘭人，於一四八八年左右，發表〈礦物之學〉（The Tincture of Minerals）。在這一連串的作家中，絕不能忘了某位皇室成員。法國的查理六世，世上罕有的直頭腦君王，他的宮廷裡更是充斥著鍊金術士、占星術士、通靈者等各種江湖術士，湊在一起探究賢者之石的祕密。查理也不願獨吞祕密，於是他決定發表一篇論文啟發世人，該論文命名為〈法國查理六世的皇家研究與哲學瑰寶〉（Royal Work of Charles VI. of France, and the Treasure of Philosophy）。有人說尼古拉．弗拉梅爾是由此作品得到靈感。羅格雷．杜費諾亞則稱此篇作品隱晦，且不知所云。

十六與十七世紀的癡迷瘋癲——近代科學

在十六、十七世紀時，有更多充滿熱情的輕率追求者投入鍊金術研究。在此時代，事態出現了巨大改變。那些投身於鍊金術的知名人士完全改變作風，除了表示自己擁有賢者之石與長生藥外，更稱這不僅僅是轉化貴金屬的關鍵，更是了解一切疑難雜症的鑰匙。他們斷言，這是人類與造物主進行更親密對話的契機，疾病與悲傷都將不存在，而「幾百萬名看不見的聖靈」，將現身成為人類的朋友、伴侶與智者。在十七世紀的歐洲，這樣充滿詩意與美麗的意境，更成為所有人的憧憬。這股熱潮先在德國被羅斯克魯茲（Rosencreutz）帶起，再迅速蔓延到法國與英國，那些聰明但被熱情沖昏頭的知識分子紛紛投入鍊金術行列。帕拉塞爾蘇斯、迪（Dee）等人，都被新神話的美麗與優雅所虜獲，開始探究其中的文學。儘管大多數十六世紀的鍊金術士們沒有發現玫瑰十字會的存在，但在某種程度上，他們依舊被自己天馬行空的幻想迷得團團轉。在我們進一步研究這些極富詩意的夢想家前，我們必須先交代熱衷於鍊金術的傻瓜歷史，找出是什麼原因促使知識分子的夢想發生改變。隨著世界成長，對鍊金術的癡迷卻不減反增。

不得志的鍊金詩人——艾格雷羅斯

在十五世紀的鍊金術士間，第一位讓自己從眾人中脫穎而出的佼佼者，就是約翰・奧雷利奧・艾格雷羅斯（John Aurelio Augurello）。他於一四四一年生於羅米尼，並成為威尼斯與特拉維斯大學的文學教授。他很早就受到鍊金術的吸引，並向神禱告自己很樂意作為賢者之石的見證者。他身邊總是擺滿了各種化學用具，全部的財產也都拿去購買藥劑和金屬。他還身兼詩人的身分，但成就不如鍊金術。他寫了一本講解鍊金過程的作品《轉變》（*Chrysopeia*），並將此書獻給教宗利奧十世（Pope Leo X.），期待得到教宗大力讚許，但其詩句之平庸，讓教宗找不到欣賞之處，且字裡行間灌輸的奇怪教條更讓教宗難以苟同。簡而言之，教宗不喜歡。有人說，當艾格雷羅斯試圖向教宗邀功，以博得更多讚美與獎勵時，教宗送給他一個空的錢袋，並說，既然艾格雷羅斯懂得製金之道，那麼他所能想出最貼心的禮物，就是給他一個放金子的錢袋。這個毫無價值的錢袋，是這位鍊金術士／詩人唯一得到的獎賞。他在饑寒交至的情況下過世，享年八十三。

魔鬼的主人——科尼利爾斯・阿格里帕

科尼利爾斯・阿格里帕（Cornelius Agrippa）這名鍊金術士留下不朽的聲譽。關於他的故事，多圍繞在他所擁有的力量。只要用言語，他就能將鐵變成金。人世間的靈魂與地球上的惡魔，都聽命於他，遵從他的命令。他能讓不同時代的死者出現，如果有人對此能力有所懷疑且有膽量親眼見證，他可以令死者「以過去活著時的狀態」出現。

他生於一四八六年，出生地為科隆，很早就開始研讀化學與哲學。透過某些方法或手段（這點從未被清楚交代），他讓同時代的人們，對他完美的學識讚譽有加。年僅二十歲，他已成為眾人推崇的鍊金術士，巴黎知名的鍊金術士甚至寫信到科隆，邀請他移居法國，指導他們如何找到賢者之石。各方對他的讚譽絡繹不絕，當代的學者也都相當尊敬他。莫蘭頓[16]對他大力吹捧，伊拉斯莫斯[17]也表現對他的支持，當代人更普遍認為他為文學界帶來光明，為哲學增添美感。過度膨脹的自我主義，導致人們想說服他人，讓他們覺得自己特別傑出。他們敲鑼打鼓地宣布自己出版了什麼作品，並不斷向人提起自己得到的稱讚，就好像全世界都被他所征服般。阿格里帕的情況就很類似於此。他稱自己是崇高的神學家、傑出的法學家、有才幹的醫師、偉大的哲學家與成功的鍊金術士。而世人最終相信了他的說法，世人想著，這人氣勢萬千，想必是具備什麼特殊專長，讓他可以如此——他們說對了，他的心驕氣傲確實無人能及。他成為馬克西米利安一世的財政官員，馬克西米利安還封他為騎士，並讓他擔任一個軍團的榮譽指揮。後來，他成為巴黎多爾大學的希伯來文與文學教授，但因為與聖方濟各的修道士們在神學上的見解分歧，最後被迫離開巴黎。他去了倫敦避難，並在那裡教授將近一年的希伯來文與占星。爾後離開倫敦，他去了帕維亞，在那裡開設講解關於赫爾墨斯．特里斯墨吉斯忒思作品的講座（不確定真假），且在沒有與神職人員吵起來的情況下，過著和平且受人景仰的生活。直到他接受梅斯治安官的邀請，擔任那裡的地方行政官與佐審官後，兩者間的和平又開始出現裂痕。他愛與人爭論的個性，讓他再度招來敵人。當地的神學智者聲稱，聖安妮有三位先生，這在當時是普遍被接受的論點。阿格里帕卻硬是反駁此見解，並稱之為偏見，在這件事後，他的影響力就下滑了。隨後不久，又發生一件讓他名聲在梅斯跌到谷底的事件。事件與一名女孩被控使用巫術有關，阿格里帕的敵人聲稱他是一名巫師，並施法造成龍捲風，這件事讓他被迫離開梅斯。後來，他成為弗朗索瓦國王母親路易莎．德賽瓦（Louisa de Savoy）的醫生。這位女性對於自己的未來很好奇，因此想請醫生為她進行占卜。阿格里帕回覆她，自己不鼓勵這樣虛無縹緲的想像。結果就是：他失去她的信賴，並被解除職務。如果這就是他對無用占星術的結論，那麼我們必須尊敬他的誠實與無懼的勇氣，但就當時的記錄來看，他本人卻定時進行著占卜、預言等活動，還曾成功地替波旁公爵進行占卜。因此，我們只能推測他是在暴躁與怪僻的性格下，不小心失去這位有權有勢的朋友。

就在這時候，他幾乎同時收到英國國王亨利八世（Henry VIII.），與低地國[18]統治者奧地利的瑪格麗

16 莫蘭頓（Melancthon），為馬丁．路德宗教改革時的重要推手，也是一名傑出的學者。

17 伊拉斯莫斯（Erasmus），著名的人文主義思想家與宗教家。

18 低地國（Low Countries），對歐洲西北沿海地區的稱呼，廣義包括荷蘭、比利時、盧森堡，以及法國北部與德國西部，狹義則僅指荷比盧三國。

特（Margaret）邀請，讓他搬到他們的王國定居。他答應了後者的邀約，並透過瑪格麗特的影響力，當上查理五世（Emperor Charles V.）的史官。不幸的是，阿格里帕就是沒有辦法長久待在同個職位上，很快地，他又因自己焦躁且傲慢的態度，惹怒國王。在瑪格麗特過世後，他被關到監獄裡，罪名是使用巫術。一年後，他被釋放。在歷經滄桑下，他離開此地。一五三四年，在極端貧困的環境中過世，享年四十八歲。

在瑪格麗特任內，他多居住在魯汶，並在這裡發表了著名的《浮誇與虛無的人類知識》（*Vanity and Nothingness of Human Knowledge*）。此外，為了討好他的皇家情婦，更發表了一篇〈女性的優勢〉（Superiority of the Female Sex），回報她為他所做的一切。除了美好的想像，他在這些地方什麼也沒留下。這裡流傳著許多與他生平相關的神奇傳說。有人說，當他在交易時，他拿出來的金子總是異常的閃亮，但在二十四小時內，這些金子卻全都變成石板或石頭。協助他製作這些假金子的，正是魔鬼。他遇到的魔鬼具有豐富的鍊金術知識，且不像萊斯男爵遇到的魔鬼那樣小氣。耶穌會的德利歐（Delrio）在自己關於魔法與巫術的書中，寫下更多關於阿格里帕的故事。有一天，阿格里帕必須離開自己位於魯汶的家一陣子，於是他將研究室的鑰匙交給太太，並吩咐在這段日子裡，任何人都不可以進去。神奇的是，他的太太從來沒想過要闖進實驗室，就好像她一點也不好奇自己先生究竟隱藏了什麼祕密。但其中一個寄住在哲學家家裡的年輕學生，卻怎麼也無法按捺住好奇的心，心想或許他可以從裡面偷幾本書，好解開鍊金術的祕密。這位年輕、挺拔、能言善道且完全是阿格里帕太太喜歡類型的男子，不費吹灰之力就向她借走了鑰匙，但這位太太還是很盡職地叮囑他，絕對不可以碰任何東西。那名學生承諾會遵守約定，並進入了研究室。第一個映入學生眼簾的東西，是一本攤在哲學家桌上的巨型魔法書。他立即坐在桌前，開始閱讀。當他念出第一個字，他覺得自己好像聽到一下敲門聲。他注意傾聽，但四周一片寂靜。心想著可能是自己多心了，他又念了一句，接著一聲巨響傳來，他被嚇得立刻站了起來。雖然他想鎮定地說聲「請進」，但他的舌頭就是不聽話，而喉嚨也發不出任何聲音。他眼睛盯著門，看著門緩緩打開，一個魁梧、橫眉怒目的陌生人站在外面，厲聲問是誰召喚他？「我沒有召喚你。」發抖的學生回覆。「你有！」陌生人說，看起來更加憤怒，「魔鬼絕不空手而回。」學生無話可說，憤怒的魔鬼表示一個門外漢不該因為無知傲慢而隨意召喚魔鬼，於是一手抓住他的喉嚨，將他勒死。幾天後，阿格里帕回家了，他發現自己的房子被魔鬼占據。有些魔鬼坐在屋頂的煙囪管上，腿在空中踢著，其他人則坐在外圍的矮牆上玩跳馬。他的研究室更是擠滿了魔鬼，他連走到桌子前都寸步難行。就在他終於穿越魔鬼，走到書桌後，他發現學生死在地板上。他立即明白這場惡作劇的成因。阿格里帕趕走這些低等的小惡魔，並質問大惡魔他怎能在衝動下殺死一位年輕人。魔鬼回應，這位無禮的學生在沒有需要的情況下召喚他，對於這位學生的傲慢，只有死能解決。阿格里帕嚴厲斥責對方，並要求他立即復活學生，並背著他到市集走一個下午。魔鬼聽了他的話，學生活了過來，將手伸向勒斃自己的殺人犯，在世人的見證下，整個下午他們都相親相愛地膩在一起。日落時分，學生的身體倒下，變得和之前一樣冰冷且無氣息，民眾立刻將他送往醫院，最後人們判定他死於中風。始作俑者旋即消失。後來，人們檢查了屍體，發現脖子上有絞殺的痕跡，各處還有魔鬼爪子的抓痕。這樣的結果立刻引發一陣議論，並開始流傳那名消失在一團火焰與煙霧中的男子，是為了讓人們看見真相。魯汶的治安官展開調查，結果就是阿格里帕必須離開鎮上。

除了德利歐外，其他作者也寫下了類似的故事。那年代的人們總是樂於相信關於魔法與巫術的故事，而像阿格里帕這樣聲稱自己為魔術師、又向人們吹噓自己事跡的人，自然不難想像可以輕易得到眾人的相信。但這其實是非常危險的行為，可能會導致火刑或民眾的畏懼，因此大家對他的想法應該只是認為他在吹牛。保羅．喬維奧（Paulus Jovius）提到，惡魔會化身成黑色的大狗，跟在阿格里帕身邊。湯瑪士．納許（Thomas Nash）在《傑克．威爾頓的冒險》（*Adventures of Jack Wilton*）中寫道，在瑟瑞（Surrey）勳爵與伊拉斯莫斯等學者的要求下，阿格里帕從墳墓中召喚了許多偉大的哲學家先輩，其中也包括因替羅斯克烏斯（Roscius）辯護而發表著名演說的西塞羅（Cicero）。在德國時，他曾讓瑟瑞勳爵看一塊玻璃，裡面有一個看起來與他的情婦——美麗的潔拉爾丁（Geraldine）一模一樣的人。她正坐在沙發上，為著情人的離開掉淚。勳爵記下自己看到這個情景的時間，並事後向他的情婦查證，證實了她當時確實在哭泣。根據湯瑪士．科威爾（Thomas Cromwell）勳爵的說法，阿格里帕曾陪伴國王亨利八世和宮廷裡的大臣與訪客們，到溫莎公園打獵，為了討查理五世的歡心，他從墳墓中召喚大衛王和所羅門王。

諾德在他的書中，努力洗刷阿格里帕因德利歐、保羅．喬維奧等無知且充滿偏見的言論而受到玷汙的名聲。在諾德的時代或許需要他來澄清，但幾十年後，公道自在人心。然而，對於這樣一位聲稱連鐵都會聽他話乖乖變成金子，還以自己名字出版關於魔術書籍的男子，他們的誤會也不算太過分。

當代醫藥界的統治者——帕拉塞爾蘇斯

這名被諾德稱為「有如鍊金術士的天與日」的哲學家，於一四九三年在蘇黎世附近的艾因西德倫出生。他的真名是霍恩海姆（Hohenheim），而這個名字是在凱爾蘇斯[19]的受洗名字加上前綴延伸而來的。當他還是男孩時，就選中這冗長名字中的最後一個，作為一般簽名用。更讓這個名字在他過世前，成為當代無人不知的名字。他的父親是位醫生，自然也想栽培兒子成為醫生。而後者成為最聰明的學者，並為世界帶來巨大改變。在他偶然間得到埃薩克．荷藍杜思[20]的作品後，就開始沉迷於賢者之石的幻象中。自此之後，他的聰明才智全獻給冶金，後來，他走訪瑞士各處，參觀該國礦山，並檢查深埋在地下的礦產。此外，他也找上當時住在斯蓬海姆修道院的特里特米烏斯，並接受他的指導。重新踏上旅途的他，穿越普魯士與奧地利抵達土耳其、埃及和韃靼區域，並在折返回君士坦丁堡時，宣稱自己已熟知鍊金術，更擁有長生藥。回到家鄉瑞士後，他以醫生身分自居，開始撰寫鍊金術與醫藥論文，並很快引起歐洲的注意。隱晦難懂的文辭並不妨礙文章的成名，當作者越難被理解的時候，就越能引起鬼神學家、狂熱者與賢者之石獵人的興趣。身為一名醫師，他經常使用水銀與鴉片進行讓患者感到愉悅的療程，儘管這樣的做法讓他飽受其他醫師的抨擊，卻成功使他名聲大噪。一五二六年，他被選為巴塞爾大學的醫學與自然哲學博士，他的課堂上總是擠滿學生。他大力譴責前人的醫學作品，批評其誤導後人，並公開焚燒蓋倫[21]和艾維森納[22]的作品，稱其為庸醫與江湖術士。在大量圍觀此焚燒儀式的觀眾面前，他宣稱即便是自己鞋帶所蘊藏的知識，都比寫出這些作品的醫生來得多。他還說世界上的大學多的是無知的蠢才，只有他，帕拉塞爾蘇斯是智慧的泉源。「你們將跟隨我的新世界。」他用著憤怒的肢體動作說著。

但他並沒有受到巴塞爾居民的長久歡迎。他過於沉迷酒精，總是醉醺醺的。這對醫生來說無疑是個致命傷，他的名聲迅速下跌。但他在外頭的名氣依舊響亮，尤其當他擺起巫師的姿態後。他吹噓自己可以召喚大量亡靈，而他更將其中一個靈魂，禁錮在自己的劍柄中。在他身邊服務了二十七個月的僕人衛特羅斯（Wetteras），更表示主人經常威脅要召喚惡魔大軍，讓衛特羅斯見識如何毀滅他。而他向外宣稱禁錮在劍柄裡面的靈魂，負責看管長生藥，只要吞下這個藥，就能活得與大洪水前的人類一樣久[23]。他還說自己操縱的其中一隻亡魂叫「萬靈丹」（Azoth），被他關在一塊寶石中。在許多畫作中，他都會拿著一顆寶石，暗示「萬靈丹，在他手中」。

如果一名清醒的預言家都不一定能受到本國人的尊敬，更遑論醉醺醺的預言家。帕拉塞爾蘇斯終於離開巴塞爾，重新落腳在史特拉斯堡。他搬家的原因如下：有名市民病得很重，鎮上的醫生都放棄他，最後，帕拉塞爾蘇斯被找來，那名病人承諾，只要治好他，他將給予帕拉塞爾蘇斯豐厚的酬勞，於是帕拉塞爾蘇斯拿出兩帖藥讓他服下，而那名男子立刻痊癒，正當那男子沉浸在康復的歡樂中時，他將帳單送過去，但男子對於帳單的內容不能苟同，他拒絕支付救了他一命的那兩帖藥，更拒絕給帕拉塞爾蘇斯多於一般出診費的錢。帕拉塞爾蘇斯將男子告上法院，但卻敗訴。這個結果讓他非常憤怒，於是立刻出走。他重拾流浪的生活，到德國與匈牙利旅行，利用社會各階層人士的盲從與易騙本性，為自己掙了不少錢。他替人看星象、預言未來，他更將目標瞄準那些錢夠多，且為了找出賢者之石不在乎浪費一點錢的人，他也治療牛和豬，幫人尋找被竊的物品。接連到紐倫堡、奧格斯堡、維也納和明德爾海姆後，他於一五四一年歸隱在薩爾斯堡，最後在鎮上的醫院中貧困地死去。

19 凱爾蘇斯（Celsus），羅馬帝國時期的博物學家，尤以醫學著稱。
20 埃薩克・荷蘭杜思（Issac Hollandus），十六、十七世紀的鍊金術士。
21 蓋倫（Galen），古希臘醫學家與哲學家。
22 艾維森納（Avicenna），中世紀波斯哲學家、醫學家。
23 根據《聖經》，那時的人可以活幾百歲。

如果說這名奇特的騙子在世時擁有百名追隨著，那麼在他死後，追隨者的數目可說多達上千。法國與德國興起帕拉塞爾蘇斯教派，延續其創始人對各種科學尤其是鍊金術的浮誇學理。此學派最著名的領頭者為波登斯頓（Bodenstein）和朵尼奧斯（Dorneus）。下面，我們將介紹其奠基於相信賢者之石存在的教義。其言辭之無稽已構成保存的價值，這將是哲學史上前無古人、後無來者的大創舉。首先，他堅稱思考神性完美的過程，就能讓我們獲得所有智慧與知識。《聖經》是解決一切疾病的關鍵，我們必須研究《啟示錄》以了解神魔藥的重要性。盲目服從上帝意志，和那些將自己託付於上天智慧的人，可以擁有賢者之石——它能治癒任何疾病，也可以隨意延長壽命，而這萬靈丹正是亞當與先人們能活那麼久的關鍵。星象就是生命的化身——太陽掌管心臟，月亮掌管腦，木星掌管肝，土星掌管膽，水星掌管肺，火星負責膽汁，金星則是腰。在每個人的胃裡都住著一隻惡魔或智者，發揮鍊金術士的角色，依照適當的比例在鎔爐中調配著各種疾病。他相當自滿於魔術師的頭銜，並吹噓自己定時會和地獄中的蓋倫交談，他也會召喚同在地獄的艾維森納，一同爭論他那長久受人推崇的鍊金術知識，尤其是關於飲用黃金和長生不老藥。他認為只要是透過賢者之石、並在特定情況下將低階金屬轉化成黃金，就可以治療心臟的老化，甚至是全部疾病。他依據這些瘋狂想像所製作出來的教條，光是採條列式，也需要占用掉好幾頁的篇幅。

聰明的智者——喬治．阿格里科拉

喬治．阿格里科拉（George Agricola）於一四九四年誕生在邁森的一個省。他的本名為鮑爾（Bauer），意指農夫，他將名字根據當時非常流行的做法，轉換成拉丁文 Agricola。年輕的時候，他就為鍊金術深深著迷。十六歲不到，他就幻想得到可以讓自己活七百歲的長生不老藥，以及可以讓自己過著漫長富裕生活的石頭。一五三一年，他在科隆發表一篇短短的論文，並因此獲得知名的莫里森薩克森公爵（Maurice duke of Saxony）的青睞。他在波西米亞的約阿希姆斯塔爾當了幾年的鍊金術士後，被莫里森請去擔任凱姆尼斯礦場廠長。儘管礦廠工作常在地底之下，他還是繼續研究鍊金術，並在礦廠度過一段快樂的時光。他對金屬擁有豐富的知識，並漸漸擺脫對賢者之石的妄念。礦工不吃鍊金術這一套，而他們的態度也漸漸影響阿格里科拉的思考模式與許多觀念。在聽到他們的傳說後，他開始相信地底下住著各種好與壞的靈體，而坑道中發生的沼氣與爆炸事件，都是肇因於後者調皮搗蛋的個性。他死於一五五五年，世人皆稱讚他為有能力且聰明的智者。

鍥而不捨的鍊金術士——丹尼斯．薩基爾

看一位曾經是蠢蛋的智者寫傳記，除了深具啟發外，更兼具娛樂效果。十六世紀的鍊金術士丹尼斯．薩基爾（Denis Zachaire）就為我們帶來這場表演，留下一部充滿對賢者之石愚蠢妄念與迷戀的作品，堪稱精彩絕倫。他生於一五一〇年，來自吉耶納一個歷史悠久的家族，並在很小的時候被送到波爾多大學，接受家庭教師的指導。不幸的是，他的家庭教師沉迷於萬能藥劑，更不斷洗腦丹尼斯，直到他的瘋狂程度不亞於老師。在本段的開場，請容許我們讓丹尼斯以自身立場，為自己說話：

家裡的人寄給我兩百克朗，作為老師與我的開銷，但一年還沒過完，我們的錢已經消失在鎔爐的灰燼中。同一時間，幾乎從不攪拌鎔爐，導致實驗室的溫度就跟威尼斯軍工廠差不多，老師在這高溫燥熱的環境中，生病過世。他的死對我來說是相當不幸，因為我的父母趁機減少給我的生活費。我收到的錢只夠供我食宿，完全不足以讓我繼續進行實驗。

為了脫離這樣的困境得以成長，我在二十五歲那年回鄉，並將部分的財產拿去貸款，得到四百克朗。這筆錢足夠讓我進行從來自土魯斯的義大利人那兒聽來的實驗，且這個方法已被證實有效。我將這個人留下來，這樣我們或許就能一起看到實驗成果。接著，我開始用各種強力的蒸餾法，企圖鍛燒金與銀，但失敗了。我從鎔爐中拿出來的金子重量，只有當初放進去的一半，我那四百克朗也很快地減少到兩百三十克朗。我拿了二十克朗給那位義大利人，好讓他前往米蘭，找出提供這個配方的作者，詢問那些我們兩人都不太理解的晦澀內容。整個冬天，我都在土魯斯等著，引頸期盼義大利人的歸來，但如果我就這麼一直等下去，那麼到了今日，我都還在土魯斯。

緊接著的夏天發生大瘟疫，我被迫離開那裡。但我沒有因此放棄自己的志業。我來到卡奧爾，在那裡待了六個月，並認識一位被大家尊稱為「哲學家」的老先生。在鄉間，只有最聰明且博學多聞的人，才會擁有這種頭銜。我給他看了自己蒐集的鍊金術祕方，並詢問他的意見。他挑起了十或十二份，告訴我這些比其他的好。瘟疫再度襲來，我返回了土魯斯，並開始進行實驗。我是如此勤勉不倦，讓我四百克朗的財產很快就只剩一百七十。

我決定用更安全的方法進行研究。一五三七年，我認識附近一位修道院院長。他和我一樣熱衷於鍊金術，還跟我說有一位跟隨紅衣教主阿馬尼亞克（d'Armagnac）回到羅馬的朋友，送來一份祕方，這個祕方百分之百能讓銅變成金，但需要花兩百克朗。我和院長各出了一半，並準備開始使用我們的共同基金。由於實驗需要紅酒，因此我買了一桶上好的紅酒。我取出紅酒，進行數次的蒸餾。接著，我們將大量的成品倒進已經鍛燒一個月的四馬克銀與一馬克金裡。我們很聰明地將這個混合物倒進喇叭形的容器中，並用另一個當蒸餾瓶。我們將整個裝置放到鎔爐旁，以製造結晶。這個實驗進行了一年，但為了不讓自己太閒，我們也進行了其他不太重要的實驗。然而，這些小實驗得到的成果與大實驗差不多。

一五三七年一整年，我們什麼結果都沒做出來。事實上，就算等到世界末日，那些酒也不會凝結吧。總之，我們用一些加熱的水銀進行嬗變，但一切成空。我們非常懊惱，尤其是院長，他已經向整間修道院的人吹牛，說他們只要帶著迴廊角落立著的那根大管子來，我們就能用黃金裝滿它。但壞手氣也沒能阻擋我們的決心。我再一次拿了父親的土地貸到四百克朗，並決心將這些錢全部投注在我不屈不撓的研究中。修道士也同樣拿出四百克朗。有了這八百克朗，我便前往聚集最多鍊金術士的巴黎，下定主意除非成功或錢用盡，不然決不離開此地。這趟旅行遭到親友們大力反對，那些認定我天生適合當律師的朋友們，都勸我趕快建立自己的專業。為了讓他們安靜下來，最後我假裝當律師是我的目標。

在旅行了十五天後，我於一五三九年的一月九日抵達巴黎。頭一個月，我一事無成。但很快地，我熟悉了各業餘鍊金術士的場所，也拜訪製作鎔爐的人，並在那裡認識超過一百名鍊金術士，這些人各有一套獨特的理論與方法。他們有些人支持滲碳理論，有些人則尋求可作為溶劑的萬能藥劑，還有些人吹噓著金剛砂的偉大效用，也有些人努力想從其他金屬中萃取水銀，再用此進行實驗。既然我們彼此熟悉對方的方法，我們決定每晚固定聚會，彼此交換進度。有時我們會約在某個人的家中，有時則在別人的閣樓，除了平日，禮拜日或宗教慶典日也會見面。「噢！」曾有一個人說：「如果我早點開始做這個，早就有成果了。」另個人回：「對啊，如果我的鍋爐沒有裂掉，我應該早就成功了。」然而第三個人嘆息道：「只要我有一個圓形且韌性夠強的銅容器，我早就可以將水銀變成銀。」他們每個人都在為失敗找藉口，但我對他們的話充耳不聞。我才不想將錢借給他們，過去我太常將錢浪費在這種不可靠的承諾上。

最後，一名希臘人出現，有很長一段時間，我跟他很長一段時間都以硃砂或銀珠製的釘子進行徒勞無功的實驗。同時，我認識另一位剛到巴黎的外國人，我經常陪他去金匠那裡賣小塊的金、銀，他總說那是從實驗中得來的。有很長一段時間我都緊跟著他，期待有天他會向我透露他的祕密。起初他總是拒絕，最後在我誠摯地懇求下，他告訴了我，但我發現那不過是一種不太聰明的把戲。我沒有忘記將自己在這裡的冒險告訴那位在土魯斯的修道院院長，並在這之中，附上那位男士如何將鉛變成金的方法。院長依舊幻想我會成功，並說服我既然已經得到這麼多資訊，不妨就在巴黎多待一年。我繼續待了三年，但儘管我盡力了，還是一無所成。

在錢用盡的時候，我收到院長的信，叫我立刻拋下一切回到土魯斯加入他。我聽了他的話，回到土魯斯，並得知他收到納瓦拉國王（亨利四世的祖父）的信。這位充滿求知欲的國王因熱愛鍊金術，而寫信給院長希望讓我前往波城拜訪他，並承諾願意給我三或四千克朗，只要我告訴他那位男士的方法。修道士對那四千克朗垂涎不已，因此日夜追著我直到將我送上踏往波城的路。一五四二年的五月，我抵達該處。我照著祕方製作，也確實成功。當我將結果呈現給國王，他很滿意並給予我預期的報酬。雖然他很希望讓我留下來，但宮中的大臣（包括那些勸他快點找我來的大臣）極力反對。於是他只能對我的研究大力誇獎，並表示如果他的王國裡有任何我想要的東西（像是與鍊金術相關的材料），他將以最快樂的心賞賜給我。我覺得自己已經受夠這個超具前瞻性的實驗，反正最終也不會成功，因此，我決定回到院長那裡。

在從土魯斯去波城的路途中，我得知附近有位對自然哲學非常了解的修道士。於是回程時順道去拜訪他。他非常同情我，用著最溫柔與親切的語氣，要我別再做這些實驗，因為它們只是虛假且詭辯的道理。我應該閱讀偉大哲學家的作品，這樣才能真正理解鍊金術的道理，並找到可行的方法。我非常認同如此智慧的建議，但在我真正實踐前，我先回到土魯斯找到院長，拿出我們的共同基金，並將國王給我的酬勞與他分享。如果他對我的巴黎冒險之旅成果還算滿意，那麼他對我得到的新建議就不太滿意。他認為我已經是很出色的鍊金術士。我們最初共有的八百克朗基金，現在只剩下一百七十六。在我拜別修道院院長後，我回到自己家，想先在家裡研讀所有偉大哲學家先輩的作品，再去巴黎。

我在一五四六年諸聖日（十一月一日）的隔天，抵達巴黎，並繼續苦讀先賢的作品一年。在這些書之中，崔維斯安（Trevisan）的《眾哲學家們》（*Turba Philosophorum*）、尚．德莫恩的《大自然給彷徨鍊金術士的忠告》（*Remonstrance of Nature to the Wandering Alchymist*）等，看起來最棒，但因為我沒有大準則，所以我不知道該追尋哪一條道路。

最後，我從隱居狀態中脫離，但不是為了見之前那些朋友，而是密切加入哲學家的聚會。在他們談論之間，我依舊感受到很多不確定性，事實上，他們告訴我的各種方式，讓我更頭昏眼花。但在某種靈感與狂熱的情緒下，我讓自己照著拉蒙．柳利與阿諾．芬納夫的方法走。接下來的一年，我沉浸在他們的文字與各種想像間。然而，我必須等，等到自己可以拿遺產去抵押，以得到一大筆錢。一五四九年的大齋期（春天），我終於可以開始動手。我將所有必需品備齊，並在復活節的隔天開始工作。然而，有些朋友質疑並反對我的行為。其中一人問我，難道我浪費在這蠢事上的金錢還不夠多嗎？另一人則認為，我都買了這麼多碳卻一無所獲，難道無法加強這件事的可疑度嗎？另一人則建議我努力求得行政官的職位，畢竟我都已經有法律學位。而親戚們的話語更叫人惱怒，他們甚至威脅，如果我再繼續表現得像個傻子，他們會召集一隊警察，衝進家裡破壞所有的鎔爐與鍋爐。對於這個威脅我嚇得要命，但透過專注的工作，每日不斷進展的成果減緩了我的焦慮。就在這時候，巴黎蔓延著致命的傳染病，這打亂了人與人的交際行為，並讓我得到夢寐以求的獨處。很快地，我滿意地在自己的進展中發現三顏色，哲學家們總說這三顏色預示著實驗的完美成果。我清楚地觀察到這三種顏色，一個接一個。隔年，一五五〇年的復活節，我獲得空前的成功。有一些被我放進架在火爐上的小鎔爐中的水銀，在不到一小時後，變成品質優良的金子。你可以想像我有多開心，但我有留意不讓自己說溜嘴。我向上帝表達自己的感激之情，感謝祂讓我見證奇蹟，並表示自己會將這些金子用來彰顯祂的榮耀。

隔天，我前往土魯斯尋找那位神父，實踐我們當初約定要與彼此分享成功的諾言。旅途上，我再次拜訪那位給予我建言的聖人，但令人難過的是兩人都已過世。在這之後，我沒有回到家鄉，而是移居他處，並等待幫我看管家鄉財產的親戚回應。我請他替我變賣所有物品，包括動產與不動產，好讓我可以繼續作實驗，並將剩餘的東西分給那些與我相識且可能有需要的親友們，這也是我讓他們分享成功喜悅的方法。對於我突然離開此地的事情，鄉里人們的反應非常大。在那些舊識中，最聰明的那個人以為我被自己的妄念毀滅，因此決定賣掉剩餘的財產，搬到一個沒人認識我的地方躲起來。

受我囑託的那位親戚和我約好七月一日時，他會將所有交代的事情辦妥，並加入我的行列。我們見面後，一起離開，尋找一塊自由的土地。我們先是隱居到瑞士的洛桑，在那邊待了一段時間後，我們決定剩餘的人生將搬到德國最有名的城市裡居住，在那裡過著隱匿平靜的生活。

丹尼斯．薩基爾親筆寫成的故事，就在此結束。對於自己的結局他是如此不坦白，讓後人忍不住懷疑他當初假裝自己發現賢者之石的動機到底是什麼。就現實來看，他筆下那位最睿智的舊識所說的撤退動機，或許才是他真正的動機。事實上，他可能陷於貧困之中，只好到國外躲起來。沒有人知道更多關於他人生的故事，而他的真名也從未被發現。他曾寫下一本鍊金術作品，叫《真正的金屬自然哲學》（*The True Natural Philosophy of Metals*）。

迪博士與愛德華・凱利的水晶球

約翰・迪（John Dee）和愛德華・凱利（Edward Kelly）必須一起介紹，他們為著同個目標汲汲營營一輩子，一起享受成功與低潮，經歷風雨。迪是一個非常棒的男人，以他如此才能，倘若不是生在這樣一個盲從時代，或許能在後世留下長久與正面的讚譽。一五二七年，他於倫敦誕生，從小就熱愛學習。十五歲那年，他被送到劍橋，接著與書本陷入無法自拔的熱戀狀態。他一天花十八個小時閱讀，只留四個小時睡覺，兩個小時進食。如此密集的閱讀模式，並沒有傷害到他的健康，而是讓他成為當時首屈一指的傑出學者。好景不長，他放棄對數學與真實哲學的熱愛，轉而追求毫無益處的幻想神祕學。他研究鍊金術、占星術和魔法，並因此受到劍橋校方的敵視。為了避免他人的迫害，他最後跑到魯汶的大學。當時，關於他使用巫術的傳言使他不得不離開英國，以免受到傷害。他在魯汶結識許多知道科尼利爾斯・阿格里帕的人，他經常與他們在一起，並和他們分享這位大師的神奇事跡。跟他們的相處讓他有了繼續追尋賢者之石的勇氣，於是，他很快就將全部的精力投注到研究中。

他並沒有在歐洲大陸久待，一五五一年，二十四歲的他回到英國。在朋友約翰・吉克（John Cheek）爵士的幫助下，他在愛德華六世（Edward VI.）的宮廷中找到容身之處，並得到一百克朗的獎勵金（不知道是獎勵什麼的）。他繼續以占星術士的身分，在倫敦住了幾年，為人占卜、算命，預知凶吉。在瑪麗一世的統治期間，他被指控為異教徒，並因使用魔法危害女王性命而被起訴。後者的最後審判結果為無罪，但他仍因第一項指控被關在監獄，直到邦納（Bonner）主教的開恩下才獲釋。他在史密斯費爾德更差點被燒死，但不知是在他本人或其他人的努力下，讓那些暴戾的狂熱分子相信他那無懈可擊的神祕學，最後在一五五五年將他釋放。

等到伊莉莎白一世登基，他的轉機出現了。過去當他隱居在胡士托時，伊莉莎白的僕人曾請他預測瑪麗女王的死期，這在當時絕對是殺頭的重罪。現在，他們更公開地請他為女王占卜。著名的萊斯特伯爵羅伯特．達德利（Robert Dudley）就曾被派去找他，請他為女王的加冕典禮挑個好日子。女王是如此感謝他的幫助，幾年後，不惜紆尊降貴地拜訪他在莫萊克的家，欣賞他的神祕學藏書，並在他患病時，派遣自己的醫師為他診療。

占星術是他賴以為生的手段，他也費心精進此道，但他內心的最愛依舊是鍊金術。賢者之石與長生藥成為他日思夜想的眷戀。他熱衷研究的塔木德[24]神蹟，讓他開始相信自己可能可與聖靈或天使對話，並向他們尋求宇宙奧祕之解。在抱持著與當時還默默無名的玫瑰十字會（這些人可能是他在德國旅行時認識的）相同見解下，他想像可以利用賢者之石召喚這些善良的靈魂。這個使他魂牽夢縈的念頭，讓他陷入無藥可救的幻想中，聲稱有位天使曾和他接觸，並答應當他的朋友，陪伴在他左右。據他所說，一五八二年十一月的某天，當他進行著熱切地禱告時，博物館那扇面朝西的窗戶忽然籠罩在耀眼的光芒中，大天使烏列爾出現在窗戶中央。他在敬畏與驚訝中說不出話，但天使對他仁慈地微笑，給予他一顆凸形的水晶，並說，任何他想跟他們對話的時候，只需凝視水晶，他們就會出現在裡面，告訴他未來的事情。說完這些，天使消失了。迪在使用水晶時發現，你必須全神貫注，否則聖靈是不會出現的。他也發現自己在和天使交談後，會喪失彼此對話的細節。因此他決定和一個人分享這個祕密，請對方幫忙。當他在和天使對話時，那個人就坐在房間的另一角，然後他們可以一起將對話內容寫下。

愛德華．凱利當時還是他的助手，兩人一樣熱衷於賢者之石的研究。然而，他們之間有著根本上的不同，

24 塔木德（Talmudic），猶太經典。

迪是一位熱切的研究者而非騙子，凱利卻是一位騙子。早年時候，他曾當過公證人，並因為偽造罪而失去雙耳。這種足以毀滅一個男人的生理殘缺，對於哲學家來說也有毀滅性的影響。凱利唯恐外人會因他的樣貌看輕自己的智慧，於是帶上緊貼腦袋的黑色骷髏帽，貼著兩頰側邊的帽緣不但可以掩飾他的缺陷，更為他營造出一股莊嚴且謎樣的氣勢。他是如此費心掩飾自己的過去，連和他共住幾年的迪也從未發現不對勁之處。凱利就是一個善用自己優勢以進行壞勾當的人。在這樣的想法下，他更處心積慮地加深老闆腦中的幻象。在迪和他分享這件事後，凱利立刻表現出深信不疑的樣子，讓迪非常高興。之後，他表示想與水晶對話的心願，因此在一五八一年十二月，迪在一旁記錄，聖靈則透過水晶告訴凱利一件天大的祕密。好奇的讀者可參見大英博物館中的《哈雷選集》（*Harleian Mss.*）。

這些玄妙的對話很快就在國內傳開，更遠播到歐洲大陸。同時，迪也表示自己在薩默塞特郡的格拉斯頓博修道院廢墟中，找到長生藥。人們紛紛從各地湧向他在莫萊克的家，想找這位鼎鼎大名的占星者為自己占卜。同時，他們也想見識一下獲得永生的人。他因此賺了不少錢，但因為全部花在特殊嬗變過程的藥劑與金屬上，讓他沒有因此變得較富有。

就在此時，一位富裕、高貴的波蘭人——艾伯特．拉斯基（Albert Laski）伯爵來到英國。據他所說，伊莉莎白女王的聲名遠播，讓遠在波蘭的他也想前來拜見。伊莉莎白以非常奢華的禮節款待這位素昧平生的讚美者，並替他安排全英國最值得拜訪的事物。他拜訪全倫敦與西敏區的珍稀事物後，來到牛津與劍橋，並見到那些智慧之光足以榮耀整個國度的學者們。但他對於沒能見到迪博士感到非常失望，並跟萊斯特伯爵表示如果在牛津也見不到迪博士，那麼就不用去了。伯爵立刻向他保證返回倫敦後，他們會見到迪博士，拉斯基伯爵聽見承諾才感到滿意並期待。幾天後，在伊莉莎白女王前廳等待的人群中，迪博士現身了，並被引薦給拉斯基伯爵。在一陣有趣的交談後，那位拉斯基伯爵自己邀請自己到迪博士位於莫萊克的家中用晚餐，並結束了對話。迪博士在想著必須典當些財物才能不失禮節地招待拉斯基公爵與其隨從，窘迫地回到家中。並在萬般緊急的情況下，向萊斯特伯爵捎了訊息，坦白告訴他自己的困境，並懇求他向女王傳遞此事。幸好，伊莉莎白立刻送了二十鎊過去。

在約定好的日子裡，拉斯基伯爵在眾多隨從的簇擁下抵達了，並向迪博士表達自己熱切的景仰之情，讓迪博士想著自己是如何收服眼前的男士，他看起來是如此迫切地想與自己結識。長期與凱利相處的結果，讓迪博士也充滿了不正直的念頭，他想辦法讓這位波蘭人為自己的晚餐買單。幾天前，迪發現這位伯爵在自己國內擁有大筆財產，影響力極高，但奢華的生活讓他開始入不敷出。同時，他還發現對方深信賢者之石與生命之水的存在。這樣的處境，讓這位伯爵成為那些投機者試圖攀附的對象。凱利也是如此盤算的，於是他們細密地編織著捕捉這位有錢陌生人的網。他們小心翼翼，首先，他們先抛出一些關於賢者之石與長生藥的曖昧提示，最後才把話題切入聖靈上。拉斯基熱切地懇求他們，讓自己見證他們與烏列爾及其他天使對話的情景，但他們早就摸清人類的性格。對於伯爵熱烈的請求，他們只說在陌生人面前召喚天使是相當困難且不妥當的，加上對方根本別無所求，只是想滿足純粹的好奇心罷了。但他們的推託之詞只是為了加深伯爵的渴望，絕不是真的想讓對方打退堂鼓。想知道他們究竟如何接待眼前這位金主，只需參閱卡索邦（Casaubon）博士作品中，第一篇關於他們與聖靈接觸的故事。一五八三年五月二十五日，聖靈出現了，迪帶領他們說：「我（約翰．迪）和E.K.（愛德華．凱利）坐在一起，很高興自己能有這個榮幸，和尊貴的波蘭人艾伯特．拉斯基討論著他對各種人的友愛。」毫無疑問地，他們肯定討論過該如何設計這位「尊貴的波蘭人」，編造一套足以勾起他興趣的故事，讓他掉入陷阱中。「突然！」迪說，就好像他們的注意力被勾住：「在一間像小禮拜堂的地方，出現一位看上去就像七到九歲美麗小女孩的靈體，捲起的頭髮束在後腦勺並別上裝飾，身著紅、綠變幻的絲綢長服，身後跟著一群人。她看上去就像在書本之間上上下下地玩耍，每當她走到書本中間時，書本就會自動挪到兩旁，讓出一條路。」

每天，他們都用著類似的故事，加深這位波蘭人的信念，使他成為他們奇妙故事的見證者。無論是他們使用任何光學錯覺，或是伯爵自己強大的想像力影響下，可以肯定的是，伯爵已經完全淪為他們手中的工具，任人擺布。在接觸的過程中，凱利會與神奇水晶保持一段距離，但眼神熱烈地盯著，而迪會準備好寫下聖靈告訴他們的預言。透過這種方法，他們向波蘭人揭示，他將成為賢者之石的擁有者，他將活上好幾世紀，成為波蘭的國王，而在他的能力下，他將多次打敗阿拉伯人，讓自己的威名傳遍全世界。然而，為了達成此一目的，拉斯基必須離開英國，並帶上他們與他們的妻眷。他必須盡可能地善待他們，讓他們衣食無缺。拉斯基立即同意，並很快地帶著他們踏上返鄉之路。

他們花了四個月，才抵達拉斯基位於克拉科夫旁的領地。在這期間，他們過著愉快且闊綽的生活。在伯爵的領地落腳後，他們立刻著手偉大的鍊金術研究，準備以鐵鍊金。拉斯基給予他們一切所需，並提供自己在鍊金術這方面的知識，但不知為何，實驗總在快要成功時，突然失敗，因此他們只好進行更大規模的實驗。拉斯基的熱情並沒有因此消滅。想著近在咫尺的金山銀山，當下的花費對他來說也不算什麼。於是他每天每天、每月每月地供養著迪與凱利，直到他不得不變賣一部分財產，以填飽迪與凱利那飢渴的鎔爐，與相較之下胃口較小的妻小們。但值得慶幸的是，在他被完全吃垮前，他突然從自己虛幻的美夢中醒來。他的理智恢復了，而他第一個念頭就是想著如何擺脫這兩名恐怖的客人。在不想與他們撕破臉的情況下，他建議他們帶著自己的親筆推薦信，去布拉格見魯道夫二世（Emperor Rudolph）。這兩位鍊金術士也很清楚意識到，他們無法再從幾乎一貧如洗的拉斯基伯爵身上撈到什麼好處。於是毫不猶豫地，他們接受了這個提案，動身前往皇宮。抵達布拉格後，他們也順利地得到國王的接見。他們察覺對方是可以接受賢者之石存在的人，還表示自己對兩人的印象不錯，但不知作何緣故（或許是從凱利那透著狡猾與江湖術士的面容上），國王對於他們的能力並沒有抱持很大的信賴。儘管如此，他還是讓他們帶著被供養的期待，在布拉格住了幾個月。但國王越看越不喜歡他們，因此當教宗的使節向他表示他不該沉迷於虛幻的鍊金術時，他立刻下令要他們在二十四小時內離開自己的領地。他們該慶幸自己得到的時間是如此短暫，要是他們再多待上六個小時，來自教宗的命令就會讓他們鋃鐺入獄或被燒死。

在不知該何去何從的情況下，他們決定回到還有幾位朋友的克拉科夫。但現在，他們從拉斯基那裡取得的基金幾乎用盡，面臨斷糧的危機。他們用盡努力，不讓外界的人知道他們的困境。面對窮困，他們毫無怨言，因為他們知道，一句抱怨就有可能毀了他們建立起的偽裝。如果人們知道他們無法用自己的能力變出食物，那麼誰會相信他們擁有賢者之石。他們透過算命賺進微薄的收入，在斷糧的邊緣徘徊，直到一位有錢的皇室成員掉進他們的陷阱。在他們被引薦給波蘭國王斯特凡（Stephen）時，他們預言，不久之後，魯道夫二世將被暗殺，而德國將會視波蘭為繼位者。但這項預言不夠精確，國王不是很滿意。於是他們拿出水晶球，一名靈體出現，告訴他們新任的德國統治者將為波蘭的斯特凡。斯特凡是如此輕易地上當，還參與凱利與水晶的神祕對談。他更給予他們進行鍊金術的一切所需，但最終，他對於不斷食言與不斷花錢的兩人感到疲乏，就在他打算丟臉地趕走兩人時，他們結識了新的冤大頭，並趕緊跟著對方走人。這位新登場的冤大頭就是伯爵羅森博格（Tosenberg），波西米亞的茲波納大地主。慷慨的新僱主給予他們極端舒適的生活環境，在四年中，他們過得極端奢華，且近乎無止盡地取用伯爵的錢。這名伯爵比過往的僱主都來得貪心：他已經夠有錢，根本不在乎賢者之石能給他帶來什麼財富，他要的是長生不老。根據這個想法，他們量身訂做新的橋段，準備請君入甕。他們預言他將被選為波蘭國王，更承諾他將會活上五百年，享盡榮華富貴，此外，他應該提供他們足夠的金錢以進行實驗。

鴻運當頭的兩人，享受著因邪惡勾當而得到的豐厚獎賞，此時報應卻以一種意外的形式現身。兩人因嫉妒與不信任，爆發了頻繁且激烈的衝突，讓迪經常擔心內情曝光。凱利則認為自己比迪還要偉大（大概是以誰的鬼點子比較了不起來衡量的吧），因此非常不滿迪總是能得到大部分的讚譽與報酬。他經常威脅說要離開迪，而漸漸淪為凱利小幫手的迪，對於同伴可能的離去，感到惶惶不安。在他迷信的腦袋裡，總認為凱利的能力會變得如此強大，必定是因為他經常與天使交流，並擔心自己在這世界上可能將再也遇不到如此有智慧的人。當他們之間的爭吵越來越激烈且頻繁時，迪向伊莉莎白女王寫信，以確保如果凱利真的離開他，他回到英國還是能得到最好的待遇。他還隨信附上一塊銀，假裝是他從銅鍋爐上切下來的。後來，他更將整個鍋子寄給女王，希望能說服她這塊銀確實是來自這個銅鍋。儘管做好了最壞的打算，但他還是最希望留在對他非常好、也非常信賴他的羅森博格伯爵這裡。儘管凱利並不反對留在這裡，但他心裡還藏有一個天大的詭計，而他也正準備實踐。凱利的老婆其貌不揚且性情暴躁，而迪的太太美麗又討人喜歡，長久以來，他都一直在想該怎麼做才能在不激起迪的憤怒或引起道德爭端下，交換伴侶。這件事非常困難，但像凱利這樣內心卑劣且品行不正的人來說，事情雖難卻絕非無法克服。他仔細觀察迪的個性與缺點，並據此擬訂計畫。後來，當他們在向靈體進行交流時，凱利表現出明顯對靈體傳遞的話語感到震驚，並拒絕告訴迪他聽到的內容。但在迪的堅持下，凱利說出他們兩人從此以後要共享太太。在非常吃驚的心態下，迪詢問靈體會不會是指別的意思，而不是要他們一起生活？凱利再試了一次，並不情願地說靈體堅持自己說的每字每句。可憐又癡狂的迪屈服在靈體的意志下，但凱利計畫自己必須在此時表現出忸怩的態度。於是他宣稱這些靈體一定不是好的靈魂，而是魔鬼，並拒絕再度與他們溝通。接著，他準備離開，說自己再也不回來了。

迪的心智因此陷入心疼與悲傷的情緒中。他不知道該找誰接任凱利與靈體對話的位置，最後他想到自己八歲的兒子亞瑟（Arthur）。他透過盛大的儀式淨化兒子，並向孩子洗腦自己即將進行的工作是如何的神聖與了不起，但這可憐的男孩沒有想像力、信仰，更不像凱利那般詭計多端。他熱切地望著水晶，卻什麼也沒看到，什麼也沒聽到。最後，在他眼睛瘦到不行時，他說自己隱約看到模糊的影子，但僅此而已。迪陷入絕望。這場騙局已經進行了這麼久，他人生最快樂的一刻就是他與靈體第一次對話的時候，他詛咒讓他與凱利分開的那天。這些反應都和凱利預想的一樣，在他認為這位博士已經沉浸在夠久的悲傷後，他無預警地回來了，並在亞瑟徒勞地試著在水晶中分辨出情景的時候，進入房間。迪在自己的記錄中，以「從天而降的財富」和「神聖的命運」稱呼此事，並繼續寫下凱利一進入房間後，立刻在水晶中看到靈體，而亞瑟卻依舊什麼也沒看見。其中一位靈體繼續宣稱，他們必須共享老婆。凱利點頭了，而迪在謙遜的態度下開心接受。

這便是這位可憐蟲最悲慘的境遇。在這種情況下，他們繼續生活了三到四個月，直到新的爭執出現，他們再次分開。但這次，他們永遠地分開了。凱利拿著自己在格拉斯頓博修道院中找到的長生藥，前往布拉格，卻忘記自己之前被驅逐的事。在他一抵達，魯道夫二世立刻派人捉拿，並將他關進監獄。幾個月的監禁後，他獲釋了，並到德國過了幾年的流浪生活，有時替人算命，有時假裝鍊金。但在被指控為異端分子且使用巫術的罪名下，再次入獄，於是他下定決心，認為只有回到英國才能確保自身的安全。但他很快就發現這是癡心妄想，他再也出不去了。他將自己的床單扭成繩索，並在一五九五年二月的一個暴風夜，試圖從塔頂的牢房中攀爬繩子脫逃。但面對這樣一個肥胖的男子，繩子很快就無法支撐其重量，因此他直接跌到地面。他摔斷兩根肋骨、兩條腿，其他地方也嚴重受創，幾天後不治過世。

迪的榮華富貴則比凱利持續得久一些。他寄給伊莉莎白女王的銅鍋還是起了一些效果。在凱利離開他後不久，他得到邀請他回英國的信件。而他那曾經被磨掉的驕傲再次膨脹，他與陪同的使節搭上從波西米亞出發的豪華列車。他從沒解釋自己如何得到金錢，但推測應該是從富有的波西米亞男子羅森堡那裡得到的。他與家人們占據了三節車廂，行李也占據了另外三節貨車。每節車廂還有四匹馬，整輛列車還有二十四名士兵保護。這些細節或許值得懷疑，但這些內容都是迪在由伊莉莎白任名的委員會前，宣誓後所說的證詞。在他抵達英國後，獲得女王的召見，表現得相當親切的女王要他潛心追求化學與哲學。依照伊莉莎白的邏輯，一位可以點石成金的男子想必不缺任何錢，因此她除了給予他讚許和保護外，沒有再賞賜他任何金錢。

對於自己的布局沒有發揮效果，意外的迪只好努力追求賢者之石。他不間斷地駐守在鎔爐、蒸餾器和坩堝旁，差點讓自己被那些有毒的煙霧熏死。他同時也向偉大的水晶諮詢，但沒有靈體出現。他曾試著讓巴托洛謬（Bartholomew）擔任凱利的位置，但這個男的相比之下為人太正直，又沒什麼幻想力，因此靈體不願與他對話。接著，迪又找了另一位哲學家西克曼（Hickman），還是沒什麼收獲。在那偉大的祭司離開後，水晶已經完全失去魔力。從此時開始，迪再也無法透過水晶獲得長生或賢者之石的資訊，而他的研究更是毫無結果，只是不斷燒錢。很快地，他變得非常泄氣，並寫了一封搖尾乞憐的信給女王，希望能解脫現況。他說在他隨拉斯基伯爵離開英國後，有惡徒闖進他在莫萊克的房子，並在認為他是通靈師、巫師的愚蠢心態下，毀壞所有家俱，將保有四千卷珍貴書籍的圖書館燒掉，更毀掉博物館中所有哲學儀器與珍寶。他認為國家應該賠償這些損失，同時表示，他是在女王的要求下回到英國，因此旅行費應該由女王承擔。伊莉莎白分次送了少量的錢給他，但迪依舊不斷抱怨，女王指派委員調查他的情況。終於，他獲得一個小小的職位——聖保羅大教堂的教長，後來於一五九五年改到曼徹斯特的學院任教。他在這裡任教直到一六〇二或一六〇三年，當他感覺自己的身體與能力不足以負擔教職後就辭職了。他回到自己在莫萊克的老房子，因入不敷出，便以算命師為職，賺取微薄的收入，並經常需要賣書以維持生活。他曾數度向詹姆斯一世（James I.）請求幫忙，但都被拒絕。有人說國王唯一會賞給這又老又窮的算命先生的東西，就是乞討的皇家許可。這樣的說法或許有點貶低詹姆斯一世的人格，但沒有人會因他無視約翰．迪這樣的江湖術士，而責怪他的。迪於一六〇八年過世，享年八十一歲，被埋葬在莫萊克。

世界人

世界人（The Cosmopolite），這名以筆名寫作的鍊金術士真實身分，曾引起很大爭論。多數人認為他是一名叫西頓的蘇格蘭人。其命運與當時許多愛自吹自擂的鍊金術士相仿，因為過分吹牛，最後被德國統治者關進大牢，命其製作一百萬黃金當作自己的贖金。最後，西頓悲慘地死在監獄。有些人將他與波蘭的麥克．杉蒂佛（Michael Sendivog）搞混，後者也是鍊金術士，並於十七世紀初活躍於歐洲。對於鍊金術士相當尊敬的羅格雷．杜費諾亞，傾向於認同這個筆名來自於多個人，並在自己的《萊恩格力特書信集》（*Epistola ad Langelottum*）中，特地點出喬治．莫霍夫（George Morhoff）與其他作者。

一六〇〇年，一名荷蘭駕駛員雅各布．豪森（Jacob Haussen）在蘇格蘭海岸遭遇船難。一名叫亞歷山大．西頓的男子划著一條小船，救起溺水的他，並讓他在自己位於岸邊的家中接受照顧長達數禮拜。豪森發現他非常熱愛化學，但當時他們並沒有針對此話題多談。一年半之後，西頓拜訪了回到荷蘭的豪森。豪森誠摯地感謝西頓當初的救命之恩，兩人的友誼迅速紮根，在西頓臨走前，還表示願意告訴豪森有關賢者之石的祕密。在豪森的見證下，西頓將一般金屬變成大量的黃金，並贈予他聊表自己的心意。接著，西頓告別朋友，前往德國。到了德勒斯登，他也沒有想要隱藏自己的能力，人們傳說他曾在一大群學者面前，成功地變出金子。但因當時流行的風氣之故，他被公爵、或稱選侯的薩克森（Saxony）抓起來。公爵將他關進高塔頂端，不准任何陌生人探望，更派四十名衛兵看守，確保他無法逃跑。選侯曾數度來見這位不幸的西頓，並用盡各種方法要他吐露自己的祕密。西頓斷然拒絕說出自己的祕密，也不願意為暴君製造金子。為此，他被綁在拉肢檯上，選侯想看看酷刑是否可以讓他順從些。但結果依舊不成，獎賞或脅迫都不能動搖他的決心。接下來的幾個月內，他在獄中不斷被施打鎮定劑或遭暴力刑求，直到他的身體承受不住，瘦得只剩副骨頭。

與此同時，一位名叫麥克．杉蒂佛的波蘭人出現在德勒斯登，他花了大把時間與金錢追求虛無縹緲的鍊金術。在聽到這樁慘絕人寰的事情後，出於對西頓的欽佩，他決定如果有任何機會，一定要協助西頓逃離暴君的魔爪。他在萬般困難的情況下請求選侯讓他見西頓。他發現鍊金術士處於極端悲慘的狀態，關在暗無天日的汙臭地牢中，基本待遇比罪犯還差。西頓渴望地聽著逃跑計畫，並承諾在得到自由後，將給予他比一國之君還要多的金子。杉蒂佛立即展開計畫，他賣掉克拉科夫附近的房子，並拿著這些錢在德勒斯登過好日子。他經常宴請衛兵——尤其是看守鍊金術士的那幾人，展現自己的善意。最後，他終於打動他們，准許他可以在任何時候去見他的朋友。他更假裝自己的目的是幫忙說服頑固的朋友，讓他說出祕密。在一切準備就緒後，他們選定一天，準備進行大逃亡。杉蒂佛另外準備了一輛馬車，準備以最快的速度將西頓送往波蘭。他將下了藥的酒送給衛兵，並在他們全部倒下之後，輕鬆地摸著牆壁找到了西頓，並協助他逃離。西頓的太太坐在馬車上，著急地等著，她身上還帶著一小包黑色粉末，那正是可以將鐵、銅變成金的必備素材——賢者之石。雖然他們安全地抵達克拉科夫，但西頓的身體在長期的虐待與饑餓下，早已不堪負荷，更別說是心靈上的創傷，因此逃出不久後，西頓就與世長辭。他於一六〇三年或一六〇四年，在克拉科夫過世，並埋在市鎮的教堂中。這就是使用世界人之名，發表多篇研究成果的作家生平。除了西頓以外，你還可以在《鍊金術史》的第三卷中，找到作者名單。

無人能及的波蘭人——杉蒂佛

西頓過世後，杉蒂佛娶了他的遺孀，希望能透過她得知任何一點關於偉大鍊金術士的祕密。而那一小包黑色粉末，為他帶來了較好的下場。有些鍊金術士說，透過這些粉末，他將大量的水銀轉變成品質上好的金。還有人說他曾在魯道夫二世面前成功表演此實驗，而這位帝王為了紀念此事，更派人在該房間的牆上，鑲嵌一塊大理石板，並刻下「有誰能及波蘭人杉蒂佛之能力」。波蘭王后、貢薩加瑪麗（Mary）公主的朝臣迪奴瓦（Desnoyers）曾於一六五一年從華沙寫信來，說自己看見這塊石板。這塊石板在當時成為好奇者的參觀聖地。

後來，一位來自布羅多科斯基的男子、也是他的管家，替杉蒂佛撰寫拉丁文傳記，並被收錄在皮耶爾・博雷爾的《高盧前人的瑰寶》（*Treasure of Gaulish Antiquities*）中。根據這些人的說法，魯道夫二世對於杉蒂佛的成功非常高興，準備讓他加入自己的治國委員會，更邀請他成為皇室的一員，住在宮殿中。但杉蒂佛熱愛自由，因此婉拒了國王的好意。比起宮殿，他更喜歡自己那間祖傳的房子，並在那裡盛大地招待訪客。他將賢者之石粉末（據管家所說，不是黑色而是紅色）跟金子收在一個小盒子裡。只需要一克的粉末，就可以製作出五百達卡金幣，或一千里茲銀元。他經常使用水銀進行嬗變。當他出遠門時，會將小盒子交給管家，管家會以金鏈子掛在脖子上，寸步不離。但最隱祕的藏身處所，在他的馬車階梯下方。他認為如果遭遇搶匪，他們絕不會搜索那樣的地方。因此，只要當他察覺到有任何潛在的危險時，會立刻換上僕人的服裝，並將僕人藏到馬車的暗箱中。他擁有賢者之石的事早已傳遍千里，因此他不得不做好防禦，許多心術不正的冒險者，也時刻等待著掠奪他的機會。管家表示，曾有一名德國王子（他認為名字不宜泄露）設下卑鄙的陷阱，讓杉蒂佛落入他的手中。這名王子向杉蒂佛表現出臣服姿態，並用花言巧語誘使他在自己面前將水銀轉變成金，以滿足自己的好奇心。杉蒂佛拗不過苦苦哀求，答應如果他能守口如瓶，自己就滿足他的要求。在杉蒂佛離開後，王子召喚一名住在家中的德國鍊金術士莫斐斯（Muhlenfels），莫斐斯向王子獻一個詭計。莫斐斯要王子立刻召集十二名精銳的騎兵，讓自己帶領眾人追上去，然後看是要把粉末搶過來，或抓住鍊金術士逼他說出祕密。這個計策正合王子心意，於是莫斐斯就帶著十二名騎兵，快馬加鞭地追上去。他們追蹤杉蒂佛到一間僻靜的客棧，當時杉蒂佛正準備用餐，莫斐斯一開始先脅迫他說出祕密，但發現對方口風太緊，於是他叫同夥把杉蒂佛扒光，綁在屋子裡的柱子上。接著，他搜出他的金箱子，裡面還有一點點粉末、一份賢者之石的手稿、一塊連著鏈條的金屬，是魯道夫二世贈予他的禮物，還有用價值十萬里茲寶石裝飾的帽子。他們拿著戰利品走了，丟下裸身被綁在柱子上的杉蒂佛。他的僕人也以同樣的方式被綁在一旁，但客棧的老闆在搶匪離開後，立刻替他們鬆綁。

杉蒂佛前往布拉格，向皇帝陳情。皇帝立刻派人傳信到王子住所，並下令他交出莫斐斯與其同夥。畏懼於皇帝威嚴的王子，立刻讓人在後院立起三個絞架，並用最高的絞架吊死莫斐斯，兩側則是另外兩名小偷。在擺脫掉證人的威脅後，王子這才趕快向皇帝示好。此外，他也派人送回杉蒂佛被搶走的那頂珠寶帽、墜鏈和賢者之石的手稿。但他宣稱自己從沒有看見那些粉末，也不知道那是什麼。

這次的遭遇讓杉蒂佛更加謹慎，他再也不在任何人面前表演鍊金術，無論對方的地位多崇高。同時，他也假裝自己很窮，有時更臥床數個禮拜，讓外人相信他正在遭受疾病的侵蝕，因此認定他不可能擁有賢者之石。時不時地，他也會假裝不小心拿假金幣買東西，讓人覺得他是一個善於偽裝的騙子而不是偉大的鍊金術士。

他的管家寫下許多關於這位鍊金術士的偉大傳說，但沒什麼值得複誦。一六三六年，杉蒂佛以近八十歲的高齡過世，埋葬在位於瓜瓦納的教堂裡。有幾篇以他之名出版的鍊金術論文。

玫瑰十字會

前一位被提及的鍊金術士活躍年代，也是玫瑰十字會（The Rosicrucians）教派在歐洲崛起之時。他們那短暫但曾撼動全歐洲、更在歐洲文學上留下永遠印記的影響力，讓他們分外引人注目。在他們之前，鍊金術不過是卑躬屈節的妄想，但他們為鍊金術注入靈性，更改善原有理論。他們同時提升了鍊金術的能力，表示擁有賢者之石的人，不但可以擁有財富，更能擁有健康與快樂，而透過其驅動的設備，還可以拿來操控超自然生命、讓物質聽其命令、定義晦澀的時間與空間，還能得知宇宙萬物的祕密知識。如此狂野且充滿想像的教派，確實有其存在的必要性，他們洗淨了因修道士主宰而充斥著黑暗且醜陋的盲從氛圍，為社會帶來一批溫和、優雅且樂於行善的人。

他們的名字被認為是來自一名德國的哲學家——基督教徒羅斯克魯茲（Rosencreutz），或「玫瑰（Rose）——十字架（Cross）」。羅斯克魯茲在十四世紀末到聖地朝聖，並在一個叫達姆卡的地方染上惡疾，同為科學研究夥伴的阿拉伯朋友們來拜訪他，為了鼓舞他，向他講述過去生活中思想與行為上的祕密。他們利用賢者之石的力量治癒了他，並向他傳授所有祕密與知識。一四〇一年，年僅二十三歲的他返回歐洲，他從身邊的朋友中挑選出幾人，教與他們新科學，並以莊嚴的宣誓捍衛他們的祕密性長達一世紀。人們認為他活到八十三歲，並於一四八四年過世。

有另一派人認為羅斯克魯茲並不存在，而這個教派是在更晚之後才被創立。根據他們的說法，這個教派的雛形存在於帕拉塞爾蘇斯的理論與迪博士的夢境中，儘管後者並沒有意圖創立教派，卻成為玫瑰十字會理論的真正創辦人。現在，我們很難認定，也不可能找出究竟是帕拉塞爾蘇斯和迪倫學了晦澀且不知名的玫瑰十字會教義，還是玫瑰十字會是在他們的理論基礎下成立並精進。唯一可肯定的是當該教派於一六〇五年在德國引起注意後，就再也沒人見過他們。在他們的教義公布後沒多久，那些夢想家、帕拉塞爾蘇斯派與鍊金術士，全都趨之若鶩，並認為羅斯克魯茲提升了人類的價值。將自己的人生虛度在搜尋賢者之石的名醫麥克・梅爾（Michael Mayer），把這個新興教派於一六一五年在科隆出版的教義與規範整理出來。首先，他們宣稱：「此教創辦人的思想超越世界誕生以來所能想像的一切，甚至是神性的天啟。他們注定要實踐世界大同，並在末日來臨前重塑人類。他們擁有相當高程度的智慧與恭順。他們擁有自然的恩寵，並能依據自己的想法將之傳授給一般大眾。他們不受饑餓、疾病、老化等任何自然衰變的影響。透過啟示，他們能在第一眼就分辨出哪些人值得加入他們。他們擁有天地創始之初到現在的所有知識，且永遠不會失去。他們擁有一本書，裡面有世界自始至終的所有事情。他們可以迫使或拘禁強大的靈體與惡魔，讓他們聽命於自己。他們歌聲的效力可以吸引深海與地底下的珍珠或珍稀礦石。上帝曾以厚重的雲霧遮蔽他們，使他們不被卑劣的敵人發現，並讓他們擁有隱形的能力。玫瑰十字會的首八位門徒擁有治癒疾病的能力。透過他們的兄弟情誼，就連教宗的三重冕都會化為虛有。他們只承認由原創教會執行且延續的兩種聖禮。他們只承認四大君主[25]與羅馬帝國為其與所有基督教徒的君主。他們會將自己取之不盡的財富獻給他，讓西班牙國王從印度東邊及西邊搶來的財富都不及他。」這是他們的信仰聲明。他們還有六條行為規範守則，內容如下：

第一，在他們旅行中，必須無償治癒一切疾病。

第二，他們必須穿著符合居住地風格的衣服。

第三，他們必須每年在指定的定點聚會一次，或用書信解釋自己無法出席的原因。

第四，每位兄弟在感覺自己大限將至前，必須選擇一位合格的後繼者。

第五，「玫瑰十字會」是他們辨識彼此的標記。

第六，他們之間的手足之情必須保密一百二十年。

他們宣稱這些教條存在於羅斯克魯茲墳墓中的金書上，從他死後到一六〇四年已滿一百二十年，因此玫瑰十字會在此時公布自己的教義，以造福全人類。

這些狂熱分子在八年內大大改變了德國，但在歐洲其他區域則沒有引起太多注意。最後，他們出現在巴黎，並在智者、愚者和熱愛一切傳說的人之中，掀起大騷動。在一六二三年的三月初，當城市中的人們甦醒過

25 希伯來聖經中所提到的四大王國的君主。

來後，驚訝地在牆上發現下列奇特的宣言：

我們，玫瑰十字會的主要兄弟成員們，以無形或有形的方式，在這個城市中住下，而所有願意改變心中信念的人，都將得到上帝的恩澤。我們不用書籍或符號來展示或指導，我們會以居住地的各種語言，將追隨者與人類從錯誤中拯救出來。

在很長一段時間內，這段奇怪的宣言成為所有人討論的話題。儘管大部分的人都抱著嘲笑的心態，但還是引起少數人的關注。在這之間，有兩本書發行，引起大眾對這個神祕教派的關注，因為從來沒有人知道他們住在哪裡，更沒有看過他們。

這些書籍大受歡迎，大家都想知道更多關於這令人不安且神祕的兄弟會。巴黎所有愛湊熱鬧的人每天都期待在路人間，目睹他們的頭號敵人。在這些書中提到，玫瑰十字會共有三十六名成員，他們放棄自己的受洗名並期待審判日後的復活。但根據他們自己所說，他們不是透過天使復活，而是靠自己的能力，而這能力來自於魔鬼，讓他們可以迅速地從世界的一端移動到另一端。他們能說各種語言。儘管他們花得錢不少，他們總是錢袋飽滿。就算門栓緊鎖，他們還是能隱形並穿牆進入最祕密的場所。他們還能看到過去與預知未來。這三十六名成員被分成不同的支派，其中六名被派往巴黎執行任務，六名在義大利，六名在西班牙，六名在德國，四名在瑞典，兩名在瑞士，兩名在法蘭德斯，兩名在洛林，兩名在法國領地。一般認為，那些在法國執行任務的人，住在瑪萊寺的某處。這區的名聲因此立刻下跌，人們害怕在附近居住，唯恐自己會被玫瑰十字會的六位隱形成員加害。當時大眾相信（包括部分受過教育，頭腦本該清醒的人），這些神祕教派的人會拜訪巴黎的各旅館與客棧，吃著最頂級的肉，喝著最高級的酒，但當主人一出現，他們就消失在空氣中。那些獨自入睡的美麗姑娘們，會在半夜醒來並發現身旁多了一個側臉比阿波羅神像還要俊美的男子，但只要她們尖叫，這個人就會立刻消失。還有傳聞許多人在家裡發現一座金山，卻不知道這些金子從何而來。整個巴黎風聲鶴唳，只要這些玫瑰十字會的人存在，男人們無不擔心自己的安全，年輕女子憂慮著自己的貞潔，夫人掛心著自己的節操。在這陣騷動間，第二則宣言出現了：

任何出於好奇而想見到玫瑰十字會兄弟的人，將永遠無法與我們交流。我們可以看見別人的心思，因此如果有真心想加入我們的兄弟，我們將用真理說服他。為著這個緣故，我們不向世人公布自己的居所。儘管如此，那些誠摯想結識我們的人，我們自有方法彼此坦誠相見。

儘管如玫瑰十字會這樣的存在，對社會造成極大困擾，但這些出現在各牆上的宣言，也明顯地引起某些人的注意。警察試圖找出作亂者，卻一無所獲，而他們越努力，民眾越困惑。教會迅速地做出反應。耶穌會修道院院長高堤耶（Gaultier）寫了一本書，證明這些大膽發表違抗教宗宣言的人，只有可能是馬丁・路德的追隨者。他更說，他們的名字證明了他們就是異端，頂端開著玫瑰的十字架，也正是最大異教徒路德的象徵標誌。一位來自格拉斯的人說他們是一群喝醉的騙子，他們的名字來自一個十字架形的玫瑰花圈，這是掛在德國小酒館中象徵祕密的會徽，因此當人們交換著祕密會說「在玫瑰花下」，就是來自此典故。其他人則聲稱「F.R.C.」三個字母的縮寫並不是指玫瑰十字兄弟會，而是「Fratres Roris Cocti」，也就是「蒸露兄弟會」（Brothers of Boiled Dew），並解釋他們會在清晨搜集露水煮沸，以萃取製作賢者之石與生命之水的重要原料。

而此新興教派也開始盡可能地為自己辯護。他們否認使用任何魔法，也不會與魔鬼交流。他們表示自己非常快樂，他們已經活了超過一世紀，並預期可以活得更久。而神為了獎賞他們對祂的虔誠與無私奉獻，更直接與他們對話，賜予他們萬物的知識。那些認為他們的名字來自玫瑰花圈，或甚至稱他們為醉鬼的人，全都錯了。為了讓大家有個正確的起點，他們再次重申，其教派名稱來自創始人羅斯克魯茲，並以他們不懂何為渴，不追求低等的口腹之欲，因此更不可能做出人們指控的事。儘管他們反對將教宗視為至高無上的存在，甚至視教宗為暴君，但他們無意干涉、算計他人的政治或宗教。在這些指控之中，最不公平且不斷被散布的謠言，就是指控他們沉溺於肉體歡愉，並借隱形之力，出入美麗女子的閨房。但實情與之相反，他們入會的第一個誓言就是關於貞潔，任何人如果違背此誓言，將立刻失去一切優勢，再次暴露在饑餓、痛苦、疾病與死亡的威脅中。他們歸咎亞當的墮落正是缺乏貞潔，以表自己對貞潔的重視。除了捍衛自己的名聲外，他們更進一步宣揚自己的信念。他們摒棄古老的傳說、魔法或巫術，更別說與魔鬼對話。他們說，世界上沒有任何生物比夢魔和女妖和各式各樣的小鬼來得恐怖、不自然且噁心，人們卻長久對此深信不疑。但我們並不活在這些醜惡生物的圍繞下，我們身邊充滿了美麗與親切的生物，且熱切地聽候我們差遣。空氣中有西爾芙[26]，水裡有溫蒂妮[27]或水仙，地底下住著地精，火裡有火精靈。這些小精靈都是人類的朋友，正迫切地等待我們消除心中的汙穢，好與他們對話。他們擁有強大的力量，不受空間與物質的阻礙。但人類與他們相比，卻擁有更大的優勢。我們擁有永生的靈魂，他們沒有。但只要他們能以愛與熱情，讓人類得到啟發，他們就能共享永生。因此，這些女性精靈總是如此渴望得到男人的傾慕，男性精靈則夢想著女性的愛。作為這股愛情的回報，他們將成為神聖之火——靈魂的一部分，從此刻開始，相愛的雙方將達到平等，並因此獲許進入幸福之境。他們說這些靈體從早到晚，都凝視著人類。夢境、徵兆和凶兆都是他們努力使我們遠離危險的做法。但儘管他們是如此想要與我們成為朋友，有時這般想要靈魂的欲望也會使他們變得情緒化和心胸狹隘。他們可能會因為小事而受到冒犯，因此也有可能因為對方的貪食、沉迷聲色等原因陷入惡劣情緒中，對人類做出不利的行為。

這些兄弟會宣言和對神職人員的攻擊，讓巴黎陷入好一陣躁動，直到幾個月後才漸漸平息。即便在這樣一個荒謬的時代，他們的故事依舊過分玄妙，讓人們開始嘲笑起隱形人與他們了不起的教條。加布里埃．諾德曾在他的《對法國玫瑰十字會兄弟的見解》（*Avis à la France sur les Frères de la Rose-croix*）中，揭露這個新教派的愚蠢。儘管這本書或許不算好作品，但卻在一個好時間出現。這本書澆熄了法國國內玫瑰十字教派的熱火，從那年之後，再也沒什麼人聽過他們。法國各地的騙徒有時則會使用此名來掩飾自己的罪行，後來這些騙子有人因從別人口袋中偷走珍珠或寶石的技巧太高超，或用鍍金混充真金，而被吊死。這些違背玫瑰十字會的例外案件被人們遺忘。

雖然該教派在法國發展的成果不盡理想，但在德國卻非常興盛，更在英國取得不錯的成績。後者誕生了兩位知名哲學大師雅各布．波西曼（Jacob Böhmen）與羅伯特．佛拉德（Robert Fludd），此兩者的荒謬與豪奢程度簡直不分軒輊。後來，該教派分裂為兩支：「玫瑰十字」（Roxeae Crucis），他們將自己奉獻給俗世間的奇蹟；另一個為「金十字會」（Aureae Crucis），完全沉浸在思索事物的神性。佛拉德屬於第一教派，波西曼則屬於後者。佛拉德有時會被稱為英國玫瑰十字會之父，更是愚蠢神殿的奠基者。

他於一五七四年誕生在肯特郡的米爾蓋特，父親為湯瑪士．佛拉德（Thomas Fludd）爵士，為伊莉莎白女王的戰事財務總管。羅伯特一開始的志願是從軍，但他太熱愛讀書且性格安靜靦腆，不適合軍事。他的父親沒有強迫他選擇自己不愛的道路，而是鼓勵他繼續研究一直以來熱愛的醫學。二十五歲的時候，他前往歐洲大陸，熱愛研究艱澀、難懂文字的他，成為帕拉塞爾蘇斯的狂熱門徒，並將其視為醫學與哲學的改革者。六年內，他先後待過義大利、法國、德國，腦中滿載奇幻故事，尋找著志同道合的夢想家與同好者。在他於一六〇五年回到英國後，他得到牛津大學的醫學博士學位，並到倫敦開始執業。

很快地，他就出名了。他將自己的名字拉丁化，從羅伯特．佛拉德變成羅貝特沙．佛羅堤伍斯（Robertus à Fluctibus），並散播了許多奇怪的教義。他承認賢者之石、生命之水、萬能藥劑的存在，並堅持萬物只有兩種主要原則：一個是冷凝，這是源自於北方或北極的優點；另一種是稀釋，這是源自於南方或南極的優點。那些掌控人類肉體的惡魔都歸屬在一個菱形狀的地方裡。每一種惡魔有其對應的一種疾病，想打敗這些惡魔，就必須求助菱形對面的惡魔幫忙。關於他的醫學創新觀念，我們將在本書的其他地方談及，畢竟他也算是催眠術的

26 西爾芙（Sylph），傳說中的氣精靈或風精靈。
27 溫蒂妮（Undine），水中女神。

創始者，其分支學派動物催眠（animal magnetism）還在現世造成轟動。

就好像他覺得上述的教義還不夠瘋狂般，他在玫瑰十字會席捲歐洲的最初，就加入該教派，並成功讓自己爬到高位。當時，有幾位德國作者包括利巴菲烏斯（Libavius），都嚴厲抨擊玫瑰十字會，佛拉德自告奮勇擔任教派辯護者，並於一六一六年出版玫瑰十字的哲學陳述。這部作品立刻讓他在歐洲大陸聲名大噪，並因此被視為此教派的最高負責人之一。他得到的迴響是如此廣大，讓凱普勒（Keppler）和伽桑迪（Gassendi）認為必須抑制歪風，後者寫了一本書專門檢驗其教義。曾在笛卡兒（Descartes）被指控為玫瑰十字會成員時替他辯護的朋友梅森（Mersenne），也攻擊佛羅提伍斯（他堅持要眾人如此稱呼他），並指出玫瑰教派成員的荒謬之處——尤其是佛拉德。佛羅提伍斯寫了一本很長的辯護詞，並在其中指控梅森是無知的誹謗者，並重申鍊金術是一門有益人類的科學，玫瑰十字教派更是世界的改革者。這本書在法蘭克福出版，除了這些書外，他也出了幾本鍊金術書籍，以及為了反駁利巴菲烏斯所出的第二本玫瑰十字會書籍，還有許多醫學作品。一六三七年，他於倫敦過世。

在他過世後，此教派在英國的發展一度減弱。他們的風頭漸消，而他們也沒有嘗試引起注意。時不時地，總會有些晦澀、近乎難以閱讀的作品問世，告訴世人這些呆瓜還活得好好的。隱藏其真名，以筆名尤金尼斯．斐蕾歐德司（Eugenius Philalethes）發表作品的知名鍊金術士，將一六五二年出版的《玫瑰十字會會員的名聲與告解》（*The Fame and Confession of the Brethren of the Rosie Cross*）進行翻譯並發行。幾年後，另一位名叫約翰．海登（John Heydon）的人，也出版了兩本以玫瑰會為題的書籍，其中一本為《智者的王冠，玫瑰十字的榮耀》（*The Wise Man's Crown, or the Glory of the Rosie Cross*），另一本《玫瑰十字會揭示的自然與科學融匯之道》（*The Holy Guide, leading the way to unite Art and Nature with the Rosie Crosse uncovered*），兩本都沒有引起迴響。但第三本《玫瑰十字學的新方法：由上帝與自然之僕約翰．海登撰》（*A new Method of Rosicrucian Physic; by John Heydon, the servant of God and the Secretary of Nature*）就稍微成功些。書中的部分句子可充分體現英國玫瑰教派在此時代的觀念。海登為占星術士：「在西敏寺的所有時間都用於練習占星，閒暇時光則貢獻給鍊金術與玫瑰十字哲學冥想。」他以一則寓言作為此書前言的結尾，說自己將以教派的真實歷史與教義，照亮眾人。他更稱摩西、以利亞（Elias）和以西結（Ezekiel）是玫瑰十字教派的先祖。後來，這些住在英國與歐洲各處的先賢，成為宇宙之主的眼與耳，為他看見與聽見人世間的一切事物。受到聖靈的照耀，在無形的靈魂與永生的天使陪伴下，可以讓自己如普羅透斯[28]般任意改變形體，並擁有製造奇蹟的能力。最虔誠與投入的兄弟，可消退城市中的瘟疫，驅散狂暴的風雨，安撫翻攪的海水與河流，走在空中，擊敗邪惡的巫師，治癒百病，將所有金屬轉變成金。他曾認識兩位知名的玫瑰十字會兄弟，叫沃弗（Walfourd）與威廉斯（Williams），他們曾讓他見識奇蹟，更教他許多占星術及地震的預測。海登說：「我希望他們其中一位能告訴我，我的才智是否能在這社會上發揮所長。」「當我下次見到你時（我們之間都是他來找我，我並不知道他在哪裡），我自會告訴你。」後來，我們再見面時，他說：「你應該向上帝祈禱。一位良善且神聖之人能為上帝做的最大貢獻，就是獻上自己的靈魂。」海登認為：「好的精靈是上帝的關愛之眼，他們在這世界來回穿梭，並以關愛且同情的目光看著無辜且無害的單純人類，隨時準備協助他們。」

海登也虔心認為教條所提到玫瑰十字會兄弟不需吃喝的說法是真的。他說這絕對是可能的事情，就像與他同名的克里斯多夫・海登（Christopher Heydon）爵士在自己遊記中提到，住在恆河附近的人們。這些人沒有嘴巴，無法進食，但透過鼻子吸食空氣而活。在他們必須跋涉到遠方時，他們會調整飲食，進食小花。他聲稱在純淨的空氣中「含有微小的脂肪」，這些脂肪來自陽光，且足以供給人類所需的營養與精力。那些貪食的人們，就無法這樣而活，因為他們不能不吃肉（他並不反對食肉）。但他也堅稱根本沒有進食的必要。他們只需要將一個看起來像煮好的肉製品石膏放在上腹部，就足以滿足最大的貪欲與渴望！透過這種方法，他們可以避免疾病從最常見的管道——嘴巴，進入身體。一個坐在水中的男子，永遠不會感覺口渴。他也說很多他所認識的玫瑰十字會成員透過這種方法，絕食了好幾年。事實上，根據海登的說法，如果我們可以絕食、杜絕一切肉

28 普羅透斯（Proteus），希臘神話中早期的海神，名字含有最初的意涵。他有預知的能力，但經常變幻外形使人無法捕捉。

食，將身體與那些危險的疾病隔絕，我們就可以活上三百年。

這位「哲學家智者」還告訴我們，跟他同時代的教派首領，經常帶領他們到聚會的場所，那裡有著他們的象徵標識「R.C.」：一個黑檀木十字架，上面以金色的玫瑰裝飾與環繞。十字架象徵基督為我們的原罪所承受的苦，而玫瑰則代表玫瑰十字教派的榮耀與美麗。這個象徵物曾被先後帶到麥加、各各他、西奈山、哈蘭及其他三個位於空中的地方，分別稱為「卡斯口」、「阿帕米雅」和「許雷托維麗莎教堂」，這些地方都是玫瑰十字會成員的聚會場所，他們會在此決定所有行動。在這些地方的時光總是非常愉快，他們會藉此機會解決世界上發生中、已解決或即將發生的問題。他總結：「這些人就屬於玫瑰十字教派！」

到了十七世紀末期，教派開始出現更多理性的聲音，儘管這些人還是不斷拿成員的事跡吹噓。他們開始認為滿足就是賢者之石的真面目，並因此不再追逐那虛假的幻想。艾迪生（Addison）曾在《目擊者》雜誌上，分享自己與玫瑰十字教派成員的談話。從這些內容我們可知這個教派的行為已變得更聰明，儘管言談間還是有些傻氣。「有次，我曾和玫瑰十字教派成員討論所謂的大祕密。他認為這個祕密就是一種靈體，這個靈體住在翡翠裡，並盡自己所能將周圍的事物變得美好。他說：『他讓太陽有了光彩，讓水成為鑽石。他照耀著每種金屬，並提升鉛的價值，使其成為金。他讓煙霧增強成火焰，讓火焰變成光，讓光變得閃耀。』他還說：『只要他的一絲光束，就能消散沉浸在痛苦、憂心與抑鬱情緒中的人。簡而言之，他能自然而然地使任何地方變得幾乎與天堂般美好。』在他繼續說了一些虛偽愚蠢的意見後，我發現他將真實的自然與道德想法混為一談，因此他所謂的大祕密不過就是一種滿足的狀態。」

荒謬大師——雅各布．波西曼

現在，該來談談雅各布．波西曼了。他認為自己可以在《聖經》裡找到鍊金術的祕密，並替金十字會創造一套混雜著鍊金術與宗教的特異教條。一五七五年，他於上盧薩蒂亞的格爾利茨出生，一直到十三歲之前都是以鞋匠為人生志業。一個充滿想像且不安定的男子，就這樣過著默默無聞的日子，直到一六〇七或一六〇八年玫瑰十字教派公開，並在德國蔓延。從那時起，他開始忽視自己的本業，腦中盡是各種無用的形上學概念。他得到帕拉塞爾蘇斯的作品，書中關於玫瑰十字教派的內容大大引起他的注意，他甚至為此拋下一切工作，讓自己沉浸在書中的世界，並從原本相對經濟安穩的狀態變成一貧如洗。但他沒有被肉體的悲慘與匱乏嚇阻，他的心智已經安定在另一個層次的世界，並開始認為自己就是改革人類的新使徒。潛心鑽研了四年後，他於一六一二年發表自己的作品《極光，太陽升起》（*Aurora, or the Rising of the Sun*），將帕拉塞爾蘇斯可笑的理論具體化，並將原本已經夠讓人困惑的內容更加混亂。他辯稱只要努力研究《聖經》的內涵，就能找到賢者之石，尤其是《啟示錄》，更包含鍊金術的一切奧祕。他還宣稱在大自然裡，那些以相同規則、相同方法運作的天啟就是最神聖的恩典，就像金屬透過火來純化其質地，我們人類也可以用相似的道理淨化內心的邪惡與腐敗。

除了西爾芙、地精、水仙和火精靈外，他還觀察到更多能力與等級的惡魔。他聲稱自己可以隱身，且保有童貞。他也說只要自己願意，可以好幾年都不吃肉飲水，杜絕身體的一切需求。但我們不需要進一步了解他的愚蠢神蹟。格爾利茨的治安官譴責他出版此類作品，並要求只要他重拾鞋匠的工作，不再寫書，他和家人或許就能不受起訴。但他無視對方的建議，繼續研讀，今天提煉或純化金屬，明天開始糊弄上帝的對話。此後，他又出版了三本跟之前那本一樣荒謬的書。其中一本叫《冶金》（*Metallurgia*），是他作品中最不晦澀難懂的一本。另外兩本《永生的時間鏡》（*The Temporal Mirror of Eternity*）和《天啟錄》（*Theosophy revealed*），則充滿寓言與隱喻：

所有的不熟悉與罕見，
缺乏直覺與尋常道理。

波西曼於一六二四年過世，留下大批熱愛他的信徒。許多信徒更在十七世紀，變成跟他一樣傑出的荒謬大師。在這些人之中，較知名的有葛夫艾爾（Giffheil）、魏登哈根（Wendenhagen）、約翰・雅各布・齊默爾曼（John Jacob Zimmermann）和亞伯拉罕・佛蘭肯伯格（Abraham Frankenberg）。他們的異端邪說引起羅馬教會的厭惡，許多人因此被監禁甚至為其信仰遭受虐待。其中一名叫庫爾漢（Kuhlmann）的信徒，更因使用巫術之名於一六八四年在莫斯科被活活燒死。許多年後，波西曼的作品被熱愛此道的威廉・羅翻譯成英文並發行。

惡名昭彰的鍊金師之筆——彼得・莫敏斯

與波西曼同時代的惡名昭彰鍊金術士彼得・莫敏斯（Peter Mormius），於一六三〇年將玫瑰十字會的哲學引進荷蘭。他向荷蘭議會申請，要求他們准許他向平民大眾發表演說，以解釋該教派的教義，並告訴他們如何透過賢者之石與精靈，讓全世界最快樂、最富裕的荷蘭變得更棒。荷蘭議會明智地決定，什麼也不回應。他因此決定在同年發表他在萊頓的研究結果，好讓議會丟臉。該書名為《最神祕的自然奧祕》（*The Book of the most Hidden Secrets of Nature*），共分成三部分：第一部為「恆動」，第二部為「金屬嬗變」，第三部為「萬物之藥」。他更於一六一七年，在法蘭克福發行幾本玫瑰十字會的德文作品。

因為玫瑰十字教派，出現許多詩集與浪漫文學的創作。借師他們的白日夢，英國、法國和德國出現上百本最甜美浪漫的小說。在這些創作之中，改造莎士比亞作品的「靈巧愛麗兒」[29]成為當紅的文學創作主題。以此為題，波普在其動人的《秀髮劫》（*Tape of the Lock*）中，塑造女主角柏林黛（Belinda）的護身精，以及穆特・福開（La Motte Fouque）筆下美麗且任性的水仙溫蒂妮，對於這令人喜愛且優雅角色的不幸結局，比以往任何一個超自然生命更能激起人們的憐愛。華特・史考特爵士也在其艾凡尼（Averel）的白衣女子身上，體現了溫蒂妮或水仙的特色。德國的羅曼史與文學詩更是充斥著西爾芙、地精、溫蒂妮和火精靈的影子。法國在這股風潮中也不落於人，在虛構小說中添加了更多笨拙的希臘與羅馬神話。西爾芙成為詩人的新寵，並在大眾的腦中被塑造為另一種理想的生物——仙子，成為古老傳說中最受人喜愛的迷信。儘管玫瑰十字會促進了文學發展，但其信徒的荒謬舉動，讓這些愛詩之人無法相信這種教派的存在。

眾人擁護的詐騙鬼才——約瑟夫·佛朗西斯·波里

就在麥克·梅爾使玫瑰教派名揚天下的時候，一名在義大利出生的男子，注定成為此新興教派中最反復無常的一員。在鍊金術狂熱中，從來沒有騙人才能如約瑟夫·佛朗西斯·波里（Joseph Francis Borri）這般完美與成功。有些人說他生於一六一六年，還有些人稱他生於一六二七年，出生於米蘭，他的父親布蘭達·波里（Branda Borri）是一名醫生。十六歲那年，約瑟夫被送往羅馬以完成耶穌會教育，他總能輕易學習各種知識，並因卓越的記憶力而出名。在眾多的作品中，沒有任何知識瑣碎到他無法記起，也沒有任何內容晦澀到他無法理解，但他天生具備的優勢卻被他不知節制的熱情與混亂放蕩的生活拖累。不管是面對校長或羅馬的治安員，他都製造了一連串的麻煩，而年紀的增長也無法改變他這種缺陷的性格。在朋友的幫助下，他以醫生的身分在羅馬執業，同時在教宗家中取得一個職務。在他刻苦研讀的領域之中，他對鍊金術最感興趣，因此他決定將自己全部精力投注在賢者之石的追尋上。而就是他這強烈的不幸願望，將自己推入貧困的深淵。他依舊與讀書時期時一樣尋歡作樂，而這嗜好不但摧毀了他的健康，更毀掉自己的聲譽。三十七歲時，他發現自己已無法靠行醫而活，因此開始尋找其他工作。一六五三年，他成為羅馬米羅利奧（Marquis di Mirogli）侯爵的私人祕書。他擔任了兩年的祕書，但依舊過著與過去無異的放蕩生活，經常出現在賭鬼、沉迷聲色與不檢點女子的聚會中，並讓自己牽涉多起大街吵鬧的丟臉事件，並疏遠了渴望可以跟他友好相處的僱主。

突然之間，他的行為徹底改變。放縱無度的男子擺出最莊嚴的哲學家姿態，被人恥笑的敗德者，宣稱自己將放棄以往的邪念，從今以後過著最純潔的生活。對他的朋友來說，這樣的改變著實令人高興。波里用隱晦的方法，暗示他們自己得到天啟。他聲稱自己曾和高貴的靈魂對話，因此得知上帝與萬物的祕密，而他更獲得了賢

29 靈巧愛麗兒（Delicate Ariel），莎士比亞《暴風雨》中的精靈。

者之石。與他的前輩雅各布·波西曼相同，他將宗教命題與自己的哲學術語結合，並稱自己是一個新教派的創始者。這樣的宣言，對羅馬與任何由教宗統治的地方來說，都是一種威脅，幸而波里在被丟進聖天使堡的地牢前，突然恢復一絲理智。於是，他立刻逃到因斯伯克，並在那裡住了一年，接著再回到土生土長的米蘭。

但他的名聲早他一步先傳回家鄉，因此回到米蘭後，他發現許多人已經準備好跟隨他。這些一心想要加入新教派的人們，許下帶來貧窮的誓言，並為了教義中宣揚的各種好處，放棄當前擁有的一切。波里告訴他們，自己從大天使麥克的口中得到一把神劍，劍柄處雕飾著七大天體的智慧。他說：「任何拒絕進入我新羊圈的人，都將被神授予我統領的教宗軍隊摧毀。那些追隨我的人將得到喜樂。我很快就會得到化學研究的結果，並找到賢者之石，屆時，我們將擁有取之不盡的金子。我曾確實得到天使的幫助，尤其是大天使麥克。在我還未踏入這追尋靈魂的道路時，我曾在晚上得到天啟，一個如天使般的聲音告訴我，我將成為先知。同時，我看到一棵棕櫚樹，被樂園的光芒籠罩。任何時候只要我呼喚天使，他們便會現身，並告訴我宇宙萬物的祕密。西爾芙和各種小精靈都將聽命於我，為我、和我所欣賞的人們奔波於世界的各角落。」藉由不斷複誦這些故事，波里很快擁有一批擁護者。如同他所說的，自己是一名鍊金術士而不是宗教家，因此我們就不重複那些他從羅馬教會中偷來且引起教宗強烈不滿的教條了。這些內容就跟他的哲學主張一樣荒謬。隨著追隨者的數量不斷增加，他開始幻想自己可能會成為另一位穆罕默德，並在自己的家鄉米蘭，成為據守一方的君王及宗教先知。一六五八年，他開始策畫行動，準備抓住該城市的所有衛兵，再正式宣布自己為米蘭國的君主。但就在他以為時機成熟時，陰謀卻東窗事發。二十名信徒被逮捕，而他自己卻竭盡所能，逃到立場中立的瑞士，在此地，教宗的意志也無法動他分毫。

信徒們的審判開始了，所有人都被判處或長或短的牢獄刑期。波里的審判在他缺席的情況下開始，並持續了兩年之久。一六六一年，他因使用巫術與提倡異端邪說被判處死刑，而其肖像在羅馬由劊子手進行焚燒。

與此同時，波里卻在瑞士過著平靜的生活，逃過宗教裁判所的制裁與牢獄生活。後來，他去了斯特拉斯堡，嘗試在那邊的城鎮中生活。因其宗教性言論與偉大鍊金術士的身分，讓他在當地受到熱烈歡迎。但他認為自己的雄才偉略無法在此小地方施展，因此同年，他前往更富裕的城市阿姆斯特丹。他租下一間華麗的房子，組織一隊連最富有的商人也相形見絀的馬車隊，並為自己取了一個假的封號「閣下」。他如何能長時間過著富裕生活的祕密，無人知曉，只有鍊金術的擁護者，可以輕易地為此找出解答。有理智的人則猜測他可能是透過不正當的手段。回想他那些不幸的米蘭教徒們，不乏富有人士，根據教規，入會時他們必須放棄全部財產，並將其交給先知。不管他以何種手段獲取這些財富，他都在荷蘭大手筆地花著，並且被人們尊敬與崇拜著。他曾表現幾次治療的技術，並大獲讚譽，更被視為了不起的人物。他繼續努力研究鍊金術，相信總有一天自己會發現將低級金屬變成金子的方法。即便在他窮困潦倒之時，他也沒有失去這個希望。但他的渴望卻為他帶來愚蠢的開銷，而他也不可能靠從義大利賺來的財富，一直坐吃山空。即使是可以為未來帶來無盡財富的賢者之石，也無法緩解今日的饑餓。曾有幾個月，他被迫放棄豪華大宅、鍍金馬車、昂貴名馬、穿著制服的傭人和奢華的遊樂。從大規模的奢華進入到大規模的節約。人們認為徒步走來表演醫術的他，其治療效果似乎不若以往乘著六匹馬馬車、頂著「閣下」頭銜來到貧民家中展示醫術的他好。他從大人物，變成普通人。那些偉大的朋友對他漸趨冷淡，以往跟在後頭阿諛奉承的人，也改去崇拜他人。波里心想，是時候換地方了。於是他盡自己所能到處借錢，在研究生命之水的藉口下，他向一名叫狄．米爾（De Meer）的商人借到二十萬佛羅林。他還假裝自己可以在不傷害鑽石一分一毫的情況下，移除鑽石中的雜質，並因此取得六顆要價不菲的鑽石。有了這筆財富，他趁著夜色逃往漢堡。

在他抵達那座城市後，認識了前瑞典女王克莉絲蒂娜（Christina）。他請人將自己介紹給對方，並請求她贊助他在賢者之石方面的研究。克莉絲蒂娜給予他一些獎賞，但波里害怕如果繼續待在這裡，那名荷蘭商人在漢堡的朋友會揭發他的罪行，因此前往了哥本哈根，並請求丹麥國王弗雷德里克三世（Frederick III.）的保護。

這位國王是鍊金術的忠實擁戴者。需要金錢的國王，認真聽取口才與能力出眾的冒險者的計畫。他給予波里進行實驗所需的資源，並時時關心他的進度。他每個月都在期待著發財，並買下祕魯，而不斷失敗的波里也以各種藉口來搪塞國王，國王雖然失望卻還是耐心地接受了。他對波里非常有信心，並經常替他反駁大臣出於嫉妒的攻擊，大臣們只能心痛地看著君主被這樣一個騙子擺弄。波里用盡各種方法，想要找出鍊金術的必要元素。有時，他在醫學方面的知識，也能派上用場，讓他不至於丟臉。就這樣，他在弗雷德里克三世的皇宮裡住了六年，直到國王於一六七〇年過世，他才在不受保護的情況下離開此地。

由於他在哥本哈根結識的仇敵多過朋友，而繼位者更對他毫無興趣，於是他決定到別的國家尋求庇護。他先到了薩克森，但那裡對他有興趣的人不多，加上宗教法庭的威脅時刻盯著他，他只待了數個月就離開了。待在這些聽命於教宗的國家裡，除了對他的迫害，並無任何好處，因此他決定搬到土耳其，並成為穆斯林。在他前往君士坦丁堡的途中，他抵達了匈牙利邊境，卻因被懷疑與納道迪（Nadasdi）與凡吉潘尼（Frangipani）公爵剛被揭穿的陰謀相關，而被逮捕。儘管他透露自己的真名與職業，卻依然無法證明其清白。他被關進監獄後，被移送至利奧波德（Leopold）皇帝那裡等候發落。他的幸運用光了。通知利奧波德皇帝的信件在一個非常不湊巧的時間點抵達。當時，教宗的使節正在與皇帝密談，當他一聽到約瑟夫．佛朗西斯．波里的名字，便立刻表示此人為羅馬教廷的囚犯。皇帝將人犯交給使者，於是波里便在士兵們的護送下，被五花大綁地送到羅馬的宗教法庭。與其說波里是一位宗教狂熱者，不如說他更像是一個騙子，因此他絕對願意公開收回自己之前所說的一切，只求保命。當他被告知這個提議後，便迫不及待地答應了。他的刑期只比終身監禁稍好點，但他只求能逃離劊子手的魔掌，無論付出什麼代價都沒關係。一六七二年十月二十七日，他在羅馬的市民面前，公開認罪。後來，他被送往聖天使堡的監獄，並待了二十三年，直至死亡。有人說，在他生命晚期，得到許多特權，被准許擁有自己的圖書館，並以研究賢者之石來打發監獄中的孤獨。克莉絲蒂娜女王到羅馬時，曾數次拜訪這位老人，和他談論化學與玫瑰十字教派的教義。女王甚至獲得准許，可以讓波里離開監獄，到她的地方暫住一、兩天，而她會確保將波里送回監獄。她鼓勵波里繼續搜尋鍊金術的偉大祕密，並提供他所需的金錢。我們可以說波里從她身上得到許多好處，但這位女王除了經驗以外，一無所獲。但我們也不能確定她是否真的有得到什麼寶貴的經驗，但直到她臨死前，依舊對賢者之石的存在深信不疑，且願意協助任何有熱誠或臉皮夠厚的冒險者。

在波里被關了十一年後，一本小冊子在波隆發行，名稱為《約瑟夫．佛朗西斯．波里展示櫃之鑰：由他所寫的化學及其他科學知識信束，還有他的人生回憶》（*The Key of the Cabinet of the Chevalier Joseph Francis Borri, in which are contained many curious Letters upon Chemistry and other Sciences, written by him, together with a Memoir of his Life*）。這本書完整揭露玫瑰十字會的哲學，並被維爾拉修道院院長作為《加巴利伯爵》（*Count de Gabalis*）此本有趣書籍的取材樣本，而院長的那本書也在十七世紀引起風潮。

波里在聖天使堡的監獄中苟延殘喘，直到一六九五年過世，享年八十。除了這本於一六六六年為國王弗雷德里克三世、在哥本哈根完成的《波里展示櫃之鑰》外，他還發表了幾本與鍊金術和祕密科學的文章，書名為《羅慕勒斯[30]在羅馬的任務》（*The Mission of Romulus to the Romans*）。

十七世紀二流的鍊金術士

除了上述幾位聲稱自己擁有賢者之石的鍊金術士外，這個世紀亦出現大量沉浸鍊金術中，並以此為題的作家們。事實上，多數這個時代的學者或多或少相信鍊金術。許多人如范．海爾蒙特（Van Helmont）、博里修斯（Borrichius）、珂雪（Kircher）、布爾哈夫（Boerhaave）等，雖然並非職業鍊金術士，但他們喜愛鍊金術，更支持鍊金術士。知名哲學家愛爾維修（Helvetius）的祖父愛爾維修（同名）聲稱，他曾於一六六六年在海牙親眼目睹一位陌生人，將劣質金屬轉變成金。他說某天當他坐著讀書時，有名打扮得像來自荷蘭北方市民的男子出現在他面前，其外表看上去端莊簡樸，這名男子呼喚了他，並試著打消他對賢者之石的懷疑。他問愛爾維

30 羅慕勒斯（Romans），傳說中羅馬的建國者，由狼養育長大。

修，如果看到一塊寶石，他是否能分辨這塊寶石的價值。愛爾維修回答不行。這名男子立刻從口袋中掏出一個象牙盒，裡面放著三塊硫磺色的金屬，且相當沉，他向愛爾維修保證這些可以製作出相當於二十噸的黃金。愛爾維修表示自己非常仔細地檢驗，他發現這些金屬的質地相當脆弱，他趁機以大拇指指甲刮下一小塊來。接著他將金屬還給陌生人，並懇求他在自己面前表演嬗變。陌生人表示自己不被允許這麼做，於是離開了。在他離開後，愛爾維修取來坩堝，並將一些鉛在坩堝中融化，再將以指甲偷來的那塊賢者之石丟進去。他失望地發現那一小塊東西蒸發了，而鉛還是原來的樣子。

幾個禮拜後，就在他幾乎忘記這件事時，那位陌生人又出現了。愛爾維修懇求對方告訴他將鉛進行嬗變的步驟。最後，那名陌生人答應了，並告訴他那一小塊就足以讓他的鉛變成金，但在將它丟進融化的鉛之前，必須先用蠟封起來，否則其易揮發的性質將立刻使其揮發不見。他們再次進行實驗，並得到讓人滿意的結果。愛爾維修後來自己進行了實驗，並成功將六盎司的鉛變成純金。

這件事立刻傳遍海牙大街小巷，鎮上那些高貴的人們都擠到愛爾維修的研究室，想要親眼證實此事。愛爾維修在奧蘭治親王（Prince of Orange）面前重複了一遍實驗，之後又進行了幾次，直到他把所有從陌生人那裡得來的材料都用盡，但這名男子再也沒有出現，而愛爾維修也不知道他的名字與身分。隔年，愛爾維修出版了《金犢》（*Golden Calf*），並在裡面詳細記載此事。

差不多在這個時候，知名的珂雪神父發表了《地下世界》（*Subterranean World*），並在裡面表示鍊金術士只是一群騙子和惡徒，他們的科學不過是幻象。他坦誠自己也曾經刻苦學習鍊金術，但經他深思熟慮與進行數次毫無成果的實驗後，他只能得到這個結論。所有鍊金術士立刻跳出來反駁這強大的對手。所羅門・德布勞斯坦（Solomon de Blauenstein）是第一個跳出來的人，他提醒對方別忘了沒有很久之前，杉蒂佛曾在腓特烈三世與選侯美因斯（Mayence）面前表現嬗變的過程，並武斷地扭曲對方的用意。塞法（Zwelfer）和格勞伯（Glauber）也加入爭辯的行列，並指控珂雪神父是出於對那些比他成功之人的惡意與嫉妒，才詆毀鍊金術。

他們也宣稱古斯塔夫二世・阿道夫（Gustavus Adolphus）也曾將一定分量的水銀轉變成金。博學多聞的博里修斯表示，他曾看過那些大量的金幣，羅格雷・杜費諾亞也表示相同的經歷。在《蒙克尼斯的旅行》（*Travels of Monconis*）中，故事是這樣說的：「一名沒有帶著什麼貨物的呂貝克商人，給了瑞典國王一塊自己製作的金條，這塊金條至少重一百磅。國王立刻命人將這塊金條製作成達卡金幣。而知道這其中奧祕的男子，在其中一隻手臂上刺著祕密，另一隻手刺上象徵水星與金星的圖案。我（蒙克尼斯）手中也有這些達卡金幣。根據可靠消息，這名看起來不算富有的呂貝克商人死後，在他的保險庫中找到至少一百七十萬克朗。」

這類故事不斷被人理直氣壯地引用，企圖延續歐洲的鍊金術風潮。光是十七世紀所出版的鍊金術作品數量，就足以讓人吃驚，而你還可以看到大量聰明的學者前仆後繼地為這個幻象犧牲自己。聖方濟各的修道士加布里埃・德卡斯登（Gabriel de Castaigne）成功引起路易十三（Louis XIII.）的注意，並讓其住在皇室中，還任命他為總施賑官。他假裝自己找到了生命之水，路易十三將在生命之水的幫助下，當好幾世紀的國王。范・海爾蒙特也宣稱自己曾經成功地將水銀嬗變成金子，魯道夫二世更因此邀請他一起住在維也納的皇宮裡。成功發現鹽的格勞伯（Glauber），且還將鹽以他名字命名，十七世紀中期曾以醫生身分在阿姆斯特丹執業，當時他在那裡創辦了鍊金術學校，還親自授課。同樣也是此時代的大人物約翰・約阿希姆・貝歇爾（John Joachim Becher），也被說服了只要透過特定步驟並加上成分難以理解的賢者之石的幫助，就能利用燧石製造出大量金子。他請求利奧波德一世（Leopold of Austria）幫助他進行實驗，但實驗成功的機會渺茫，要投注的金錢又太多，讓這位君主不是很感興趣，因此他只是讚許了貝歇爾的表現，卻沒有給他金錢援助。後來，貝歇爾轉而向荷蘭的議會提議，但依舊沒有好消息。

考慮到那些佯裝自己成功製作出金子騙徒的各種把戲，以及流傳在這時代的各種故事，當時擔任巴黎皇家科學院院長的長老若福瓦（Geoffroy），在一七二二年的四月十五日，發表一篇令人相當驚豔的報告。這篇報告主要是關於十六、十七世紀的鍊金術作弊手段，下列這段摘錄絕對是在審視這段歷史時，不容忽略的資訊。當時，成功的事跡是如此多，每個故事又似乎都有可靠的背景與證實，因此，若福瓦只有靠著讓這些內容的曝光，來打消大眾對鍊金術的迷信。這些騙徒最常使用的把戲就是雙層坩堝，下層的底是鐵或銅，上層則以蠟覆蓋並漆上與金屬相同的顏色，而在這兩層中間，還會鋪上適量的金粉與銀粉。接著，他們會將鉛、水銀或其他原料放進坩堝中，再將爐子放到火源上。當然，只要透過這種手法，他們絕不會有失手的一天。類似的手法以各種方式呈現。有些人會在中空的管子裡填滿金粉或銀粉，底端再以蠟或奶油封住。然後，他們會用這根管子攪拌坩堝中融化的金屬，同時表演一些儀式，以分散觀眾的注意力。這些人還會在鉛塊中心打孔，將液態金倒進此孔中再仔細地將孔隙封起來。有時，他們會用水銀洗金塊。透過這種手法，他們可以輕易地在那些門外漢面前將金塊佯裝成低級的金屬，接著在不費吹灰之力地進行嬗變。

另外一些人以半金半鐵或半銀半鐵的釘子來行騙。他們會透過沾取高純度的酒精方式，假裝自己真的將其中一半的鐵變成貴金屬。若福瓦曾製作了幾根這樣的釘子給皇家科學院，並演練該如何將兩者完美地焊接在一起。純金或純銀的那半會漆上顏料，佯裝成鐵，接著只要接觸到硝酸，這層顏料就會立刻褪去。長久以來，柯西莫一世（Grand Duke of Tuscany）的櫃子裡都能看見這種釘子。若福瓦更說，當年伊莉莎白女王看到的刀子，也是以這種方式製成：刀鋒為半金半鋼。但最常見的莫過於半金或半銀的銅板，這些也都是鍊金術士用來愚弄他人的道具。在這份長篇報告中，若福瓦如此作結：有很多原因可以讓我們相信，那些不管是透過粉末或萬能丹而將金屬嬗變成金或銀的知名歷史故事，其實都只是某種成功的欺騙手段。這些冒牌哲學家經常在進行第一次或第二次實驗後、或粉末沒有成功製造出效果的時候，就消失不見，這是因為他們怕自己的把戲經不起更多人的檢驗，又或者他們沒有足夠的金粉可以進行更多表演。

這些自稱哲學家的人所表現出的無私精神，乍看之下往往使人印象深刻。我們不難找到那些慷慨放棄一切鍊金術成果，甚至包括那天大祕密的例子。但這種無私的態度只是狡猾的策略，這能引誘出大眾的期待。他們表現可以找到賢者之石的氣勢，等到對方願意提供有利的條件，如進入皇室、公費補助、來自野心勃勃君主的禮物（他們總是想著反正未來會得到更豐厚的回報）等，他們就會立刻抓緊良機。

現在，我們只剩下十八世紀初至當代的歷史還沒交代。但我們可以看到，即便到了最近，理智似乎都還未見回復。

無師自通的鍊金奇蹟——尚・德利

一七〇五年，法國的人們都在討論一位名叫尚・德利（Jean Delisle）的鐵匠，他發現了賢者之石，並在國內各處表演如何將鉛變成金。他住在普羅旺斯，但他的名聲迅速遠播到首都。德利的早年生活默默無聞，但羅格雷・杜費諾亞勤奮地搜集了許多關於此人後來的職業表現，而這些內容也相當有趣。德利從未受過教育，小時候曾在一名鍊金術士的家中幫傭，而他從主人那裡學到許多把戲。人們從未得知這位主人的名字，但他以某種方式假裝自己受到路易十四的憎惡，並因此逃到瑞士接受庇護。傳說，德利陪他逃到薩瓦，並在一處罕無人跡的荒山野嶺中，殺害了這位鍊金術士，並搶走他的錢財。接著，他再假裝成朝聖者，回到了法國。他投宿在路邊一間孤立的小客棧裡，並在那裡認識了名叫阿露斯（Aluys）的女人。突然間，他們蹦出了愛情的火花，於是這名女子拋下一切，無論未來的生活是苦或樂，她都要跟著德利遠走高飛。他們在普羅旺斯過了五、六年的平凡生活，且擁有不錯的生活環境。終於，一七〇六年，開始流傳德利擁有賢者之石的消息，人們從四面八方湧到他在巴如孟附近的西蘭奈所居住的帕盧城堡，期待能見證他用泵和煤鐽變出金子。接著，一位住在普羅旺斯迪涅教區的瑟黑西（Cerisy）先生，在寫給巴黎聖雅各博教堂牧師的信件中，提到德利的事跡，此信的日期為一七〇六年十一月十八日：

> 親愛的表兄，我有件事必須跟你說，這件事想必會引起你與朋友的興趣。被眾人視為虛構神話的賢者之

石，終於被找到了。發現者名叫德利，他就住在西蘭奈教區內，離我不過幾公里。他只需要將金屬加熱至變紅，再倒進一些油與手中的粉末，就能將鉛變成金，將鐵變成銀。因此任何人只要擁有足夠的粉末，就可以在一天內製作出幾百萬的黃金。他將自己利用此方法製作出來、顏色較白的金子，送到里昂進行鑑定，以確保其品質。他還將二十磅的黃金賣給迪涅萊班一位名叫塔克西（Taxis）的商人。許多珠寶商稱他們這輩子沒見過質地如此純淨的金子。他可以做出一半金或銀、一半鐵的釘子。親眼見證他製作金子的塞內斯主教，向我詳細訴說當時的情況，並要求我和他聊聊。在我和他促膝長談的時候，他承諾可以送我一個這種釘子。

萊茵瓦德（Rheinwald）男爵與夫人向我展示了一塊德利以白蠟製成的金條，他們親眼目睹整個過程。我的小叔索沃爾（Sauveur）花了十五年研究鍊金術卻一無所成，但幾天前，他拿著親眼看著德利變的鐵釘來找我，告訴我他在自己過去的研究上發現了根本性的錯誤。這位了不起的工匠不久前收到一封來自皇室總管的信件，我也看了那封信。對方在信中表示自己會利用其在行政機關的力量，防止像前兩次當地政府企圖攻擊他的事件再發生。大家深信他所使用的油是金或銀的變態。他會在太陽下長時間曝曬那種油。他告訴我這些準備工作耗時半年。我跟他說，顯然國王似乎想見見他。他說這種實驗必須在特定的氣溫與環境下進行才能成功，因此他無法隨意在各地表演。顯然這名男子並沒有任何企圖，他身邊也只有兩匹馬、兩個僕人。除此之外，他很珍惜自己的自由，他說話耿直，法語也很糟糕，但他言語實在。他之前是名鐵匠，並在無師自通下學會鍊金術。遠近各地的君主爭相來拜訪他，向他示好，根本就以偶像在崇拜他。總管曾送上一些德利製作的金條給國王，如果德利能向國王揭露這天大的祕密，那就太棒了！但我們還不能開心太早，我總擔心這名男子和他的祕密可能會被消滅。毫無疑問地，他的發現將在全國引起轟動，除非那名總管能確實實踐他的承諾，避免德利受到傷害。無論結果如何，後人都將聽到他的事跡。

另一封日期為一七〇七年一月二十七日、同樣也是寫給此人的信件中，瑟黑西寫道：

親愛的表哥，我在上一封信裡向你提起普羅旺斯的著名鍊金術士德利。其中有許多事跡是聽聞，但現在我可以憑自己的經驗告訴你。我手中有一根釘子，半銀半鐵，而且是我自己做的。這位偉大且令人欽佩的工匠給予我一項特權——讓我利用他的油與粉末，將自己帶來的鉛變成金子。全國的注意力都放在這名男子身上，有人大聲駁斥，有人盲從迷信，但只有親眼目睹的人知道實情。我見到皇室給他寄過來的旅行證，要求他必須在開春時分抵達巴黎。他告訴我自己很樂意前往，這個日期也是他訂的，因為他向國王表示希望有時間多準備一點材料，為國王設計一個更了不起的實驗——將大量的鉛變成金，以襯其尊貴。我虔心希望他可以將這個祕密傳遞給國王，而不是讓祕密變成陪葬。上個星期四、也就是本月的二十號，我很榮幸地可以坐在他身邊共進晚餐。席間，我悄聲告訴他只要他願意，憑他的實力可以讓那些敵人都噤聲。他沒有反駁，只是帶著微笑。事實上，他的存在本身就是一種奇蹟。有時候，他會混合使用油和粉末，有些時候只使用粉末，但他的用量是如此少，根本很難察覺，不像我在製作那塊銀錠時使用很多才成功。

這頭腦單純的牧師絕非當地唯一一個失去理智與判斷力、期待這名聰明騙子製造出大量金子的人。另一位格列諾布爾教堂領唱人德．利昂（De Lions）牧師，也在一七〇七年一月三十日寫了一封信：

蒙提亞的牧師米納（Mesnard）先生寫信給我，表示有一位三十五歲名叫德利的男子，能將鉛和鐵變成金與銀。而且這嬗變過程非常真實，那名鐵匠也保證自己製作的金與銀絕對是有史以來最純淨的。五年多來，這名男子一直被視為騙子或狂徒，但現在大家已經一致被他的能力折服。他現在和帕盧（M.de la Palu）先生一起住在其城堡中。帕盧先生現在有個很棘手的問題，他有一個待嫁的女兒，但年紀太大，如果他不替她準備一筆嫁妝，根本沒有男士想娶她。德利先生向他們保證，在他去巴黎見國王前，一定會讓她成為普羅旺斯最富有的小姐。他向國王爭取了一點時間，好讓他在去巴黎前先準備好充足的粉末，以在國王面前製作大量的金。他那神奇的粉末成分非常單純，主要就是大、小新月花。在帕盧先生的院子裡，就有大新月花，小新月花則需要到附近六英里外的蒙提亞山上採摘。下面我要向你說的故事，並不是什麼虛構幻想，米納先生可以找來許多人證，在這些證人中還包括親眼目睹的塞內斯主教，還有你熟識的瑟黑西先生。德利先生在眾人面前鍊金。他會用粉末摩擦鉛或鐵，再將之放在燒紅的煤炭上。很快金屬顏色就起了變化，鉛塊變黃，變成質地上好的金子，鐵塊變白，成為高品質的銀。德利先生是文盲。聖奧邦（St. Auban）先生熱心地教導他讀書寫字，但他在這些課程中沒有學到太多。他是一位粗魯、異想天開的夢想家，其行為反覆無常。

但事實上，德利對於巴黎行感到惶恐。他知道自己的花招在皇室面前很可能招架不住，因此他用各種藉口拖延自己的旅行至少兩年。路易十四的財政大臣德瑪雷以為這位「哲學家」害怕他們耍詐，因此兩度以國王的名義保證對方的人身安全，但德利依舊回絕了。為此，德瑪雷寫信給塞內斯主教，並在信中透露自己對這位鍊金術士的真正看法。下面就是這位主教的回信：

親啟者，十二個月或稍久之前，我對您的高升表達了歡欣之情，現在，我很榮幸地向您報告我對在我教區內行使鍊金術的德利先生看法。在過去兩年中，我曾在龐恰椎恩（Pontchartrain）伯爵的要求下，向他提過幾次，但我從未向您或什米拉（Chamillart）先生表達我的看法，因為您們沒有向我要求。不過，現在我了解您想知道我對此事的看法，為了國王的想法與您的榮譽，我將坦白地將自己一切想法告知您。

在我來看，關於德利先生，有兩件事不該被質疑：一個是關於他的祕密，一個是關於他這個人。也就是說，不需要懷疑他的嬗變是否為真，也不需要懷疑他的行為是否正常。關於賢者之石，其實有很長一段時間我是不相信的，對於德利先生，我本人更是懷疑他長達三年之久。在這段時間裡，我從來沒給他好日子過，我甚至安排一個人（此人為佛羅倫斯大家族的成員，我相當推薦他）蒐集德利的犯罪事實，以控告他。但在那個人告知我，他從尼斯、艾克斯和亞維儂的金匠那裡，拿到德利變出來的金子，對此，我為自己先前的想法產生懷疑。後來，我在朋友的房子裡見到了德利。為了娛樂我，主人請德利在我面前表演鍊金術，而他也立即同意了。我給了他一些鐵釘，而他在六到七人的見證下，將鐵釘放在煙囪下使之變成銀。我派手下的施賑員將這些釘子送到因伯特的珠寶商那裡，透過一定的檢驗程序後，對方將東西送回給我，並告訴我這些是質地上好的銀。但我依舊不太相信。兩年前，龐恰椎恩先生曾暗示我為了陛下，我應該好好檢驗德利的真實性，因此我聽從了。後來，我召喚鍊金術士到卡斯特拉。他來了。我要他在我安排好、用來監視他的八到十名見證人面前，展示他的技藝。於是，他在我們所有人面前將兩塊鉛變成金和銀。我把這兩塊成品送去給龐恰椎恩先生，後來他回信給我（這封信現在就在我眼前），說自己將東西拿去給巴黎最資深的金匠鑑定，對方立刻說這是品質最好的金與銀，絕無參雜半點合金在內。我對德利先生的看法因而強烈動搖，隨著他到我在塞內斯的處所又表演了五到六次後，這種動搖更強烈了，直到他讓我在他面前照樣操作一次，且中途完全不插手。你也曾收到我姪子，那位巴黎演說家大貝拉爾（Berard）的信，提到卡斯特拉那場表演的事，我特此證實他的話是真的。我的另一位姪子布歇爾（Bourget）先生三個禮拜前曾到此，並在我的面前同樣操練一次嬗變的過程，他本人將親自在巴黎向您解釋。我教區內有一百多人見證過德利的事跡。我必須向您承認，在這麼多觀眾與金匠的驗證下、在親眼目睹這麼多次的成功後，我的成見已經消失了。眼前的事實勝過我的判斷，而我過去對鍊金術真實性的質疑也經由我的雙手，親自解除了。

現在，我還需要向您交代他的為人。有三件事情讓人懷疑他的為人：第一，他曾經牽涉希特宏地區的犯罪，而他被指控製造偽幣；第二，國王兩度寄給他安全通行證，現已失效；第三，他現在仍遲遲不願在國王面前表演。您可以知道，我確實沒有隱匿任何事情。回到希特宏地方的事件上，德利先生曾再三向我保證他從沒做過任何會讓自己進監獄的事，而他也從未做過任何損害國王的事情。六、七年前，他確實到希特宏地區採摘製作粉末的藥草，並借住在一名叫佩隆斯（Pelouse）的人家裡，當時他以為這個人是個好人。結果佩隆斯被指控損毀金路易[31]，而借住在他家的德利則被懷疑是共犯。而這毫無根據的猜測就讓德利被判蔑視法庭。這也是許多法官在面對嫌疑人未出庭的情況下，常見的嚴厲判決。當我在艾克斯停留的時候，大家都知道放出這個中

31 金路易（Louis-d'ors），法王路易十三推出的金幣。

傷德利消息的人，叫安德烈．阿路斯（Andre Aluys），他欠德利四十個金路易，因此他希望透過這種方法抵賴自己的債務。但，先生，請容許我再補充一點，對於可以為國家帶來巨大利益的男人，即便懷疑他的理由再有憑有據，我們還是應該對他寬容些。另外，關於國王送來的兩張安全通行證，我向您保證絕不是因為他對此毫不關心。嚴格來說，在這兩年內，他也只得到了四個月的夏季時光，而他又被其他事情阻礙，導致他無法徹底利用這段時光。第一張安全通行證因薩伏伊公爵的強行闖入（一七〇七年）而沒能使用上，而第二張遲遲至一七〇八年的六月才收到，當時德利被一群說是受到格里尼昂（Grignan）伯爵授權的武裝男子侮辱，而德利過去曾寫信向對方投訴暴行，但從未收到回覆，也從未保證他的安全。因此，我現在可以告訴您第三項指控並不存在，而他之所以一直沒能到巴黎，將自己的才能展示給國王看，也是有確實原因的。他失去兩年、甚至是三年的時光，持續處在各種焦慮下。而這樣的結果讓他沒有時間工作，更沒辦法蒐集到充足的油與粉末。也正是如此，他才無法拿出當初答應要給布歇爾先生的金子，更無法供您檢查。幾天前，他曾利用幾克的粉末將一些鉛變成金子，而那些粉末是當時他手中僅剩的。他告訴我這件事的時候，我的姪子還沒告知要來拜訪。即便他保留下來這點粉末，並順利到國王面前表演，我可以保證只要仔細想想，就知道這實屬不智之舉，因為只需稍有不慎讓金屬出現情況（像是太硬或太軟，這只有成果出來時才能知道），他就會落得騙子的下場。又假設實驗失敗了，他也沒再進行第二場實驗並克服困難的機會了。

因此，請容許我再次作結，這樣一位男子不應該被逼到絕境，更不能讓他被迫（雖然他不想）逃到其他國家尋求庇護，應該讓他在接受我的勸說下，執行自己的意願。給予他多點時間並不會造成任何損失，但催促他卻有可能讓國家損失慘重。在經過這麼多艾克斯、里昂、巴黎珠寶商的鑑定後，他的黃金絕對沒有半分造假的嫌疑。既然之前通行證失效的責任並不在他，因此我建議再寄第三張給他，我能保證第三次的成功，如果您能相信我所說的事情，相信我對陛下的熱誠，請將這封信的內容傳遞給陛下，如果德利對我現在所說的事情還沒有察覺到，我會盡自己所能不斷跟他提，即便他開始厭煩我。如果您願意的話，請再寄上一張通行證，我以自己的職位來擔保他的真實，請讓我對國王負責。以上，是我的想法，我將之交諸於您的智慧決斷，並至上我至高無上的敬意。

致　德瑪雷先生，國務大臣和財政總審計長
約翰塞內斯主教親筆，一七〇九年三月

從這些細節中我們可以看到德利不是一般的騙子，他非常狡猾且詭計多端。主教被他的騙術迷惑，當德利攻破他的心防後，主教表現得比德利想像得還要焦急。他對德利信心十足，甚至拿自己的職位來擔保，並反駁任何一個指責德利的猜忌。路易十四和他的大臣被主教所說的神奇內容沖昏了頭，立刻發出第三張給予鍊金術士的通行證，同時附上國王的命令，要求他立刻到凡爾賽，並公開演練他的油與粉末。但這不符合德利的計畫。在這裡，他被視為大人物，走到哪裡都有人不斷地讚美奉承他，這讓他心情愉悅，因此他不想為了在宮廷裡被抓包的風險，放棄眼前的美好。在他向好友主教進行誠摯的諮詢後，他還是用了一些藉口拖延旅程。後者將德利的意思轉達給大臣，並以自己的名譽做擔保，表示自己會繼續引誘德利去巴黎，直到他開始察覺事情似乎有些不對勁。超過兩年的時間裡，主教不斷催促德利，卻總是得到粉末不夠，或油的曝曬時間不夠充分等藉口。最後，主教沒有耐心了，同時擔心著這麼久的拖延會損害他在皇室心中的價值，於是他寫了一封密函給國王，沒多久，鍊金術士就於一七一一年六月，在帕盧城堡中被逮捕，並被移送到巴士底監獄。

負責移送的憲兵們都知道，這位犯人可能是擁有賢者之石的幸運者，因此他們密謀在路途上殺害他。其中一人假裝對這位不幸的哲學家遭遇感到同情，向他提議自己可以分散其他憲兵的注意力，讓他趁隙逃走。德利感激地向對方道謝，對眼前的厄運一無所知。他狡猾的新朋友表示自己會給予他計畫成功的暗號，那時德利只需要趁其他人都離他很遠的情況下，擺脫一名憲兵，就能逃跑了。但事實上，其他憲兵會趁此時開槍射擊德利的心臟，搶走屍體帶著的賢者之石，再將屍體運到巴黎，回報德瑪雷因為犯人要逃跑，所以他們不得不開槍的經過。整個計畫在一個方便的地方執行了。當德利得到朋友的暗號後，開始奔跑，另一名憲兵開槍了，卻射穿了他的腿，附近的農民出現，憲兵無法按計畫殺死德利，因此德利就這樣流著血被送往巴黎。他被丟進巴士底的地牢裡，而醫生用來包紮傷口的繃帶被蠻橫地扯掉。德利這輩子再也沒從床上站起來過。

塞內斯的主教來探望他，並向他保證只要他在國王面前將一定程度的鉛變成金，他就會重獲自由。但這悶悶不樂的男子身上並沒有帶著騙術的道具；他沒有黃金、也沒有雙層的坩堝或中空管（如果他有的話）。但他沒有坦白自己只是名騙子，他只說自己不知道該如何製作粉末，因為那些粉末是一名義大利哲學家給他的，而他已經在普羅旺斯用完所有的粉末了。德利在監獄中苟延殘喘七到八個月後，就因槍傷過世，得年四十一。

狡詐的江湖術士——艾伯特．阿露斯

這位宣稱自己擁有賢者之石的男子艾伯特．阿露斯（Albert Aluys），正是阿露斯前夫——德利的兒子。在德利事業還沒開始前，兩人在路邊一間小客棧認識並結婚。德利是一位盡責的父親，為了表現自己的愛，他將這套讓他成為眾人景仰對象的把戲，完整傳遞給兒子。年輕的阿露斯是個好學生，很快就精通所有鍊金術的把戲。他充分理解嬗變、凝結、純化、生命之水與萬能藥劑的知識，在德利死後，知道這偉大祕密的人就只剩下他了。而他的母親則帶著安飽的期待，幫忙施行騙術，希望在這股鍊金術的潮流中可以騙到幾個有錢的傻瓜，給予他們一些好處。德利的慘死讓他們不願留在法國。普羅旺斯的人對於阿露斯展現的能力感到驚奇，並相信他一定是得到偉大父親的真傳。但巴士底監獄正對他的獵物虎視眈眈，於是阿露斯和母親帶著簡單的行囊趁夜逃亡。他們在歐洲大陸旅行了幾年，並在途中利用雙層坩堝等道具進行鍊金術表演，矇騙一些有錢人。一七二六年，阿露斯獨自一人（其母親應該是在這之間過世）到了維也納，並向當時外派在此的法國大使黎塞留（Richelieu）公爵毛遂自薦。他成功地騙到這名貴族，他在不同的場合中將鉛變成金，更讓大使本人親自將鐵釘變成銀。後來，這位公爵向羅格雷．杜費諾亞吹噓自己的鍊金術成就，並萬分可惜地感嘆自己當初沒能發現這珍貴粉末的成分。

阿露斯很快就發現到，即便自己可以騙到像黎塞留公爵這樣的人，卻沒辦法從他們身上拿到錢。相反地，這位公爵還想著要把他的撲克牌與煤鏟變成銀的，白蠟器皿變成金的。儘管他得到的獎賞對一般老百姓來說已經很豐厚，但對一位身懷天大祕密的人來說，誰不想發財？阿露斯發現對方要求的代價太高，於是告別了公爵，並在一名學生與一名在維也納愛上他的年輕女子陪伴下，前往波西米亞。波西米亞的一些貴族親切地接見他，並讓他待在自己的房子中數月。他常用的把戲就是假裝自己只有幾公克的粉末，並選定一處他預期可以住在那裡三個月的地方，表演自己的魔術。他會給予主人一塊自己製作的金子，並承諾只要對方願意提供食宿，讓他有時間到山頂上蒐集大、小新月花，並於此期間提供他、太太和學生的花用，他就會給予對方百萬黃金作為回報。

他用這種方法騙了許多人後，開始想著也許在年輕國王路易十五的統治下，會比他那抑鬱寡歡的前統治者來得安全，於是他返回普羅旺斯。在他抵達艾克斯後，他找上該省省長布雷特（Bert）先生。布雷特也熱衷於鍊金術，且夢想自己有朝一日會找到賢者之石。但出乎阿露斯意外的是，布雷特在耳聞一些關於他的傳聞後，對他態度相當冷淡，並說明天會再召喚他來。阿露斯不喜歡這位博學多聞前輩的聲音，更不喜歡他那由上往下盯著看的眼神。在感覺到某些地方不對勁後，阿露斯在當晚就祕密地逃到馬賽。但警察早就盯上他，在他抵達馬賽的二十四小時內，就因偽造錢幣被逮捕，並被關進監獄。

由於他的罪行罪證確鑿，因此阿露斯沒有奢望無罪獲釋，只是默默計畫逃獄。湊巧的是，阿露斯發現獄卒有個漂亮的女兒，而且個性溫柔。於是他想盡辦法獲得她的青睞，也確實成功了。這位不知道阿露斯已婚的女子愛上了他，並主動地幫助他逃跑。在被監禁將近一年後，阿露斯重獲自由，他拋下那名心碎的女孩，讓她獨自一人為自己無疾而終的愛情悲泣。

在他離開馬賽時，打著赤腳，衣著破爛，幸好住在隔壁域鎮的太太給了他一些錢與衣服。他們想辦法逃到布魯塞爾，並以極端狂妄的姿態，引起別人的注意。他租了一間房子，並布置了一間美輪美奐的圖書館，最後再放出消息說自己知道鍊金術的祕密。住在同個城市的羅格雷．杜費諾亞的小叔貝西勒（Percel）先生揭穿阿露斯的偽裝，並證明他只是一個大騙子，但一切作為都是徒然，其他人都相信阿露斯。他們相信這位鍊金術士的話，更等候在他家門前，期待能見識到他將鐵釘變成金或銀的高明騙術。一位有錢的書記官付給他一大筆錢，請他教授鍊金術，於是阿露斯替他上了幾堂相當普通的化學課。這位書記官認真苦讀了十二個月，終於發現自己的老師是位江湖術士。他要求退費，阿露斯卻拒絕，這件事還鬧上當地的民事法庭。然而，這位書記官卻突然暴斃，他是被人毒死的，而人們都沸沸揚揚地說是債務者下手的，以逃避還債。這樣的謠言甚囂塵上，讓可能是無辜的阿露斯都感到害怕。於是，他再度趁著夜色逃到巴黎。他就這樣消失了，再也沒人聽過他的事跡，但羅格雷．杜費諾亞推測他可能又因偽造錢幣或其他犯罪行為，而死在監獄裡。

巴黎的宮廷傳奇——聖日耳曼伯爵

接下來，聖日耳曼（St. Germain）伯爵這位主角的冒險比前一位來得高明，更在路易十四的宮廷裡，掀起滔天巨浪。他聲稱自己找到生命之水，可以讓任何人活超過一世紀，並試圖讓周圍的人相信自己已經兩千歲。他的存在曾讓玫瑰十字教派的人欣喜若狂，四處吹噓他曾跟西爾芙和火精靈結合，而他可以透過咒語，使鑽石從地底下鑽出來，讓珍珠從海水中跳出來。他從未宣稱自己擁有賢者之石，卻花了大量時間在鍊金術實驗上，讓人們都認為如果這世界上真有賢者之石，那麼必當為他所擁有。

從來沒有人知道他的真名，也沒有人知道他是哪裡人。有些人認為，從他英挺的猶太人外貌來看，他可能是「流浪的猶太人」[32]；有些人則認為他是阿拉伯公主的私生子，其父為火精靈；更有些人合理地推測，他應該是一位落腳在波爾多的葡萄牙猶太裔商人的兒子。他首先在德國開始自己的騙徒生涯，透過賣長生不老藥給那些上了年紀的人，他賺到一筆可觀的收入。貝爾島（Belle-Isle）元帥向他購買一劑藥方，元帥非常喜歡這位聰明、博學且舉止優雅的江湖術士，對於他那荒謬的論點更是深信不疑，並企圖誘使他定居在自己位於巴黎的宅邸中。在元帥的引領下，他在巴黎的社交圈首度登場。大家都很喜歡這位神祕的陌生人。據他本人所說，他今年應該七十歲，但是看起來卻不超過四十五。他悠然自得的神態，讓眾人印象深刻。他閱讀的書籍範疇廣闊，而他的記憶即便是最小的細節都不放過。他聲稱自己活了好幾世紀的說法，讓人們忍不住想問他一些問題，像是過去那些偉人的樣貌、生活、對話等，而他也從未讓人們失望。那些故意提出問題想要嘲笑他的人，卻被他氣定神閒的態度搞得很困惑，他總是隨時準備好回答，而他對歷史上每個小細節的精確度更讓人嘆為觀止。為了增加自己的神祕性，他也從不告訴別人自己的生活方式。他的穿著雍容華貴，帽子、手指和鞋釦上鑲著價值連城的鑽石，有時還會送給宮廷仕女極端昂貴的禮物。有人曾猜測他是拿英國政府薪水的間諜，但這樣的猜測從沒找到任何根據。國王非常喜歡他，經常會和他密室長談，且絕不允許任何人對他出言不遜。伏爾泰經常拿他開玩笑。他曾在一封寫給普魯士國王的信件中，提到他是「一則笑話」，並稱他說自己曾在特倫托會議[33]上和聖父們吃飯！

蓬帕杜爾（Pompadour）夫人侍女所出的《迪奧賽夫人回憶錄》（*Memoirs of Madame du Hausset*）中，曾說了幾件與此人有關的軼事。在他抵達巴黎不久後，就取得蓬帕杜爾夫人梳妝室的進入許可，過去，只有她最尊敬的皇家愛人可以出入此地。夫人非常喜歡和他交談，而通常在夫人面前，他則會適度地減少自己的偽裝，但他還是讓夫人相信他已經至少活了兩、三百年。迪奧賽夫人說道：

> 有天，蓬帕杜爾夫人在我面前問他：「弗朗索瓦世（Francis I.）看起來怎樣？他應該是我會喜歡的國王吧。」「事實上，他相當吸引人。」聖日耳曼回答道。接著他描述了更多關於此人的面容及個性，就好像他真的認識此人。「真可惜他太有野心了。我可以給他許多好建議，讓他免於承受那些不幸，但他不會聽我的勸告，

32 一個在十三世紀開始流傳於歐洲的傳說。傳說有一名猶太人在耶穌背著十字架的路途上，嘲弄耶穌，並因此受到詛咒，直到耶穌再臨前，必須一直走路。

33 特倫托會議（Council of Trent），是指在特倫托和北義大利的波隆那在一五四五年至一五六三年間召開的大公會議。該會議是羅馬天主教最重要的會議。

他似乎天生吸引著死亡，總是避開那些最有智慧的建言。」
「他的大臣都很聰明嗎？」蓬帕杜爾夫人問。
「非常，但他的孫子超越了他。在瑪麗·斯圖亞特（Mary Stuar）和瓦盧瓦的瑪格麗特（Margaret）時代，宮廷裡就像是樂園——沉浸在各種歡樂中。」伯爵回答。
「你似乎見證了這些。」夫人笑著說。
「我的記憶非常好，加上我非常仔細地閱讀法國歷史。有時我甚至會為了自娛，試著讓別人相信我曾經真實活過那些時代。」他回答。

在另一個場合中，蓬帕杜爾夫人說：「你從不肯告訴我們你的年紀，但又假裝自己很老。讓吉（Gergy）伯爵夫人曾在五十年前擔任法國駐維也納大使，她跟我說曾在那裡見過你，你跟現在一模一樣。」
「她說的沒錯，夫人，」聖日耳曼回覆，「許多年前我就認識讓吉夫人。」
「但根據她的算法，你應該要超過一百歲了？」
「這是不可能的，」他笑著說，「比較有可能的是這位好夫人有些糊塗了。」
「你曾經給她長生藥，聽說那效果好的驚人。她說曾有那麼一段時間，她看起來一直停留在八十四歲，也就是她開始吃藥的那年。你為什麼不把這個藥獻給國王？」
「噢，夫人，」他解釋道，「那些醫生會認為我要對國王下毒，他們會因此把我送上絞架。」

當全世界都相信一個人的偉大事跡後，你很難知道事態將發展到多誇張才會停止。只要人們一旦開始相信，就會爭先恐後地比誰信得更深。這個時期的巴黎，充斥著聖日耳曼伯爵的神奇冒險。有一群愛開玩笑的年輕男子就曾經針對人們的盲從做了以下實驗：有一個善於模仿的人，打扮成聖日耳曼伯爵的樣子，在年輕男子們的帶領下，進入瑪黑街上許多棟房子中，加入上流社會人們的談笑。他以令人讚嘆的技巧模仿著伯爵，並發現無論自己說出多麼荒謬的話，大家都會張大了嘴相信。對於他們完全沒底線的輕信，任何事情都不算太誇張。他用最熟悉的口吻談到救世主，他說自己和他一起出席加利利的迦拿城婚禮，婚禮上，水都神奇地變成酒。他還說，自己其實是他非常親近的朋友，他經常告誡他不要太浪漫或自負，否則可能會落得淒慘的下場。這簡直堪稱有史以來最低級的褻瀆，卻也有不少人相信。三天過去了，人們開始傳說聖日耳曼伯爵出生在大洪水之後不久，而且他從來沒有死過！

對於世人來說，聖日耳曼本人實在太世故了，總能讓大家瞠目結舌。但對於反駁自己的故事他也不太介意。當他和那些出身高貴或受過良好教育的人交談時，他常以蠻不經心的方式，淡淡地表達自己，並讓自己的年齡定位在三百歲以內，除非他發現眼前的人似乎樂於接受任何事。他經常提到亨利八世，就好像兩人非常親近，還有查理五世，顯然這位君主似乎很享受他的陪伴。他常以非常寫實的方式描述彼此的對話過程，細緻地交代說話者的穿著與外貌，甚至還有當時的天氣與室內的傢俱裝潢等，通常四分之三的人都會相信他的話。那些上了年紀的婦人會持續向他購買長生不老藥，好讓自己看起來年輕些，透過這個手段，他賺得一筆可觀的收入。對於那些他樂於稱呼為朋友的人，聖日耳曼告訴他們自己的生活模式與飲食習慣遠比任何仙丹有效，任何人只要在吃飯時避免喝酒，平常盡量節制飲食，就能活得跟長老一樣長久。格萊斯（Gleichen）男爵遵照了他的指示，並吃下大量的番瀉葉，期待自己能活上兩百年。然而，他在七十三歲過世。舒瓦瑟爾（Choiseul）公爵夫人也熱切地使用他講的方法，但她的先生憤怒地禁止她採取任何由名字取得如此模棱兩可，如聖日耳曼先生這樣的人的意見。

迪奧賽夫人說自己見過聖日耳曼，並與其對話過數次。就她來看，她覺得對方大約五十歲，體型中等，面容優雅且表情豐富。他的穿著總是很簡樸，但卻很有品味。他經常帶著高價的鑽石戒指，而他的手錶與鼻煙壺都以豐富的寶石裝飾。一天，宮中重要的大臣們在蓬帕杜爾夫人的公寓前聚集，這時聖日耳曼伯爵出現了，他屈膝向夫人問好，而鞋子扣環上的鑽石閃閃發光，讓夫人忍不住說連國王都沒有如此美麗的寶物。他被請到前廳中，夫人請求他讓她近距離看看那顆鑽石，聖日耳曼伯爵解開扣環，將鑽石拿給夫人。一旁的犟東頓（Gontant）先生表示這顆鑽石的價格，肯定高過兩千里弗爾，或至少高於八千英鎊。格萊斯男爵在其回憶錄中提到，某天伯爵拿了鑽石給他欣賞，眼前鑽石的數量是如此讓人眼花撩亂，讓他差點以為這就是阿拉丁神燈的寶藏，並表示以他對寶石的多年經驗來看，他可以肯定伯爵的寶石都是真的。另一次，聖日耳曼向蓬帕杜爾夫人展示一個小盒子，裡面裝滿價值至少五十萬里弗爾的黃寶石、祖母綠和鑽石。他對這些財寶的淡泊欲望，讓人們感覺他就好像跟玫瑰十字會成員一樣，可以利用咒語讓鑽石從地底爬出來。他將大部分的鑽石都送給宮廷中的仕女們，蓬帕杜爾夫人非常欣賞他的慷慨，因此給了他一個鑲滿寶石的鼻煙壺表達謝意。鼻煙壺蓋子上的蘇格拉底或希臘偉人的精緻肖像，表達了夫人對他的讚賞。他不僅對那些皇室情婦出手闊綽，對侍女也很慷慨。迪奧賽夫人說：「有次蓬帕杜爾夫人病得很嚴重，因此躺在沙發上接待探病的伯爵。他給夫人看了一顆價值可抵一國之君身價的鑽石。夫人派我上前看看這件美麗的寶物。我用著驚歎的眼光欣賞著這些寶石，但我偷偷向夫人打暗號，說這些鑽石是假的。伯爵摸索著口袋，從裡面拿出一個比眼鏡盒大上兩倍的記事本，並從中抽出兩、三個小紙包，他攤開了紙包，向我們展示一顆極完美的紅寶石。他蠻不在乎地將另一個鑲嵌著白色與綠色寶石的小十字架扔到桌上。我看了一眼，說這件物品不該受如此對待。接著我拿起十字架，充滿興致地欣賞。伯爵請我收下這個十字架，我婉拒了。他催促著我。從他熱切的口氣中，夫人以為這個十字架價格大概不超過一千里弗爾，因此示意要我聽對方的話。於是我開心地收下十字架，內心滿是對伯爵的讚美。」

這位冒險家的財富究竟從何而來，我們不得而知。儘管在德國賣長生不老藥確實讓他獲利不少，但也絕不可能至如此程度。伏爾泰斷然地表示伯爵一定是拿外國政府的錢，並在自己於一七五八年四月五日寫給普魯士國王的信中，說伯爵參與了舒瓦瑟爾[34]、考尼茨[35]與皮特[36]的祕密計畫。他可能是他們任何一人的大臣，其中最有可能的就是舒瓦瑟爾，因為此人簡直是祕密中的祕密。

看上去，伯爵就像具有將鑽石瑕疵移除的能力般，很有可能他是以極低的價格買進這些稍微低劣的鑽石，再以近乎兩倍的價格賣出，並賺得可觀的收入。迪奧賽夫人特別提了下面這段趣事：「國王下令將一顆大小中等，但裡面有雜質的鑽石拿過來。在秤重後，陛下對伯爵說：『這樣一顆裡面含有雜質的鑽石，大約值六千里弗爾，但如果沒有雜質，至少值一萬。你願意幫助我賺進這四千元嗎？』聖日耳曼慎重地檢查檢查鑽石，並說：『有可能。有可能做到。我會在一個月內將它帶回來給您。』指定的日期到了，伯爵將那顆鑽石還給國王，而裡面的雜質消失了。鑽石用亞米安布包著，伯爵將外層拿掉。陛下立刻將鑽石拿去秤重，發現其重量只減少了一點點。於是陛下在什麼都沒交代的情況下，將鑽石送去給自己的珠寶商鞏東頓先生鑑價，珠寶商出價九千六百里弗爾。然而國王還是將鑽石拿回來，說自己將帶著好奇的心保留下。陛下克制不住他的驚訝，並說聖日耳曼先生如果擁有利用小鑽石做成大鑽石的能力，他應該身價千萬。伯爵並沒有反駁或同意，只是說自己知道如何讓珍珠長大，並用最好的水飼養他們。國王和蓬帕杜爾夫人仔細地聆聽他的話。齊奴瓦（Quesnoy）先生曾說聖日耳曼是位江湖術士，國王斥責了他。事實上，國王非常迷戀此人，有時候甚至以聖日耳曼出身高貴的口吻，在描述伯爵。」

聖日耳曼有一位非常有趣的流浪漢僕人，每當他說著那些發生在幾百年前的美妙故事時，他總會請僕人為他的說法作證。這位看似也擁有某些能力的僕人，總以最讓人滿意的方式滿足主人的請求。在某個場合，他的主人提到自己與英國國王查理一世（Charles 1.）（他總說查理一世是他非常重要的朋友）在巴勒斯坦的一場晚宴，描述著宴會上的女士與紳士們，還有他和國王的對話。當伯爵注意到在場的有些人露出詫異與不相信的神情後，他平靜地回頭問站在椅子後的僕人，要他說說看這些是否是真話。那名男子面無表情地回應：「我實在無法保證。先生，您忘了嗎？我只服侍了您五百年而已！」「啊！沒錯。」他的主人說：「我現在記起來了，這時候對你來說確實早了些！」

34 舒瓦瑟爾（Choiseul），一七五八至一七七〇年間支配路易十五宮廷的法國外交大臣。對法國政策有極大的影響。
35 考尼茨（Kaunitz），神聖羅馬帝國的外交官與政治家。
36 威廉・皮特（William Pitt），英國輝格黨政治家，曾兩度領導英國政府。

有些時候，如果遇到對方不太容易上當，他會表現得自己很輕視那些容易輕信任何事情的人。他對格萊斯先生說：「那些愚蠢的巴黎人們，相信我已經超過五百歲，既然他們如此想，我就讓他們繼續相信。雖然我確實比自己外表看上去大得多。」

還有許多與這位騙子相關的故事，但我們已經可以從上述故事清楚了解他的為人與舉止。他看起來就像在努力地尋找賢者之石，但他從未宣稱自己確實擁有。他之前在德國認識的黑森．卡塞爾（Hesse Cassel）親王曾寫了一封緊急的書信，請他立刻離開巴黎，來與他同住。伯爵最後答應了。從此無人知道他的事跡。黑森．卡塞爾宮廷中的每部回憶錄或編年史裡，也從未出現聖日耳曼。一七八四年，聖日耳曼在朋友位於史列威茲的官邸中過世。

當代最偉大的騙徒——卡廖斯特羅

卡廖斯特羅（Cagliostro）這位名揚一時的江湖術士，是聖日耳曼伯爵的好友兼繼承人，他的歷險可說是加倍驚奇。他可說是此時代最偉大的騙徒，也是最後一位聲稱自己擁有賢者之石與生命之水的人，在他短暫的光輝歲月中，他是歐洲最顯赫的大人物。

他的本名為約瑟夫．巴薩摩（Joseph Balsamo）。他於一七四三年前後，在巴勒莫誕生，家世卑微。不幸的是在他剛出生沒多久，父親就過世，而生活陷入困頓的母親只好讓自己的親戚教他讀書寫字。十五歲的時候，他被送到一間修道院，學習化學與醫學，但他的脾氣是如此急躁，怠惰的程度又無人能及，在這些壞習慣的驅使下，他一無所成。幾年過後，他成為一位無知且放蕩的年輕男子，天資聰穎卻品行不正。成年後，他開始過著放浪的生活，並加入了知名犯罪集團——「街頭騎士」（英國則稱為「紳士扒手」）。他在該集團內非常活躍且樂於作案。第一件讓他與眾不同的事，就是偽造進入劇院的證件。後來，他搶劫了自己的叔叔，並偽造遺書。這類行為讓他多次進出巴勒莫的監獄。在某種情況下，他認識一位騙子，此人在鍊金術上遲遲無法成功，因此將靈魂賣給惡魔以換取自己無法透過鍊金術變出來的財富。對於大眾的盲從他無意揭穿，反而以各種手段強化。他透過此方法騙到一位名叫馬拉諾（Marano）的銀匠，並因為搶劫對方六十盎司的黃金，不得不逃離巴勒莫。當時，他跟馬拉諾說自己知道某個洞穴裡有寶藏，只要馬拉諾付他六十盎司的黃金，他可以替他找出寶藏，且讓他獨享。午夜時分，他們一起去到巴勒莫近郊的挖掘點，巴薩摩在地上畫了一個魔法圈，召喚惡魔，命其顯示寶藏。突然間，出現好幾個惡魔，頭上長角，還有長長的爪子，吐著紅色與藍色的火焰。這些當然是這個騙子事先安排好的同黨。這群惡魔用手上的乾草叉攻擊可憐的馬拉諾，直到他快斷氣，他們搜刮了他身上所有值錢的東西與那六十盎司黃金。接著，巴薩摩與同夥離開現場，讓這名不幸的男子獨自等死或自行恢復。然而，上帝並沒有放棄這名男子，天亮後不久，他恢復了意識，身上的傷讓他痛苦難耐，被欺騙的事實更讓他憤怒。他第一個念頭是向鎮上的治安官舉發巴薩摩，但越想越擔心過程中牽涉到的愚蠢事跡會對自己不利。最後，他決定以義大利人的方式解決此事：找機會暗殺他。當巴薩摩的朋友聽聞此事後，立即向他通風報信，於是巴薩摩帶上所有值錢的東西逃離歐洲。

他選擇阿拉伯的麥地那（Medina）作為未來的舞台，並在此處結識了一名希臘人奧塔斯（Altotas），此人精通東方的各種語言，更是不折不扣的鍊金術狂熱者。他擁有一套非常珍貴的阿拉伯鍊金術手稿，在他不眠不休地研讀這些文字後，他突然醒悟除非放下書本，不然自己根本沒有時間進行實驗。當他正想找一名助手的時候，巴薩摩恰巧出現了。努力表現的巴薩摩取得了奧塔斯的好感，後者也立刻聘請了他。但兩人之間的主僕關係並沒有維持很久，巴薩摩企圖心很強，更無法甘於次要角色。因此就在他們認識十五天後，兩人成為了朋友與夥伴。長期研究鍊金術的奧塔斯，在化學上取得了一些寶貴的發現，其中一個成分是可以加在亞麻上以改善其品質，讓其出現如絲布一般的光澤與柔軟觸感。巴薩摩要他放下一無所成的賢者之石研究，並利用這個發現大賺一筆。奧塔斯接受了建議，於是兩人帶著大批的製成品，一起到亞歷山大進行買賣。他們在那裡待了四十天，並賺進一筆可觀的利潤。接著，他們先後拜訪埃及各城市，每次都是成果豐碩。他們還去了土耳其，並在那邊販售藥劑與護身符。在返航的途中，惡劣的天氣迫使他們到馬爾他避難，並接受同時也是知名鍊金術士的聖殿騎士團成員平托（Pinto）的招待。他們在他的實驗室工作了幾個月，努力嘗試將白蠟的盤子變成銀。對鍊金術沒什麼信心的巴薩摩，很快就厭倦了，在得到多封主人為其寫給羅馬與那不勒斯的引薦信後，他留下奧塔斯獨自追尋賢者之石，好將白蠟盤變成銀。

在想到自己的名字與太多犯罪事件牽扯不清的情況下，他拋棄了本名巴薩摩，旅途中，他使用了數個假名配上假頭銜。他有時稱自己為舒菲耶・德費西奧（Chevalier de Fischio）、梅利莎侯爵（Marquis de Melissa）、貝爾蒙特男爵（Baron de Belmonte）、佩利格萊尼（Pelligrini）、德安（D'Anna）、菲尼克斯（Fenix）、赫拉特（Harat），但最常用的還是卡廖斯特羅伯爵。頂著最後一個身分，他抵達了羅馬，且從此再沒換過假名。在這個城市裡，他佯裝成玫瑰十字會哲學的復興者。他說自己可以將所有金屬變成金；他可以隱身，可以治癒各種疾病，並能賜予抵抗衰退與老化的長生不老藥。來自聖殿騎士團平托的推薦信，讓他成功打入上流社會。透過販售長生不老藥，他賺了許多錢。此外，他更與其他江湖術士一樣，利用病人對他能力的癡迷與信賴，不斷展現治癒的神蹟，這是一個厚顏無恥的騙徒唯一可以勝過醫生的地方。

在他忙著撈錢的過程中，他認識美麗、出身高貴但家道中落的羅倫佐・菲利齊娜（Lorenza Feliciana）。卡廖斯特羅立刻在她身上發現了不起的特質。除了傾城般的美貌，她還擁有靈敏的才智，迷人的舉止，豐富的想像，以及全羅馬最沒有道德底線的頭腦。兩人簡直是天造地設，因此當卡廖斯特羅向她求婚後，她也立即答應了。婚後，他立刻向親愛的羅倫佐傳授自己的祕密，指導她如何用迷人的雙唇召喚天使、精靈、西爾芙、火精靈與溫蒂妮，以及某些情況下會需要的惡魔與邪靈。羅倫佐是最聰明的學生，她很快就學會鍊金術的把戲與施法的咒語，於是這對信心滿滿的夫婦踏上旅途，準備採摘迷信與盲從的果實。

他們首先抵達史列威茲，拜訪聖日耳曼伯爵，向這位偉大的前輩學習了不起的欺人把戲。毫無疑問地，從這位讓他們誠心崇拜的先賢身上，他們學到更多技巧，在離開此地後，他們也立即發揮所學。有三到四年的期間，他們穿梭在俄羅斯、波蘭、德國間，並在這些地方表演鍊金術，預言未來，召喚靈體，販售長生不老藥，但在這段期間內的事跡，並沒有找到什麼具體的記載。直到一七七六年，當他們以卡廖斯特羅伯爵與伯爵夫人的身分出現在英國後，迅速在歐洲走紅。那年的七月，他們抵達倫敦，帶著價值將近三千鎊的金銀器皿、珠寶、香料。他們在惠特科姆街上租了一間公寓，靜靜地過了幾個月。在同棟公寓中有一名財務陷入困難的葡萄牙女子，名叫布拉法莉（Blavary），伯爵僱用她作為翻譯。她經常出入伯爵研究賢者之石的實驗室中，並對他的實驗感到驚訝。為了報答伯爵的善心，她到處宣傳僱主的名聲，並想盡辦法讓所有人相信伯爵擁有超凡的能力。但布拉法莉身為一名女性翻譯員的地位與外表，完全沒辦法契合伯爵的企圖與尊貴，因此他又僱用了一位語言老師菲特里尼（Vitellini），來達成自己的目標。菲特里尼是位絕望的賭徒，為了收復其家產，他幾乎用遍所有方法（包括搜尋賢者之石）來賺錢。在他見識過伯爵的實驗後，立刻相信對方找到了賢者之石，更認為財富的大門已為他敞開並熱烈地歡迎著他。帶著比布拉法莉更勝一籌的熱情，他在自己的親友間與公共場合裡，不斷說著伯爵有多麼了不起，是貨真價實的專家，擁有無窮的財富，還可以隨心所欲地將鉛、鐵或銅變成純淨的黃金。結果，卡廖斯特羅的家被無所事事、迷信、貪心的人包圍，大家都渴望見到哲學家本人，更希望可以在其無盡的財富中分一杯羹。

不幸的是，卡廖斯特羅落進了惡人之手。事情沒有像他期望的那樣進展，他不但沒有騙到英國人，還被一群深信他的能力、並企圖從他身上撈到好處的騙子欺騙。菲特里尼介紹了一位跟自己一樣無藥可救的爛賭鬼史考特（Scot）給他認識，這個人假裝自己是蘇格蘭的貴族，千里迢迢跑到倫敦只為了親眼目睹名聲傳遍全英國的偉人真面目。卡廖斯特羅誠摯且親切地款待他，而史考特動爵接著介紹了一名佯裝成他太太的女性芙萊（Fry），並讓她變成卡廖斯特羅伯爵夫人的女伴，帶著她認識大英帝國的各派貴族。事情進展得非常順利。這位勳爵大人的家當都還沒抵達倫敦，且不巧又沒有倫敦的銀行戶頭，因此只好向伯爵借了兩百鎊。他們不斷吹捧卡廖斯特羅，而卡廖斯特羅對他們的稱讚、尊敬與信賴感到心花怒放，因此在不疑有他的情況下，借出了兩百鎊。

賭鬼往往非常迷信，而史考特也經常研究魔術和卡拉巴數字，企圖找出能讓自己在樂透或輪盤上發大財的號碼。他手中有一份卡巴拉手稿，上面寫著各種計算組合，史考特將這份手稿拿給卡廖斯特羅看，並請他選一個數字。卡廖斯特羅接過手稿，仔細研究，但對於這份手稿的真實性根本不抱任何期待。儘管如此，他還是預測二十號將會是十一月六日的幸運數字。史考特從借來的兩百鎊中拿出一小部分，賭了二十號，結果贏了。受到這次成功的鼓舞，卡廖斯特羅再次指出二十五號是下一個數字。結果史考特贏了一百基尼。接下來，他預測同月十八日的幸運數字為五十五和五十七，同樣獲得好結果。如此一來，卡廖斯特羅不想再替別人賺錢，他希望能為自己賺錢。於是他對史考特與其女眷的請求充耳不聞，儘管他還是視他們為勳爵與出身高貴的人。當他後來發現史考特是名騙子，史考特夫人也不過是個狡猾的女人後，他就拒絕與他們往來。

對卡廖斯特羅的超能力崇拜到不行的他們，對於失去他的理睬感到絕望。他們用盡各種方法，試圖討好他。他們苦苦哀求、威脅利誘，都沒有成功，卡廖斯特羅對他們不理不睬。與此同時，他們還過著吃喝玩樂的日子，最後終於花光手中的錢。就在芙萊小姐終於見到伯爵夫人，並向她表示自己就要餓死，結果只收到一基尼後，他們決定採取極端手段。對於一基尼根本不滿足的芙萊小姐，拜託伯爵夫人為其夫婿求情，讓伯爵再告訴他一個號碼。伯爵夫人答應會盡自己所能。後來，卡廖斯特羅給了他們一個數字——八，並決定再也不跟這些人有任何瓜葛。讓卡廖斯特羅始料未及的是，八居然是樂透的最大獎。芙萊小姐和她的同夥為此獲得一千五百基尼，這讓他們對伯爵的超能力越發信任，並強化了他們「沒有撈夠以前，絕不讓伯爵抽身」的決心。握著手中的鈔票，芙萊小姐到當鋪買了條美麗的項鍊。此外，她還請珠寶商製作了一個雕工繁複、裡面有兩個隔層的黃金盒子，將項鍊放進其中一個隔層，再以香料鼻煙絲填滿另一個隔層。接著，她約了卡廖斯特羅伯爵夫人見面，並在沒有提到裡面有條項鍊的情況下，力促她收下這個作為謝禮的盒子。伯爵夫人收下了，並從此落入菲特里尼、史考特勳爵、史考特夫人的手中。他們對自己重獲進入房子的許可感到高興，於是日復一日地來要幸運數字，有時甚至不顧僕人的攔阻，直接闖進伯爵位於二樓的實驗室裡。卡廖斯特羅對於他們的無恥感到憤怒，威脅著要找治安官來抓他們，甚至抓著芙萊小姐的肩膀，將她推到大街上。

從這一刻起，卡廖斯特羅的不幸開始了。芙萊小姐在情夫的慫恿下，決定進行報復。她先是一口咬定卡廖斯特羅借了兩百鎊，並讓他為此被逮捕。就在他被關在監獄的同時，他們闖進他的實驗室，偷走一盒他們以為裝著可以將金屬變金子的粉末，還拿走許多手稿與鍊金術書籍。他們同時還向他索討項鍊。芙萊小姐更指控伯爵與伯爵夫人在魔鬼的幫助下，使用魔法與巫術，預測樂透的數字。最後一項指控還是由大法官米勒（Miller）先生進行審理。侵占項鍊的罪行則由民事法庭首席法官進行審理，該法官建議雙方進行和解。但在這些事情進行的期間，卡廖斯特羅被關在監獄裡，直到被准許保釋，才重獲自由。接著，他去了承諾會協調雙方的檢察官雷諾（Reynold）辦公室，等待協調會的開始。可惜這位檢察官也參與了陰謀。接著，陪同檢察官的史考特躲到門後，再突然衝出來，拿著槍對著卡廖斯特羅的心臟，要他說出如何預測數字的祕密，否則就對他開槍。雷諾假裝非常憤怒，搶下對方手中的槍，並安撫伯爵，表示為了讓雙方得到公平的結果，不如伯爵就把祕密交代清楚，只要史考特滿意，他們就可以撤銷指控，停止對他的迫害。卡廖斯特羅回答，任何威脅與利誘都沒有用，因為他根本不知道什麼祕密，而他們從他實驗室裡搶走的粉末，對他以外的人都沒有任何價值。卡廖斯特羅還提議只要他們撤銷所有控訴，歸還粉末，他可以不再追究之前他們騙走的錢。這樣的提案對他們來說無疑是拒絕，史考特和雷諾在誓言絕對要復仇後，就離開了。

卡廖斯特羅似乎對英國的法律一竅不通，更沒有任何朋友可以給他建議，告訴他現在該怎麼做。當他和他的夫人討論著該如何解決眼前的困難時，其中一個保釋官通知他，要他坐上一輛出租馬車到一棟房子，到了那邊自然會有人跟他解釋。卡廖斯特羅答應了，並被帶到皇座法庭的監牢中，這時他的朋友離開了。幾個小時之後他才發現，自己又成為階下囚，並了解自己是因為保釋的程序而被抓。

幾個禮拜後，他重獲自由。他與芙萊小姐的調停者再次警告他。他被要求償還芙萊小姐兩百鎊，並要歸還當初送給伯爵夫人的項鍊與金盒。卡廖斯特羅非常不高興，決定離開英國。不巧的是，他的假身分在此時被《歐洲信使報》（*Courrier de l'Europe*）的法國編輯莫朗（Morande）無情揭穿，並在倫敦發行。有如雪上加霜，西敏宮的人認出他是約瑟夫．巴薩摩，也就是巴勒莫的騙子。這樣的羞恥簡直是讓人無法忍受。他和夫人立刻收拾隨身物件離開。來的時候，他們帶著三千鎊，現在卻只剩五十鎊。

他們首先去了布魯塞爾，在那運氣似乎好多了。他們賣出許多長生不老藥，治癒不少疾病，再次掙回財產。接著，他們穿越德國前往俄羅斯，一路上都很順利。錢賺進來的速度太快，快到他們來不及數。在倫敦受的怨氣漸漸消散，他們也更懂得如何挑選正確的來往對象。

一七八〇年，他們出現在斯特拉夫堡。他們的名聲早就散布到此地。他們住進富麗堂皇的旅館中，並邀請所有大人物來參加他們的晚宴。他們的財力是如此雄厚，而他們的待客之道更是闊綽。伯爵與伯爵夫人都表現得像是醫生般，對於鎮上窮困或有困難的人，總是無條件地給予金錢、建議或藥物。他們的治療技術讓一般醫生自歎弗如，大家從沒想到有人可以用這樣的方法達到這麼好的效果。當時年僅二十五歲芳齡的伯爵夫人，渾身散發著優雅、美麗與動人的氛圍，她時常公開談論其二十八歲的大兒子，曾在荷蘭當過幾年指揮官。這個把戲成功收服眾人的心。所有住在斯特拉夫堡與幾英里外的的老女人與醜女人，都擠到沙龍裡，試著跟伯爵夫人買下可以讓她們再次跟女兒一樣青春煥發的藥水。年輕的小姐同樣趨之若鶩，希望可以青春永駐，好讓她們即便到了妮儂．德隆克樂[37]那樣的年紀，還能同樣吸引人；但男人可沒這麼傻，以為只需要那麼幾滴藥劑就可以讓不可避免的老化消失。可是這位伯爵夫人看上去簡直就是不朽與完美的化身，美麗與青春的女神，因此我們可以推測那些蜂擁到伯爵夫人身邊的年輕與老男人們，與其說是被那神奇的藥吸引，不如說是想要欣賞她那閃閃動人的雙眸與悅人的嗓音。儘管周圍的男人都無藥可救地愛上她，伯爵夫人卻非常忠貞。她確實會給予對方希望，但從來不會實現他們的夢想。她撩撥對方的心跳，卻從不逾越界限。她讓所有男人拜倒在她的石榴裙下，卻從不會給對方什麼甜頭。他們在這裡結識了所有名流，但在眾人之中，紅衣教主羅漢（Rohan）王子卻注定要為他們的命運，蒙上悲劇的色彩。這位紅衣教主非常相信卡廖斯特羅的能力，因此說服他在自己的陪伴下，一起前往巴黎十三天。一開始，伯爵認為自己還是比較喜歡斯特拉夫堡的生活，甚至出現在當地定居的念頭。但他發現那裡人們的熱情漸漸消退，大家重拾理智，並對當時的迷戀感到不好意思。那些他當初慷慨救助的人們，卻控訴他是反基督教者，說他是那個一千四百歲的「流浪猶太人」，是惡魔的化身，企圖虜獲無知的大眾。而那些較理智且受過教育的人，則說他是間諜，接受外國政府的資助，實則是祕密警察、騙子，過著邪惡的生活。反撲的聲浪越來越大，最後經過他審慎評估，決定另覓他處。他先去了那不勒斯，但這裡離巴勒莫太近，他怕被過去的朋友認出來，因此待了短短一陣時間後，他決定回到法國。他選擇了波爾多作為下一個居住地，並重新寫了一部跟斯特拉夫堡那套把戲一樣棒的劇本。這次，他稱自己是新藥物與哲學的創始者，吹噓自己可以治癒所有人，並邀請貧窮與困苦的人們到家裡，替他們解決所有的疑難雜症。一整天下來，他寄宿的華麗飯店對面擠滿了人潮，有跛子、瞎子，還有媽媽抱著生病的孩子，以及承受各種生理痛苦的人們，大家都湧入這位醫生的住所。他成功賣出的藥遠多過失敗的數量，而從各國湧入的人潮洶湧，讓當地的法官派了一隊武裝士兵給他，二十四小時駐紮在他的房門外，以維持秩序。卡廖斯特羅的預想終於實現了。富人們被他的行善之舉觸動，更對他了不起的能力感到欽佩。長生不老藥賣得非常好。他的沙龍裡擠滿了金主，等著買下自己的永生。可持續好幾個世紀的美麗，更吸引了大量的女性。與此同時，美麗的伯爵夫人則靠著替人算命、預言，或替願意付大把鈔票買下西爾芙服務的女性配對賺錢。更重要的是，為了維持丈夫的聲譽，她持續舉辦最奢華、盛大的派對。

但如同斯特拉夫堡的情況，人們的熱情只持續了幾個月，就會消失。卡廖斯特羅過於得意忘形，導致他忘記過分的吹噓只會引起反效果。因此，當他開始說自己可以從墳墓中召喚靈魂時，人們起了疑心。他被指控違反教會，否認基督，是流浪的猶太人。當這些謠言還沒有擴散時，他只是輕視以對，但當謠言越傳越快，甚至翻山越嶺，導致再也沒有人要來參加他的派對、熟人在街上遇到他也不願意打招呼時，他的收入中斷了，於是他決定轉換陣地。

37 妮儂．德隆克樂（Ninon de l'Enclos），法國知名的交際花，到七十二歲還有人向她告白。

這次，他厭倦省城，決定到首都看看。抵達巴黎後，他聲稱自己是埃及共濟會的改革者，也是一門新哲學的創辦人。由於好友紅衣主教羅漢的關係，他很快就打入上流社會。作為一名魔術師，他的成就著實驚人：當時最有權有勢的人都來拜訪他。他吹噓自己能像玫瑰十字派的人一樣，和一般的靈體溝通，能從墳墓中召喚偉大的先人亡靈，此外他還能鍊金，能從上帝的庇護下發現玄奧的祕密。與迪博士一樣，他可以召喚天使，請示未來，而天使們會出現在水晶或玻璃鐘裡，和他對話。《當代傳》（*Biographie des Contemporains*）曾寫道：「當時巴黎的仕女們，沒有人不在卡廖斯特羅的公寓裡和盧克萊修[38]聊天；軍官們都在和凱撒、漢尼拔或亞歷山大談論戰爭的技巧；而即便是律師或法官也不會和西塞羅的鬼魂爭論法律的意義。」和已故者的對話是非常昂貴的，據卡廖斯特羅的說法，逝者不會無償地從墳墓中爬出來。而伯爵夫人與往常一般，盡一切努力來支持先生的說法。她在同性之間也非常受歡迎，她更用卡廖斯特羅的偉大事跡來取悅眾人的耳朵。她說他可以隱身，迅速地穿越世界各處，並同時出現在不同地方。

他們到巴黎沒多久，即捲入轟動一時的女王項鍊事件。他的紅衣教主朋友羅漢想要得到瑪麗・安東妮（Marie Antoinette）的歡心，但苦惱於對方總是反應冷淡，且還經常表現出對他反感的舉止。當時，有位名叫拉莫特（La Motte）的女人，專門服侍皇后，而紅衣主教愚蠢的去找這個女人當朋友。作為回報，拉莫特夫人也努力地扮演好一個工具人的角色，而她的任務結果總是叫人歡欣鼓舞。當時，有位富有的巴黎珠寶商布曼（Boehmer），想要將一條價值一百六十萬法幣或六萬四千英鎊的鑽石項鍊賣給皇后。作為皇后的仕女或首席女伴，拉莫特以皇后的名義與布曼見了面。皇后非常喜歡那條項鍊，卻以自己太窮無法負擔這條項鍊為由，拒絕了買賣。拉莫特夫人心中浮現了占有項鍊的念頭，並決定利用紅衣主教羅漢來實踐自己的心願。於是，她安排自己與羅漢見面，假裝自己很同情皇后對他的厭惡，因此提議用一個方法來收買皇后的心。接著，她提到了項鍊，並說出皇后買不起的遺憾。這位富有的傻主教，立刻表示自己願意購買項鍊，作為贈予皇后的禮物。但拉莫特夫人告訴他千萬別這麼做，這樣會冒犯到皇后。他應該要引誘珠寶商人同意皇后可以分期付款，並接受指定日期的本票，等日期到了再付錢。紅衣主教同意了這個做法，於是他找了珠寶商要對方擬定合約，他則會負責讓皇后簽名。接著，他將合約交給拉莫特夫人，夫人很快就將簽著「好，同意——瑪麗．安東妮」的合約交回來。拉莫特夫人更說，皇后非常高興他這樣的做法，因此決定安排兩人在凡爾賽的花園見面，到時她會帶上一朵花，作為給他的回報。紅衣主教將偽造的合約交給珠寶商，取得了項鍊，並送到拉莫特夫人的手中。現在，一切都很順利。而她的下個目標便是滿足紅衣主教，對於兩人間的幽會，紅衣主教已表現得迫不及待。當時，巴黎有個女人叫奧莉瓦（d'Oliva），因為長得與皇后神似而很出名。拉莫特夫人於是以豐厚的報酬，請這名女子假扮皇后，並安排她與紅衣主教在深夜的凡爾賽花園裡會面。約會終於成功了。昏暗的月色、相像的神色與內心的悸動，讓紅衣主教沒有發現眼前的騙局，在收到奧莉瓦遞給他的花後，紅衣主教好幾天都沉浸在這份喜悅中[39]。

不久，假冒皇后簽名的事件被揭穿了。珠寶商布曼說出是紅衣主教與拉莫特夫人負責與他交涉，而這兩人也立刻被逮捕並關進巴士底監獄。拉莫特受到嚴厲的調查，而在她交代的內容中，牽涉到卡廖斯特羅，因此伯爵與伯爵夫人也被抓起來，同樣送往巴士底。一件捲進許多醜聞的案子，立刻引起大眾的注意。整個巴黎沸沸揚揚，人們都在談論皇后的項鍊，並推測牽連在內的人究竟誰無辜誰有罪。拉莫特夫人的先生逃到英國，有些人說曾看到他帶著項鍊，並將項鍊拆成幾部分，分次向不同的珠寶商兜售。但拉莫特夫人堅持自己將項鍊交給了卡廖斯特羅，並說他將項鍊解體，成為「他無止盡財富的一點收入」。她如此形容他：「一個江湖術士，卑鄙的鍊金術士，幻想賢者之石的人，虛偽的預言者，褻瀆信仰者，自稱為伯爵的卡廖斯特羅。」她說他一開始的計畫是毀滅紅衣主教，而他憑著那些神奇的事跡影響她的心智，讓她答應協助並鼓動這個陰謀，因此他是一個匪徒、騙子、巫師。

38 盧克萊修（Lucretius），古羅馬詩人與哲學家，以哲理長詩《物性論》著稱於世。

39 在法國大革命期間，這位不幸的法國皇后敵人聲稱她是整起事件的策畫者，她本人（而不是奧莉瓦）更與紅衣教主在花園親自會面，並交給對方鮮花作為回報。而上述這些內容只是她為了騙得這條一千六百萬法郎項鍊，和拉莫特夫人等人一起編造的故事。

這些涉案人士在巴士底監獄待了六個多月後，案件終於開始審理。涉案人的聽審開始，身為主要犯罪者，卡廖斯特羅成為第一個受審者。大家對他的部分特別有興趣。他用一種戲劇性的態度，開始陳述：「我受到脅迫！受到指控！受到誹謗！難道我該承受這些？我靜心沉思，並在其中找到一絲平靜。我曾去過無數地方——全歐洲人都知道我，大部分的非洲與亞洲地區也有我的蹤跡。無論到哪裡，我總是對人展現自己的友善。我用著自己全部的知識、時間與財富幫助不幸。我研讀並動手醫治，但我從未用圖利的心態玷汙這高貴且益於社會的科學。儘管我不斷付出，從未要求回報，我還是保有自主。我帶著一身的家當，漂洋過海，就是因為不願幫助國王。我向富人提供自己的藥劑與建議，但我也向窮人提供藥劑與金錢。我從未欠下任何債，我的行為是純潔且不受汙染的。」在說了一連串的自誇之詞後，他抱怨了自己被迫長時間與他那無辜可愛的妻子分開，據他所知，他的妻子也被關進巴士底，搞不好還被銬在哪個汙穢的地窖裡。他明確否認自己擁有那條項鍊，更表示自己從未見過，為了平息那些與他背景及個人隱私相關的謠言與指控，他已經準備好滿足大眾的好奇，將一切攤之於陽光下。接著他說了一個剔除一切罪惡的浪漫驚奇故事。他說自己從來不知道自己出生在哪裡，生父、生母又是誰，他只知道自己嬰兒時期就到了阿拉伯的麥地那，並在那裡以阿查拉（Acharat）的名字被撫育成人。他住在該市宗教權威法官的家裡，隨時都有三名佣人聽候差遣，還有一位家庭教師阿魯托特斯（Althotas）。這位老師對他非常好，告訴他父親與母親的事，他說他們是基督教徒，還是貴族，在他三個月大時過世，並將他託付給法官。但無論他怎麼問，阿魯托特斯都沒有告訴他父母的名字，並說知道此事只會讓他遇到危險。但從老師的言談之中，他合理猜測父母應該是來自馬爾他。到了十二歲，他開始到處旅行，學到了東方各種語言。他在麥加住了三年，那裡的治理者對他非常親切，言語總是非常溫柔友愛，讓他一度懷疑對方就是自己的父親。最後，他流著淚拜別了這位親切的長者，離開此地，後來再也沒相見，而他的照顧與善待，更是他這輩子無法償還的恩情。不管他去了歐洲或亞洲的任何城市，都會發現自己早在當地的大銀行或商行擁有一個戶頭。他可以從帳戶中提取幾千元甚至是幾萬元，對方也完全不會過問一句。他只需要說出「阿查拉」，任何需求就會被滿足。他確信這一切都是來自麥加治理者的好意。這就是他雄厚財富的祕密，其中從來沒有牽涉到任何詐欺。也因此，以他如此雄厚的財力，他想買多少條項鍊就可以買多少條，更昂貴的他也負擔得起，他根本沒必要偷。對於拉莫特夫人的其他指控，他則簡短回應。她說他是江湖術士。他回答自己對這個法文字不是很熟悉，但如果這是指一個人並非醫生，卻擁有醫藥知識，而且無償替人治病（他替窮人與富人看病，且從不收費），那麼他必須承認自己確實是「江湖術士」。她也說他是卑鄙的鍊金術士。他說先不論他是不是鍊金術士，光是卑鄙這兩個字所包含的乞求、畏縮之意，就已經與他個人背道而馳。至於談到他對賢者之石的夢想，他表示無論自己對賢者之石的看法究竟是怎樣的，他也從未讓自己的想法造成社會的困擾。至於說到他是虛偽的預言家，他並不總是失敗的，他就曾經告訴紅衣主教羅漢，拉莫特夫人是個危險的女人，而眼前的結果也證實了他的預測。他否認自己褻瀆宗教，或曾經試圖貶低宗教；相反地，對於每個人的信仰他都非常尊敬，也從不過問。他更否認自己屬於玫瑰十字教派，也從未假裝自己已經三百歲，更沒有一個已經侍奉他一百五十年的僕人。在結論中，他表示拉莫特夫人對他做的每項指控，都是假的，並說她是 mentiris impudentissime（無恥的說謊者），他還請她的律師將這幾個字翻譯成英文，因其在法文中實在不太禮貌。

對於這些指控，卡廖斯特羅以極其非凡的方式應對，那些之前曾經懷疑他是無恥騙徒的法官，現在都相信他絕沒犯下任何詐欺行為。接著，法院開始聆聽紅衣主教與拉莫特夫人的陳述。事實再清楚不過，紅衣主教本人只是這樁陰謀的受害者，而沒有任何證據可證明卡廖斯特羅與此案相關，因此兩人無罪釋放。拉莫特夫人被判有罪，處以公開鞭刑，並在背上烙印。

卡廖斯特羅與其妻子終於被釋放。他們向巴士底的職員討回當初被關進來時，那些被扣押的財物，卻發現許多東西不翼而飛。於是他向他們提起告訴，要他們彌補一切損失以及一小盒鍊金時用的粉末。但在事件還未落幕前，他收到一個限他於二十四小時內離開巴黎的命令。害怕再次進入巴士底會再也見不到天日的卡廖斯特羅，立即離開巴黎前往英國。在他抵達英國後，認識了惡名昭彰的喬治．高登（George Gordon）勳爵。此人熱切地擁護自己的主張，並投書至公開的報紙，批判法國皇后在項鍊事件中的外遇行為，宣稱她才是背後主謀。這封信讓他立刻遭到法國大使的控告，最後因誹謗罪被關在監獄一段時間，還被處以罰鍰。

卡廖斯特羅之後和太太去了義大利，於一七八九年被教宗政府逮捕，並處以死刑。教宗政府指控他是共濟會成員、異教徒和巫師。而這無理的判決後來被改成終身監禁在聖天使堡內。他的妻子則被允許監禁在修道院中，以逃避嚴厲的懲罰。卡廖斯特羅並沒有活很久。失去自由侵蝕了他的心智——長久積累下來的不幸傷害了他的健康，更消磨了他的光彩，一七九〇年初，他就過世了。他的下場或許稱得上罪有應得，但看到政府以如此蠻橫的方式審判人，還是不免讓人感受到那時代的不堪。

現代鍊金術

現在，我們已經看完那些在這毫無意義的科學上，努力表現自己的人們。在這些人之中，有各種背景、個性與境遇：追求真理卻誤入歧途的哲學家，相信著鍊金術的野心勃勃親王與貪婪貴族，還有根本不相信鍊金術卻以此作為詐欺手段，收服人心的狡猾騙徒。這些人的故事我們都在前面的篇幅中看到。從他們人生中我們可以得知，這些大眾幻象也並非毫無用處。人類，想要達成的目標太大，因而無法稱心如意，但就算他們到不了那最高的峰頂，至少還能走到半路，並沿路拾起智慧的一鱗片甲。實用的化學更受惠於鍊金術不少。在毫無未來的研究中，曾得到許多重大發現，讓那些深藏在事物背後的祕密提前問世。羅吉爾・培根，在追求賢者之石的過程中發現比前者更為偉大的火藥。范・海爾蒙特在同樣的追求中，發現了氣體本質。賈比爾發現許多重要的化學特性。帕拉塞爾蘇斯在追求金屬嬗變的過程中，發現水銀可以治療人類最討厭且痛苦的病症。

現在，歐洲的新興科學狂熱者已鮮少再提起鍊金術，儘管有一、兩位此世代最傑出的科學研究者對於大眾評價鍊金術為荒謬且徒勞的想法，不以為然。更為荒謬的巫術，則依舊深深埋在民眾的潛意識裡。儘管很少有人會再相信世界上有能讓人活上好幾百歲的長生不老藥，或鍊鐵成金的粉。在歐洲，鍊金術的精神可說是徹底發光發熱，但東方也同樣熱衷於這門藝術。近代的旅行家也經常提及中國、印度、波斯、韃靼、埃及與阿拉伯的鍊金術。

第五章
Modern Prophecies
現代預言

對於世界末日的恐慌，曾數度在各國間引起騷動。其中最著名的一次莫過於十世紀中葉在基督徒中蔓延的恐懼。出現在法國、德國與義大利的狂熱分子聲稱，在數千年的《啟示錄》中所預言的世界末日即將降臨，而人子將出現在雲端，判定人類的忠誠與不忠誠。儘管這樣的幻象被教會打壓，但依舊在人群間快速蔓延。

人們認為最後的審判將在西元九九九年於耶路撒冷進行。想在耶路撒冷等待神的降臨的人們，開始向東進行朝聖之旅，而龐大的人數就與挾帶毀滅性的軍隊無異。在離開歐洲前，大部分的人都將自己的財產全部變賣，並帶著那些錢來到聖地。所有的建築被摧殘得如同廢墟。但人們認為既然末日將至，修繕顯得毫無意義。許多華美的建築被蓄意破壞。連平時謹慎維護的教堂，也變得無人照料。騎士、市民與農奴們帶上妻小，成群結隊地向東行，沿途邊唱著聖歌，邊畏懼地凝視天空，期待著不知道哪一刻天空將會裂開，閃耀著神之子的光芒。

進入一千年的時候，朝聖的人潮增加了。這些人內心的恐懼就如瘟疫般不斷擴散。每一種自然現象都被視為警告。三月中出現的龍捲風，讓大家忍不住跪下來。他們認為龍捲風是上帝的聲音，宣布審判日的來臨。許多人預期著大地將會裂開，而他們將立刻死亡。劃過耶路撒冷夜空的每顆流星，都會讓基督徒們湧上街頭，一邊哭泣一邊禱告。

狂熱分子更不斷煽風點火，加重情況。一顆流星劃過，就有一場布道會，而莊嚴的末日審判自然是演講的主題。彗星的出現經常被視為世界末日的徵兆。這樣的想法至今依舊存在，但我們已經不會將其視為一種象徵，而是想著可能的毀滅。非常近期的一八三二年歐洲，尤其是德國，沉浸在恐慌中，因為天文學家預測某顆彗星可能會毀滅地球。地球的安危立刻引起高度討論。那些深信可怕的彗星將把地球砸得粉碎的人，在那一年中結束或終止了一切計畫。

在瘟疫爆發的時候，人們更容易相信狂熱分子口中的末日預言。災難時期總伴隨著迷信與盲從。一三四五至一三五〇年間，肆虐整個歐洲的大瘟疫爆發，當時人們也認為世界末日即將到來。你可以在德國、法國、義大利等各大城市中找到冒牌預言家，預測在十年內，大天使的號角將響徹雲霄，救世主的審判就會開始。

一七三六年，知名的威廉．惠斯頓（William Whiston）預言十月十三日那天起，世界將被毀滅，此預言讓整個倫敦陷入驚慌。大量的人潮在預言日那天跑到伊斯靈頓、漢普斯特德或之間的曠野，希望能親眼目睹世界末日的起點——倫敦的毀滅。

一七六一年，倫敦市民們先是被兩次地震驚嚇，接著又被大家將被毀滅的預言再嚇一次。第一次的驚嚇發生在二月八日，並導致萊姆屋區和波普拉爾區幾座煙囪倒塌；第二次發生在三月八日，主要區域出現在北倫敦至漢普斯特德與海格特間。大眾很快就意識到這兩個地震剛好間隔一個月。皇家近衛騎兵團中的貝爾（Bell）立刻轉動他那不太靈光的腦袋，想著下個月肯定會有第三次地震。而這樣的猜測讓他在四月五日時終於神經錯亂，在大街上散布倫敦即將毀滅的消息。多數人認為他可能神經錯亂了，但還是有成千上萬的人聽信這個預言，並想盡辦法讓自己與家人逃離這即將降臨的大災難。在這不幸的一天到來時，民眾的情緒開始鼓譟，迷信與盲從的人們紛紛逃到二十英里外的村莊去，準備迎接倫敦的浩劫。伊斯靈頓、海格特、漢普斯特德、哈洛與布萊克希思擠滿了驚慌的逃難者，並為了自己的安全住所付給當地居民高昂的住宿費。那些付不出住宿費的人，只好在倫敦待到前兩、三天，再紮營在附近的田野間，並等待著那讓人顫慄的天搖地動，將繁華的城市夷為平地。在亨利八世在位期間，也發生了相似的恐慌，恐懼瀰漫在整個城市間，前一個禮拜還嘲笑著預言的人們，這個禮拜卻忙著收拾行囊，準備和其他人一樣趕緊逃命去。人們認為河上是最安全的地方，於是碼頭上停著的船全部塞滿了人，四日到五日的夜間，人們擠在船上準備隨時看見聖保羅大教堂被震垮，西敏寺在風中飄零或瞬間夷為平地。大部分的逃難者都在隔天決定回家，但也有些生性謹慎的人，在外面待了一個禮拜後才敢安心回到倫敦。貝爾瞬間失去一切地位，並被視為最迷信的瘋子。他又試著說了幾個預言，但沒有人願意相信，幾個月後，他被關進瘋人院。

一八〇六年，世界末日的恐慌席捲了里茲的好人家們。事情是這樣發生的。某天，附近村莊裡的一隻母雞下了一顆蛋，上面寫著「耶穌將至」。許多人湧到此處想要檢驗蛋上面的奇蹟，接著，他們開始認為審判日要來了。突然間，就像遭遇暴風雨的水手們，總是隨時做好赴死的準備，信眾開始變得極度虔誠，經常禱告，為自己過去的罪過不斷懺悔。但接下來的真相大白讓所有人都失望了，使他們不再禱告。一些聽聞這件奇蹟的男子，在某天早上趁那隻可憐的母雞正準備下蛋時，抓住了牠。接著，他們很快就查明這些蛋是有人刻意用墨水在上面寫字後，再極其殘忍地重新塞回到母雞身體裡。聽到這樣的解釋後，之前拼命禱告的人都笑了，於是世界又回到以往。

一六三〇年，米蘭發生瘟疫，里帕蒙特（Ripamonte）在自己的著作中，留下了非常真實的描述。書裡說，沉浸在痛苦中的人們聽信了一些占星者與江湖術士的預言。早在一年前，就有異象出現，預言著這場災難。一六二八年，一顆巨大的彗星出現，占星者對於這顆彗星有幾種解釋：一派認為這是血腥戰爭的先兆；另一派認為這是大饑荒的前兆；但最多人則是根據此彗星蒼白的顏色，認為這是瘟疫的預兆。當瘟疫真的降臨時，他們的聲望也因此水漲船高。

後來更傳出其他預言，且宣稱這些預言都早在好幾百年前就已寫下。對於開始相信宿命論的廣大民眾來說，這些預言產生了致命的效果。在剝奪大家抱持恢復的希望後（希望是疾病的頭號天敵），死亡以三倍的速度擴散。其中一個特殊的預言，更是讓不快樂的人們幾乎陷入瘋狂。一份依傳統代代相傳的古老對句，指出在一六三〇年時，惡魔將毒殺全米蘭的人。在瘟疫即將抵達高峰期前的四月，來到米蘭的遊人都會驚奇地發現所有位在大街上的門板上，出現骯髒的記號、斑點，就好像用吸滿膿瘡的海綿在上面按壓一樣。人們很快就對這樣的現象感到警覺，於是大恐慌爆發了。大家想盡辦法找出背後的作案人，卻徒勞無功。最後，大家想起了那則古老的預言，於是所有教堂裡擠滿禱告的民眾，希望惡魔的陰謀可以被擊敗。有些人認為，是別的國家派密使在整個城市裡散布易感染的毒藥。但有更多人認為這場瘟疫是地獄的陰謀，絕非人力所能辦到。與此同時，瘟疫大量蔓延。人們紛紛呈現不信任與神經質的狀態。他們認為惡魔在所有東西都下了毒：水井裡的水、田野中搖曳的小麥、樹上垂墜的果實。所有會被碰觸的東西也被下了毒：房子的牆壁、街上的人行道、門的把手。人們的情緒緊繃到瀕臨失控的地步。惡魔的密使正緊盯著時鐘，如果你想要除掉誰，你只要說自己看到他拿油膏在抹一扇門，他就會立刻被暴民活活打死。一名將近八十歲的老人，每天都會上聖安東尼奧教堂。某天，他站起來拿著斗篷的衣角擦拭坐下的凳子時，被旁邊的人看到了。有人立刻大叫，說他正在拿毒藥抹椅子。這時群聚在教堂中的一群女暴徒，抓住脆弱的老人，一邊大聲咒罵著各種恐怖的話語，一邊拉著他的頭髮把他拖出教堂。眾人就這樣拖著他經過了泥濘，來到法官面前，準備讓他在嚴刑拷打下招出共犯，但在中途，他就死了。還有更多人死在這樣的群眾暴力下。有一個兼職理髮師與化學家的男子摩拉（Mora），被指控和惡魔同謀毒害米蘭市民。群眾立刻包圍他的房子，並在他家裡搜到一些化學調配劑。這名可憐的男子解釋自己只是想要調製預防感染的藥劑，但某些檢驗過該藥劑的醫生宣稱這是毒藥，於是摩拉被綁在刑求架上，即便他一直堅持自己的清白。最後，在嚴刑拷打下，摩拉已經沒有任何勇氣辯解，於是他承認自己和魔鬼共謀，企圖毒害全米蘭人，他還在門上塗抹藥物，在水池裡下毒。他還交代了幾名共犯，這些人旋即被逮捕，並遭受酷刑。最後，他們被判有罪，接受行刑。摩拉的家被剷平，並在原地豎起一根圓柱，上面細數著他的罪行。

當眾人的腦中塞滿各種奇怪的念頭同時，瘟疫依舊蔓延。大家聚在一起看著一場接一場的處決。但他們的憤怒與盲從，就像蔓延的瘟疫一樣強烈，各種荒謬、怪誕的故事都有人相信。其中有一個故事，在大眾的心中存在了很長一段時間。惡魔現身了。惡魔在米蘭找了間房子，並在裡面調配毒藥膏，最後再把藥膏送到他的密使手中。一名男子反覆思量著，直到最後他終於相信那晚瘋狂的境遇全是真的。他站在米蘭的市集中，向圍繞在他身邊的市民分享了以下的故事。他說，一天晚上，他站在教堂的門口，當時周遭一個人都沒有，只看到一輛由六匹白馬拉著的深色馬車經過，在很靠近他的地方停了下來。馬車後面跟著一列身著制服的佣人，每人騎著一匹深色的馬。車廂裡坐著一位高大、散發著高貴氣息的陌生人；他的黑色長髮隨風飄揚，黑色的瞳孔閃耀著火焰般的光彩，嘴角帶著一抹難以言狀的輕蔑。這名陌生男子的外表是如此威嚴，讓他心生畏懼，當那男子的目光轉過來時，他開始發抖。這名陌生人的膚色比他見過的所有人都還要深，而他周圍的空氣是如此滾燙，幾乎使人窒息。他立刻發現對方是不同世界的人。這名男子看出他的驚恐，於是以和藹卻帶著威嚴的口氣，請求他坐到身邊來。他無力拒絕，並在還沒意識到已經坐上馬車以前，馬車便動了起來。一路上，狂風在車廂兩側呼嘯，陌生人一句話也沒說，直到他們停在米蘭大街上的一幢房子前。街上人來人往，但令人驚奇的是，沒有人注意到如此不尋常的他們。於是他明白了：對路人來說，他們是隱形的。眼前的房子看上去像是商店，但裡面卻像宏偉的宮殿，只是幾乎半毀。在神祕屋主的帶領下，他們穿越了幾間碩大卻燈光昏暗的廳堂。在其中一間屋內聳立著數根大理石柱，一群鬼魂坐在裡面，討論著該如何進行大陰謀。建築物的其他部分則被濃厚的漆黑吞噬，只有在間歇的閃電照耀下，他才能窺探到眼前坐著不少正在打罵與嘲弄彼此的骷髏們，有的彼此追逐，有的壓著對方的背玩跳馬。宅邸的後面是一片曠野，一小塊茂密的野生地，在其正中央立著一塊黑色岩石，在其一邊上流出大量的毒液，在令人膽戰心驚的嘈雜水聲中，毒液自行沖破堅硬的地表，滲入城市的地下水脈，汙染所有水源，使泉水不能使用。在他看見這個景象後，那位陌生人帶他進入另一個放滿金銀財寶的大廳，並表示只要他願意臣服於他，和其他散播病毒者一起用毒藥塗抹米蘭的每扇門與房子，他就可以得到眼前的一切。現在，他知道對方就是惡魔，他只能祈禱上帝賜予他力量抵抗眼前的誘惑。他的禱告奏效了，他拒絕了誘惑。陌生人的臉垮了下來，頭頂上方劃過一聲暴雷，眼睛裡閃爍著熊熊烈焰——下一秒，他發現自己隻身一人站在教堂的前門。這名男子每天都說著同樣的故事，內容也絲毫不差，漸漸地，所有人都相信這是真的。大家試圖找出故事裡的房子，卻一無所獲。警方根據那名男子所指的幾座相似宅邸進行搜索，但當然沒有找到惡魔與其僕人，或任何鬼魂與毒液噴泉。可是這個故事已深埋在大眾的頭腦，有許多被這場瘟疫逼瘋的人們跳出來，發誓自己也看過這位恐怖的陌生人，並在深夜時分聽見他那由白馬拉著的馬車，以如雷鳴轟響之聲在街上奔馳。

爭相承認自己受惡魔收買以散播病毒的人數之多，更是讓人難以置信。這股熱潮如瘟疫般蔓延開來。想像力跟身體一樣病了，每天都有人自白自己犯下的罪孽。在這些人之中，許多人身染重病，甚至在告解的過程中死亡。

在一六六五年倫敦大瘟疫期間，人們同樣熱衷於江湖術士與狂熱分子的預言。此時的人們前所未有地沉迷在預言、占星符咒、夢境與各種荒誕故事中。在大瘟疫爆發前一年，人們已因一顆彗星，深信未來會出現一場饑荒、瘟疫或火災。狂熱分子在瘟疫剛出現症狀之時，四處宣揚倫敦必定滅亡的消息。

但倫敦還有另一個更奇異的預言熱潮，發生在一五二四年。當時，社會各階層的人士都熱衷於算命，倫敦更因此擠滿大量的占星術士與算命師。一五二三年六月初，其中一些人算出一五二四年的二月一日，泰晤士河河水暴漲，屆時整個倫敦城都會泡在大水中，一萬多戶房子將被沖毀。預言正中人們危言聳聽的心態。於是，在各種信誓旦旦的宣傳下，大批倫敦民眾打包行囊，搬到肯特郡或埃塞克斯郡。隨著時間的逼近，離開的民眾越來越多。到了一月，你可以看到工人與妻小們長途跋涉的隊伍，企圖走到十五、二十英里外的村莊躲避毀滅的觸手。有錢人則乘坐馬車或其他交通工具遠走避難。一月中，有將近兩萬多人離開擁擠的城市，留下空蕩蕩的屋舍等著洪水肆虐。有錢人搬到海格特、漢普斯特德和布萊克希思的高處居住；一般人則到北邊的沃爾瑟姆教堂外，或泰晤士河南岸的克羅伊登紮營。聖巴賽洛繆的修道院院長博爾頓（Bolton）非常擔憂，於是砸了大錢在哈羅山坡上築起堡壘，並存放了兩個多月的民生必需品。一月二十四日，倫敦即將被毀滅的一個禮拜前，他和所有修道院同仁及家眷搬到裡面居住。接著，為了預防大水漲到哈羅，迫使他們必須移動到更遠之處，他買了幾艘船，還配上了充足的划船好手。許多有錢市民請求入內避難，但是精明且具遠見的院長，只接待了朋友和那些帶著食物前來的人們。

最後，當決定倫敦命運那天的太陽從東方升起，全城的市民一大早就鬧哄哄地起床，準備觀察發狂的洪水。當時預言指出洪水會慢慢漲起來，因此剩下的人認為只需要觀察泰晤士河，當它一偏離河道，立即逃跑就來得及。但更多人都太相信這個預言，因此認為先逃個十、二十英里比較安全。無視眾人愚蠢的期待，泰晤士河逕自平靜地流著。潮水如往常般退下，回到平常高度，接著再次漲退，河水就如那二十名占星術士什麼都不曾說過般平靜。眾人茫然，不知所以，直至夜晚降臨，大家開始想著自己是不是受騙了。入夜，頑固的河水依舊不肯稱心地沖毀任何一幢屋瓦。然而，大家不敢掉以輕心，就怕河水趁夜色襲擊他們，於是眾人撐到黎明的第一道曙光。

早晨，大家討論著是否該將那些冒牌預言家扔進河裡。幸運的是，這些傢伙找到平息眾怒的方法。他們宣稱在某個小小的差錯下，他們將這場可怕災難的日期錯誤地提前一個世紀。星象是對的，錯的只是小小的凡人。當前的倫敦人都安全了，只有一六二四年的人需要擔憂。聽到這項聲明後，博爾頓拆掉了自己的堡壘，疲憊的居民們紛紛返家。

倫敦一場大火的目擊者的手稿，現在保留在大英博物館中，曾由哈爾萊（Harleian）在皇家文物工作者學會發表，當中就提及了一件倫敦人的盲從事跡。這位作家當時日日陪伴著約克（York）公爵在福利特橋與泰晤士河畔觀察大火情勢，他們對於民眾的迷信印象深刻。西普頓（Shipton）修女曾在其預言中說倫敦將被燒成灰燼，因此民眾認為自己無力挽回，決定什麼事都不做。聲稱自己擁有預言天賦的知名人士——康奈爾．迪克比（Kenelm Digby）爵士的兒子，說服大眾預言的力量是無法抵抗的，如果偉大的預言書表示倫敦會毀滅，那這只能是事實。上百名原可保住家產免於受大火摧殘的人們，決定袖手旁觀。在不帶愧疚的心情下，許多人放棄救援，任由大火蔓延整座城市。

直至今日，西普頓修女的預言在英國農村中依舊被奉為圭臬。在農舍與僕人間，她的地位無人能及，不管是未受教育或受過一點教育的人，都對她的預言深信不移。據傳，她在亨利七世（Henry VII.）統治期間誕生於納爾斯伯勒，為了得到預言能力，她將自己的靈魂賣給惡魔。儘管當時，人們視她為女巫，她卻逃過女巫的悲慘際遇，最後更在極高的年紀下，於約克郡臨近克里夫頓的家中，安然逝世。有人說，當地的教堂中豎起一座紀念她的石碑，上面寫著：

> 這裡躺著的人，一生未曾說謊，
> 她的能力受真理試煉，
> 她的預言將永遠留存，
> 讓她流傳百世。

她傳說的傳記中寫道：「每天，她都會說出一些讓人需認真思量的偉大言語。人們自四面八方湧進來，她的名聲無遠弗屆。無論是年輕人或老人，財閥或貧者，都喜歡請她為自己開示未來（尤其是年輕女子）；而所有人都在得到她的解釋後，欣然離去。」在這些人之中，有比佛利的修道院院長，她向對方預言了亨利八世將會因其與安妮．博林[1]的婚事，開始打壓修道院，以及史密斯菲爾德（Smithfield）的異教徒風波，和蘇格蘭瑪麗女王的處決。她還預言了詹姆斯一世的登基，並說：

從寒冷的北方，
邪惡來勢洶洶。

在之後的訪談中，她又預言其他事件，儘管事件還未成真，她的信徒深信這個世紀有可能就是預言兌現之時：

洶湧的洪水與大海交融，
海水鮮紅一片。
大地嚎哭——人們的尖叫與哭喊，
大海將捲得比天還高。
三對雄獅激烈廝殺，
替世人帶來喜悅，榮耀君主。
這團烈焰將迅速掠過山谷溪地，
和平會再次降臨，
富裕籠罩大地，
人們放下武器開始耕作。

1 安妮．博林（Anne Boleyn），亨利八世的第二任妻子。

但最有名的莫過於那起關於倫敦的預言。她預言倫敦和海格特間的曠野，會蓋滿一幢幢的房屋，當兩地被房屋填滿之時，強大的君主就會隕落。隨著英國人口不斷增加，想必這則預言很快就會成真了。革命——至高無上王權的隕落，大量的鮮血將成為那事件的標誌。為人們痛苦而焦心的天使們，只能束手無策地轉過頭去，為不幸的英國人拭淚。

但如西普頓修女這樣偉大的名聲，在英國預言家之列也只能位居第二位。梅林（Merlin），偉大的梅林，遠遠地位居一方，獨享專寵且無人能及的崇高地位。如同年老的德雷頓（Drayton）在其《多福之地》（*Poly-olbion*）所稱頌的：

何人沒有聽聞梅林與其事跡？
世界該年年跟著梅林起舞。
即便千年他的言語依舊靈驗，
直至時間盡頭方能休止。

史賓賽（Spenser）也在其神聖的詩中替此位先知留下最強而有力的註解：

此人擁有的神奇洞見之力，
可謂前無古人，後無來者。
他的言語可直達天聽，
召喚日月，使其聽命於他，
使陸地沉於海，使大海枯竭，
陰鬱的黑夜也能在他的指令下化為白晝——

隻身一人，便能讓萬人失去力氣。
當他指明要與敵人對抗時，
到了那一天，出於畏懼，
被他點到名的惡魔都要顫抖。
奉承的人們說著他不是生死有命的君主或任何人類之子，
而是詭計多端靈體與年輕修女的後代。

在這首詩中，詩人保留當時眾人對梅林的想像，認為他是與沃蒂根[2]同時代的人。對於梅林究竟為真人或只是盲從民眾創造出來的幻想人物，大家的看法分歧。較可信的解釋為此人確實存在，因其擁有超乎於當時所有人的智慧，就像修士培根與自己當代人的衝突般，讓那些對其能力不解的人們賦予他如史賓賽所形容的各式各樣能力。

蒙茅斯的喬佛瑞（Geoffrey）將梅林如詩文般的詩作（或預言）翻譯成拉丁文，除了喬佛瑞外，梅林更受到廣大古老史記作者的推崇。在查理一世統治下湯瑪士・海伍德（Thomas Heywood）所出版的《梅林的一生，由英國史記所解釋且運用的梅林預言與預知》（*Life of Merlin, with his Prophecies and Predictions interpreted and made good by our English Annals*），我們可以看到眾人宣稱的預言。但看上去，這些內容都像是海伍德自己所寫。因為使用的詞彙過於坦率且直白，讓任何人看了忍不住覺得這些只是事後諸葛的言論。談論到理查一世（Richard I.），他說道：

獅心將抵抗薩拉森人的崛起，

2 沃蒂根（Vortigern），相傳為不列顛群島在五世紀時的統治者。

為自己掙得光輝的榮耀，
玫瑰與百合[3]將首度聯盟，
而獵物的命運卻與之相反。
但在偉大的戰役於海外塵埃落定前，
國內的秩序卻動蕩不安。
獅子被囚，歷經折磨，
重拾救贖與自由。

單純的湯瑪士．海伍德還鄭重地告知讀者，這些內容都是前人流傳下來的。關於理查三世（Richard III.），他也以清楚易懂的文字描述。他說：

駝背的怪獸，滿嘴獠牙誕生了，
他是違背美感與自然之物。
子宮所能孕育的最荒誕之物，
卻伸著腳，渴望誕生的一刻，
他從地表上最輕賤的位置，
費勁地爬著，一步步浸淫在鮮血中。
衣著鮮亮，襯著他的醜態，
就在他想著自己可以安全與穩固，
外國的野獸再次來襲。

另一則談論亨利八世的預言，則說亨利八世將剝奪羅馬的力量，「為了他那英國情人」，而他更要「連根拔除那些吸血的骷髏」。他從不吝於展現「對男人的怒火與對女人的欲望」。而他的下一位繼任者，「只有恐怖的女子和火刑」[4]。海伍德大師將梅林的預言結束在自己的時代，關於後世，再也沒有交代。除了他所引用的預言外，他還指出部分預言更以梅林之名傳到國外，但他只引述了一則給讀者，內容如下：

當大麻成熟並準備收割時，
英國人，小心你們的腦袋。

通過這則預言，人們想到應該將他處死，在那個時代，預言不能應驗的預言家命運就是如此。但他向我們解釋道：「在大麻（hempe）中有五個字母。從亨利八世往後推的五位君主來看，我們可以輕易地解讀預言：H代表亨利國王；E代表其子愛德華；M代表繼位者瑪麗；P代表與瑪麗結婚且插手英國政治的西班牙腓力王子；E則代表了伊莉莎白女王，在其死後，繼位的問題將引起紛爭。」由於最後這件事並沒有成真，因此狡猾的海伍德決定放棄先前的解釋，說：「我們依舊知道這則預言為真，儘管與先前的解釋不同，但在詹姆斯國王平順地登基後，全國各地出現了大量的死亡，且直至七年內，英國都處於不太平靜的狀態。」

龐蒂佛拉客特的彼得就沒這麼幸運，他預言了約翰國王的死亡與罷黜，並因此被吊死。在葛雷芬頓的《英國編年史》（*Chronicles of England*）中，就以豐富且具畫面的筆觸形容這位冒牌預言家：

與此同時，一名叫做彼得·衛克福爾德（Peter Wakefielde）的約克郡人，是一個半隱居的修士，同時也是遊手好閒、不自量力的男子，他給予全英國的神父一個錯誤且虛假的預言。為了增加自己的可信度，並讓所有人被這則預言收買，他根據常識將這虛假的人格一分為二，表示基督曾兩度以孩子的外形向他現身，其中一次

3 英國與法國的皇室代表標誌。
4 指瑪麗女王，在位期間為了恢復羅馬天主教，燒死了數百位異教徒。

在約克，另一次在龐蒂佛拉客特，之後他還三度出現在他身邊，向他說著「和平，和平，和平」，並教導他許多事物的原理，這些內容他都向主教報告過，並要人們改變自己不正經的生活態度。人們全神貫注聽著他的話語，還要他形容天堂的美好與地獄的恐怖；他則說自己一直信奉基督教信念而活，所以無法得知地獄的真實景況。

這名虛偽的預言者還預言約翰國王的統治權將不超過下一個耶穌升天日[5]，即西元一二一一年，也就是其登基的第十三年。他更表示此事來自天啟。接著，事情將按照國王的意思發展，看他是被人殺害、被罷黜或自動交出王權？他沒有答案，他說他不知道，但他能保證國王的子女或血脈將不會繼承接下統治權。

國王聽到此說法後，笑了一陣，並嗤之以鼻。「呸！」他說，「不過是個無賴，不學無術。」但當這位愚蠢的先知四處散播這則消息後，國王決定杜絕後患，將他逐出國土。但這位先知是一位流浪成性的男子，於是他繼續散播更多消息，最後，那些擔憂國王的人羅織罪名，將彼得逮捕，關進大牢，但國王渾然不知事情的發展。

於是，這位神奇的先知名聲就這樣在國內傳開，那些無知大眾都熟悉他的名字，由於彼得被丟進監獄，讓謠言反而甚囂塵上，荒唐的人們恣意亂語，愚蠢的行為屢見不鮮，瘋狂與無用的言論四處流竄。自此之後，由於人們的劣根性，道聽塗說的故事越傳越廣，新的故事繼續創造，傳說之上構築新的傳說，謊言之上包覆著謊言。每天，都有純粹虛構的誹謗中傷國王。謠言四起，褻瀆之語蔓延開來，敵者竊笑，先知的叛國罪持續加重。一切的猜想、作為全都被冠上「這是彼得．衛克福爾德所說」、「這是他所預言」、「這是他流傳下來」等，全推到愚蠢先知的頭上，當有些話根本不怎麼重要時，人們就會加上這種誘人的開頭。當預言說的耶穌升天日來臨，約翰國王在廣闊的草地上紮營，並在貴族顧問群和受尊敬之人的陪伴下，以無比嚴肅的心情度過這一天；國王以樂器及歌曲撫慰心靈，周圍也都是他信任的朋友。當這天平順且愉快地結束後，感到困惑的敵人為了替預言打圓場，只好以隱晦的方式重新解讀：「他不再是國王，教宗才是（當時約翰國王被教會放逐）。」

後來，國王的顧問團說服他，表示這名假先知擾亂現實，蠱惑人心，讓下議院反抗國王。而彼得的言語更在其他神職人員的散播下，傳到海外，讓法國國王有了入侵英國的藉口。他的本意或許並非如此。但所有人都信任他，將未來寄託在這個偽善者迷惘的幻想，這也證明他欺騙的能力。因此，國王決定將彼得與他的謠言一起吊死，以免滋生更多紛擾。

向來對預言吹毛求疵的海伍德，對這位來自龐蒂佛拉客特的彼得則顯得友善許多，他認為如果自己不幸地身處在同樣時代，可能也會遭受和他一般的命運。他表示彼得不僅僅是一位先知，他更是吟遊詩人與未來之人，揭示國王的災難，並因此得以避免。對於彼得被指稱為說謊的預言家，他則認為預言約翰國王將在統治國家滿十五年之前被罷黜，是完全公正且符合事實的說法，因為國王後來將王權交給教宗，更年年支付貢金，因此實際上掌權的是教宗，不是他。海伍德認為這個解釋完美無缺，因此彼得的名聲該永垂不朽。

但讓我們回到梅林。即便是今日，我們仍可以用伯恩斯（Burns）形容另一位知名人士的句子形容梅林：

他的能力讓他的名聲壯大，
他的名號無遠弗屆無人不曉。

他的名氣不受出生地的束縛，遠一步散播到歐洲各國。據說由侯貝・德博宏（Robert de Bosron）所寫、並於一四九八年在巴黎發行的《生活、預言與奇蹟》（*Life, Prophecies, and Miracles*）指出，梅林的父親是惡魔，

5 耶穌復活後的第四十天。

他一出生就會說話，並對品德高尚的母親保證，只要和他一起待在嬰兒床邊，她將不受惡鄰所預測的死亡威脅。當地的法官聽到如此神奇的事跡後，當天召見了這對母子。為了有效測驗這位年輕預言家的能力，法官詢問他是否知道自己的生父為何人？嬰兒期的梅林以圓潤洪亮的聲音回答：「是的，我的父親是惡魔；我擁有他的能力，能知曉過去、現在與未來之事。」法官驚奇地拍了手，並謹慎地決定再也不去打擾這對母子的往後生活。

早期習慣將巨石陣的來由歸之於梅林。相傳，這些宏偉的石頭在梅林的口令下，從愛爾蘭一路飛到索爾茲伯里平原，並將它們以現在我們所見的方式擺放，紀念那些不幸被薩克遜人屠殺的三百名英國將領。

在卡馬森附近的阿貝圭里，還保有這名預言者的洞穴和他施咒的場景。史賓賽在《仙后》（*Faerie Queene!*）中，用最美麗的句子描述了這裡。儘管我很抱歉必須重複引述句子，但如果缺乏這段內容，對這偉大英國預言家的了解就不算完整：

睿智聰慧的先知梅林，
將自己的光芒收斂在這地深之處，
在不見天日的靜謐之所，
在沒有任何生物蹤跡的地底，
就是他向靈體交談之地。
如果你曾以同樣的方式
深入此地的駭人空間，
這是一個恐怖且中空的穴室，他們說，
一塊巨石下，巴里河畔的微小空間，

戴納佛樹林間的陡峭下沉之所，
但請小心，
不要踏進這險惡之地，
殘暴的惡魔將趁人不備將你吞噬！
站在高處，駐耳傾聽，
將聽見雜亂恐怖的鐵鏈聲與刺耳的鍋爐聲，
數千名幽魂被囚困在其中，
受無盡之苦，景象讓人癱軟。
當束縛與勞動過於沉重，
他們因痛苦而嚎叫，
他們的叫聲是如此淒厲，
從深深的地底竄入人間。
此處的來由為此，
梅林臨終不久前，想要一座黃銅墓，
於是他召來了亡魂，為自己所用，
在這期間，他所深愛的湖中女神，
要他快快赴約，梅林只能拋下一切，
亡靈們在他回來前辛勤勞動。
但是，在那虛偽女子的詭計下，
梅林吃驚地受困密室，
從此一去無回。
儘管如此，畏懼於梅林能力的惡魔們，

不敢停歇，
日夜不停地辛苦勞作，
直到黃銅高牆豎起。

在其他英國預言家中，還有一人的名聲即便在知識發達的今日，其影響力依舊，他就是羅伯特・尼克森（Robert Nixon），一個來自柴郡的傻子，與西普頓修女同時代。多數人認為他出生在韋爾羅亞爾、德拉米爾森林的邊緣，父母都很貧窮。他從小被教導農作技巧，但因為無知且蠢笨而一事無成。大家都認為他瘋得無藥可救，對於他所說的奇怪且亂七八糟的預言毫不在意。他多數的預言也因此遺失。但他注定不該默默無聞地走完一生。某件事的發生，讓他得到眾人的注意，更奠定其偉大先知的地位與名聲。當時，他正在田地裡耕作，突然間，他停止動作，並以奇怪的姿勢喊著：「就是現在！迪克！現在，快點！噢，這樣做不好，迪克！噢，幹得好，快點！快點能爭取多點時間！」他的同伴不知該如何是好，但到了隔天，這個謎團真相大白。信使火速捎來消息，就在尼克森大吼大叫的同時，理查三世在博斯沃思戰役中被人殺害，亨利七世宣布即位。

不久，這位先知的名聲就傳到了國王的耳中，國王非常希望與他會面交談。於是，國王派了信使迎接他。但在信使還離柴郡非常遠的時候，尼克森就知道了並害怕眼前等著他的榮華富貴。人們說，他透過超能力感知即將到來的信使，並在害怕驅使下，像一名瘋子跑過整個城鎮，大喊亨利要派人來了，他必須去宮廷，他會像嘴巴緊閉的蛤蠣一樣，活活餓死。他的舉動引起軒然大波，但三天後，信使來到，將他帶到了皇宮，留下為尼克森能力傾倒不已的柴郡人們。當他抵達時，亨利國王似乎正在為遺失一顆昂貴鑽石的事煩心，於是請求尼克森給予他尋找鑽石的方向。但這顆鑽石其實是國王自己藏起來的，想要藉此測驗這位預言家。但尼克森只用了一句古老的諺語回應：「誰藏的，誰就能找到。」這讓國王大吃一驚，並讓他從此深信尼克森擁有預言的能力，並要人將他的每字每句都記錄下來。

在他居住在城堡的期間裡，他仍一直害怕自己會被活活餓死，並不斷告訴國王如果不讓他離開，回到家鄉，餓死將是他唯一的下場。亨利並沒有讓他受苦，且嚴格要求所有人員和廚師要滿足尼克森所有對吃的要求。他過得極端享受，有那麼一段時間，他健壯得像貴族管家那般神氣，肥胖得像議員般臃腫。一天，國王準備出去打獵，尼克森跑到大門前，跪下來求國王不要讓他餓死。國王大笑，並叫來一名官員，要他在自己離開的這段時間裡好好照顧先知，接著便出發前往森林。國王離開後，僕人們因為覺得尼克森不值得擁有這般待遇，便開始嘲弄與侮辱他。那名官員聽了尼克森的抱怨，決定將他關在國王的密室裡，以防他再受到騷擾，並每天為他送上四餐。但一名信使急匆匆地來到，要求那名官員立刻前往溫徹斯特，不得有誤。焦急的官員為了趕緊覆命，立即跳上信使身後的馬匹，並在遺忘尼克森的情況下一路趕往溫徹斯特。直到三天後，那名官員才回來，並終於想起可憐的先知，連忙趕到國王的密室中，卻發現尼克森已如預言般，餓死在地上。

在他那些被認為成真的預言中，有一則與小僭王[6]有關：

一位偉人來到了英格蘭，
然而國王之子奪走他的勝利。
皇冠浸淫在貴族的鮮血中，
北方將群起反抗南方。
北方的雄鷹落荒而逃，
驕傲讓他的羽毛全被拔除，
更讓他詛咒起自己被生下來的那日。

6 小僭王（Pretender）即查爾斯．愛德華．斯圖亞特，曾企圖篡位。

他的崇拜者認為，這首詩的內容再明白不過。一開始提到查爾斯．愛德華（Charles Edward）王子在卡洛登戰役中對上坎伯蘭公爵的失敗；第二段則是指勳爵德文沃特（Derwentwarer）、鮑梅里諾（Balmerino）和洛瓦特（Lovat）的死刑；第三段則是小僭王從英國海岸線撤退的情況。而下面則是此預言還未證實的內容：

在七、八、九之間，英國將發生奇蹟，
在九與十三之間，所有悲傷都將結束。

用著我們的財富與男人，恐懼的戰爭開始了，
在死亡與失敗中，英國人該重拾勇氣。

外國人將在頭盔沾著雪的時節入侵英國，
他們的衣裙夾雜著瘟疫、饑荒與謀殺。

楠特威奇的城鎮將被洪水沖走。

前兩則預言至今依舊無解，但無疑地只要有相關事件，就會被加以扭曲以套進預言中。第三則關於外國人頭盔沾著雪，入侵英國的預言，則被解讀為俄羅斯的入侵。至於最後一則，該城鎮上的人沒幾個相信自己會落得這樣的下場。幸運的是，先知沒有指出災難即將發生的年代，因此他們不用擔心受怕，理所當然地認為這搞不好是兩世紀後才會發生的事。

廣受歡迎的尼克森傳記是如此評論他的事跡：「儘管有些人認為他的預言只是傳說，但現在我們可從這些流傳下來清楚易懂的文字中，發現許多內容都已成真，或未來即將成真。為此，我們所有人都應該盡全力抵抗

外敵，抑制不道德且墮落的生活，持續向上帝祈禱以獲得保佑與安全。」為了最後這一句（儘管簡直是牛頭不對馬嘴的結論），所有人都會虔心地喊上一句「阿門！」

除了這些預言者外，還有編年史作家利立（Lilly）、可憐羅賓（Poor Robin）、帕特里奇（Partridge）、英國的佛朗西斯・摩爾（Francis Moore）醫生，和在法國與比利時發展的馬修・蘭斯伯格（Matthew Laensbergh）。但與梅林、西普頓和尼克森能超越天氣預測，且能預知數年以後的能力相比，他們只能屈居下位。在這些超級先知的誕生後，製作年曆書的人就鮮少再被提起。他們消失的原因顯而易見，就讓他們與他們的作為留在過去吧。

第六章 Fortune-telling 算命

人類任憑自己的想像摸索著，
命運的神祕設計，
臣服於算命師的神機妙算，
預測未來何去何從。

——《赫迪布雷斯》（*Hudibras*）[1]

根據計畫，愚蠢之人將憑其窺探未來的妄念，墜入另一場遊戲中。上帝曾在其英明睿智的考量下，多次為人類揭開未來恐怖的面紗，並出於同樣的英明睿智，決定讓我們在除了這些情況外，對未來一無所知。不必擔憂未來的人，才有可能快樂，但人類不懂上帝賜予我們的恩典，擅自追求未來，推敲時間的步伐。人類將這種任性妄為的思想發展成一門學問，將其切割成無數個科學與系統，並將一生浪費在其中。從沒有一門學問可以騙倒如此多人。人們或多或少對未來總是好奇，但唯有在經歷漫長人生歷練後，我們才能明瞭：如果時間對了、人對了，未來自然會在我們眼前展開。

對於自身重要性的高估，正是讓人類出現這種無理信念的根基。人類是多麼自大，相信天空中的星星都是為我們而存在，並透過移動與方位，向人類展示著各種歡喜與悲傷。對地球來說，人類就如依賴夏季綠葉維生的千萬昆蟲那般渺小，卻深信永恆的世界都是為著我們的命運而轉動。如果那隻停在我們腳邊的小蟲正思考著如何獲取未來，以為橫越天空的流星正在告訴牠有一隻山雀要來啄牠，試想我們的心中不知該充滿多少愛憐；暴風雨及地震、一個帝國的顛覆、偉大君王的隕落都和牠無關，牠只在乎自己的出生、經歷與死亡！但人類從不這麼想，也從不這麼想占星術、徵兆、通靈術、風水學、手相和各式各樣預測未來的狂妄科學（如果這也稱得上科學的話）。

如果純粹以人們對算命一事的熱衷態度來看，而不論遠古異教徒預言和宗教啟示時代，我們可發現十六與十七世紀可謂這些江湖術士的黃金歲月。許多人因同時具備鍊金術士的身分（因此在前面的章節介紹過）。同時蒙上兩種偽裝的人，實屬常見。當一個人佯稱自己擁有延長人類壽命長達數世紀的荒謬能力時，我們自然可以預期他說自己可以預知未來，畢竟他都能超越存在的極限。又即便他們表示自己只擁有一種能力，全世界的人還是會認為他們知曉一切奧祕。三個世紀以前，世界上最受歡迎的占星術者為鍊金術士。那些聲稱自己擁有賢者之石與生命之水的阿格里帕、帕拉塞爾蘇斯、迪博士和羅斯克魯茲，眾人們對他們的能力是如此期待，希望他們能為自己預言。在他們的影響下，人們對於完美、惡魔與超自然的想像變得日漸猖狂。大眾普遍認為惡魔與星星不斷干擾人類的命運，而我們可以透過適當的儀式，了解這兩者。那些具備憂鬱與陰沉個性的人，選擇了巫術與魔法；那些較親切且討人喜歡的角色則看上了占星術。後者的存在更是受到所有當權者與統治者的鼓勵。在英國，從伊莉莎白女王與前後掌權者威廉和瑪麗開始，軍國占星術（judicial astrology）到達了巔峰。在這期間有迪博士、蘭博（Lamb）和佛曼（Forman）；接著是利立、布克爾（Booker）、吉百利（Gadbury）、埃文斯（Evans），還有散落在國內各大城鎮中的無名小卒們，透過替人分析出生時辰、找回失竊之物、預測婚

1 英國詩人塞繆爾・巴特勒（Samuel Butler）所作諷刺清教徒的敘事詩。

姻的幸福、評斷旅程的順遂、替鞋匠或軍隊找出開店或出發的時辰以討生活。以巴特勒的話形容，這些人可以：

周旋在命運的黑暗國度裡，
向月亮尋求聖明的見解，
為那些遠近的人們，
在迷濛的銅與錫鍋間，
修補其自身的命運。

在利立的《人生歷練回憶錄》（*Memoirs of his Life and Times*）裡，就提到有許多受他強烈鄙視的劣等江湖術士，充斥在世界各地。他對這些人的厭惡不是因為他們同為占星術士，而是因為他們收費替人找回失物，簡直是降低這門高貴學問的水準。從巴特勒的《赫迪布雷斯》和充滿疑問的筆記中，可發現當時有大量的人口是仰賴民眾無知與易受騙的特質，將巫術和魔術作為職業。即便是現在這個年代，那些套上佛朗西斯．摩爾[2]之名出版年曆的作家們，也依舊享有崇高的社經地位！在查理一世與英格蘭聯邦時代，那些出身高貴且地位顯赫的大人物，也從不遲疑地公開向占星術士請教問題。曾被巴特勒在作品中以「塞卓菲爾」（Sydrophel）一角賦予永生能力的利立，表示自己將撰寫一本《占星術導論》（*Introduction to Astrology*），滿足全國上下對此門科學正統性的追求。軍人們支持他的計畫，獨立黨派也支持他的計畫，下議院中那些有錢的士紳也支持他的計畫，還有利立那些可靠且能助他抵抗巴不得以各種方法使他閉嘴的長老教會的朋友。利立付諸行動，並在書籍開始發行時，和另一位名叫布克爾的占星術士一同來到溫莎的議會軍總部，參加花園中的宴會，當天費爾法克斯（Fairfax）將軍也恰巧投宿於此。後來，有人將他們引薦給將軍認識，將軍親切地招呼他們，並提及幾項他們做出的預測。他表示即便自己不太懂他們的科學，但他希望兩人的學識是可靠且符合上帝的旨意。他認為這兩名占星術士對上帝懷有敬畏之心，也因此他對他們的評價還算正面。利立向他保證占星術的內涵絕對符合

《聖經》的教條，他更自信地憑著自己對星象的知識，預測議會軍將打敗一切敵人。在奧利佛[3]成為護國公期間，這名江湖術士告知眾人他早就預知一切。他成為無黨派之人，所有的軍人都是他的朋友。當他去蘇格蘭時，一名軍人站在軍隊前面，手中拿著預言書，朝幾名經過他身邊的軍人喊道：「嘿！聽聽利立是怎麼說的：這個月你們將獲得勝利！戰鬥吧，勇敢的男孩！讀讀看這個月的預測。」

在倫敦陷入激烈的戰況後（利立說自己早已預料此事），利立被下議院的委員們任命調查這場災難的原因。在他於一六五一年發行的《君主制去留》（*Monarchy or no Monarchy*）中，他放上了一張象形圖，其中一邊是包著裹屍布正在挖墳墓的人；另一邊則是陷入火海的大城市。倫敦大火[4]後，立法機關的某些聰明人想到了利立的書，經過議院的討論，他們決定召喚這位占星術士。利立在召喚下出席，羅伯特·布魯克（Bobert Brook）爵士向他解釋事情的前因後果，並要他交代自己所知的一切。這對浮誇的利立來說，無疑是一個自吹自擂的難得機會，於是他發表了一篇極力吹捧自己與占星術的演說。他說，在查理一世被處決後，他非常渴望知道議會與整個國家的命運該何去何從。因此，他觀察了星象，並得到滿意的解答。他在不做任何評斷的情況下，將結果以象形和象徵標誌呈現，讓真相得以自渾沌中浮現，並展示在智者眼前。他的回答頗有聰明哲學家的味道。

「你是否預見這場大火的發生？」其中一位成員問道。「沒有，」利立回答，「我並沒有想過出現大火的可能。為此，我沒有察覺到事件。」在經過幾番問答後，議院發現自己沒辦法從這位占星術士身上得到任何有用的內容，因此只好禮貌地讓他退席。

2 佛朗西斯·摩爾（Francis Moore），英國醫生與占星術士，因出版年曆而出名。

3 奧利佛（Oliver），英國的軍事與政治領袖，後來成為英格蘭、蘇格蘭和愛爾蘭聯邦國的護國公。

4 發生於一六六六年九月二日，火勢延燒了四天才停止，約有六分之一的倫敦建築物被燒毀，是英國史上最嚴重的火災。

在利立自滿地提起另一樁預言事例中，我們可以看出他試圖灌輸給廣大民眾的垃圾訊息。他說：「一五八八年，有一本以希臘文印刷的預言書，精確地預言了英國自一六四一年到一六六〇年間出現的長久問題。」該預言的結尾如下：「在他之後，有一名男子死劫難逃，跟他一同前來的人是皇家G，世界上最高貴的血統，他將得到王位，他將讓英國走上正確的道路，消滅所有邪說。」下面，是他對於這段隱晦文字的解讀：

「修道士（Monkery）在八十年或九十年前就被消滅，而大將軍的名字為孟克（Monk），也就是此處的將死之人。皇家G或C（在希臘文中是G，但在拉丁文中代表第三個字母C）是查理二世（Charles II.），而他的血統確實是世界上最純正的血脈。」

在法國與德國，占星術士得到的地位甚至比英國還高。最初，查理曼大帝和其繼位者將占星術與巫術歸為一類，並嚴厲譴責他們的作為。但後來，史上最迷信的路易十一世（Louis XI.），在皇宮裡供養無數的占星術士；而史上最迷信信的女人凱薩琳·德·麥地奇（Catherine de Medicis）更重度依賴占星術士，沒有他們，這位皇后什麼事都不敢做。她特別偏好自己的同鄉，在她統治法國的期間，各地充斥著義大利籍的法師、通靈師和各式各樣的算命師。但在這些人裡，最受推崇的占星術士莫過於皇后的先生亨利二世（Henry II.）的個人醫師——諾斯特拉達姆士（Nostradamus）。他於一五〇三年誕生在普羅旺斯的聖雷米小鎮，父親擔任當地的公證人。一直到五十歲之前，他都沒有什麼名氣，直到他著名的《百詩集》（*Centuries*）問世，才引起廣泛的注意。此書收錄了許多對句，內容晦澀，且近乎難以理解。據說，一五五六年，亨利二世決定結識這位有才幹的男子，於是請他擔任自己的醫生。從阿姆斯特丹一六六八年發行的《百詩集》增訂版中，我們可以看到一些他的人生閱歷，並得知他經常為偉大的皇家主人揭示未來的祕密，因此得到許多珍貴的禮物作為回報，當然，這些並不包括他當醫生的薪水。亨利過世後，他退隱故鄉，直到一五六四年查理九世（Charles IX.）拜訪他後；國王對於他能預測除了法國以外其他地方近一百年後的事，感到非常驚奇，對於他神奇的學識更是崇拜莫名，因此任命他為自己的醫生與國事顧問，並給予如皇親貴族般的待遇。「簡單來說，」他的傳記作家寫著，「給予他的各種特殊待遇實在太多了，多到我無法一一陳述，而不分遠近，所有貴族與學者們都擠到他的跟前，希望和他談話，就好像他是神諭的傳遞者般。此外，還有許多陌生人遠渡重洋到法國，就只為了見他一面。」

諾斯特拉達姆士的預言書有上千個小節，每一節有四句話，且每句話都像遠古神諭般晦澀難懂。這些預言包含的時間與範圍是如此廣大，因此就算世界上的某個角落真的發生了那件事，其實也沒什麼好驚奇的。就像利立企圖解釋孟克將軍與將死之人的身分那般，只要動點腦筋，就可以輕易地將這些預言套用在任何事件上。

諾斯特拉達姆士在法國與比利時的瓦隆地區大受歡迎，年老的農婦都以最大的信賴與勤勉之心向他請教萬物。

但並不是只有凱薩琳一人特別迷信占星術士的作為。十五世紀初，有一個男子名叫巴佐，住在佛羅倫斯，並因其可以識破迷茫未來的能力而在義大利享有盛名。人們說他替當時還只是平民的柯西莫・德・美第奇（Cosmo di Medicits）預言，說他的星運就跟奧古斯都・凱薩（Augustus Caesar）與神聖羅馬帝國的查理五世相同，因此注定會位居高位。還有另一位占星術士預言了亞歷山德羅・德・美第奇（Alexander di Medicis）王子的死期，他精確交代時間地點，更因此讓自己成為這起謀殺案的頭號嫌犯——在當時，許多占星術士經常以謀殺人的方式來提升自己的預測聲譽。這位占星術士精確地說出了王子將死於熟人之手：此人身形纖瘦、臉很小、膚色黝黑，且非常沉默寡言。事情正如預言所示發生了，亞歷山德羅在寢室中被自己的表兄羅倫佐（Lorenzo）刺死，而他完全符合上述的描述。《赫米普斯的復興》（*Hermippus Redivivus*）作者在引述這則故事後，傾向於認為這名占星術士並沒有參與暗殺計畫，而是受亞歷山德羅朋友的僱用，去警告他即將發生的危險。

另一則更了不起的故事，則是關於一位生活在十五世紀羅馬的占星術士，他叫安提阿古・提比杜思（Antiochus Tibertus）。當時，義大利的各個小君主都會留幾位占星術士在身邊，以供其諮詢。在巴黎進修數理的堤比杜思，發表了多則預言，其中有幾則相當成功，便因此進入了里米尼統治者龐多佛・德・馬拉特斯特（Pandolfo di Malatesta）的宮殿。他的名聲是如此響亮，讓他的研究室總是擠滿了人，有學富五車的學者，還有前來諮商的顧客，在極短的時間內，他就掙得了大筆財富。儘管擁有這些優勢，他卻悲慘地度過一生，最後更被送上斷頭台。下面這個故事在當時普遍流傳，更成為占星術後繼者用來證實其學科無法抹滅的真實性。人們說，他生前發表了三則知名的預言，一則關於自己，一則關於他的朋友，一則關於他的僱主龐多佛・德・馬拉特斯特。這些預言和他的朋友——當時最了不起的將軍圭朵・德邦吉（Guido di Bogni）有關。圭朵非常想知道自己的命運，因此一直苦纏著堤比杜思不放，這位占星術士只好替他觀察星象與手相，以滿足這位朋友的好奇。最後，這位占星學家一臉憂傷地告訴他，根據所有的占星術與手相學來看，他未來將會被自己最親密的摯友誤會懷疑，並因此喪命。圭朵接著問堤比杜思是否有辦法預知自己的未來，於是堤比杜思開始觀察星象，最後在所有的規律下發現自己將死在斷頭台上。馬拉特斯特聽到這些預言後，因為覺得過於荒謬，而叫堤比杜思也替自己算一下未來的命運，並要求他無論結果如何淒慘，他都不能有半分隱匿。堤比杜思進行占卜，並告訴那位當時在全義大利最具權勢與財富的君主，他將陷於貧困，並在波隆那一間醫院裡如乞丐般地死去。三年內，這些預言都應驗了。圭朵・德邦吉被自己的岳父貝蒂馮格里歐（Bentivoglio）公爵控訴，企圖將里米尼城交給教廷，之後在參加暴君馬拉特斯特的鴻門宴時，沒有察覺到朋友的企圖而被刺殺身亡。這位占星術士也在同一時候受朋友的叛變案牽連，被關進大牢。但他沒打算束手就擒，他成功地從牢房的窗戶一路逃到護城河，卻在此時被哨兵發現。他的逃亡被稟報給馬拉特斯特知道，並在隔天被推上斷頭台。

此時的馬拉特斯特已經完全遺忘那三則預言，但他的命運並沒有打算放過他，事情默默地運轉著。一個陰謀漸漸成型，儘管圭朵將軍的確是無辜的，但確實有人密謀將里米尼城交給教宗。在一切圈套都布好後，瓦倫丁尼諾（Valentinois）公爵占領了整座城。在混亂中，馬拉特斯特在偽裝下驚險地逃了出來。他被敵人從一方追趕到另一方，並被所有的朋友拋棄，甚至連自己的孩子也棄他於不顧。最後，他心力交瘁，在波隆那倒下，但沒有人願意提供他庇護，於是他被帶到了醫院，並在那裡過世。唯一使整段精彩故事大打折扣的是，這些所謂的預言，實際上都是在事後才被寫下的。

在路易十四出生前的幾個禮拜，一名由巴松皮耶爾（Bassompierre）將軍和皇宮中其他貴族從德國派去的占星術士，住進了皇宮裡，隨時待命，準備畫下這位未來法國國王的天宮圖。當皇后開始生產後，他被領進隔壁與之相連的房間裡，好讓他準確掌握孩子誕下的那一刻。接著，在他的觀察下，他得到了三個字：長久（diu）、持續（durè）、成功（feliciter），並表示這個小嬰兒將健康長壽，並長久地統治王國，且得到空前的成功。沒有任何一位占星術的預測能比他給的這三個字來得悅耳，他不但得到了報酬，更成為朝廷中的一分子。為了紀念此事，皇室立起一塊獎牌，其中一側刻上了這位小王子的誕生景，以駕馭著阿波羅的戰車表示，下頭寫著「Ortus solis Gallici」——高盧的太陽升起。

占星術士們最常使用的辯解內容，出自於知名天文學家克卜勒（Kepler），他本人就是一位不得已的占星術士。

他的許多朋友都請他替自己卜算天宮圖，但他通常都斷然拒絕朋友們的請求，也從不避諱地顯示自己對占卜的輕視。只有在特定情況下，他才願意執行占星術。在寄出一份星象圖給葛拉齊（Gerlach）教授時，他寫下：「這些不過是無用的臆測」，但他不得不從事此業，不然他就會餓死。「汝等聰慧的哲學家們，」他在《第三方調解》（*Tertius Interveniens*）中辯解道，「可曾發現天文學的女兒已經身陷貧苦之中！汝難道不知她必須為自己的母親出賣自己的魅力？一位天文學家所能掙得的微薄報酬，根本無法讓他賴以為生，為此他不得不透視天堂中的未來。」

通靈術是繼占星術之後，另一門被那些渴望預知未來的人經常會求助的偽科學。關於通靈術的最古老記載為恩多的女巫和塞繆爾（Samuel）的靈魂。幾乎所有遠古的民族都相信召喚死靈的可能，而且亡靈可以告訴我們上帝不讓我們知道的未來。在談到這個主題，許多書本段落都會告訴你他們才是這方面的經典，但這門學科從未能浮上檯面。所有政府都視通靈術為最邪惡的犯罪行為。儘管眾人不斷吹捧占星術，傑出的占星術士還能得到豐厚的報酬與擔任官職，通靈師卻總是叫人唾棄與畏懼。羅吉爾・培根、艾爾博圖斯・麥格努斯、阿諾・芬納夫等人，數世紀以來不斷被人指責觸碰這褻瀆神明的技藝。然而，一般大眾對此類迷信幻象深信不疑，導致這些出於同樣原因的罪名，變得異常難以平反。儘管如此，這門技藝還是吸引了大量貪婪的騙徒，數世紀來，這些人就在真真假假的危險中潛伏著。

風水，或利用線條與圓圈等其他出現在地面上的幾何數學圖形，以預測未來的技藝，依舊在亞洲國家大為興盛，但在歐洲已近乎絕跡。

徵兆，透過鳥的飛行路徑或內臟來分析命運，這門一度盛行在古羅馬時代的研究，再次於歐洲發揚光大。當代最認真的弟子，當屬印度的圖基教（Thugs）。

占卜，種類繁多，信眾廣大。從人類最早出現的歷史記載中，就可以看到其身影，並在各種環境下隨時間不斷演進。猶太人、埃及人、古巴比倫人、波斯人、希臘人與羅馬人都使用占卜。占卜出現在世界的各個角落，全世界的人都知道它，即便在非洲與美洲原野上生活的部落，也擁有占卜的文化。現在，在歐洲文明社會流行的占卜主要以紙牌、茶杯或手相來進行。吉普賽人特別擅長此道，但還有成千上百萬的善男信女，會在喝完茶後觀察自己的杯子，預測作物是否會豐收，或母豬會不會生下一窩小豬崽；年輕女子則看著相同的杯底，預測自己何時會出嫁，而她們的對象是黑或白、富有或貧困、親切或冷漠。在現代社會大受歡迎的紙牌占卜，想當然耳，是一門很新的技藝，畢竟紙牌出現的歷史可不超過四百年。全歐洲有一半以上的村莊姑娘都相信的手相，這則是一門較古老的技藝，可追溯到埃及的亞歷山大牧首時代。而用杯子占卜的歷史，我們可以在《創世紀》中見到約瑟夫使用此種占卜。以桿子進行占卜的技藝，同樣也是源自於埃及。在相對近代，人們認為此種方法可找到隱藏的寶藏。現在，這些占卜術在歐洲進入全盛時期。算名字，或以一個人的姓名字母預測一個人的命運，或將字母對調移位以找出各種可能的技巧，則是一種較新穎的占卜法，但相對來說，信徒較少。

下面，是高盧（Gaule）的《魔法占星術士》（*Magastromancer*）中，所條列出過去曾出現過的各種占卜技術，並且曾經在宏恩（Hone）的《年鑑》（*Year-Book*）引用過。

- 元素占卜學，根據元素占卜。
- 氣候占卜學，根據天氣占卜。
- 火占卜，透過火。
- 水占卜，透過水。
- 風水（土占卜），透過地球。
- 求神問卜，向靈魂祈求預示，或從《聖經》中求得天啟。
- 魔鬼占卜，透過魔鬼與邪靈的幫助。
- 神像占卜，透過偶像、圖片或雕像。
- 通靈術，透過人類的靈魂、情感或心情。
- 人類占卜，透過人類的內臟。
- 獸占卜，透過野獸。
- 鳥占卜，透過鳥。
- 魚占卜，透過魚。
- 植物占卜，透過草藥。
- 石頭占卜，透過石頭。

●運勢占卜，透過抽籤。
●夢解析，解析夢。
●姓名學，透過名字。
●數字占卜，透過數字。
●對數占卜，透過對數。
●乳相說，觀察胸部至肚子間的痕跡。
●腹腔占卜，分析拍打肚子的聲音。
●肚臍占卜，觀察肚臍。
●手相占卜，看手。
●足相占卜，看腳。
●指甲相占卜，看指甲。
●驢頭占卜，觀察驢子的頭。
●灰燼占卜，透過灰。
●煙占卜，透過煙。
●香占卜，透過燃燒的線香。
●蠟占卜，觀察融化的蠟。
●盤占卜，用水盆進行。
●鏡占卜，用鏡子進行。
●紙牌占卜，透過寫字且必須由情人進行。
●刀占卜，觀察刀或劍。
●水晶占卜，透用水晶。
●戒指占卜，透過戒指。

- 漏斗占卜，利用漏斗。
- 鋸子占卜，利用鋸子。
- 金屬占卜，利用銅或其他金屬製作的器皿。
- 動物占卜，利用皮膚、骨頭等。
- 天文占卜，透過星象。
- 鬼魂占卜，透過鬼魂。
- 骰子占卜，透過骰子。
- 酒占卜，觀察酒的痕跡。
- 無花果占卜，利用無花果。
- 起司占卜，利用起司。
- 食物占卜，利用食物、麵粉或麥麩。
- 穀物占卜，利用玉米或小麥。
- 禽占卜，利用公雞。
- 圓形占卜，透過圓圈。
- 燈火占卜，利用蠟燭或燈。

解夢，或分析夢境的技藝，是來自最古老時代的一種占卜術，儘管世界上的道德價值觀與物質世界早已歷經無數改變，這項占卜依舊存活至今。從五千年前大量的文獻中我們可得知，那時人們普遍相信智者可以透過解夢知道未來。此門占卜的規則（如果曾經有的話）已遺失，但是現代，你只需要一個簡單的規則，就能完全掌握箇中奧祕。根據那些自認聰明的基督教徒所說，夢與現實是相反的。因此，如果你夢到骯髒的夢，代表你將獲得一些貴重的寶物；如果夢見死亡，則會有新生命誕生；如果夢到金或銀，代表你很有可能即將破財；如果夢見被朋友簇擁，代表你可能會被大批敵人圍剿。然而，這個原則在很多狀況下無法順利運作。夢到小豬仔是件好事，夢到大公牛卻代表不幸。如果夢見自己掉牙，代表你可能會失去一位朋友。如果夢到房子失火，代表你可能會收到遠方傳來的消息。如果夢到害蟲，家中可能有人要生病了。如果夢到蛇，你的朋友可能最終將成為你最可怕的敵人。但在所有夢境中，最幸運的莫過於夢見自己從脖子以下都陷在泥潭或沼澤中。清澈的水代表悲傷。如果你夢到自己裸體站在大街上，找不到任何衣物可讓自己閃躲路人的目光，這就代表你可能會遇到大麻煩、困擾或混亂。

在英國各地、歐洲大陸與美洲，你可以在鄉下或村莊裡找到負責解夢的年長女性，她們通常備受眾人的尊敬，她們的話就有如神諭般。在偏遠的地方，你甚至可以看見許多家庭在每天早晨，會有一位成員向大家講述自己的夢，而全家人的心情是喜是悲，都將視這個夢境內容而定。對他們來說，夢境裡花非花、樹非樹，而是幸福或悲傷徵兆的化身。夢境裡，草原上或森林中的大樹，也預示著生死。夢見白楊樹，代表漫長的旅行；夢見橡樹，代表著繁榮與長壽。對少女來說，夢見自己在剝樹皮代表聲譽將受損；但對已婚女士來說，代表家中將有人過世；對於男子來說，則將獲得財富。夢見一顆沒有葉子的樹，則是悲痛的徵兆；夢見一顆沒有分枝的樹幹，則是絕望與自殺的象徵。對於睡著的人來說，老樹是吉祥的徵兆；杉樹也不錯，代表你將過得舒服且富足；檸檬樹代表一趟穿越海洋的航行。然而夢到紅豆杉和榿木，則代表小孩子將生病及老人的死亡。花朵與果實也各自代表著不同的命運，下面是那些較重要且有文獻記載的內容，以字母順序排列：

- 蘆筍，如果夢見一綑整齊的蘆筍，代表眼淚；如果夢見長出蘆筍，代表你將得到一筆財富。
- 蘆薈，沒有花，暗示長壽；有花，暗示遺產。
- 朝鮮薊，代表你將在短時間內得到你從未期待過的援手。
- 龍牙草，代表家中將有人生病。
- 銀蓮花代表愛情。
- 報春花，在床上代表幸運；在鍋子裡代表婚姻；如果是採摘它們，則代表守寡。

●歐洲越橘代表一趟愉快的旅行。

●金雀花則代表家庭人數的增加。

●花椰菜預示你所有的朋友將冒犯你，或你將變得窮困，且沒有人可憐你。

●酸模葉，將從國家得到禮物。

●水仙花，夢見水仙花的少女，代表她的守護天使正在警告她，要她絕不可以跟自己的情人進入森林，也不要接近任何陰暗或荒廢等那些她如果大聲呼救也沒人會聽到的地方。如果她沒留心這個警告就將蒙受不幸！

●無花果，綠色的代表尷尬；乾燥的代表貧者將得到金錢，富者將得到歡樂。

●三色堇代表心痛。

●百合代表喜悅；睡蓮則代表海上的危機。

●檸檬暗示分離。

●番石榴預示單身者將得到美滿婚姻；婚姻出現衝突者，則代表和解。

●榅桲暗示著愉快的同伴。

●玫瑰代表快樂的愛情，但也參雜著悲喜之情。

●酸模。夢見這種植物代表很快地，你將憑藉自己的謹慎克服巨大的災難。

●向日葵代表你的驕傲將遭受嚴重的打擊。

●紫羅蘭對單身者暗示著邪惡，對已婚者暗示著歡樂。

●任何一種黃色的花，代表嫉妒。

●紅豆杉漿果對男性與女性來說都代表人格的損失。

但我們能發現，這些規則並非全世界通用。同樣夢見一朵玫瑰花，英國的少女會在清晨醒來後，滿心歡喜地迎接一天；諾曼地的農民卻要為著同一朵玫瑰感到畏懼與憂愁。英國人為著夢中的橡木高興；瑞士人卻不然，對他們來說，這棵樹在提醒他為著某些瑣碎的原因，他將遭遇重大災難。人類為自己的迷信與無知飽受折磨，他們結著網，捕捉各種憂愁，在沒有任何價值的希望與恐懼中，度過自己的一生。

徵兆。在人類徒然地期望預知未來的希望下，他們替自己想出各種自找麻煩的手段，在這之中，徵兆與預兆占有顯著的地位。那些在特定時間下發生的自然現象，經常被一些人當作幸福或不幸的徵兆。不幸徵兆的名目是如此繁瑣，就好像在周遭的事物中，比起帶來歡樂的事物，我們更喜歡可以折磨自己的不幸預兆。我們懷著目的接觸世界，想辦法讓自己不自在。杯中的生命似乎不夠苦澀，我們只好自己提煉出不必要的苦味加入其中，或幻想一些隱晦的暗示好驚嚇自己，即便這些恐懼的對象根本不存在。艾迪生[5]說道：「我們受苦，為著一些瑣碎的理由，卻表現得像真的遇見惡事。我曾聽聞一顆流星毀掉整晚清寧的事情，也曾看過一名熱戀中的男子因拔掉許願骨的結果讓自己面色發白，甚至食不下咽。比起一群匪徒，夜晚啼叫的貓頭鷹更可以讓整個家庭陷入恐懼；不止如此，蟋蟀發出的唧唧聲比獅子吼更駭人。對於腦中塞滿各種象徵與預兆的人來說，沒有任何一件事是微小且無足輕重的。生鏽的鐵釘與彎掉的針都承載著預言的重責大任。」

自艾迪生留下這些評論後，已過了一世紀又一季，這其中也不乏各種荒誕之事。時間殲滅了許多謬論與幻象，但占卜的盛行卻不受影響，繼續摧殘著心靈脆弱的人們。對於徵兆的信仰並非只出現在地位卑下或無知之人身上。一位擅於領兵的將軍就曾因在燭光中看見裹屍布而提心吊膽。那些得到最高文學榮譽且知識淵博的學者們，在睡前還是會將所有獎座寶貝收在一起，只因為他聽見大街上有狗對著月亮嚎叫，深怕有人會來奪走他的寶貝。那些深知徵兆對於一位智者根本毫無益處的人，卻羞愧地承認自己在看到一隻無害的小蟲停在牆上叫喚著死亡，或看見從爐火中跳出來的長形空心煤炭時，他們還是會心生恐懼。

除了上述提及的預兆外，還有很多邪惡的預兆可以嚇壞那些平庸且脆弱的大眾。一個突然的冷顫，就可以讓這些人相信自己的敵人正踏過那個有朝一日、將成為自己喪命地的所在。如果早晨踏出家的第一步就看到一條母豬，今天一天都會壞事連連。遇見一隻驢子，也是不太吉祥的徵兆。從梯子下面經過，也會帶來不幸。此外還有在聖麥克爾慶典上忘記吃鵝肉、踩到一隻甲蟲、吃到一個果核中出現雙生果仁，都預示著不幸。在同樣的邏輯下，當一個人打翻鹽罐時，就代表他會受到磨難；每一粒鹽巴都代表他今日將承受的苦難。如果十三個人一起坐在桌子前，將有一人會在一年內死掉，且所有人都會不幸。在所有不幸的預兆中，這個絕對最慘：幽默的基奇納（Kitchener）博士曾說，過去他所觀察到最不幸的情況，該數十三個人一起坐下來用餐，卻發現桌上的食物只夠十二個人吃。這個迷信在歐洲各國都很知名，有些地方甚至會將數字十三視為邪惡的化身，如果他們在錢包裡發現十三個銅板，就會像是要擺脫骯髒的東西般立刻丟掉其中一個。聰明的貝朗傑[6]曾在自己優雅的歌曲〈桌邊的十三人〉（Thirteen at Table）中，以非常詩意的態度面對這個可笑的迷信，並在其中融合了他經常展露的智慧。在吃晚餐的時候，他打翻了鹽巴，他抬頭環顧四周，發現自己正巧是第十三位訪客。當他正在哀悼自己的不幸，並編織各種疾病、受苦受難的情節時，他突然看見了死亡。對方並不是骷髏頭，也沒拿著充滿威脅意味的長茅，而是一位沐浴在光芒中的天使。隨著對方的靠近，他沉浸在愚蠢的自我摧殘意識中。但天使其實是人類的朋友，不是敵人，天使總是協助人類脫離塵世的紛擾。

如果人可以用這種態度來面對死亡，並在死前以聰明且健全的心態過日子，那麼他們將省下多少因悲傷與困惑而浪費的時間！

在各種好預兆中，最了不起的該屬遇見有花斑的馬，同時遇到兩隻，代表更棒的結果；如果你在巧遇三隻的時候立刻許下心願，你的夢想將在三天內實現。如果不小心將襪子穿反，那麼這也是一個好預兆。但如果你故意穿錯，什麼事都不會發生。連打兩個噴嚏是幸運的；但如果連打三個，原本萌生的好運將立刻消散。如果一隻陌生的狗跟著你，向你搖尾巴，甚至想蹭到你身上，這代表你將獲得巨大的成功。如果有一隻公貓跑到家

5 約瑟夫·艾迪生（Joseph Addison），英國散文家、詩人、劇作家和政治家。
6 皮耶爾·尚·德·貝朗傑（Pierre-Jean de Béranger），法國詩人與知名作曲家。

中，並向家中的人表示友好，這也是一個好預兆。但如果是隻母貓，則會帶來極大的不幸。如果一大群蜜蜂飛到你的花園裡，這代表極大的榮譽或快樂等著你。

除了這些關於未來的徵兆外，只要留心身體癢的部位，你也可以更了解自己的命運。據說，如果是眼睛或鼻子癢，代表你很快會感到悲傷；如果腳癢，你將踏進奇怪的地方；如果是手肘癢，你可能要換夥伴了。右手癢代表你很快會獲得一筆錢；左手癢則代表你會花掉一筆錢。

這些僅僅是流行在歐洲當代的徵兆。如果列出一張完整的清單，其長度絕對叫人咋舌，其荒謬程度更可叫人頭疼。至於試圖搞懂東方國家流行的迷信種類，也是毫無益處的舉動。所有讀者都會記得《項狄傳》（*Tristram Shandy*）中所保留的包羅萬象詛咒手法——你可以在裡面找到各種人類所記得或被發明的詛咒方法。東方宗教所產生的迷信，也不比西方少。在特定時間下身體的每刻、心靈的每分，都可以是一種徵兆。自然界的萬物，即便是一朵雲或天候的變化、每種顏色、每種聲音，人或動物、鳥類、昆蟲、無生命有生命之物，都是徵兆。沒有任何事物是瑣碎或渺小到不足以承載讓人生充滿更多希望或恐懼的意義。

對於預兆的深信不疑誕生了迷信，並在古早時候流傳下來了在某天進行某件事，就能窺見未來的各種方法。下面，從布里吉特（Bridget）修女受歡迎的《夢與預兆之書》（*Dream and Omen Book*）中，我摘錄了一段文字，透過此些內容，讀者可清楚觀察到英國人早期的觀念。

一月一日——如果年輕女子在睡前喝下一品脫的冷泉水，裡面添加一份由小母雞的蛋黃、蜘蛛腳、搗爛的鰻魚皮所做成的護身咒，當晚睡覺時，她將在夢境中看到自己的未來。如果在一年當中的其他時候嘗試，這個咒語將失效。

情人節——讓一名單身女子在清晨早早出門，如果第一位遇見的是女人，今年她將不會結婚；如果是一位男人，她將在三個月內嫁出去。

天使報喜節（三月二十五日）——下面的咒語在此日進行可取得一定的成功，利用紅紡線與藍絲線做成的繩子，串起三十一顆堅果，睡前將這串堅果掛在脖子上，並念出這段咒語：「噢，我希望！噢，我希望看見我的真愛是誰！」午夜過後不久，你將在夢中見到自己的真愛，並得知生命中的各件大事。

聖斯偉辛節前夕（七月十四日）——想出三件你最想知道的事，用一隻灌了紅色墨水的新筆寫在一張四角被剪掉、且邊緣被燒過的布紋紙上頭。將這張紙以情人結的方式折起來，並用三根自己的頭髮繞在外面。將這張紙連續三晚放在枕頭下，問題的答案將浮現。

聖馬克夜（四月二十四日）——在時鐘的時針指到十二點時，去離你最近的教堂墓地裡，從教堂南面的墳墓上採三根草（越長越寬越好），在準備上床睡覺時，將它們放在你的枕頭下，以最虔誠的心重複下列語句三次：「在聖馬克夜預測未來將能成功，為此讓我放下自己的希望與恐懼；讓我知道自己的未來，無論是福是禍；無論我的地位將高還是低；無論我將單身或結婚，顯現我的命運吧。」如果當晚你沒有做夢，代表你將單身且一輩子淒慘。如果你夢到打雷或閃電，則代表你的人生將遇到一場極大的困難與悲傷。

聖燭日（二月二日）——在今天晚上（也是聖母瑪利亞淨身的日子），讓三、五、七或九位年輕女性聚集在一個正方形的房間裡。在四個角落掛上參有蕓香或迷迭香的香草束。接著用麵粉、橄欖油和白糖製作一個蛋糕，每個女生製作與貢獻的分量必須一樣。做完後，將蛋糕切成同等大小，每個人在切蛋糕時，要在自己切得那塊上以自己的名字縮寫做記號。最後，將蛋糕放在火前面烤一個小時，期間不可以說任何一句話，全部人必須將手腳交疊地坐著。烤好的蛋糕以紙包起來，少女必須事先在上面抄寫好所羅門聖歌愛情的部分。如果她將這個放在枕頭下，她將夢見真實。她將看見自己未來的先生與每個孩子，並知道自己的家庭會是富裕或貧困，是幸福或悲慘。

仲夏節（六月二十四日）——取三朵玫瑰，用硫磺熏它們，並在當天下午三點準時將其中一朵玫瑰埋在紅豆杉下，第二朵放在新墳上，第三朵放在自己的枕頭下三晚，結束後將花用木炭的火燒掉。你在這段期間所做的夢將透露你未來的命運，根據布里吉特修女所說，更神奇的地方在於即將娶你的那名男子在他來娶你之前，他都不會得到平靜。除此之外，你將主宰他的夢一輩子。

聖約翰夜（六月二十三日）——用最好的黑絨布（較差的將無法成功）做一個針枕，並在其中一面用你所能買到的最小號（其他都不行）的針繡上自己的全名。另一面用大號的針固定成一個十字架，並在周圍繡上圓圈。晚上睡覺脫下襪子時，將這個放在裡面並掛在床腳。你將在夢境中看到自己的一生。

一年的第一個新月——在一年的第一個新月日，取一品脫的乾淨泉水，並在裡面倒進白母雞下的一顆蛋的蛋白、一杯白酒、三個去皮的白杏仁、一湯匙的玫瑰水。睡前喝下這杯，不多不少正好三口；接著以清晰的聲音重複下面句子三次，但注意不能太大聲讓別人聽見：

在清晨來臨前，
如果我夢見純淨之水，
就代表我將貧窮，
財富不會降臨。
如果夢見美味的啤酒，
我的運勢將會中等——

命運時好時壞，
有時歡喜，有時悲傷，
但如果夢見在喝葡萄酒，
財富與歡樂將是我的命運。
飲料越濃，運氣越好——
命運入我夢，出現，出現！

二月二十九日——由於這天四年才出現一次，因此其特殊的好運可幫助想知道未來的人們，尤其是焦急著想知道未來夫婿外表與長相的年輕姑娘們。適用的咒語如下：將二十七支最小號的針，以三根、三根的方式，插在牛油蠟燭上。在反方向的一端點起蠟燭，在將它放在以陶土製成的燭台上，這個燭台的原料還必須是從處女的墳地取來。在時針剛剛好指到十二點的時候，將燭台放到煙囪的左手邊角落，並立刻去睡覺。當蠟燭燒完後，將這些針取出並放在左腳的鞋子中，在九天之內，你的命運將被揭露。

現在，我們已粗略看過許多發現未來的方法，尤其是現在還確實流行的方法。不管到了任何國家，這些笨拙的手段本質上都差不多。民族的個性與怪癖會影響解釋的內容。高山上的居民會以周圍常見的景色來預示自己的命運。平原上的居民也會從自己周遭的景物中，尋找與未來相關的象徵。人人都以自己的風土民情，調配著特有的迷信。眾人蠢蠢欲動，想知道上帝出於慈悲不讓我們明瞭的未來。要根除人類對此方面的好奇心，想必是不太可能的。死亡和壞運持續讓心靈脆弱，無知且無宗教信仰者感到困擾，即便神學家如何宣揚這些做法對上帝有多麼不敬、哲學家如何解釋這些做法有多麼愚蠢，都是徒勞。不過，確實有跡象顯示這些算命之道正逐漸式微。占卜者與先知失去了他們往日所享受的光環，那些過去欣然接受大眾目光與追捧的術士們都躲進了暗處。截至目前為止，社會有了顯著的進步。

第七章 The Magnetisers 催眠術士

有些人認為他們是最了不起的智者，有些人認為他們已陷癲狂。

——比蒂[1]《吟遊詩人》（*Minstrel*）

在治療上，想像力的治癒效果是眾所周知的。一個手勢、一個眼神，就能叫迷信且虛弱的病人立即精神百倍。只要信心十足，即便一個由麵包做成的安慰劑，也比任何根據藥典所開出來的藥方強上百倍。統治布雷達的奧蘭治親王，曾在一六二五年利用一個江湖術士的方法，救活了所有差點死於壞血病的軍人。當時，所有的治療方法都失敗了，於是他讓醫生和自己聯手演了一齣戲，救活士兵[2]。從巫術的歷史上來看，我們還可以找到上百起與此相仿的案例。巫師與術士們用那些足以嚇壞迷信且緊張女人們的可笑儀式、手勢和野蠻話語，並將那些（現在我們都已明瞭成因的）歇斯底里等症狀的人帶上來，說著他們是受到魔鬼的影響，而所有人——包括受害者、圍觀者與巫師本人，更對此番解釋深信不疑。

當鍊金術變得不太光彩，知識的進步更讓人開始質疑其原理時，一個以想像力為根基的新幻象誕生了，它迅速地竄起，並收服了所有鍊金術士的心。許多人放棄原本的目標，開始以催眠術士自居。一開始，他們的對象是金屬，接著是動物、磁力術／催眠術，並以最後這一項得名，流傳至今，愚弄上千人。

礦物催眠術士首先成為這一代江湖術士的佼佼者。帕拉塞爾蘇斯是否為玫瑰十字會的鼻祖，大家對此有頗多爭議，但如果說他是第一位使用催眠術的人，卻毫無異議。在鍊金術部分我們已提過他的所作所為，與所有傑出的專家一樣，他也是位醫生；此外，除了宣稱自己可以鍊金或明白永生的祕密外，他還可以治癒所有疾病。根據後人的觀點，他也是第一位將神祕與超自然般的力量歸諸於磁鐵的人。在誠摯的信念下，大家顯然認為磁鐵就是賢者之石，而磁石即便無法順利鍊鐵成金，也可以舒緩人類的病痛，停止衰退的過程，他花了許多年，在波斯與阿拉伯，尋找東方神話中那著名的堅硬之山。當他在巴塞爾行醫時，他稱自己其中一項藥方為「金丹」（azoth），據他所說，這是一種擁有磁性的水晶，可治療癲癇、歇斯底里和痙攣情況。很快地，就有人開始模仿他。他的名聲無遠弗屆，而這顆錯誤的種子也被悄悄地種下、灌溉，並成長、開花結果、開枝散葉。除了現代醫學拒絕承認外，普遍認為這就是催眠術的起源。我們可發現在帕拉塞爾蘇斯之後，礦物催眠術取得了不少成功，直到安東尼．梅斯瑪爾[3]出現，為此幻象添注了一股新的力量。

帕拉塞爾蘇斯聲稱自己可以透過磁鐵的效果，將人類的病痛移植到土地上。他說共有六種方式可進行，且只需了解其中一種，就能明白施行的方法和程序。「如果一個人受當地或普遍的疾病困擾，請在他身上施行這種治療。取一塊磁鐵，放進乾屍做成的粉末中，再與大量的土壤混合。在這些土壤中播下與該疾病擁有一致或

1 詹姆斯．比蒂（James Beattie），蘇格蘭詩人、道德家與哲學家。
2 請見范．德．米耶（Van der Mye）關於布雷達的記錄。當時，駐兵感染壞血病，奧蘭治親王送了兩個或三個裝著用柑橘、艾草與樟腦熬製出液體的玻璃小瓶給醫生們，要他們假裝這個液體是非常寶貴且極其稀有的藥方，是冒著極大的危險與心力才從東方帶回來；而這個藥效是如此強大，因此只需要兩或三滴就可以讓一加侖的水變成軍人們的救命仙丹。
3 安東尼．梅斯瑪爾（Anthony Mesmer），德國醫生，主張在生物與非生物間會發生一種自然力的轉移，也就是他所謂的動物磁性，後來被稱為催眠（Mesmerism）。

同質性的種子，接著，將這些土壤徹底地與粉末混合，放入陶器中。每天替這些種子澆水，並以清洗染患部或身體的水徹底滋潤種子。透過此方法，疾病將從人體移植到在土壤中生長的植物。做完這些後，將種子從陶器中移植到地上，並等待其發芽並長成植物。隨著它們的成長，疾病將漸漸消失，當植物完全長大後，病症將完全康復。」

揭露鍊金術士許多騙術並因此經常與其起爭執的耶穌會會士珂雪，也非常相信磁鐵的功效。為了治療一名患有疝氣的病人，他要求對方吞下一小塊被搗成粉末的磁鐵，並同時在腫脹的外患部敷上以鐵製成的膏藥。他希望當吞下去的磁粉消化到該部位時，可以吸引外部的鐵膏藥，並因此壓縮腫瘤。據他所說，這樣的做法可安全且迅速地減小腫瘤。

從此，磁力術的新應用方法發揚光大，任何因金屬而造成的傷口都可以用磁鐵治療。隨著時間過去，新的幻象不斷擴大，人們甚至相信只要將一把劍磁化，就可以用這把劍治療任何因劍而起的創傷。這也是十七世紀中期大為風行的「武器膏藥」（weapon-salve）的起源。下面是帕拉塞爾蘇斯治療被尖銳武器刺傷傷口的方法，此方法不適用在心臟、大腦或動脈傷口。「取生長在被吊死後屍體置於露天的小偷頭部上的青苔、木乃伊、仍然溫熱的人血一盎司、人類油脂兩盎司，和亞麻籽油、松節油、阿美尼亞紅土，各〇．一二五盎司。在搗缽中徹底混合，並放入狹長的甕中。」接著，將武器沾上傷口鮮血並仔細地塗抹上此膏藥，並放在陰涼的地方。與此同時，傷口每天必須適當地以乾淨的水清洗，蓋上乾淨、柔軟的亞麻碎布，並每天揭開一次以清除產生的膿等。根據《國外的每季評論》（*Foreign Quarterly Review*）第十二冊關於生物催眠術的聰明作家所說，這項治療的效用絕對不容懷疑：「現代醫術也是用同樣的方法在治療傷口，只不過不會在武器上塗抹藥膏罷了！」

武器膏藥在歐洲大陸廣為流傳，還有許多人爭著說自己是發明此方法的始祖。玫瑰十字教派的佛拉德或佛羅堤伍斯醫生，也非常熱心地將此方法引進英國。他曾多次嘗試，結果非常成功，也因此他不斷向病人吹噓膏藥的功效。當然，他也從來不會忘記要清洗傷口、包紮等那些對治療才有確實效果的步驟。佛拉德更進一步宣稱，只要適當應用，磁鐵可治癒所有疾病。但就像磁鐵擁有北極與南極的特性，人也一樣，因此治療只能在患者處於北向的時候進行！在他聲名大噪的時候，有人攻擊了他與他最引以為傲的武器膏藥治療手法，但這些評論並沒有打擊民眾對其理論的信賴。有一位「帕森・佛斯特」（Parson Foster）曾寫了一本小冊子宣稱，使用此膏藥就像使用巫術般邪惡，這是惡魔發明的膏藥，最後，這個惡魔將抓住那些曾鼓勵使用此療法的人們。帕森說：「事實上，是惡魔將這個技巧傳授給帕拉塞爾蘇斯的，帕拉塞爾蘇斯再將其傳授給君王，君王傳授給朝臣，朝臣傳給浸信會的波爾塔[4]，波爾塔傳給佛拉德醫生，也就是倫敦現在當紅的醫生，他本人更大力推廣此方法。」佛拉德醫生為了替自己的療法辯護，也執筆反駁：「在真理的鋒芒下，將糾正與消滅其報導中的苦澀火焰。最後，他那想要抹去武器膏藥的海綿將被摧毀且永遠消失。」

在這場爭辯後，又有一名身分高貴的武器膏藥追隨者出現，他就是康奈爾・迪克比爵士，其父正是參與火藥陰謀[5]而被處決的艾佛爾德・迪克比（Everard Digby）。這位在各方面都相當多才多藝、博學且聰明的男子，腦中充滿了各種鍊金術的觀念。他相信賢者之石，並希望勸說笛卡兒將其聰明才智用在尋找生命之水上，或任何能延長人類生存至永生的方法。他根據阿諾・芬納夫的處方，每天給他那著名的美麗妻子凡妮莎・尼夏・史丹利（Venetia Anastasia Stanley）一盤以毒蛇餵養的閹雞，希望能讓妻子一百年後也如現在一般美麗動人。這樣一名男子在得知了武器膏藥的概念後，肯定會努力將其發揚光大。不過，他將武器膏藥做了一點改變，改良成粉末，並稱之為「交感粉」（Powder of sympathy）。他聲稱自己是從一位加爾默羅修士那裡取得藥方，這位修士在波斯或阿美尼亞一位偉大的哲學家處，習得此療法。詹姆斯國王、威爾斯親王、白金漢公爵等貴族們，都很相信此藥方。康奈爾爵士更在蒙彼利埃時，將此療法的著名事跡念給一群學者聽。知名書籍《樹

4 吉安巴蒂斯塔・德拉・波爾塔（Giambattista della Porta），文藝復興時期的歐洲學者。

5 火藥陰謀（Gunpowder Plot）發生於一六〇五年，一群英格蘭天主教極端分子試圖炸掉英國國會大廈，並殺害正在其中進行國會開幕典禮的英國國王詹姆斯一世和他的家人以及大部分的新教貴族，但是並未成功。

木學》（*Dendrologia*）與數封書信的作者詹姆斯．豪威爾（James Howell），恰巧遇到兩位朋友正在進行決鬥，他匆忙地趕到現場並想辦法將兩人拉開。他一手抓住其中一人的劍柄，另一手則抓住了另一人的刀鋒。兩人怒氣難消，試圖掙脫想要阻撓他們的朋友；就在拉扯間，那位刀刃被豪威爾抓住的男子粗暴地扔下劍，卻將朋友的手掌近乎切斷，所有神經與肌肉都被割斷，傷口深可見骨。就在這一個瞬間，另一人也丟下自己的武器，企圖去打敵手的頭，但卻被豪威爾察覺，並下意識地伸出受傷的手想防止對方進行攻擊。劍刃砍在他的手背上，傷勢相當嚴重。「看上去，」康奈爾爵士說，「就好像有什麼不吉祥的凶星從他們頭上掠過，如果他們能保有理智，就不會讓自己最親愛的朋友受到如此嚴重的傷勢。」看見豪威爾的臉上沾滿了傷口所流下的鮮血後，這兩名決鬥中的人趕緊衝上去抱住他，用襪帶束緊他的手，試圖止住大量從手掌靜脈中流出的鮮血。他們將他送回家，並立刻進行手術。非常喜愛豪威爾先生的詹姆斯國王也立即派了自己的醫生，去為他動刀。接著，我們必須引用康奈爾爵士的詞語，來交代故事：「當時豪威爾先生強烈請我替他治療，四、五天過後，我準備好藥品，他來到我家並請求我替他檢查傷口。『我知道你有治療此類傷口的特效藥，我的醫生非常擔心我的手掌會壞死，如果壞死，我就必須切掉手掌。』事實上，你可以從他的表情看出來他正承受極大的痛苦，這種痛導因於傷口受到嚴重感染。我向他表示自己非常願意替他療傷，但我擔心他發現我不需要碰到他或見到他的情況下，就能進行治療，他可能會覺得我的方式非常奇怪或很迷信。他說，『有許多人告訴我關於你在治療方面的神奇表現，對此我也絕無半分懷疑；我唯一想對你說的，套句西班牙諺語：藉穆罕默德之手，讓奇蹟發生吧！』」

「接著，我向他要了任何沾有血跡的物件，他拿出了那條止血時使用的襪帶。我要了一盆水就好像我要洗手般，並取了研究室中的一把硫酸鹽粉溶解在水中。在那條沾滿鮮血的襪帶拿來後，我將它浸入水中，並觀察著站在研究室一角和另一位男士在談話的豪威爾先生，他顯然沒有察覺到我的舉動。突然間，他叫了一聲，就好像發現身體出了什麼奇怪的變化。我問他心中在煩惱著什麼？『我知道自己在煩惱什麼，但突然間煩惱消失了。依我看，就好像有一張冰涼濕潤的餐巾包覆在我的手上，帶給我清爽的感受，並吸走所有使我痛苦的發炎症狀。』我回應，『既然你對我的藥物反應良好，我建議你可以去掉所有膏藥；只要記得保持傷口乾淨，並處在不能過冷或過熱的室溫下。』這件事傳到白金漢公爵的耳中，又傳到了國王的耳中，他們兩人都非常想知道這當中的祕密。後來，晚餐過後，我從水中拿出襪帶，並放在火爐前烘乾。但在襪帶還未乾之前，豪威爾先生的僕人衝進來找我，說主人覺得手掌好像燒起來了，那樣的熱度讓他感覺自己的手好像放在煤炭與火之間。我告訴僕人，雖然這種情況以前確實發生過，但這種痛很快就會消失了。我知道疼痛的原因，也因此我可以預防它再次發生。我對僕人說，在他回到主人身邊前，主人的灼熱症狀應該就消失了。但以防萬一，我還是請豪威爾先生回來複診一次。就算我沒這麼做，他應該也會想來。於是，豪威爾先生再次拜訪我，我立刻將襪帶放進水中，僕人驚訝地發現主人的臉變得非常放鬆。簡單來說，他再也不痛了。五到六天內，他的傷口也完全癒合且康復。」

這就是康奈爾．迪克比爵士精彩絕倫的故事。但其他使用磁性治療的人，可不支持他這個故事。對他們來說，治療並非一定需要交感粉、武器膏藥，也可以同樣有效。只需要利用手將劍磁化（催眠理論首度成型），就可以舒緩任何因該武器所導致的疼痛。他們宣稱，只要自己向上撫摸劍，就可以立刻舒緩患者的疼痛，但如果向下摸著劍，患者就會感受到前所未有的劇痛。

與此同時，還出現了另一個關於催眠術效果與能力的有趣想法。當時，出現了一種利用肉體製作的「交感字母表」（sympathetic alphabet），透過這個字母表，無論人與人相隔幾千里，都可以快速地交換彼此的想法與念頭。首先，你必須從兩個人的手臂上割下兩塊肉，並趁這塊肉還溫熱且流著血的時候，移植到對方手臂上。這塊切下來的肉會在新的手臂上癒合，但同時具備原主人的交感神經系統，因此如果這塊肉受到傷害，原主人就會立刻感受到。在這兩塊被交換移植的肉上，刺上字母表，如此一來，當兩人想交談時，只需要用磁化的針戳一下肉，他的朋友就會立刻收到訊息。而這兩塊肉必須刺上一模一樣的字母表。

跟康奈爾．迪克比幾乎同等馳名的瓦倫汀．葛雷萊克斯（Valentine Greatraks），則對當時非常熱門，且擁有眾多擁戴者的礦物催眠學不感興趣，他從不提催眠術或撫慰治療等理論，而是對自己與其他人施行近似於動物催眠的騙術。他的父親是一位受過良好教育且家境富裕的紳士，他們住在科克郡。他在很小的時候，就陷入了憂鬱的精神錯亂中。一段時間後，他的腦中出現一種奇怪的衝動或念頭，無論他在睡覺或走路，這個念頭都苦苦糾纏：他認為上帝賦予他治癒瘰癧（頸淋巴結結核）的能力。他向妻子提起這個想法，妻子直言不諱地說他是傻瓜。但他不願放棄，畢竟這可是上帝賦予他的能力，於是他決定試試看。幾天後，他拜訪住在里斯摩爾教區內壽特斯橋的威廉．馬厄（William Maher），此人的眼睛、臉頰與喉嚨嚴重受瘰癧影響。瓦倫汀向這位信仰虔誠的男子伸出手，一邊撫摸著他，一邊熱切地禱告著。幾天下來，當他看到這名男子逐漸好轉時，他的信心開始膨脹。最後，在其他藥劑的輔助下，威廉幾乎痊癒。這次的成功鼓舞了他，讓他深信自己背負著神聖的使命。漸漸地，他又感應到了新的召喚，他覺得自己可以治療瘧疾。隨著時光的流逝，他將自己的治癒能力延伸到了癲癇症、潰瘍、疼痛和跛疾。科克郡陷入一陣騷動，大家都想看看這位擁有非凡能力的醫生，而他的天生神力又確實「治好」了許多精神憂鬱或天生疑心的病人。根據他自己的說法，有大批人不遠千里，跑到他住的地方求診，導致他完全沒時間做自己的事或陪陪家人與朋友。他被迫騰出三天時間，在這三天內的早上六點到晚上六點間，他什麼雜事都不做，只是專心地用手治癒遠道而來的病人們。但湧進來的人是如此多，導致臨鎮的客棧也容納不下這些人。於是，他被迫離開家鄉，去了約爾，但人潮還是絡繹不絕地跟著他，而且這次不僅僅是愛爾蘭地區，還包括全英國。龐大的看診人潮嚇壞了約爾的治安官，深怕這些人將疾病傳染給當地人。一些迷信的可憐蟲一見到瓦倫汀，就立刻覺得自己好了許多，而瓦倫汀會用手朝他們的臉搧搧風，並幫他們禱告。此外，他還說只要觸碰他的手套，就可以趕走疼痛，有一次，他甚至用手套替一位女子趕走了日夜騷擾她的惡魔或邪靈。「這些惡魔們在跑到她的喉嚨時，會企圖掐死她。」瓦倫汀說道。明顯地，從這女人的症狀來看，她患的不過是歇斯底里症。

那些比瓦倫汀本人更了解他所作所為的里斯摩爾教區神父們，起身反抗這位新先知與他的奇蹟。他被召喚到大主教的法庭上，並禁止他從今以後再用手治癒其他人，但他根本不在乎教堂。他認為自己的能力是直接來自天堂，且不斷治癒眾生，讓大家獲得健康，他的能力就跟當前最受歡迎的磁力催眠術差不多。於是，他的名氣越來越大，最後連康偉（Conway）勳爵都從倫敦派人來找他，請求他治癒那長期折磨著他太太、連全英國最棒的醫生都無法治癒的頭疼。

瓦倫汀接受邀請，並在康偉勳爵夫人身上嘗試了自己的治癒術與禱告。然而，他沒能解決痛苦。這位夫人的病況實在過於嚴重，導致任何心理慰藉與想像都無法幫上忙。後來，他在康偉勳爵位於瓦立克郡的家中住了幾個月，施行他在愛爾蘭使用的那套醫術。沒過多久，他搬去倫敦的林肯會所公園附近，而那裡很快地就變成那些緊張兮兮且易接受暗示女子的聚集場所。我們可在《聖艾佛門特雜記》（*Miscellanies of St. Evermond*）第二卷的〈愛爾蘭先知〉篇中，看到一則瓦倫汀在一六六五年發生的有趣事跡。這是早期催眠術所留下來的最生動，且具畫面的描述。他、或他的後繼者（出現在我們這時代的那些人）究竟誰比較逗趣，我實在想不出來。

聖艾佛門特說道：「當科曼（Comminges）先生從最崇高的基督教教皇身邊來到大英帝國擔任大使時，有一位愛爾蘭先知來到了倫敦，聲稱自己可以讓奇蹟發生。許多人央求科曼邀請這位先知到家中做客，好讓大家見識他所謂的奇蹟，科曼為了滿足眾人、同時也是為了滿足自己的好奇心，答應了大家的要求，並傳訊息給瓦倫汀，表示自己非常想見見他。」

「關於這位先知要來訪的消息很快就傳遍整個城鎮，科曼入住的酒店擠滿了想得到奇蹟幫助的病人。這位愛爾蘭男子讓他們等上了好一段時間，最後，打扮莊嚴且樸素的他現身了，沒人看得出來他是一位騙子。科曼先生準備嚴厲地質疑他，並和他討論自己在范．海爾蒙特和博帝奴斯（Bodinus）書上讀到的內容，但非常可惜的是，來看診的人太多了，每個人都不耐煩地搶當第一位病患，讓科曼的僕人不得不脅迫、甚至是使用武力好將這些人歸位，找出一個排隊的次序。」

「這位先知聲稱所有的疾病都是源於不好的邪靈。每一種病狀在他眼中，都是惡魔的侵略。第一位送到他面前的男病患，深受風濕與痛風之苦，他的症狀是如此嚴重，所有醫生都束手無策。『啊！』執行神蹟者說，『我在愛爾蘭見識過許多類似的靈體。他們是水屬性靈體，會讓我們打冷顫，並讓我們可憐的身體產生過量的體液。』接著，他對那位男病患說，『邪惡的靈魂啊，離開汝生長水體卻住進這可憐軀體的靈魂啊，我要求汝立即離開新居所，回到那古老的居所去！』說完後，這名男子被命令離開房間，換下一個人進來。第二個人說自己受憂鬱的水氣侵擾。事實上，他看起來就像是疑心病太重的病患；有太多人因自己的幻想而生病，甚至分不清現實與想像。『空中的靈魂啊！』這位愛爾蘭男子說，『回去，我命汝回到空氣，去執行汝過往調節氣溫的使命，別在這悲傷、抑鬱的身體掮起多餘的風！』接著，這名男子立刻被推出去，下一個人又進來了。愛爾蘭人表示第三位患者只是受到一隻小精靈的騷擾，這隻小精靈無法承受他的法力強度。他聲稱自己從別人都無法看到的標記認出這隻小精靈，於是，他對著小精靈微笑並說，『這些小精靈通常不會引起什麼傷害，還是很有趣的生物。』從他說話的語氣來看，就好像他認識所有的小精靈，熟知他們的等級、數字、目的與功能。接著，他更大肆吹噓自己對這些魔鬼把戲的了解，甚至超越他對其他人類的了解。你很難想像他在極短的時間內得到了多大的成功。天主教徒和新教徒從世界各地前來拜訪他，畢竟他是掌握天堂之力的男子。」

接著，在描述了另一個認為有魔鬼介入兩人，並請瓦倫汀替他們驅逐魔鬼的夫妻案件後，聖艾佛門特總結了瓦倫汀的能力：「他的自信是那麼無與倫比，讓盲從的大眾出現幻想，看不見的人看見了，聽不見的人聽見了，跛子也能正常走路，身體痲痹的人也能重新控制自己的身體。對於健康的想像讓他們暫時忘卻了自己的病痛；而那些因病痛或好奇心所產生的想像力，更是讓那些懷抱強烈被治癒希望的人們，透過虛假的治癒過程達到康復。這就是這位愛爾蘭男子所具備的神力，並讓心靈影響身體。整個倫敦都在沸沸揚揚地討論著他的能耐。而他的能力也得到許多認可，盲從的大眾連檢驗都沒檢驗，就直接接受了這樣的傳聞，而那些心知肚明真相的人，卻不敢大聲說出自己的想法。民眾的想法非常狹隘且排外，他們既已選擇尊重這種專橫，便認為經驗學家的說法才是錯的。那些看破幻象的人情願保持沉默，因為即便對著那些盲從且充滿偏見的人大聲疾呼，也不會有任何結果。」

就在瓦倫汀利用催眠術治癒倫敦人的同時，義大利的法蘭西斯科・班尤奈（Francisco Bagnone）也在義大利進行了同樣的騙局，並取得空前的成功。他只需要以手或屍體的遺骸（這種做法往往更能對其狂熱的精神產生效用）碰觸女性，就能讓她們痊癒，並讓她們進入著迷的狀態。

除了這些人以外，歐洲各地的部分學者也開始將自己的注意力放到催眠上，相信這對某些疾病有確實的療效。范・海爾蒙特還出了一本書，描寫催眠對人體的影響。西班牙人巴薩爾・葛拉西安（Balthazar Gracian）則憑藉自己對此議題的大膽看法而聲名大噪。他表示：「磁鐵吸引鐵，鐵無所不在，因此，萬物都會受到磁性影響。磁力可修正那些影響人類體內和諧或紊亂的普遍原則。這個原則更影響了同情、無情或熱情的漲退。」

受帕森・佛斯特影響而投身於荒謬的武器膏藥推崇者行列的波爾塔，對開山始祖之一的佛羅堤伍斯所做出的攻擊中，也表達了對磁力的極高推崇，並在結合病人的想像下施行所謂的催眠術，他的成果是如此顯著，導致他甚至被指控為巫師，羅馬禁止他再執行此行為。其他憑藉自己對催眠術的強大信心而脫穎而出之輩，還有薩巴斯安・維蒂格（Sebastian Wirdig）和威廉・麥斯威爾（William Maxwell）。維蒂格是梅克倫堡羅斯托克大學的醫學教授，並寫了一篇題目為〈靈魂的新藥方〉（The New Medicine of the Spirits）的論文呈給倫敦皇家科學院。一六七三年，此篇論文再度出版，出版此篇文章的作者更宣稱吸引力不僅會發生在天體與地球上，更會發生在所有生物間。他表示全宇宙萬物都受磁力影響，生命受磁性操控，死亡更是磁性的結果！

另一位狂熱者麥斯威爾則是帕拉塞爾蘇斯的崇拜者，並吹噓自己徹底理解了該偉大哲學家傑出作品的真諦。他本人的作品則於一六七九年在法蘭克福出版。從下面這段話裡，我們可發現他相當理解想像力對於治療疾病可產生何等的功效。「如果你想發揮奇蹟般的功效，」他說，「就必須從人體物質性萃取出抽象的一面——增加身體的靈性，喚醒沉睡中的靈魂。除非你能做到這件事，和這個念頭結合，否則你永遠無法展現了不起的能量或奇蹟。」事實上，這就是催眠術的核心祕密，也是所有類似幻象的真相：增加靈性，喚醒沉睡的靈魂，換句話說，就是喚醒想像力——只要能誘發信仰與盲從，你就可以無所不能。曾被杜普特（Dupotet）放在作品中作為佐證的這段話，強烈解釋了這門已進展到生物催眠術的科學，其實只是騙術。如果他們確信自己可以純粹透過被麥斯威爾推演得更隱晦的手段，行使奇蹟，那麼他們裝模作樣地讓宇宙之液（照他們的理論，我們體內充滿宇宙之液）從自己指尖滴入病患體內的目的，又是什麼？

十八世紀早期，歐洲陷入另一股狂熱中，而這些術士更稱生物催眠術正是他們科學理論的實證。聖米達的痙攣者（Convulsionaries of St. Medard），如名稱所示，他們會聚集在自己最喜歡的聖人——巴黎牧師楊森[6]的墳前，教導彼此該如何進入抽搐狀態。他們深信聖巴黎牧師會拯救他們體內的脆弱。歇斯底里的女人與神經耗弱的男子紛紛從各地趕到墓園，導致每條通往此墓園的道路通通被塞住。他們讓自己進入興奮的狀態後，他們會一個接一個地進入瘋癲狀態，但有些人會在看似神志清醒的狀態下，自發性地讓自己處於平時可能會使自己喪命的痛苦中。該處的情景簡直成了文明與宗教界的醜聞——混雜著淫穢、荒謬與迷信。當有些人跪在聖人巴黎牧師墳墓前的同時，旁邊還有人尖叫，或發出駭人的嘶吼。婦女在這場景中的表現特別精湛，有些人成群結隊地在教堂的角落陷入瘋癲，有些人則在另一個角落徹底抓狂，用低俗骯髒的字眼吼叫。有些人沉浸在被鞭打或踐踏的狂喜中。根據蒙太赫（Montegre）的內容，曾有一名婦女完全沉浸在病態的痛楚中，讓她覺得一般疼痛根本不能滿足她。當時有一名壯碩的男子拿著粗鐵條，使勁地打她，但她還是不斷催促他再多用點力。他打得越大力，這個女的就越開心，並同時吼叫著：「做得好，兄弟，做得好！噢！多麼愉悅啊！你讓我太滿足了！兄弟，用力！大力點，再大力點！」或許，還有其他狂熱者也很熱愛這種疼痛吧。根據描述此情景的卡列．德．穆傑宏（Carré de Montgeron）的說法，這名女子對於自己被用大鎚打了六十下顯得不夠滿足。事後，他用同樣的工具與同樣的力氣進行實驗，並成功地在第二十五下時，將牆壁打穿。另一位叫索妮（Sonnet）的女子，則毫不畏懼地躺在燒得炙熱的火盆上，並為自己博得了「火精靈」的稱號；而一旁的眾人則追逐著更痛苦的殉身幻想，企圖治癒自己。德勒茲（Deleuze）先生在其《生物催眠術》（*Animal Magnetism*）史評中，企圖證明這種瘋癲來自磁力的影響，這些狂熱者更在無意間受其影響而不自覺。依照他的思路，他可能也會認為印度教狂熱者企圖透過將手臂平行地面拉長好讓經脈萎縮，或將手掌緊握直到指甲從手背長出來的偏執妄念，也是受磁性影響吧！

在將近六十至七十年間，催眠術幾乎虜獲了全德國的心。最傑出的學者們紛紛獻身於擁有磁力的石頭。一位耶穌會修士，也是維也納大學天文學教授的海爾（Hell）神父，憑藉其磁性治療術聲名大噪。在一七七一年或一七七二年左右，他發明了一個造型奇異的鋼盤，使用在裸體的病患身上，可治癒幾種疾病。一七七四年，他將自己的系統介紹給安東尼．梅斯瑪爾。後者在海爾神父的設計之上，建構出自己的一套理論，並成為生物催眠術的創始者。

在這場新的幻象中，梅斯瑪爾的敵人經常稱他是沒有原則的投機冒險者，而他的弟子則將他視為重塑人類的天神。有如玫瑰十字教派讚頌其教派創始者那般，梅斯瑪爾也被視為讓人類與造物者更接近的大功臣，讓人類掙脫肉體束縛使靈魂昇華，帶領人類超脫時間的窠臼，征服空間的限制。在仔細篩選其門徒，並檢驗他們用以支撐自己的證據後，我們很快就能得知何種言論才是真相。這些作者認為，此人屬於燈塔型人物，他用欺騙自己的手段欺騙了眾人，並從弗拉梅爾派、阿格里帕派、波里派、波西曼派和卡廖斯特羅派之中，學其所長，讓自己更上一層樓。

一七三四年，他在土瓦本的梅爾斯堡誕生，並在維也納大學修讀醫學。一七六六年，他取得學位，並選擇以自己升等的論文主題：行星對人體影響，作為志業。他研究的方式有如古老的占星術醫生，這樣的作風也讓

6 康內留斯．奧圖．楊森（Cornelius Otto Jansen），天主教，也是楊森主義的發起者，該理論強調原罪、人類的全然敗壞、恩典的必要和宿命論。

他經常受到調侃。在他還非常年輕的時候，腦中就已經出現許多讓人頭暈的瘋狂理論。他堅持自己博士論文中的想法：「太陽、月亮和固定的星星會影響彼此的運行軌道。它們不只影響了地球上的潮水漲落，更操控著大氣，並以類似的方式，透過充滿人體的複雜流動液體介質，控制人體，這種液體充滿在宇宙間，影響所有事物的和諧與交際。」他更說此種影響對神經系統特別顯著，並會造成兩種狀態：緊縮與放鬆，而他更在幾種疾病中，看見這兩種作用週期性出現。生命晚期，他遇到海爾神父，並透過對方的觀察證實了自己的念頭。在得到海爾神父為他製作的磁盤後，他決定親自進行實驗以取得更大的成功。

他根據自己的理論展開實驗，結果令人滿意。佩戴磁盤者的信仰，讓實驗出現了奇蹟。梅斯瑪爾向海爾神父完整地交代了實驗結果，神父發表了這些結果，將這些實驗視作自己的發明，並稱梅斯瑪爾為他僱用的醫生。對於這樣的做法，梅斯瑪爾非常不滿，並認為自己比海爾神父偉大。他聲稱自己獨立發明實驗，控訴海爾違背良心，形容他是個可恥的人，企圖剽竊他人的成果。海爾做出回覆，於是筆戰開始，短暫且小規模地成為維也納文人的閒聊話題。但海爾最終獲得勝利。梅斯瑪爾並沒有氣餒，繼續發表自己的理論，直到生物理論誕生。

他有一位叫愛斯德琳（Esterline）的年輕女病人，深受痙攣之苦。她的症狀是週期性的，會一股腦兒地血沖腦門，接著就是神智錯亂與暈厥。他利用自己的行星影響理論，想像自己可預測病情週期發生的時間點，他很快減緩了那位女性的症狀。認為自己終於發現疾病起因的梅斯瑪爾非常滿意，並確信只要找出他長久以來認為存在於天地萬物與人體內的物質，他就可以透過人為方式，模仿地球漲退的週期，並利用此方法治癒病人。他很快就說服自己這種方式確實存在。當他在使用海爾神父的發明時，他發現其效用視其形體而定，但沒過多久，他就發現其實根本不需要任何裝置，他只需要將掌心朝下，並對著病人的腳，這樣一來，即便他們之間保持距離，還是可以產生影響。

這個發現完備了梅斯瑪爾的理論。他向歐洲所有的學術機構發表自己的發現，請求他們驗證。唯一回覆他的，只有柏林的科學研究院，但他們對他或他的理論不感任何興趣。梅斯瑪爾依舊不氣餒。他繼續向願意聆聽他的人描述充斥在宇宙間的磁性物質或液體，人體也充滿此種物質，透過意志，我們還可以將多餘的物質進行交換。人在維也納的他寫信給友人，「我發現磁性幾乎與電流體相同，且同樣能藉由中介物進行傳播。鋼並非唯一可擔任中介的物質。我使用了紙、麵包、羊毛、絲、石頭、皮、玻璃、木頭、人和狗。簡而言之，在某種程度的磁性作用下，任何我觸碰的東西，都會出現與放在病患身上的磁石相似的效果。我使用與電流相同的方式，將一個罐子裝滿磁性物質。」

梅斯瑪爾很快就發現住在維也納並不理想。在這裡，他的學說被貶低且漠視，愛斯德琳小姐的實驗反而讓他備受鄙視。他決定改變自己的作風，前往士瓦本和瑞士。在瑞士，他認識了知名的加斯納（Gassner）神父，與瓦倫汀相同，此人也是用手來治癒病患，驅逐惡魔。在他的力量下，年輕女孩陷入昏厥，歇斯底里的狂熱者發現他們痊癒了。他的房子終日擠滿跛腳、眼盲和歇斯底里的人們。無意間，梅斯瑪爾得知了這位神父的事跡，並宣稱這些事跡正是他新發現的磁性能力。幾名神父的病患接受梅斯瑪爾的實驗，並出現一樣的反應。於是，他去了伯恩與蘇黎世的醫院，在貧民身上試驗新能力。據他自己所說（沒有任何人證），在治療眼炎與青光眼上非常有用。帶著這些成果他返回了維也納，希望可以堵上所有敵人的嘴，或至少讓他們尊敬自己，且用心對待他的理論。

歸來的他並沒有得到什麼關心。他接下治療帕瑞黛絲（Paradis）小姐的任務，這位女子幾乎喪失全部視力，同時有痙攣症狀。他對她施行了數次的磁性治療，然後宣稱對方已痊癒，並表示如果治療效果不彰，那也是因為對方，而不是自己。當時，有一位著名的眼科醫師巴特（Barth）拜訪了這位小姐，發現她跟之前一樣呈現近乎失明狀態，一旁的家人更表示，她的痙攣次數也沒有減少。但梅斯瑪爾堅稱她已康復。就跟法國哲學家一樣，他容不下任何影響他理論完美的事實。他宣稱這是一場詆毀他的陰謀，帕瑞黛絲小姐是在家人的慫恿下假裝眼盲，好中傷他！

經歷了這件事後，他發現維也納不適合他。充滿閒情逸致、糜爛、日夜狂歡、見異思遷的巴黎，才適合他這樣的哲學家，於是他搬到此處。一七七八年，他抵達巴黎，並謙遜地將自己的理論介紹給幾位知名的醫生。起初，他並沒有得到什麼回應。他發現比起尊敬，大家更常嘲笑他的研究。但他是如此自信，沒有任何困境可以擊敗他的毅力。他租了一間豪華公寓，並開放給所有願意嘗試新自然力的人們。著名的迪斯陸（D'Eslon）醫生成為他的信徒。自此之後，生物催眠術（或有些人稱梅斯瑪爾理論）成為巴黎的新寵。女人對此非常著迷，而她們充滿崇拜的閒談讓梅斯瑪爾的名氣越來越大。梅斯瑪爾迷倒整個巴黎，無論出身高貴或低下、富有或貧窮、盲從或懷疑，大家都蜂擁到他的公寓裡，等著見識這位偉大魔術師的能力。與那些所有利用他人想像力而活的人相同，梅斯瑪爾當下決定，自己不需要再繼續吹噓磁性吸引力的效果。整個巴黎，沒有任何一間房子能像梅斯瑪爾的房子那般精緻。色彩絢爛的彩繪玻璃，為他寬敞且布滿鏡子的沙龍蒙上一層宗教般的氛圍。走廊裡瀰漫著香橙花的芬芳，壁爐旁擺著昂貴的古董花瓶，裡面焚燒著最高級的線香。遠處的房間傳來風弦琴的美妙音律，有時更會傳來有如天籟的女聲，柔軟地打破沉默訪客所塑造出的神祕寧靜。「一切都是如此美妙！」所有擠到梅斯瑪爾家中尋求愉悅與刺激的巴黎太太們如此說著。「無與倫比！」偽哲學家說著，他們不介意隨波逐流。「賞心悅目！」落魄的尋歡者說著，飲光裝滿欲念浮沫的酒杯，渴望見到驚厥的可愛女性，希望能夠以此得到新刺激。

下面，是進行的方式：沙龍中心放上一個長約四尺、寬約一尺的橢圓形容器，裡面放著一些酒瓶，裝滿磁化水，以軟木塞封住，瓶頸朝外擺放在半徑線上，將水注進橢圓容器中，直到水面剛好蓋過瓶身，有時還會朝裡面丟一些鐵屑以提高磁效應；接著，他會以上面穿了許多孔的鐵片蓋住容器，於是這個叫巴蓋（Baquet）的裝置就完成了，每個孔上都插著一根可移動的長鐵棍，病人可用來觸碰自己疼痛的地方。病人們被指示圍繞著巴蓋而坐，彼此手牽手，並盡可能地將膝蓋與旁人靠攏，好構成一個能讓磁性液體通過的迴路。

接著，催眠術士的助手——通常是英俊、強壯的年輕男子，走進來，並讓神奇的液體流經他們的指尖，滴在病患身上。他們會用膝蓋夾住患者，沿著對方的脊椎輕柔地向下揉，並輕按女患者胸前鬆懈其神經，同時凝視著對方的眼睛以傳遞磁力！在這些步驟進行的同時，所有人都保持絕對的靜默，偶爾會有口琴或鋼琴的優美樂章，或隱藏在深處的柔美歌聲輕柔地飄進來。漸漸地，這些少女的臉頰開始發光，她們的想像力開始燃燒。在她們一個個躺下後，陷入了半昏厥的恍神狀態。有些人開始啜泣並扯自己的頭髮，有些人開始大笑直到淚珠從她們的眼中流下，有些人激動地尖叫或嘶吼直到所有人都呈現不正常的狀況為止。

此刻，重頭戲來了。在這些事情發生後，主角登場了，有如普洛斯彼羅[7]般揮舞著他的魔杖，準備施行奇蹟。他身著淡紫色的絲質長袍，上面繡著繁複的金色花朵，手中拿著一根白色的磁化棒，邁著莊嚴的步伐走進房間，神色肅穆。他用眼神震懾住那些還清醒的人們，就在這時候，患者嚴重的症狀減輕了。他會用手撫摸那些失去意識的人，從眉毛一路到脊椎，用他那長長的白色磁化棒劃過患者的胸前和腹部，這時，所有人都恢復神智。此刻，大家都平靜了，感受著他的力量，並表示當他揮動魔杖或將手指對著他們時，身體會感覺到有一股冷或熱的水氣通過。

「這是不可能的，」杜普特先生說，「梅斯瑪爾在巴黎進行實驗時所產生的感覺，絕不可能是捏造的。在早期的天主教教義中，從沒有遇過一個比現在更焦灼的衝突。」他的敵人拒絕承認他的理論；有些人稱為他江湖術士，有些人說他是傻瓜，更有些人像神父菲德（Fiard）那樣，說他將靈魂賣給惡魔！他的朋友大肆頌讚他的偉大，並責難那些反對者。各種批評或捍衛此理論的小冊子，在巴黎流竄。最後，在女王表達自己對梅斯瑪爾的支持後，大眾於是沉默下來。

7 普洛斯彼羅（Prospero），莎士比亞作品《暴風雨》的主角，也是一名巫師。

在迪斯陸先生的建議下，梅斯瑪爾讓其教義接受醫學院的檢驗。他提議挑選二十四名病患，十二名讓他診治，另外十二名則接受醫學院古老且經證實的治療方法。為了防止爭議，他同時規定政府應指定參與該實驗的對象，必須都不是醫生；而衡量結果的標準不是症狀的減輕，而是能否確實治癒疾病。由於對方無法認同這種審查標準，最後兩者無法達成協議。

梅斯瑪爾寫信給瑪麗．安東妮皇后，目的是利用她的影響力以取得政府的庇護。他請求對方給予自己一棟城堡和該城堡土地的所有權，每年還要給他豐厚的財富，好讓他可以繼續研究且不受敵人的騷擾。他暗示政府應負責保護科學家，並說如果自己得不到鼓勵，恐怕只好帶著這些偉大的發現遠走他國，尋找更願意支持他的政府。「在陛下的眼中，將四千或五千法郎用在正當的目的上，絕不是浪費。人民的福祉才是最重要的。我的發現應該被慷慨的君主接受且獎賞，我也將獻身於偉大的君主。」最後，法國政府決定給予他一年兩萬法郎的撫卹金，並頒發聖麥克爾勳章，但同時，他也必須將自己的醫學發現呈報給國王任命的醫生。對於合約的最後一部分，梅斯瑪爾感到不安，他怕國王的醫生會做出不利於他的評論。最後，談判破裂，他說自己根本不在乎錢，只是希望自己的發現能一次完整地呈給政府，而不是分次。接著，在突然感覺到身體不適後，他退引到溫泉地，藉口說自己需要飲用能恢復健康的泉水。

在他離開巴黎後，醫學會召來了迪斯陸，第三次、也是最後一次勸他放棄生物催眠術教義，要不然下場就是被逐出醫學會。從事著同樣研究的迪斯陸先生，表示自己發現了新的祕密，並請求學會進一步的驗證。於是，一七八四年的三月十二日，醫學會成立了一個皇家委員會，緊跟著科學研究院也組成了第二個委員會，共同調查並找出結果。第一個委員會的成員為巴黎傑出的醫生們；第二個委員會的成員更包括了了不起的班傑明．富蘭克林[8]、拉瓦節[9]和巴伊[10]。他們也正式邀請梅斯瑪爾出席，但他使用了各種藉口，從未到場。相較之下，誠心相信梅斯瑪爾所有奇蹟（如果真有發生的話）的迪斯陸顯得非常老實，準時出席並示範所有實驗。

巴伊形容了自己在這場聽證會上的所見所聞：

大批生病的人依照安排，以數行的方式圍繞在巴蓋旁，並透過幾種方式接受磁化作用：透過巴蓋裡取出的鐵棍、纏繞在病患身上的電線、以大拇指向隔壁傳遞磁力、鋼琴的聲音（或任何令人愉悅的聲音）、空氣中散布的磁力。此外，催眠術士也會利用手指直接傳遞磁力給病患，並在他們的頭上或後腦勺，以及患病的部位緩慢地舞動棍子，並時刻觀察洞口的位置。催眠術士還會將自己的視線緊盯著患者。但最重要的，催眠術士會直接用手與指頭按摩那些臆想病患者的腹部，直接傳遞磁性。每一次治療都要進行許久，有時甚至長達幾小時。

同時，不同症狀的病患反應也非常不同。冷靜、鎮定的患者沒有感覺到任何效果。其他病患則開始咳嗽、吐痰，感受到輕微的疼痛，全身或局部發熱、冒汗。有些人開始激動，並受痙攣折磨。就這些抽搐症狀的時間長短、強度與同時發作的人數來看，是非常可觀的。當其中一個人開始抽搐，就會有幾個人跟著抽搐。委員們發現有些痙攣甚至長達三小時。吐痰的結果讓眾人身處在黏膩的唾液中。在這些唾液中，有時還會出現血絲。這些痙攣的主要症狀為四肢與全身急劇而不由自主地抽動；出現喉嚨緊縮、上腹痙攣、眼神黯淡游移、尖叫、流淚、啜泣和無法抑制的大笑。在這之前或之後，他們會出現疲軟或妄想的舉動，類似憂鬱的症狀，有時還會昏昏欲睡。一個突然的微小聲音，也會讓他們打冷顫。我們還明顯觀察到改變播放的鋼琴曲子風格，會對他們產生巨大的影響。較快的節奏與活潑的曲調，將加重他們的症狀，讓他們重新陷入緊繃的痙攣狀態。

沒有任何經驗比觀察這場抽搐大會來得驚人。沒有親眼目睹的人，根本無法想像。當一小部分的人身處在

8 班傑明．富蘭克林（Benjamin Franklin），美國著名政治家、科學家，更是傑出的外交家及發明家。他是美國革命時重要的領導人之一，參與了多項重要文件的草擬，並曾出任美國駐法國大使，成功取得法國支持美國獨立。

9 安東萬．洛朗．德．拉瓦節（Antoine-Laurent de Lavoisier），法國貴族，著名化學家、生物學家，被後世尊稱為「近代化學之父」。他使化學從定性轉為定量，給出了氧與氫的命名，並預測了矽的存在，定義「元素」的概念。

10 讓．西爾萬．巴伊（Jean-Sylvain Bailly），法國天文學家及演說家，也是法國大革命的早期領袖人物之一。

一群情緒激動的人之間，平靜地養精蓄銳時，這情景看上去更具衝擊性，而一旁激動的人們不斷重複同樣的症狀。你可以觀察到有些病人將自己的注意力放到另一個人身上，他們張開雙手跑向彼此，笑著、安撫著，展現出熱戀與充滿情感的舉動。所有的人都受到磁化的影響，但是只要感應到催眠術士的一個眼神、手勢或聲音，無論原本多昏沉的人們，就會立刻恢復正常。在這些抽搐的病人之間，大多數都是女人，很少有男性。

這個實驗持續了將近五個月。梅斯瑪爾突然驚覺，自己的名聲與利益可能會因此遭受破壞，因此決定返回巴黎。在那些有錢、地位高貴，且跟著梅斯瑪爾來到溫泉鎮的信徒中，有一位叫比赫蓋斯（Bergasse）的人建議梅斯瑪爾公開募資，發行一百股，每股一百金路易，條件是梅斯瑪爾會向這些認購者透露自己的祕密，而他們可以任意地使用得到的知識。

梅斯瑪爾欣然同意此計畫。人們是如此迷戀他的成就，公開募資不到幾天內就達成目標，且募得十四萬法郎。

帶著這筆財富，他回到了巴黎，當委員會們還在進行實驗時，他也開始了自己的實驗。那些獻給他大筆金錢以進行實驗的弟子們，在國內大肆宣傳他的名聲，並在法國各大城市裡建立了「和諧公社」（Societies of Harmony），利用催眠術進行實驗並治癒患者。但有些分部因為收到一些低級的男子，以觀看年輕女性痙攣來取悅自己無恥的欲望，並因此鬧出不道德的醜聞。有些執行催眠術的人更被指責為放蕩的人，趁著施行催眠時滿足自己的欲望。

最後，委員會終於做出決定，而該份聲明是由傑出且不幸的巴伊進行撰寫。這份報告邏輯清晰，立場公正，是一份非常了不起的聲明。在交代了他們所進行的各種實驗與結果後，他們得到一個結論，唯一支持生物催眠術的證據，就是其對人體造成的影響——而這些影響在不需要透過磁化作用的手段下，也可以發生——如果對那些不理解催眠術的人進行實驗，這些操控、傳遞和儀式就不具任何效果。真正發揮效果的是想像力，生物催眠對這種現象並沒有實質作用。

這份報告毀掉了梅斯瑪爾在法國的聲譽。不久後，他帶著募得的三十四萬法郎離開了巴黎，回到了自己的故鄉，並於一八一五年過世，享年八十一歲。但他播下的種子在民眾盲從的溫暖呵護下，慢慢地開花結果。法國、德國與英國開始出現比其始祖更浮誇的模仿者，並聲稱自己擁有連梅斯瑪爾都沒想過的能力。在這些人之中，卡廖斯特羅就善用了這場幻象，讓大家以為自己掌握了這門科學。但與普賽格（Puysegur）侯爵和巴赫巴罕（Barbarin）勛爵相比，他並沒有為催眠術貢獻新概念。巴赫巴罕是一位老實人，與其說他是騙徒，不如說他騙倒了自己。

身為卜賽斯大地主的普賽格侯爵，也是梅斯瑪爾的投資者之一。在梅斯瑪爾離開法國後，侯爵回到卜賽斯，並和兄弟一起嘗試在佃戶身上施行催眠術，治癒鄉下人的各種疾病。他是一位非常樸實且心地善良的人，他不只以催眠術替周遭的人治病，還照顧他們。在臨近鄉村，將近方圓二十里內，人人都視他為擁有神奇能力的聖人。他聲稱這偉大的發現，只是出於偶然。某天，他在催眠自己的園丁時，發現對方進入沉沉的睡眠，但同時又能像一個自然的夢遊者，回答所有問題。他發問，對方會非常清晰且準確地回答問題。普賽格侯爵對此非常驚奇。他繼續實驗，並發現在這種催眠夢遊狀態下，受催眠者的靈魂受到釋放，能與外界能進行更親密的互動，尤其是他——普賽格。他更發現自己不需要給予進一步的指示，在不需要說話，或給予信號的情況下，他就能與對方互動。他甚至能在沒有任何肢體動作的狀況下，與對方進行靈魂交流！

在他做出這了不起的發現同時，他又得到了另一個超乎尋常的結果。與瓦倫汀相同，他發現自己根本醫治不完前來求診的人們，即便想休息或放鬆都是不可能的。在這樣緊急的情況下，他想出了一個聰明的權宜之計。他曾聽說梅斯瑪爾先生催眠了一塊木頭，他為何不試試看催眠整顆樹？沒過多久，他就將計畫付諸執行。

卜賽斯的綠地上有一顆巨大的榆樹，村裡的女孩們都會在慶典的時候，繞著這顆榆樹跳舞。涼爽的夏夜裡，村裡上了年紀的男子則會坐在榆樹下，品嘗著自己釀的葡萄酒。普賽格走到大樹前，催眠了整顆大樹，花時間讓磁力流從樹枝跑到樹幹，再從樹幹跑進樹根。催眠完畢後，他在周圍設置了椅子，並在各方向上懸掛繩子。當病患坐在椅子上時，他們會將繩子纏在有病的部位，接著再握住身旁其他人的大拇指，以連接成一個可讓液體流通的迴圈。

現在，普賽格有兩個「幫手」——擁有巨大靈魂的男子和受催眠的樹。沒有什麼描述，比他自己所寫的文字更能傳達降臨在他與其病患身上的迷戀。一七八四年五月十七日，他寫信給自己的兄弟，「親愛的朋友，如果你不來，你將看不到我那神奇的男子，他的健康幾乎完全康復。我持續使用著從梅斯瑪爾先生那裡習得的快樂神力。每天，我都讚美著他的名字。我相當能幹，替周遭區域的貧困病患施行了許多正向治療。他們環繞在我的樹的周圍，今天早上甚至有超過一百三十人。這是有史以來最棒的巴蓋，每一片葉子都是為了健康而存在！每個人或多或少都能感受到治癒的效果。對於這樣的人類之情，你要是見到了一定會很高興。我唯一的悔恨是我無法一一親手治癒他們。但我那受催眠的病患、那了不起的男子，讓我的陰鬱一掃而空。他教導了我該使用什麼方法。根據他的說法，我不需要觸碰所有人，一個眼神、手勢、甚至是心願，就已足矣。這個道理居然是全國最無知的農民教我的！當他處在特殊境界下時，他是我所認識最學識淵博、謹慎且見解銳利的人！」

在另一封信中，他提及催眠樹的首次實驗，他說，「昨天晚上，我帶我的第一個病人到樹前。當我一將繩索圍繞在他受病痛折磨的部位後，他立即凝望著樹。一陣令人驚喜卻無法以文字傳遞的微風拂過，他說，『我看到的是什麼？』他的頭接著垂下去，進入完美的夢遊狀態。一個小時後，我帶著他走回家，並恢復了他的知覺。好幾個男人和女人湊過來，告訴他剛剛發生了什麼。他一直不能相信，像他這樣虛弱到幾乎無法行走的人，根本不可能走下階梯，更遑論從大樹旁走回家。今天，我再次對他進行實驗，結果依舊成功。我向你承認，當我看到自己能辦到如此偉大的事情時，都忍不住搖了搖頭。普賽格夫人、她的朋友、我的僕人等周遭的人們，都對此事感到驚奇並充滿了無以名狀的讚嘆，但他們的驚訝之情絕對比不上我的激動。如果沒有這顆讓我得到充分休息的大樹，相信我的健康應該已處於崩壞的狀態。如果准許我繼續表達自己的情緒，這張信紙是怎麼也不夠的。」

在另一封信裡，他以更具詩意的方式看待他那擁有偉大靈魂的園丁。他說，「這位單純的男子，二十三歲，高大且粗獷，因疾病、悲傷而衰弱的特質，使其更容易受任何了不起的自然之力影響——這麼樣的一位男子，我從他身上學到各種知識與教誨。在催眠狀態下的他，不再是那位只能勉強擠出一句話的農夫，他處在一種我無法為其找出貼切名稱的生命狀態。我什麼都不必說，我只需要在他面前思考，他就能立刻理解並回應我。如果有人進入房間，他立刻知道，並以我希望的方式（而不是其他方式）做出回應，講出我想說的話，並非每字每句照念，而是正確的意思。當他想說更多，但我覺得並不適合讓陌生人聽到的內容時，我可以停下他的思緒，讓他將說到一半的話突然來個大轉彎！」

那些被卜賽斯奇蹟吸引而來的人中，有一位是金融督管克洛凱（Cloquet）先生。他對這些神奇事跡非常著迷，他也準備好接受任何普賽格向他灌輸的事跡。同時，他記錄下親眼見證的經過，而他的言論讓我們能清楚了解幻象的發展程度。他表示自己看到的受催眠者處在深層睡眠狀態，在這種情況下，所有肉體功能都被暫停，只有知識層面異常活躍。病患雙眼緊閉，聽覺喪失，只有催眠術士的聲音能讓他們清醒。「如果任何人在這期間碰觸病患，或甚至是他坐的椅子，」克洛凱先生說，「將導致他非常痛苦，並讓其進入抽搐狀態。在催眠期間，他們擁有特殊且超乎尋常的能力，只要觸碰病患或甚至是以手摸過衣服，他們就知道對方生病的部位在哪。」另一個奇特的地方在於這些可感知到他人生病症狀、還可以找出治療方法的夢遊者，在醒來後卻對其做過的事一無所知。他們喪失進入睡眠狀態後至其清醒間的記憶。被催眠者不僅可以聽到催眠術士的聲音，當催眠術士遠遠地用手指出一個方向，他們就會立刻移動，即便他們的眼睛緊緊閉著。

這就是普賽格侯爵對生物催眠做出的重大貢獻。當他在大樹周圍展示自己的新技藝同時，擁有另一種催眠技巧的人來到了里昂，他叫巴赫巴罕。這位先生相信無需使用魔杖、巴蓋等設備，光憑意志，就能讓病患進入催眠狀態。他進行嘗試，也成功了。他坐在病患身邊，祈禱對方受到催眠，接著，那個人就會進入類似於普賽格侯爵施行催眠時病患出現的夢遊狀態。一段時間過去後，各地出現了許多追隨巴赫巴罕模式、被稱為「巴赫巴罕派」的催眠術士，人們深信他們具有了不起的治療能力。在瑞典與德國，巴赫巴罕派迅速竄紅，為了區分他們與普賽格的追隨者，人們稱巴赫巴罕派為「招魂師」，稱普賽格為「實驗家」。梅斯瑪爾認為天地間存有磁性流體，並因此導致生物催眠的發生，而他們認為這種效果是出自於人類靈魂對外界的影響。一旦催眠術士與其病患建立起連結，前者就可以自由且不受距離限制地將自己的意念傳到後者腦中。因此，有位催眠術士這樣形容處於幸福狀態的病患：「在這種狀態下，此人的動物本能將進入史上最強程度。處在如千里眼狀態的人，其本質有如最純粹的動物，沒有任何一點雜質。他具備和靈體一樣的透視能力。他的狀態與神相似，具備看破所有自然奧祕的能力。當他的注意力集中在任何一件事物上——他的疾病、死亡、摯愛、朋友、敵人——他在想像中注視著他們的一舉一動，他能看破這些行為的前因後果。他將成為一位醫生、先知、聖靈！」

現在，讓我們來看看這些神奇幻象在英國的發展。一七八八年，曼諾達克（Mainauduc）醫生抵達布里斯托，並針對催眠術發表公開演說。曼諾達克一開始是梅斯瑪爾的信徒，後又成為迪斯陸的追隨者。他取得相當驚人的成功。各個身分階級的人，都從倫敦蜂擁至布里斯托，請求他催眠自己或教授催眠的技術。喬治．溫特（George Winter）醫生在其《生物催眠史》（*History of Animal Magnetism*）中，清點了各類人的數量：「總人數為一百二十七人，其中包括一名公爵、公爵夫人、侯爵夫人、兩名伯爵夫人、一名伯爵、一名男爵、三名男爵夫人、一位主教、五位伯爵之子之女、三名準男爵、七名議員、一名牧師、兩名醫生、七名外科醫生、還有另外九十二名受人尊敬的女士與先生們。」不久之後，他在倫敦落腳，並同樣成功。

他開始向由婦女組成的衛生學會提出計畫。在這份提案書中，他大力吹捧生物催眠術的治療效果，並驕傲地宣稱自己是將此技術引進英國的第一人，並以此作結：「此治療方法並不受性別或教育程度影響，而女性又是兩性中情感較豐富的一方，總是非常關注健康與後代子孫的福祉，為了表達我在此學科上受您們照護的恩惠，我認為自己有義務向您，所有女士們，分享自己的能力，讓您們可以為這社會做出更多有用的作為。在這種觀點下，我希望成立自己的衛生學會，與巴黎的單位一起合作。等到二十名婦女成員的名單出爐後，我會立刻在自己的地方召開會議，為了負擔所有費用，每位女士必須付十五基尼。」

漢娜・莫爾（Hannah More）在一七八八年九月寫信給霍勒斯・沃波爾（Horace Walpole），並以「邪惡的催眠者」稱呼曼諾達克醫生，並說他憑藉此方式賺進一千鎊，就跟當年梅斯瑪爾在巴黎進行的勾當一樣。

大眾對催眠術的興趣是如此狂熱，當時有一名叫霍洛威（Holloway）的男子同樣在倫敦舉辦一場生物催眠演講，他向每名觀眾收取五基尼的入場費，並因此賺了一筆不少的錢。畫家盧泰爾堡（Loutherbourg）和妻子進行同樣的工作，瘋狂的大眾就好像急著讓別人看到自己被催眠的怪模怪樣，興沖沖趕到他們位於漢默史密斯的家中。曾經有三千多人同時擠到他們家，導致完全進不去。這些門票售價從一到三基尼不等。盧泰爾堡依照瓦倫汀的方式，以觸碰進行治療，後來更宣稱自己背負著神聖使命。一七八九年，一本記錄兩人製造過的奇蹟（他們自己所說）的書發行，書名叫《由盧泰爾堡先生夫人在漢默史密斯所進行的治療；由上帝羔羊的愛人撰寫，獻給坎特伯里大主教》（*A List of New Cures performed by Mr. and Mrs. de Loutherbourg, of Hammersmith Terrace, without Medicine; by a Lover of the Lamb of God. Dedicated to his Grace the Archbishop of Canterbury.*）

這位「上帝羔羊的愛人」，是位近乎半狂的老女人，名叫瑪麗・普拉特（Mary Pratt）。他對盧泰爾堡先生與夫人非常尊敬，近乎崇拜。她挑選了《使徒行傳》（*Acts of the Apostles*）第十三章的一段話，作為自己小冊子的標語：「你們這輕慢的人要觀看，要驚奇，要滅亡；因為在你們的時候，我行一件事，雖有人告訴你們，你們總是不信。」為了替這位畫家蒙上宗教的色彩，她認為女人是理想的傳教使者，因為有某位前人宣稱男人無法有效地征服人們的疑心。她宣稱，自一七八八年聖誕節到一七八九年的七月，盧泰爾堡與他的夫人共治癒了兩千多人，「我們找到適當的使徒，接受神聖指引；這來自天堂與神聖的力量，出自上帝的旨意，偉大的造物主恩賜他們治癒萬物的能力，包括耳聾、啞巴、盲人、跛腳與瘸腿者。」

在她獻給坎特伯里大主教的書信裡，她懇請他在所有教堂與禮拜堂成立新的祈禱人員，不要白白浪費掉上帝恩賜給人類的禮物。她同時懇求所有法官與執法人員等候盧泰爾堡先生與夫人，向他們請教建立大型醫院且包含畢士大池[11]的方法。所有催眠術士都對這位老女人的荒謬論點感到不悅，而盧泰爾堡也為了避開她而離開倫敦，但依舊與妻子聯手進行迷惑人心的事業。

一直到一七九八年，催眠術士開始失去在英國的影響力。同年，有人企圖振興催眠術，但卻以礦物催眠而非生物催眠捲土重來。一名叫班傑明．道格拉斯．帕金斯（Benjamin Douglas Perkins）的美國人，在萊斯特廣場行醫，發明了知名的「金屬追蹤器」並申請專利。他宣稱這種由兩小塊具強力磁性的追蹤器（與最初海爾神父創造的鋼盤非常類似），可以治癒痛風、風濕、痲痹和人類幾乎可能罹患的所有疾病都能治癒。關於治癒效果的神奇小故事開始到處流傳，發放的小冊子上吹噓著一份只賣五基尼的追蹤器神奇功效。帕金斯迅速賺得大筆財富。痛風患者在使用了這個裝置後，疼痛消失了；風濕症狀不見了；過往必須依靠牙醫才能緩解的牙痛，在帕金斯與其神奇的鋼盤下，通通恢復了。他加入的公誼會，更是熱情地照顧帕金斯的生意，為那些渴望使用此裝置，卻付不出五基尼、甚至是五先令的窮人，一起籌措了一筆可觀的資金，成立一間名叫「帕金斯機構」的醫院，所有人都可以到這裡接受免費的治療。在接下來的幾個月中，這些裝備被頻繁地使用，讓發明者簡直笑得合不攏嘴。

巴斯知名的醫生海加斯（Haygarth），在思考到想像力對治療所扮演的重要角色後，找出一個方法實驗這個設備的真實效用。帕金斯的聲譽實在太高，海加斯醫生準備在不給予任何解說的情況下，默默地在多名見證人的面前，直接拆穿眾人深信不疑的治療奇蹟。為了進行這個計畫，他和福爾克納（Falconer）醫生一起製作了木頭的追蹤器，並將外表漆上金屬色，準備觀察這冒牌貨的治療效果。他們從巴斯的醫院選了五名病患，以執行實驗。其中四名的腳踝、膝蓋、手腕和尾椎深受慢性風濕病之苦，另外一名則好幾個月來都因痛風而困擾。在進行實驗的那天，海加斯醫生和朋友們聚集到醫院裡，並一臉正經地拿出仿冒的追蹤器進行治療。有四名病患表示自己的痛楚立即消失了；有三名表示自己不只恢復，還覺得狀況變得比以前更好。其中一人覺得自己的膝蓋暖暖的，並說自己現在就可以走路，他試了，也確實走到房間的底端，但一天前他還處於寸步難行、連樓梯都下不了的狀態。痛風的患者感覺痛苦迅速消失了，且一直到他入睡的九小時內，狀況都很好，只有躺到床上後痛楚才復發。第二天，他們使用真正的追蹤器，所有人都用幾乎相同的方式描述自己的感受。

為了確認，幾個禮拜後，他們在布里斯托的醫療院二度進行實驗，對象是一名肩膀有嚴重風濕症狀的男子，他甚至無法將手從膝蓋上舉起。冒牌的追蹤器被拿出來，開始治療肩膀，為了增加治療的逼真度，一名醫生拿出計時器估算精確的使用時間，一名醫生拿著筆，每分每秒地記錄著症狀的改變。不到四分鐘，這名男子表示自己的狀況減緩，他可以在沒有痛楚的情況下，將手移動幾英寸的距離！

海加斯將實驗結果以精簡的方式發表，題名為〈在冒牌追蹤器的驗證下論述想像力對疾病的行塑與治癒〉。這個揭祕給了帕金斯的騙術致命一擊。但他的朋友和信仰者不願承認自己受騙，反而對羊、牛和馬使用追蹤器，並聲稱動物的健康因此獲得改善，但木頭的裝置就不能造成同樣的結果。但沒人相信他們，帕金斯學派受到放逐。於是帕金斯帶著一萬鎊離開英國，到賓州安享晚年。

也因此，有好一陣子英國人都會取笑催眠術。法國則因革命爆發，無心研究。史特拉斯堡的「和諧會社」

11 耶路撒冷的水池，據說其水質具有治療效果。

與數座城市浸淫在催眠術的特效中，直到嚴峻的國際情勢讓大家開始放棄。這個從歐洲兩大國誕生的系統，只能到德國尋求庇護。在那裡，催眠的奇蹟一天比一天更美妙。病患從預言者身上得到恩賜，他們的視野擴展到整個地球，他們可以用手指與腳趾去聽、去看，只要將書放在他們的肚子上，他們就能閱讀並理解陌生的文字。單純受催眠吸引的無知農民，說出來的話語比柏拉圖更具哲理，即便是有史以來最傑出的玄學家，其口才與知識也不及他們深奧，還能不費吹灰之力解決神學上最棘手的問題，其容易程度猶如清醒之人解開他們的鞋扣！

在進入下個世紀的前十二年，歐洲鮮少有人再聽聞生物催眠。連德國也忘記昔日的狂熱，天天生活在拿破崙的隆隆砲火聲中，經歷帝國的隕落與再次復甦。在這段期間內，此研究變得無人問津，直到德勒茲先生的《生物催眠關鍵史》（*Histoire Critique du Magnétisme Animal*）在一八一三年出版後。這本書為這行將就木的狂熱注入一劑強心針。報紙、小冊子、書籍開始熱烈討論這門學科的真偽。許多傑出的醫生建議進行一場設計精良的實驗，以挖掘真相。

在德勒茲知名的論文結尾，以這樣的主張作結：「人體中有一種流體會不斷從身體中流出去，並在我們周圍塑造出一種氛圍，而周圍的人無法感受到這個沒有方向的電流。然而，這是可以被意志操控的，當我們進行操控時，它就會以電流的方式被送出，並呼應我們擁有的能量。其移動方式類似於燃燒屍體所發出的輻射。不同的人擁有不同的質量。這能量可以高度濃縮，甚至存在樹裡。催眠術士的意志，可以透過數次朝同一方向移動的手勢，將這種流體轉移到樹上。當這種流體通過催眠術士的意志，灌注到一般人身上時，隨著催眠術士的手勢（甚至不需碰觸對方），會有熱或冷的感受。在得到充分流體後，有些人會進入夢遊或恍惚的狀態，在這種狀態下，他們會看到催眠術士的周圍被流體包圍，就像光圈一樣，而他的嘴和鼻孔會發出光，他的頭與手則會散發出悅人的香味，令人想起某種食物或水的味道。」

對任何人來說，堅持這些「觀點」的醫生已經難以讓人覺得他很正常，但德勒茲還沒有說夠。他還表示：「當催眠製造出夢遊狀態時，處於此狀態的人其才能將被放到最大。他的幾項外部器官功能（尤其是聽覺與視覺）停止，但一切的感知都會在內部發生。視覺與聽覺改成依賴能立即傳遞訊息的磁力流，而不是依賴大腦操控的神經系統或器官。因此，儘管這位處於夢遊狀態的人眼睛閉著，卻依舊能看見或聽到，甚至比清醒時還銳利。即便催眠術士什麼話都不說，他還是能、且只能感受到催眠術士的意志。他就像是進入了自己的體內，而身體所有最隱祕的組織，都呈現和諧一致，他無所不知。最常見的情況是他會發現生病或不正常的地方，並依靠直覺說出治療方式。他還擁有預示與感知能力，這些預言通常是對的，偶爾才出錯。他會以驚人的口才跟能力表達自己的意志。他並不是達到一個萬物皆空的境界。如果有位傑出的催眠術士，他就能在一定的時間內變成一個更完美的自己，但如果指引不正確，他就會處於徬徨狀態。」

根據德勒茲的說法，只要滿足下列條件之人按照以下方法去做，人人都可以是偉大的催眠術士：

- 暫時遺忘你腦中關於物理與形上學的一切知識。
- 放下腦中一切的質疑。
- 想像自己將疾病握在手中，並將它丟到一旁。
- 在你開始進行研究後的前六個禮拜內，不要試著推論結果。
- 擁有正向的心態，誠心相信催眠的力量，與執行催眠的信心。簡而言之，掃除一切疑惑，渴望成功，並以最簡單、專注的方式執行。

這幾個條件就是要你「篤信一切，不屈不撓，拋棄一切經驗，絕不要聽從理智」，這樣你就能成為德勒茲心中的催眠術士。

當你進入這種啟發人心的狀態時，「將病患身邊可能對你造成阻礙的人移除，只留下必要的見證者——如果需要，一個人就已足夠，讓他們在你施行催眠術時，絕不能心智不堅，而是抱持著你能為他們治癒疾病的信念。不要讓自己處於過冷或過熱的情況，並確保周圍沒有任何事物會讓你分心，確保催眠中途不會被打攪。儘量讓你的病患坐在寬敞的地方，以稍微高出對方一點的高度，讓對方的膝蓋介於你之間，面對對方。首先，讓他放鬆自己，什麼都不要想，也不要想著等下可能會發生的事；摒棄所有恐懼，讓自己充滿希望，對於催眠可能造成的短暫疼痛，不要緊張或畏懼。在整理好自己的思緒後，將他的拇指握在你的手中，並以自己拇指內側可接觸到對方拇指內側的方式握好，盯著他的雙眼！你必須處在這個情況下二至五分鐘，或直到你覺得你們兩人的大拇指體溫相當。進行完這個步驟後，收回你的手，將手放到兩側；同時，將兩手掌翻轉至掌心朝上，並讓手高舉過頭。現在，將兩手放到兩肩上，維持一分鐘；接著，再將手輕輕地沿著手臂往下直到指尖，經過手指時請以輕柔的方式碰觸。你必須重複此套動作五至六次，記得翻轉手掌，並在舉起手之前，讓它們稍微離開身體一些。將手掌高舉過頭，並在雙手緊握後，將手放下，並以距離臉一、兩寸的距離，經過臉頰，再放到腹部前。你要先在這個位置停留兩分鐘，再讓手移到心窩前，所有指頭必須低於肋骨。再來，你慢慢地將手往下移到膝蓋上，或在不吃力的情況下，移動到腳。在坐下來的情況下，重複同樣的步驟數次。有時候，你可以將手放到病患的肩膀後，接觸對方，好讓自己可以緩慢地將手從背部的脊椎，往下移到膝蓋或腳。第一次通過後，你可以將手放在頭上，如果在手臂上，請從肩膀開始移動，如果在身體上，請從腹部開始移動。」

這就是德勒茲推薦的催眠流程。當你施行這套步驟時，那嬌弱、富於幻想的神經質女子，就會自己想辦法進入抽搐的狀態，並準備好相信關於生物催眠的一切奇蹟。一個受局限的姿勢——將膝蓋放在盯著妳的男性雙腿中，這名男子還同時用手在女子身體各部位游走——絕對可以讓任何一位虛弱的女性覺得自己已經康復，尤其當這位女性患的只是心病，又深信這種治療的功效。為了讓理論完善，他們應同時證明那些具備強健心智與身體正常的人，也可以被催眠。透過此方法所製造出來的效果，有上千個例子可證明。但這些證詞是否對生物催眠有利？它們確實證明了磁力流的存在？不需要催眠術或來自地獄的鬼魂，就能說服我們：當一個人長時間處於同一個狀態，就很容易睡著的事實，又或者興奮、模仿與強烈的想像力，也可以讓一位脆弱患者引發抽搐。

德勒茲先生的書在巴黎造成相當程度的轟動；這門技藝以更勝以往的精力蠢蠢欲動。隔年，一本為了推銷催眠術的刊物成立，名叫《生物催眠誌》（*Annales du Magnetisme Animal*），後來更出現《生物催眠博覽》（*Bibliotheque du Magnetisme Animal*）等刊物。與此同時，「神蹟製造者」法利亞（Faria）神父開始施行催眠，大眾深信他具備比一般人多的磁力流、強健的心智，也因此他的治療效果更是無人能及。他的實驗證明：磁力流絕不是重點，想像力才是促成一切神奇效果的大功臣。他讓自己的病患坐在沙發上，讓對方閉上眼睛，接著，以命令口吻大聲說出「睡！」他從不使用任何道具，沒有巴蓋，也沒有磁力引導裝置。他聲稱自己用著此種方式，成功催眠五千人。他經常需要重複那句命令三到五次，如果病人依舊醒著，他會請對方從沙發上起身，並以對方不適合進行催眠為由，結束他的窘境。值得注意的是，這位催眠術士並沒有說磁力流對所有人都有效。他認為健康與強健的人不適合催眠，心存質疑的人不適合，試著找出催眠原理的人不適合；只有深深相信催眠的人可以，身體脆弱者可以，心靈脆弱者也可以。最後，在某些原因下，後期的人會抗拒催眠的效果，催眠大師宣稱在某些時候，即便像他們這樣的能手，也無法執行催眠；窺視者或質疑者在場，會降低磁力流的強度並破壞其效果。在德勒茲先生的指導手冊裡，更強調：「絕對不要在那些好奇心極強的人面前，執行催眠！」

現在，我們可總結，他們的研究並沒有為生物催眠史帶來更了不起的深度。而這些不容旁人置喙且每日不斷發生的現象，只讓那些聰明、公正且追求真理的人們備感困擾。儘管如此，催眠術所包含的錯誤、誤解和誇大本質，也漸漸顯露。從其理論發展最初，就必須輔以實驗。引述巴伊在一七八四年的說法：「催眠術並不像批評者所說的一無是處：它記錄了人類心智的謬誤，更見證了想像力的強度。」憑人類一切聰明才智也無法證實心智如何影響現實，但催眠術卻為這廣泛的疑惑帶來一絲微弱的光亮。它告訴我們，與無法屈服的意志相比，肉體是多麼的脆弱。

第八章

Influence of Politics and Religion on the Hair and Beard

政治與宗教對髮鬚的影響

鬍鬚及其主人，
其言語帶著尊敬與榮耀。
——《赫迪布雷斯》

「長髮是男人的恥辱。」聖保羅知名的宣言，竟成為許多文化與宗教管理者製定奇異法規的藉口。自基督教創立以來到十五世紀，頭髮的樣式與鬍鬚的修剪一直是法國與英國關注的問題。

我們還發現，在早期時代，男人不能隨心所欲地整理自己的頭髮。亞歷山大大帝認為士兵如果留鬍子，敵軍就可輕易抓住其鬍子，將他的頭砍下；在這種看法下，他要求所有的士兵都必須將鬍鬚剃乾淨。但與其出於臨陣殺敵的想法相反，北美洲的印第安人認為，榮譽的男子可以蓄鬍，且相較於鬍子，敵人反而會抓住頭髮進行攻擊。

歐洲曾有那麼一段時間，認為長髮是君王尊嚴的象徵。從都爾的額我略[1]身上，我們得知在克洛維一世[2]的繼承者中，只有皇室成員才有留長髮與燙捲的特權。與國王權力相當的貴族只要頂著長長的頭髮與鬍鬚，就能擁有不低於王上的氣勢。在沒什麼受到改變的情況下，這種習慣一直流傳到虔誠者路易時代（Louis the Debonnaire,778-840），但後繼者于格・卡佩（Hugh Capet,941-996）將頭髮剪短，作為與前朝的差別。即便是農奴，也會在違抗規定的情況下，蓄鬍與蓄髮。

在征服者威廉（William the Conqueror,1028-1087）侵略英國的時候，諾曼地人的頭髮非常短。哈羅德（Harold,1022-1066）在黑斯廷斯戰役中，曾派人去偵查敵情。在探子回報的情況中，他們特別提到：「敵軍將領就像牧師般，將臉上與唇邊的毛髮都剃得精光。」在當時，英國流行將頭髮留長，唇上也要蓄鬍，而下巴保持乾淨。當這位驕傲的勝利者將薩克遜領主們的土地征討過來後，對英國人施行各種讓人感覺備受屈辱的暴政，讓人民忍不住開始留起長髮，好讓自己與頭髮剪得許短且鬍鬚剃光的君主有截然不同的外觀。

這種流行讓神職人員相當不悅，卻在法國與德國掀起模仿風潮。十一世紀末，教宗在歐洲各基督教機關的大力支持下，宣布留長髮的男子應被逐出教會，過世後也不能為其禱告。馬姆斯伯里的威廉[3]表示，伍斯特主教、知名的聖沃斯頓（St. Wulstan）每次看到留長髮的男子，就會異常憤怒。他激烈地抨擊此習慣是極度不道德、犯罪且野蠻。他總是在自己口袋裡放一把小刀，只要有人留著長髮且跪在他面前等著接受他的祝福時，他就會愚蠢地掏出小刀，割掉一把頭髮丟到對方臉上，並要對方立刻剪掉其餘頭髮，否則就會下地獄。

但是，時尚卻偏偏與道德法律背道而馳；男人們寧願冒著被詛咒的危險，也不願和自己濃密的毛髮說掰

1 額我略（Gregory），是都爾主教與高盧史學家，基督教聖人。
2 克洛維一世（Clovis），法蘭克國王。
3 馬姆斯伯里的威廉（William of Malmesbury），十二世紀的英國歷史學家。

掰。到了亨利一世（Henry I.）時，坎特伯里的安瑟莫（Anselm）大主教認為必須重新公布蓄髮者將被逐出教會的著名教條，但宮廷裡正迷戀著長長的捲髮，也因此教會的義正嚴詞沒能發揮效果。亨利一世和他的貴族們頂著一頭及肩或及背的捲髮，成為那些上帝代言人的眼中釘。國王的其中一位教士對於主人的褻瀆行為感到痛心，於是在向所有皇親貴族的布道會上，引用聖保羅的話語，讓他們思考自己的所作所為將讓他們在另一個世界裡受到何等的折磨。有些人聽到這些內容甚至流下了眼淚，並絞著自己的髮捲，就好像想把頭髮連根拔起似的。亨利本人也留下了眼淚。牧師見到國王的反應，決定打鐵趁熱，便從口袋中拿出剪刀，在眾人面前替國王剪髮。幾位重要朝臣也接受了剪髮，於是在很短暫的時間裡，長髮變得不那麼受歡迎。但在眾人的熱情退卻後，他們開始覺得那位神父是戴利拉[4]的化身，剪掉了他們的力氣，於是六個月不到，他們又留起長長的頭髮。

曾是諾曼地貝克區修士的安瑟莫，過去曾在魯昂大力表現自己對長髮的反對，對於眼前的現況，也是憂心忡忡。但對一個好不容易燙好捲髮的國王來說，他的堅持只讓國王煩心。而兩人之間還有更多更嚴重的衝突，因此當這位大主教過世後，國王非常高興擺脫對方的糾纏，並故意讓大主教的位子空了五年。然而，還有許多傳教士，咒罵著不知悔改且留著長髮的眾人。但一切的警告都是徒然。在寫到此時代的歷史時，斯托（Stowe）以有如古代史編年史學家的口吻，如此形容「這些男子忘記自己的身分，用著長長的頭髮，讓自己變成如女人般的樣貌。當頭髮開始隨著年紀或其他原因逐漸減少時，他們會將頭髮紮成辮子，並在其中混雜著編入假髮。」最後，一場意外改變了這股時尚風潮。宮廷中有一名騎士，相當以自己的秀髮為傲，某天夜裡，他夢見自己躺在床上，魔鬼卻突然現身，企圖用他的秀髮勒死他。他開始掙扎，驚醒後，卻在嘴裡發現許多頭髮。這個夢境讓他良心不安，並認為這是來自天堂的警告，當晚，他把茂密的秀髮剪去，改變自己。這個故事迅速蔓延，神職人員自然不會放過這個機會，在他們的推波助瀾下，這名位高權重、走在時尚尖端的騎士，成為眾人的仿效目標。終於，聖沃斯頓的心願達成了，一名注重外表的男人贏過聖人的言語。但就像斯托告訴我們的，「不到一年，宮廷裡的人又恢復了原樣，跟女人們爭著留長髮的權力。」與眾人相比，亨利國王似乎不太在意這個夢，就算是自己夢到了，他也不會考慮剪髮。但相傳這次的意見分歧讓他受到很大的影響。在與教會出現諸多分歧（包括頭髮事件）後，他開始睡不安穩，幻想那些主教、院長與修士們圍繞在他的床邊，揮舞著權杖要打他。這樣的幻象嚇壞了國王，並因此經常從床上跳起，用手裡的劍攻擊空氣中的怪物。他的醫生葛林布達（Grimbalde）是一位傳教士（當時的醫生多來自教會），從沒告訴國王他的噩夢是因消化問題而起，反而建議他剪頭髮，臣服於教會，並利用捐獻與禱告救贖自己。國王並沒有接受這個提議，一年過去，他變得奄奄一息。在一場海上的暴風雨中，他為自己的罪孽懺悔，剪去長髮，並根據神職人員的意思捐了一筆錢。

在法國，梵蒂岡對長捲髮的譴責並沒有受到更多的重視。然而，與其兄弟相比，路易七世（Louis VII）顯得順從許多，將自己的頭髮修剪得與傳教士差不多，並對宮廷中那些時髦的男人投以悲憐的態度。他那活潑、傲慢且愛尋歡作樂的妻子埃利諾（Eleanor）非常不喜歡他的短髮，不斷拿他那頭短髮與僧人般的苦行來挖苦他。兩人間的感情降到冰點。最後，這位女士被證明不忠，他們離了婚，國王失去皇后在岐恩與普瓦圖的兩大富裕領地。她後來立刻嫁給諾曼地公爵，也就是後來的英王亨利二世（Henry II.），並讓英國擁有了進駐法國的機會，後來更掀起長達數百年的慘烈戰事。當十字軍將所有聰明的年輕人都帶到巴勒斯坦後，神職人員沒花了多少心力，就說服那些還留在歐洲的古板市民們剪去長髮。就在獅心理查離開的這段時間內，他的英國臣民們不僅剪去長髮，更剃掉鬍鬚。當時，剛嶄露頭角的威廉・費茲・奧斯伯特（William Fitz-osbert）或人稱的「大鬍子」，向市民推廣薩克遜人留長髮的風俗習慣。他的目的是為了激起民眾對諾曼地的反抗之心。他自己的鬍子長及胸前，這也是他暱稱的由來。

教會對於鬍子，卻沒有像長髮那般厭惡。對於下巴或嘴唇上方的鬍髭樣式，他們沒有加以干預。鬍鬚樣式的流行不斷改變，我們可發現在理查一世時，鬍鬚通常很短，但一個世紀後，卻流行起長鬍鬚。我們可在一名

4 戴利拉（Delilah），聖經中，剪掉英雄曾參的頭髮，使其喪失一切力量的泉源。

於一三二七年（羅伯特一世與國王愛德華妹妹瓊安的大喜之日）抵達倫敦的蘇格蘭人所做的打油詩中，窺見當時的光景。這首被寫在史丹蓋特聖彼德教堂門上的打油詩，內容如下：

大鬍子沒良心，
繽紛兜帽下沒有智慧，
灰黑大衣下沒有善心，
英格蘭揮霍一空。

神聖羅馬帝國的查理五世成為西班牙國王時，他沒有鬍子。那些總是圍繞在國王身邊的馬屁蟲，深怕自己看起來比主子還有威望，於是，所有的朝臣都將自己的鬍鬚剃掉，只剩下少數幾位不隨流行起舞的長者，決定當自己踏進墳墓時，也必須像活著時那般留著鬍鬚。清醒的人在觀望到事態後，悲傷地認為男人的美德或許就像鬍子般留不住了。當時更盛行一句俗語：

失去了鬍鬚，就失去了靈魂。

在法國，亨利四世去世後，其繼位者過於年輕，沒長鬍子，蓄鬍的習慣因此受到影響。但前偉大君王的摯友們，包括他的首相敘利（Sully）公爵，拒絕接受新時尚，因而受到年輕一代的嘲笑。

誰又忘得了英國分裂成圓顱黨[5]和騎士黨[6]的日子？在那些日子裡，清教徒認為權貴者的長捲髮與辮子中，潛藏著腐敗與邪惡，然而後者卻認為對手的髮型代表他們缺乏機警、智慧與美德。無論是在宗教或政治上，男人的毛髮都成為其信念的象徵。越豐盈的頭髮，代表匱乏的信念；越短的髮型，象徵虔誠的心。

但在所有干預男子留髮的政策之中，因其內容之大膽與成功而顯著的例子，莫過於彼得大帝（Peter the Great）在一七〇五年發布的政策。當時，歐洲各社會的時尚風潮都不歡迎鬍子，視流行勝過教皇與當權者的人們，摒棄了鬍子。但這樣的發展讓俄羅斯人更熱衷於保留自己的古老裝飾，好區分自己與討厭的外國人的不同。然而，彼得卻認為大家應該刮掉鬍子。如果他曾認真地了解歷史，或許在攻擊這樣一個隨時間而逐漸神聖化的風俗習慣前，他會猶豫，但他沒有。他完全沒有考慮或想到這項措施的危險；他只考慮到自己強韌的意志，並將法令擴大，不只所有軍人需要剃鬚，市民也必須遵守此規定。他給予了一定時間，讓人們適應對這獨裁法令的痛恨，接著，所有蓄鬍者必須繳交一百盧布的稅金。牧師與農奴被放在較低的社會地位，因此他們可以留鬍子，但每經過一次城門就必須繳交一個銅板。這樣的法令引起極大的反彈，但射擊部隊[7]的悲慘命運還記憶猶新，人們雖擁有抗拒的意志，卻沒有執行的能力。根據《大英百科全書》的記載，俄羅斯人認為面對一位可以毫不猶豫砍掉他們腦袋的君王，最好的做法還是乖乖把鬍子刮乾淨。與過去教宗或主教相比，彼得更聰明，他沒有用永恆的詛咒威脅不服從的人民，而是要他們付錢。有許多年，國庫因此得到一筆不容小覷的收入。收取稅金的人會發給對方一個作為收據的小銅板，此銅板專為此法令鑄造，稱為「大鬍子」。銅板的其中一面刻著鼻子、嘴巴與長而濃密的鬍子，標示著「收訖」；整個圖案用一個花圈圍繞，並蓋上俄羅斯的黑鷹章。背面則刻著年份。所有選擇留鬍子的男人，在進城時身上都必須帶著這個證明。那些不聽管教又拒絕付稅的人，則被關到監獄。

自那天起，所有歐洲的統治者面對蓄鬍留髮的時尚，只會進行勸說而不採強迫。梵蒂岡再也不過問捲髮與鬍子，如果一個男人高興讓自己成為毛茸茸的熊，他也不需擔心被逐出教會或被剝奪權力。愚行又有了新的起點，人們開始養鬍子。

---

5 圓顱黨（Roundhead），出現在英國十七世紀中期，當時以清教徒為首的議員們，皆將頭髮理短，在樣貌上與當時權貴非常不同。

6 騎士黨（Cavalier），相較於圓顱黨，支持王權。

7 俄羅斯衛兵的一種，後因發生叛變而遭彼得血腥鎮壓。

但即便在這情況下，政府也沒有乾脆地放過人民。宗教不再插手（雖然未來可能會），政治形態卻受此影響。在一八三〇年的大革命前，法國人與比利時人都沒什麼留鬍子，但在革命爆發後，所有巴黎或布魯塞爾的店主嘴唇上方，卻突然出現真的或假的鬢鬍。一八三〇年，荷蘭軍在魯汶區取得暫時的勝利，當時所有的愛國者卻瞬間刮掉鬍子，也因此成為他人的笑柄；幽默的荷蘭軍人宣稱他們從比利時人的嘴巴上搜集到大量的鬍鬚，其數量足以拿去填充床墊，並供醫院中所有病患使用。

但最後一個愚蠢的流行則更近代。一八三八年，德國的報紙出現一則由巴伐利亞國王簽署的命令，禁止所有市民以任何藉口留鬍子，並下令警察或其他執法機關逮捕違反者，並剃掉對方的鬍鬚。公布該法令的《權利報》（*Le Droit*）寫道：「奇怪的是，鬍子立刻消失了，就像秋天樹上的葉子；所有人都急著遵守皇室命令，沒有任何一人被逮捕。」

身為一位二流詩人的巴伐利亞國王在位期間，發布了多條充滿詩意的命令。但這則命令不但缺乏美感，更沒道理。人人都希望他千萬不要再用自己的腦袋思考，要求臣民剃掉鬍鬚；他們絕對不希望自己墮落。

Part III

宗教狂熱

每個時代皆有其特殊的愚行，有些出於貪婪之心……
抑或純粹是模仿的本性，深植人心並鼓舞著大眾。
若不是此，也總會出現政治或宗教方面的狂熱。

Extraordinary Popular Delusions
and The Madness of Crowds

第九章

The Crusades

十字軍東征

他們聽見，紛紛起身，多不勝數。好像阿姆拉姆的兒子在埃及蒙難時，舞動神杖，招來一片蝗蟲的烏雲，乘東風而來，使法老國度的天空籠罩著夜色，尼羅河流域也黯然失色。他們是如此龐大，霎時間，依稀可見千萬旌旗在空中飄揚，蕩漾著東方豔麗的色彩。同時，出現一片長矛之林，金盔簇簇，盾甲排排，深不見底。

——約翰・彌爾頓（John Milton）《失樂園》（*Paradise Lost*）

每個時代皆有其特殊的愚行，有些出於貪婪之心，或是由於追求刺激，抑或純粹是模仿的本性，深植人心並鼓舞著大眾。若不是此，也總會出現政治或宗教方面的狂熱。而十字軍東征便是出於以上所有原因，所誕生的現象，密謀著該如何成為歷史上最瘋狂的人類事件。歷史嚴肅地告知我們，十字軍不過是一群無知且野蠻的烏合之眾，受偏執妄念的鼓舞，殺出一片布滿淚水與鮮血的悲劇。另一方面，浪漫文學卻以其閃耀且熱切的語調，讚頌著十字軍的虔誠與英雄主義，歌頌他們如何為自己贏得榮耀，彰顯基督。在以下篇幅中，我們將徹底探討此歷史，研究這批為十字架獻身的雜牌軍真正動機，保留歷史的真實痕跡，並兼容當代詩歌浪漫文學的筆觸，讓十字軍的感受、動機與意見再無保留。

為了理解當「隱士彼得」（Peter the Hermit）發起這場聖戰時，歐洲各國的反應為何，就必須先將事件回推至幾年前。我們必須認識第八、九、十世紀的朝聖者，了解他們當時以為自己將遭遇何種危機，並見證過何種神跡。最初到聖地朝聖的人為改變信仰的猶太人，並在基督教信徒的豐富想像力與天生對該場景的好奇心下，開始成為流行。虔誠與不虔誠者一起湧入耶路撒冷；前者為了見證耶穌基督曾生活並受苦的場景，後者則聽信當時的觀念，認為可在聖地洗清自己長久以來的罪孽，無論他們的罪孽多麼深重。當時，還有另一種朝聖者群，他們抱持著去義大利或瑞士遊玩的心情來到巴勒斯坦，興致勃勃地遊覽聖地風光，一心期待著回國後可向人炫耀冒險故事。不過，最主要的還屬虔誠的宗教者。每年，這些虔誠的朝聖者人數不斷增加，甚至被稱為「耶穌基督的軍隊」。他們無懼於沿途上的困難與危險，帶著虔誠的狂喜之心，徘徊在福音中所提到的每個場景。對他們來說，飲著約旦河清澈的流水，是何等的恩賜，浸淫在約翰施洗耶穌的河水中，又是何等的光榮。帶著敬畏與喜悅的心情，他們徘徊在橄欖山上莊嚴的神殿內，或基督為著人類罪惡而受苦受難之地。對這樣的朝聖者來說，一切都很珍貴。所有文物都成為占有的對象，裝著約旦河水的酒壺、來自十字架山上的馱籃，都被帶走，並以高價賣給教會或修道院。巴勒斯坦的騙子販售著假冒的聖物，像是從耶穌十字架上的木片、聖母瑪利亞的眼淚、她衣服的摺邊、十二門徒的腳指甲或頭髮，甚至還有聖保羅協助搭建的帳篷，朝聖者花大錢買下聖物並小心翼翼地帶回歐洲。上百棵小橡樹還來不及長成大樹，就被割成片片木頭，佯裝成耶穌十字架的殘骸；而聖母瑪利亞的淚水如果全部搜集起來，大約可淹滿一個大水缸。

在將近兩百年的時間內，朝聖者在巴勒斯坦都沒有遇到什麼阻礙。開明的哈倫．拉希德（Haroun Al Reschid）與其聰明的繼位者鼓吹著這股替敘利亞帶來錢財的風潮，對長途跋涉的步行者更是禮遇有加。但法特米的哈里發[1]雖然大部分時候都很容忍朝聖者，但與阿貝斯的前人相比，他們更渴望財富，且肆無忌憚，因此，他們對所有進入耶路撒冷的朝聖者徵收一金幣。這對窮困的朝聖者來說，是一個很重的負擔，他們從歐洲

1 哈里發（Caliph），某些穆斯林國家對官員等的尊稱。

歷經滄桑，帶著希望抵達聖殿，卻發現自己缺少一枚金幣。這樣的措施立刻引起強烈的抗議，但對方仍嚴格收討稅金。付不出錢的朝聖者只好待在聖城之外，等待富裕的朝聖者搭著火車抵達該國，並替他們付一枚金幣。征服者威廉的父親——諾曼地公爵羅伯特（Robert）和許多位高權重的貴族一樣，展開朝聖之旅，並在抵達耶路撒冷時，驚訝地發現許多朝聖者著急地等在門外，懇求他替他們付稅金。沒有錢，他們只能被擋在門外。

當時，朝聖者的人數正值最高峰，也因此巴勒斯坦的穆斯林政府透過此方法，徵收到相當可觀的稅金。十世紀末與十一世紀初時，一個奇怪的念頭占據了大眾的理智。當時大眾普遍認為末日將近，《啟示錄》中的千年走到盡頭，屆時耶穌基督將在耶路撒冷現身，評判人類。所有基督徒都被這個念頭嚇壞。那些脆弱、盲從或有罪之人，陷入恐慌。他們拋下自己的家園、親人與工作，蜂擁到聖城等著耶穌降臨，以疲憊的朝聖之苦減輕自己的罪孽。就像是為了加重瘋狂，人們發現星星從天堂墜落，地震晃醒了大地，狂暴的龍捲風將森林毀滅。這一切（尤其是流星）成為人們深信末日審判即將來臨的證據。任何一個劃過天際的流星，都成為一種警告，讓更多人帶上家當逃到耶路撒冷，並一路為著自己的罪孽禱告。男女老少，拖著腳步踏上疲憊的旅途，期待著天堂之門打開、上帝之子降下其榮耀的一天。然而這異常擴張的幻象，加深了朝聖者的痛苦。歐洲西部到君士坦丁堡的沿途上，討食人數暴增，讓那些樂善好施的修士們，為著自己的生計不得不節省著點，讓一些乞討者自謀生路。在這場異常遷徙出現前，可在修道院享用著麵包與肉的修士們，現在只能吃著路上成熟的漿果果腹。

但這還不是最讓他們痛苦的地方。當他們抵達耶路撒冷時，發現聖城已被大量的人潮占滿。當時，巴格達的哈里發被無情的塞爾柱土耳其人征服，這些新統治者對於朝聖者充滿厭惡與嫌棄。十一世紀的土耳其人，遠比十世紀的薩拉森人[2]來得凶猛且魯莽。大量湧入的朝聖者讓他們感到煩擾，而越來越洶湧的趨勢更讓他們不悅。歐洲人時時刻刻等待著末日審判；持續湧入城市的人潮則將土耳其人的大街擠得水洩不通。各種類型的迫害等著他們。這些朝聖者被搶劫、毆打，或因付不出進城費而被關進耶路撒冷的大牢長達數月。

當末日審判的恐懼開始消退後，幾名朝聖者帶著受辱的憤怒心情，返回歐洲。每當他們經過一處地方，就將這些令人同情的故事散播出去。但奇妙的是，這樣的抱怨卻引發更多朝聖者。旅途越艱困，他們的罪孽被赦免的程度就越高。越多的苦難帶來越多的恩典，每天都有新的隊伍從各城鎮村莊出發，企圖以拜訪聖地的方式換取天堂的讚許。這就是十一世紀持續發生的狀況。

一輛載滿火藥的火車準備好了，只等人親手點燃。終於，一名男子出現了。與所有取得最後勝利的人一般，隱士彼得不早不晚，偏偏就在此刻抵達，並在所有人發現前取得先機。彼得生性熱情、具俠義精神、思想偏執且近乎瘋狂（如果還稱不上發瘋的話），堪稱當時代的原型人格。真正的熱情使人不屈不撓，對於所愛更是滔滔不絕，而彼得恰巧正是具備此兩種特質的傑出傳道士。他是亞眠的修士，在他侍奉上帝前，他是一位軍人。根據形容，他的長相醜陋，身形矮小，但雙眼炯炯有神，充滿智慧。趕著時代的潮流，他也去了耶路撒冷，並因親眼目睹發生在朝聖者身上的暴行而氣憤難平。回國後，他用滔滔不絕的口才，讓全世界為聖城發生的不義之行，感到憤慨。

在我們交代其了不起的布道所引起的偉大結果前，不妨先了解一下當時的歐洲心態，這樣我們才能明白為何彼得會成功。首先，當時的神職人員對全社會的財富，有著最重大的影響力。宗教就是當時的統治理念，也只有宗教能馴服大野狼，使其成為溫順的綿羊。神職人員掌控一切，他們認為應以宗教觀念奴化大眾的心智，並以防禦的方式來抵禦一切威脅。他們壟斷先人的智慧、學習機會與誠心侍奉主的管道；而這樣的壟斷讓他們取得極大的權力，並憑藉其擁有的智慧，鞏固勢力。人們對於國王與貴族的生活一無所知，除非他們受傷。準確地來說，國王掌控貴族，貴族存在的唯一目的是彰顯王權，並打壓在地上掙扎著想要起身的民主。受打壓的民眾除了神職人員外，沒有任何朋友，而這些朋友用著在天堂裡，人人平等的歡樂教義，撫慰人心。當封建主

2 薩拉森人（Saracens），中古時代基督教用於稱呼所有信奉伊斯蘭教的民族，特指中東地區的穆斯林。

義告訴人民他們在這世界上沒有任何權利，宗教卻告訴他們在下一個世界，他們就能享有一切權利。有了這層的安慰，他們對於現況感到滿足，政治力依舊為零。當傳教士為著某些原因鼓吹十字軍的成立時，民眾也立刻熱情地響應了朋友的號召。巴勒斯坦的一切，占據著他們的心靈。兩百年來，無數朝聖者的故事溫暖了他們的心房，因此當他們的朋友、導師、引路者帶著狹隘的偏見與情緒鼓吹戰事時，人民立刻將自己的熱情昇華為狂熱。

當宗教激勵著人民的同時，還有另一股力量正在鼓動權貴。這股力量是如此猛烈與無法無天；其包覆著一切腐敗，夾帶著悖德之力，用權貴自身的唯一美德——勇氣，大力實踐。他們唯一感受到的宗教情感，只有末日的恐懼。他們沸騰的不安與宗教目標合謀，引導著他們前往聖地。他們身上背負著各種罪孽，讓他們願意響應這個號召。他們以踐踏他人為生，無視法律，憑自身的熱情而活。對於神職人員的普世影響力，他們不屑一顧，但對於即將面對的末日，他們的心中充滿恐懼。戰爭對他們來說，只是份內之事與令人愉悅的樂趣，因此當教會承諾只要他們追隨自己的興趣，踏上征討之途，他們的罪孽就得以洗淨時，這些人立刻興高采烈地跳上戰馬，和那些帶著更純淨宗教目標的百姓們，一起熱心殺敵。狂熱的心智加上對戰爭的熱愛，將他們推上戰場，然而歐洲的國王與王子們，卻抱著另一種熱情。政策睜大了它們的雙眼，當這些鼓譟、迷人且嗜血如命的男人們離開家鄉，皇室只需要花一點點心力，就能抑制他們的勢力，鞏固王權。種種動機都對十字軍的成型相當有利。社會從上到下，都樂於加入或煽動這場戰爭：國王與教會透過政策，貴族憑著其內心的不安與征服的樂趣，平民依靠宗教熱誠與兩世紀以來不斷被洗腦的虔誠。

巴勒斯坦本身，正是讓隱士彼得產生宏大抱負的地方，他一心想著推翻聖城統治者，從穆斯林的暴君手中拯救東方世界的基督教徒們。他的內心充滿激情，連夢境也是。其中一個夢讓他印象深刻，他深信救世主在夢中來到他的面前，向他保證：他的聖戰將受上帝的幫助與保護。即便他的信仰曾經動搖，這樣的經歷也足以讓他一輩子死心塌地。

在彼得完成朝聖之旅的苦行與義務後，他要求覲見耶路撒冷希臘正教的主教西米恩（Simeon）。儘管在彼得的眼中，西米恩也屬於異教徒，但他依舊屬於基督教世界，因此他深切地為這些受土耳其人壓迫的耶穌門徒們感到心痛。這位主教完全被彼得的口才說動，並在他的建議下，動筆寫信給教宗與基督教世界最具影響力的君王們，向他們表達自己的憂心，並懇求他們的幫助。在工作上，彼得是絕對不落人後的。在深情地向主教告別後，他全速趕回義大利。當時，掌權者為教宗烏爾班二世（Urban II.）。從那時開始，教宗這個位置變得異常艱辛。前幾任的教宗額我略七世（Gregory VII.）和德國的亨利四世出現許多嫌隙，更因其強烈反對腓力一世（Philip I）法國的二度婚姻，導致法國也成為教廷的敵人。烏爾班眼前的局面是如此艱險，梵蒂岡又缺乏堅實的後盾，於是他躲到了阿普利亞，接受公爵羅貝爾．吉斯卡爾（Robert Guiscard）這位大名人的保護。看上去，彼得應該是追隨了教宗的腳步，儘管古代編年史與近代史書上，並沒有記載兩人會面的情況。烏爾班親切地接待他；在眼中含著淚的情況下讀完主教西米恩的信柬，並聽取彼得動人的故事，裡面滿是他對基督教現況的憂心。同情是一種會感染的情緒；教宗就像是被情感豐富的彼得感動。他授予彼得全部的權力，讓他到全歐洲與基督教國家宣傳聖戰。隱士彼得出動了，有成千上萬的人響應他的號召。法國、德國、義大利在他的指導下，準備拯救錫安。其中一名親眼目睹歐洲狂熱戰事的歷史學家，形容了此刻這位隱士的外觀。他說，彼得所說、所做的每件事，都好像籠罩在神聖光芒下。人們是如此崇拜他，甚至開始拔下彼得驢子身上的鬃毛，企圖作為收藏。在布道時，他一般會穿著羊毛短袍，配上長至腳踝的深色披風。他的雙手與雙腳赤裸；他不吃肉也不吃麵包，主要以魚或酒為食。這位編年史學家說：「我不清楚他從哪裡出發，但我們總會看到他穿越大街小巷，在每個地方布道，人們總是擠在他身旁，給予他各種救濟品，歌頌他的神聖。我有生之年，從未見過其他人比彼得還受歡迎。」就像這樣，他不知疲倦、不屈不撓，全心全意，將自己的瘋狂灌輸到聽者的耳裡，直到整個歐洲都陷入同樣的狂熱。

在彼得成功收服人心的同時，教宗也成功找來那些即將成為這場聖戰的將軍與統帥者。一〇九五年秋季，教宗邁出第一步，到皮亞琴察召開會議。在神職人員的聚會上，教宗討論這個計畫，並讓那些從東方帝國派去君士坦丁堡的密使們，向眾人報告那些土耳其人準備征服歐洲的計畫。神職人員們當然全力支持十字軍；會議解散，每位神職人員肩負著向自己教區民眾散播成軍的使命。

但光憑義大利無法滿足一切需求，於是教宗翻越阿爾卑斯山，向高盧那些強壯、勇猛的貴族與騎士們傳遞使命。教宗大膽進入法國，讓自己暴露在敵人——腓力一世的權力範圍下，這是他行動最驚人的特點。有些人認為這是教宗在冷靜思考後所採取的行為；也有些人認為這是出自與彼得一樣激動且盲目的熱情。後者的推論看起來更像是真的。社會大眾並沒有評估加入戰事的後果，大家只是憑著衝動行事；而憑著衝動將自己丟進法國股掌間的教宗，成功引起上千人的響應。最後，大家在奧文尼的克萊蒙會議上召見教宗，討論教會的現況，改革弊端，更重要的——準備參戰。當時正值寒冬，地面上蓋著一層雪。在會議進行的七天內，門戶緊閉，來自法國各地的人們聚集到城鎮上，期待教宗親自向人民喊話。附近周圍的小鎮都被擠得水洩不通，那些找不到臨時住所的人，只好在樹下與路旁搭起帳篷。於是，街道上滿是帳篷。

就在這七天的審議期間內，腓力一世因其與安茹伯爵夫人貝賀泰德．蒙特福特（Bertrade de Montfort）的二次婚姻，不願聽從最高使徒的勸誡，而被下令逐出教會。這大膽的一步讓人民更尊敬教會的剛正不阿，與其對所有人一視同仁的典範。他們的愛與恐懼持續增加，他們也準備好接受那場正義且永不妥協的熱情布道。在教宗預備向大眾發表演說前不久，克萊蒙教堂前的大廣場擠滿了密密麻麻的人群。教宗穿著整套的法衣，外披紅袍，在身著華麗天主教布道服的樞機主教與大主教的簇擁下，站上為此活動所搭建的高台。兩旁壯觀的隊伍包含主教與樞機主教；在他們之中，還有一位穿著如苦行僧、位階雖低，卻受世界矚目的男子，他就是彼得。歷史學家對於彼得是否有向眾人演說的記錄不大一致，但眾人都確認他當時在場，因此認為他有發表演說是很合理的推斷。但更重要的，這是教宗致辭場合。當教宗舉起手獲取眾人的注意力時，眾人立刻靜默。他以那些在聖城遭遇苦難的故事作為開場，描述巴勒斯坦平原的異教徒們，如何帶著劍與火把，焚燒那些忠實信徒的家，讓其受苦；基督教婦女們如何受到異教徒的玷汙；真神的祭壇如何遭到毀壞，聖人的遺物又如何被人踐踏。滔滔不絕的主教說著（烏爾班二世絕屬那時代最能言善道之輩），「你們這些聽我所言，擁有真誠信念，得到上帝賜予的勇氣、力量與偉大靈魂的人們——你們的祖先也是基督教的使徒，你們的君王更為你們抵禦了異教徒的侵略——現在，我要你們將世界上的不公不義抹去，我要你們將那些基督教弟兄們從水深火熱之中，拯救出來。基督的墳墓被異教徒攻占，那些聖地因其卑鄙的作為而蒙受羞辱。噢，勇敢的騎士與虔誠的百姓們！偉大天父的子孫們！汝等的名聲將永垂不朽。汝等將不受妻小的柔弱約束而放棄這偉大的聖戰，而永遠記得救世主所言：『愛父母過於愛我的，不配作屬我的；愛兒女過於愛我的，不配作屬我的；凡不背起自己的十字架來跟從我的，也不配作屬我的。顧惜自己生命的，必要喪掉生命；但為我犧牲生命的，必要得著生命。』」

情感豐富的教宗將自己的信念傳遞給民眾，在他的演講結束前，民眾的激動早已按捺不住。接著，他開始描述那些用自己雙手捧起十字架的人們，將得到靈魂與現世的救贖。他說，巴勒斯坦是一個流著奶與蜜的土地，更因其曾經發生拯救全人類的背景，得到上帝額外的恩寵。他更承諾，那塊地將會分配給他們。最重要的，他們對上帝或其他人所犯下的罪孽，都將被赦免。「去吧，」他說，「洗淨自身的罪孽；當你離開這個世界時，另一個世界的不朽光芒將籠罩著你。」眾人的熱情再也壓抑不住，大聲的呼喊並打斷了發言者；他們異口同聲地喊著：「神之旨意！神之旨意！」眼看眾人的心智凝聚在一起，烏爾班也趁勢說下去，「親愛的兄弟們，今天就是我們證實上帝曾在福音中所說：『因為無論在哪裡，有兩三個人奉我的名聚會，我就在他們中間。』如果上帝沒有存在於你的靈魂中，你們便不會喊著同一句話；也或者，是上帝將話語放進你們心中，並藉由你們之口來傳遞。那麼，願你們同口號、同來自上帝的話語一起戰鬥。讓上帝的軍隊在衝鋒陷陣時，也能喊著這唯一的口號，『神之旨意！神之旨意！』讓每一位願意嚴肅參與聖戰的人們，在其出發前，於胸前或前額掛上神聖的十字架；讓這些準備踏上軍旅生涯的人們，在肩上印著這神聖的標識，時刻記著救世主的訓誡：『不背起自己的十字架來跟從我的，也不配作屬我的。』」

這場會議的過程以迅雷不及掩耳的速度，傳遍整個歐洲。在騎著快馬的傳訊兵將這些訊息傳遞出去前，那些偏遠的鄉鎮早已知道此事。人人都在談論十字軍，大家已做好迎接聖戰的準備。民眾的熱情正如教會所期望的，事態更朝他們預想的方向發展。在那個時代，這已稱得上是奇蹟。

在克萊蒙會議結束後的幾個月內，法國與德國也加入備戰行列。成千上百名虔誠的、狂熱的、貧困的、放蕩的男女老少，甚至跛腳、瘸腿的人，都爭相報名入伍。各村莊裡，牧師們忙著維持這場盛會，保證那些掛上紅十字的人將得到永恆的回報，並嚴厲譴責那些拒絕從軍或還猶豫不決的人們。所有參與十字軍的人們都在教皇詔書中得到造物主的赦免，各種等級的罪孽都因參戰而一筆勾銷。那些參戰者的財產都受教會的保護，人們相信聖保羅與聖彼得將從高高的天庭上，庇護那些離鄉背井之人的財物。各種徵兆與預示出現，更為這場狂熱加溫。異常明亮的北極光出現，上千名十字軍走到戶外，跪在地上，心懷感激地欣賞這種景致。人們幾乎確信這場聖戰是出於上帝的干預，而上帝的軍隊們將推翻異教徒。世界各地都傳來奇蹟。一名修士在天空中看見兩名巨大的鬥士騎在馬背上，其中一名為十字軍，另一名為土耳其人，兩人用燃燒的劍打鬥著，最後，基督徒自然戰勝了異教徒。據說，無數的星星從天堂中落下，每一顆隕落的星辰，都代表著異教徒。當時，人們甚至相信查理大帝將從墳墓中起身，帶領上帝的軍隊取得勝利。關於這場狂熱的最特別之處，在於婦女的投入。各地的女子紛紛勸說著愛人與丈夫拋下一切，加入聖戰的行列。許多人甚至在胸前與手臂烙上十字架，並用紅墨水染紅傷口，作為自己熱誠的見證。更熱情的婦女則將同樣的烙印烙在年幼孩子的大腿或嬰兒的胸前。

吉伯特．德諾讓[3]描述有一位在自己前額割上十字架，並以有色顏料染色的修士說，這是天使在他睡夢中所留下的印記。與其說這名修士愚蠢，不如說他更像是騙徒，他編織了各種天花亂墜的故事，來彰顯自己的神聖。他所到之處，十字軍都給予他錢和食物，因此在他抵達耶路撒冷前，這名修士變得臃腫肥胖，完全沒被路途的艱辛打倒。如果別人發現他的十字架是自己刻上去的，肯定不會對他另眼看待；但重點是所有人都相信他的故事。

那些擁有財產的人們，趕到市集上變賣一切，拿著熱騰騰的現金。土地與房產只要原四分之一的價錢即能成交，但武器與裝備的價格卻漲了四倍。往年產量匱乏的玉米，卻突然大量出現在市場上；商品價格因此下跌，以至於五丹尼[4]可買到七隻羊。貴族為了少量的現金，將自己的土地抵押給猶太人與無信仰者，或授予其領地內村莊與城鎮內享有的特許權，以換取幾年前他們根本不屑一顧的現金。農民賣掉自己的犁，工匠賣掉自己的工具，換取一把解放耶路撒冷的劍。出於同一種想法，婦女也紛紛典當自己的首飾。在一〇九六年的春天與夏天，路上塞滿了十字軍，全速趕往指定的會面城鎮。有些人騎馬，有些人乘馬車，有些人搭船順流而下，帶著自己的妻小，迫不及待地前往耶路撒冷。但很少人知道耶路撒冷在哪。有些人認為耶路撒冷離自己有五萬英里，有些人則以為只需一個月就能抵達；每當視線中出現市鎮或城堡，孩子們就會問：「那是耶路撒冷嗎？是那個城市嗎？」你可以看到貴族與騎士們一路朝東走，為了抒發旅途上的疲憊，他們也會以狩獵來娛樂自己。

總是透過親眼觀察，絕不道聽塗說的吉伯特．德諾讓，表示民眾的熱情不斷蔓延，任何人只要一聽到教宗的命令，就會立刻拉著鄰居與朋友一起執行所謂的「神之旨意」。享有統治權的伯爵們，迫不及待地踏上旅程，低階的騎士們也抱著同樣的興奮加入戰線。甚至連窮人們也感染到這股狂熱，沒有人停下來思考自己的能力是否完備，自己是否應該放棄農地、葡萄園或牧場。每個人都用不可思議的低價，急著賣掉手中的土地，就好像他們被駭人的歹徒抓住，急著要籌贖金一樣。那些還沒拿定主意加入十字軍的人們，嘲笑這些人以愚蠢的價格賣掉房產，預言這場戰爭結果肯定會很悲慘，且等到他們回家時，會發現自己的現況更淒慘。但這樣的訕笑只持續了幾天，很快地，這些人也同樣感染到這股狂熱。那些曾大聲嘲笑他人的傢伙，為了幾克朗放棄所有家產，並和幾小時前還捧腹大笑的人一起踏上征途。在多數情況下，笑人者反而遭到嘲笑，只要有人還對從軍一事猶豫不決，狂熱的鄰居就會送給他一套鉤針或紡紗桿，表達對他們的輕視。這種鄙視沒有男人可以承受，

3 吉伯特．德諾讓（Guibert de Nogent），本篤會歷史學家、神學家。

4 丹尼（denier），法國往昔銀幣，金額很小。

怕被人看輕的心態加速了「主的軍隊」的成型。

十字軍的另一種效應則是宗教的服從，這種服從讓人民與貴族接受了「上帝休戰日」。在十一世紀初，法國的教會非常同情平民百姓的痛苦，卻又無法從貪婪自大的封建領主手中解救他們，因此努力推動著名的「上帝休戰日」(Peace of God)。所有遵守此規定的人們，以誓約為憑，不得在這天因自己受的苦進行報復，不得享用他人勞力換得的水果，也不能使用具殺傷力的武器；作為回報，他們的罪將得到救贖。然而這立意良善的「和平」只得到陽奉陰違的效果，暴行還是像過去一樣失控。一〇四一年，為了平息脾氣暴躁近乎野蠻的領主們，教會再次鄭重重申「上帝休戰日」的意義。「休息」從每禮拜三的晚上開始，直到禮拜一清晨。在這期間內，嚴格禁止所有因任何理由所挑起的爭端，或為自己遭受的傷害進行報復。但透過這種方法，無法教化人民。只有極少數人願意承諾做到一週五日如此不合理的休戰期。但是做到的人之中，也有不少人因此更變本加厲地「善用」那兩天開放的日子。後來，休戰日只好調整到從禮拜六晚上直到禮拜一早上，但依舊沒能成功防止暴力或流血事件。在克萊蒙會議上，烏爾班二世再次鄭重強調休戰日。此刻的宗教感召力是如此強大，所有人都毫不遲疑地立刻遵守。在加入十字軍的強大狂熱面前，所有微小的激情都消失得無影無蹤。封建地主停止壓迫，強盜改去掠奪沿途的村莊，人民繼續抱怨；但他們的想法全部一致，心中再也沒有其他空間容納其他聲音。

在這些雜牌軍的營地上，可以看到奇特的景象。那些受領主指示投入聖戰的家臣們，紛紛在其城堡周圍紮營；而那些出於個人意志投身軍隊的人們，則在城鎮與村莊附近搭建營地，隨時準備加入那些在戰事中較受歡迎的領導者。法國的草地上滿是帳篷。那些逞凶好鬥的人知道一旦踏進巴勒斯坦，他們的罪孽就會得到救贖，因此變得更加不知節制。那些高級娼妓肩膀上別著紅十字，肆無忌憚地進行無恥的交易；品行端正的情人開始偷腥，酗酒與放蕩的生活變得稀鬆平常。他們對上帝的最大熱誠在於抹去其罪孽與愚行，而他們將得到與苦行僧一般的救贖。這樣的理論吸引了所有無知大眾，營地間，禱告的話語與放蕩的歡愉聲，此起彼落。

現在，是時候來談談戰事的領導們。許多人加入了隱士彼得的隊伍，並認為這位先驅是整場戰事最合適的領導，還有一些人加入冒險者的行列。這位冒險者正是歷史上鼎鼎有名的沃爾特・桑薩瓦爾（Gautier sans Avoir）或稱貧窮的沃爾特（Walter the Pennyless），但此人其實出身名門，對於戰術更是瞭若指掌。來自德國的民眾則接受修士葛索（Gottschalk）的指揮，對於這位修士，歷史上並沒有什麼記錄，只知道此人堪稱當時最狂熱的中堅分子。這些軍隊加起來據稱有三十萬人，其中包含男人、女人與孩童，組成了歐洲史上最邪惡的幫派。在缺乏紀律、原則與正直的勇氣情況下，他們就像一場瘟疫，所到之處只引起了恐慌與死亡。一〇九六年早春，在克萊蒙會議後的數月內，第一批被派出的軍隊交由沃爾特領導。所有人都視這非正規的領導為自己的主子。這批軍隊的成員跟其領導者一樣，窮到一無所有，因此處心積慮地想從征戰的道路上撈一點油水。猶如洪水般的他們經過德國，進入匈牙利，並在這裡得到人民的一點幫助。這些人民雖沒有那麼狂熱地加入十字軍，但願意協助在此地休息的人們。但好景不長，這樣的善解人意並沒有得到好報。這群烏合之眾並不僅想要基本的溫飽，他們還想享受奢侈的生活。他們攻擊並掠奪村莊中的人民，遇到抵抗時更隨意殺人。在他們抵達塞姆林之前，一大群憤怒的匈牙利人集結起來，攻擊十字軍部隊的後翼，殺死許多落隊的人，奪走他們的裝備與十字架，並掛在城牆上作為戰利品。但沃爾特沒有餘力可以報仇，他那如蝗蟲般為了掠奪而激動的軍隊，根本無法對付正規軍。軍隊的後段繼續受到憤怒的匈牙利人攻擊，直到他們終於完全離開對方的領地。進入保加利亞後，沃爾特的運氣並沒有因此好轉。城市與城鎮拒絕讓他們通過；村莊拒絕提供他們食物；市民與村民團結起來，宰殺他的追隨者。軍隊的邁進反而像是逃跑，但既然他們無法抵抗，沃爾特只能加緊腳步，前往君士坦丁堡。當他們抵達目的地時，軍隊已因饑荒與打鬥，失去三分之一的人口。

狂熱的隱士彼得帶領更大批的人群，緊跟在他們的身後，隊伍中還有馱著笨重行李的隊伍、大批女人與孩子，其數量幾乎都能組成另一支軍隊。假如歷史上還有比沃爾特軍更卑鄙無恥的軍隊存在，那麼肯定就是彼得的軍隊。在攜帶著較好的裝備下，他們一面掠奪匈牙利，一面前進。假使他們採取別的路徑，繞過塞姆林，那麼就不會發生接下來的糾紛。在這群人抵達塞姆林城外時，看見夥伴的軍備與紅十字架被掛在城牆上作為戰利品展示，這群人立刻感到極端憤怒。他們被壓抑的殘暴性格瞬間爆發。城市受到猛烈的攻擊，這群人並非靠其力量征服城鎮，而是依賴人數眾多的優勢，讓對方疲軟。塞姆林投降，伴隨圍城勝利的，是一連串殘酷的暴行。各種邪惡的熱情都被允許肆無忌憚地釋放，復仇、欲望與貪婪肆虐，造成數千人的傷亡。一位狂徒就能點起大火，但澆熄火焰卻需要眾位智者的努力。彼得的口才讓人民血液奔騰，但想要澆熄這場烈焰，卻超出他的能力範圍。他的軍隊恣意施暴，直到報復的恐懼籠罩眾人的腦袋，他們才停止動作。匈牙利國王得知塞姆林的悲劇後，召集龐大的軍隊追趕彼得。得知消息的彼得立刻拆掉帳篷，趕緊朝著在幾里外與多瑙河會合的摩拉瓦河走。但一支憤怒的保加利亞隊伍正在此處等著他們，而他們的騷擾使渡河變得異常困難。那些迷戀著彼得的追隨者，有些死在河裡，有些死在保加利亞人的劍下。古時候的歷史學家並沒有交代彼得究竟損失多少兵力，只是用了「大量」來形容結果。

抵達尼什後，守城的保加利亞公爵在畏懼他們的情況下，將自己全副武裝；而彼得根據經驗，認為最好的方式就是避免衝突。三個晚上，他們安靜地在城牆外駐紮，公爵為了避免引起不必要的衝突與掠奪，准許人民供給軍隊一些民生必需品。隔天清晨，彼得和平地帶著眾人前進，但部分落在軍隊後頭的德國無賴們，因前天夜晚與保加利亞的村民發生衝突，於是趁機放火燒了他們的磨坊與房子。對十字軍目的深感懷疑的尼什人，在做好最壞的打算後，立刻舉兵出發，準備復仇。他們將暴徒砍成碎片，並追殺彼得的人馬，沿途抓了些落單的婦女與孩童，還搶走了大部分的行囊。為此，彼得不得不整裝返回尼什，準備向保加利亞公爵興師問罪。保加利亞公爵交代市民遇到的暴行，而彼得也無法緩解龐大的怒氣。雙方展開協商，就在保加利亞公爵決定釋放所有的女人與孩童時，一群毫無紀律的十字軍單憑自己的想法，攀上城牆，企圖進攻市鎮。彼得無法讓那些人服從他，混亂開始擴大，就在一場短暫且絕望的戰鬥後，十字軍成員拋下武器，四散而逃。這隻龐大的軍隊徹底崩潰，被屠殺的人數是如此之多，讓統計損傷必須以千人為單位。

據說，隱士彼得為了保命，逃進了離尼什不遠的一座人跡罕至的森林中。令人好奇的是，在經歷如此可怕的事情後，是否——

他的心滿是傷痛，
尖銳的悲傷將他碎成片片。

抑或他那瘋狂的熱情依舊壓過冷靜，幻想著自己最終取得的勝利。不久之前還是千萬大軍的領導者，現在卻淪為森林中躲躲藏藏的避難者，隨時都有可能被後方的保加利亞軍殺害。幸運的他，最後被一位貴族救起，其手下兩、三名勇健的騎士，更找到近五百名的逃兵。大家開心地迎接彼得，並立刻展開協商，最後決定找出所有走散的軍隊。大火在山丘上熊熊燒起，密探向不同方向出發，努力搜尋走失者。搜索期間，號角不時響起，讓彼此知道盟軍就在身邊，落日之前，彼得再次成為七千人的首領。隔天，又有兩萬大軍歸隊，帶著這些殘兵，他們繼續朝君士坦丁堡前進。開始腐臭的屍體，則永遠地留在保加利亞的森林裡。

在他抵達君士坦丁堡後，發現沃爾特正等著他，並得到阿萊克修斯一世（Emperor Alexius）的熱情款待。一路上悲慘的遭遇，原以為可以讓彼得的追隨者學到教訓，懂得謹慎行事，但非常不幸的是，他們混亂且熱愛打劫的個性依舊沒變。儘管周圍都是盡力滿足他們需求的盟友，這些十字軍還是忍不住想做壞事。儘管彼得勸他們恪守本分，卻無法控制眾人的舉動；他掌握他們的熱誠，卻無法掌握他們的品德。他們惡作劇地放火燒掉君士坦丁一些公共設施，並剝掉教堂屋頂上的鉛，到城市近郊處當成舊金屬賣掉。從這時開始，阿萊克修斯一世開始厭惡所謂的十字軍，這讓他對後來由貴族或道德水準較高之人所組成的十字軍，同樣心懷芥蒂。他似乎認為和土耳其人相比，這些歐洲敗類的舉動更叫人憎惡。於是，他很快地找了一個藉口，讓他們進入小亞細亞。彼得和沃爾特一起穿越博斯普魯斯海峽，但有如烏合之眾的隊伍讓彼得深感絕望，在抱持著他們什麼事也做不成的心情下，他用著與阿萊克修斯商討民生必須品供應的藉口，返回君士坦丁堡。這些十字軍根本忘記自己已經身在敵營，什麼都不管，讓自己陷在無盡的爭吵打鬥中。暴力事件頻傳，由沃爾特帶領的倫巴底和諾曼地人、彼得帶領的法國人與德國人，互相敵視。後來，彼得帶領的軍隊自成一路，推舉雷納爾德（Reinaldo）或雷霍德（Reinhold）為領導，繼續前行，並占據瑟利格登的堡壘。擁有強大兵力的蘇丹蘇萊曼一世（Solimaun），對歐洲人的不軌企圖產生警覺。其中一些十字軍在堡壘外的一處紮營，作為伏兵，卻在一陣慌亂中被殲滅，接著，敵軍從四面八方入侵。圍城時間長達八天，在這之間，這些基督教徒們無水可喝，痛苦至極。究竟是等待援兵的希望，或絕望的能量讓他們撐了這麼多天，我們不得而知，但那狡詐的首領決定替他們縮短痛苦：向蘇丹投降。他只帶走了兩、三名軍官；其餘者都因拒絕成為穆斯林而遭到屠殺。自此，彼得浩浩蕩蕩從歐洲一路領來的大軍，連最後一批殘兵都被剿滅。

沃爾特也遭遇了相似的慘況。當瑟利格登的慘敗傳回來後，他們立刻整隊，準備對付土耳其人。但一心只想帶領精銳部隊的沃爾特，頭腦非常清醒，他明白眼前就是一場劫難。他知道在敵軍如此精銳，他們又無安全撤退之路的情況下，手中的軍力根本不足以做出任何進攻。於是，他認為應等援軍抵達後，再一起攻擊。他謹慎的評估沒有得到支持，軍人用怒吼表達他們對首領的不滿，並決定在沒有首領的情況下繼續前行。在這樣的情況下，勇敢的沃爾特心一橫，決定跟他們一起走。他們前往現代的伊茲尼克，中途被蘇丹軍截獲，激烈的戰爭旋即展開，土耳其人毫不留情地展開大屠殺；兩萬五千人的基督大軍，有兩萬兩千人被殺，沃爾特本人也在身受七刀的情況下，壯烈犧牲。剩餘的三千人退至西維托特，盤踞在此。

隱士彼得對於這些在他的號召下、遠離歐洲的人們，感到無限的悲傷與同情。他之前的熱情再度點燃：他雙眼含著淚，跪倒在阿萊克修斯的腳邊，懇求他派送援兵到西維托特，救助倖存者。皇帝答應了，立即派出一支軍隊，並及時地將這些人從毀滅中拯救出來。當時，土耳其人包圍了所有出路，十字軍的安全岌岌可危。雙方立刻展開協商，剩餘的三千人平安返抵君士坦丁堡。有鑒於之前的情況，阿萊克修斯不太想讓這些人待在自己的城市裡，他命令他們解除所有裝備，並給每人一些錢，再送他們回歐洲。

在這些事發生的同時，德國境內有大批來自森林與原野的人們，正毫不遲疑地向聖地出發。他們的領導是狂熱的牧師葛索，而他們也依照彼得和沃爾特的路徑，穿越匈牙利。關於這將近十萬大軍的命運，歷史記載非常稀少。搶劫與謀殺似乎一路伴隨著他們，可憐的匈牙利人，對於招架不住的暴行幾乎感到絕望。該國的國王卡洛曼（Karloman）下定決心擺脫他們；人民的憤怒屆臨崩潰，如果不將十字軍滅絕，他們絕不善罷干休。葛索一行人，為著自己的暴行與前人的暴行，付出相當大的代價。他和他的士兵上了當，他們被引誘放下了武器，滿腔憤怒的匈牙利人見到對方手無寸鐵，立刻衝上去砍殺。有多少人成功脫逃我們不得而知，但他們沒有一人抵達巴勒斯坦。

後頭，還有更多從德國與法國出發的軍隊，在無名將領的帶領下，用著一顆殘暴、狂熱的心，踏上旅途。他們的狂熱超越了彼得所帶領的軍隊。他們分成幾小隊，每隊人員從一千至五千不等，以各種方向穿越匈牙利，並沿途燒殺擄掠。他們的肩膀上繡著十字軍的標誌，一路上恥笑先前經過此地的人們，心中只想著去殺土耳其人，居然放任基督教的最大敵人——猶太人在身後，導致十字軍的敵人數目不減。為此，他們決定將這可憐的民族趕盡殺絕，只要有希伯來人落入他們手中，他們就會以最殘忍的方法將其殺害。根據歷史學家艾伯特．阿昆夕斯（Albert Aquensis）的說法，這些人以最無恥下流的方式過日子，而他們的腐敗與墮落又超越其迷信的程度。每當他們在搜索猶太人時，會讓鵝或山羊走在前頭，因為他們認為這兩種動物是神聖的，可以透過神力附身，找出異教徒。儘管神職人員全力搶救，光是在德國，他們還是殺害了超過一千名的猶太人。他們的折磨手段是如此惡名昭彰，有許多猶太人甚至選擇自殺，以避免受其虐待。

再一次，匈牙利人又要面對這些來自歐洲的害蟲。在發現沒有什麼猶太人可以殘殺後，十字軍匯集成一支隊伍，跟著前人的腳步，準備穿越匈牙利。這條路線曾奪走三十萬人的性命，若無意外，他們的下場也將相同。這批軍隊的人數我們無從得知，但確實有許多人死在匈牙利，而當代作家在沒有任何確切數據的情況下，只能用屍橫遍野來形容慘況，多瑙河的河水甚至被他們的鮮血染紅。最嚴重的屠殺案，發生在多瑙河沿岸的梅爾斯堡，其規模之龐大，幾乎滅絕整個軍隊。有一段期間，匈牙利人控制渡河道路，但十字軍依舊強行通過，並憑著瘋狂的勇氣攻擊城市，更是在城牆上開了一個洞。就在這勝利的一刻，眾人被無名的恐懼挾持。所有人都丟下裝備，陷入恐慌，不知道發生什麼事，更不知道該何去何從。手持劍器的匈牙利人跟在後頭，毫不遲疑地追殺他們。據傳，多瑙河的河道甚至被屍體給堵住。

這是歐洲整場狂熱中最淒慘的一戰；在這些過去後，接著登場的是他們的騎士。擁有冷靜的判斷、成熟的計策、戰無不勝的勇氣，他們引導這場壯觀的橫跨歐亞的遷徙之旅。正是這些男人，博得了浪漫文學中的一切讚揚與稱頌，而前者的卑劣與暴行，只能得到歷史的譴責。在這些將領中，最著名的為布永的戈弗雷（Godfrey of Bouillon），也就是洛林公爵；還有土魯斯伯爵雷蒙（Raymond）。另外，還有四支來自歐洲皇室血脈的軍隊，也背負著十字架的使命，帶著軍隊前往聖地；法國國王的兄弟，韋芒杜瓦伯爵休（Hugh）；諾曼地公爵、英格蘭威廉二世的哥哥羅貝爾（Robert）；佛蘭德伯爵羅伯特（Robert）；塔蘭托親王博西蒙德一世（Bohemund），他是知名的羅貝爾·吉斯卡爾的長子。這些人的頭腦中也帶有一些該時代的狂熱，但所有人的狂熱都不是出於宗教。他們不像沃爾特那般不計後果，也不像彼得那樣瘋狂，更不像葛索那般殘忍，但他們綜合保有這三種氣息；他們的勇氣受謹慎熏陶，他們的宗教狂熱更具世界觀，他們的凶猛帶有騎士精神。他們看見民意的洪流去向；他們無意也沒有興趣抑制事態的發展，只希望在自己的帶領下，可以讓自己的勢力更強大。在他們的身邊聚集了許多權力較低的領主，以及法國與義大利的貴族精英們，其中還有少數來自德國、英國與西班牙的精英。他們睿智地考量到，如果龐大的軍隊都走同一條路線，沿途上採購補給品的過程將變得異常艱辛。因此，他們決定分頭走，戈弗雷經匈牙利與保加利亞，土魯斯伯爵雷蒙經倫巴底與達爾馬提亞，其餘的人走阿普利亞，到君士坦丁與眾人會合。對於這些領袖手中的軍力有各種評估。安娜·科穆寧娜（Anna Comnena）公主聲稱他們如沙灘上的沙、天空中的星星一樣繁多。史學家沙特爾的弗切爾（Fulcher of Chartres）的描述雖然較不華麗，但也同樣讓人感覺誇張，他說當所有的軍隊在比提尼亞的尼什會合，總計有十萬名騎兵，六十萬名步兵，這當中還不包括牧師、女人與小孩。歷史學家吉朋認為此數字過於誇大，但實際數量應該相差不遠。後來，安娜公主提到戈弗雷總共率領了八萬名步兵與騎兵；假設其他將領也帶領差不多數量的軍力，那麼所有人加起來就有將近五十萬人。但這樣的估計肯定高過實際，因為在出發時，戈弗雷的軍隊人口統計是最多的，而他們沿途受到的傷害也最小。

韋芒杜瓦伯爵是第一位踏進古希臘文化領域的首領。當他抵達都拉斯時，受到掌權者最高的禮遇與尊敬，他的軍隊更得到充足的補給品。但在毫無預警的情況下，阿萊克修斯下令逮捕伯爵，並將其移送到君士坦丁堡的監獄。關於這位皇帝魯莽且狡詐的做法，史學家們有各種見解。但所有作家對如此有違待客之道與正義的做法，都持批判態度。吉伯特．德諾讓為其做法想出了最合理的解釋。他認為阿萊克修斯畏懼十字軍將威脅到他的王座，因此使出了這一招，想讓伯爵宣誓效忠於他，作為交換自由的代價。而阿萊克修斯認為，如果這樣一位身分尊貴，且還是法國國王兄弟的伯爵一旦效忠了他，那麼接下來行經此地的人，也會效法他的做法。但結果卻叫他大失所望，心胸狹隘的算計只可能引發無盡的紛擾。一位身處高度開化與安逸宮廷許久的帝王，對於西方鬥士的不屈不撓與企圖心感到畏懼，更害怕他們企圖以卑鄙手段奪去自己根本保護不了的國家。因此，出於恐懼，他決定先聲奪人。事實上，如果居住在他城中的異國將領若真有任何不法之心，他大可以先發制人，表示自己願意參戰，成為十字軍的領袖，再將眾人引導至聖地，問題就可迎刃而解。但這位君王並沒有這樣做，反而採取了一個讓對方痛恨自己，甚至連教宗的使者都感到憤慨的做法。當然，由彼得與沃爾特帶領的野蠻軍隊，確實讓這位皇帝恨極了十字軍，但這也只是這貪圖安逸且優柔寡斷君王，為自己所作所為找出的一點藉口。

戈弗雷以安靜與秩序井然的方式，通過匈牙利。當他抵達梅爾斯堡時，發現該國到處都是血肉模糊的屍體，這些屍體正是那些殘酷殺害猶太人的十字軍士兵，他要求匈牙利國王對自己的舉動給予交代。國王詳細交代了這些人的所有暴行，並以充分的證據證明他們不過是出於防衛而攻擊對方；高貴的將領表示自己對這樣的解釋感到理解，於是他們便在和平的情況下，通過此地。當他抵達普羅夫迪夫時，首次得知韋芒杜瓦伯爵被因。他立刻派遣信使向皇帝要求釋放伯爵，並威脅如果對方拒絕，他將讓西邊的國度遭受毀滅。他在此地等了一天後，前往愛第尼，並在那裡接見帶來拒絕訊息的信使。戈弗雷，十字軍將領中最勇敢且最有決心的首領，從不食言，於是這座城市遭到掠奪。阿萊克修斯在此時，又犯下另一個大錯。當他從嚴重的後果中發現對方言出必行後，決定立刻釋放伯爵。由於他有錯在先，因此氣勢變得異常低落，並讓對方察覺到他們不能指望這位皇帝的公正無私，只能利用他的恐懼。戈弗雷在君士坦丁堡的附近，紮營了數週，這樣的舉動讓阿萊克修斯異常焦灼，於是想方設法威嚇戈弗雷。有時候，他會表現得就像要和十字軍開戰，派遣部隊和他們抗衡；有時候他拒絕給予他們食物，並下令關閉所有市集；有時後他又態度親切，送給戈弗雷昂貴的禮物。這位正直、坦率的十字軍將領對他偽善的舉動感到心煩，又對他的騷擾感到厭惡，於是他在盛怒之下，放縱軍隊在此區進行掠奪。大火足足燒了六天，熊熊的火焰嚇壞了阿萊克修斯，但就如戈弗雷所預期的，他們讓皇帝相信這一切都是自己的錯。害怕君士坦丁堡成為下一個攻擊目標，阿萊克修斯派出信使，要求和戈弗雷見面，並同時表示要將自己的兒子作為人質，以表真誠。戈弗雷答應了，或許在出於想要結束這場無意義的戰火，又或者為了某些原因，他向阿萊克修斯表達自己的臣服之意。他立刻得到皇帝的大力褒揚，並根據當時的奇風異俗，參與了「榮譽收養」儀式，成為皇帝的養子。戈弗雷和他的兄弟壓抑自己的傲慢，以合乎禮儀的方式參與了儀式，但他們沒有辦法約束隨從的傲慢，他們一點都不想和這位極度不真誠的男子有任何關聯。魯莽的巴黎伯爵羅伯特（Robert）表現粗俗，甚至直接坐到王位上；阿萊克修斯只能帶著訕笑面對這種侮辱，並加深他對即將到來的其他十字軍的不信賴。

儘管阿萊克修斯曾一度背叛，但他的處境確實讓人同情，他的生活在十字軍的脅迫下，陷入漫長的苦難中，深陷在對方可能會覬覦他王位的杞人憂天狀態裡。他的女兒安娜·科穆寧娜充滿同情地寫下父親在此時遇到的狀況，而一位博學的德國學者在近期的作品中，參考公主的話語，寫出下列內容：

「為了避免在任何情況下冒犯十字軍，阿萊克修斯總是盡量滿足對方異想天開的念頭與（經常是）不合理的要求，有時甚至為此付出極大的身體勞力。他當時患有嚴重的痛風，而這個病症也讓他最終走向墳墓。他總是接見任何一位想覲見他的十字軍，對於他們表達自己熱誠的冗長廢話，他雖厭煩，卻依舊保持耐心。承受十字軍成員傲慢無禮的言語，他卻沒有任何不滿的舉動。有時他的官員企圖幫皇帝維護尊嚴，卻遭到對方更嚴厲的斥責，而這位君主卻因為恐懼對方會成為國家最大的威脅，只能憂心忡忡地束手旁觀。有些時候，伯爵甚至會帶著整隊人馬來見他，儘管這些屬下的身分與國王根本不合。所有的人擠滿了國王的宮殿，但阿萊克修斯依舊保持他的風度。他全部的時間都在聽他們叨念，為此，國王還經常需要在午休時刻坐在王位上，聽取他們的希望與要求，直到日落時分，他還是不能離開。很多時候，他根本無法找出時間喝水與吃東西。無數個夜晚裡，他無法得到休息，只能被迫用手撐著頭，坐在王位上進行短暫且非常不舒服的睡眠。但這樣的睡眠還是經常受到新來且無禮的騎士打斷。所有的大臣都為這日夜不停的勞力而累垮，有些人站都站不住，只能靠著椅子或坐在地上，而阿萊克修斯依舊努力地聽著無趣且累人的拉丁話，無法藉故離開或打斷對方。在這樣的情況下，阿萊克修斯又怎能維持自己身為皇帝的尊嚴？」

儘管阿萊克修斯如此受罪，卻依舊被十字軍大力譴責。由於他的偽善，十字軍是如此不信任他，甚至有人說，土耳其人與薩拉森人不是西方或拉丁基督教的最大敵人，阿萊克修斯與希臘人才是。對於阿萊克修斯如何用盡威脅利誘的手段，引誘後來相繼到此的領袖宣誓效忠於他、承認他為自己的王，我們就不再多說，這些舉動對於理解這場歐洲狂熱的歷史，並沒有多大關係。簡而言之，阿萊克修斯堅持進行這些無意義的歸順，並直到對方承認自己為王，才讓對方進入小亞細亞。但是，只有土魯斯伯爵雷蒙自始至終，都拒絕承認他。

對十字軍來說，居住在君士坦丁堡帶來許多不好的影響。除了爭執與拘束外，宮廷豪奢的生活影響了他們，鬆懈軍隊的紀律，摧毀他們堅忍的精神，更澆熄眾人最初的熱誠。曾有一度，土魯斯伯爵的軍隊幾乎解散；直到他們的將領提起精神帶領眾人渡過博斯普魯斯，事情才好轉。抵達亞洲後，眼前的危險與困境刺激著軍隊的神經，讓他們重新振作。但要一直等到尼什圍城發生後，他們的熱情才完全恢復。

在離開君士坦丁堡後，戈弗雷公爵與韋芒杜瓦伯爵的軍隊陸續會合。在圍城之戰中，除了之前提到的幾位將領外，還有勇敢且仁慈的唐克雷德（Tancred），其名字與名聲因《被解放的耶路撒冷》[5]永垂不朽；英勇的多姆主教鮑德溫（Baldwin），也就是後來的耶路撒冷國王；孤身一人幾乎喪失全部權力與影響力的隱士彼得。魯姆蘇丹王基利傑・阿爾斯蘭一世（Kilij Aslaun），是塞爾柱土耳其人領袖，他帶兵守衛這座城市，但最後在幾次頑強的交戰下被擊敗，對於敵方在交戰中展現的英雄主義，令他頗為驚訝。該國王的事跡對塔索《被解放的耶路撒冷》的讀者來說，想必一定不陌生，他就是索利曼（Soliman）的化身，其事跡也經常被包裝在虛假的羅曼史光環中。這位土耳其君王原本預期碰到的，是像彼得之前所帶領的烏合之眾，根本不懂聽從將領命令；但眼前的敵軍將領經驗豐富，手下的軍人熱情而驍勇善戰，服從命令。在數次交戰後，雙方各損失上百人；兩邊也同樣進行著野蠻且令人作嘔的行為：十字軍將倒下的穆斯林頭割下，裝在籃子中送到君士坦丁堡，作為勝利的紀念品。在暫時擊退阿爾斯蘭一世後，圍城的氣勢倍增。但土耳其人頑強抵抗，向十字軍發射有毒的箭雨。當某些可憐蟲在城牆下不幸犧牲時，土耳其人會從上方降下鐵鉤，勾起屍體，剝光屍體裝備並破壞屍體，再將其丟向城外。圍城的軍隊得到充足的補給，讓激烈的圍城之戰持續了三十六天，雙方都沒有鬆懈。許多關於基督教將領近乎超人般的神奇故事漸漸傳開，像是「一人殺敵數千」，充滿勇氣的箭更是百發百中。歷史學家阿爾伯特・戴克斯（Albert d'Aix）曾記錄一個關於戈弗雷的神奇故事，這個故事不僅能讓我們看到眾人對其神勇行為的高度讚賞，更讓我們見識到當一個軍隊開始輕信自己即將成功後，會如何導致失敗。當時一位身形高大的土耳其人每日都帶著裝備來到尼什城垛上，拉開巨弓，對十字軍造成可怕的傷害。他射出的每隻箭都很精準地虐殺地上的敵軍；十字軍們將目標放在這位讓身體暴露在空中的巨人胸前，但每支箭都無力地落在他的腳邊。他彷彿刀槍不入。軍隊間開始流傳這名弓箭手正是撒旦的化身，凡人之手無法傷他分毫。戈弗雷不相信穆斯林中有人可以具備神力，決定盡快戳破這則讓他最神勇的部下也感到心慌的流言。戈弗雷拿了一把巨大的十字弓，站在隊伍最前端，穩穩地瞄準弓箭手的頭部：弓箭射中心臟，一箭斃命。弓箭手倒下，所有十字軍開始吼著：「上帝的幫助！上帝的幫助！」

終於，十字軍認為自己戰勝了一切阻礙，準備攻占城市，但忽然間，他們驚訝地看見城垛上出現阿萊克修斯的旗幟。原來是皇帝派出名叫法蒂修斯（Faticius）或塔汀（Tatin）的密使，設法獲得進城的許可，趕在十字軍沒有防備的情況下，帶著一隻希臘軍隊入城，並說服土耳其人向自己而不是向十字軍投降。當這樁詭計被揭穿後，群情憤慨，眾將領花了極大的努力，才阻止手下攻擊希臘軍隊。

儘管如此，軍隊還是繼續向前推進，並在某些原因下分裂成兩路；有些歷史學家認為這是出於意外，也有人認為這是經過雙方同意，便於之後路上的補給品供給。其中一支軍隊由博西蒙德、唐克雷德和諾曼地公爵指揮；另一支走右側路線的軍隊，則由戈弗雷和其餘將領帶領。在尼什圍城之戰失利的魯姆蘇丹王安靜地儲備戰力，準備一舉殲滅十字軍。他在極短的時間內召集所有效忠於他的軍隊與部族，集結二十萬大軍（主要為騎兵），並在多利留姆的山谷中和第一支十字軍相遇。一〇九七年七月一日凌晨，十字軍發現大量的土耳其騎兵從山谷上朝他們直衝而來。博西蒙德六神無主，突遇土耳其人緊迫的攻擊，他來不及將這裡的慘況傳給右翼軍隊。以步兵為主的十字軍們向四面散逃，但土耳其人緊追不捨的馬蹄聲步步逼近，用一支支帶毒的箭將他們射倒。在失去騎兵精英的情況下，基督教徒退守至行囊身邊，接著是一場大屠殺。婦女、小孩、病患，無一倖免。就在所有人幾乎被殺盡的時候，戈弗雷和土魯斯伯爵率隊抵達，扭轉了戰局。在一番激烈的戰役後，土耳其人撤退，大量的紮營裝備落入十字軍手中。十字軍損失的兵力約為四千人，包括幾位知名的將領，有巴黎伯爵羅伯特和唐克雷德的兄弟威廉（William）。土耳其人的戰敗（但他們損失的兵力沒有這麼多），讓他們決定採取不同的策略。但魯姆蘇丹王離失敗還遠著，憑藉大量的軍隊人數，他在十字軍兩側部署了充足兵力。完全不知道對方策略的十字軍，在土耳其棄下的軍營中找到大量補給品，但他們沒有善加分配，反而選擇大吃大喝好幾天。很快地，他們就為自己掉以輕心的態度付出代價。在他們朝安條克邁進的路途上，經過被嚴重焚毀的弗里幾亞城，此時，他們面臨嚴重的糧食缺乏，牲畜也沒有牧草。頭頂上是滾燙的烈日，就像要榨乾土壤中的

5 《被解放的耶路撒冷》（*Gerusalemme Liberata*），十六世紀義大利詩人托爾夸托・塔索（Torquato Tasso）的作品，後更被韓德爾引用，作為其歌劇《里那爾多》的歌詞。

每一滴水分般。這正是蘇丹人用火把進行的另類攻擊：使十字軍得不到維持生命所必需的水分。平均每天有五百人因脫水而死。騎士的戰馬在路途上倒下，行囊只能放到狗、羊或豬的身上，要不然就乾脆拋下。十字軍因先前欠缺周全的揮霍行徑，遭到報應。在這樣的情況下，他們已忘記先前發生的種種血腥殺戮。平時易受忽略的宗教總會在逆境中崛起，並讓眾人在臨死之際以永生的幸福換得平靜。

最後，他們終於抵達安條克，在那裡，他們找到充足的水，也替可憐的牲畜們找到糧草。他們又回到豐衣足食的環境，於是他們紮了營。但眾人並沒有從可怕的饑荒中學取教訓，而是再次放縱自己暴飲暴食，揮霍浪費。

十月十八日，他們在強盛的安條克城市外駐紮，進行圍城。此次戰役在十字軍東征史上占有極重要地位。該城市的地理環境優越，有奧龍特斯河流經，戰略地位重要，城中的土耳其士兵也準備好應付圍城的充足糧草。就軍事上來看，十字軍還是處於有利位置，但他們不明智的舉動卻害到了自己。十字軍總共有三十萬大兵。透過雷蒙．道格列斯（Raymond d'Argilles）的描述，我們得知他們的補給品充足，充分到他們宰殺牲畜後只會切下特定部位食用，剩餘的則直接丟掉。他們的舉動是如此豪奢，不到十天，他們又面臨糧草短缺的困境。在進行了一次毫無結果的奇襲後，他們只能坐下，以讓自己挨餓的方法，讓敵軍一起挨餓。但渴望讓熱情消退，將領們開始厭倦長途跋涉的戰爭。不久後，鮑德溫脫離這支軍隊，繼續前往埃澤薩，並透過計策讓自己取得該小國的最高權力。但其他的領導者熱情明顯消退。沙特爾公爵史蒂芬二世（Stephen II.）和韋芒杜瓦伯爵意志動搖，他們無法再承受因自己的愚蠢與好大喜功而導致的食物匱乏。甚至連隱士彼得都在事情結束前，開始出現心病。當饑荒進入絕望、人們在饑餓的逼迫下甚至開始吃人肉時，博西蒙德和佛蘭德伯爵羅伯特派出偵查隊，尋找食物。他們帶回了一些糧食，但這些食物並沒有妥善分配，於是不到兩天後，軍隊又再次陷入饑荒。希臘軍隊指揮官、阿萊克修斯的代表法蒂修斯假裝外出尋找食物，從此一去不回。許多十字軍仿效了他的做法。

留下的人，只能面對悲慘，為了減輕痛苦，他們開始辛勤地記錄各種跡象與預兆。但那些狂熱者對於各種景象的解釋，只是一次次地將眾人推入狂喜或沮喪的循環中。某一次，刮起了強烈的龍捲風，連根拔起許多大樹，還吹倒了十字軍將領的帳篷。還有一次，強震襲擊營區，他們便認為是有極大的邪惡正向十字軍逼近。但不久後，一顆流星又讓他們絕望的心再度興奮起來。生動的想像力讓他們覺得，只有經歷這場饑荒的洗禮，他們才能贏得勝利。饑荒不是他們唯一要面對的邪惡勢力。不衛生的食物、來自臨近沼澤的不潔空氣、傳染性疾病，都遠比敵人的箭更狠毒。一天之內死了一千人，最後，連埋葬他們都顯得困難。更悲慘的是他們還必須懷疑身邊的人；土耳其間諜潛進軍營，每日向城中的人匯報十字軍的一舉一動和災情。在出於絕望的狂暴下，博西蒙德抓住兩名間諜，並在敵軍、尤其是安條克城垛的視線下，活活烤死兩人。但即便用殘忍的手段，也沒能削減間諜的數量，土耳其人還是清楚掌握了十字軍的一切動靜。

在事態屆臨崩潰邊緣時，消息傳來，歐洲的後援部隊將帶著充足的糧草趕來支援。大受歡迎的援軍從安條克城的聖西緬港口抵達，離該城市六英里遠。饑餓的十字軍以凌亂的隊伍朝港口邁進，博西蒙德和土魯斯伯爵墊後，帶著強壯的家臣與僕人，確保物資可以安全送抵營區。事先得知此消息的安條克城護衛軍，派出了土耳其弓箭隊，埋伏在山上等著攔截他們。載滿貨物的博西蒙德在崎嶇不平的道路上，遇見土耳其伏兵。軍隊大敗，博西蒙德勉強逃到營地，向眾人捎上自己失敗的消息。戈弗雷、諾曼地公爵和其他將領聽到這場戰役結果後，立刻準備進行救援。在飢渴與狂熱下，軍隊一路向前衝，以迅雷不及掩耳的速度攔截到滿載而歸的土耳其兵。雙方爆發激烈的廝殺，從中午一直激戰到落日。十字軍取得優勢並持續保持，每個人都拼了命，如同今天將決定後半輩子的下場般。數百名土耳其兵的屍體滾落奧龍特斯河，還有超過兩千具屍體散布在原野各處。十字軍取回所有補給品，安全返抵營地，所有士兵們又開始歌頌：「哈利路亞！」

這樣的士氣持續了幾天，倘若他們懂得節制地分配食物，或許好心情還可以維持更久，但將領們的威望不夠，更不懂得如何妥善分配糧食。饑餓再次快速逼近他們，布盧瓦公爵史蒂芬（Stephen）不樂見這樣的狀況重複發生，帶著四千家臣撤離營地，在亞歷山大勒塔（現在的伊斯肯德倫）紮營。對留下的人來說，他拋下大家的做法頗受非議。最沒耐心且野心勃勃的博西蒙德認為，如果不遏止這樣的行為，終將導致遠征失敗。他們的每一步都必須謹慎，軍隊都在談論著圍城的時間長短，蘇丹王也持續召集他的士兵們。安條克已抵抗十字軍長達數月；內鬨只會讓眾人失去鬥志，導致失敗。

巴哈撒哈（Baghasihan）是土耳其王子，也是安條克的統治者，他派遣自己非常信任的亞美尼亞人菲勞茲（Phirouz），看守能俯瞰整座山區的城牆。博西蒙德透過一名改信基督教的間諜接近此人，每天往來通信，他向菲勞茲表示，如果他能讓十字軍偷渡城下，將得到可觀的回報。這樣的提案最初是由博西蒙德還是菲勞茲提出的，已無從得知，但兩人迅速建立起共識卻是毋庸置疑的。終於，他們訂下了夜襲的日子。博西蒙德轉達這個計畫給戈弗雷與土魯斯伯爵，並明講如果成功，作為主持者，他應享有身為安條克親王的權利。其他將領遲疑了；野心與嫉妒心告訴他們，不該幫助這位陰謀家。但在經過深思熟慮後，他們接受了條件，並挑選了七百位最勇敢的騎士進行突擊，但在擔心間諜滲透的情況下，他們向其餘軍隊保密此事。萬事就緒後，他們對外宣稱有一隻蘇丹的軍隊正在逼近，於是這七百人被派出去作為伏兵。

事情的發展對亞美尼亞將領菲勞茲的叛變計畫非常有利，他在單獨守城時，收到十字軍靠近的暗號。當天的夜色既黑且陰鬱，沒有一顆星星，強勁的風聲掩蓋過行軍的聲音；大雨滂沱，連菲勞茲附近的哨兵也聽不見騎兵逼近的聲音，更無法在昏暗的夜色中看見他們。當他們來到城牆的射程內時，博西蒙德派出口譯和亞美尼亞人商討。後者急忙催促他們，要他們趁拿著火把的巡哨人員每半小時巡邏的空檔，快速通過。十字軍趕到城下，菲勞茲放下繩子，博西蒙德在繩子的一頭綁上事先藏好的梯子，亞美尼亞人再立刻拉上去，並在他們爬上來的同時緊抓繩子。所有的人突然一陣緊張，猶豫著該不該上去。在亞美尼亞人的催促下，博西蒙德終於踏上梯子，戈弗雷、佛蘭德伯爵緊接在後，接著是騎兵。隨著他們向上，後面的人立刻推進，直到梯子負荷不了，斷了一小截，十幾人因此跌到地上。他們一個接一個地落到前人身上，鎧甲發出了沉沉的撞擊聲。有那麼一刻，他們以為會前功盡棄，但咆哮的風聲、湍急流水聲，蓋過這群魯莽突襲者的聲音——守衛什麼都沒聽到。梯子很快就修好了，騎士改成一次爬上去兩個，並安全抵達城內。當其中六十人陸續爬上去後，巡邏的火炬也剛好快照到他們攀登的牆面。所有人躲在柱子後，屏息等著哨兵靠近。當敵人一走進他們的攻擊範圍，眾人立刻抓住他，並以悄無聲息的死亡阻止哨兵通報消息。接著，他們迅速走下塔樓內的螺旋梯，打開大門，迎接其餘同伴。知道計畫的土魯斯伯爵正帶領全部的軍隊等著，當他一聽到順利進入城內的號角聲響起，便帶領著軍隊，進行內外夾攻。

憑著想像力絕對無法理解當天晚上，在安條克城內的場景有多麼恐怖與血腥。憑著宗教狂熱與歷盡風霜的磨難，點燃了十字軍滿腔的怒火，一發不可收拾。男人、女人、小孩都成為刀下冤魂，直到街道被血水淹沒。黑暗加深了毀滅，太陽升起時，十字軍才發現自己的劍刺在同伴的胸膛上。土耳其首領先是逃到碉堡中，但很快那裡就變得不安全，於是他又逃到山裡，最後，他灰色的頭顱被帶回安條克城，作為戰利品。白天降臨，屠殺停止，十字軍開始掠奪財物。他們發現大量的金子、珠寶、絲布、絨布，但對他們來說更為重要的補給品卻只剩下一點點。玉米幾乎吃盡，看著眼前的存糧，他們發現對方的處境不比他們好。

在他們還來不及在新據點安頓下來，也還沒能取得必要的民生必須品時，土耳其大軍打了過來。波斯的蘇丹召集大批軍力，命埃米爾首領卡波格（Kerbogha）帶兵，要他務必將十字軍從地表上徹底殲滅。卡波格和魯姆蘇丹王基利傑·阿爾斯蘭一世會合，一起包圍城市。基督教大軍銳氣頓減，其中一些人為了躲避被圍城的命運，逃到布盧瓦公爵史蒂芬的營地，向他陳述軍隊的慘況，以及繼續戰鬥的無望。史蒂芬立刻拔營往君士坦丁堡撤退。路途中，他遇到了阿萊克修斯一世，他正急著要去接手由基督教徒在亞洲奪到的領地。當皇帝一聽到他們悲情的慘況，立刻掉頭，和史蒂芬公爵往君士坦丁堡走去，讓剩下的十字軍自己想辦法。

叛逃的消息讓安條克城內的軍心更加低落。所有不堪使用的戰馬都被殺來吃，貓、狗、甚至老鼠，都以驚人的價格販售。就連蟲子都變得珍稀。隨著饑荒加劇，傳染病也開始蔓延，當初攻城的三十萬大軍，在極短的時間內只剩下六萬人。然而，艱苦的困境消磨了軍隊的全部力氣，卻也讓他們更加團結；博西蒙德、戈弗雷和唐克雷德發誓只要有一線生機，他們誓不放棄。但博西蒙德沒能讓自己的屬下也維持同樣的氣勢，他們身體虛弱，內心疲憊，對首領的威嚇與承諾無動於衷。有些人開始不說話，也拒絕進行任何事。博西蒙德為了逼迫大家重拾本分，放火燒了四分之一的軍營，許多人因此命喪火窟，但其餘士兵只是冷眼旁觀。受世俗欲望所驅使的博西蒙德並不理解十字軍的真諦，更不了解驅使大家千里跋涉的宗教狂熱為何。比他更懂這一切的牧師，想出辦法重建眾人的信心，讓這憔悴、病懨懨且饑餓的六萬名狂熱者又有勇氣，與吃得飽、數量為他們六倍的波斯大軍戰鬥。

這名牧師叫彼得．巴塞洛繆（Peter Bartholomew），來自普羅旺斯，我們不清楚他是一名騙子或宗教狂熱者，也有可能兩者兼具；對於他使用的原則或道具，我們也永遠無從得知。但歷史唯一能肯定的是：鼓舞安條克城士氣、最終讓十字軍取得勝利的關鍵，正是此人。當全員的士氣因痛苦而蕩然無存、胸中的希望破滅之際，彼得來到土魯斯伯爵雷蒙面前，請求進行一次嚴肅的對話。他立刻獲得准許。他說，幾個禮拜前，當基督軍還在圍困安條克城時，碰到駭人的地震，當時他正獨自一人在帳篷中，也被地震嚇了一跳。在一陣慌亂中，他只能不斷喊著「上帝幫我！」一回頭，他看見兩名男子站在他眼前，從籠罩著他們身體的神聖光輝，他確信兩人來自另一個世界。其中一名男子較年邁，略紅的頭髮閃爍著銀白光澤，有著黑色的瞳孔與灰色的長鬍鬚。另一名較年輕的男子面貌俊挺，身材高大，具有一種高貴的氣質。長者說話了，表示自己是使徒聖安德烈[6]，並希望他去找土魯斯伯爵雷蒙、多姆主教鮑德溫和安托布魯托的雷蒙．道格列斯，詢問他們為什麼主教不勸誡人們，讓他們臣服於十字架下。接著，使者帶著還裸著上身的他穿越空中，直接進入安條克城的市中心，領他進入當時還是薩拉森清真寺的聖彼得教堂中。使者讓他在南側祭壇台階前的柱子旁停下，他們走上祭壇，上面吊著兩盞燈，散發著比正午太陽更加耀眼的光亮；那名年輕男子站在祭壇的階梯附近，遠遠地看著他們，但當時他並沒有注意到他。這名使者沉到地底，接著拿著一隻法杖現身，他將手中的法杖交給他，表示這正是當初分開世界，解救無數受難者的法杖。牧師巴塞洛繆帶著淚水與喜悅，他握著法杖，並請求使者讓他將聖物帶給雷蒙公爵。使者拒絕了，而是在地上以火將法杖燒成灰燼，要求他在戰勝這些異教徒後，帶著十二名挑選出來的人，在他焚毀法杖的地方重新挖出聖物。接著，使者將他傳送回帳篷，兩人旋即消失。但他並沒有試著傳遞訊息，他說，他害怕這樣奇幻的故事不能取得德高望重者的信任。幾天後，當他走出營地試著找些食物時，又遇見同樣的人。這一次，年輕人用譴責的眼光看著他。他懇求對方挑選一個比他更適合執行任務的人，使者拒絕了，憤怒地凝視著他，作為他不願遵從的懲罰。但此後，他依舊不負責任地拖延任務。之後，當他和主人威廉在聖西蒙教堂中時，使者與年輕男子三度現身。這次，聖安德烈要他告訴土魯斯伯爵，在抵達約旦河時，不要沐浴在河水中，而是乘著船，穿著襯衫與亞麻褲，沾取河水撒在身上。之後，他必須將這件衣服與法杖一起保存。他的主人威廉雖然看不見聖人，卻清楚聽見他的命令。再一次，他沒有執行任務，當他在馬米斯特拉的碼頭準備搭船去賽普勒斯時，聖安德烈威脅他如果繼續拒絕，將讓他承受永恆的痛苦。於是，在此狀況下，他下定決心完成任務。

土魯斯伯爵表現出被這故事觸動的樣子（在各種情況下，這故事也有可能是他與牧師一起編造的），立刻找來多姆主教和安托布魯托的雷蒙。主教立刻表達自己對這個故事的不信任，並拒絕執行任何與此有關的任務。相反地，土魯斯伯爵卻見到無限可能，認為即便不信也該裝著相信。最後，他說服主教如能善加利用此故事，或許可讓萎靡的軍心振作起來，心不甘情不願的主教終於派人去尋找傳說中的聖物。眾人決定於後天執行儀式，在此期間，牧師巴塞洛繆交付雷蒙的教士管束，好讓其他軍人沒機會詢問他，或引起軒然大波。

十二名虔誠的男子被挑選出來，其中包括了土魯斯伯爵與他的私人教士。太陽一露臉，他們就開始動手，一直挖到將近日落時分，但他們沒有找到法杖。隔日，他們或許再次進行挖掘，但結果依舊相同，沒有參與挖

---

6 聖安德烈（St. Andrew），耶穌的第一位門徒。

掘的巴塞洛繆不斷禱告，祈求上帝讓法杖重見光明，為他的子民帶來力量，迎接勝利。解鈴還須繫鈴人，終於，巴塞洛繆本人親自帶領大家，指出藏著法杖的洞穴。在那一瞬間，巴塞洛繆、雷蒙與教士終於看到聖物。在所有聚集在教堂中的眾人面前，雷蒙屈身向前拾起法杖，含著眼淚親吻聖物。接著，他們立刻拿起事先準備好的華美紫布，包起法杖，向充滿信心的眾人展示，所有人都發出狂喜的吼叫。

當天晚上，巴塞洛繆又得到另一個預示，並自那天起，被所有軍人稱作「夢之夢者」。隔日，他向大家表示使者聖安德烈與「更高貴的年輕男子」再次現身，表示土魯斯伯爵信念堅貞，作為回報，他應手持神聖的法杖領在軍隊前頭，而發現法杖的那日，更應該成為基督教徒的慶典。聖安德烈同時讓他看同行者手上與腳上的洞；就在這一刻，他相信了站在自己眼前的，正是救世主。

這次的預示讓巴塞洛繆獲得眾人的尊敬，而夢境甚至開始傳染。他身邊的另一位修士表示自己見到聖人，對方承諾軍隊最終將取得勝利，所有捐軀者也都會得到永恆的榮耀。兩名因厭倦戰爭辛勞與困苦而逃跑的士兵，突然跑回來，並表示他們在路上遇到兩個鬼魂，憤怒地命令他們返回。其中一人說自己認出一名頭上有光圈的鬼魂，正是幾個月前戰死沙場的兄弟。另一人勇敢地宣稱那名對他說話的靈魂是救世主本人，對方表示如果他們返回戰場，將獲得永恆的榮耀，但如果逃跑，就必須受永恆烈火的懲罰。所有人都相信他們的話。霎時間，軍隊士氣大振，希望取代絕望；軍隊重拾威武的氣魄，饑餓暫時被拋到一旁。帶領他們翻山越嶺的熱情再次熊熊燃燒，所有人吼叫著，請求出去殺敵。首領同意了。眼前的戰役是他們唯一的救贖；儘管戈弗雷、博西蒙德和唐克雷德對整個故事抱持懷疑，但聰明如他們，自然不會拆穿整場騙局，而是欣然地走向勝利之門。

隱士彼得之前曾被派遣至卡波格的陣營，傳遞提案，雙方各挑選一定數量的精銳勇士，進行決鬥，以解決兩宗教間的糾紛。卡波格以鄙視的眼神看著來者，表示自己不會同意任何由悲慘的乞求者與掠奪者所提出的條件。帶著這無禮的回應，彼得返回陣營。眾人立刻開始準備攻擊，但外面的敵人依舊清楚掌握十字軍陣營中的一舉一動。土耳其人仍然占有安條克城的堡壘，處在高處堡壘內的司令，能清楚看到城內的動向。一〇九八年六月二十八日的早晨，城內的高塔上懸掛著黑色旗幟，告訴圍城的敵軍們，基督軍即將反攻。

穆斯林首領掌握對方因飢荒與疾病，導致成員銳減的事實；他們也知道僅有約兩百名的騎兵還有馬可以騎，步兵則虛弱且消瘦；但他們不知道病入膏肓的迷信賦予敵軍令人難以置信的勇氣。對於法杖的故事，土耳其人嗤之以鼻，並確信勝利就在眼前，因此對於即將面對的廝殺並沒有用心準備。據傳說，當黑旗升到塔樓頂端，發出警告時，卡波格正在下西洋棋。帶著東方人特有的平靜，他堅持下完棋才要面對那不值得費心對付的敵人。直到先遣部隊兩千人陣亡的消息，才讓他從冷漠中驚醒。

十字軍在取得第一場勝利後，帶著歡欣鼓舞的士氣向山裡邁進，希望將土耳其騎兵引到無法發揮作用的地方。在諾曼地公爵羅伯特與韋芒杜瓦公爵的帶領下，眾人精神抖擻，士氣昂揚，他們看見龐大的敵軍營帳。戈弗雷和多姆主教鮑德溫帶領著全副武裝的兵甲，緊跟前者的腳步，並高舉神聖的法杖，讓全軍隊都能看見。博蒙西德和唐克雷德則負責率領後翼的士兵。

發現敵軍實力不容小覷後，卡波格立即採取強硬的方法，以彌補自己的失誤。他下令整裝，準備正面迎擊基督軍隊，而阿爾斯蘭一世負責領兵從後側包夾敵軍。為了不被敵營察覺，他放火燒了覆蓋在地面的乾草與野草，在大量煙霧的掩護下，阿爾斯蘭成功地帶著騎兵繞了一大圈，來到後側。激烈的廝殺在前方戰線展開，土耳其軍發射大量弓箭，訓練有素的中隊將十字軍如野草般踩在馬蹄下。然而勝負尚未揭曉，十字軍占有地面優勢，因此在阿爾斯蘭率領的大君抵達後翼前，他們已逐漸取得上風。戈弗雷和唐克雷德立刻衝去援助博西蒙德，他們猛烈的攻擊讓土耳其人開始驚慌失措。多姆主教鮑德溫幾乎獨自一人抵抗由卡波格統帥的軍隊，但神聖長杖的出現，讓士兵變得異常英勇。然而，敵軍的人數看似殺也殺不盡。基督軍從各方進攻，並漸漸撤退，土耳其軍認為勝券在握。

就在此時，十字軍開始喊著聖人站在他們那邊。戰場上瀰漫著燃燒乾草的煙霧形成裊裊白煙，向上攀升並優雅地盤踞在遠方的山邊。在塵土飛揚的戰場上，有些狂熱的十字軍見狀，急忙叫同伴看，說那是聖人的軍隊，他們身著白衣、騎白馬，正從山坡上趕下來救他們。所有人立刻將視線望向遠處的白煙，眾人士氣大振，軍隊再度齊喊：「上帝的意志！上帝的意志！」在所有人都相信是上帝派遣軍隊來援救大家後，眾人體內湧出前所未有的精力。波斯大軍與土耳其兵一陣慌亂，開始四處逃散。卡波格試圖集結軍隊，卻徒勞無功。恐懼的擴散總是比熱情快，他們就像被獵犬追逐的鹿，頭也不回地跑過山上。兩名首領無力回天，只能一起撤退。千軍萬馬就這樣奔逃出巴勒斯坦，沿路留下七千大軍的屍體，曝曬荒野。

他們壯觀的軍營、大量的莊稼物、大批的牛與羊都落入敵軍手裡。軍營到處都可見到金銀珠寶和華麗的天鵝絨。唐克雷德追著逃兵翻越山丘，並沿途掠奪那些還停在軍營中的人。倉促逃跑的土耳其人，沿途落下大量財物，還有眾多高級的阿拉伯馬，讓追在後頭的騎士變得人人都有馬騎。在這場戰役中，十字軍失去一萬人。

重回安條克城，他們的心中滿是歡喜，碉堡中的土耳其人立刻投降，許多敵兵甚至歸順基督教，剩餘者則被迫離去。多姆主教鮑德溫主持了一場莊嚴的感謝祭，所有的軍人都參與了宴會，並參觀了展示的聖物法杖。

這場狂熱持續了幾日後，軍隊開始強力要求前往他們的最終目的耶路撒冷，但所有的領導都不急著行動；謹慎的戈弗雷、唐克雷德是出於權宜；野心勃勃的土魯斯伯爵與博西蒙德則是出於私利。將領間出現嚴重的意見分歧。留下來看守安條克城的土魯斯伯爵，在發現堡壘處已經不再需要擔心受到波斯人攻擊後，立即命令對方投降；當其他將領返回時，卻看到他的旗幟在城牆上飛揚。博西蒙德覺得備受侮辱，他認為自己是安條克攻城計畫的主謀，作為回報，這座城應該歸他所有。戈弗雷與唐克雷德支持他的觀點，大吵一架後，土魯斯伯爵的旗幟從塔上降下，博西蒙德的旗幟取而代之，他本人更宣稱他的新封號為安條克城親王。儘管如此，土魯斯伯爵卻堅守城中的一個出入口與臨近塔樓長達數月，這讓博西蒙德非常惱怒，更讓軍隊議論紛紛。雖然與博西蒙德或鮑德溫（他占據了埃澤薩城並稱王）等人的企圖心相比，土魯斯伯爵的想法並沒有比較蠻橫，但他還是因此變得不受歡迎。

彼得・巴塞洛繆的命運也很值得記載。在法杖事件之後，他得到崇高的名聲與地位，而他更覺得這件讓他變成大人物的事件與夢想，是他必須堅持完成的任務。但麻煩的是與許多說謊者一樣，他的記性不太好，因此他四處散播的夢境總是出現許多明顯的破綻和矛盾。今天晚上，聖保羅跟他說了一個故事，但一個禮拜後，聖保羅又說了另一個截然不同的版本。在那個年代，騙徒總是能找到各式各樣的信眾，但巴塞洛繆的故事是如此荒謬幼稚，導致最後沒有任何一個人願意繼續相信他。最後，博西蒙德為了讓土魯斯伯爵惱怒，於是挑戰巴塞洛繆，要他在火焰的考驗下，證明自己法杖故事的真實。巴塞洛繆無法拒絕在那年代被視為極為平常的考驗，並在土魯斯伯爵雷蒙的鼓勵下，選定一天清晨接受儀式。根據習俗，儀式的前天晚上，他開始禱告與禁食，隔日，巴塞洛繆手持長杖，大膽地走到火焰旁。所有人都聚集在一旁，著急地等待結果，許多人依舊相信法杖的真實，更認為巴塞洛繆是聖徒。雷蒙・道格列斯說著祈禱詞，巴塞洛繆走進火焰，就在即將通過時，痛楚使他無法繼續維持平靜，熱氣灼傷他的眼睛，痛苦使他無意識地改變了方向，他沒有直接踏出火焰，反而又經過了一遍。他嚴重遭火燒傷，傷勢無法復原，幾天後，他在極大的痛苦中逝世。

許多軍人也因傷口、疾病或身體虛弱，飽受折磨。全軍隊默認的大首領戈弗雷明白，在他們前往耶路撒冷前，必須先讓軍隊有充分的時間休息、恢復。現在是七月，他建議大家在安條克城度過炎熱的八月與九月，十月再和歐洲來的新兵、新活力，一起推進。儘管軍人們不斷抱怨著進度的延遲，這個建議最終還是被採納。與此同時，韋芒杜瓦伯爵被指認為大使，前往君士坦丁堡，譴責阿萊克修斯一世當初對他們的遺棄，並催促他立刻派遣之前承諾的援軍前來。韋芒杜瓦伯爵盡職地完成了自己的使命（順帶一提，阿萊克修斯還是什麼都沒做），並在君士坦丁堡住了一陣子，直到自己本來就沒有非常沸騰的熱情完全消磨殆盡後，便返回法國，這輩子再也不願意插手任何關於十字軍的事。

那些決定待在安條克城的首領們，卻無法寧靜地度過兩個月。在沒有土耳其人環繞下，眾人的衝動性格無處發洩，只能找彼此鬧事。戈弗雷前往埃澤薩，協助其兄弟鮑德溫驅逐該區的薩拉森人，而剩下的將領們開始出於個人的任性或企圖心，互相爭吵與敵視。最後，準備攻克耶路撒冷的軍隊開始發出巨大的反彈，讓將領不得不提前出發，土魯斯伯爵雷蒙、唐克雷德和諾曼地公爵羅伯特帶著他們的軍隊，一起前行，並對規模雖小、卻非常強壯的瑪拉城進行圍城。抱持往常一貫的作風，他們的食物不到一個禮拜就差不多吃光了。在遭受極大苦楚之際，博西蒙德率軍趕來援助，並快速地攻陷該城。對於此次圍城，雷蒙．道格列斯（正是那位在聖物長杖事件中大放異彩的雷蒙）留下一個他本人深信不疑的故事，而這故事更成為塔索詩篇中最美麗的一頁。從這個故事中，我們可以了解十字軍當時的社會背景與他們如何在極端艱困的環境中，展現自己最強大的勇氣。「有一天，」雷蒙說著，「里布蒙的安瑟海姆（Anselme）在年輕的安格洛（Engelram）走進帳篷時，拉住他。安格洛是聖保羅之子，之前在瑪拉圍城中，不幸喪生。『究竟是為什麼，』安瑟海姆說道，『我在戰場上看見你倒在地上，現在卻活生生？』——『您必須了解，』安格洛回覆，『為耶穌戰鬥的人是永生不死的。』『但當時有某種奇怪的光芒圍繞著你。』安瑟海姆邊回憶邊說。聽見這句話，安格洛手指向天空，安瑟海姆抬頭，看到一座由鑽石與寶石砌起的宮殿。『從那裡，』他說，『發出了讓你吃驚的美麗光芒。那裡是我的住所；有一個更華美的地方正等著你，很快地，你將會住到那裡。永永遠遠！明日，我們將再相見。』說完這句話，安格洛回到天堂。安瑟海姆為這樣的預示震驚，第二天找來牧師，進行懺悔。身體健壯的他找來所有朋友，一一向他們告別，跟他們說自己即將離世。幾個小時後，敵軍出擊，安瑟海姆舉著劍外出迎戰，卻被土耳其擲石器射出的石頭砸中前額，他上了天堂，為他準備好的華美處所正等著他。」

安條克親王博西蒙德與土魯斯伯爵又因為瑪拉城的主導地位爆發衝突，其他將領也無法安撫兩人的情緒。軍隊的進展受到延誤，尤其在阿奇納的時候，眾多士兵怒氣難平，甚至準備選擇新的領導，帶領他們前往耶路撒冷。戈弗雷在這樣的情況下，放火燒了他在阿奇納的軍營，並領隊向前。許多土魯斯伯爵底下的士兵也立刻加入他的戰隊。土魯斯伯爵發現情況扭轉，趕緊跟上去，於是眾人向聖城邁進，朝著悲傷、痛苦與危險前行。

抵達厄瑪烏時，他們遇到來自基督教城市伯利恆的代表，請他們從異教徒的手中，拯救眾人。聽在他們耳中，救世主出生地伯利恆，就如讚美的音樂，許多人甚至因聽到這名字而掉下淚來，肯定自己正朝著神邁進。阿爾伯特・戴克斯如此記錄：眾人的心是如此受鼓舞，他們甚至不睡覺，午夜過後，就帶著熱情與希望，迫不及待地出發。黑暗中，穿著盔甲的士兵們信心堅定地向前邁出腳步，當燦爛的朝陽射下第一道陽光時，耶路撒冷的高塔與尖頂在他們的眼前閃閃發光。他們內心的溫柔被喚醒，暴戾之氣消散，所有人都成為最溫順的朝聖者，他們跪在草地上，眼中噙著淚，不斷呼喊著「耶路撒冷！耶路撒冷！」有些人屈身親吻聖地，有些人舒暢地在地上伸展自己的身體，想將自己的身體最大限度地與大地融合在一起，還有一些人大聲禱告著。那些跟著他們一路廝殺，嘗盡各種危險、疲憊與饑餓的女人和孩子們，展露出歡暢的喜悅；婦女帶著長久以來的虔誠，孩子帶著自己的想像，一邊禱告，一邊拭淚，一邊笑著，拋下一切冷靜。

第一波歡樂平息下來，軍隊開始向前邁進，並從各方向入侵該城。攻擊幾乎同時發動，但在十字軍先前折損多名勇健騎兵的情況下，這樣的攻擊方式很快就被放棄，軍隊準備進行圍城。投石機、可移動的高塔、破城錘都準備好了，還有一種被稱為索歐（sow）的機器，以木頭架成，上面鋪著生獸皮，裡面則躲著工人進行破壞城牆的工作。為了整頓因將領間的紛爭而受挫的軍紀與勇氣，所有將領化敵為友，唐克雷德和土魯斯伯爵更在全軍隊的面前擁抱。牧師也發揮自己的職責，用最大的聲音講著團結與友善的真諦。全軍將士更參與了一場莊嚴的繞城遊行，更在每一個曾被福音提及、被他們視作神聖且特別的地點，進行禱告。

在城牆上守衛的薩拉森人，目睹一切儀式，卻毫不緊張。為了激怒他們所鄙視的基督教徒，薩拉森人簡單地製做出十字架，將十字架固定在牆上，再朝著上面吐口水、丟石頭。這樣的舉動有效地激發十字軍的憤怒，怒氣讓軍隊更勇敢，且近乎殘暴、瘋狂。當所有攻城的設備打造好後，攻擊立刻開始。所有的十字軍帶著被侮辱的激動，奮勇殺陣。眾人怒氣難平，騎兵以極其精準的方式用力敲下破城錘。薩拉森人用滿天的弓箭與火球回擊，但巨大的攻城錘還是發揮了功效，而所有神射手更站在有幾層樓高的移動式塔樓上，頻繁地以弓箭殺戮站在塔樓上的敵軍。戈弗雷、土魯斯伯爵雷蒙、唐克雷德和諾曼地的羅伯特，努力攻陷自己身旁的塔樓，幾個小時都不知疲倦。儘管他們經常被擊退，卻總是立刻做好再攻擊的準備。開始被敵人的攻勢感到緊張的土耳其人，以最大的技巧和勇氣守衛城市，直到夜幕降臨，廝殺暫告一段落。當天晚上，十字軍只睡了一小段時間。在專心一致的眾軍人間，牧師們用最虔誠慎重的語調，祈禱基督教的最終勝利；天剛亮，所有人就做好進攻的準備。女人與孩子們也出動，小孩子在弓箭齊飛的戰場上來回奔跑著，送水給口渴的士兵們。他們深信聖人會前來幫助他們，在這樣的信念下，他們奮勇抵抗數量為他們三倍之多的龐大敵軍。最後，土魯斯伯爵雷蒙奮力逼近，在登牆梯的協助下，殺出一條道路，同時，唐克雷德與羅伯特也撞開了大門。土耳其人立刻趕去修補損毀的地方，戈弗雷發現城牆上的守備鬆散，立刻從自己的移動塔樓上放下吊橋，向城牆邁進，後頭則跟著他帶領的騎士們。沒過多久，耶路撒冷的城牆上飄起十字架旗幟。十字軍再次吶喊著進攻口號，從各方向攻進，聖城易手。好幾個小時，街道上進行著殺戮，惦記著被侮辱的憤怒，十字軍下手毫不留情，男女老少，傷殘、體健者，一律通殺。沒有任何一位將領認為自己應該終止這場屠殺，並認為就算他們真的發布命令，軍人也不會聽從。大量的土耳其軍人躲進索利曼的清真寺中，但在他們重整旗鼓前，十字軍就殺過來了。據說，光是清真寺裡，就有一萬名屍體。

長久以來備受忽視的隱士彼得，就在這天，他的滿腔熱情與痛苦終於結束了。戰爭一結束，耶路撒冷內的基督教徒立刻從隱身的處所現身，歡迎解放他們的軍隊。他們立刻認出隱士彼得，想起這位許多年前曾滔滔不絕向他們分析自己所面對的困境與侮辱，並承諾將帶領歐洲的君王與人民來解救他們的使徒。帶著感激之情，他們緊緊抓住他的衣角，發誓自己永遠會為他向上帝祈禱。許多人抱著他流下眼淚，並以為耶路撒冷的解放是出於他的努力與勇氣。彼得後來在聖城進行一些神職人員的工作，但歷史並沒有告訴我們，他究竟做了些什麼，以及他的最終命運。有些人說他回到法國，創建一所修道院，但這個故事沒有充分的證據。

讓歐洲人拋下一切，千里跋涉的宏願，至此終於告一段落。耶路撒冷的清真寺都被改成建成教堂，以維持信仰的純淨，各各他山[7]與基督的墓穴再也見不到異教徒的身影。大眾狂熱完成自己的使命，自然而然地，這種熱情也漸漸消退。耶路撒冷攻克的消息，帶來眾多的歐洲朝聖者，包括沙特爾公爵史蒂芬和韋芒杜瓦伯爵休，企圖彌補自己當初拋下任務的罪，但各國的熱情已不復往日。

第一次十字軍東征劃下句點。為了幫助讀者明瞭第二次十字軍東征的背景，我們必須提及這期間所發生的事，並交代在拉丁國王帶領下，耶路撒冷人民如何在出於狂熱的心態下，與薩拉森人進行勞民傷財的長期戰爭，導致貧窮與悲慘降臨。

漸漸地，十字軍需要一個名義上的領導，與博西蒙德和土魯斯伯爵雷蒙相比，較不具野心的戈弗雷淡然地同意擔任主導地位。但在薩拉森人攻過來之前，他根本還來不及登基。憑著氣魄與判斷力，他決定運用十字軍現在所占有的優勢，趁敵軍還沒包圍耶路撒冷前就將他們擊退。他在阿什卡隆遇上敵軍，並擊潰對方。然而，他並沒有活得夠久以享受自己的光榮，在罹患致命的疾病下，九個月內他就與世長辭。他的兄弟鮑德溫，承繼了他的位置。鮑德溫致力於改善耶路撒冷的情況，拓展領土，但卻沒辦法為自己的成功奠下基礎。在這五十年、令所有歷史學家都深感興趣的耶路撒冷統治史內，十字軍們不斷暴露在激烈的戰事下——反覆攻克、反覆失去領土，他們日漸衰弱且意見分歧，但薩拉森人卻日漸強壯與團結，隨時準備騷擾並趕走他們。在這段期間裡，出現各種深具騎士精神的角色，以及那些歷史鮮少提及、卻依舊守著敘利亞的勇敢騎士們，並留下各種充滿英雄主義的故事。然而，隨著時間過去，十字軍漸漸對這些人的勇氣產生敬佩之情，且與當時還非常粗魯且半野蠻的歐洲文化相比，薩拉森人優雅的舉止和高度文明化更讓他們感到欣賞。信仰的差異也沒能阻止他們與黑眼眸的東方姑娘聯姻。第一位創下東西聯姻的先例，就是鮑德溫國王本人，自此之後，聯姻越來越頻繁，許多聯姻者正是那些準備在巴勒斯坦定居下來的騎士們。但這些東方姑娘在結婚前，還是必須接受洗禮的儀式，

7 各各他山（Calvary），耶路撒冷城郊之山，也是耶穌基督被釘十字架的地方。

才能正式牽起她們基督夫婿的手。這些人與其誕生下的後代，對於薩拉森人的怨恨自然不如當年攻克耶路撒冷的軍人般，他們並不像前人認為容忍異教徒是一種罪，還必須遭到上帝的譴責。就結果來看，我們可發現，由後來的耶路撒冷國王所挑起的漫長戰事，參與者多是從歐洲來的新血——那些受希望與榮耀或宗教狂熱而驅使的人們。這些人肆無忌憚地打破了首代移民者與薩拉森人之間的寧靜，更對那些跟隨領袖、想過著和平日子的同宗兄弟們，展開最嚴厲的撻伐。

直到一一四五年年末，事態就一直處在這樣不理想的狀態下，直到基督王國的最前線埃澤薩，落入薩拉森人的手中。這些薩拉森人的首領為贊吉（Zenghi），他是一位能力強大且具冒險犯難精神的統治者，在他過世後，其子諾黑德（Nourheddin）也和父皇一樣。埃澤薩伯爵企圖奪回城市，但諾黑德帶領大批援軍趕來，對伯爵的軍隊展開撲殺，最後進入埃澤薩，全面強化該城市的防禦，使這座城再也沒能重回耶路撒冷的防守前線。現在，通往主城的道路大開，所有基督徒都感到膽戰心驚。據說，諾黑德一直在等待合適的時機進犯耶路撒冷，且當時的十字軍衰弱、分裂，根本無力抵禦外敵。所有的神職人員內心都充滿了哀傷與警惕，反覆寫信給教宗與歐洲的統治者們，懇求他們派出新的十字軍。這個時期，在巴勒斯坦的牧師有許多人是法國人，因此他們第一個尋求協助的對象，自然是法國。他們寄給路易七世的請求是如此多，語氣是如此緊急，讓法國的騎士們開始討論是否該派軍保護耶穌的出生地。那些沒有參與到第一次十字軍東征的君主們，開始蠢蠢欲動；這時，一名男子出現了，他與隱士彼得同樣善於雄辯，激起人們參與戰事的熱情。

然而，與第一次十字軍相比，第二次的熱情不若以往；在隱士彼得的帶領下，出現了十字軍狂熱的最高潮，之後節節消退。第三次比第二次少、第四次又比第三次少，以此類推，直到最後再也無人願意加入，耶路撒冷這才在基督教徒的冷卻下，回到老主人的手中。關於這個現象有多種解釋，最常見的為歐洲人厭倦沒完沒了的戰事，再也不願意「因亞洲受苦」。基佐[8]在其精彩的歐洲文明化演講中，成功破解了這個解釋，並提供讓人更為滿意的看法。他在講座中說道：「人們經常說歐洲厭倦了不斷侵略亞洲。我非常不認可這種說法。對人類來說，先祖所經歷的苦完全不能讓他們感受到同等的苦。厭倦是一種個人情感，不能繼承。十三世紀的人，感受不到十二世紀人的疲憊。他們受到的是別種影響。想法、感受與社會狀況有了極大的改變。這樣的渴望與需求，已不復存在。人們不再相信這樣的事。人們拒絕相信那些祖先們曾被說服的故事。」

事實上，這正是歷史現象背後的祕密；當我們在檢驗十字軍的歷史時，可以發現在不同領導人如戈弗雷、路易七世和理查一世所帶領的軍隊與大眾心智，皆有不同，且完全符合基佐的論點。十字軍的出現，對各國產生巨大的改變，並加速歐洲的文明化。在戈弗雷的時代，貴族們擁有絕對的權力與制衡能力，對國王與百姓來說，他們都是不受歡迎的人。隨著貴族們的缺席（連同社會上那些最無知且迷信的人們），國王與市民擺脫了貴族專政，變得更自由、更文明。正是在十字軍狂熱最鼎盛的時候，法國市鎮的發展開始茁壯，君王也開始取得實權，不再只是名義上的君王。秩序與舒適的生活開始發展，因此當第二次十字軍狂熱開始時，人們已不那麼心甘情願拋棄自己的家。而那些朝聖回來的人們，往往帶著更自由、開闊的思維。他們接觸到的人比自己更有文明；他們見識到了世界，並在某些程度下（即便非常微小），拋棄一些原有的成見與出於無知的自滿。騎士精神也帶來了教化意義，在十字軍痛苦的磨練下所產生的光明與新氣象，更軟化了暴戾，提升貴族的理性心緒。吟遊詩人伴著音樂，歌頌著社會各階層都愛聽的愛情與戰爭故事，這種文化氣息剷除掉了第一次十字軍東征時，占據人們腦中的陰鬱迷信。懂得思考的人們不再完全聽命於神職人員的言論，這讓他們與先人有了明顯的改變。

在英國，十字軍的風靡程度一直不如歐洲大陸；不僅因為英國人不像鄰居那樣熱情，更因為他們必需處理危及國情的嚴重問題。當時，英國人民沉浸在國土被入侵的痛苦中，因此對於遠在巴勒斯坦的基督教徒之苦，顯得較不關心，因此，第一次十字軍東征，英國缺席，第二次也只有一點人。即便之後，參與者也往往局限於

8 弗朗索瓦．基佐（François Guizot），法國政治家與歷史學家。

諾曼騎士和他們的封臣們，不太有薩克遜人的將領與人口，自顧不暇的他們，理解「對別人好之前，應先對自己好」的道理。

在這件事情上，德國擁有更多的熱情，在十字軍的旗幟下，他們送過去無數奔騰的野馬，當其他國家對東征不再有那麼多熱情時，他們依舊熱情不消。與環繞在德國周遭的國家相比，他們還狂熱地沉浸在這野蠻的信念，許久後，他們才從自己的偏見中走出來。事實上，第二次十字軍東征的軍力幾乎都來自德國，他們派出的兵力與其人口相比，絲毫不少於第一次十字軍。

當教宗尤金尼斯（Eugenius）深受來自敘利亞基督教徒的反覆陳情書所觸動，並命令聖伯納德（St. Bernard）募集第二波十字軍時，歐洲的整體社會背景正如上述所說，聖伯納德絕對是這個任務的不二人選。他擁有當時最了不起的口才，可以憑自己之意，讓聽者落淚、破涕為笑或熱血奔騰。他過著最嚴謹且節制的生活，即便想對他造謠，也找不到下手的地方。他情願放棄自己在教會中的高階職位，屈居於克萊爾沃單一教區的修道院院長職務，好確保自己有足夠的時間，針對那些他所發現的弊端進行布道。只要見到不義之事，他一定會嚴謹且絕不妥協地進行譴責。而且，無論地位高低、貧富貴賤，他都慈悲以待。如同隱士彼得般，他正是這時代所需之人。與偏好激情的彼得相比，他的言語更合乎情理；彼得號召了一群匪徒，他招募了一隻軍隊。兩人具有同等的熱情與毅力，一人出於衝動，一人出於信念，只要能讓教會的勢力更龐大，他們甘願做一塊基石或石柱。

他第一位說服的人，帶來一隻軍隊。路易七世是一位既迷信又殘暴的君主，對於自己先前曾授權他人在維堤進行屠殺一事[9]，充滿懊悔，為此，他曾發誓要到聖城朝聖。當聖伯納德開始執行任務後，沒花多少力氣，就讓有意參戰的路易七世立刻答應。他的例子對貴族產生巨大的影響，那些因其父輩參與聖戰而使家道中落的貴族後代們，也急著透過征討來彌補自己的損失。他們募集了所有的家臣，在極短的時間內，號召二十萬人。

他們在佛澤萊舉行了一個盛大的典禮，統治者在群眾的觀看下，站在高台上，接過聖伯納德手中的十字架。數位貴族、三名主教和路易七世的皇后——亞奎丹的埃利諾都參與了典禮，並同時接受十字架的號召，聖伯納德剪下其紅色聖職服，用其做成繡在十字軍肩上的十字架。教宗向眾人布道，為那些加入十字軍的人們，赦免其罪，並指示人們在朝聖的旅途上，不該攜帶過多的行李與無用的事物，貴族們也不該帶著獵狗與獵鷹一起旅行，以防他們偏離第一次十字軍的道路。

指揮十字軍的大權落到聖伯納德的眼前，但他聰明地拒絕了這個完全不適合他喜好的職位。在他於聖但尼進行隆重儀式，正式加冕路易七世為討伐首領後，他繼續到各地執行自己的任務，勸說人們加入戰爭的行列。他的神聖受到極高的讚譽，有些人甚至說他受先知靈魂附身，有些人說他具有創造奇蹟的能力。許多婦女被他動人的口才說動，並在聖伯納德所謂的預言鼓舞下，拋下先生與孩子，打扮成男人的樣子從軍。聖伯納德寫信向教宗描述這裡的成功，並說許多小鎮甚至沒有留下任何一位未參戰的單身男子，許多城堡與城市，都可以看到為遠行的丈夫流淚的妻子。但除了這些狂熱的地方外，整體從軍的人數與第一次的十字軍相比，微不足道。但對於像法國這樣一個人煙稀少的國家來說，即便狀況真如聖伯納德所述，最多也只能徵召到二十萬名士兵。因此，我們可以推論他在信中所說的內容，是有些浮誇了。

路易七世能幹的首相索蓋（Suger）竭力勸阻他，表示現在國家需要他，他不適合進行如此長期的旅行。但國王的良心深受維堤大屠殺的譴責，希望立刻用當時宗教認可的唯一方法，洗滌自己的罪孽。此外，他還想向世界證明，當教會的權力侵犯到他俗世的統治權時，他會毫不猶豫地抵抗；但當兩者的目標利益相合時，他

9 維堤大屠殺顯示了路易七世的不仁。在他之前的君主一直試圖抵抗教宗的統治，而路易也承繼了這樣的政策。當時，布爾日的神職人員會議在沒有他的同意下，選出了大主教，他立刻宣布結果無效，並以極端嚴厲的手段懲罰這些不聽命的教會人員。香檳伯爵蒂博（Thibault）起身捍衛教宗的權力，並盤踞在維堤一帶。路易立刻集結軍隊，大批人馬包圍了這個城鎮，讓伯爵不得不出面投降。當時城中有超過一千三百位居民，一半是女人與小孩，他們全都躲到教堂中避難；在城門打開時，所有人停止了抵抗，路易卻下令放火燒燬神聖的殿堂，有一千人因此葬身火海。

還是願意順從教會精神上的命令。因此，索蓋勸說無效，路易七世在聖但尼接受朝聖者的物品，開始準備出發。

與此同時，聖伯納德進入了德國，他的布道取得相同程度的成功。他的名聲與榮耀傳播迅速，因此當他抵達各處，都受到熱烈的歡迎。上千名根本聽不懂他演說所用語言的信眾，團團圍繞著他，爭相目睹這位聖人的廬山真面目；大量的騎士更爭先恐後地加入軍隊，手裡緊握十字軍的象徵標誌。但人們沒有葛索時期那樣踴躍。我們並沒有觀察到二、三十萬人、有如蝗蟲般的人潮急切地穿越國土。但狂熱情形依舊非常壯觀。人們到處傳播著各種故事，並相信這位牧師能創造的奇蹟。人們說在他面前，邪惡會被消滅，嚴重的疾病在他的觸碰下就能痊癒。最終，德國皇帝康拉德三世（Conrad III.）也被這股熱潮感染，宣誓追隨十字架的使命。

在康拉德的命令下，準備工作如火如荼地展開，不到三個月，他就統帥了一支擁有十五萬兵力的軍隊，還有許多追隨丈夫與愛人腳步的女性。其中一批女性隊伍騎著馬，穿著男人的鎧甲，首領還穿著鍍金的馬刺與厚底靴，因此博得「黃金腳小姐」的暱稱。康拉德準備的時間遠比法國國王快，一一四七年六月，在沒有騷擾匈牙利與保加利亞人民的情況下，他抵達了君士坦丁堡。

繼位的希臘君主曼努埃爾一世（Manuel Comnenus），不僅承繼了王位，更承繼了阿萊克修斯的政策，畏懼地盯著新來的十字軍，抱持著對方可能瓜分其國家與王權的擔憂。他的力量太弱小，不足以拒絕十字軍通過，但要他誠摯地歡迎對方，他又非常不信任他們。戰爭的結果對他來說也沒有什麼實質好處，因此佯裝著想要交朋友的國王，反而最初就觸怒對方。他的臣民在出於優越的心理狀態下，稱德國人為野蠻人；而那些可能只是一半野蠻的德國人，至少比較誠實與坦白，他們稱希臘人為雙面騙子或背叛者。兩者間的衝突不斷發生，一路上對軍隊管理有素的康拉德，開始無法壓抑追隨者心中的怒氣。因當時的歷史學家並不多見，因此我們只能知道，當希臘人做出某些侮辱性的行為後，憤怒的德國人闖進皇帝的花園——那裡豢養著國王搜集來的珍稀動物，地面上還設有各種樹木、洞穴、小溪，讓那些馴化的動物可以根據天性活動。暴怒的德國人發揮了對方稱呼自己為野蠻人的實力，大肆蹂躪這個動物園，所有的動物不是被他們殺死，就是放生。據傳，曼努埃爾在宮殿的窗戶中看著這一切發生，滿腔怒火，卻無力抵抗，最後，他決定仿效阿萊克修斯的做法，一有機會便要擺脫這些令人厭惡的客人。這位希臘君王認為德國人對他的尊嚴與安危造成威脅，因此他花了幾天的時間進行言不由衷的協商。曼努埃爾最後同意派遣嚮導，帶十字軍通過小亞細亞。康拉德和自己的貼身精銳部隊通過達達尼爾海峽，軍隊的後翼則由英勇的弗萊辛漢（Freysinghen）主教帶領。

大部分的歷史學家都一致相信，老謀深算的希臘嚮導有意地讓德國君王置身險境。最明顯的地方在於他們沒有帶領德軍經過小亞細亞水源充足、糧食豐產的區域，反而帶領他們行經卡帕多細亞的荒野，除了補給品很難取得外，他們還遇到塞爾柱土耳其人的蘇丹帶領大批軍力，對十字軍展開突襲。那位顯然通敵的嚮導，一瞥見土耳其人的身影，立刻飛也似地逃走，留下基督軍獨自處在困難重重且蠻荒的沙漠裡，和敵軍展開不公平的對戰。拖著大批行囊的德軍，根本抵擋不住土耳其人的輕騎，他們一下子出現在眾人正面，下一秒又跑得無影無蹤。當時的德軍，腹背受敵，靈敏的敵人不斷向他們發射弓箭，誘使他們追進沼澤與流沙中，在這樣的攻勢下，德軍只能退而求自保，根本無法殺敵。經歷這樣一場戰爭後，德軍喪失了原本的動力，掉頭回國。由於德軍在來的路途上遭遇缺乏糧草的情況，因此虛弱的軍隊總是輕易被敵軍追上。德軍中的英勇將領伯恩哈德（Bernhard）伯爵和自己帶領的軍隊被團團包圍，所有人都沒能逃過敵人的弓箭。國王自己更兩度受傷，嚴重的傷勢差點讓他命喪異國。土耳其軍一路窮追苦趕，十字軍沒有半點回擊之力，慘敗的康拉德在終於抵達尼什後，發現原先的十萬大軍與七萬戰馬，只剩下五萬或六萬人，而殘存的士兵各個身心俱疲。

路易七世在完全沒察覺希臘皇帝背叛的情況下（儘管已有人警告他此人居心叵測），帶領著軍隊一路通過沃爾姆斯和雷根斯堡，前往君士坦丁堡。在雷根斯堡，他遇到曼努埃爾派出的使者，此人身上帶著一封信，字裡行間充滿對路易七世的吹捧與奉承，根據記載路易七世在聽完朗格勒（Langres）主教宣讀此信後，臉都紅了。該代表的目的是取得法國國王同意和平且友善地通過希臘領土，並同意將他在小亞細亞征服的領土讓給曼努埃爾。第一個問題立刻得到正面答覆，但關於第二部分則沒有得到任何解釋或回應。路易繼續前行，通過了匈牙利，最後在君士坦丁堡邊界紮營。

在他抵達後，曼努埃爾友善地邀請他和一小群軍人進入城市。路易七世立刻答應，並在該皇宮前廳與他會面。他們進行了最公正的承諾，儘管曼努埃爾用盡一切花言巧語，引述各種觀點，引誘路易交出未來戰爭所得的領土，但路易態度更強硬。回到軍營後，路易明白這位皇帝絕非可信之人。儘管如此，協商又持續了幾天，並引起法軍極大的不滿。協商消息傳出後，原本與曼努埃爾有盟約的土耳其蘇丹聞言大怒，發誓將帶領千軍萬馬夷平君士坦丁堡。路易沒有接受希臘皇帝的提議，於是他帶著軍隊前往亞洲。

此時，他在尼什的城牆內發現境況悲慘的德國國王，路易這才明白德軍的悲慘遭遇。兩位君主決定聯合兵力，沿著海岸線一起前往以弗所；但漸漸地，康拉德對於法軍強大的勢力感到嫉妒，並在不希望淪為家臣地位的情況下，突然地帶領自己的全部軍力，返回君士坦丁堡。面對他，曼努埃爾擺出笑容與禮貌。他慰問著德國國王，對他們的損失至上深深的哀悼，並真心詛咒那愚蠢或叛逃的嚮導。他的舉動讓康拉德差點相信他是清白的。

路易七世繼續領兵朝往耶路撒冷邁進，並在大門德雷斯河的河岸，與敵軍相遇。土耳其軍掌控了渡河的通路，但法軍賄賂一名農夫，此人為他們指出一條可渡河的淺灘。法軍不費吹灰之力渡河，並對土耳其軍隊展開攻擊，迫使雙方進入戰鬥狀態。我們無法判斷當時的土耳其軍隊是真的戰敗、抑或假裝逃亡，但後者的可能性看起來更高。土耳其似乎是打算引誘追兵進入不利的戰鬥位置，好讓己方士兵可以全力攻擊。如果這確實是他們的計畫，那麼這個計畫成功了。在首度勝利的三天後，十字軍走進土耳其軍完美隱身的陡峭山區，對於眼前的險境毫無察覺。邁著吃力與緩慢的步伐，他們拖著身體爬上高聳的山路，突然間，可怕的山崩落下一塊巨大的岩石碎片，接著是一陣恐慌與血肉模糊。與此同時，土耳其弓箭手起身，朝腳下的法軍發射大量箭雨，一波攻勢就有上百支箭齊發。但弓箭對於穿著盔甲的騎士們沒什麼用，發現這一點的土耳其人，轉向瞄準他們的戰馬，倒下的馬匹帶著人滾落山谷，掉進湍急的溪流中。率領軍隊後翼的路易看到漫天飛舞的法軍與馬匹後，知道前有敵軍，但在不清楚敵方數量的情況下，他下令大家快速前行通過，而這個舉動卻讓所有人陷入恐慌。他努力維持秩序，卻沒有任何效果。隨著軍隊向前推進，巨大的石頭不斷落下，砸死人與馬匹；而那些好不容易通過重重困難的人，還要與土耳其軍短兵相接，並在戰友的面前一一倒下。出於絕望，路易奮勇殺敵，費了極大的力氣才逃離敵軍之手。在夜色的掩護下，他帶領剩餘的軍力在安塔利亞紮營。在這裡，他重振混亂與喪氣的軍紀，並和將領們討論下一步的計畫。在遭受疾病與饑荒的折磨下，他們決定前往安條克，那座還由博西蒙德繼位者控制的獨立城。這時，該城的統治權落入埃利諾（路易七世的皇后）的叔叔——雷蒙（Raymond）之手。這位親王或許是出於他是法國皇后親戚的原因，努力說服國王放下十字軍東征或捍衛耶路撒冷的宏願，轉而和自己合作，鞏固安條克城的權力與領地。的黎波里（Tripoli）親王又提了另一個相似的計畫，但國王兩個都沒接受，在短暫的延遲後，他前往了耶路撒冷。康拉德國王比他先抵達那裡；在君士坦丁堡期間，曼努埃爾承諾他會給予德軍必要的援助，然而，這些援軍從未到達，更未曾出發。

聚集在巴勒斯坦的國王與將領們，立即召開會議，商討之後的作戰計畫。最後，他們決定擴大十字軍的戰線，與其圍困埃澤薩，他們決定包圍大馬士革，逼迫薩拉森人離開原先強而有力的戰鬥位置。這是一個相當大膽的計畫，如果能大膽執行，也確實可為戰爭帶來勝利的希望。但這些基督教將領並沒有從經驗中學到團結的必要，反而各懷鬼胎。儘管所有人都同意計畫，但在執行上，人人都有自己的想法。除了的黎波里與安條克親王互相嫉妒外，更嫉妒耶路撒冷國王。康拉德嫉妒法國國王，而路易討厭所有人。但他曾許下嚴格的誓言，出征巴勒斯坦；他對宗教的心非常虔誠（或許我們該說偏執）；他認為只要有機會可以為十字架盡一份心，他就必定要堅持至最後一刻。

圍困大馬士革的計畫開始了，此刻十字軍所擁有的能力與精力，都讓他們占上風。幾個禮拜過去了，圍城繼續，直到破損的城牆與日益無力的抵抗，讓他們相信這座城已經無法再久撐下去。但就在此刻，領導間愚蠢的嫉妒爆發，衝突不斷，這不僅造成圍城失敗，更導致十字軍的徹底崩潰。有一本現代烹飪書籍，在教導讀者烹調野兔時，說道：「首先，抓住野兔，並殺了牠。」簡直是無可爭辯的智慧箴言。但此刻的十字軍將領們可沒那麼有智慧，對於這座根本還未征服的城市所有權，大家開始激烈鬥爭。除了安條克親王與的黎波里親王外，還有二十人在爭奪大馬士革。於是，將領間召開軍事會議，決定哪些人應該放棄爭取王位。寶貴的時間就這樣浪費在討論中，而他們在這期間的鬆散表現，讓敵軍有了喘口氣的機會。最後，在劇烈的爭吵中，他們決定由兩度征討聖城的首領——佛蘭德伯爵羅伯特獲得這份殊榮。其他被排除的將領拒絕合作圍城，除非他們得到更多好處。軍營中瀰漫著猜忌氛圍，充斥著陰謀與背叛的惡毒謠言，四處流竄。對決議感到不滿的將領撤出聯合陣線，跑到城市的另一端，決定就算不能成功，他們也要憑著自己的意志行動。很快地，就有更多人加入他們的行列。結果就是：該城最脆弱、被他們攻擊得近乎體無完膚的那面牆，守備卻最鬆散。在這種愚蠢的錯誤下，敵軍趁十字軍還未恢復理智前，趕緊從此缺口獲得大量補給品，並進行修繕的工作。當他們終於要攻城時，為時已晚。摩蘇爾強大的王侯賽夫．伊丹（Saph Eddin）就在不遠處，帶領大批軍力準備搶救這座城市。圍城突然被中斷，愚蠢的十字軍在沒對敵軍造成任何傷亡、只對自己造成重大損傷的情況下，返回耶路撒冷。

至此，熱情已經完全消退，即便是最強壯的軍人，內心也疲弱不堪。最初信心滿滿，充滿熱誠的康拉德，在連續挫敗下感到灰心，於是帶著殘破的軍隊返回歐洲。為了保護面子，路易繼續掙扎了一段時間，最後終於在大臣索蓋的連連催促下，返回法國。第二次十字軍東征宣告結束。結果只是一連串戰敗。耶路撒冷的處境比他們來之前更糟，唯一的收獲只有對領導者的不滿與挫敗感。

預言十字軍大獲成功的聖伯納德，其名聲因此受挫，並與許多先知的命運相同，人們對他懷有的尊敬已蕩然無存。但更慘的是，沒有任何國家願意接納他。儘管如此，還是有些人跳出來為他說話，抵抗這股即將捲走他畢生聲譽的不信任潮流。弗萊辛漢主教澄清，先知並不是無所不知，且十字軍自身的腐敗，讓上帝為之震怒。但在所有替聖伯納德辯護的言語中，最不智的發言莫過於吉福瓦・德・克萊爾福（Geoffroi de Clairvaux）的言論，他一直扭曲事實，稱十字軍並非不幸。他說，聖伯納德預言了一個愉快的結果，而讓天堂住滿光榮犧牲的軍人們，難道不是一件樂事。吉福瓦是一位狡猾的辯護者，當然，他也成功說服一些狂熱的人，但多數根本不期望這種下場的人，則保持原先的態度，或認為這個說法根本違背軍人們的意願。

現在，我們可以開始討論第三次十字軍與其成型的原因。在第一次十字軍東征後掀起的狂熱，現在近乎滅絕，所有的歐洲國家對於其貴族的軍事裝備變得漠不關心。但騎士在戰爭過程中依舊發光發熱，且達到讓人崇拜的頂峰。當普羅大眾不再願意為戰爭捐軀時，這些騎士們依舊繼續支持著聖地的軍力。第三次十字軍的成因，主要是出於詩歌，而不是宗教，但詩歌就像是一種奢侈品，空有崇高的情操，卻吸引不了平民百姓的注意，因為他們有更重要的人生要活。不過，騎士與家臣們卻高興地聆聽吟遊詩人、樂師歌頌著戰爭與愛情的故事，幻想著自己在聖地的英勇表現，將能激發少女眼中的愛慕光芒。第三次的十字軍，才真正進入了浪漫時代。人們為自己而戰，而非上帝，更不是為了維護基督教在東方世界的權力，他們只想著該去哪裡、如何為自己爭光。他們如軍人般戰鬥，而非狂熱者；他們不為宗教，只為榮譽；不為受苦或贖罪，只為獲得女士的青睞。

在此，我們就不詳述薩拉丁（Saladin）如何成為東方的霸主，又怎樣憑著一連串成功的部署，讓穆斯林的旗幟再度飄揚在耶路撒冷的城牆上。當時，基督教騎士與人們，甚至包括偉大的醫院騎士團、聖約翰騎士團、聖殿騎士團們，都沉迷在腐敗的深淵，受愚蠢的嫉妒與鬥爭侵蝕，根本無力抵抗訓練有素且聰明的薩拉丁大軍。但他們失敗的消息讓歐洲的騎士們深感憂傷，許多最高貴的騎士都與住在巴勒斯坦的騎士有著深深的羈絆，無論是在血緣或友情上。薩拉丁與騎士們在提比利亞的大戰，以及土耳其對基督軍展開大屠殺的消息傳回了歐洲，緊接在後的是耶路撒冷、安條克、的黎波里等城的淪陷。教宗烏爾班三世（Urban III.）深受打擊，日漸憔悴，幾乎不再露出笑容，直到他陷入死亡的長眠。他的繼任者格雷戈里八世（Gregory VIII.）雖然也為此消息悲傷，但擁有更強健的心智，並指示所有的神職人員鼓勵人民參與戰爭，光復耶穌的聖地。提爾的大主教威廉（William），謙遜地追隨隱士彼得的腳步，向歐洲各國君主傳遞他在那裡見到的悲慘景況，並呼籲他們挺身而出。著名的德國君主紅鬍子[10]腓特烈一世（Frederick I.），迅速整裝軍隊，以迅雷不及掩耳的速度穿越敘利亞，打敗薩拉森人，奪下科尼亞城。儘管勝利就在他的眼前，他卻不幸地在基德諾河落馬溺斃，軍隊的總指揮由士瓦本（Suabia）公爵接下。但繼任者的能力不足以擔任統帥，僅能維持住自己在安條克城的腳步，等待歐洲的後援到來。

英格蘭的亨利二世（Henry II.）與法國的腓力・奧古斯都（Philip Augustus）帶領著自己的騎士團，全力支援十字軍，直到家鄉的戰事與紛爭讓他們不得不掉頭。這兩位君王在一一八八年的一月，於諾曼地的吉索爾會合，兩人組成一支擁有眾多矯健騎士與戰士的軍隊。提爾的威廉現身，憑著口才滔滔不絕地講述十字軍的使命，最後，所有的人都立下誓約，準備前往耶路撒冷。與此同時，他們也制定了「薩拉丁什一稅」，所有不能參與十字軍東征的人，都要繳交其不動產的十分之一，作為稅金，協助基督軍。所有領地的管理者，無論是否信奉基督教，都必須在自己領地徵收什一稅，付不出這筆稅金的人，將成為地主的奴隸或財產。同時，那些墮落之人只要願意承擔十字架的重任，就能得到豁免，出於債務、搶劫或謀殺等原因的囚犯，將重獲自由之身。會議結束後，法國國王在巴黎召開議會，確立這些決議付諸執行，同時，亨利二世也在諾曼地的領地盧昂和英國北安普敦郡的蓋丁頓執行這些命令。引用古老編年史學家的話：「為了聖戰之旅，他召開了議會，並用什一稅讓全國陷入憂愁。」

但不是只有英國為這條稅制感到苦惱。法國人對這則法令也沒什麼好感，對於十字軍的感受從先前的漠不關心，轉變成厭惡。連那些大聲疾呼，要民眾為了教會的偉大計畫貢獻一半、甚至是全部家當的神職人員們，也似乎不太急著掏出自己該繳的那些錢。《法國史學》（*Elemens de l'Histoire de France*）作家米略特（Millot）

聲稱，還有一些人甚至拒絕支付稅金。在這些人之中，蘭斯的神職人員被要求支付自己應付的稅金，但他們卻向國王陳情，表示自己太窮，付不出任何稅金，請求國王給予援助。腓力・奧古斯都很清楚他們的把戲，於是他請了臨近的三名貴族，蹂躪了教會的領地。神職人員在得知這些暴行後，向國王申請賠償。「我會在自己的祈禱中，替你祈福，」國王溫和地說，「並要求他們遠離你們的領地。」他確實照自己所承諾的去做，但卻以一種開玩笑的方式向騎士表達教會的要求，讓他們在笑完過後，繼續作亂。再一次，神職人員又向國王抱怨。作為回應「你們期望我給予什麼？」他如此回覆對方的抗議，「你們為我祈禱，我也會為你們祈禱。」神職人員明白國王的意思，並認為趕緊支付薩拉丁什一稅才是最聰明的做法。

這個小故事解釋了十字軍不受歡迎的原因。如果連神職人員都不想貢獻，更何況是一般人。但歐洲的騎士們對這場戰爭躍躍欲試；隨著什一稅的嚴格徵收，來自英國、法國、勃艮第、義大利、佛蘭德和德國的軍隊，很快就招募完畢。但原本該一起領導軍隊的兩位國王，卻因獅心王理查一世入侵土魯斯伯爵領土一事，不得不分神處理，巴勒斯坦的旅程被迫耽擱。法國與英國間的砲火猛烈，眼看戰事一時間不可能休止，許多為十字軍立下誓約的貴族們，決定讓兩位國王慢慢處理自己的國家大事，他們先自行前往巴勒斯坦。

最後，死亡介入兩國的戰況，讓亨利二世不得不放下對敵人的攻擊，不管孩子的背叛與忘恩負義。他的兒子理查一世立即登基，並和腓力・奧古斯都結盟；於是，兩名年輕、英勇且衝動的國王們，團結彼此的力量，一起踏上旅程。他們在眾多家臣的陪伴下，在諾曼地的諾南庫爾見面。在聚集的騎士面前，他們以兄弟的身分互相擁抱，宣誓將以朋友及盟軍的身分而活，直到他們從聖地回來後的四十天內。從先人的歷史來看，愚蠢與腐敗是戰敗的罪魁禍首，為了洗淨自己陣營的陋習，他們立下行軍的軍法。當時賭博非常流行，也是爭吵、流血事件的主因；軍法的其中一條，就是命令任何位階低於騎士的軍隊成員，不得進行任何與金錢有關的遊戲。

10 因其曾在義大利大開殺戒，讓義大利人的鮮血染紅他的鬍子，因此得到紅鬍子的稱號。

騎士與神職人員可以賭錢，但每日的最大額度為二十先令，超過者將處以一百先令的罰鍰。君王的隨從也比照騎士的金額，但他們的處罰是在軍隊面前裸身被鞭打，為期三天。任何十字軍成員如果攻擊他人且造成流血，必須砍掉其手作為懲罰；殺害其同袍之人，則需被捆綁，活生生地與受害者埋葬。他們禁止任何年輕女性跟著軍營移動，這對許多高貴或低俗的女子來說是非常令人難過的規定，但沒有人敢冒著被軍法制裁的風險。但許多擁有高尚情操且深情的未婚女子和年輕少婦，還是拿起了劍與茅，跟隨自己的丈夫與情人參與戰事，置自己於險境。唯一可住在營中、跟軍隊一起移動的，只有年滿五十歲的洗衣婦或其他同樣年滿五十歲的婦人。

在這些軍法頒布後，同在里昂的兩位國王決定分頭行動，並約好在墨西拿見面。腓力穿過阿爾卑斯山抵達熱那亞，接著搭著船隻安全抵達約定地點。理查則選擇走馬賽，並同樣搭著船抵達墨西拿。沿途上，他急躁的性情引起了不少糾紛，而那些跟隨他、與他同樣英勇且愚蠢的騎士們，也紛紛仿效主子的作風。抵達墨西拿後，所有東西的物價都被哄抬到異常昂貴。儘管理查的軍隊抗議，卻沒有任何改善。最後，雙方爆發口角，對於根本無法進行交易的西西里人，他們決定改用掠奪的方式。鬥毆持續不斷發生，在這些事件中，理查最喜歡的隨從勒布朗（Lebrun）甚至因此丟了性命。附近城鎮的農夫都來幫忙西西里人，導致打鬥越來越頻繁。對於勒布朗死亡一事深感憤怒的理查，又被西西里國王唐克里德（Tancred）為其人民抱怨的信件激怒，加入那些大膽騎士們的鬥毆行動，痛擊西西里人。手持長劍的理查攻擊了整座城市，破壞堡壘，並扯下西西里的旗子，掛上自己的旗幟。這樣的做法卻惹惱了法國國王腓力，自那時起，他開始對理查懷有戒心，並發現他的目標並不是為了基督教去征服耶路撒冷，而是純粹為了自己。然而，他還是盡自己之力，協調英國人與西西里人之間的糾紛，並在帶著對其盟友不信任的小小念頭下，很快地搭船前往阿卡。

但缺乏負責心的理查，在此地停留了數個禮拜，卻什麼事也沒做。他和西西里人之間沒有再出現什麼糾紛，他只是過著輕鬆、享受的生活，在歡愉的氣氛下，忘記那個讓他拋下自己國土的任務，以及讓軍隊享樂放縱可能帶來的危險後果。最後，士兵們的迷信讓他回想起自己的任務。連續幾個晚上，他們觀察到彗星出現，並認為這是天堂對於他們的警告，要他們不可再拖延。流星也給了他們同樣的警惕；一名叫約阿西姆（Joachim）的宗教狂熱者，一整個晚上都舉著自己的長劍，讓狂亂的長髮撒落在肩膀上，嘴裡大吼著如果他們再不立刻出發，傳染病、饑荒與各種災難將降臨在眾人身上。理查並沒有輕忽這樣的警告；在為自己的懈怠做出誠摯的懺悔後，他朝阿卡出發。

狂風暴雨襲擊了他的船隊，但他和主要軍力安全抵達羅德島。他得知自己的三艘船擱淺在賽普勒斯崎嶇的岩石海岸，該島的統治者伊薩克二世（Isaac Comnenus）准許自己的人民掠奪不幸的船員，並拒絕救助他落難的未婚妻貝倫加利亞（Berengaria）公主，還有，他的妹妹也身在其中的一艘船（他們的船受惡劣氣候所逼，進入利馬索爾港避難）。憤怒的國王誓言報復，在集合所有船艦後，返回利馬索爾。伊薩克拒絕解釋或道歉，不容小覷的理查登上了島，擊潰那些反抗他的聲音，強行霸占整個城市。

在他抵達阿卡後，他發現歐洲所有的騎士都早已抵達。耶路撒冷國王呂西尼昂的蓋伊（Guy），很久之前就召集了勇敢的聖殿騎士團、醫院騎士團和聖約翰騎士團，並在阿卡展開圍城，但最後被東方的霸主薩拉丁所率領的龐大且軍紀嚴謹的軍隊打敗。在近兩年內，十字軍不斷進行圍城，以超人般的毅力打跑敵人。無數的戰爭在曠野中展開，而蓋伊開始陷入歐洲援軍不會來的絕望中。當腓力與騎士們抵達時，他欣喜若狂，並等待獅心王理查的前來，屆時他們就可對敵軍進行最後一擊。當他們在敘利亞的海灣瞥見英國的艦隊時，所有的基督軍大聲歡呼；當理查和他的軍隊登陸時，歡呼聲更是震耳欲聾，連山南薩拉丁和其軍隊駐紮的地方都聽得見。

這場十字軍東征最突出的特色，在於基督教與穆斯林雙方都不再視對方為野蠻人，並彼此尊敬。每支軍隊都為敵手的勇敢與大度致上最高的敬意，並在偶爾停火的時候，以最友善的方式會面。穆斯林勇士以至高的禮貌對待基督騎士，並哀傷地想著如此好的人卻不是穆罕默德。基督徒也帶著同樣的情感，向上天讚揚薩拉森人的高貴，並嘆息地想著如此慷慨且英勇之輩，卻將因其背叛基督而遭到懲罰。但每當戰爭開始，這些情感也立即消失，雙方再度變成廝殺的凡人。

腓力因墨西拿事件而出現的戒心，依舊無法抹滅，因此他不願意合作。他沒有合力攻擊城鎮，選擇孤軍奮戰，但被擊退。理查也如法炮製，並落得相同下場。腓力利用優渥的條件——每人每月可得三塊金幣，引誘理查的騎士放棄英國國旗，轉而為法國效力。理查以更多的金子買回人心，並對法國騎士開出每月四塊金幣的誘惑。在這無聊的較量中，他們浪費了大筆時間，並對軍隊的效率與紀律造成嚴重的損害。然而，圍城效果依舊繼續著，這兩支軍隊的出現，讓阿卡城無法順利得到補給品，城內的居民因而面臨嚴重的饑荒。薩拉丁不願冒險前去援救，他寧願等待十字軍發生內訌而削弱士氣，到時他就能輕取獵物。如果他早點得知阿卡城內的情況，他可能會改變計畫，但等到他知道城內慘絕人寰的慘況後，為時已晚。在短暫的休戰後，該城市同意投降，但十字軍開出的投降條件實在過分，導致薩拉丁拒絕同意。其條款主要內容為，那些被穆斯林從耶路撒冷奪走的木頭十字架，都應被修復；他們應支付二十萬黃金；所有在阿卡城內的基督教犯人應該被釋放，薩拉丁也必須一併釋放其虜獲的兩百名騎士與一千名士兵。這位東方君主根本沒有這麼多木頭十字架，但他還是憂心地認為應保留手中的十字架，因為他知道這些東西如果落到十字軍手中，將為他們帶來莫大的鼓勵。因此，他拒絕了，且他不願意實現或另開條件；理查便依照自己先前所說，將所有薩拉森人犯處死。

但得到這座城，只讓十字軍領導們開始爭吵。奧地利大公不分青紅皂白，將自己的旗幟掛在阿卡城的某座塔樓上，理查在看到後，用手將旗子扯下，並丟到腳下踩。儘管腓力一點都不同情奧地利大公的遭遇，但對於理查做出這樣的舉動感到憤怒，兩者間的矛盾越演越烈。與此同時，蓋伊和蒙特弗爾拉的康拉德為了爭奪耶路撒冷的王位，進行愚蠢的爭執。他們底下的騎士們也紛紛仿效主人的做法，導致軍營瀰漫著嫉妒、不信任與惡意。一團混亂中，法國國王突然宣布自己想返回家鄉。心中充滿憤怒的理查說道：「如果他因任何原因拋棄自己的使命，羞恥將永遠籠罩在他與法國身上！」但腓力沒有留下。在東方居住的這段時間，對他的健康造成極大的影響；且想要擔任第一要角的他，並不想在理查的陰影下屈居第二。在留下一小支勃艮第的軍隊後，腓力與剩下的軍隊返回法國；對於競爭對手的離去，獅心王理查顯得無動於衷，後來才不得不痛苦地承認，法軍的離去讓整個隊伍就像是被砍掉右手般。

在他離開後，理查再度強化阿卡城，重建城中的基督教教堂，並留下一支基督軍駐守後，就沿著海岸線前往阿什克隆。薩拉丁警覺到他們的動靜，並派出輕騎攻擊軍隊後翼。薩拉丁錯估腓力離開後十字軍的戰鬥力，決定迫使他們與自己正面交鋒。雙方在阿什杜德碰面。激烈的戰鬥立刻展開，最後，薩拉丁戰敗，前往耶路撒冷的路在十字軍面前展開。

再一次，紛爭產生了惡性影響，並讓理查遠離了勝利。其他的領袖嫉妒理查的勇敢與影響力，因此總是反對他的各種意見。最後，軍隊沒有前往耶路撒冷、甚至是阿什克隆，反而去了雅法，並在那裡無所事事，直到薩拉丁重振旗鼓，再次與他們交鋒。

數個月，他們進行了毫無結果的行軍與協商。理查的目標是重新討回耶路撒冷，但沿途困難重重，即便如他這般英勇的戰士也無法輕易攻陷。而他自身讓人無法忍受的驕傲是造成惡果的一大原因；這種個性使許多願意協助他的友善人們與他疏遠。最後，眾人還是前往了聖城，但緩慢且痛苦的進展讓士兵們心生怨懟，領導們開始思考撤退。沿途天氣極端酷熱且乾燥，水源也不足。薩拉丁事先破壞了沿途的水井與蓄水槽，在飢渴交加的情況下，軍隊的熱誠也無法推動他們前行。他們在伯利恆召開會議，討論該繼續前進或撤退。最後結論是撤退，且立刻執行。據傳，理查先跑到了一座山丘上，眺望著出現在視野中的耶路撒冷塔樓，對於自己離聖城如此近、卻無力攻克的命運百感交集，並將臉埋在盾牌後，大聲的哭泣。

軍隊分成兩路，分別在理查和勃艮第公爵的率領下，返回阿卡。就在理查正在為返回英國的路途做準備時，一名信使來到阿卡城，表示雅法被薩拉丁圍攻，如果不能立刻派兵，整座城將淪陷。勃艮第公爵率領的法軍早已身心俱疲，不願去援救雅法的基督兄弟們。理查為他們的膽怯羞紅了臉，召喚英軍趕去救援，並及時地讓雅法脫離魔爪。薩拉森人是如此畏懼於理查的英勇，只要一亮出他的名字，所有人就開始逃跑。薩拉丁將其視為可敬的對手，因此當理查成功援救雅法，並請求雙方和平時，薩拉丁同意了。有長達三年八個月的時間沒有任何戰事，基督教的朝聖者也可以在不受迫害、不用繳任何進城稅的情況下，愉快地拜訪聖城。十字軍被允許保留泰爾與雅法兩座城之間的勢力。薩拉丁也展現了王公貴族的風範，邀請基督徒前往耶路撒冷；許多君王也趁勢接受他的邀約，到聖地大飽眼福。許多人待在蘇丹的宮殿中享樂，並在回國後大肆讚揚這位高貴的異教徒。理查與薩拉丁從未碰面，但透過男爵華特．史考特精彩的小說，讓許多人對這兩人留下深刻的記憶。儘管未曾見面，他們卻非常欽佩彼此的英勇與高貴，因此他們兩人之間的約定沒有繁文縟節，只有最簡單的承諾。

理查在收到英國傳來的緊急消息，表示他必須即刻返國領兵擊退那些覬覦王位的叛徒後，立刻啟程。後來，他在奧地利遭到長期監禁，還被迫給付贖金的事，也是舉世皆知。至此，第三次十字軍東征畫下了句點，與前兩次相比，結果一樣毫無意義，但死傷人數較少。

現在，大眾的狂熱已經徹底燃燒殆盡，不管教宗或統治者如何努力，都不太可能重新點燃大家的熱情。然而，就像蠟燭燒盡前的奮力一搏、又一次綻放瞬間的光亮後，十字軍才真正走入歷史。

對大眾來說，第四次的十字軍東征可說是無感。薩拉丁在與理查取得停戰協議後的一年，因病過世。他的兄弟賽夫．艾丁（Saif Eddin 或 Saphaddin）占領了敘利亞，但遭受薩拉丁的兒子攻擊。消息傳到歐洲人的耳中，教宗切萊斯庭三世（Clestine III.）認為發起另一波十字軍的好時機到來了。但歐洲所有國家都對此不感興趣也不願出手。民眾毫無興趣，國王們都有更重要的事情必須處理。唯一受此事鼓舞的，只有德國的亨利國王，支持薩克森公爵和巴伐利亞（Bavaria）公爵帶領大批軍隊參與作戰。他們抵達了巴勒斯坦，並發現那裡的基督教徒根本一點都不歡迎他們。在薩拉丁溫和的統治方針下，他們很享受日子的寧靜與自由，德軍的到來只讓他們面臨危險。因此，他們認為這些入侵者過於好事，完全不鼓勵他們和賽夫．艾丁開戰。這場十字軍的結果比前一次還要淒慘；德軍的到來激怒了薩拉森人，讓他們對基督教城猶太山地展開攻擊，並因此丟了雅法這座大城，還失去十分之九的軍隊。至此，第四次十字軍東征結束。

第五次十字軍東征則較為重要，其成果連當初的號召者都沒有預期到——除了君士坦丁堡遭受洗劫外，法國甚至將其王位遷移到了東方的凱薩。儘管每位教宗對於十字軍的做法與看法並不完全相同，但他們一致同意應用任何方法維護教宗的最高指導地位。沒有任何方法比十字軍更能體現這個目的。只要他們能說服國王與貴族們，讓他們去敘利亞壯烈犧牲，教宗的統治權就能不受動搖。這就是他們的目標，因此他們從不在意十字軍東征的成敗、時間點是否理想、錢與人力是否能應付。如果能讓英國和法國頑固的君主屈服，想必會讓教宗依諾增爵三世（Innocent III.）感到額外的滿足。但獅心王理查的繼位者約翰和腓力．奧古斯非常忙碌。兩人都冒犯了教會，並被逐出教會，此外，還為國內的事忙得焦頭爛額；腓力忙著給予自己的臣民豁免權，約翰則忙於征討。為此，教宗派出的使者沒有發揮作用，但在第一次與第二次十字軍東征時，口若懸河的布道者鼓動了貴族的情緒，更透過他們得到一定的人民。訥伊的富柯（Foulque）主教是一位野心勃勃且積極的人，對於羅馬教廷的態度瞭若於胸，只要一有機會，就極力鼓吹十字軍。一直以來，他遇到的對象都是那些改變信仰者，而這些人對於十字軍也不大關心，但命運女神沒有放棄他。香檳伯爵西奧博德（Theobald）舉辦了盛大的比賽，並邀請遠近知名的貴族來參加。有將近兩千名騎士跟著自己的領主出席了盛會，還有大批等著欣賞比賽的觀眾。就在比賽進行到一半時，富柯來了，他發現眼前就是一個大好機會，便開始利用自己情感豐沛的言語鼓動群眾，熱情地要大家參與十字軍。年輕氣盛且易受煽動的香檳伯爵，親手接過十字架。熱情迅速蔓延開來。布盧瓦伯爵查爾斯（Charles）追隨前者的腳步，而在場的兩千名騎士中，僅有一百五十人拒絕加入。看上去，昔日的狂熱似乎就要捲土重來。佛蘭德伯爵、巴勒伯爵、勃艮第公爵和蒙特弗爾拉侯爵帶著全部的家臣，加入軍隊，在極短的時間內，一支軍隊整建完畢，準備出發去巴勒斯坦。

陸地旅途的艱險，大家有目共睹，因此十字軍決定和一些義大利國家簽約，利用他們的船隻移動。年邁的威尼斯總督丹多洛（Dandolo）提供共和國的戰艦，供其使用，但當十字軍抵達該城市時，卻發現自己窮到連一半的使用金都付不出來。眾人使出各種方法募款：十字軍熔掉自己的銀盤，女士們典當身邊的小首飾，虔誠的人成為勸募的對象。但由募集的速度如此緩慢可見，這些歐洲人的謹慎還是勝過虔誠的心。最後，丹多洛提議，如果他們可以先為其奪回不久之前，被匈牙利國王搶走的札拉城，共和國可以為他們出錢，免費載他們去目的地。十字軍同意了，但教宗為此感到非常不悅，還以任何偏離前往耶路撒冷道路之人，將被逐出教會的言語，威脅眾人。儘管教會嚴正譴責，這支十字軍卻一輩子也沒抵達巴勒斯坦。收復札拉城的動作很快就開始了。經過長時間且勇敢地抵抗後，該城無條件投降，十字軍自由了，他們可以隨自己之意，舉起劍去對抗薩拉森人。然而野心勃勃的將領們，卻在毫無預料的情況下，將目標轉移到其他地方。

曼努埃爾一世死後，希臘帝國陷入被蠶食瓜分的局面。前國王之子阿歷克塞二世（Alexius II.）在繼承王位的極短時間內，就在其叔叔安德洛尼卡（Andronicus）主掌大權（後來奪得王位）的情況下，被謀殺。但繼任者也沒能在王位上待得夠久。同一家族的伊薩克．安格洛斯（Isaac Angelus）起兵對抗篡位者，並在實力懸殊的戰鬥下，抓住安德洛尼卡並處死。伊薩克登上王位，卻立刻被推翻。他的兄弟阿歷克塞三世（Alexius III.）罷黜他，為了讓他失去治理王國的能力，弄瞎他的眼睛，再把他關進地牢。但阿歷克塞三世也沒能保住國家的和平，伊薩克憤怒的兒子阿歷克塞四世（Alexius IV.）從君士坦丁堡逃出，聽到十字軍正在攻打札拉城後，以極誘人的條件誘使他們協助自己推翻叔叔的政權。他承諾，如果他們能幫助他奪取並重建父親的王國，他願意讓希臘正教臣服於羅馬天主教之下，並提供希臘帝國的全部軍力，協助攻打巴勒斯坦，並給予十字軍二十萬銀幣。這個條件被十字軍接受了，但一些領導表示，如果教宗不同意這樣的做法，他們保有隨時放棄此計畫的權利。但他們多心了。對梵蒂岡來說，讓分裂的希臘正教重回羅馬天主教勢力之下，絕對比消滅薩拉森人在巴勒斯坦的力量來得誘人。

很快地，十字軍就到了帝國的首都。他們的作戰行動技巧高超，奮勇殺敵，讓篡位者阿歷克塞三世試圖保留王位的一切掙扎都宣告失敗。徒勞的抵抗之後，他棄城而逃，無人知曉他的去向。年邁且目盲的伊薩克從地牢中被救了出來，並在十字軍告知他對手已逃跑前，重拾王位。他的兒子阿歷克塞四世協助他執政。

但阿歷克塞四世開出的條件讓希臘正教的人感到憤怒，其主教更鄭重拒絕臣服於羅馬教廷之下。阿歷克塞四世起初試著說服自己的臣民，並懇求十字軍留在君士坦丁堡，等他穩固隨時都有可能再被奪走的王位。很快地，阿歷克塞四世的臣民都厭惡他；而他違反當初承諾要給予十字軍的補助，讓十字軍感到不悅。最後，雙方都對這位新國王宣戰；人民不滿他的專斷，十字軍覺得受到背叛。當他在皇宮裡被自己的守衛抓住並丟進大牢時，十字軍正準備開始圍城。希臘人立刻開始推選新任統治者；他們需要一位勇敢、精力充沛且不屈不撓的人，這時阿歷克塞．杜卡斯（Alexius Ducas）脫穎而出，儘管他有許多缺點，卻剛好具備他們所需的特質。他以慕特索夫洛（Murzuphlis）之名登基。他上位的第一件事，就是擺脫年輕的前統治者——哀痛且目盲的老皇帝伊薩克已不足為懼，因此只有年輕的阿歷克塞四世被處以死刑。

現在，十字軍與希臘人的戰事一觸即發；一二〇四年早春，他們就已下令準備進軍君士坦丁堡。法國人與威尼斯人制定合約，約定事成後該如何瓜分戰利品；他們是如此自信滿滿，甚至從未設想過失敗的可能。這樣的氣勢讓他們順利成功。而正如所有叛徒心底都住著一個懦夫，希臘人被即將到來的失敗嚇得六神無主。但出乎所有歷史學家的預料，這位被認為英勇過人的慕特索夫洛，並沒有善加使用手邊龐大的資源去抵抗十字軍。希臘帝國的軍力是十字軍的好幾倍，照理來說，十字軍的目的僅僅是掠奪君士坦丁堡，但希臘人的目的是捍衛家園，維護其身為一國家子民的尊嚴，比前者嚴肅許多。但希臘人只擋下了第一波的魯莽攻勢，維持一天的安寧；隔天，十字軍以他們的軍艦撞擊城牆，殺死每個企圖阻止他們的士兵。最後，十字軍以微小的傷忙為代價，進入該城市。慕特索夫洛逃跑，君士坦丁落入侵略者的手中。眼前的財富是如此誘人。光是搜索到的金錢，就足以讓每一位騎士領到二十銀幣，騎士的侍從也能得到十銀幣，弓箭手則能得到五銀幣。珠寶、天鵝絨、絲綢、各種奢侈的服飾、稀有的美酒與珍果，還有各種珍稀逸品，都落入他們手中，再轉賣給威尼斯商人，剩餘的則分給軍隊。有兩千人被屠殺，但要不是掠奪的樂趣轉移了十字軍的注意力，被屠殺的人數可能還會增加。

在歷史上每一場血腥的殺戮中，我們總是會看到軍人毫不猶豫地背棄上帝之語，以各種殘酷的手法，摧毀上帝最了不起的傑作——人類。但對於美麗的藝術作品，卻憐愛有加。他們可以對女人與小孩痛下殺手，卻不願對任何一幅畫出手；可以砍殺患病、無助且白髮蒼蒼的老者，卻避免傷及任何一件美麗的雕塑。但這場戰爭不同，這些拉丁語系的人在進入君士坦丁堡後，既不尊重人，也不愛惜藝術，他們大肆燒殺擄掠。許多美麗且無價的銅像，被分屍成好幾塊，以二手金屬的形式賣掉。精雕細琢的大理石作品雖不能當成金屬販售，卻也被殘酷地粉碎。

大屠殺結束了，財物瓜分完畢，六千名分別來自法國與威尼斯軍隊的人被挑選出來，在宣誓後，準備選出該帝國最適任的統治者。最後的兩位候選人分別是佛蘭德伯爵鮑德溫和蒙特弗爾拉侯爵，但最後重任落在前者身上。他立刻換上紫色皇袍，成為新王朝的創立者。但他很快就過世了，無福享受權力的滋味，更來不及為繼任者鞏固王位，因此沒過多久，王朝就被推翻。短短六十年內，法國在君士坦丁堡的統治權就如慕特索夫洛王朝般，嘎然而止：這就是第五次十字軍東征的偉大戰果。

對於事態的發展不甚高興的依諾增爵三世，對於他們沒能拯救聖地感到悲傷，因此，只要有任何機會，他就會重申再組十字軍的必要性。直到一二一三年，他的勸說都沒有發揮任何效用，只是單純讓這件事保有曝光度。每年的春夏兩季，一批批朝聖者就會前往巴勒斯坦援助自己的兄弟們，但人數不多，因此沒能發揮任何效果。這段期間內的道路被稱為「三月之路」，或「聖約翰慶典之路」。這些人並不全是準備攻打薩拉森人的武裝士兵，有些是基於宗教感召的朝聖者，為了實踐誓言，帶著自己的家當與財產上路。一二一三年早春，一支聲勢浩大的十字軍在法國與德國成立。根據某些史書記載，將近三十萬名的男童與女童在受到兩名修士的慫恿下，決心前往巴勒斯坦。當然，這些孩子多半是無家可歸或被拋棄的孩子，在腐敗且大膽的環境中成長，準備好面對任何可能。這兩名修士背後的目的極端邪惡，他們以運送孩子到敘利亞為藉口，騙這些孩子上了奴隸商船，準備把他們賣到非洲海岸做奴隸。許多可憐的孩子被運送到馬賽，但大部分商船都在義大利的岸邊沉沒，除了兩、三艘倖免於難外，其他孩子都命喪海底。活著的人安全抵達非洲，卻被迫成為奴隸，四散各地。還有另一批人被送到熱那亞，但參與這邪惡計畫的幫凶並沒有預期他們會抵達馬賽以外的港口，因此只好誘勸他們自行返家。

富勒在其著名的《聖戰》（*Holy Warre*）中，表示這樣的十字軍是出自邪惡的意念而成型的。他還附上了一個可能會讓現代人捧腹大笑的原因，但這個原因被神志清晰且真誠的歷史學家採納。他說，「惡魔已經吃膩大人，渴望年輕幼童的血來舒緩油膩的胃。」這就像講究飲食的美食家，吃膩了羊排的時候，就會想嚐嚐小羔羊的滋味。

對其他作者來看，這兩位令人厭惡的修士對孩子的影響是如此重大，他們跑遍整個國度，宣稱「噢！耶穌基督，將你的使命交給我們吧！」讓這些無父無母的孤兒們，在沒有關愛他們的父母的阻攔下，踏上前往耶路撒冷的旅途。

關於這件奇事的細節非常稀少且混亂，所有提到這則案件的當代歷史學家們，似乎都認為發起這件邪惡犯罪的修士名稱不重要，對於他們邪惡作為的下場也沒興趣多談。兩名參與這樁邪惡犯罪並獲取利益的馬賽商人，因其他罪行被抓起來審判，並被判處死刑，但我們無從得知懲罰結果與這樁事件是否有關。

依諾增爵三世並沒有警覺到這些年輕孩童參與十字軍背後的陰謀，因此在得知大量孩童將接下十字架的任務，出兵聖城時，他感慨地嘆息道：「當我們還在沉睡時，這些孩子醒了！」顯然，他還認為歐洲的人們都為巴勒斯坦的命運擔憂，並認為這些孩子的熱誠是對自己在某些程度上不夠積極的警惕。

自此之後，他加倍努力，並向教會勢力範圍下的神職人員發出諭令，要求他們募集新的十字軍。如同以往，許多無事可做、渴望冒險的貴族們，和領導者一起加入了軍隊。在募集兵力的同時，教宗在拉特朗公會議上，宣布自己將親自率領十字軍，帶領基督教大軍護衛救世主的聖地。儘管他的熱誠可能帶來無限改變；但死亡沒有順他心意，在他大展身手前奪走他的最後一絲氣息。由他的繼位者繼續鼓吹十字軍，但卻拒絕親自領軍；法國、英國與德國的募兵依舊進行著。沒有什麼知名的將領參與此次作戰。唯一有閒或願意離開其領地的，只有匈牙利的安德烈（Andrew）國王。奧地利公爵與巴伐利亞公爵帶著大量的德國軍，加入戰鬥，行軍到斯普列特，再搭船抵達賽普勒斯，前往阿卡。

在整個行動中匈牙利國王的作為，簡而言之就是懦弱與優柔寡斷。他發現自己成為這批超高效率的聖地軍隊的首領；薩拉森人在吃驚之餘，竟然連續幾週沒有組織任何抵抗。他擊退了第一支試圖反抗的敵軍，接著前往塔博爾山，企圖拿下薩拉森人近期才剛完工的重要堡壘。在沒有遇到任何阻礙下，他們抵達目的地，輕而易舉就可攻克堡壘；突然間，國王莫名地膽怯起來，他沒做任何行動，就全員折返阿卡。沒過多久，匈牙利國王拋下所有軍隊，自行返國。

在這期間，歐洲的援軍抵達，奧地利公爵成為統帥，手下擁有充足的兵源可將薩拉森人打得落花流水。在和其他將領討論後，他決定將十字軍的全部重心放在對付埃及——薩拉森人統治巴勒斯坦的重要寶座，蘇丹也經常從這裡調來大量對抗他們的軍力。他們的第一個目標為杜姆亞特，位於尼羅河交匯處，是埃及最重要的城市之一。精力充沛的眾人開始進行圍城，一直到十字軍終於占據該城可掌控河流中段、可說是最重要的塔樓為止。

當他們彼此道賀，並浪費本該用於進一步箝制城市以取得更大優勢的時間在無盡的狂歡中，他們突然接到賽夫・艾丁蘇丹過世的消息。他的兩個兒子坎哈（Camhel）和猶黑登（Cohreddin）將領土一分為二。敘利亞與巴勒斯坦落入猶黑登的手中，埃及則落入過去曾掌管此城市的坎哈手中。但埃及人並不歡迎他，決心推翻這位新國王，這讓十字軍有了攻破埃及的大好機會。然而，帶著自古以來從未滅絕的爭吵與放縱本領，他們完全忽略這個大好機會，反而認為沒什麼油水可撈。當十字軍忙著狂歡享樂或彼此鬥爭時，杜姆亞特城內正在進行一場叛變，最後，坎哈牢牢確立自己在埃及的統治權。在和自己的兄弟聯手後，他的下一個目標就是將十字軍趕走，因此接下來的三個月，他們將全部精力用於支援被圍困的杜姆亞特城，或和圍城的軍隊展開廝殺。但他們沒能成功；與此同時，杜姆亞特城內面臨嚴重的饑荒，任何害蟲都被視為珍貴的熱量來源，並以不合理的價格販售。一隻死狗比過去一隻活著的強壯公牛還值錢。不健康的食物引發疾病，能防禦城牆的男子為數不多的情況下，杜姆亞特城失守也是遲早的事。

猶黑登和坎哈對於此座占有重要地理位置的城市命運，感到非常憂心，甚至為此和基督軍首領展開協商，同意讓渡整個巴勒斯坦給基督教，只求他們從埃及撤軍。在極端盲目且讓人不敢置信的愚蠢下，十字軍拒絕對方開出來的超優渥條件，只因為無知且狂熱的紅衣主教貝拉吉烏斯（Pelagius）不斷說服奧地利公爵與法國、英國將領，說異教徒從不守信，更直言他們的條件都是騙人的，最後肯定會背叛承諾。協商破局，十字軍對杜姆亞特發起最後一戰。失去希望的人民進行了最後一次毫無希望的抵抗之後，十字軍進城，發現原有七萬人民的大城，只剩三千人，該城遭受嚴重的傳染病與饑荒侵襲。

十字軍在杜姆亞特城待了數個月。氣候讓他們身體虛弱，更模糊了對基督教的信念，因此在攻城成功後，他們失去所有精力，盡情放縱在更狂妄的暴力與墮落中。因婚姻關係而得到耶路撒冷國王名號的布里昂的約翰（John），對於這些將領的懦弱、傲慢和糾紛忍無可忍，便帶著自己的人馬回到阿卡。大批軍力也折返歐洲，紅衣主教貝拉吉烏斯留下，以便在自己覺得適當的時候訓斥眾人。他解決了約翰的不滿，並整合兩方勢力準備攻打開羅。就在他領軍即將抵達開羅的幾小時前，他終於意識到軍力過於薄弱，於是他立刻轉身，但在他們離開後，尼羅河水暴漲，水閘門已打開，他們沒有任何辦法可進城。在這個情況下，他重拾自己原本唾棄的談和，好在那兩位仁慈的兄弟坎哈與猶黑登仍然願意接受。杜姆亞特城很快就被放棄，紅衣主教返回歐洲。約翰回到阿卡城，悼念自己失去的領土，為盟軍的愚蠢且一事無成感到懊悔。於是，第六次十字軍東征結束了。

第七次的成果較顯著。德國皇帝腓特烈二世經常發誓願意領軍捍衛巴勒斯坦，卻總是因為有其他更重大的事情而沒能踏上旅程。猶黑登是一位溫和且開明的君王，敘利亞的基督徒們在他的統治下，享受著寬容且寧靜的生活；但布里昂的約翰並不打算白白放棄自己的王國；而歐洲的教宗們非常樂意讓自己捲入戰事，拓展自己的權力。在這時代，腓特烈二世是十字軍最強大的援助。為了讓他能更加熱情地參與戰事，教宗認為他應該和約翰的女兒維奧蘭特（Violante）公主結婚，繼承耶路撒冷。腓特烈高興且熱切地答應了。公主立刻從阿卡城來到羅馬，在那裡她與德國皇帝舉行了盛大婚禮。她的父親約翰，將耶路撒冷的王位傳給女婿，終於，耶路撒冷有了一位意志堅定、坐擁大權，可實踐自己王權的君王。新的十字軍立即展開募兵，六個月後，這位皇帝就成為一批訓練有素的六萬大軍首領。英國史學家馬修．帕黎（Matthew Paris）告訴我們，英國也募集了同等數量的軍力；多數十字軍歷史學家也採納了他的數據。在約翰的女兒與腓特烈的婚事還未進行之前，他去英國請求亨利三世（Henry III.）與其貴族的幫助，為其收復國土，卻沒有爭取到什麼成果。葛萊芬頓（Grafton）在自己的《編年史》（*Chronicle*）中說道，「在沒有任何慰藉的情況下，他再次離開。」但當一位對歐洲政治更具影響力的人出現了，整個英國又陷入狂熱的情緒中，就像獅心王理查在世時一般。

腓特烈二世的軍隊在布林迪西紮營，但軍營出現傳染病，為此，他們延遲了幾個月才繼續出發。與此同時，皇后維奧蘭特因難產過世。這時，已經退位的約翰對於腓特烈先前傲慢與忽視的行為感到惱怒，在見到女兒這維繫他與女婿之間關係的紐帶不存在後，他開始振作，並試圖博得教皇的支持，取消聯姻，重拾政權。驕傲、個性刁鑽，且有仇必報的教宗格雷戈里九世（Gregory IX.），對於經常不聽教會命令的國王也感到非常不滿，因此以不符合自己身分的方式，多方鼓勵約翰重奪政權。然而，腓特烈非常看不起兩人，因此當他的軍隊康復後，他立刻前往阿卡。但他才出海幾日，就被疾病感染，只好被迫回到最近的港口奧特朗托。這時，下定主意要幫約翰一臂之力的教宗格雷戈里見狀，立刻以背棄十字軍東征的神聖使命為由，對皇帝處以絕罰（逐出教會）。一開始，腓特烈對這項處置嗤之以鼻，但等到身體好轉後，他決定讓教會明白自己不會放任暴行，因此派出軍隊試圖收復教皇的領地。然而，這樣的做法只使得狀況更糟，格雷戈里派遣使者到巴勒斯坦，禁止這些虔城、正忍受著傳染病之苦的信徒，與這位被處以絕罰的皇帝接觸。於是，如同他們所期望的，這兩道處罰與警告生效了，並稱了薩拉森人的心。腓特烈二世以自己身為耶路撒冷國王和教宗代表的身分，熱情帶領十字軍東征。在聽到約翰準備離開歐洲後，他沒剩多少時間，只能立刻趕到阿卡城。此時，他首度感受到絕罰的影響。巴勒斯坦的基督教徒拒絕以任何方式協助他，對他不是厭惡，就是充滿不信任。聖殿騎士團、醫院騎士團和其他騎士一開始也表現出相同的態度。但當他們發現這樣的做法不符合自己的利益時，他們並沒有盲目地聽從遠處的統治者命令。因此，當腓特烈準備在沒有任何幫忙的情況下，前往耶路撒冷時，他們加入了軍隊。

據傳，在第一次撤退時，德國皇帝腓特烈二世曾因重建聖城的原因，與蘇丹坎哈進行協商。對於兄弟猶黑登的野心感到嫉妒的坎哈，表示只要腓特烈協助他奪取更多埃及的領地，就願意幫助他完成心願。但在十字軍抵達巴勒斯坦前，猶黑登過世，坎哈的勢力再也不受威脅。但是，他覺得如果為了一個蠻荒之地，又要再讓無數基督徒與薩拉森人流血，絕對不值得，因此他提議了為期三年的休戰，只規定必須讓耶路撒冷的穆斯林享有信仰的自由。但這樣慷慨的提議並沒有得到巴勒斯坦那些自大的基督徒認可。儘管他們自己享有信仰自由，卻不允許其他人得到這種權利，因此強烈禁止讓敵人享有信仰自由。過分的好運讓他們猖狂起來，並認為只要皇帝還處在教會的絕罰情況下，就沒有資格參與協商。腓特烈對他的新子民感到厭惡，但聖殿騎士團與醫院騎士團都支持他，因此他還是前往耶路撒冷，準備登基。所有的教會都以關閉的方式來抗拒他，他甚至找不到一位可以主持加冕典禮的牧師。長久以來都對教會心存鄙視的國王並沒有感到畏懼，他認為既然教會如此無理取鬧，他睿智地決定自己加冕自己。他用自己的雙手，從祭壇上拿起王冠，大膽且驕傲地放到自己頭上。沒有響徹雲霄的熱烈掌聲，沒有牧師歌功頌德的讚美詩歌，只有上千把出鞘的長劍高高舉起，發誓從今天起，他們將為自己的新主人奮戰，至死方休。

想當然耳，腓特烈不會因為皇冠得來不易，或眷戀巴勒斯坦這塊貧脊的土地，就長時間離開自己的故鄉。在這裡的六個月，他已經看夠了這些新臣民的臉色，更何況家鄉還有重要的事情等著他處理。當時，約翰和教宗結盟，公開反對腓特烈二世，並指揮教宗的軍隊入侵他的領土。這項情報讓他決定返國。但是第一步，他先讓那些藐視王權的人明白：他才是他們的主子。接著，帶上滿腔的怒氣，啟航回國。於是，第七次十字軍東征結束，與之前多次十字軍相比，帶來相當有建樹的結果；而這些功勞全歸於勇敢的腓特烈二世與仁慈的坎哈蘇丹。

在這位皇帝離開不久，出現一位宣稱擁有耶路撒冷繼承權的女性，她是賽普勒斯女皇愛麗絲（Alice），也就是那位讓約翰得到耶路撒冷王位的妻子瑪麗（Mary）的同母異父妹妹。然而龐大的軍事權還緊緊握在腓特烈的手中，因此她只能無功而返。

然而，十字軍和平的停戰結果，並沒有讓歐洲感到同等的開心。法國與英國的騎士無法靜下來，在停戰協議根本還沒結束前，他們就迫不及待地為第八次十字軍招兵買馬。巴勒斯坦的狀況也不如預期。許多勢力較小的穆罕默德國家沒有參與到停戰的合約，因此他們經常騷擾邊境的城鎮。曾經叱煞風雲的聖殿騎士團，也因與阿勒坡蘇丹陷入苦戰，導致成員幾乎滅絕。被屠殺的人數是如此之多，歐洲流傳著各種關於他們悲慘命運的故事，許多高貴的騎士為此加入十字軍，想拯救這支曾經充滿高貴之人，且為歐洲眾人帶來無數希望的組織。坎哈在發現敵人的動靜後，認為自己已經展現足夠的慷慨，因此在停戰協議終止的那天，立刻朝耶路撒冷進軍，並在擊敗基督教徒單薄的抵抗後，占領該城。在這則消息傳回歐洲前，大批的十字軍已踏上旅程，其領導者為納瓦拉國王、勃艮第公爵、布列塔尼伯爵等人。當他們抵達後，得知耶路撒冷已被攻占，但蘇丹過世，王國在各派爭奪下四分五裂。敵人的分裂理當讓他們更團結，但與所有過往十字軍相同，這些封建君主各自領著自己的軍隊，憑自己的意志行動，從不擬定大方向。結果就是一事無成。某個領導者取得暫時優勢，卻沒有足夠力量推進攻勢；與此同時，卻有其他領導者慘吞敗仗。因此，戰事一直徘徊不前，直到納瓦拉國王在加薩之戰慘敗，失去大量軍力，為了保全自己，被迫和敵方的統領卡拉克（Karac）簽訂嚴苛且羞辱的條約。

就在這個危急關頭，由康沃爾伯爵理查（Richard）帶領的英國援兵抵達，他與獅心王理查同名，且同樣英勇。他的軍隊氣勢旺盛，且心存希望。他們對自己與領導充滿信心，看上去就像是習慣於勝利的軍隊。他們的來到改變了戰況。當時，埃及的新任蘇丹正在與大馬士革的蘇丹打仗，他沒有辦法同時抵抗兩派強大的勢力。因此，他派人傳信給英國伯爵，表示願意進行交換戰俘與割讓聖地。並不是出於熱愛殺戮才參與戰事的理查，立即答應如此優渥的條件，並在沒有動用一兵一卒的情況下，解放巴勒斯坦。此後，埃及的蘇丹專心對付穆斯林敵人，而康沃爾伯爵也回到了歐洲。於是，第八次十字軍東征，也是最有利的一次結束了。從此，基督教不再企圖將自己的勢力拓展到東方世界。就各方面來看，聖戰結束了：基督教擁有耶路撒冷、的黎波里、安條克、埃澤薩、阿卡、雅法和將近整個猶太山地。如果他們願意安居樂業，大可輕鬆放下之前對鄰居老是抱持的嫉妒與敵意。然而，在毫無心理準備下的災難，破壞這美好的願景，並掀起最後一次十字軍的狂熱與憤怒熱潮。

成吉思汗與其繼位者的出現猶如熱帶風暴，狂掃亞洲，所到之處，大肆破壞。從遙遠的東北，無數的軍隊蜂湧而至，一個接一個的王國在他們身後倒下，其中，花剌子模王朝更被無堅不摧的蒙古騎兵滅國。在被迫離開家園後，這支強悍、野蠻的民族只好帶著火藥與刀劍，開始向南亞侵略，以尋安身之地。在這莽撞的搜尋中，他們發現了尼羅河豐饒的山間谷地，無法改變花剌子模企圖的埃及蘇丹，只好全力抵抗對方的入侵。為此，他派信使去找領導巴拔昆恩（Barbaquan），請他到巴勒斯坦支援；而這提議卻被狂野的草原民族攔截了，在基督教一點兒風聲都還沒收到前，他們侵入該國家。一夜之間變了天，猶如西蒙風（熱帶地區的小規模龍捲風），他們所到之處，殺人放火，在耶路撒冷的居民還來不及準備好，他們就抵達了城門前。人命與財物無一倖免。他們在祭壇前殘殺婦女、孩子與祭司，甚至破壞那些安眠數世紀的死者墳寢。他們破壞了一切基督教的遺址，造成的恐慌在戰爭史上前所未聞。有將近七千名耶路撒冷的居民安全撤離，但當他們回望聖城時，敵人竟在城牆上升起基督教的旗子，誘騙他們回頭。這招成功了。這些可憐的難民們以為援兵從另一個方向抵達，於是掉頭回家。幾乎所有人都被殺害，耶路撒冷的街道被鮮血覆蓋。

聖殿騎士團、醫院騎士團和條頓騎士團放下他們長久的世仇，準備並肩擊潰這野蠻的敵人。他們和所有巴勒斯坦殘存的騎士，在雅法鞏固了自己的力量，並試圖和埃米薩及大馬士革的蘇丹聯手，一起抵禦共同的外患。一開始，來自穆斯林的援助只有四千人，但有了這些兵力，雅法王布里安的沃特爾（Walter），決定和花刺子模開戰。充滿絕望與死亡陰影的戰鬥，讓戰況異常激烈。戰事持續了兩天，最後埃米薩的蘇丹逃回自己的碉堡，沃特爾則戰敗被俘。在雅法城牆上，可看到勇敢的騎士雙手被捆綁在十字架上，懸在空中，花刺子模的首領宣布，只有投降，他才能被放下。沃特爾提高自己虛弱的聲音，要求所有的士兵應堅守到最後一刻，絕不投降。但他的英勇沒能阻止悲劇。在連續的屠殺過後，醫院騎士團只剩下十六人、聖殿騎士團三十三人、條頓騎士團三人。這些悲傷的殘兵敗將只能逃到阿卡，花刺子模成為巴勒斯坦的君王。

敘利亞的蘇丹情願讓基督徒當自己的鄰居，也不願和凶猛的遊牧民族打交道。埃及的蘇丹也開始後悔面對這樣野蠻的敵人，他卻只派了四千人，並開始聯合埃米薩和大馬士革蘇丹以鞏固自己的領土。花刺子模總共只有兩萬人，在各方面來看，都不足以抵抗他們龐大的軍力。幾次交手後，蘇丹贏了幾場聖戰，而大量的農民也挺身而出，想討回公道。漸漸地，這支遊牧民族的人數開始減少。他們每一次的戰敗，都沒有得到同情。隨著他們的領導被殲滅，在五年毫無希望的掙扎後，他們終於消聲滅跡，從此，巴勒斯坦又回到穆斯林的手中。

在這場暴虐的戰事爆發前不久，巴黎的路易九世（Louis IX.）生病，在發著高燒的半夢半醒間，他看到基督軍與穆斯林軍交戰，且基督徒取得勝利的畫面。這個夢境在他迷信的腦中留下深刻的印記，於是他鄭重起誓，只要病好了，他絕對會親自到聖地朝聖。當巴勒斯坦令人悲痛的消息，以及耶路撒冷與雅法慘遭屠城的消息傳回歐洲時，聖路易（後世給路易九世的尊稱）想起他的夢境。此刻，他深信這就是來自天堂的訊息，於是，他決定率軍前往聖地。從這天起，他脫下皇室的紫色貂皮裝扮，換上樸素的斜紋布衣，成為一名朝聖者。他的腦中只存有實踐使命的目的，儘管他的國家可能會因此蒙受動亂，但他還是決定離開。教宗依諾增爵四世（Innocent IV.）大力讚美他的熱誠，並給予他一切幫助。他向英國的亨利三世寫信，要其招募十字軍，並向歐洲各地的神職人員與教友發出呼籲。著名的索爾茲伯里伯爵威廉・隆格斯沃德（William Longsword）披上十字架，率領大批英勇的騎士與士兵們踏上旅途。但法國與英國的人民卻持續維持在冷感狀態。儘管出現大批軍力，一般民眾的熱情卻早已不再。稅制，是人們冷感的最大原因。對騎士來說，即便拒絕背負十字架的命運，也不會再有人對他指指點點。當時（一二五〇年），法國紅極一時的吟遊詩人魯特包夫（Rutebeuf），寫了一段十字軍與非十字軍人的對話。在對話中，十字軍用盡各種方法想說服對方放棄一切，加入他們的行列，為神而戰，但那位非十字軍所使用的論點實在太精彩，成為所有吟遊詩人的鍾愛片段。

對於十字軍朋友逼迫性的邀約，他說：

我懂你的意思，你要我趕緊投入戰爭，
以大量的鮮血換回我們的領土，
拋下我的家園，徒留一片淒涼；
我的妻兒只能悼念著我，
我的家園被粗魯地入侵，
只有我的忠犬可以為我守護。
然而，我的朋友啊，古人有云，

「珍惜你所擁有的」，
這就是我的人生信念。

這就是大眾的想法，因此，路易九世花了整整三年時間才募齊兵力，並準備好出發。準備就緒後，他在皇后、兩名兄弟安茹（Anjou）伯爵與艾杜瓦（Artois）伯爵、及大批法國貴族騎士的陪伴下，搭船前往賽普勒斯。當時，他的另一名兄弟普瓦捷（Poitiers）伯爵繼續待在國內，招募另一批十字軍，並在幾個月後啟航。軍隊在賽普勒斯會合，在排除由英國威廉・隆格斯沃德領導的十字軍後，總共有五萬大軍。然而，傳染病再度出現，上百人受感染。最後，眾人只好在賽普勒斯一直待到春天。接著，路易九世和自己的全部軍力前往埃及；但一陣猛烈的暴風雨使他們分開，路易與少少的千名士兵抵達杜姆亞特。然而，他們心中充滿了希望與衝動，儘管蘇丹梅利可・沙阿（Melick Shah）帶著大批軍力守備在海岸線，他們卻企圖在沒有後援的情況下冒險登岸。非常沒有耐心的路易從船上竄出，並踏上海岸；他的軍隊在受到他勇敢之舉的鼓勵後，口中大喊著古老的戰爭口號：「神之旨意！神之旨意！」他們跟在國王身後。土耳其人慌了。他們的裝甲兵企圖擊破十字軍，但騎士們將大大的盾牌牢牢插在沙灘上，並將長矛靠在其上，使其尖端的刀鋒指向敵方。這樣牢靠的守備讓土耳其人不敢冒著被刺穿胸膛的風險逼近，只好轉身撤退。就在這個驚慌的時刻，錯誤的消息傳到薩拉森軍隊裡，說蘇丹被殺。軍隊一時間亂了陣腳，就在這天時地利人合之下，杜姆亞特城被拋棄，於是，當晚十字軍就將此城當作根據地。不久後，分散的士兵抵達了，路易準備好實現自己的希望：除了攻克巴勒斯坦外，還要收復整個埃及。

但過多的信心卻種下災難的根。他們認為自己已經做了太多，沒有什麼目標要努力，因此開始放縱自己。當他們在路易九世的率領下前往開羅時，這批軍隊已不是原來的軍隊；成功沒有啟發他們，反而讓他們鬆懈；迂腐的生活帶來疾病，高溫的環境讓原本就不適應的他們，病得更重。在前往開羅的路上，薩拉森人透過控制塔尼西安運河（Thanisian canal）的方式讓他們渡不了河。路易下令眾人開始為渡河做準備：該動作包括建造可移動式高塔。很快地，薩拉森人以當時的大砲擊垮他們的裝備，因此路易不得不試著找出其他方法。在大筆賄賂下，一名農夫同意告訴他們淺灘位置，讓軍隊可順利渡河。於是，艾杜瓦伯爵帶著一千四百人偷偷過河，而路易則帶領大部分兵力與土耳其兵對峙。艾杜瓦伯爵安然渡河，並擊敗了前來阻止他們上岸的小批部隊。帶著滿腔熱血，這位忘記自己只是帶著少少兵力的勇敢伯爵，試著開戰並迫使土耳其人退到曼索拉。發現敵方處於孤立無援狀態的土耳其人，在挾帶曼索拉城的軍備與周圍援軍的情況下，勇敢轉身抵抗。現在，雙方短兵相接。帶著不成功變成仁的決心，基督軍奮勇殺敵，但不斷增加的敵人團團圍住他們，讓他們失去成功或逃跑的希望。於是，艾杜瓦伯爵一行人成為屠殺的對象；當路易帶著援軍抵達時，這位英勇的衝鋒悍將幾乎被砍成好幾段。一千四百名軍力也只剩下三百人。眾人的心中燃起熊熊的怒火。國王與軍隊充滿了力量，而在埃米爾賽西西敦（Ceccidun）的領導下，土耳其人就像抱持著奮力一搏、將這批出現在海岸線上的歐洲人趕出去的決心，驍勇應戰。夜晚降臨，成為曼索拉草地新主人的基督徒，洋洋得意。自滿的念頭讓他們不願面對薩拉森人只是因夜晚暫時休戰，而非撤退的真實。但他們的領導悲傷地發覺，這場致命的戰役已徹底損毀整支軍隊，讓未來的征戰已無繼續的可能。

在考慮到這層事實後，十字軍要求和談。蘇丹要求他們立即撤離杜姆亞特，而路易本人在實踐條約前，應作為人質。他的軍隊立刻拒絕，於是談判破裂。現在，他們決定撤退，但靈活的薩拉森人一下子跑到他們前方、一下又從後翼現身，殺死了大量落隊的士兵，導致撤退異常艱困。上百人溺死在尼羅河裡，而那些逃離此災的人，還要面臨嚴峻的疾病與饑荒。路易本人也因疾病、疲勞與氣餒而虛弱不堪，甚至連馬都很難坐穩。在一陣混亂中，他與隨從走散，在埃及的沙漠裡，虛弱、病重、孤獨地與陌生人相伴。當時，騎士傑弗里·德沙赫俊（Geffry de Sergines）單獨侍奉他，並帶他到一座小村莊中的破爛茅屋裡修養，一腳幾乎已踏進鬼門關的路易，艱難地熬過了接下來的幾天。最後，他被薩拉森人發現且遭俘虜，但因其身分尊貴且經歷許多磨難，於是薩拉森人對他以禮相待。在他們的照護下，路易奇蹟般地痊癒，接著，就是贖金的問題。

薩拉森人要求，除了金錢外，他們還要阿卡、的黎波里等巴勒斯坦城市的主權。路易毫不遲疑的拒絕了，而他本人言談間的驕傲與霸氣，讓蘇丹表示路易是自己捕獲過最高傲的異教徒。在一陣討價還價後，蘇丹同意放棄附帶條件，協商內容終於確定。杜姆亞特城歸還，雙方同意停戰十年，並以一萬金幣來贖回路易與其他戰俘。接著，路易退到雅法城，並花了兩年的時間，強化這座城與凱薩利亞等其他基督城的軍備，使其得以應付攻擊。完成後，他帶著極高的聖人封號返回法國，即便他的軍事成就如此差勁。

根據馬修．帕黎的記載，一二五〇年當路易還在埃及的時候，「上千名英國人也決心參與聖戰，但他們的國王嚴格管制港口，不讓他的人民偷跑出境。」當路易被俘虜的消息傳回歐洲後，這些人的熱情被澆熄了；至此，十字軍不再受到注意，只偶爾出現在頌歌裡。

在法國，他們的感受非常不同。路易被俘的消息震驚了全國。一名來自熙都的狂熱修士突然出現在村莊間，向人們布道，宣稱聖母瑪利亞在一批由聖人與殉道者組成的軍隊陪伴下，現身在他面前，要求他激勵牧羊人與農夫一同捍衛十字架的精神。在他慷慨激昂的演說下，有數千人跟隨著他，準備跟他同生共死。牧場和田地荒廢，聚集的牧羊人或牧童是如此龐大，最後甚至高達五萬人（米略特宣稱有十萬人）。在路易缺席期間作為攝政者的布蘭卡（Blanche）皇后，一開始也很支持這支由牧童組成的軍隊，但牧童的心智很快就被敗德的行為占據。這些人所到之處，大肆搶劫、謀殺、侵入他人家園，於是平民只好和政府聯手，團結起來將他們打敗。最後，在他們四分五裂前，已有三千人被殺。許多作者宣稱屠殺的數量其實更多。

一二六四年，十年停戰協議到期，有兩個原因誘使著聖路易進行第二次的遠征。其中一個原因是宗教狂熱；另一個原因則是身邊的馬屁精不斷提醒他必須重振自己的軍事聲譽。教宗理所當然地支持路易，歐洲的騎士們再一次興奮起來。一二六八年，繼承英國王位的愛德華宣布自己加入十字軍的決定。教宗克萊門四世（Clement IV.）寫信給高級神職人員及修士們，用自己的言語及收入來支持國王的決定。在英國，人們同意繳納自己財產的十分之一，而其餘一般人則根據議會發布的命令，繳納稻穀與動產的二十分之一。

儘管路易身邊幾位頭腦清醒的大臣不斷進諫，表示十字軍的失敗可能會導致當時還很興盛的法國陷入衰退，但國王依舊準備前往。好戰的貴族們則樂此不疲。一二七〇年，路易帶著六萬大軍啟航。在惡劣氣候的迫使下，路易先到了薩丁尼亞島，而他的計畫也在此有了改變。他沒有照原先的計畫前往阿卡，反而去了非洲沿岸的突尼斯。不久之前，突尼斯國王曾表達自己對基督教徒與信仰非常有興趣，因此路易顯然是帶著說服對方加入基督教的心情前往此地，希望讓突尼斯成為抵禦埃及蘇丹的戰友。路易過去總是說著，「如果能成為這些穆斯林皇帝的教父，將是何等的光榮！」帶著這個想法，他前往非洲，並在靠近迦太基城時，發現自己與軍隊分散了。但突尼斯國王沒有興趣復興基督教，也沒有興趣參與戰爭。相反地，他還禁止任何可能造成危險的法國軍隊登岸。然而，法國堅持登陸，擊敗了趕來的穆斯林，讓對方損失慘重。那些被派來增援抵禦法軍的穆斯林裝備，通通被他們奪過來。但瘟疫在軍隊中蔓延，粉碎了任何將來勝利的希望。平均每天都有一百名士兵喪命。同時，敵人也以類似傳染病的程度，消耗他們的戰力。在這波瘟疫中，路易是第一個受到感染的人。他的身體因疲倦漸漸虛弱，在他離開法國前，他已幾乎無法撐起自己的盔甲。很快地，悲傷的士兵們發現自己的國王無法繼續陪伴他們。在掙扎了幾日後，路易九世在迦太基過世，享年五十六歲，軍隊與臣子對他的過世深感哀傷。路易九世在歷史上留下極高的讚譽，對於傳教士作家來說，他的缺陷變成一種美德，將基督教使命置於國家之上的做法，更是所有國王的典範。許多較不帶偏見的史學家則認為，儘管他確實過分關心宗教，卻也有許多他人所沒有的罕見人格特質。他們認為他絕對是領先時代之人。

他的兄弟安茹公爵在西西里革命後，成為該國的國王。在他聽到路易過世的消息前，帶著大批軍力從墨西拿出發。就在快要抵達迦太基時，他領先所有軍船，在響著號角與鼓聲的歡樂軍樂中現身。很快地，他發現自己抵達的時機實在太不湊巧，更顧不得戰士有淚不輕彈的念頭，在軍隊面前落下淚來。很快地，突尼斯與法軍取得和平協議，西西里軍則返回他們的家鄉。

反觀，英國參戰的熱情低落，即便用盡全力，也只募集到一支擁有一千五百人的小型軍隊。帶著這一小批戰力，愛德華從多弗爾乘船到波爾多，以為會在那裡遇到法國國王。然而，聖路易幾個禮拜前就已離開，於是愛德華跟隨著他的腳步，先到了薩丁尼亞，再去了突尼斯。在英軍抵達前，聖路易過世，突尼斯與法軍也重歸和平。然而，愛德華還是決定不要解散十字軍。他們回到西西里，在那裡度冬，企圖擴大自己渺小的軍力。春天，他啟航前往巴勒斯坦，並安全抵達阿卡。當時，基督軍又像前人般，因相互嫉妒與仇視而分裂。這兩大軍事勢力陷入難以控制的仇視狀態；他們彼此抗拒，又仇視全世界。但當愛德華抵達後，成功說服他們放下愚蠢的仇恨，以團結的心解救那些被攻占的國家。很快地，就有六千名強兵加入英國王子的軍隊，眾人開始重整旗鼓。透過血腥政變而上台的蘇丹拜巴爾一世（Bendocdar），是一位強勢的君主，經常攻打臨近的國家，也因此無法專心對付這支十字軍。愛德華趁機大膽地進軍拿撒勒，擊退土耳其軍，攻占該城。至此，他的成功劃下句點。高溫的天氣導致軍隊生病，他本人的精神與體力也因此次征討而憔悴不少。病了許久的他漸漸康復，此時，一名信使出現，表示有重要的事情需親自稟報，還有一些文件必須親手交給他。當這位國王正在檢閱這些文件時，奸詐的信使抽出匕首，一刀刺進他的胸前。幸運的是，傷勢並不嚴重，愛德華用僅存的力量與刺客搏鬥，並用刺客的匕首刺死對方，同時大聲呼叫救援。他的隨從聞聲趕來，看到他留了大量的血，並發現那把匕首有毒。眾人立刻對傷口進行消毒，聖殿騎士團的首領立刻送上解毒劑，消解毒藥的危險。

愛德華懷疑且毫無根據地確信刺客是埃及的蘇丹派來的。但這僅僅是推測，刺客的死亡，讓幕後黑手的線索一同消失。愛德華康復後，準備繼續自己的使命；但隨著時間過去，分身乏術的蘇丹王傾向和十字軍取得和平協商。露出弱點的敵軍態度反而讓愛德華更想進攻，但他還有要緊的事必須解決。國王亨利三世過世的消息傳到巴勒斯坦，他必須立刻返回英國，於是，他答應了蘇丹的提議。協商內容包括基督軍被允許繼續保留其在聖城內的勢力，雙方必須遵守十年的停戰協議。接著，愛德華返回英國；至此，最後一次的十字軍東征結束了。

最後，我們可以非常簡短地描述聖城往後的命運。忘懷往日慘痛歷史教訓，又必須應付嫉妒心強的鄰居們，基督徒率先發難，打破停戰協議，在邁爾蓋卜附近打劫了埃及的商人。蘇丹立刻展開報復，奪取了邁爾蓋卜城，兩邊勢力再度開打。邁爾蓋卜城英勇抵抗，但沒有歐洲的援兵來挽救其淪陷的命運。的黎波里成為下一個被征服的目標，一直到最後，只剩阿卡城還被基督徒占領。

聖殿騎士團的首領召集英勇但人數稀少的騎士，並在賽普勒斯國王單薄的幫助下，準備誓死捍衛自己的使命。歐洲對他的求援無動於衷，敵人的數量龐大，英勇也無濟於事。在那具毀滅性的圍攻下，所有的基督徒全軍覆沒。賽普勒斯國王在發現情況不妙後，立刻逃跑，聖殿騎士團的首領身先士卒，中了上百刀。只有七名聖殿騎士、七名醫院騎士逃了出來。戰勝的穆斯林放火燒城，從此終結了基督教在巴勒斯坦的勢力。

戰況的消息讓歐洲的騎士們在哀慟中驚醒，紛紛想再一次為聖地赴湯蹈火。但這場大眾狂熱的發展已回不了頭；熱情的火花已經燃燒太久，再也無法綻放光芒。各地紛紛出現願意投身聖戰的騎士，然而國王們對這個計畫毫無興趣；漸漸地，這個話題的熱度不再，儘管曾數度被提起，卻只顯得更加無趣。

那麼，這些戰鬥史為人類帶來什麼成果呢？歐洲獲得了數百萬的財富，損失了兩百萬的性命。而那群人數稀少、熱愛鬥爭的騎士們，守護了巴勒斯坦長達一世紀！即便基督教世界可以一直統治此處直到現在，付出的代價肯定不值。或許這整場事件都是源於狂熱，執行的過程也異常笨拙，但十字軍的誕生並非只帶來純然的邪惡。那些封建君王在親自接觸文明化的東方社會後，被薰陶成更正直的人。人們也獲得了一部分權利。不再需要忙著跟貴族打仗的國王們，也有時間為社會立法。痛苦的經驗讓人們學到一些智慧，並擺脫了長期以來備受羅馬神職人員箝制的迷信思想，準備好迎接改革的時代。那些英明的領導者化邪惡為善，利用那股曾讓他們千里跋涉的狂熱，來促進西方世界的文明化與福祉。這段歷史成為大眾最感興趣的一段，但如果要探討十字軍所包含的一切意義，其篇幅遠超過本書所能載負。哲學家們對於這場狂熱都有著自己的看法，無論是整場事件的好處與壞處、起因與結果，這都是他們最能大展身手的華麗舞台。

Part IV

集體瘋狂

許多聰明事總是以愚蠢的方式執行，
許多蠢事也是以極其聰明的方式進行。

Extraordinary Popular Delusions
and The Madness of Crowds

第十章 The Witch Mania 女巫狂熱

是眾神之怒，抑或眾星之邪氣，
同謀給人世間降下禍害災疫，
讓可憐的人類痛苦不已，
這盲目無知的愛已深深感染到凡夫俗子的心底。
——史賓塞《繆思的眼淚》
（*Spencer's Tears of the Muses*）

同胞：吊死她！打她！殺她！
正義：怎麼了？快停下這種暴行！
索耶的母親：一群暴徒——血腥的劊子手！企圖折磨我！我不知道為什麼。
正義：哎，鄰人們啊！你們是這場鬧劇的罪魁禍首嗎？呸！折磨這樣一位老婦！
鄰人們：這女人！是來自地獄的貓，是女巫！為了證明她是女巫，我們在她家的茅草堆上點火，但她卻朝我們狂奔而來，就像惡魔給了她一桶火藥似的。

——福特《愛德門屯的巫婆》(*Witch of Edmonton*)

曾經，人們對永生的崇高憧憬，讓他們深信遊蕩的靈魂在某種情況下，可以重返人間，而這樣的信念更成為人類最大的慰藉與希冀。即便《啟示錄》沒有教導我們，我們也總認為自己體內有某種不可抹滅的物質。而我們此生經歷的一切，讓人們更執著於此種報應輪迴的想法。但在早期知識低落的年代，這種普遍的信念成為迷信的根源，並因此衍生出血腥恐怖的暴行。歐洲有整整兩百五十年的時間，都深信著靈魂可以游移在人間，干擾人類的行為，而人類更擁有召喚惡靈，使其聽命於自己、加害他人的能力。所有國家都陷入不斷擴散的恐懼中，在魔鬼與其使者的陰謀下，沒有一個人是安全的。任何人身上發生的任何不幸，都會被歸罪到女巫身上。如果一陣龍捲風刮起，吹倒了某人的農舍，這一定是巫術。如果他的牛群死於瘟疫、如果他的羊群感染疾病、或死亡突然奪走他心愛之人，他們不會認為這是出於天意，而是某個鄰居在施法，並在悲傷與瘋狂的驅使下，胡亂指認某位女性為女巫。這個字成天掛在眾人的嘴邊。法國、義大利、德國、英國、蘇格蘭與遙遠的北方，相繼淪陷在這狂熱中。在很長的一段時間內，法院審理的案件全都是巫術與女巫，一時間，社會上似乎再也沒有其他犯罪。成千上萬名無辜的生命因這場殘酷且荒謬的鬧劇，白白葬送。許多德國城市平均每年因巫術而處死的人數約為六百人，也就是再扣除禮拜天後（星期日，瘋狂也要休息），每天處死兩人的頻率。稍後，我們會更詳細地檢視這其中的部分案例。

對於摩西律法（Mosaic Law）「行邪術的女人，不可容她存活」的誤解，讓許多虔誠的人們誤入歧途，憑著其熱切的迷信，容許自己釋放那種深具毀滅性的憤怒。在各個年代裡，人們總是不斷嘗試與優越的物種溝通，試著刺探出關於未來的祕密。在摩西的年代，就曾發現那些江湖術士利用人們的輕信，宣稱自己擁有預知未來的能力，褻瀆真神的權威。為此，摩西在神的要求下，制定法律，禁止這些犯罪事跡。但在中世紀超級狂熱分子的煽風點火下，他們已背離《聖經》中，神為了杜絕那些宣稱自己擁有能力的騙徒而要求立法的本意。

根據權威學者指出，後來衍生成「venefica」（有毒）和「witch」（女巫）的希伯來文，本意其實是指下毒者和預言家、使用咒語的愛好者或算命師。但現代女巫擁有非常不一樣的特質，可支使惡魔對人類的生命、財產與健康產生影響，並因此擁有預言未來的能力。想要獲得此種能力，必須和惡魔簽訂血的契約，巫師或女巫會放棄自己的受洗名，將自己永生的靈魂賣給惡魔，而這項交易沒有反悔的餘地。

在現實生活中，有如此多連今日科學都難以解釋的現象，也難怪當人們對自然原則還不甚明瞭的時候，會將一切超乎尋常的現象，推給超自然力的介入。對那些古早時代最具智慧的長老來說也難以解釋的現象，隨便一個現代科學家就能輕鬆解釋。連上學的孩子都知道為什麼在山上的時候，有時會看到天空一次出現三、四個太陽，又為什麼人的影子在某些較突出的部位，可能會出現複影、上下顛倒或如巨人一般高大。我們都知道在某些病況的影響下，想像力可能會擅自作祟，憂鬱症患者會看到幻象與幽靈；在某些例子中，有些人甚至可以完全被說服，以為自己是一個茶壺。科學揭開了許多讓祖先與我們共同感到困惑的神祕事件面紗。那些幻想自己是一匹狼的人，會被送到醫院而不是火刑架上。人們也曾認為大地、空氣與海洋充滿了各種怪誕的靈魂，而這些惡靈還會向人索命。

在我們開始談巫術的歷史前，必須先來認識那些修士在故事中所憑空塑造出來的可笑惡魔守則。我們必須了解「第十層天」[1]的意思，並了解在以靈魂作為交換的協議中，女巫獲得哪些可折磨自己同胞的能力。大眾普遍認為惡魔有著巨大的身軀，外觀醜惡、多毛、頭上有角，還長著長尾巴、分趾蹄，擁有龍的翅膀。這些形容詞經常出現在修士們早期的「神蹟故事」或「神祕故事」中。在這些詞語的襯托下，魔鬼成為故事中的重要角色，就像現代啞劇中的小丑那般重要。人們的樂趣就是看到惡魔被聖人以棍棒驅趕，並在身強體健的隱士毆打下，拖著殘破的身軀，哀嚎著離開舞台。聖鄧斯坦（St. Dunstan）就經常使用一個使他聲名大噪的把戲：用一雙燒得火紅的鐵鉗夾住魔鬼的鼻子，直到：「岩石與遠處的峽谷間迴盪著他的喊叫。」

有些聖人會在魔鬼臉上吐口水，好讓其憤怒；其他人還會剪斷惡魔的尾巴，但這種尾巴總會再生。這些「以其人之道，還治其人之身」的做法，讓民眾撫掌大笑，覺得自己和先人遭受的怨氣都得到了紓解。當時人們相信，惡魔會將自己的尾巴放在路上，好絆倒路人，並趁他們倒下的瞬間偷打他們的腿。喝得醉醺醺的惡魔還會口出穢言，並惡作劇地製造地震、升高氣溫等災難，摧毀人類辛勤耕作的果實與信徒的家園。在冬夜，惡魔為了自娛，會向人們吐口水（但人類看不到），並現身在酒館中，用金幣為自己叫上最頂級的菜餚與美酒，但到了隔天清晨，這些金幣卻都化成泥土。有時，惡魔會化身成大公鴨，躲在蘆葦叢中，用最難聽的呱呱聲嚇唬那些疲憊的遊人。讀者們想必還記得伯恩斯[2]在其《惡魔》（*De'il*）中的台詞，這些內容完美地闡釋了過去人們的觀念：

一個枯燥沉悶，寒風凜冽的冬夜，
月落星沉，光芒晦暗，
你突然出現在湖邊，嚇得我魂飛魄散。
你，就像一叢灌木般地直立在我的眼前，
低沉地呻吟著。
我握著手中的武器發抖，
全身汗毛直豎，猶如一根根的尖刺，
突然，從泉源處發出一陣好似從地獄傳來的嘎嘎聲，
你就像一隻公鴨，呼呼地揮著翅膀飛走了。

在所有關於惡魔的故事與信仰中，人們認為惡魔是一個醜陋、心胸狹隘、愛搗蛋的靈魂，喜歡用各種稀

1 第十層天（Primum mobile），古希臘天文學中，最外層的天體。
2 羅伯特．伯恩斯（Robert Burns），著名的蘇格蘭詩人。

奇古怪的把戲捉弄可憐的人們。第一位成功賦予惡魔愚蠢形象的作家，該屬彌爾頓。魔鬼那源自於邪惡本質的驕傲霸氣，在彌爾頓之前，是不存在的。所有的畫師總把惡魔畫得相當醜惡，但直到彌爾頓，惡魔才開始變得恐怖。在這些加油添醋中，只顯示了修士們蹩腳的寫作技能，他們唯一的目標就是讓這怪物盡可能地駭人。但他們筆下的撒旦也沒什麼了不起；相反地，他只是一個低等、刻薄的惡魔，人們可以輕易防禦他的邪念，還可以捉弄他取樂。但一位現代作家在《魔鬼學》（*Demonology*）一書中進行了詳盡的分析，並表示這樣的寫作風格，也有其嚴肅的一面。一個身軀大幅扭曲、姿態怪異的印度神，在去掉一切附加的形容並將他放到白天的博物館裡，人們遇到了，也只會忍不住發笑。但如果將他放回黑暗陰森的神殿中，擺上那些在祭壇上留著鮮血或被吊具殘忍殺害的受害者們，那股荒唐可笑的情緒立刻變成緊張的恐懼。因此，當我們將那些遠古時代的迷信夢境視為純粹的瘋狂時，或許還會對那矛盾的狂熱覺得可笑。但當我們回憶起這些荒謬的誤解導致了多麼可怕的巫術信仰——這不是一個死的信仰，而是蔓延在整個社會中的活生生態度，讓那些最聰明、最溫厚之人做出最殘酷且近乎謀殺的行為，將博學的先生和美麗的小姐，無論男女老少都送上火刑柱和斷頭台，想到這裡，所有情緒消失了，只剩下對歷史的震驚，並對這種迷信居然可以如此普及的狀況，感到羞恥。

除了身為最高領導者的惡魔除外，還有為數眾多的低等小鬼，他們在巫術信仰中扮演了舉足輕重的角色。在貝克（Bekker）、萊伊（Leloyer）、布丹（Bodin）、德利歐（Delrio）和德蘭克雷（De Lancre）的書籍中，可看到許多關於這些小惡魔的描述，以及他們如何完成自己的任務。從這些作者中和近代的朱．加西納（Jules Garinet）的作品中，我精簡出以下的內容。好奇著想知道更多的讀者們，可以翻閱上述提及的作品；閱讀這些文字，將讓你的血液因羞恥與恐懼而凝結。但我們不該因為暴露這些內容所引起的羞辱與厭惡，而更改其分毫；下面這些挑選出的內容，完整呈現當時的大眾信仰。

當時，人們相信天地之間充滿著數百萬的魔鬼，有男有女，許多魔鬼的祖先也可追朔到亞當，那位在惡魔引誘下誤入歧途的男子，將一切的錯推到女性過於美麗的體態上。這些惡魔以不尋常的速度，大量「增加並繁衍」。他的軀體不過是稀薄的氣體，他們可以不費吹灰之力就通過最堅硬的物質。他們居無定所，但可以瞬間移動到任何地方。當他們群聚在一起時，會刮起旋風，造成暴風雨，並愉悅地看著大自然和人類的家園被恣意破壞。儘管他們可以像一般生物那樣繁衍，他們更因邪惡之人的靈魂、胎死腹中卻依舊產下的孩子、死於決鬥的人的數量，不斷暴增。空氣中滿溢著惡魔，許多不幸的男人與女人們透過口鼻，在無意間將這些惡靈吸進體內；而這些棲身在腸胃或身體各處的惡魔們，會以疼痛折磨宿主，並讓他們產生各式各樣的噩夢。尼撒的聖貴格利（St. Gregory）曾說了一個故事，故事中的修女在坐下來用餐前，忘記開口說「讚美主」並在胸前畫十字架，導致她在進食時吃進生菜上的一隻惡魔。大多數人都說惡魔的數量過於龐大，數都數不清，但荷蘭醫生威爾斯（Wierus）聲稱他們的數量不超過七百四十萬五千九百二十六；此外，他們被分割成七十二種單位，每一種類下都有自己的親王或領袖。他們可以隨心所欲地幻化成任意樣貌。男性的惡魔被稱為「夢魔」（incubi）；女性則稱為「女夢魔」（succubi）。有時，他們會讓自己看起來嚇人；其他時候，他們會幻化成凡人之輩從未見過的美貌生物。

儘管這種惡魔和他的部下們可以在任何時候接觸人類，但大眾普遍認為他們傾向在禮拜五至禮拜六的晚上和人類互動。如果撒旦化成人型，他總是無法完美地融入人類。他的外觀不是太白就是太黑，不是太高就是太矮，四肢還可能與身體不成比例。他們的腳經常是變形的，而且還需要將尾巴捲好藏在衣服中，因此，儘管他可以幻化成各種形體，卻不能改變這幾項特徵。有時，他也會讓自己變成一棵樹或溪流。

只要有任何人願意放棄他們的靈魂，和惡魔交換在一定時間內的服務與特權，這些惡魔就會自動現身。巫師與女巫則可以支使他們執行更困難的任務；無論女巫的命令為何（但不能是行善，這類命令會自動失效），他們絕對使命必達。

在這期間，為了讓撒旦高興，他們會舉辦惡魔與女巫的聚會。這些聚會通常都在星期六或星期五剛過午夜時舉辦，因此被稱為「安息日」。這些聚會的場所沒有固定，可以在各區，但每年的最後一次聚會必須在布羅肯或其他高山上舉行，這將是一場基督教區內所有惡魔都會出席的盛會。

惡魔通常會選一處有四條路同時交匯的地點，如果找不到時，就會在湖的旁邊聚會。在他們聚會後，此處的萬物都停止生長，因為惡魔與女巫的腳非常燙，讓土地中的養分被瞬間燃燒殆盡，而變得貧脊。當聚會的命令發布後，因故沒能出席的巫師與女巫將被惡魔以毒蛇或蠍子做成的細棍鞭打，作為不合群的懲罰。

在英國與法國，女巫被認為會騎著掃把，但在義大利與西班牙則認為惡魔會幻化成羊，讓女巫騎在其背上，他們的身形還會隨需要運載的女巫人數變長或縮短。不管女巫們如何嘗試，她們都不能從門或窗戶進入會場。最常見的方法是穿過鑰匙孔，或騎著掃把等物品飛到天空，由煙囪進入。為了不讓出席聚會的女巫被鄰居發現長時間不在，惡魔會化身成女巫，躺在床上裝病，直到聚會結束。

當所有的巫師與女巫抵達會場後，安息日的邪惡儀式就開始了。撒旦會化身成自己最喜歡的形體——前後各有一張臉的巨大公羊，坐上王座；所有參與者必須依序向他表達自己的欽佩之意，並親吻後面那張臉。結束後，他會指定儀式的主持人，並在此人的陪伴下檢查所有女巫與巫師的身體，確認對方是否有惡魔烙上的祕密印記。這個烙印處的肌膚，通常不會感覺到疼痛。對於那些還沒有標記的人，儀式主持人會給予他們印記，惡魔則會同時賦予他們稱號。進行完這個步驟後，所有人會以最瘋狂的姿勢開始唱歌跳舞，直到有人出現，企圖加入惡魔的行列。接著，他們會維持沉默，直到這名新成員拒絕上帝的救贖，親吻惡魔，對《聖經》吐口水，並宣誓在所有情況下都會聽從惡魔的命令。於是，他們又開始盡情地唱歌跳舞。

在一到兩小時後，他們會因為這些劇烈的活動而疲倦，於是眾人坐下，開始交代自己在上次聚會後，做了哪些邪惡的事。不夠邪惡或做太少壞事的人，會被撒旦以荊棘或蠍子鞭打作為懲罰，並一直打到全身都是血、無法站著或坐下為止。

聚會結束後，他們會讓蟾蜍跳舞，以娛樂自己。數千隻蟾蜍從地底下鑽出來，以後腿站立，跳著舞，同時惡魔也會演奏風笛或小號。這些蟾蜍被賦予說話的能力，牠們總是聚在女巫身邊，央求女巫給予自己未受洗嬰兒的肉，作為牠們娛樂眾人的獎賞。當女巫欣然同意，惡魔則提醒她們信守承諾；接著，惡魔跺一跺腳，所有的蟾蜍瞬間都遁入地下。場地淨空，餐會開始了。惡魔與女巫們狼吞虎嚥地吃著各種噁心的食物。儘管有時女巫會開心地享用著以金盤盛裝的肉與水晶杯中的昂貴美酒，但只有做了夠多壞事或幹下一件了不起惡行的人，才能享有此等特權。

宴會後，眾人又開始跳舞，但這樣的做法已不足以取樂大家，因此他們以嘲笑神聖受洗儀式的方法來取樂。為此，蟾蜍又被叫出來，撒濺著髒水；惡魔則做出十字架的標識。如果惡魔希望特別的娛樂，他會讓女巫脫光衣服，在他面前跳舞，這些女巫脖子上都會纏著一隻貓，另一隻則會以尾巴吊掛在她們身上。當公雞的第一聲啼叫傳來，所有人消失，聚會結束。

這就是歐洲好幾世紀以來，幾乎普遍深信的故事，且直到今日甚至還有人如此認為。在不同的國家，對此儀式的細節稍有不同解釋，但對於主要情節，法國、德國、英國、義大利、西班牙和遙遠的北歐都是一樣的。

在法國早期的編年史中記載著大量的巫術故事，但一直到查理大帝（Charlemagne）的統治下，這種罪行才被認為是無可饒恕。朱．加西納寫道：「這位君王曾幾次下令，宣布所有的巫師、占星術士與女巫都應該被逐出國土，但犯罪數量依舊不斷增加，為此，他認為必須建立一套嚴格的標準。於是他頒布了幾道命令。在這些命令下，所有的魔術、魔法和巫術都被禁止。任何人只要召喚惡魔、製作春藥、使男人或女人無法生育、擾亂周圍破壞大地的果實、使乳牛不產奶或利用疾病或疼痛折磨同類者，一律處以死刑。所有被發現執行這些邪惡之術，且罪證確鑿的人，必須立即行刑，好讓大地早日擺脫惡魔的詛咒與妖術。曾向這些人求助的人，也必須處死。」

自此之後，因巫術而遭行刑的案例經常出現，尤其是在法國歷史學家的作品中。要置人於此罪是如此容易，但要辨明自己的清白卻是如此困難。因此那些企圖毀掉他人之人，如果找不到任何抹黑的藉口，只需控訴對方使用巫術，就能確保此人的不幸。以此罪為名對不同政治立場與宗教信仰之人、甚至是團體，所做出的迫害是如此嚴重，想必讀者對這些歷史早已瞭然於胸。其中以一二三四年的薩丁格（Stedinger）處決案、一三〇七至一三一三年的聖殿騎士團審判、一四二九年的聖女貞德（Joan of Arc）案、一四五九年令人難過的阿拉斯（Arras）事件等，最為知名。第一件或許是這當中最罕為人知，卻絕非狀況最輕微的事件。下面，摘錄了德國歷史學家克里斯多夫（Kortüm）博士對中世紀共和聯邦的有趣描述，能讓我們清楚看到當皇室與教會如何在想讓自己的待宰羔羊閉嘴時，使用巫術作為誣陷的藉口，清除異己。

住在威悉河至須德海之間的弗里斯蘭人，熱愛自由，長久以來都因其捍衛自由的成功，大肆慶祝。早在十一世紀，他們便形成了聯邦，以共同抵禦諾曼人與薩克遜人的入侵，他們被分成七個島嶼國，每年會定時在奧里希的巨大橡樹下聚會。在會議上，他們會在沒有神職人員或企圖控制他們的貴族監控下，討論自己的事務，以及當權者令人氣憤的制度。他們是一個完整的國家，擁有具代表性的政府。這些代表會徵收適當的稅金，審議社群事物，並根據其簡單的父權體制，在聚會這天解決重大事務。終於，不來梅的大主教、奧爾登堡伯爵和幾位臨近的統治者聯手，企圖摧毀弗里斯蘭人此種被稱為「薩丁格」的組織。在幾年下來不斷地騷擾與挑撥離間下，他們成功地讓這些人成為自己的附庸。但薩丁格非常維護自己歷史悠久的法律，在他們的法律下，人人享有一定程度的市民與宗教自由，這在當時來說實屬罕見，為此他們進行強烈的抗爭。一二〇四年，為了保護先祖留下來的風俗民情，他們組成反抗勢力，拒絕繳交封建君主要求的稅金或教會規定的什一稅。教會強迫他們回歸和平，並抓了許多抗議者。二十八年間，勇敢的薩丁格人單槍匹馬地對抗不來梅大主教與奧爾登堡伯爵的鎮壓，更在一二三二年，摧毀了代爾門霍斯特附近的堅固堡壘，此地是伯爵用來指揮調度軍備，打劫或破壞農民財產的根據地。

這些無辜平民的驍勇善戰，讓壓迫者沒辦法用過去的方式壓制，於是不來梅大主教向教宗格雷戈里九世求援，請他幫助自己。教宗熱切地給予協助，公開譴責薩丁格人是異教徒且使用巫術，鼓勵所有基督徒協助教會，剿滅這些人。一二三三年，大批盜賊與宗教狂熱者入侵他們的國家，到處殺人放火，在他們的暴行下，婦女、孩童、老人與病患無一倖免。然而，薩丁格人團結一心，趕走了入侵者，並在戰爭中殺死了領導者奧爾登堡伯爵和許多低階的將領。

再一次，教宗發出號召，從德國各地募集了一支對付薩丁格人的十字軍。教宗寫信告誡所有參戰的主教與領袖，務必要把這些可惡的巫師與女巫趕盡殺絕。教宗說道：「這些薩丁格人，受惡魔引誘，背棄上帝與人的法律，詆毀教會，汙蔑聖禮，他們利用女巫召喚惡魔，擬定邪惡的計畫，奪走教士的性命，造成生靈塗炭，並企圖推廣惡魔——阿斯莫迪（Asmodi）崇拜。惡魔會在他們之間現身，有時化身成鵝或鴨，有時則變身成蒼白的黑眼年輕人，心中滿是對基督教會的仇恨，看上去鬱鬱寡歡。這個魔鬼主持了他們的聚會，薩丁格人更親吻他，並在他身邊起舞。接著，惡魔會以伸手不見五指的黑暗包圍他們，所有男性與女性將放縱自己在最墮落與醜惡的放蕩之中。」

在收到這封信後，德國皇帝腓特烈二世也公開表明放逐薩丁格人。各地主教們更率兵攻打此區，並得到其他勢力龐大貴族的幫忙。很快地，他們就召集了一支擁有四萬兵力的軍隊，並在布拉班特（Brabant）公爵的領導下，進軍薩丁格。薩丁格努力召集兵力，捍衛自己的自由與性命，但儘管找來所有能拿起武器的男丁，也只有一萬人，根本不足以抵抗數量龐大的敵軍。帶著絕望，他們奮勇殺敵，卻於事無補。八千人在戰場上犧牲，整個民族被滅絕；激動的征服者繼續深入各地，殺光所有老弱婦孺，他們摧毀城堡，火燒森林與房舍，徹底蹂躪大地。

一三〇七年，成為統治者與基督教神職人員眼中釘的聖殿騎士團，被安上最可笑且殺傷力十足的指控。他們的財富、權力、自豪與傲慢，為他們招惹了許多敵人。但各種指責都沒能成功推翻他們的勢力，直到可怕的巫術罪名降臨到他們身上。這個罪名成功發揮功效，根除了聖殿騎士團的勢力。他們被指控將靈魂賣給惡魔，並在女巫的聚會上，一起慶祝惡魔的事跡。控訴裡指出，有新人加入時，他們會強迫對方放棄救贖，詛咒耶穌基督；接著，他們會對他進行一連串邪惡且恐怖的儀式，要求他親吻惡魔的臉頰、肚臍與臀部，並對著十字架吐口水三次。他們禁止所有成員與女性接觸，但卻可以放縱自己盡情享受其他墮落之行。如果有人違反禁令，並因此生下後代，所有人會聚集起來，將孩子拋來拋去直至其斷氣；接著，他們會以慢火燒烤嬰兒屍體，其滴下來的油脂則會拿去塗抹在惡魔肖像的頭髮與鬍子上。他們還說，當騎士過世時，他們會將此人的屍體燒成粉末，混在酒中，並讓所有人喝下。腓力四世（Philip IV）憑著自己對騎士團的怨恨，用各種方法捏造了這些指控，並下令逮捕國內所有聖殿騎士。隨後，教宗也帶著與法國國王同樣的熱情，展開行動，於是歐洲各地紛紛進行逮捕行動，聖殿騎士的財富與房產都被充公。上百人在嚴刑拷打下，承認各種極端荒謬的指控，因而被大眾唾棄，稱了敵人的意。據說，將他們從刑具架上放下來後，他們往往全盤否認之前的說法，但這樣的做法只引起更多不滿，並被羅織更多罪名。不願輕易認罪的人被當權者視為本性頑劣，並立即給予譴責。在這些人之中，有五十九名不幸者在巴黎近郊的原野上，被慢火燒死。直到生命的最後一刻，他們都捍衛著自己的清白，不願意以承認罪行的方式換取特赦。各省都執行了類似的處決，四年之內，每個月都有不幸的人被處以極刑。終於，一三一三年，聖殿騎士團大團長雅克．德．莫萊（Jacques de Molay）和其同伴諾曼地團長蓋（Guy）等人，被處以火刑，並為整起悲劇畫下句點。我們很難像想比這更殘暴的事情——一手策劃整場陰謀的國王、支持不義之舉的教宗與容忍罪大惡極之事發生的年代。少數人的惡意就可以掀起如此滔天的罪孽，簡直是對全人類的汙辱，但人類的罪行還不僅止於此。

聖女貞德的處決案，是歷史上另一件讓我們見識到如何殘忍對付政敵的知名事件。出於宗教或政治仇恨，而以巫術為藉口迫害他人的罪行層出不窮。但在了解這些歷史前，我們必須先了解點燃這場大火，並導致其後一連串悲劇事件的核心人物——教宗依諾增爵。為此，我們先將時間推回到事件發生前的幾年，以了解教會為什麼會做出如此令人髮指的舉動。

在十四世紀末與十五世紀初，歐洲各地燒死了許多女巫。在這樣嚴刑峻法的社會氛圍下，使用巫術的罪名不減反增。有些因違法被審或必須面臨刑罰的人，反而因其卑劣的性格與社會地位的輕賤，無力報復仇敵，只能將滿心的惡意寄託在巫術的力量上。因此，我們可在歷史記載中看到許多半瘋狂的人們，被人發現喃喃自語地念著召喚惡魔的咒語。如果連宗教與法律都承認巫術的存在，那些沒有理智、且想像力豐富的人們，自然會信以為真地想要獲得這全世界都聞之變色的可怕魔力。但神經兮兮的鄰居並沒有讓這些人好過，也因此巫術的罪行反而越來越多。

隨著人們對巫術的恐懼不斷上升，有些天主教神職人員企圖透過教派重振社會風氣，但這些改革的先鋒成為羅馬教會的頭號死敵。如果異端邪說的藉口不能整垮他們，加上魔法與巫術的指控絕對萬無一失。一四五九年，在阿拉斯附近有一群虔誠的瓦勒度派信徒，他們習慣在夜晚聚會，透過簡樸與窮困的生活方式來讚美主的信仰，但這些人卻不幸成為獵巫的犧牲者。阿拉斯開始出現謠言，說這些人會在蠻荒之地聚在一起召喚惡魔，等惡魔化成人型出現在眾人面前後，他們會開始朗誦惡魔的戒律與法條。接著，惡魔會給予這些成員金錢與食物，確保彼此的誓約，儀式結束後，他們會放縱地進行各種汙穢與放蕩的行為。因為這些傳聞，一些阿拉斯的知名人士遭到逮捕。為了輕鬆取得這些人的口供與自白，審判者推出了拷問檯。法國編年史作家夢斯特雷（Monstrelet）寫道：許多人在嚴刑拷打後，承認所有的罪行，更指認某些被綁在火刑柱上的人是一起參與聚會的同夥；許多高位階的傳教士、封建領主、市長，都因胡亂招供的內容而被牽連。這些被指認的人通通被關進牢裡，以酷刑折磨，直到他們神智不清，因抵擋不了痛苦而坦誠參加荒謬的惡魔聚會、誓死效忠惡魔。

那些可憐的老女人們就像過去一樣，被吊在城鎮的市場上活活燒死；有錢的罪犯則可以用大筆金錢贖命。很快地，眾人就發現這些審判以極端不公不義的手法進行，而這些審判者更是挾帶個人私怨，趁機報復。為此，巴黎的議會宣布這些判決皆屬違法，這些法官的行為也違背正義。但這樣的處置對那些付出大筆金錢贖身的人來說，實在來得太晚，對於那些在三十二年前就因錯誤判決而丟了性命的人來說，也實在太遲。

與此同時，法國、義大利、德國的巫術案件大量激增。說來奇怪，先前我們所看到的例子都是拿來對付異端，但現在，連最虔誠的天主教徒也成為受害者。此後，我們可以發現路德教派和喀爾文教派根深蒂固的偏見，讓他們成為比天主教更狂熱的獵巫者。在這段時間裡，除了《聖經》的真偽與上帝確實存在的兩個信念外，其他信條都成為辯論的主角。

但在迫害的早期，主導者為天主教教會。所有違背教會的聲音都被視為異端，更成為反基督的證據。但人們從沒想過，如果真有這麼一個製造了如此多女巫來替代死者的惡魔，這個惡魔不是別人，正是他們自己——名為「迫害」的惡魔。實情就是如此。他們燒得人越多，就逮捕到更多必須被燒死的人，最後，連那些過著樸實生活的女人都被逮捕，沒有人能安居樂業。

一四八七年，瑞士出現了非常嚴重的暴風雨，康斯坦茲方圓四英里內的土地都被徹底蹂躪。兩名過去就經常被懷疑使用巫術的可憐老婦人被逮捕，並被荒謬地指控：是她們主導、呼喚這場暴風雨。酷刑架被推出來，兩名可憐的婦人被綁了上去。在各種折磨與拷問下，她們的意志因疼痛而屈服，招認自己持續與魔鬼見面，她們將自己的靈魂賣給惡魔，在兩人的命令下，惡魔掀起這場暴風雨。在這瘋狂且簡直是褻瀆上帝的指控下，她們被處以火刑。

這起案件與其他數百個案件都適時地呈報給教會當局。當時，湊巧有一位身任教會領導的大主教非常關注巫術案件，並在出於根絕此種犯罪的企圖下，製造出更多冤案。約翰．巴蒂斯．西博（John Baptist Cibo），於一四八五年成為教宗，名號為依諾增爵八世。他對巫術案件的增加感到憂心，並頒布了可怕的詔書，企圖消滅罪惡。在他於一四八八年發布的著名詔書中，他呼籲歐洲各國拯救世界上因撒旦之舉而陷入危險的基督教，並消滅那些傳到他耳中的恐怖事跡：許多人、不分男女，和來自地獄的惡魔接觸；他們是如何透過巫術讓人類與萬物受苦；他們又如何偷偷爬上已婚者的床、扼殺婦女的胎兒與牛群的繁衍；他們如何破壞耕地中的稻穀、藤架上的葡萄、樹上的果實、田野中的藥草。為了不讓這些罪大惡極的邪惡繼續玷汙人間，他任命各國的調查官，並賦予其定罪與執行懲罰的權力。

現在，我們可以宣布：女巫狂熱開始了。很快地，歐洲興起一群男子，他們以發現和獵捕女巫維生。在德國，有一位相當知名的巫師審判者，斯普林格（Sprenger），在他著名的著作《女巫之錘》（*Malleus Maleficarum*）中，曾列下了各種審判模式，與檢驗的方法，但在他的方法之下，那些嫌疑者總是能輕易地被判有罪。那些伴隨著酷刑一起出現的提問，充滿了最荒謬與令人作嘔的本質。審判者必須詢問嫌疑人是否和惡魔在深夜裡會面？是否參加了布羅肯的女巫大會？是否有熟悉的惡靈？是否能召喚旋風與閃電？是否與撒旦有肉體上的交合？

接著，審判者就可以開始執行任務：義大利的庫曼努斯（Cumanus），在單一省內燒死了四十一名可憐的女子；斯普林格在德國燒死大量女性，由於數字龐大，因此難以確認，但多數作家都認為這個數字應為一年內超過五百人。在這些可憐受害者的認罪書中，教會找到了證明此罪確實存在的證據。但這樣的發展並不使人意外。所有審判者都引用了《女巫之錘》裡的問題，並在嚴刑拷打下，滿意地得到自己想要的答案。許多人的心中充滿了恐懼，在酷刑的折磨下招認更多罪行，期待自己的舉動可以讓自己免於火刑，不再承受痛苦。有些人承認自己生下惡魔的孩子，但真正當過母親的女子即便在嚴刑拷打下，也不願承認這些瘋狂的想像。只有沒生過孩子的女性願意承認這條罪行，並因不值得活在世上而被立刻燒死。

怕人們對撒旦的敵意漸漸消退，繼任的教宗往往會指派新的審判者。這些審判官都具有逮捕、消滅的權力，更具備頑強地執行力。一五一五年至一五一六年，光是日內瓦就以新教女巫的名義，燒死五百人。明顯地，這些人只是教會眼中的異端，而所謂的巫術或許只是因為他們煽動人心。巴多洛茂・史賓納（Bartolomeo de Spina）還有一串更駭人的名單。根據他的記錄，義大利的科莫於一五二四年，以巫術之名處死了一千多人，在此之後的幾年，平均每年的受害者人數也都破百。

一五二〇年左右的法國，燒女巫的行動在各城鎮鬧得沸沸揚揚。達魯（Danaeus）在其《女巫對話》（*Dialogues of Witches*）一書中表示，使用巫術者的數量實在過於龐大，根本無法計算具體人數。人類的奴性是如此根深蒂固，沉默地看著自己的親人與朋友被定罪並處死。殺人犯的妻子或姊妹或許還能得到旁人的同情，但巫師與女巫的配偶卻得不到任何憐憫。人們認為同情他們，只會招致危險，畢竟一位巫師與女巫的另一半怎麼可能沒有學到半點兒巫術。為女巫哭泣，只會讓自己身陷險境。然而，某些地區的人們儘管迷信，卻對這樣的處置感到憤怒，並起身抵抗。在皮埃蒙特的某處鄉下，宗教裁判所大量且快速執行處決，讓鎮上的每個家庭都因痛失親人而支離破碎。最後，憤怒的人民起身，而那位審判長僥倖地在四肢健全的情況下逃離民眾之手。該教區的主教隨後針對此案進行調查，而那位審判長被關進監獄。

除了有些指控是如此地荒謬，讓少數可憐蟲立刻獲釋；但多數人還是落入更嚴酷且常見的下場。有些人被指控加入女巫們的午夜聚會，並與她們在枯萎的橡樹下跳舞，還被他人目擊。這些女人（其中兩人年輕貌美）的丈夫們立刻發誓，當時她們安安穩穩地睡在自己的臂彎裡，但這樣的證詞不被採納。他們的說法被記錄下來，但主教宣稱他們的感官遭到惡魔欺騙。或許他們確實看到了與妻子非常相似的生物躺在床上，但本尊卻跑到遙遠的橡樹下，與惡魔共舞。這些正直的丈夫們感到驚惶，而他們的妻子通通被燒死。

一五六一年，五名可憐的婦女在韋爾納伊被控訴化身成貓，並以此型態參加女巫大會，在化身成山羊的撒旦身邊徘徊，為了取悅魔鬼甚至在他的背上跳舞。她們被判有罪，並燒死。

一五六四年，三名巫師與一名女巫在阿旺通的議長面前，被綁上拷問檯，並承認自己在羊圈上塗抹惡魔的藥膏，導致羊群死掉。他們參加了女巫的聚會，並在那裡看到一隻壯碩的黑山羊，山羊對他們說話，命令他們親吻牠，並在牠舉行儀式時，拿著點燃的蠟燭。這些人最後被處死。

一五七一年，知名巫師杜瓦司．夏雷（Trois Echelles）在巴黎的格列夫廣場（現在的市政廳廣場）被燒死。他在查理九世面前坦誠罪行，表示在將靈魂賣給惡魔後，惡魔會幫他行使各種奇蹟。他詳盡地描述了惡魔狂歡的行為、被犧牲的祭品、惡魔與那些年輕貌美女巫進行的放蕩行為與他們如何使用各種方法製作惡魔藥膏使牛群死亡。他還說自己在全法國有超過一千兩百名同夥，除了他提供給國王的名單，還有許多人因此遭到逮捕並處以極刑。

兩年後，里昂人吉爾．卡尼爾（Gilles Garnier）被指控為狼人，並在夜晚以狼的形態遊蕩，捕捉嬰孩。根據國王顧問兼法律博士亨利．卡繆（Henri Camus）所宣讀的罪狀，吉爾．卡尼爾抓住一名十二歲的小女孩，並將她拖到草叢裡以牙齒與爪子將其殺害，並從那裡將淌著血的屍體一路拖到森林中，吃掉大部分的肉，再將剩餘的屍體帶回家給妻子。另一次，在諸聖節的八天前，他被人目睹以牙齒咬住一名女孩，其他鄉民奮力搶救才從他口中救出女孩，但幾天後，這個女孩因傷重過世；在諸聖節過後的十五天，他再次化身成狼，吃掉一個十三歲的男孩，他用牙齒扯下男孩的小腿和大腿，並藏起來作為隔日的早餐。他甚至被指出在維持人形時，依舊保有這凶殘且異常的習慣。在五十名目擊者指認吉爾後，他被綁上拷問檯。他承認每一條加諸在他身上的指控。接著，他被帶到主審官面前，卡繆博士以議會之名，宣布下列判決：

「在多位可信證人的指證，及吉爾．卡尼爾主動的自白下，嫌疑人被證實犯下化身成狼且使用巫術的可憎罪行，本庭宣判，吉爾必須在今日由此地送上囚車，在行刑者（主劊子手的正義）陪同下前往刑場，在那裡，行刑者會將他綁在火刑柱上，活活燒死，灰燼將灑在風裡。本庭另外判決吉爾必須負擔審判費用。一五七三年一月十八日。」

一五七八年，巴黎議會因一名男子——雅克·羅列特（Jacques Rollet）的判決，沸沸揚揚了幾日。此人同樣因化身為狼而被判有罪，並以狼形吃掉一名男童。他在格列夫廣場被燒死。

一五七九年，默倫附近的區域出現大量女巫與狼人的事件，導致議會決定必須祭出重懲，遏制歪風。於是頒布一條法令，下令所有女巫與找女巫求助的人，將處以死刑，此外，算命師與法師等各種行業也在此規範內。隔年，盧昂的議會也採取同樣的做法，並規定擁有魔法典或咒語書的人，因其使用巫術罪證確鑿，應處以火刑。一五八三年，法國共有三個地區的議會，因巫術而制定法律。波爾多的議會頒布嚴格的法令，要求所有助理牧師與神職人員務必盡力根除巫術的罪行。圖爾的議會也同樣蠻橫，像是害怕無法將這些褻瀆上帝、與魔鬼進行交易之人從地表上被剷除般。漢斯的議會對於「群聚者」——一群有男有女的人，以破壞婚姻和諧為樂，並讓違背上帝旨意行為增加的人，祭出重懲。該議會同時規定穿戴防止巫術的護身符也屬有罪，並在其管轄權內禁止發生此種事，並另外制定可以更有效地打敗惡魔擁護者、使其消散的驅魔術。

一五八八年，在法國奧文尼山中，發生一件引起軒然大波的巫術事件。當時，一名男子待在自己家中的窗前，看見去山中打獵的朋友從窗前經過，正走回家中。這名男士詢問朋友打獵情況，朋友回答自己在山裡被一隻巨大且凶猛的狼攻擊，他開槍但沒有擊中，後來在狼撲上來企圖咬斷他脖子的時候，他抽出小刀並切斷狼的前掌。說著，狩獵的男子把手伸進袋子裡準備掏出狼爪，卻驚駭地發現裡面只有一截女性的手掌，無名指還帶著婚戒。這名男子立刻發現那是自己太太的戒指，起訴書中寫道，「這讓男子開始留心起太太的邪惡舉動。」他立刻轉身尋找太太，並發現她坐在廚房的火爐前，將手藏在圍裙下。他猛然扯掉太太的圍裙，並發現她沒有手，傷口甚至還留著血。於是，她被抓起來，在上千人的見證下，被活活燒死。

在這些處決案中，鮮少有人得到他人的同情。根據記錄，只有極少數的巫術起訴案，最後得到無罪判決。一五八九年，巴黎議會撤銷十四人的審判案例，可謂罕見的理性判案。當時，這十四人因巫術被判處死刑，他們不服這位因政治原因而被放逐到圖爾的法官判決，因此向巴黎議會提起上訴。議會指派四名審查員：國王的外科醫師皮耶爾．彼爾奎（Pierre Pigray）、洛賀瓦（Leroi）、雷納德（Renard）和國王私人醫生法列佐（Falaiseau），檢驗女巫罪行，確認她們身上是否有魔鬼的印記。彼爾奎在他的《手術》（*Surgery*）中，提到這些案子，並表示檢查在兩名顧問的陪同下於法院內展開。這些女巫都被剝光，讓醫生認真檢查身體各處，並在發現的任何記號上以針刺，檢查其是否會感到疼痛（這是當時用來決定是否為女巫的重要根據）。然而，她們除了能感受到強烈的疼痛外，有些人甚至在大頭針刺進去的同時，大聲呼喊。彼爾奎繼續寫道：「我們發現，這些人只是可憐、且愚笨之輩，其中還有人瘋瘋癲癲。許多人對於活著已不抱任何希望，只求能快點死，好從痛苦中解脫。我們的想法是比起懲罰，這些人更需要治療。我們將這個結論報告給議院，案子因此重新審理，在經過嫻熟地審理後，議會下令將這些可憐的人無罪釋放。」

這就是十六世紀時，發生在義大利、德國與法國的可怕歷史，但這時還不是巫術迫害的最高峰。現在，讓我們來看看英國此時的發展。英國根除許多陋習的宗教改革，但在面對巫術這有史以來最大的錯誤時，沒有任何貢獻。路德（Luther）與喀爾文（Calvin）跟教宗依諾增爵一樣，深信巫術的存在；他們的追隨者甚至比羅馬天主教教徒更熱衷於迫害。佛朗西斯．哈欽森（Hutchinson）博士在《巫術》（*Witchcraft*）一書中，認為英國較晚才掀起巫術狂熱，且相較於歐洲大陸顯得較不嚴重。前者為真，但英國與蘇格蘭所發生的巫術迫害事件就和其他所有地方一樣駭人。

在教宗依諾增爵八世頒發詔書後的五十多年，英國立法機關認為應制定更嚴厲的法條，以對付巫術使用者。一五四一年，第一條針對巫術的法令誕生。許久之前，已有多人因使用巫術等原因而死，但沒有任何人因參與女巫大會、召喚暴風雨、使牛隻不孕等其他瘋狂的原因而被判處死刑。一五五一年，另外兩條法令通過：第一條因「肯特的聖女」伊麗莎白·巴頓（Elizabeth Barton）而起，並於一五三四年頒布，禁止一切假先知；第二條則禁止一切魔法、巫術與咒術。但這些法令本身並不認為使用巫術者應被施以極刑，只有使用咒語、魔法或與魔鬼簽訂契約，企圖謀害鄰人性命的嫌疑犯，會被處以死刑。一五六二年，因伊麗莎白一案而制定的法令，最終認為無論是否對他人性命、身體或財產造成損傷，使用巫術就是最高等級的犯罪。從這天起，英國的大規模迫害開始了。獵巫在十七世紀初到達巔峰，當時整個歐洲都淪陷在此狂熱中。

在我們進入馬修·霍普金斯（Matthew Hopkins）與其助手活躍的時期之前，幾則來自十六世紀女巫迫害的案例，可以讓讀者更清楚認識獵巫行動可怕的發展。在伊莉莎白女王的統治時期進入尾聲時，英國發生了數起案例。朱厄爾（Jewell）主教經常在女王面前進諫，強烈要求女王應盡力消滅所有女巫。一五九八年，他說：「請求陛下的諒解，但在最近這四年內，女巫和使用巫術的犯罪率在陛下的任內，急劇增加。陛下的臣民日漸憔悴，受死亡威脅。他們的面容慘白，肉體凋零，他們的言語遲鈍，感覺痲痺！我向上帝禱告，希望他們再也不要使用這些巫術！」

在法令的作用下，對巫術的恐懼在各村鎮間蔓延開來。在清教徒的教條深植人心的情況下，迫害擴大，產生了更多犧牲者。英國教會宣稱，與歐洲其他各國相比，英國受巫術影響的程度較輕，並因此受到教會表揚，但他們依舊感染了大時代的迷信。其中一個殘酷且欺騙的案例，就是在教會的授權下進行，並甚至以此之名成為劍橋大學年年舉辦的講座主題。

這個案例就是著名的沃伯瓦（Warbois）的女巫們，她們在伊莉莎白法通過的三十二年後，被處死。儘管在這期間僅有幾樁審判保留下來，但有許多證據顯示還有更大量的犧牲者成為社會迷信的祭品。英國各地都有女性在接受審判前，就被民眾動用私刑，並丟了性命。這些案例的犧牲者不計其數。

沃伯瓦女巫們的案件之所以值得深入探討，一則是因其影響重大並因此成為大學專題講座的主題數十年；另一個原因則是這個案例突顯出看似理智的人類，卻能荒謬地將同伴送上火刑柱。

這場鬧劇的主角為賽繆爾．科威爾（Samuel Cromwell）爵士的家人與索摩頓（Throgmorton），這兩位男士都在亨廷登郡靠沃伯瓦的附近擁有土地。索摩頓有幾個女兒，大女兒瓊（Joan）是一位想像力豐富的陰鬱少女，腦中充滿了各種女巫與鬼的故事。某次，她在無意間經過了山繆夫人或如她所稱「山繆媽媽」，一位年老、貧窮且醜陋的女人家前。當這位愚蠢的小姑娘經過時，山繆媽媽正坐在門前打毛線，頭上戴著黑色帽子，並在小姑娘經過時抬起頭來看著她。瓊立刻幻想著自己的身體突然間感受到一陣疼痛，自那天起，只要一有機會她就和姊妹與身邊的人，說自己一定是被山繆媽媽詛咒了。其他孩子聽信了，並在經過那位可怕的老女人眼前時，因恐懼感受到同樣的情況。

與女兒們相比也聰明不了多少的索摩頓先生與太太，相信所有的故事。經常和索摩頓太太討論八卦的科威爾太太，也積極地決定要讓這名女巫繩之以法。賢明的科威爾爵士也參與了這個計畫；受到鼓勵的孩子們，更加放縱自己的幻想。很快地，她們編造出一個完整的惡魔主角，以及山繆媽媽用來折磨他們的小惡魔們與名字。她們還特別指出女巫從地獄召喚了七個惡靈來影響她們，使她們昏倒；當小孩真的暈倒時，母親與其友人更加相信這個故事。

索摩頓先生深受這些故事迷惑，對孩子的說法深信不疑，為此，他勇敢地前往山繆媽媽與其先生、女兒同住的小屋裡，強行將她拖出屋子。科威爾女士、索摩頓太太和他的女兒們站在屋外等著，手裡拿著長長的針準備刺這位女巫，看傷口會不會流血。在眾人之中，顯得最為粗暴的科威爾女士將老婦人的帽子扯下，用力拔下一把灰色的頭髮，讓索摩頓太太燒掉，好讓她們所有人未來都不會受到山繆媽媽的詛咒。在一陣混亂中，這名可憐的老太太氣憤地大聲詛咒在場的人。然而，她的咒罵卻成為鐵證。在她們取得老婦人的頭髮後，准許渾身是傷的山繆媽媽離開。在接下來的一年多裡，科威爾和索摩頓一家持續迫害她，宣稱她派出的小惡魔讓他們感到疼痛與昏倒，將鍋子裡的牛奶變酸、讓家裡的牛與羊生不出後代。在這些愚蠢行徑發生之間，科威爾太太生病並過世。眾人立刻回憶起她的死期正好是山繆媽媽詛咒她的整整一年後，而她在生病期間夢到的女巫與黑貓，更成為證據。

事情發展至此，失去妻子的科威爾爵士覺得自己必須更努力撻伐巫術。一年又三個月後，黑貓被證明為真。所有鄰居開始聯手控訴山繆媽媽使用巫術，而她本人的長相又很不幸地符合傳說中的女巫要件，更因此加深人們的猜忌。最後，甚至連這可憐的女人都開始認為，自己就是眾人口中的女巫。某一次，在索摩頓的女兒瓊又出現痛苦的症狀後，山繆媽媽被強行拖到他們家中，在家長與賽繆爾・科威爾爵士的命令下，替這年輕的姑娘驅魔。她在要求下複誦驅魔的台詞，並加上「我是女巫，也是科威爾太太的下咒者，我控制小惡魔去騷擾她！」她遵從了他們的命令，並承認她的先生與女兒都有使用巫術，和她一樣將靈魂獻給惡魔。她們全家立刻被逮捕，送到亨廷登郡的監獄。

很快地，芬納（Fenner）法官開始審理案件，索摩頓家的瘋狂少女們，異口同聲地指控山繆媽媽全家人的罪行。山繆一家被嚴刑拷打。捱不住疼痛的山繆媽媽承認自己是女巫，她承認自己對那些年輕的姑娘們下咒，也承認自己詛咒科威爾夫人使其死亡。意志堅強的山繆先生與女兒拒絕承認任何指控，直到最後都堅持自己的清白。三人全部被判處絞刑，屍體再執行火刑。山繆家年輕貌美的女兒獲得許多人的同情，建議她以懷有身孕為藉口，或許能逃過死劫。這名可憐的姑娘認為自己不是女巫，更不會下咒，為了維護尊嚴，拒絕了這樣的提議。後來，她那不太聰明的母親得知此辦法後，立刻宣稱自己懷孕。整個法庭的人在聽到她的藉口後，哄堂大笑，連這位可憐的嫌疑人自己都笑了出來，但這只讓在場的所有人更相信她的罪惡。一五九三年四月七日，山繆全家被處決。

身為莊園主人的科威爾爵士，從山繆一家充公的財產中得到四十英鎊，他將這筆錢拆成每年支出四十先令的基金，專門用於召開巫術、尤其是這樁案例的學術研討會，且主講人必須是劍橋大學皇后學院的博士或學士。我不知道這樣的年度演說到何年何月何日才終止，但在哈欽森博士於一七一八年出版那本關於巫術的書籍時，這個專題演講依舊存在。

為了依照適當的歷史年份交代發生在大不列顛群島的女巫幻象，我們必須先來討論蘇格蘭在十六世紀、詹姆斯六世（James VI.）成為英國國王前所發生的案件。我們總是自然而然地以為這些以其古老權力和想像力聞名的人們，在女巫狂熱的發展上，應比南邊的人們還要嚴重。此處的風土民情，讓人們在早期時因無知而衍生出許多傳說。對住在雲霧繚繞的高地人們與沿河流域的低地人們來說，鬼魂、妖精、幽靈、水鬼等許多惡靈的故事都是從小聽到大。各種事跡（無論好壞）都被編寫成歌曲，並在「歌曲可以淨化邪惡」的想法下大量傳唱。但一直到宗教改革者以《聖經》作為武器，帶來各種法條後，蘇格蘭才開始認為巫術本身是一種罪孽。教宗依諾增爵八世對德國、法國做了什麼，宗教改革者就在蘇格蘭做了什麼。巫術再也不是傳說中的故事，而是法律的主角，所有善良、虔誠的基督教徒都被下令掃蕩一切巫術。蘇格蘭瑪麗女王的第九屆議會在一五六三年通過法令，所有女巫與找女巫諮詢的人，將被處以死刑。一時之間，所有人都被惡魔與其擁護者的威脅籠罩。那些地位尊貴的人們，成為這場幻象的推手。但許多人也成為被指控的對象，許多高貴的女士們被認為涉足巫術，並被眾人認為她們之所以不是女巫，也只是因為她們過得太舒服，而不想當女巫罷了。

第一位因使用巫術而出現在最高法院檔案中的主角為珍妮特．鮑曼（Janet Bowman），時間是一五七二年，瑪麗女王通過法案的九年後。檔案中沒有記載具體犯罪事宜，只在名字旁寫了「有罪，燒死」。然而，這並不代表這九年間沒有發生任何處死，根據愛丁堡可靠的倡導者圖書館（Advocates' Library）中的官方檔案顯示，樞密院授權蘇格蘭各地的士紳與管理者，可在自己的領地調查、審判並處決女巫。但這些人審判的案子並沒有被保存下來，但如果連一般大眾都認為這些案件的數量只被通報了四分之一，那麼實際數量是非常可怕的。一五七二年後，最高法院中的巫術審判案變得較多，但一年仍不超過一件——證據顯示這類案件通常會授權地方執行。而地方執法機關也經常毫不猶豫地將女巫推上火刑柱，就好像只是在將一個偷東西的小偷繩之以法般。

詹姆斯六世掌權後，對巫術審判展現高度關心。其中，最讓他感興趣的為一五九一年，吉莉・當肯（Gellie Duncan）、弗安（Fian）醫生與同夥的案子，更讓他在不久後寫下《魔鬼學》（*Demonology*）一書。對於這些企圖奪走他性命的巫師，詹姆斯六世發揮自己一貫以來的好學精神，仔細檢查案件細節，並因這些奇特的細節而加深了偏見與迷信。沒有其他案子比這樁案件更能讓人了解蘇格蘭人在這場幻象中的想法。此案件的受害者人數、證據的荒謬程度，及陰謀者的陰險程度，簡直超乎尋常。

吉莉・當肯是哈丁敦郡特拉奈特小鎮（離愛丁堡十英里）執行官的僕人。她不老也不醜（女巫常見的特徵），年輕貌美，但她的鄰居覺得她的行為非常可疑，長久以來懷疑她是女巫。顯然，她聲稱自己稍懂一點治療的方法。她治療的功力有時會突然進步，這讓她那受人尊敬的主人也開始懷疑她，不再視她的舉動為奇蹟。為了查明真相，他讓她接受了酷刑，但她頑固地否認自己和惡魔做出交易。當時人們認為，如果沒有找到撒旦和女巫訂下契約的印記，女巫不會輕易認罪。有些人提醒負責拷問吉莉的事務官，於是在仔細的檢驗下，他們在吉莉的喉嚨找到魔鬼的印記。拷問再次開始，在痛苦的折磨下，她放棄自己的清白，承認自己是女巫，將靈魂獻給惡魔，並在其幫助下表演治癒的奇蹟。這對巫術案件來說，是一個非常嶄新的概念，因為惡魔沒有使人生病，反而替人治病。但吉莉的命運並沒有因此比較好過，他們繼續對她用刑，直到她招供自己的同夥：其中一人為當時知名的魔術師康尼漢（Cunningham），世人多稱他弗安醫生；一名嚴肅且莊重的女人，叫艾格妮斯・珊普森（Agnes Sampson）；還有其他將近四十人，其中有些人還是愛丁堡知名人士的太太。所有被提到名字的人中，都遭到逮捕，整個蘇格蘭因案件的曝光而陷入騷動。

在這件事發生的兩年前，詹姆斯六世曾離開自己的國家，勇敢地前往丹麥，迎接他那因氣候原因還卡在港口動彈不得的未婚妻——丹麥公主。一五九〇年五月一日，在哥本哈根待了幾個月的詹姆斯和年輕的新娘，經歷了狂風暴浪、險些沉船的風雨，安全抵達利斯。不久後，吉莉和弗安被逮捕的事傳遍蘇格蘭，人們立刻加油添醋地說那場暴風雨，正是女巫與其同黨在惡魔幫助下召喚而來，目的是奪走國王與皇后的性命。被嚴刑拷打的吉莉承認這項指控，整個王國都為這項罪行感到震驚。

受吉莉．當肯牽連的艾格妮斯．珊普森被用夾指刑具，進行殘酷的拷問。在她被拷問的一小時內，她招認所有女巫姊妹的祕密，承認吉莉．當肯、弗安醫生、瑪麗安．林卡布（Marian Lincup）、她自己與其他超過兩百名的女巫和巫師，會於午夜在北貝里克教堂聚會，並與惡魔見面。她們在那裡策畫謀害國王的陰謀，她們受到惡魔的誘惑，惡魔用如雷鳴般的詛咒，咒罵詹姆斯是自己最大的敵人，並表示如果不置他於死地，所有惡魔的子民們都會不得安寧。聚會時，魔鬼喜歡聽音樂，因此吉莉．當肯會以小號或單簧口琴演奏樂曲，其他人則會跳舞。

對於惡魔表示自己是他最大的敵人，詹姆斯感到受寵若驚。他派人將吉莉．當肯接到皇宮裡，命令她演奏在魔鬼面前演奏的曲子。

弗安醫生也被送上拷問檯。他是一個曾經過著邪惡生活的男子，專門製作並販售毒藥，聲稱自己可以讓奇蹟發生。儘管那些荒謬的控訴並沒有確立，但他們深信此人就算沒有做任何事，他在心理層面上無疑地是一位邪惡的巫師，因此必須接受酷刑。在被綁上拷問檯後，他什麼也沒說，一個字也不肯吐露，於是他們決定使用更殘忍的夾足刑具。他一直忍著，直到疲憊拖垮身體，讓理智遠離了他。在他們看到他失去抵抗力，舌頭都從嘴巴裡癱了出來後，他們放開了他。他們給他上了藥，在他隱隱約約即將從昏迷中恢復意識前，他們在沒有讓他充分了解的情況下，讓他畫押，承認吉莉和艾格妮斯的自白都是真的。接著，他被押回監牢，兩天後他逃跑了，但很快就被抓回來，並被帶到高等法院上，這次連詹姆斯國王都親自出席。弗安醫生全盤否認自己曾寫下的自白書。國王對他「頑固的劣根性」感到憤怒，下令再次對他嚴刑拷打。他的指甲被一個個拔下來，並用長針戳進他的眼睛，但他沒有妥協。再一次，他們對他使用夾足刑具，根據當時發行的小冊子記載：「他堅持了很久，承受了多次重擊，導致他的腿被完全壓扁，且被壓得非常非常小，血肉模糊，骨頭爆裂，鮮血和骨髓噴得到處都是，他的腿完全廢了。」

在這起案件中，最令人驚訝的是所有嫌疑犯的口供都是如此雷同。顯然所有人都企圖使用咒語和巫術，置國王於死地。弗安使用了自己過去慣用的騙人招數，假裝惡魔顯靈，因此很多審問者以為自己真的見到惡魔。總結來說，他們的自白可歸納為以下幾點：

宗教改革派的最大敵人撒旦，發覺國王詹姆斯即將迎娶新教派的公主為妻。為了避免其對惡魔權力造成衝擊，撒旦決定以暴風雨襲擊國王與其新娘的船隻，讓兩人葬身海底。撒旦先是在水面上製造濃密的霧氣，希望國王的軍艦會在黑暗中撞上礁岩。失敗後，服侍撒旦的高階信徒、獲得撒旦認可殊榮的弗安醫生，召集了所有女巫，她們紛紛乘著篩子在海上前行。

在萬聖夜，超過兩百名巫師與女巫聚集起來，包括吉莉・當肯、艾格妮斯・珊普森等數名巫師；所有人乘著粗篩或篩網，平順地穿過海洋。在航行了一段時間後，他們見到了惡魔，惡魔抓著一隻貓，這隻貓已經通過火堆九次。他將貓交給其中一名巫師，命令他將貓丟進海裡，並大喊「呼啦！」（Hola）該儀式莊嚴地進行完畢。接著，大海突然開始翻攪，浪捲得如山一般高。

女巫與巫師們英勇地穿過狂風暴雨，在蘇格蘭的海岸登陸。手裡拿著篩網，所有人前往鬧鬼的北貝里克教堂，魔鬼準備在此進行儀式。音樂家吉莉．當肯走在前頭，邊演奏著單簧口琴，邊唱著：

姑娘們，向前走，姑娘們，走吧；
如果妳們不向前走，姑娘，讓我帶著妳！

抵達教堂後，所有人以逆時針方向行進，這個動作也暗示著太陽逆行。弗安醫生對著門上的鑰匙孔吹了一口氣，門立刻打開，所有人進去。由於裡面非常陰暗，弗安醫生用嘴吹氣，點起蠟燭，眾人發現惡魔正在祭壇上等著他們。他穿著黑色的長袍與帽子，所有的女巫與巫師說道「萬歲，我的主人！」並向他敬禮。他的身體非常硬，跟鐵一樣；他的面容異常恐怖；他的鼻子跟老鷹的鳥喙一般；他的眼睛炯炯有神；他的手和腳長滿濃密的毛髮。惡魔的手掌與腳掌上還有長長的爪子，說話聲音非常嘶啞。在開始儀式前，他叫著每一位信徒的名字，詢問他們是否為他最忠誠的僕人，是否成功地解決了國王與其新娘。

擔任助理或守衛的瘋狂老巫師葛雷．米爾（Gray Meill），傻傻地回答：「國王沒有遭到威脅，上帝保佑了他。」聽到這番話，惡魔暴跳如雷地從祭壇上走下，摑了他一個耳光。接著，他返回祭壇，開始儀式，要求眾人必須成為他最忠心的僕人，為他執行各種邪惡的事。艾格妮斯．珊普森大膽地詢問撒旦是否有帶著詹姆斯國王的肖像，這樣她們就可以透過針或施法，折磨國王。向來滿嘴謊言的魔鬼這次倒是真心地說自己忘了，於是大家責備他的粗心。然而，惡魔面對她們（艾格妮斯和其他女巫）七嘴八舌的責難，倒是坦然接受。在大家罵完後，他邀請眾人開始進行狂歡。一個剛埋下的屍體被挖出來，並分給大家，這就是眾人的美食。比起食物，惡魔更重視美酒，他賜予大家各式上等的葡萄酒，所有人很快就醉了。吉莉．當肯再度演奏起音樂，魔鬼領著大家一起跳舞。於是，他們就這樣一直狂歡到第一聲雞啼響起。

來自基斯的聰明女巫艾格妮斯．珊普森，與其他人相比，供出更多細節。她提到在之前興風作浪的事件中，那隻被丟到海裡的貓其四肢上還綁著人類的肉塊。她還說，在她們企圖淹死詹姆斯國王的時候，惡魔並不是最後才跟她們見面，而是一開始就陪著大家，她在遠處的黑暗中隱約看到他，而且他還帶著眾人划過巨浪，身形就像巨大的乾草綑。他們遇到一艘載滿美酒和貨物的外國商船，他們登上船，盡情享用美酒，最後再把船弄沉。

但這些細節對國王詹姆斯來說，過於誇張，因此他不只一次地說到這些女巫就跟主人一樣，滿嘴謊言。但其他較不誇張的內容則被採納，並成為他們的直接罪證。艾格妮斯說自己在國王的衣服上抹了強效的毒藥，企圖殺害國王。吉莉．當肯經常以言語恐嚇鄰居，說要派魔鬼追殺他們；而那些心智較脆弱的人因此嚇到昏厥，並從此遭受病痛折磨。弗安醫生也肆無忌憚地殺人或教唆他人，只要別人付錢，他就願意以毒藥殺死對方的敵人。這些人全部被判有罪，判處吊死加火刑。

這場審判對蘇格蘭造成了極為嚴重的打擊。所有的領主和治安官帶著樞密院賦予他們的權利，盲目追從流行，四處迫害老婦人。那些虔誠的羅馬教信仰者，成為大肆迫害的對象，因為人們認為信奉新教的國王與新娘，引起這些天主教徒的強烈憎恨，企圖藉由惡魔的力量，剷除蘇格蘭國王。根據現代歷史學家的計算，在瑪麗女王通過法案、至詹姆斯六世成為英格蘭國王的三十九年內，蘇格蘭每年因巫術而處死的人數約為兩百，總計超過一萬七千人。頭九年的案例不到這個數字的四分之一，但在一五九〇至一五九三年間，每年被處決的人數遠超過四百。下一個案例，為此階段最引人注目的事件。瀏覽全部案件對讀者來說只是一個使人疲憊且心痛的過程，因此透過伊莎貝爾．高蒂（Isabel Gowdie）的個案，我們可快速明瞭大眾對審判的看法，儘管此案件時間稍微晚於詹姆斯統治時期。這名女子在厭倦於被鄰居迫害的心情下，主動投案，她招認的內容更完整了巫術時期的一切想像。毫無疑問地，她是最高等、最邪惡的女巫。她說自己被綁上拷問檯是罪有應得，就算被判處五馬分屍之刑，她的罪惡也永遠無法被消弭。她供出一長串名單，包括將近五十名女子和幾名巫師。他們會挖出還沒受洗的嬰兒屍體，用其四肢作為施法的道具。當他們想要毀滅敵人的作物時，會把蟾蜍綁在對方的犁上，隔天晚上撒旦會和自己的部下用該犁耕田，接下來的一季，那片土地將長不出任何作物。女巫們幾乎可幻化成任何形態，但她們通常會選擇貓或兔子，且後者更常見。伊莎貝爾說，某次在她化身成兔子時，被一群獵犬追逐，差點就成為牠們的口下亡魂。最後，在她好不容易逃到家門前，還可以感受到後頭追著的獵犬的滾燙喘息。她趕緊躲進箱子裡，並念咒讓自己恢復成人形。化身成兔子的女巫如果被狗咬到，變回人形後傷口依然會存在，但她從沒聽過女巫被咬死。

當魔鬼召集大家時，女巫會跳上掃把、玉米或豆莢，飛到空中。她們通常會在家裡留一個掃把或三腳凳，並在自己離家的時候把它放在床上，對其施咒，使其變成自己的樣貌。這樣她們的鄰居便不會發現她們不見了。

伊莎貝爾還說惡魔會賜予小惡魔給自己最心愛的女巫，讓他們幫助女巫。撒旦從不會以女巫受洗時得到的名字來稱呼她們；而她們在魔鬼在場時，也不可以用這些名字稱呼彼此。但稱呼是必要的，因此撒旦以她們的鮮血重新為眾人命名，像是「萬能史陶特」、「暴風」、「風中的小淘氣」、「萬夫莫敵瑪姬」、「重擊凱爾」等等。撒旦不太介意大家怎麼稱呼他，只要不是「黑約翰」就好。如果有巫師或女巫不小心冒出這幾個字，他會立刻衝到對方面前毫不留情地打他，或用羊毛刷用力扯下對方的皮肉。其他名字他都不介意；他曾經向一位著名的巫師說道，任何時候如果需要撒旦的幫助，敲地三下並喊「起來吧，邪惡的小偷！」

因為這份自白書，許多人被處死。在人們強烈的狂熱下，任何被指控使用巫術者，幾乎無人能活著走出法院。一百場審判裡，只有不到一個人可以無罪獲釋。獵巫成為一門新行業，一群被僱用來的流浪漢們遊走在全國各地，手裡拿著長長的針，隨時準備戳嫌疑犯。但其實在那些上了年紀的人身上，總會有一些地方是感覺遲鈍、甚至麻木的。獵巫者會試圖找出這些地方並用針刺，如果那不幸的可憐蟲剛好沒有流血，此人注定難逃一死。即便這些人沒有立刻被送進監獄，接下來的日子也會活在鄰居無盡的迫害下。記錄指出，某些可憐的婦人因為承受不了鄰人過分的騷擾，願求一死。在那段頻繁獵殺巫師的日子裡，本身也非常相信這種罪行的檢察長喬治・麥肯奇（George Mackenzie）爵士，在自己於一六七八年發行的作品《刑法》（*Criminal Law*）中，引用了一些知名案例。他說，「當我還只是法律代理人時，曾負責檢驗一些女性的證詞。其中一個特別愚笨的女人偷偷告訴我，她認罪不是因為她真的有罪，只是身為一個可憐人，為了討口飯吃，還被別人視為女巫，她知道自己未來的命運只能挨餓受凍，因為所有人看到她都會鄙視她，揍她，或放狗咬她，因此，她情願一死。接著她開始大哭，跪下來要上帝見證她所說的全是真的。」儘管喬治爵士無法擺脫當時的迷信，但他意識到不當地煽動女巫迫害，對社會來說是非常危險的。此外，他也發現有四分之三的審判是不公正且毫無根據。他在此書中表示，那些被控訴使用巫術者，經常是可憐的無知之輩，他們根本不懂控訴的本質是什麼，並錯誤地濫用自己對巫術的畏懼。其中一名可憐蟲承認了自己是巫師，在被問到他做了哪些壞事時，他說「他在蠟燭上看到惡魔以蒼蠅的樣子在跳舞！」一個頭腦單純的婦女在被其他人指認為女巫後，以為自己真的是女巫，並詢問法官有沒有可能在不知情的情況下，變成女巫？喬治爵士更說，這些嫌疑犯會在監獄中被嚴刑拷問，拷問他們的獄卒還認為自己是在執行上帝的使命。「但我明白，這些拷問是讓他們認罪的唯一基礎。然而，這可憐的嫌疑犯卻無法證明自己被用刑，因為唯一的目擊者正是施暴者。法官想必一定很嫉妒這些人，畢竟他們總能誘使嫌犯認罪，而自己卻要擔心嫌犯在法庭上翻供。」這位明智的檢察官說。深信巫術確實存在的《撒旦世界大揭祕》（*Santan's Invisible World Discoverd*）作者G・辛克萊（G. Sinclair）牧師，則給了我們一個更可悲的實例：一名女子寧願被當成女巫殺死，也不願繼續活在迫害下。這名女子在得知不久後有三個人要被吊死並焚燒後，她請求執行官處決她，並承認自己將靈魂賣給撒旦。法官傳喚她上來，判處她與另外三個人一同受死。在被帶往刑場的路上，她一直很安靜，看著第一個人、第二個人、第三個人離開，在意識到自己就是下一個被綁上火刑柱的人後，她站起身，大聲地說：「現在你們都看到我的下場了，因為自己的自白，將以女巫的身分被處死；我赦免你們所有人、尤其是地方官與法官，不用為我的死負責。這是我自願選擇的。我的雙手沾滿了自己的鮮血。我必當在天堂前接受上帝的審問，我可以告訴上帝我不是女巫。但是，在被一名惡毒的女子誹謗、因女巫之名被關進監獄，被自己的丈夫與朋友背棄，眼前沒有任何一絲活著的希望後，出於疲憊我選擇自白，親手葬送自己的性命，寧死也不願苟活。」

現在，話題回到詹姆斯六世，這位與教宗依諾增爵、斯普林格、博帝奴斯（Bodinus）、馬修．霍普金斯齊名，共享巫術獵殺與煽動主角之名的國王。在十六世紀進入尾聲後，歐洲大陸與大不列顛出現許多知識分子，試圖糾正社會大眾對此議題的謬誤。最有名的幾人為在德國發展的威爾斯（Wierus）；義大利的皮耶多．達阿波內；英國的雷納德．史考特（Reginald Scot）。他們的作品引起狂熱的詹姆斯國王注意，這位國王牢記著自己是惡魔頭號敵人的殊榮，因此企圖繼續維持自己至高無上的地位。一五九七年，他在愛丁堡發表自己著名的魔鬼學專文。其目的可以從簡介的文字中看出端倪，國王說：「在這個國家、這個時代裡，有非常多令人憎恨的撒旦使者，女巫與法師，讓我不得不提筆寫下這篇專文，但這並不是為了顯示我個人的才學與知識，而是為了抵制他們，盡我一人之力，對社會上盛行的惡魔攻擊與應當被嚴厲禁止的靈魂契約，此兩項可怕行為，進行反擊。有個名叫史考特的英國人，毫不羞恥地公開否認巫術的存在，這就像撒都該人[3]堅信他們否認靈魂的錯誤觀念。另一位叫威爾斯的德國醫生，更對這些行使巫術的人公開道歉，認為他們受到迫害，此舉讓他愧對自己的專業身分。」在這篇專文的某些部分，作者還使用了對話形式的寫作手法，好讓文章更有趣且流暢。他說：「根據上帝的法律，以及市民、帝國、國內的法律，女巫應該被處死：是的，縱放這些人，原諒那些因背叛上帝、被上帝嚴厲譴責的人，不僅不合法，更代表著執法者的罪孽，有如掃羅王（Saul）縱放亞甲（Agag）。」他還表示這些罪犯是如此可惡，即便連其他罪犯都不願意接納他們——那些因年輕還不懂得誓言真諦的孩子，以及惡名昭彰的人，都是指控他們的證人。但為了避免無辜的人被套上如此難洗清的罪名，他認為每個案件都需經歷一定的檢驗程序。他說，「有兩種有效的方法可使用：第一種是找出他們的印記，試驗那處是否具有知覺；另一種方法是觀察此人在水裡漂浮的狀態——當屍體在任何情況下碰到謀殺者，他們會湧出血水，就像

3 撒都該人（Sadducees），猶太教教派之一，否認死人會復活，亦不相信身後之賞罰。

試圖向天堂哭訴自己悲慘的遭遇，與指認凶手般（上帝特以此種不自然的現象要我們對違逆自然的罪行進行審判）。根據同種道理，上帝也讓水不能接納女巫（這也是判斷疑犯是否使用巫術的根據），因其背棄受洗時的誓言，而被剝奪自此之後的權利——不，即便他們悔改（但上帝不允許他們以悔改來消滅其邪惡的罪孽），他們的眼睛也無法流出許多淚（因此，請盡量折磨他們）；然而女性總是特別容易流淚，在任何情況下都可能流淚，即便她們再無情。」

當最高統治者公開鼓吹此種謬誤，假裝明理地邀請民眾一同撻伐女巫後，這場異常悲愴的幻象開始擴散並大幅成長，直到地表上再無可被誣指為女巫或巫師之人。大家不再嘲笑國王不敢上戰場，且對他挺身而出抵抗惡魔的勇氣，欽佩萬分。在那些太平的日子裡，只要教會和國王沒有出現明顯的利益衝突，他們總是樂於扮演國王熱情的助手。

在詹姆斯於一六〇三年繼承英格蘭的王位後，詹姆斯遇到一群大力歌頌他如何英勇打擊巫術活動的人。但他並沒有放下自己食古不化的偏見，他的到來對英格蘭是一種警訊，從此，這裡將和蘇格蘭一樣充滿迫害。在伊莉莎白統治的後期，她漸漸淡忘巫術，但國王詹姆斯的議會討論的第一個議題就是巫術。詹姆斯對他們迅速的行動感到滿意，法案於一六〇四年通過。當法案被送到上議院進行二讀時，由十二名主教組成的委員會針對法案進行討論。該委員會制定，「任何人如使用、練習或執行邪惡或魔鬼的咒語，或向邪靈詢問、訂立契約、餵養他們，違反前者須關一年，每三個月以枷刑示眾一次，違反後者將被處以死刑。」

第一項輕微的懲罰很少派上用場。每份保留下來的檔案都記錄女巫被吊死並焚燒，或活生生地接受火刑。在詹姆斯統治時期下，無論是其繼位者的內戰、長期議會、克倫威爾（Cromwell）的篡位和查爾斯二世（Charles II.）的統治，迫害從來沒有停止。如果曾有一度迫害減少了，那也是在克倫威爾與無黨派人士的統治時期。編輯《赫迪布雷斯》的札卡里．葛雷（Zachary Grey）博士，在該書的附註中告訴讀者，光是他針對長期議會時期所搜集到的巫術處決案，就超過三千件。在十七世紀的前八十年，被處決的人數估計為一年五百人，總數則為令人戰慄的四萬人。其中，某些案子值得我們細細研究。絕大多數案件與之前所提的案件類似，但其中有兩到三件為這猖狂的大眾幻象，寫下新的註解。

大家都聽過「蘭開夏郡的巫婆們」，這句話已經成為讚美該區女子特別美麗的用語，但不是所有人都知道這個詞語背後的故事。名叫羅賓森（Robinson）的邪惡男孩，就是這起悲劇的編劇。許多年後，他坦誠自己在父親與許多人的收買下，作了偽證，將那些可憐的女性送上火刑柱。這起知名案件發生的年代約為一六三四年。羅賓森的父親是一名伐木工，住在蘭開夏郡潘德森林的邊界。這名男孩大量散布謠言，並特別指明修女迪肯森（Dickenson），說她是女巫。這些謠言傳到地方官的耳中，這名男孩因而被抓去詳加審問。他在毫不遲疑且支吾的情況下，就說出了下面這則令人驚奇的故事，他的表現是如此坦白且真誠，以致沒有人會質疑他的故事。他說有天他在森林中的某個空地遊蕩，開心地採著藍莓時，他看到前面有兩隻獵犬，當時他認為應該是鄰近地區人養的狗。出於貪玩的本能，他打算跟這兩隻狗一起進行些活動，此時，他發現遠處有一隻野兔，於是他命令獵犬追上去。但牠們動也不動。生氣的他拿起一截樹枝，準備教訓這兩條狗，突然間，其中一隻狗站起身變成一名女人；另一隻則變成小男孩。他立刻發現對方就是迪肯森修女。她給了他一些錢，要他將自己的靈魂賣給惡魔，但他拒絕了。聽到他的答案後，女人從口袋中掏出韁轡在小男孩的頭上搖晃，小男孩立刻變成一匹馬。迪肯森抓住他，跳上馬背，將他放在自己前面，乘著風，他們快速飛躍森林、田野、沼澤、溪流，抵達一個非常大的穀倉。女巫在門前跳下馬，用手抓著他，帶他走進去。他看到七名年老的女人，拉著掛在屋頂上的韁繩。隨著她們的動作，大塊的肉、牛油、麵包、牛奶、熱布丁、血布丁等許多農村美食掉了下來。當她們為了這些食物施咒時，表情十分猙獰，讓他驚恐不已。當她們聚攏了足夠開宴會的食物後，她們開始布置，將食物擺放好。從這男孩的形容中，可看出這些女巫與蘇格蘭那些躲在破舊教堂中、吃著死人屍體的女巫相比，各個都是美食家。男孩說，當晚宴準備好後，有更多女巫出現，他說出了其中幾人的名字。

因為這個故事，許多人被逮捕，男孩更被帶到各個教堂中，好讓他指認出所有在穀倉裡見到的人。總共有二十人被逮捕，光是根據男孩的故事，就有八人被處死，包括迪肯森修女在內。而那些策畫這起邪惡計畫的人，從沒有因作偽証而被繩之以法；男孩的父親更向那些有錢人恐嚇，並因此得到大筆金錢。

在長期內戰時蓬勃發展的邪惡獵巫事業中，馬修．霍普金斯可謂當時最知名的人物。這名惡棍在一六四四年時，住在埃塞克斯附近的曼寧特里小鎮上，因為找到幾名可憐女巫身上的印記，而開始聲名大噪。這幾起成功的案例鼓勵他繼續努力獵巫。自此之後，每當埃塞克斯出現可疑的女性，馬修．霍普金斯就會出現，以自己的知識協助法官判斷對方是不是「那種牛」（他如此稱呼女巫）。隨著他的名聲不斷累積，他稱自己為「獵巫將軍」，並帶著找出女巫的使命，前往各地。一年內，他將六名可憐人送上火刑柱。他經常使用的判定方法為「流水」（swimming），國王詹姆斯也在自己的文章中大力稱讚此方法。疑犯的手和腳會以右手大拇指跟左腳大拇指綁在一起的方式，交叉固定。接著再用大片的布或毯子將其綑起，以背朝下的方式放進池子或溪水中。如果他們沉下去溺死，他們的親戚與朋友就可以悲傷地慶祝他們是清白的，但在小心地被擺到水中的情況下，多數人都會因毯子的浮力飄浮在水上，而這樣的結果只是導向另一種死亡，這些人接著會被判定有罪，並立刻燒死。

另一種測試方法則是要她們賦誦上帝的祈禱詞與教義。他們聲稱沒有女巫可以正確地說出這些內容。只要她遺漏了一個字，或甚至咬字不清晰（驚慌的人們經常犯這個錯），就會立刻被判有罪。當時的人認為使用巫術之人不會哭超過三次，而且這三次都只會從左眼流出淚水。因此許多清白的人不願屈服於嚴刑拷打的舉動，反而成為其有罪的證明。某些地區還採用了測重的方法，如果嫌犯的體重比教會的《聖經》還重，他就可以無罪開釋。但這個方法太過人性化，因而不被獵巫者採納。霍普金斯經常強調只有針刺和流水是正統的方法。

霍普金斯因此受邀到各地，他總是帶著兩名隨從，並住在當局為他安排的最高級旅社中。他的收費包括：

一個鎮二十先令的起跳金，他在當地的所有開銷、前往與離開的車馬費。不管有沒有發現女巫，他都會收取一樣的費用。如果發現巫師或女巫，每個被處死的人要再額外收二十先令。有整整三年的時間，他都以這泯滅人性的職業為生，成功讓他變得猖狂與貪婪，並在社會各階層樹立不少敵人。住在亨廷頓郡霍頓的神職人員高盧（Gaul）先生出版了一本小冊子，斥責霍普金斯的傲慢，並稱他為社會的禍害。霍普金斯寄了一封憤怒的信給霍頓當局，表示自己願意前往他們的鎮協助獵巫，但希望知道該鎮上是不是還有很多像高盧先生這樣執著於巫術的人，以及他們是否會備感榮幸地招待他這樣的大人物。他還以威脅的口吻說道，如果他沒有得到滿意的回覆，他將永遠放棄這個郡，並到那些知恩圖報且願意善待他的地方，發揮自己所長。面對這樣恐怖的威脅，霍頓的官員不太驚慌，他們非常聰明地決定忽視這封信。

高盧先生在自己的小冊子中描述了霍普金斯使用的一種方法，並破解了這種方法如何為他賺進大筆佣金的祕密。這個方法比流水更惡劣。他說，這位「獵巫將軍」會將女巫帶到一個房間中，要求她以非常不舒服的姿勢像是盤腿等，坐在凳子或桌上。如果她拒絕，他會以粗繩索綑綁對方。霍普金斯接著會找人二十四小時監視疑犯，在這段期間內，她不可以喝水或進食。他聲稱女巫的小惡魔會在這時候現身，並吸食她的血液。由於這個小惡魔可能會偽裝成黃蜂、蒼蠅、蛾或其他昆蟲，因此他們在門上或窗上留了一個小孔。而這位守衛必須目不轉睛地盯著洞口，並殺死所有進到房間裡的昆蟲。如果有任何昆蟲逃掉或沒被殺死，這名女子就會被判有罪，那隻昆蟲就是她養小惡魔的證據，因此她將被處以火刑，二十先令就這樣進了霍普金斯的口袋。憑著這種方法，他讓一名老婦人認罪，指認出現在房間內的四隻蒼蠅都是她的小惡魔。

令人欣慰的是，這名惡棍最後也落入自己設下的圈套。由於高盧先生的揭祕，加上他自身的貪婪，使地方官員開始不信任他。而大眾發現在他的迫害下，即便是最高尚且純潔之人，也無安寧之日，因此毫不掩飾對他的憤恨。他在薩福克郡被一群暴徒抓住，並指控他是巫師。他們用古老的傳說指控他，認為霍普金斯在使用巫術的情況下，騙到惡魔手中的名冊，上面有全英格蘭所有女巫的名字。因此，眾人說，「你並不是在上帝的幫助下找出女巫，而是透過魔鬼的幫忙。」他試圖證明自己的清白，但徒勞無功。眾人以他自己發明的方法測試他。他們立刻剝光霍普金斯的衣物，將他的手指跟腳趾綁在一起。接著，他被毛毯包起來，丟到水池中。有些人說他浮在水面上，並因此被撈起來接受審判，最後在沒有其他證據的情況下被處死。有些人則宣稱他溺死。但唯一可肯定的是，他為此丟了性命。由於沒有任何法官參與審判，也沒有發現執行死刑的檔案，因此我們可推測他應該是死於暴徒之手。巴特勒以《赫迪布雷斯》中的詩句，讓這名惡棍永留史冊：

我們愛民如子的議會，
不是送給魔鬼一名幫凶，
並賦予他十足的權力，
讓他揪出所有的女巫嗎？
我們偉大的幫凶，
不是在短短的一年內，
就將郡裡的六十名女巫都絞死了嗎？
這些女性中，有部分是沒有淹死的，
有部分是因為無法承受長時間坐在板凳上之疼痛的，
她們都被當作女巫絞死。
更有一些被認為是使用妖法，
把鵝和小火雞變成綠色，
讓豬得了憂鬱症，
這就是我們偉大幫凶的猜測。
最終，他咎由自取，
由於無法坐在長棍上而被當作巫師吊死。

在蘇格蘭，獵巫也成為一門行業。他們以「公共刺針人」（Commom prickers）的名字為人熟知，與霍普金斯相同，每抓到一個女巫就能收到一筆報酬。在一六四六年的珍妮特・皮斯頓（Janet Peaston）案件中，主審官達爾基斯（Dalkeith）命令特拉尼特的一名公共刺針人約翰・金凱（John Kincaid），檢驗這名女犯。他發現兩處疑似為惡魔印記的痕跡，當他將針刺進這兩個印記時，犯人沒有感受到痛楚，當針抽出來時，傷口也沒有流血。當他們詢問她剛剛針刺到哪裡時，她手指的地方離實際針刺的位置相隔很遠。這些針長達三吋。

這些公共刺針人的人數暴增，導致人們開始認為這種行業是一種公害。法官拒絕採用他們的實驗結果。一六七八年，蘇格蘭的樞密院在聽到一名誠實的女性向他們抗議，表示自己因為一名刺針人而被迫在眾人面前裸露後，譴責這些所謂的公共刺針人，說他們只是一群騙子。

但在斷送上百名無辜民眾的性命前，卻從未傳出這樣的言論。議會大肆鼓勵英格蘭與蘇格蘭的獵巫行動，他們賦予這些人某種程度的代表性，迫使地方治安官與統治者接受其檢驗的結果。一名在一六四六年因霍普金斯成為冤魂的男子，其案件值得我們關注。路易斯（Louis）先生是薩福克郡法林漢姆地區的教區牧師，年過七十，擔任此職務已長達五十年，卻被指控為巫師。在那個年代，對於忠實的羅馬教派信徒是沒有半點同情的，得到他一輩子辛苦奉獻的教徒們在得知他被指控為巫師後，立刻拋棄他。這名上了年紀頭腦稍顯不靈光的老人，在落入擅長將人屈打成招的霍普金斯手裡後，承認自己就是巫師。他說他有兩隻不斷叫他做壞事的小惡魔；某天，他走在海岸邊時，其中一個小惡魔誘使他許下願望，希望當時出現在海平面遠處的那艘船沉沒。他同意了，接著親眼看見那條船沉沒。根據他的自白，他被審判並處刑。在審判中，他的理智恢復了，大聲否認一切罪行，更發揮了不起的機智反過來盤問霍普金斯。在被判刑後，他請求教會為他進行喪禮儀式，但卻被拒絕。在被帶去刑場的路上，他憑著記憶替自己進行死前懺悔。

另一名可憐的蘇格蘭女子則在證據更薄弱的情況下，被處以死刑。一名公共刺針人約翰・班恩（John

Bain）發誓，說自己經過她家門前時，聽到她與魔鬼在說話。她表示自己當時只是很愚蠢地又在喃喃自語罷了，她的鄰居也為她這個習慣作證。但這名公共針刑人的證詞還是被採信。他說，任何喃喃自語的人都是女巫。他們在她身上找到惡魔的印記，這成為最有力的關鍵證據，於是她被判有罪，處以火刑。

在一六五二至一六八二年間，這些審判的數量逐年銳減，無罪判決也變得不再那麼罕見。就算被人指控使用巫術，也不會丟了性命。在國家法律上，譴責此類荒謬犯行的法律依舊存在；但法官在審理這些案件時，會以更人道且合乎邏輯的觀點判案。在某些程度上，那些受教育的階級（儘管在當時實屬罕見）雖然沒有大膽到敢否認巫術存在的悠久歷史，卻也公開表達自己對今日巫術存在的不信。擁護舊觀點的人與前者發生激烈的爭執，凡持懷疑觀點的人也被指稱為撒都該人。為了說服這些知識分子，知識淵博的牧師約瑟夫．格蘭威爾（Joseph Glanvil）寫下著名的作品《撒都該人的勝利》（*Sadducismus Triumphatus*）和《關係的總和》（*The Collection of Relations*）；第一本以哲學思維辯證巫術的存在，並指惡魔的力量「是為了塑造永恆的形態」；第二本則包含了大量他認為可作為現代巫術的證據。

儘管時代在向前邁進，步伐卻異常緩慢。一六六四年，受人尊敬的馬修．赫爾（Matthew Hale）爵士根據極其荒謬的證據，判處艾咪．道尼（Amy Duny）和蘿絲．科倫德（Rose Cullender）在聖埃德蒙茲博里接受火刑。這兩名因長相醜惡而被鄰居主觀認定為女巫的女子，到某間店裡買鯡魚，卻被拒絕。人們出於偏見，認為這兩人一定不會善罷干休。很快地，魚店老闆的女兒生病了，人們認為這正是兩人挾怨報復的結果。那名女孩深受癲癇之苦。為了確認是否為艾咪．道尼和蘿絲．科倫德的詛咒，他們蒙住女孩的眼睛，要兩名女巫觸碰她。她們照做了，而女孩也立刻開始抽搐。根據這項證據，她們被送進監獄。但這名女孩其實還有被不同人接觸，而她那想像力豐富的腦袋以為自己是被女巫碰到，因此立刻倒在地上開始抽搐。然而這個事實卻沒有讓被告免除厄難。

下面是從該審判報告中所摘錄的內容，顯示出此類證據如何在審判中被採納：

「清醒正直的賽繆爾・佩西（Samuel Pacey）發誓，表示在上個十月十日，他九歲的小女兒戴博拉（Deborah）突然變得異常虛弱，甚至無法以腿站立，這樣的症狀一直維持到十七日，當時這名女孩希望被移到房子東邊，這樣她可以看看海。就在這時候，艾咪來到證人的家中想買些鯡魚，且被拒絕，她生氣地叨念著離開了。就在這個當下，小孩開始出現嚴重抽搐，表次自己的胃就像被人以針戳一樣，非常痛，並發出有如幼獸般的尖叫，這樣的症狀一直持續到當月三十日。這名證人同時指出，艾米長期被人懷疑是女巫，而他的女兒在間歇性發作的期間，不斷大喊是艾米讓自己遭受折磨的真凶，說艾米出現在她面前並嚇唬她。他本人也確實懷疑艾咪是女巫，並因此控告她讓自己的女兒生病。兩天後，他的另一名女兒伊莉莎白也出現奇怪的痙攣症狀，他們甚至需要使用東西才能撬開她的嘴巴。兩名孩子都維持同樣的症狀，並驚懼地控訴艾米與另一個女人不斷出現、折磨她們。她們出現各種痙攣症狀，並經常喊著『艾咪．道尼站在那裡！蘿絲．科倫德出現了！』有時她們的右側無力；有時是左側；有時全身疼痛，甚至不能被碰觸。有時，她們全身都很正常，卻聽不到；有時則是看不見。有時她們會一、兩天完全不說話，有一次甚至長達八天。有時，她們昏倒並抽搐，清醒時卻又不斷咳嗽，吐出痰與別針。某一次甚至吐出超過四十個別針，其中還有兩個四吋長釘，這些都是證人親眼目睹。釘子和針都被帶到法庭上。於是，兩個孩子的病況持續兩個月，在這期間，證人經常要她們朗誦《新約聖經》，並發現只要遇到耶穌基督、上帝這類詞彙，她們就會陷入抽搐。但每當提到撒旦或惡魔，她們就會說，『這個字讓我說話變得流暢。』對兩個女兒的病狀感到束手無策的他，將她們送到亞茅斯的姑姑瑪格麗特．阿諾（Margaret Arnold）那裡，看看換個環境是否對病情有幫助。」

「瑪格麗特是第二名證人。宣誓後，她說在十一月三十日，伊莉莎白和戴博拉來到她家。送她們過來的哥哥說了事發經過，並表示自己的孩子可能被詛咒了。這名證人對這說法不以為然，說孩子只是在使性子，自己將別針放到嘴巴裡。為此，她將她們身上的別針全部拿下，將衣服以縫線固定，而不在使用別針。但在之後，她們有時會在她面前吐出三十多根針，並開始劇烈抽搐。在抽搐的同時，她們還會大喊艾米與蘿絲的名字，並說看到她們出現並且威脅自己。她們會看到家中有老鼠般的東西跑過，她們抓住其中一隻，並將這個東西丟到火爐裡，這生物發出猶如老鼠的慘叫聲。另一次，較小的孩子跑出門，有一個像是蜜蜂的東西硬是往她嘴裡飛，她尖叫地跑進房子裡，並在證人靠近她前倒在地上開始痙攣，並吐出一個寬頭的四吋長丁。後來，證人詢問孩子怎麼會有長釘，她說，『是那隻蜜蜂帶來的，還把它塞到我嘴裡。』有時，年紀較大的孩子會告訴證人她看到蒼蠅給她別針。接著，她會陷入痙攣，吐出別針。一次，大女兒說自己看到一隻老鼠，並爬到桌下觀察牠，之後，那個孩子似乎將什麼東西放到圍裙裡，說她抓到了，接著，她跑到火爐邊，將東西丟進去，結果出現火花，但證人明明看見孩子手上什麼都沒有拿。某次，孩子又處於失語狀態，但因此變得異常敏感，她在家裡跑上跑下，叫著『嚇！嚇！嚇！』就像在趕雞，但證人什麼也沒看到。最後，孩子抓到東西，又將那東西丟進火裡。後來，當失語症狀消失後，證人詢問她當時看到什麼？她說自己看到一隻鴨。另一次，小女兒在抽搐後說，艾咪．道尼剛剛在她身邊，企圖把她淹死，或者割斷她的喉嚨，或是用某種方法整死她。還有一次，她們兩人同時喊出艾米．道尼與蘿絲．科倫德的名字，說：『妳們幹麻不親自來？為什麼要派出小惡魔折磨我們？』」

《庸俗的錯誤》（*Vulgar Errors*）一書的作者、知名的湯瑪士．布朗（Thomas Brown）爵士也以證人的身分，參與審判。他以第三名證人的名義出席，並表示這兩個孩子明顯被下咒。他表示，最近有人在丹麥發現女巫，且使用同樣的手法——將別針、針、釘子弄進被害人身體，折磨他人。他認為在這件案子中，惡魔是透過人體的自然機制如體液的多寡，來影響人的行動，且令人驚訝的是，惡魔居然以她們自身患有的疾病作為折磨的手段。因此此種痙攣或許是她們原有的病症，卻在惡魔與女巫的影響下，變得更加嚴重。

他的證詞被採納，馬修．赫爾向陪審團發表演說。他說，如果是他，他會重複檢查證據，以避免任何錯誤，並認為陪審團應先釐清兩點事項。第一，這兩名女孩是否有被下咒；第二，她們是否確實被這兩名被告下咒。他表示，他本人相信巫術的存在，因為第一，《聖經》證明其存在；第二，所有先進的國家，尤其是英國本身，都針對巫術製定各種法律，這也間接證明巫術的確存在。他希望陪審團仔細檢驗證據，並請求上帝引導他們的心，因為讓無辜之人含冤就跟縱放罪犯一樣，是受上帝譴責的。

陪審團退席，一個半小時後，十三名陪審團認為兩名被告的所有罪名成立。隔天早晨，兩名女孩和父親來到馬修．赫爾面前，神采飛揚，身體狀況與生病前相差無異。在被詢問兩名女孩何時開始改善時，佩西先生回答，在女巫被判處有罪後的半個小時，她們就不藥而癒了。許多人曾企圖誘使兩位不幸的女人坦白招認自己的罪行，雖然結果徒勞無功，但最後，兩位不幸的女人還是被吊死。

在一六九四年至一七〇一年間，首席大法官霍特[4]曾經手十一件巫術案。這些案件的證據與過去相差不大，但霍特在每件案子上都成功地改變陪審團的既定偏見，讓這十一個案子都判無罪。整個國家似乎開始認為，在這些荒謬的控訴上，我們已流了太多血。時不時地，在些偏遠地方還是會出現迫害，但這些案例不再隨意結案。相反地，這些案子往往激起全社會的關注，而這也恰恰證明了巫術案件確實變得罕見。

一七一一年，一件巫術案在首席大法官鮑威爾（Powell）的手中，展開調查，儘管證據是如此地荒謬且矛盾，但陪審團依舊堅持判決有罪，而明理的法官則用盡各種方法，試圖讓他們做出正確的決定。其中一名被告為珍．威漢（Jane Wenham），經常被稱為「沃克耐的女巫」；而原告則是兩名年輕的女性：安．索妮（Thorne）和史崔特（Street）。一位名叫亞瑟．強西（Arthur Chauncy）的人作證，表示自己曾數次碰過索妮痙攣的情況，而這些症狀都在別人開始禱告或珍．威漢經過時，才會復原。他還說自己曾數次以針刺嫌犯的手臂，卻從未看見血流出來。他還在對方身上完全沒有任何針的情況下，看見她吐出針；他將這些東西留下來，也拿到庭

4 約翰．霍特（John Holt），英國律師，於一六八九年開始擔任首席大法官，對終止女巫迫害一事有極大貢獻。

上供檢驗。然而，法官跟他說這是沒必要的，反正證人早已認出這些是別針。

另一名證人佛朗西斯．格拉葛（Francis Gragge）則說，有人在索妮的枕頭中找到由受詛咒的羽毛所做成的奇怪「塊狀物」，他非常想看。於是他到一個放有這些羽毛的房間裡，並拿起其中兩個進行比較。這兩個東西都呈圓形，比五先令硬幣稍微大一些，他還發現較小的羽毛以相當奇怪的方式排列，每個的間距都一致，並以放射狀的方向排列，中心點則是羽毛梗末端交集處。他數了數這些羽毛，並發現每個塊狀物的數量正好是三十二。後來，他試著拔下其中的幾根羽毛，但發現這些羽毛被某種膠狀物粘住，必須拉個七、八下，才能順利破壞。在拔下幾根羽毛後，他用手指摳下那個黏著物，並發現中間有一些黑色和灰色的毛髮，揉成一團，他非常確信這些是貓毛。他還說，珍．威漢向他坦白說自己對枕頭下咒，更說自己練習巫術長達十六年。

此時，法官打斷證人的發言，表示自己非常想看看那些羽毛，並在被告知這些羽毛都沒有留下來時，擺出意味深長的表情。他詢問證人，為什麼不保留一些羽毛，證人告訴他大家將這些東西燒了，因為這是將受害者從詛咒中解放出來的最好方法。

一名叫湯瑪士．艾爾蘭（Thomas Ireland）的男子說，在聽到門外傳來數聲貓叫後，他走到外面企圖趕跑野貓，而這些貓都朝珍．威漢的房舍跑去。他還發誓說，他非常確定其中一隻貓長著與珍．威漢非常相似的臉。另一名叫博維爾（Burville）的人也提出類似證詞，發誓說自己經常看到一隻貓長著珍．威漢的臉。還有一次，他在安．索妮的房子裡，當時有幾隻貓跑進來，其中一隻正是那隻貓。該名證人原本還想說更多內容，但被法官打斷，說他們已經聽夠了此類證詞。

嫌犯什麼都沒說，只說「她就是一個女人」。有學問的法官於是總結，讓陪審團決定這樣的證詞，是否足以奪走一個人的性命。在冗長的討論後，陪審團做出判決，認為被告有罪。法官詢問他們，是否根據那些化身成貓的證詞來做出的判決？賢明的代表嚴肅地說：「是的，正是因為這些證詞。」於是，理性的法官非常不情願地宣布死刑判決。但在法官不屈不撓的努力下，被告最後獲得赦免，因此這名可憐的老女人終獲自由。

一七一六年，一名女子和她年僅九歲的女兒因將靈魂賣給惡魔，並透過製造肥皂泡泡的方式召喚暴風雨，而在亨廷頓被吊死。此案為英格蘭處死女巫的最後一件。從這年到一七三六年間，巫術迫害曾有捲土重來的跡象，幾名女性甚至在迷信下被拖到池塘進行判定，並差點丟了性命。但在許多人的努力下，利用自己的地位，發表自己的看法並對那些可憐人表達自己的同情，扭轉這場邪惡風暴。人們不再害怕巫術，對巫術的想像只停留在那些少數且受根深蒂固的偏見與迷信束縛的人心中。一七三六年，詹姆斯六世頒布的法條終於從法令書中刪除，國內的知識分子再也不會因這些法令蒙羞。那些巫師、算命師、通靈師等此類人，如果被視為騙子或惡棍，也只會被處以監禁或枷刑。

在蘇格蘭，迫害情況也在文明的進展下，漸漸銷聲匿跡。如同英格蘭，此地的進步也是以極緩慢的方式邁進。直到一六六五年左右，狂熱都沒有減少或消失的跡象。在一六四三年的議院大會中，他們認為，由於去年巫術的案件大量增加，因此建議樞密院應挑選「聰明的人與行政官員」，成立固定的委員會審查案件。一六四九年，一項法案通過，確立瑪麗女王早年通過的法案，並針對幾點後來出現爭議的地方進行解釋，對女巫及和其交易的人、或尋求其協助以窺探未來、對他人生命財產造成損害的人，製定嚴厲的刑罰。在接下來的十年，大眾對於巫術的狂熱到達巔峰，在這期間有超過四千人遭到迫害。此現象的肇因正是議會稍早的舉動與官員們對巫術採取極端嚴厲判決的結果；後者經常抱怨今天剛燒死兩個女巫，明天又要燒死十個：但他們從沒想過，追根究柢，他們才是這些現象的推手。一六五九年，在格拉斯哥、艾爾和史特靈的法官定期巡迴審理中，有十七名不幸之人因與惡魔交流的罪名，被燒死。一六六一年十一月七日，光是這天，樞密院就任命超過十四名委員，到各省進行審判。隔年，迫害的情況似乎減緩。從一六六二年至一六六八年，儘管那些「聰明的人與行政官員」繼續審理案件並處死人犯，最高法院還是冒出了一件獲判無罪的案例。公共針刑人詹姆斯．威爾許（James Welsh）在愛丁堡的大街上，被公開施以鞭刑，因其冤枉一名女性為女巫。這則事例讓我們發現，與幾年前相比，最高法院開始認真且嚴格地檢驗證據。被詩人約翰．德萊頓（John Dryden）讚許為「蘇格蘭高貴智者」的喬治．麥肯奇爵士，積極地引進一套審理標準，認為女巫的自白不足為憑，更不能相信公共針刺人與相關利益人士人士的證言。這種方法扭轉了過去的做法，並拯救許多人的性命。儘管爵士本人對於古代與現代巫術深信不疑，但對於那些每日以正義之名而犯下的暴行，他無法坐視不理。在他於一六七八年發表的作品《蘇格蘭刑法》（*Criminal Law of Scotland*）中，他說：「從這些令人深惡痛絕的審判中，我得到一個結論，那就是證據必須要有最直接且明瞭的相關性，還有能讓人啞口無言的說服力。對於那些將上千人燒死的殘忍、偏激法官們，我認為他們的罪孽不比女巫輕。」同年，約翰．克拉克（John Clerk）爵士婉拒擔任審判巫術的委員，並宣稱「他自己並非傑出的巫師，自然無法判斷對方的舉動」。而喬治．麥肯奇對於這樣的回答，非常欣賞。一六八〇年，他被指派處理數名被關在牢中，等著被判決的可憐女人。喬治爵士表示，除了那些荒謬且經嚴刑拷打所得的自白書外，根本沒有任何證據可證明這些疑犯的罪行。隨後，她們立刻被釋放。

在接下來的十六年裡，上議院開始不再受理這些巫術案。記錄數量為零。但在一六九七年，發生了一件與國王詹姆斯黑暗統治時期幾乎同等荒謬的案例。一名叫克莉斯蒂娜．蕭（Christiana Shaw）的十一歲女孩，受痙攣折磨，並在其惡劣的任性下，指控一位經常和她發生爭執的女傭下咒。不幸的是，她的故事被相信了。在受到鼓勵情況下，女孩描述各種女傭派來折磨她的惡魔們，而她的故事最後使二十一人遭受牽連。沒有任何證據可以證明他們的罪行，只有這位愛說謊小姑娘的故事，與他們在極端痛楚下所承認的口供；其中五人被布倫泰爾（Blantyre）勳爵判處有罪，其餘的人則由樞密院指派的委員進行審判。最後，所有人被判處火刑。其中一名被判有罪的巫師約翰．里德（John Reed），在獄中上吊。人們認為這是惡魔的報復，因為此人招供出太多關於巫術的祕密。這樁審判在蘇格蘭引起眾多討論。當代作家、牧師貝爾（Bell）發現，在這些案件中，那些比其他人更高貴且善良的人，反而容易成為誹謗的對象。他還說，最該被譴責的人，是腦中充滿偏激與各種荒謬想法的審判者，與格拉斯哥部分的頂尖學者。

在這樁審判後，七年之內平安無事，直到一七〇四年佩德溫（Pittenween）一群殘酷野蠻的暴徒們，讓人們不得不再次痛苦地關注這個議題。兩名女性被指控對街上的乞丐下咒，並使其出現痙攣症狀。儘管乞丐的症狀可能是裝出來，只是為了博得同情，這兩名女性還是被關進監獄，並施以酷刑直到她們招認。其中一人叫珍妮特．康福德（Janet Cornfoot），企圖逃跑，但在隔天被一群士兵抓回。在遣送的路上，他們不幸遇到一群瘋狂的暴徒，其成員主要為漁夫與其妻子，這些人企圖讓這名女子接受水刑。他們壓著她來到海邊，用繩子將她綁起，並將繩子的另一端綁在一旁的漁船上。以這種方式，他們將女子壓在水中數次。在她半死不活時，其中一名在船上的水手割斷繩子，暴徒又將她從海中拖到岸上。就在她失去意識的情況下，其中一個強壯的流氓取下小屋的門板，將門板放在女子的背上。接著，暴徒們從四處搜集大石頭放到女子的身上，直到可憐的女子被壓死。在這過程中，沒有任何一名執法人員企圖阻止；士兵幸災樂禍地袖手旁觀。群眾大肆撻伐怠忽職守的執法人員，但沒有任何人因此被懲罰。

下一個案件的主角是艾絲蓓．魯爾（Elspeth Rule），在一七〇八年巡審中，被安斯特拉瑟（Anstruther）勳爵判有罪。她被判在臉頰上烙印，終身被驅逐出蘇格蘭。

之後，好一陣子沒有再發生類似案件。一七一八年，許多地方都已停止巫術迫害，但在偏遠的凱斯內斯郡又重新燃起熱火。一名愚蠢的木匠威廉．蒙哥馬利（William Montgomery）非常討厭貓，但不知怎麼地，附近的貓總是選擇他家作為叫春的場所。他老是想著為什麼貓咪不去鄰居家，而選擇纏著自己。最後，他終於想到一個偉大的答案：纏著他的不是貓，是女巫。而他們家的幫傭更是信誓旦旦地說，自己經常聽到那些貓以人的聲音交談。後來，那些不幸的虎斑貓又到他家聚會，英勇的木匠全副武裝，在帶著一把斧頭、匕首和腰刀後，他衝到貓群中。他砍傷其中一隻貓的背，一隻貓的臀部，並用斧頭將其中一隻貓的腿砍殘，但他一隻都沒抓到。幾天後，該地區有兩名老婦人過世。人們說她們的屍體有異狀，其中一人的背上有明顯的新傷口，另一人的傷口則在臀部。木匠和他的女傭深信，死者就是那些貓的本尊，這個故事更傳遍了整個郡。人人都想找出證據，而一項了不起的證據很快就被發現了。可憐的老婦人奈妮・吉爾伯特（Nanny Gilbert），年過七十，被人發現她的腿斷了。由於她的面容醜惡，所以眾人都認為她就是女巫，也就是被木匠嚴重砍傷的那隻貓。木匠在得知眾人的猜測後，宣稱自己清楚記得用腰刀的刀背，用力擊中貓，所以那隻貓的腿應該斷了。奈妮被從床上拖了下來，並丟到監獄。在她被架上拷問檯前，她以非常清晰且明理的方式解釋自己的腿為何受傷，但她的說辭沒辦法讓其他人滿意。在專業的嚴刑拷打下，她說出了另一個故事，承認自己就是女巫，也就是蒙哥馬利那晚所砍傷的貓；近期過世的兩位老婦人也是女巫，並供出其他人的名字。這位可憐的老婦在被從家中押過來的路途上受了太多苦，酷刑對她來說也太過殘酷，隔天，她就死在監獄中。慶幸的是，當時國王的佐審官杜卡司（Dundas）寫信給該地的司法官羅斯（Ross）上尉，要他終止審理案件，因為此案件太複雜，已超過地方法庭所能審理的範疇，因此被招供出來的人暫時逃過一劫。杜卡司非常嚴謹地檢驗所有內容，並認為整起案件非常愚蠢，於是終止案件審理。

我們可以發現，四年後，那位司法官羅斯上尉，在另一起巫術審理中卻變本加厲。儘管他收到通知，指定此類案件未來都必須交由高等法院審理，他卻擅自將老婦人朵諾赫（Dornoch）處以死刑，只因她被鄰人指控對家中的牛與豬施法。這位可憐的老婦人其實處於瘋癲狀態，當她看到即將燒死自己的大火，還開心的笑起來並拍著手。她還有一位女兒，手腳都有殘疾，他們指控老婦人的罪狀之一，就是將自己的女兒當成馬騎去參加惡魔的聚會，惡魔把她女兒的手腳釘上了馬蹄鐵，因此殘廢了。

這就是蘇格蘭最後一起巫術案。一七三六年，這些刑罰被廢除，與英格蘭相同，未來遇到宣稱可使用魔術或巫術者，處以鞭刑、枷刑或監禁。

此後數年，這樣的迷信依舊徘徊在英格蘭與蘇格蘭人的心中。直至今日，某些地方對巫術依舊深信不疑。但在我們進一步討論到巫術在法律上正式滅絕的日子前，先讓我們回過頭看看歐洲大陸在十七世紀中葉至十八世紀的淒慘浩劫。法國、德國與瑞士在這場狂熱中，死傷慘重。這些國家在十六世紀因巫術而死的人數我們稍早已交代過，但在十七世紀初，這些數字再創高峰，尤其是德國。要不是官方檔案清楚記錄所有審判，實在很難叫人相信人類居然可以犯下如此瘋狂且愚昧的錯誤。借用好學不倦的學者赫斯特（Horst）的話，「整個世界就是一個瘋人院，供女巫與魔鬼耍猴戲的場所。」撒旦就像呼之即來的小嘍嘍，願為任何召喚他的主人呼風喚雨，打雷閃電，破壞自然，殘害人類的生命。這種有如褻瀆造物者威望與仁德的觀念，就這樣肆無忌憚地出現在神職人員的心中。那些早晚都向上帝祈禱著，讚美主賜予人類得以播種與收割的種子之人，卻深信渺小的人類可以進入地獄跟邪靈對話，並阻止上帝的仁慈與恩惠。從依諾增爵八世以後，接連幾任教宗都大力推動此種想法。在這種觀念的肆虐下，人們似乎被分成兩種人：施咒者與被施咒者。

德國地區，由依諾增爵八世任命的審判長有：寫下《女巫之錘》且惡名昭彰的雅各布・斯普林格、博學多聞的法學家亨利・因斯德特（Henry Institor）、史特斯堡的主教。班貝格、特里爾、科隆、帕德博恩和烏茨堡則是這些審判長活躍的地區，光是在他們的審判下，根據現代統計，至少有超過三千人被他們送上火刑柱。由於女巫的數量暴增，因此德國、法國與瑞士的審判長人數也越來越多。要搜索這些黑暗（好險現在已不存在）的邪惡記錄是不可能的，但光是猜想那時代的狀態，都叫人不寒而慄。

其他國家的審判檔案，則較容易追查。德國的斯普林格，法國的博帝奴斯和德利歐，留下大量以正義和宗教之名，所行的殘暴之舉。在十七世紀享有極高讚譽與權威的博帝奴斯說道：「我們不能以對待其他罪犯的態度，同等對待此類犯罪者。那些企圖依循原始法律程序的人，扭曲了神聖與人性法的精神。除非主審官心中藏有惡意，否則那些被指控使用巫術的人絕不能被判無罪。由於這種祕密犯罪很難舉證，因此一般的審判程序只會縱放上百萬名巫師與巫女！」自稱為「聖克勞德區的獵巫首席審判官」的獵巫者亨利・博蓋（Henri Boguet），制訂了一套給所有參與女巫審判者的程序，其中包含七十條項目，與博帝奴斯的條文同等殘酷。在這份文件中，他認為所有被懷疑使用巫術者應立即逮捕，並進行拷問。如果嫌犯喃喃自語、看著地面，並且沒有掉淚，這些跡象就可證明其確定有罪！在所有巫術案中，如有孩童涉案，其父母也需一併逮捕。那些被眾人認為素行不良、在一般案件中其宣誓後的誓言也不足採信之人，如果控訴自己被詛咒，其言語必須被接受！當我們看見這個邪惡的教條被所有高級神職人員與市政機關奉為圭臬，還會不懂為什麼有上千名不幸之人會成為烈焰的祭品嗎？為什麼科隆每年可以燒死三百名女巫？又為什麼班貝格每年可以處死四百人？為什麼紐倫堡、日內瓦、巴黎、土魯斯、里昂等城市，每年可以殺死兩百人？

其中，有幾件案子特別值得我們深省，我將依其發生的年代，逐一檢討。一五九五年，康斯坦茲附近的小鎮裡有一名老婦人，對於自己沒有被眾人邀請參與公眾慶典感到非常憤怒，有人聽到她喃喃自語地對自己說了些話。稍後，又有人看到她朝著一座山丘走去，並消失在眾人視野中。兩小時後，刮起一場狂風暴雨，將跳舞中的人們淋濕，更讓作物受到相當程度的損傷。於是，這名老婦人被抓起來，指控其在一個洞中倒入紅酒並以棍子攪拌，導致暴風雨降臨。她在嚴刑拷打下認罪，並在隔日早晨被燒死。

在同個時期，土魯斯有兩人被指控在半夜的時候拖著十字架經過街上，並時不時地停下來對十字架吐口水或踢它，還會在其中穿插著魔咒。隔天，下起了大量冰雹，毀損作物。一名鞋匠的女兒記起自己在那天晚上聽到巫師念的咒語。她的故事讓那兩人被逮捕。監獄再度搬出拷問檯。巫師承認他們可以隨意呼喚風雨，並供出幾個跟他們一樣具有此能力的人。之後，他們被吊死，其屍體在市場進行焚燒，另外七名被他們供出來的人也落得同樣下場。

德國兩位知名的巫師霍波（Hoppo）和斯達琳（Stadlin），於一五九九年被處死。他們供出二十至三十名女巫，表示他們會讓女人流產、讓天空打雷、讓少女生出蟾蜍。對於最後一項指控，有幾名少女信誓旦旦地出來作證！斯達琳承認自己殺死七名尚未出世、還在母親子宮內的嬰孩。

在法國，博帝奴斯非常欣賞獵巫者尼德（Nider），此人殘害無數性命，連他自己都無法算清。在這些「女巫」中，有些人單憑一個字就能讓人倒地斃命；有些人會讓孕婦必須懷胎三年才能產下孩子；有些女巫可以透過特定的咒語與儀式，讓敵人的面孔上下顛倒，或讓人整個頭轉過去。雖然從來沒有人親眼見過如此恐怖的事發生，但巫師們承認自己擁有這種能力也確實使用過。不需要更多證據，他們被推上刑檯。

在阿姆斯特丹，有一名發瘋的少女聲稱自己可以讓牛不孕，且只需重複咒語，就能對豬和雞下咒。她被吊死，並焚燒。同個城市，還有另一名叫柯內耶絲・凡沛美盧茲（Kornelis van Purmerund）的女人，因前者的自白而被逮捕。一名證人立刻跳出來，發誓說自己某天透過自家的窗戶，看到柯內耶絲坐在火爐前，喃喃地向魔鬼說話。她非常確定這個女人是在跟魔鬼說話，因為她聽到魔鬼回應她。沒過多久，有十二隻黑貓從地面下浮出來，並以後腿開始跳舞，這件事持續了半個小時。接著，牠們在恐怖的聲響下消失了，只留下一股難聞的氣味。於是，柯內耶絲也被吊死並焚燒。

在巴伐利亞的班貝格，從一六一〇到一六四〇年間，幾乎每年處死一百人。一名女子因過度稱讚一個小孩，結果小孩在不久後生病並過世，她立刻被指控為女巫。在拷問檯上，她承認惡魔給予她可以對付敵人的力量，她只要讚美別人，就能行使這個能力。如果她用了特別熱情的詞語，像是「多麼魁梧的人啊！」、「多討人喜歡的女人！」、「好可愛的孩子！」惡魔就會懂她的意思，並立刻以病痛折磨對方。不用多說，這名女子的下場可想而知。許多婦女因為讓惹怒自己的人體內出現奇怪的物品，而被處死。這些東西經常是一塊木頭、指甲、頭髮、蛋殼、玻璃、碎麻布、呢絨、小石頭，甚至還有火熱的煤渣和小刀。人們認為這些東西會一直留在體內，直到女巫認罪或被處決，這時，詛咒就會失效，這些東西則會從嘴巴、鼻孔或耳朵跑出來。在現代醫學病例中，曾發現有許多少女會自己吞下針，而這些針會從手臂、腿或身體其他地方跑出來，但當時的醫生無法處理這些病症，因此只能歸類為惡魔作祟。一根被吞下的針，就能斷送一條命，不，有時甚至不止一條命。審判官通常不會在找到一名嫌犯後，就停止用刑。在多數情況下，拷問檯能扯出更多人。

在所有巫術審判中，最讓人膽戰心驚的案例莫過於一六二七年至一六二九年間，發生在烏茨堡的事件。豪博爾（Hauber）在其著作中，保留了一份名單，但在最後的附註中說道，這份名單並不完整，因為還有大量被燒死的人沒有在這名單上。光是這個城市、而不是整個烏茨堡的名單，就有一百五十七人在兩年內的二十九場火刑中被殺，這代表平均一場要燒死五到六人。這份名單包括三名演員、四名客棧老闆、三名烏茨堡的政務委員、十四名教區牧師、市長夫人、一名藥劑師的妻子與女兒、兩名唱詩班成員、高博．巴格林（Göbel Babelin）——鎮上最美麗的女孩、鎮務委員史多茲貝（Stolzenberg）的妻子和兩名年幼的兒子和女兒。窮人與富人，青年與老人，都遭遇同樣的厄運。在第十七場火刑中，被害者是一名十二歲的流浪兒，和四名被人發現睡在市集中的奇怪男女。名單上共有三十二名無家可歸之人被指控使用巫術，他們在沒辦法為自己提出令人滿意的解釋下，全部被判有罪。這份名單上出現的孩童數量，簡直讓人髮指。第十八場火刑的受害者為兩名十二歲的男孩、一名十五歲的女孩。第十九場，是貴族世家羅騰罕（Rotenhahn）年僅九歲的繼承人，以及另外兩名分別為十歲、十二歲的男孩。名單上還出現烏茨堡最胖的人包納（Baunach），和最富有的人史丹納屈（Steinacher）。使這樣的幻象籠罩在這座不幸城市與整個歐洲上空，且越來越龐大的原因是，還有大量患有憂鬱症與疾病的人，他們不斷自首，坦白使用巫術。有幾位出現在這名單上的人，單憑自己的證詞而被處死。如稍早所提的藥劑師太太與女兒，都是因為聲稱會使用巫術，或販售毒藥、利用咒語和手段召喚惡魔而被處死。但在這段令人戰慄的時代裡，法官與嫌犯的幻想症幾乎同樣嚴重。那些墮落的人們往日或許只會想著該如何當小偷或謀殺他人，現在卻企圖透過虛無縹緲的巫術來獲取力量，有時更為了嚇唬人而假裝自己可以召喚撒旦。第一場火刑中，有一人是妓女，她被人聽到重複念著咒語，企圖將自己的死對頭變成羊。

這毫無意義的咒語很快就被全德國的小男孩學會了。許多不幸的小男孩在打鬧間複誦這些句子，並為此賠上一生。有三名年紀十到十五歲不等的男孩，在烏茨堡被活活燒死，原因正是為此。理所當然地，後來這個城市中的男孩都確信這個咒語是真的。一個男孩承認自己曾試圖招喚撒旦，並覺得如果撒旦可以每天都給他美味的晚餐和蛋糕，還有一隻小馬，他願意將靈魂賣給他。這個小男孩沒有被爸媽毒打一頓，而是被吊死並燒掉。

但還有一個小鎮林德海姆，其燒死女巫的數量居然還能比烏茨堡更令人咋舌。一六三三年，有位非常知名的女巫名叫波姆普・安娜（Pomp Anna），據說，她只要一個眼神，就能使敵人生病。她與她的三個夥伴被人舉發，並處以火刑。在這個至多千人的教區裡，每年被處以極刑的就有五人，從一六六〇至一六六四年間，總死刑人數高達三十人。假使當時整個德國都按照這可怕的比例執行死刑，幾乎所有家庭都要家破人亡了。

根據一份於一六二七年在施馬加登發行的刊物頭版內容，它詳細記載了「法蘭克尼亞、班貝格和烏茨堡所發生的知名事件，以及那些出於貪婪或是野心，將自我出賣給魔鬼之人的最終下場。這些內容被寫成歌，並配上多蘿西（Dorothea）小調傳唱。」那些女巫在火刑柱上分分秒秒所遭受的痛苦，都被化成文字，但當詩人描述這些因不尋常罪行，而被綁上火刑柱，並因痛苦而扭曲了面孔，以尖銳的叫聲劃破周圍時，卻隱藏著某種異樣的詼諧。有首打油詩將一條迫使女巫招供的詭計變成一個幽默的笑話。由於女巫倔強地拒絕招認自己和邪惡勢力掛鉤，長官便命令劊子手身披熊皮，戴上牛角，拖著長長的尾巴和雜七雜八的裝飾進入女巫的牢房。處在黑暗牢房中的女人，在自身迷信所帶來的恐懼驅使下，根本沒想到這是一場騙局。她以為地獄王子真的站在自己面前，當她被告知要保持勇氣，要相信她終究會從敵人的手中被拯救出來時，她跪倒在虛幻的惡魔跟前，發誓自己來世必會獻上自己的肉體與靈魂，為其效力。或許，德國可能是全歐洲唯一一個因幻覺盛行，以至於這些令人憎惡的詩句也成為人們熱愛傳誦的國家了。就像羽毛能用來顯示風向一樣，這些低俗的民謠展現了當時社會大眾的想法。

所有讀過歷史的讀者想必對知名的昂克爾（Ancre）元帥夫人案耳熟能詳，該夫人於一六一七年在巴黎被處決。儘管她被指控的罪行包含了巫術，但真正的原因是影響瑪麗・德・美第奇（Maria de'Medicis）的意志，並因此對令人不齒的路易十三造成間接的影響。她的馬車伕作證，說曾看見她在午夜時分的教堂中，將公雞宰殺當作祭品，其他人則信誓旦旦地發誓，他們看到她偷偷跑到知名女巫伊莎貝拉（Isabella）的家裡。當他們質問她如何對皇太后的心智造成如此強大的影響，她大膽地回答，她什麼都沒做，但脆弱的心靈總是易於臣服在強健的心靈下。她在熊熊烈火中死去。

兩年後，一件慘絕人寰的案件在庇里牛斯山腳下的法國屬地——蘭伯特，發生了。當時，波爾多議會聽聞許多女巫恣意出沒在蘭伯特及其臨近區域，他們憤怒地派出成員：知名的皮耶爾・德蘭克（Pierre de l'Ancre）和議會首長伊斯班紐（Espaignel），調查此事，並懲處那些人犯。一六一九年五月，兩人抵達蘭伯特。德蘭克寫了一本書，詳細記錄自己如何和那些邪惡的勢力對抗。內容極其荒謬與愚蠢，但我們仍舊可以從中得知審判與處死人數，以及他們如何透過酷刑強逼人犯認罪。

德蘭克解釋了為什麼蘭伯特地區有如此多的女巫：因為地處山谷，土地蠻荒！許多人因偏好吸食菸草，便因此被抓起來。這或許是因為他相信詹姆斯國王的言論，說菸草都是「惡魔的大麻」。當審判首度開始時，每天送來審理的人數約為四十人。但獲判無罪的比例僅為百分之五。所有的女巫都承認她們參加了女巫大會。在這些聚會中，惡魔會坐在一個鍍金的寶座上，有時惡魔會變成羊，有時會化身成男性，身著黑色衣物，穿著有馬刺的靴子，帶著劍，但惡魔更常以一團看起來有些類似凋零的樹幹的形態，盤踞在黑暗中。她們經常騎著竿子、乾草叉或掃把，跑到聚會場所，並在那裡和各種小惡魔享受極盡墮落之事。曾有一次，她們大膽的在波爾多的市中心舉辦宴會。她們將撒旦的王座放在佳里恩廣場的正中央，整個廣場上擠滿了各地跑來的女巫與巫師們，有些人甚至來自遙遠的蘇格蘭。

在兩百名不幸的疑犯被吊死並焚毀，審判的案件並沒有減少的趨勢。許多人被綁在拷問檯上，拷問撒旦對於這兩位長官如此嚴厲的作風，是否有任何表示？大家的回答多半是撒旦毫不在意。有些人宣稱，他們大膽責備撒旦為什麼要讓自己的朋友遭受火刑的痛苦，他們說：「看哪，虛偽的魔鬼！你承諾說他們不會死！看看你是如何遵守承諾的！他們被燒死了，剩下一攤灰燼。」面對這些質問，撒旦沒有生氣，他宣布聚會暫停，並點燃一個假想的火焰，鼓勵大家走過去，宣稱就算他們被火燒，也不會感受到任何疼痛。接著，眾人問他，既然他們的朋友沒有受苦，那他們現在身在何方；「說謊大王」立刻回答，他們現在幸福地待在一個遙遠的國度，但依舊可以得知世上發生的事，如果想見某個人，他們只需要呼喚那個人的名字，就可以聽到那個人的聲音。接著撒旦模仿了某個被處死的女巫聲音，他模仿的是如此惟妙惟肖，讓所有人都相信了。在回答完所有疑問後，狂歡再度開始，直到雞啼。

德蘭克也很熱衷於審判那些以為自己可以變成狼的瘋子。有些人在被逮捕後，自行招認自己是狼人，並說他們會在晚上衝到羊群與牛群中，大肆殺戮和獵食。一名貝桑松的年輕男子在明白自己會遭遇何種可怕下場的情況下，承認自己是強大惡魔——「森林之神」的僕人，憑著該魔鬼給予他的能力，他可以化身成狼。森林之神也會變成同樣的形態；但比他們更大、更強、更凶暴。他們會於午夜時分徘徊在牧場中，殺死抵抗他們的看門狗，撲殺大量的羊，即便根本吃不下。他說自己在這樣的活動中感受到極端的快樂，當他用自己的爪子撕開溫熱的羊體時，他會忍不住發出愉悅的嚎叫。這位少年並非唯一一位做出如此恐怖陳述的人，許多人爭相坦誠自己就是狼人，但還有更多人在嚴刑拷打下，坦誠自己是他們的同伴。當時的官員認為這些人的罪行重大，吊死再焚燒不足以懲罰他們；他們通常是活活被燒死，在將灰燼撒到風中。嚴肅且博學的醫生們，更公開支持人變成狼的可能，儘管他們唯一的證據是巴比倫王尼布甲尼撒（Nebuchadnezzar）的故事。他們認為，如果這位國王可以變成公牛，現代人又何嘗不可能在惡魔的力量或神的准許下，變成狼。他們還說，既然已經有人認罪，就代表這種事情確實存在。德利歐提到，曾有一名男子被控變成狼形，並因此遭受刑求二十多次，但他還是不肯認罪。於是，他們給他迷幻藥，在藥效發作後，他承認自己是狼人。德利歐以這例子顯示這些審判者的無所不用其極。他們從不在犯人招認前，將對方燒死；如果一次酷刑不足以讓對方招認，他們絕對會非常有耐心地一次又一次地重複，就算超過二十次也不厭倦！這樣的暴行以宗教之名不斷上演。

不幸的烏賀班．葛宏迪耶（Urbain Grandier）是盧丹的牧師，他被指控對鎮上修道院中的修女們下咒，但這樣的誣告只是他的敵人用來對付他的方法，就像昂克爾元帥夫人那樣。這件讓全法國陷入數個月騷動的案件，即便當時大家就發現這是陷害，卻無能為力。口口聲聲指認這位牧師使用巫術的人，並非那些受幻象所畏懼的愚昧大眾，而是卑鄙的陰謀家。在一六三四年，這樣的指控是不能被撤銷的，正如博帝奴斯所說，「舉發人的惡意大剌剌地攤在陽光下；當事人充滿理智、誠實且坦白的辯解，卻不能抵擋那些認為自己被下咒的瘋婦的指控。她們的指控越荒謬、矛盾，他的敵人就越可以強烈地控訴他。在極端殘酷的情況下，他被處以活活燒死。」

一六三九年，里爾發生了一件足以顯示民眾有多麼畏懼巫術的特殊案例。一位虔誠但不太理智的女人安東尼德．波黑尼庸（Antoinette Bourignon），在里爾成立了一所學校。有一天，當她走進教室時，覺得自己在孩子們的頭上看到許多小小隻的黑色天使。在非常緊張的心情下，她將這件事告訴自己的學生，警告他們要小心撒旦派小惡魔來折磨他們。日復一日，這位愚昧的婦人不斷重複自己的故事，撒旦和撒旦的力量成為她與學生們唯一的話題。其中一名學生偏偏在此時逃課。在被抓回來並質問後，她說自己不是自願逃跑，是被惡魔抓走，而且她從七歲就開始當女巫了。一些少女聽到這個消息後，立刻昏倒，在她們恢復後，紛紛承認自己也是女巫。最後，有整整五十人因為別人的幻想，開始以為自己也是女巫——她們說自己會到海底的密室或草原上聚會，她們可以騎著掃把飛到空中，吃著嬰兒的屍體，或鑽過鑰匙孔。

里爾的市民們對這樣的自白感到震驚。神職人員緊急展開調查。儘管有許多知名人士公開認為這整起事件只是孩子的胡鬧，但這並沒有改變主流；審判者堅持這些孩子的認罪是有效的，必須燒死她們才能警惕所有的女巫。可憐的父母們流著眼淚苦苦哀求審理的修士們，聲稱自己的孩子是被下咒，絕不是詛咒別人的人。這樣的意見被採納了，而將這些荒謬的種子種植到孩子腦中的安東尼德．波黑尼庸，被視為女巫，並被帶到法庭。整起案件對她的處境極為不利，她幾乎一秒都無法繼續忍受質詢。在試著盡一切努力為自己辯解後，她匆忙地離開里爾，逃避追捕。如果她繼續在那待上四小時，肯定會落得燒死的下場。我們只能希望，不管她逃去了哪裡，至少能了解誘惑孩子的心靈是很危險的，因此不要試著想控制他們。

布倫瑞克（Brunswick）公爵和美茵茨的選侯對於疑犯必須接受如此嚴酷的虐待，感到震驚，並認為任何一位公正的法官都不應採納嚴刑逼供的自白書，更不能將此自白作為處決人犯的證據。據說布倫瑞克公爵曾邀請兩名知識淵博、且對巫術持強烈譴責態度的耶穌會修士到家中做客，想讓他們了解審判過程的殘酷與荒謬。一名被控訴使用巫術，且剛從酷刑架上被放下的女子，倒在地牢中，兩名耶穌會修士走進地牢，準備一同聽取口供。在公爵一連串精心設計的問題下，這名在極度疼痛狀態中的可憐婦人，承認自己經常參加魔鬼們在布羅肯山區的聚會。她承認自己曾在聚會中見過兩名耶穌會的修士，這兩人壞事做盡，即便在巫師圈中風評也很差。她曾看過他們變成羊、狼等其他動物。許多知名的女巫曾為他們一次生下五、六或七個孩子，這些孩子的頭像蟾蜍，腿如蜘蛛般細。當她被問到這兩名修士是否離她的所在地很遠，婦人回答他們就在這間牢房裡。布倫瑞克公爵帶著兩名目瞪口呆的修士離開，向他們解釋自己做的手腳。這個做法讓兩名修士深刻體認到，有成千上萬人可能因酷刑而被冤枉。這兩名修士知道自己是清白的，因此當他們想到如果剛剛套口供的人不是他們的朋友，而是敵人時，就感到不寒而慄。其中一名修士是弗雷德里克．施佩（Frederick Spee），其著名的作品《關注犯罪者》（*Cautio Criminalis*）於一六三一年發表。此本揭露巫術審判之恐怖的作品，為德國帶來極正面的影響。美茵茨的主教與選侯蕭彭（Schonbrunn）在自己的領地內，完全廢除了酷刑，而他的做法立刻得到布倫瑞克公爵等人的效法。女巫數量立刻削減，幻象的肆虐開始消散。

漫漫惡夜開始露出一絲曙光。法院不再一年將幾百名巫師與女巫處死。過去四十年、每年總要燒掉六十條人命的烏茨堡，那一年只燒了一名女巫。從一六六〇至一六七〇年間，德國各地的選侯持續將死刑的判決，改成終身監禁或在臉上烙印。

正義的真理，終於在所有民眾的心底萌芽。學者掙脫迷信的束縛，而世俗與教會當局也開始掃除他們長久以來深信不疑的幻象。諾曼地議會在一六七〇年將數位女巫處死，其原因為她們騎著掃把參加女巫大會，但路易十四將這則判決改成終身放逐。議會提出抗議，並向國王提出下面這則相當知名的請願書。這些內容非常重要，它們是立法機關企圖重振這項謬誤的最後一搏，其中所引述的論點與例子，也恰恰顯示了他們的荒謬。對這份陳情書不為所動的路易十四，也為自己博得至高無上的榮譽。

一六七〇年，盧昂地方議會呈國王請願書

陛下：

承蒙陛下親自授予吾輩在諾曼地行使權力，審問並懲處人犯，尤其是那些違反自然，對國家與宗教安危帶來毀滅性影響的巫術使用者，吾輩，您的議會，卑微地向陛下陳情一件與巫術有關的案子判決。吾輩無法理解陛下最近向此區司法總長下達的命令，延緩幾名因巫術而被處死人犯的判決，並要求將其他幾件正在審判中的案件暫緩，吾輩認為此舉可能會帶來極不樂見的結果。此外，還有一封來自國務大臣的信，信中指出陛下欲將這些判決改為終身驅逐，並將此意見呈交給總檢察長，巴黎議會中知識最淵博的成員認為無論是巫術也好，或其他事務，盧昂議會的法學應優先於巴黎議會，甚至是全國所有議會的法學，且被人遵守。

儘管根據前任國王的法令，議會不得對任何密令有異。然而，根據吾輩僅有、與全國一致的想法，且出於對陛下的一片忠誠，以及吾等對陛下過往所有命令所展現的一貫忠誠與順從，希望，陛下，您能再次考慮巫術犯罪的嚴重性，以及輕判此案所帶來的影響，並再次同意並賜予吾等執行審判，並依據其罪行執行處決的權力。自從接到國務大臣的來信，吾等深深了解陛下的決心，不僅僅要將這名女巫的死刑改成終身驅逐，還要歸還人犯先前擁有的物品與財產，恢復其聲譽與人格。您的議員們認為自己身負重責大任，必須讓陛下明瞭，一般大眾對於這些罪大惡極罪犯有何感受。進一步而論，這不僅僅是一個關乎於上帝榮耀的問題，更關連生活在水深火熱、無盡恐懼的臣民，他們日日擔心懼怕那些邪惡勢力會攻擊他們，危及其生命財產。

陛下想必也同意所謂巫術，便是違背上帝旨意的最大之惡，破壞信仰根基，並吸引奇怪的可憎之人。為此緣由，陛下，《聖經》中才以死刑來懲罰使用巫術之人，教會與聖父更極力譴責他們的惡，並規範所有法令必須對其嚴厲責罰。法國教會深受先王的虔誠所感動，並表示其最高權限只能判其終身監禁，而這處置不足以對這邪惡罪犯造成影響，因此將審判交予世俗權力處置。

對一般大眾來說，普遍認為此等罪犯應被處以死刑，即便是先祖也抱持同樣態度。在羅馬法律中也製定了同樣的刑罰。所有的法學顧問都同意這樣的看法，以及帝王們的憲章，尤其是受福音啟發的君士坦丁（Constantine）與狄奧多西（Theodosius），他們不僅重新製定同樣的懲罰，更明文規定，這些經適當審判而被定罪之人，不配獲得君王的憐憫。查理八世（Charles VIII.）陛下也在受到同樣的感召下，通過了那詞藻華美且嚴厲的法令，讓法官可根據案件的急切程度，懲處罪犯，否則他們就必須面臨罰鍰或監禁，或被解職的懲處。同時，也規定所有拒絕譴責女巫之人，必須處以同謀之罪；相反地，舉發巫術之人可得到獎賞。

基於這些考量與執行此神聖使命的態度下，陛下，吾等遵從法令，充分地對罪犯做出合適判決；而您的議會，諾曼地議員們，也從未感受到自己在法庭上的做法與過去有任何變異。在那些談論到此類審判的書籍中，更引用了無數將女巫處以火刑、車裂等極刑的判決案例。下面，就是其中一個例子：在西爾佩里克（Chilperic）時代，您可以參照都爾的聖額我略《法國歷史》（*History of France*），第三十五章；此外，《法學實踐》（*Judicial Practice*）中，說道巴黎議會所有通過的法令，都符合此國古老律法的精神。一四五九年，在《蒙斯特雷記事》（*Monstrelet*），描述了處置阿圖瓦女巫的事例；一五七三年十月十三日，同個議會的法令，也同樣處置了來自索米爾的女巫瑪麗．路福耶（Mary Le Fief）；一五九六年十月二十一日，在希爾．德．波蒙（Sieur de Beaumont）審判中，他聲稱自己只是希望透過惡魔的幫助，解除被詛咒之人的折磨與病痛；一六〇六年七月四日，佛朗西斯．德布斯（Francis du Bose）的案例；一五八二年七月二十日，阿貝．德拉努（Abel de la Rue），庫洛米耶爾人；一五九三年十月二日，盧梭（Rousseau）與其女兒；一六〇八年，另一名盧梭與佩利（Peley）被控使用巫術，並在巫師大會上向化身成公羊的撒旦膜拜，他們認罪；一六一五年二月四日，奧爾良議會審理的勒克萊爾（Leclerc）案，此人被指控參與巫師大會，並承認自己與其他兩名同夥（死在獄中）一起崇拜惡魔，背棄自己對上帝的信仰，跳著女巫之舞，進行邪惡的獻祭；一六一六年五月六日，男子利吉（Leger）的相似案例；國王查理九世因杜瓦司．夏雷招供其大量同夥而赦免其罪，但後又因其行使巫術而撤銷赦免；莫赫納格（Mornac）於一五九五年引用的巴黎議會法令；根據亨利四世的意思，而對波爾多議員德蘭克的判決；一六一九年三月二十日，巴黎議會對艾兒狄娜．奧迪貝（Etienne Audibert）的處置；一六二〇年六月二十六日，內拉克法院判決的幾名女巫案；一五七七年，土魯斯法院通過的法案，並被格雷戈里．托洛薩努斯（Gregory Tolosanus）引用，判處兩百名犯下巫術之罪，並擁有惡魔印記的人。除了這些案例外，請容吾等提醒陛下，還有普羅旺斯議會的各種判例，尤其是一六一一年發生的高飛迪（Gaufredy）案；還有第戎議會、雷恩議會的判例，接下來是一四四一年，布列塔尼爵士因使用巫術被處以火刑。陛下，這些案例在在顯示全國各地的議會對於使用巫術者，向來都是處以死刑，以伸張正義。

陛下，這些都是諾曼地議會根據法條，之所以對最近發生的案件做出死刑處分的根據。如果在任何情況下，各地議會與諾曼地議會成員們對單一案件的判處並非死刑，也是因為其罪不致死的緣故。陛下與先皇們賦予深暗律法之人等可自由針對眼下案件的證據，做出適當判斷的權力。

在歷代諸多先人與神聖法律的懲戒先例下，吾等敬請陛下再三思慮，對於此類充滿惡意之人的異常判決結果。那些死於不知名疾病者，多為此類惡意的受害者，而那些牛、羊群的損失，也經常是因此等烙上惡魔印記之人而起，從一地瞬間移動到另一地、邪惡的獻祭與夜間集會等種種因素，都被古代與現在作家一一證實，更有大量人證——無論是同謀的夥伴或試圖在審判中找出公理正義之人，以及犯罪者的自白。因此，陛下，在鑑於各種不同案件間出現的相同協議與一致想法下，那些犯下巫術之舉的無知犯罪者都得到同樣的懲處，得到同樣的下場，根據許多曾寫作相關事件的知名作者典籍，吾等可為陛下呈上更多讓陛下滿意的審判檔案。

將所有的事例納入考量，陛下，吾等身為您議會的成員，希望陛下能秉持明君之態，處理吾等因陛下所賦予之權力，而斗膽上述陳情。陛下明鑑，吾等是出於自我的良心意識與職責所負，根據前人與法官們的評斷，對被起訴的女巫與施法者們做出處置，這之間絕無任何一絲逾越國內法學的私心，並確保臣民們在免於巫術的迫害下獲享陛下的福澤恩德。為此，懇請陛下准許吾等執行先前判決的結果，並讓其他同類案件的審判能繼續進行。唯有如此，陛下長久以來英明的聲譽才不會因悖離前人的做法，而蒙受損害。

如我們先前所提，路易十四對這份陳情書視若無睹。這名老婦人的性命保住了，而法國純粹的女巫迫害（不包含其他因素在內的案件），也正式畫下句點。一六八〇年，法國通過了一項法案，不再針對女巫懲處，只對那些佯稱可以行使巫術、預知未來、製造奇蹟或下毒者進行懲罰。

終於，一絲曙光同時照進了德國、法國、英國與蘇格蘭，漸漸地越來越清晰、越來越明亮，直到十八世紀中期，在知識爆炸期間，無人關心巫術，相信巫術更被視為最低等的表現。然而，這場狂熱在銷聲匿跡前，曾兩度爆發並引發了好一陣子的瘋狂。第一次發生在一六六九年的瑞典，第二次則是一七四九年的德國。這兩起案件都值得探討。第一起案件在歷史上可謂前所未見，其殘暴與荒謬的程度在任何國家史冊上絕對都是聞所未聞。

瑞典國王在得知達拉納省內的莫哈小鎮出現許多女巫後，任命神職人員與一般信徒們組成委員會，並賦予其責罰罪行的能力，務必清查此地謠言。一六六九年八月十二日，在迷信的居民熱烈歡迎下，委員們抵達受詛咒的小鎮。隔天，全鎮近三千名的居民在教堂召開集會。演講開始，鄭重陳述那些因被惡魔迷惑而遭受磨難的悲慘案例，而狂熱的祈禱者則祈求上帝讓眾人免於受巫術之苦。

接著，所有人移動到教區牧師的家門外，占據整條街道，此時國王指派的委員們開始宣讀，點出所有與巫術可能有關或知道消息的人上前，陳述事實。突然間，所有人被一股情緒虜獲，男女老少紛紛流著淚與啜泣，每個人都承諾自己絕對會知無不言，言無不盡。於是，聚會解散，眾人帶著激動的情緒返家。隔天，他們再次被召集，有幾人在大家面前公開說出自己的證詞。結果，有七十人被拘留，其中包括十五名孩童。臨近的艾福德倫區也有許多人被逮捕。在嚴刑拷打下，眾人皆承認自己的罪狀。他們說自己會到兩條路交會的礫石坑裡聚會，他們會穿上祭袍，並在那裡「一遍一遍又一遍」地跳著舞。接著，他們會走到十字路上，呼喚惡魔三次：第一次以低沉、平穩的聲音呼喚；第二次稍微提高音量；最後一次則是大聲呼喚「先行者，來吧，帶我們去布洛庫拉[5]！」而這樣的呼喚也從未失敗。撒旦總是以一位矮小老人的樣貌現身，穿著灰色外套和紅藍襪子，還有非常長的襪帶。他戴著一頂非常高的帽子，上面有五彩繽紛的緞帶纏繞，其中一條紅色的帶子長長地拖到身前。

他問眾人的第一個問題是，他們是否願意獻出自己的靈魂及肉體？聽到他們肯定的回答後，他會要眾人準備好踏上前往布洛庫拉的旅程。首先，他們必須先取得「教堂祭壇的碎片與時鐘的碎屑」。接著，先行者會給他們一個裝著些許藥膏的牛角，他們以此塗抹身體。準備結束後，他會帶來供眾人騎乘的野獸，有馬、驢、山羊和猴子，並發給大家一個鞍座、榔頭、釘子，喊著命令，眾人出發了。沒有任何事物能阻止他們。他們飛越教堂頂端、小丘、岩石和山巒，直到抵達布洛庫拉那片大草地。在這些聚會中，他們會盡一切可能帶上許多孩子。這些孩子是獻給惡魔的，他們說，「如果他們沒有把孩子獻上，惡魔就會鞭打並虐待他們，讓他們不得安寧。」

許多父母立刻證實了這種說法，表示孩子們曾說自己在深夜時被人帶到布洛庫拉，在那裡惡魔將他們打得渾身青紫。他們曾在白天看到這些傷痕，但痕跡很快就會消失。一名小女孩也作證，信誓旦旦地說自己曾被女巫帶著飛過天際，當她們飛到高空時，她忍不住喊出耶穌的名字。結果她立刻掉下來，地上因此撞出一個大洞。「然而，惡魔抓住了她，治好了她的傷，並把她帶去布洛庫拉。」她還補充說自己直到今日，撞到地面的那一側還會感到疼痛，她的媽媽為她證實這一點。這證據至關重要，法官更堅定了捉拿罪犯的決心。

這個稱作布洛庫拉的地方，是一幢很大的房子，裡面有扇鐵門，通往一望無際的柔軟大草原。那裡有張非常長的長桌，女巫們會在桌前坐下，其他房間裡，還有非常漂亮且舒適的大床，供所有女巫休息。在經過一連串的儀式，讓所有人的肉體與靈魂都完全順服魔鬼後，大家坐下享用由數種蔬菜與培根熬成的濃湯、燕麥片、麵包、牛油、牛奶和起司。惡魔總是坐在椅子上，有時會在眾人用餐時彈著豎琴或小提琴。餐宴結束，眾人繞著圈子跳舞，有時裸身，有時穿著衣服，且總是喊著各種汙穢的言語。有些女性還說出一些過於驚世駭俗且不入流的話，因而不值重複寫出其內容。

有一次，惡魔假裝自己即將逝世，以此測試他的信徒們是否會難過。眾人立刻發出響亮的悲鳴，紛紛掉下眼淚。惡魔為此感到非常高興，跳到眾人之間，摟著那些為他留下最多眼淚、哭得最激動的人們。

這些就是孩子們所交代的內容，並在女巫的認罪下得到證實。從來沒有比這些更荒謬的內容曾出現在法院中。許多指控內容明顯地漏洞百出，與被告根本不合，但法庭並沒有因此給予寬容。其中一個舉發者為該區的牧師，他在詢問中表示某天晚上（他特地指出是哪日），他突然出現嚴重的頭疼情況，情況嚴重到除了被下咒，他想不出有任何其他可能。事實上，他認為至少有十名女巫在他的頭上跳舞。這樣的消息讓那些虔誠的民眾陷入恐慌，認為惡魔的能力居然可以傷害如此良善之人，簡直無法無天。一位躺在拷問台上的可憐女巫承認，自己非常清楚為什麼牧師會頭痛。惡魔給了她一個大鐵錘和釘子，讓她敲進這位大善人的腦中。她費勁地敲了一陣子，但頭殼實在太厚，因此她無法刺穿。眾人為此大感吃驚。虔誠的牧師跪下來感謝上帝，讓他的頭可以這麼硬，而他此後的餘生都以硬頭骨聞名。我們無法得知這名女巫是否只是說笑，但她被視為最陰險的犯

5 布洛庫拉（Blockula），傳說中惡魔召開女巫聚會的場所。

罪者。有七十人因這番可怕且極端荒謬的故事，而被處死。其中二十三人在莫哈的一場火刑中一起被燒死，旁邊全是興高采烈的圍觀者。隔日，十五名孩童以同樣的方式，成為血腥摩洛[6]的祭品。剩餘的三十二名犯人則在隔壁小鎮弗洛納處刑。除了這些，還有五十六名小孩被認為犯下輕微的巫術舉動，並因此被判處各種刑罰，像是笞刑、監禁以及每週公開鞭刑一次，期限為十二個月。

在這件案子發生後，經常被引用以證明巫術確實非常盛行的證據。當人們希望支持或打造某種理論時，總是喜歡扭曲事實以成就自己！幾個躺在床上的病童妄念，加上無知父母的鼓勵與迷信鄰居的攪和，就能在村子裡點起一把火。如果派過來的委員不是像民眾那般迷信無知之輩，而是勇敢且明理的人，結果將會有多大不同！那些可憐的孩子可能不會被燒死，而是送到療養院；其他人可能會被打一頓；那些迷信父母的言論只會被人取笑；七十條人命則不會白白犧牲。直到現在，瑞典人都相信巫術，但值得慶幸的是，在他們的年史上，我們再也沒看到如此慘絕人寰的案例。

幾乎同時，在新英格蘭殖民地的居民也被相似的荒誕惡魔故事嚇得心驚膽跳。突然間，所有人都被恐懼籠罩著，每天都有人被逮捕，一個接一個，很快地監獄就人滿為患。一名石匠的女兒高德溫（Goodwin）患有憂鬱症，並因此常出現昏厥的情況，她認為是一個名叫葛羅芙（Glover）的年邁愛爾蘭女人對她下咒。她的兩個哥哥顯然和她體質相似，也容易昏倒，他們同樣宣稱惡魔和葛羅芙不斷折磨他們。有時候他們的關節非常僵硬，動也不能動；有些時候他們的身體又軟的好像只剩筋肉而沒有骨頭。這名想像中的女巫被抓住了，她也確實無法完整複誦主禱詞，她因此被判有罪並被處死。

但眾人的激情並沒有因此平息。一名犧牲者還不夠，人們引頸期盼新的故事。突然間，兩名歇斯底里的女孩開始日日出現暈厥症狀，人們開始傳說巫術又出現了。喉嚨有窒息的感覺，本來是歇斯底里患者正常的症狀，此時卻被說成惡魔作祟，認為是惡魔用球堵住氣管，想讓她們窒息。她們覺得全身都像有荊棘在刺，其中一人甚至吐出針。這些女孩是喀爾文禮拜堂牧師帕維斯（Parvis）的女兒與姪女，兩人的情況引起眾人關注，整個禮拜，殖民地的女人們都開始出現相同的症狀。眾人越想，越相信這是惡魔的力量。這種心理疾病如傳染病般，開始蔓延。一個接一個，女人們陸續暈厥，並在醒來後聲稱自己看到嚇人的女巫。某個家庭中的三、四個女孩，在彼此相互影響下，每人每天要昏倒五到六次。有些人聲稱惡魔親自向她們現身，手裡握著羊皮紙卷，承諾只要她們簽下交出永恆靈魂的合約，她們就能立刻擺脫昏倒與各種病痛。其他人宣稱自己只見到女巫，而女巫也給出類似的承諾，並威脅她們只要不從，就終身無法擺脫這種痛苦。一旦被拒絕，女巫就會咬、捏或拿針戳她們。超過兩百人因為這種如惡作劇般的想像，被關進牢裡。犯人中有各種人，即便連德高望重之人也難逃誣陷。在理智恢復前，有超過十九人被判有罪並處死。這個故事最令人髮指的地方在於，最小的人犯不過五歲。有些女人發誓她們經常看到這個孩子陪在惡魔身邊，並在她們拒絕交出靈魂時，用小小的牙齒咬她們。當看到這群毫無理智的人居然對一隻狗進行審判，並處決了這隻狗時，我們心中的憤怒與噁心簡直升到了頂點。

其中有一個叫科里（Cory）的男子，他堅決否認自己的罪行。根據當時的做法，他被判死刑。據說，負責監督整場處決的新英格蘭治安官，在看到這名不幸的男子在萬分痛苦下將舌頭從嘴巴中吐出時，他居然拿起棍子將舌頭塞回嘴巴裡。如果惡魔曾經化身成人，這名治安官正是他的分身：這位以虔誠之名，行如此殘酷之舉的男人，居然還幻想自己是在為上帝服務，並希望「透過將人間變成煉獄的方式上天堂」。

對於巫術的爭論還在持續，勇敢的人們在看到自己最親近的朋友因這場不斷蔓延的指控，被一個個抓走時，開始挺身而出，並質疑整場審判是不是出自惡魔的策劃。難道不是那最可怕的敵人，將這些虛假的證詞放進目擊者之口？或者這些證人本身就是女巫？那些即將失去妻子、小孩或姐妹的人，緊咬著這個推論。革命

6 摩洛（Moloch），古代迦南人所敬拜的一種外邦神，其敬拜方式就是使孩童經過火燒，殘忍之至。

突然在一瞬間發生。殖民地當局立刻認為自己上當了，法官下令停止一切處決，包括那些已經認罪的。那些被判有罪的人也翻供，儘管他們幾乎不記得自己在出於痛苦時曾認了什麼罪。眾人被釋放。八名已被審判且處刑的人獲得釋放。漸漸地，女孩們再也沒有出現暈倒或和惡魔及其使者談話的情況。那位因此原因處決人犯的法官，對於自己的愚蠢深感自責，並將那日定為一年中最莊嚴的懺悔與禁食日。儘管他對巫術依舊深信不疑，他那頑固的腦袋並沒有任何改變，但因為這個幸運的局面，所有人都逃離了迫害的魔爪。殖民地所有居民都擁有一致的想法。各審判中的陪審員們，公開在教堂中懺悔。而那些受酷刑折磨的人被視為受害者，而不是撒旦的夥伴。

據說那些在新英格蘭的印地安人部落對這些新移民的狂熱，感到困惑不解，他們認為這些（英國）人一定比自己更低等，要不然就是比法國殖民者更罪惡，因為「偉大的神從不讓巫婆存在」。

回到歐洲大陸，我們可以發現一六八〇年後，人們對巫術的態度顯得比較睿智。接下來的二十年，大眾對此依舊深信不疑，但政府再也沒有為此做出任何處決。路易十四的法令大肆抨擊此種迷信，讓其再無翻身之日。瑞士最後一個發生迫害事件的新教教區為日內瓦，時間是一六五二年。德國的統治者們雖然無法暫緩所有審判，卻不約而同地將那些純粹因巫術被起訴、沒有牽涉其他犯罪事實的被起訴者，改成監禁。一七〇一年，哈雷大學知名教授托馬修斯（Thomasius）發表了一篇〈巫術之罪〉（De Crimine Magiae）的論文，給了迷信一記當頭棒喝。但對巫術的信念是如此強大，無法一次殲滅，這些學者的論點根本無法傳到偏遠小鎮與村人的耳裡，但他們依舊帶來了不少的改變，他們讓迷信成為不起作用的想法，使其無法像過去那樣製造大批犧牲者。

但是，又一次，迷信再度捲土重來，如同垂死前的猛獸，用自己僅剩的全部力氣做出致命一擊，企圖讓人記得牠曾經的勇猛。孕育著這可怕種子的德國，再次成為它的最後棲所。曾經處死無數人命的烏茨堡，成為女巫迫害最後一幕的舞台。最後一場悲劇如同第一場悲劇那般慘烈，烙下永遠的傷痕。這起事件的性質與莫哈鎮及新英格蘭殖民地的案情非常相似，只有死亡人數不太一樣。事件發生在一七四九年，如此近代，讓整個歐洲都為之震驚與憤怒。

烏茨堡的修道院中，一群年輕女性認為自己被下咒，與所有歇斯底里症的病人相同，她們感覺喉嚨出現窒息感。她們還經常暈倒，其中一人吞了不少針，這些針又從身體各處長出的膿瘡中被排出。一時間，風聲鶴唳，巫術的狂熱再度燒起，一名女子瑪麗亞．雷娜塔．辛格（Maria Renata Sanger）因此被捕，人們指控她和惡魔交流，並對這五名女子施法。審判中，證人發誓經常看到瑪麗亞以豬的外形爬過修道院的牆壁，並跑進酒窖偷喝最好的酒，直到醉醺醺，這才恢復成人形。另一名女生宣稱她經常像貓一樣在屋頂上躡手躡腳地走動，並跳到大家的房間中，以可怕的叫聲驚嚇大家。還有人作證，說瑪麗亞會變成兔子，擠光修道院的乳牛乳汁。人們還說她經常在倫敦的德魯里戲院區的劇場裡表演，結束後，就會跳上掃把飛回烏茨堡，並繼續折磨那些年輕女生，讓她們的四肢疼痛不堪。在這些證據下，她被判有罪，在烏茨堡的市集廣場上被活活燒死。

至此，這場駭人的謀殺與迷信正式落幕。從這天起，巫術信仰從人口眾多的都市悄悄出走，撤退到那些偏遠、蠻荒、人口稀少使文明無從落腳的村莊與聚落裡。魯莽的漁民與未受教育的工人們依舊會在看到無法解釋的現象時，認為這是女巫與惡魔的作祟。奇怪的突發性昏厥症，也依舊被無知民眾視為撒旦的惡意。即便到了今日，整個英格蘭人對此幻象的相信程度，依舊使人吃驚。許多可憐的老太太可能只因面容醜惡、小心眼或甚至有些瘋瘋癲癲，鄰居就會根據傳說中對女巫的想像，用他們充滿惡意的眼光，無情地侮辱其為巫婆，讓她的生活陷入悲慘之中。即便在繁榮的小鎮裡，這種迫害也經常躲在暗地，虎視眈眈。但在法律的防範下，此種幻象再也不會如十七世紀那樣有大量的犧牲品。

在一七六〇年的《世界年度大事記》（*Annual Register*）中，記載了一件與巫術相關的事，顯示了幻象是如何潛伏在人心中。在萊斯特郡的小村莊裡，兩名老婦人起了爭執，兩人都極力指控對方是女巫。她們的衝突引起軒然大波，最後，有人甚至認為她們應該接受女巫流水刑的試驗，而兩人都同意了。執行測試的男子將兩名老太太脫光，把她們的大拇指與腳趾固定在一起，交叉綁緊，再以粗麻繩將兩人綑緊，丟到池子中。其中一人立刻沉下去，另一個人卻在水面上掙扎了一小段時間，圍觀的群眾立刻認定此人有罪，並將她拉起來，要她供出所有同伴。在脅迫下，她只好說在臨近的伯頓小村莊裡，還有幾名老婦人跟她一樣邪惡。她很幸運，大家對她的招供很滿意，此時一名學占星術的學生挺身而出，帶領瘋狂的民眾到伯頓，準備揪出這些同夥。抵達該鎮後，眾人討論了一會兒，直接前往搜尋嫌疑犯。可憐的老婦人在他們進來前鎖上大門，跑到二樓的窗戶，問他們要做什麼。他們說有人指控她使用巫術，因此眾人要拿她進行測試。他們不斷告誡她最好接受測試，反正如果她確實無罪，他們可以為她的清白作證。老婦人堅持不肯答應，暴民只好衝進屋中，強拉她到一個水塘邊。他們將她的手指與腳趾固定在一起，丟到河裡，並等上數分鐘後，拉扯綁在她腰間的繩索將婦人拖上岸，這樣的舉動重複了兩、三次。但眾人還是不確定她究竟是否為女巫，於是他們決定放她走——嚴格來說，他們其實是將老婦人丟在河邊，等她恢復意識後（如果她夠幸運的話）自己想辦法回家。隔天，他們對第二名婦人做了同樣的測試，緊接著是第三名婦人，幸運的是，沒有人因為他們的暴行而丟了性命。這批暴民的幾位領頭者在一週內被逮捕，並移送法院審判。其中兩人被判處枷刑，並被監禁一個月；另外二十人因暴行被判處小額罰鍰並簽保，承諾一年內不得再鬧事。

阿諾特（Arnot）在其摘錄而成的《蘇格蘭刑事審判》（*Criminal Trials in Scotland*）中說道：「直到最近的一七八五年，教派在每年為教徒宣讀年度懺悔詞的儀式中，還存在著一條『推翻議會對女巫懲處的方法，因其違背上帝的教條。』」

現在，許多英格蘭家庭還是會在門檻上釘著一個馬蹄鐵，以防範巫術。任何聰明的哲學家如果嘗試拿走馬蹄鐵，他的下場絕對是被人揍一頓而不是收到感激。任何人走到十字街、哈頓花園，並從那邊鑽進血腥（Bleeding-heart）廣場，將驚訝地發現附近的居民們依舊對古早的巫術故事深信不疑。因其優雅舞姿而在伊莉莎白時代聲名大噪的克里斯多夫（Christopher）爵士之妻——哈頓（Hatton）夫人的巫術事跡，有如福音般被人繼續散布並相信著。傳說她在與魔鬼契約到期日的那天，整個人被魔鬼拖進地獄，案發現場的房間也依舊原封不動：那個在魔鬼衝向她之前所藏身的器械依舊存在，而她被魔鬼尖爪刺穿胸口、心臟掉出來被人發現的地方，被大家稱為血腥廣場，作為故事曾經發生的證明。我們無從得知那些獵人們是否還會在家門前擺上馬蹄鐵，以防範女巫。一名被放出來的犯人說：「大約在二十年前，總會有許多老女人央求著想進屋內，確認馬蹄鐵有被放在正確的地方。其中一個可憐的傢伙顯然已瘋瘋癲癲，穿著破爛的衣裳，走到每扇門前，以專業僕人的手勢，響亮地連續敲門兩下，並在進門後直直走向馬蹄鐵。但最讓人吃驚的是，這名女子看到馬蹄鐵後，非常難過地向他表示只要這個東西放在這裡，她就不能對他做任何事。於是，她對著馬蹄鐵吐口水、並用腳踢了好幾下，接著冷冷地轉身離開。或許這名可憐的老婦人只是想開個玩笑，但更有可能的是她以為自己真的是女巫。這名老人住在紅花山，由於她的鄰居不斷指控她為女巫，輕視並唾棄她，使她的心靈受到影響。」

一八三〇年，海斯廷斯附近發生了另一件足以證明巫術信仰的案例。有一名住在鎮上製繩場附近的老婦人，其外表是如此醜陋，那些認識她的無知之輩總是議論她是女巫。她的腰幾乎駝到了地上。儘管她非常老，眼睛卻總是炯炯有神且看起來不懷好意。她穿著一件紅色披風，手裡拄著一根拐杖，她的外表恰恰正像所有故事中的女巫那樣。人心是如此奇妙，這位老婦人卻試圖增加這種偏見，她一點都不想澄清這種壞印象，反而覺得這麼多快樂且強健的人，居然會畏懼她這又老又悲慘的老太婆，並因此感到開心。年輕的女孩們見到了她，害怕的縮在地上，有些人寧願繞上幾哩的路，也不想碰到她。與所有女巫一樣，對於冒犯她的人，她一個都不會放過。住在她隔壁兩棟房子的小男孩出現跛腳的症狀，而他的母親經常說這老女人對他們下咒。所有鄰居都相信這個說法。人們還認為這個巫婆會變成貓。許多無害的母貓因此被暴徒與男孩們捉起來，並弄得奄奄一息，他們以為這樣，貓兒就會突然變身成老巫婆。

在同個村莊裡，有位漁夫也成為被迫害的對象，人們認為他將靈魂賣給惡魔。有人說，他可以從鑰匙孔進出，而且將一位女巫變成自己的女兒，以增強力量，壓制他的同伴。還有人說，他可以坐在針或刀尖上，且完全不會覺得痛。而他的漁夫兄弟們一有機會，就要逼他進行這項測試。那間他常去的酒館，經常將針藏在他坐的椅墊裡，這樣只要他一坐下，就一定會被刺到。這些檢驗結果，讓大家更相信他一定具有異常的能力。人們說，他對這些測試毫不畏懼。這就是海斯廷斯當時流行的話題。

在北英格蘭，這種迷信以一種讓人無法置信的程度存在著。蘭開夏出現許多巫術醫生，這些江湖術士宣稱自己可以治好因詛咒引起的病症。一位不具名傻瓜，兩年來遭膿瘡折磨，看了許多醫生也不見改善。他身邊的朋友都認為他一定是被人詛咒，因此不斷催促他去找巫術醫生。於是他同意了，派太太去拜訪一位住在林肯郡的醫生。這位無知的騙徒告訴來者，說她先生的病是因為隔壁鄰居使用特定的咒語，讓惡魔得以透過病痛折磨他。此人還說，他們的鄰居在某位女巫（他也指明是哪位）的煽動下，將蠟以火融化，製作了一個與她先生相像的模型，接著，他們拿針戳著蠟人的各部位，同時將主禱文倒著念，並向惡魔祈求將自己身上的病痛隨著每針，轉移到蠟人的主人身上。為了抵消這項邪惡的效果，這位巫術醫生開出一劑藥方，並要病人在病痛最嚴重的地方擺上護身符。每一天，病人都必須重複詩篇第一〇九至一一九篇，否則治療就會失效。這次的諮詢費用為一基尼。

對所有病症來說，「信仰」是最有效的藥方。三週後，病人真的發覺自己好多了。後來，這個江湖術士給的護身符被公開，裡面就是一張羊皮紙，上面畫著字符與一些行星圖。

隨著病人的病情逐漸好轉，隔壁的鄰居開始不安，深怕病人會找那位巫術醫生對自己下咒。為了躲避詛咒，他們找上諾丁漢另一位巫術醫生，此人也給予了他們類似的護身符，並說這個符可以保護他們遠離一切惡意與敵人。

一八三〇年，唐橋井附近的一名騙徒以類似的手法維生。他經營此行業長達好幾年，且每次收費都很驚人。這個人假裝自己是排行第七的人，所生的第七個兒子，因此生來就具有治療疾病的能力，且這種能力對受詛咒之人特別有效。他的顧客不僅僅是一般貧苦大眾，還包括乘馬車來的貴婦們。這些人經常是從六、七十哩外的地方，派人來接他，除了負擔他的車馬費外，還會給予他大筆獎金。此人年約八十，而他令人尊敬的外表更讓他的騙術無往不利。他名叫歐克（Okey）或歐克利（Oakley）。

在法國，這種迷信甚至比英國還嚴重。加西納在其於法國出版的《魔法與巫術》（*Magic and Sorcery*）中，引述發生在一八〇五至一八一八年間的案例，其數量超過二十起。光是一八一八年，法院就忙著處理三件因愚昧信仰而起的案件，這裡，我們將引述其中一件。朱利安・狄博赫德（Julian Desbourdes），五十三歲，職業為石匠，是波爾多附近的小鎮居民，在一八一八年一月間突然生病。他實在不懂自己為何會突然生病，因此唯一想到的結論就是自己被詛咒了。他不斷向自己的女婿布迪耶（Bridier）灌輸這個念頭，然後他們一起找了另一個笨蛋博杜安（Baudoiun）討論，此人為一名魔法師或巫術醫生。博杜安對他們說，狄博赫德肯定是被人詛咒，並表示自己願意陪他們去找一位名叫雷納德（Renard）的人，此人就是幕後主使。一月二十三日晚上，一行人來到雷納德的家中，指控他在惡魔的協助下以病痛折磨他人。狄博赫德跪下來，懇求他恢復自己的健康，並發誓自己絕對既往不咎。這名老先生強烈否認自己是巫師；當狄博赫德不斷求他移除自己身上的詛咒時，老先生只是拚命說自己不懂咒語，拒絕替他移除詛咒。愚蠢的博杜安見狀，阻止同伴的舉動，並說如果這名老先生不願承認自己的罪，病痛就永遠不會復原。為了逼老先生認罪，他們拿出自己帶來的硫磺棒，點燃後放到老先生的鼻子下。不到一會兒，老先生因窒息倒下，看上去毫無生命跡象。他們開始驚慌，以為自己殺了人的他們，將老先生抬出去並丟到臨近的池子裡，希望人們以為他是失足溺斃。然而這個池子並不深，冰冷的池水嚇醒了老先生，他張開眼睛並坐起身。等在岸邊的狄博赫德和布迪耶開始陷入驚恐，以為對方回魂要找他們討命。激動下他們衝進池塘裡，扯著老先生的頭髮，狠狠地打他，並將他的頭按到水中，直至溺斃。

幾天後，他們三人被以謀殺罪起訴。狄博赫德和布迪耶被判惡性過失殺人罪，被處以後背烙印，且終身在軍艦上做苦役。至於好心的博杜安則因精神錯亂而被釋放。

加西納先生更進一步說道，在他寫下這些的同時（一八一八年），法國出現一群人專門以找出惡魔、獵捉女巫為生。他還說，許多鄉村地區的牧師會在愚昧的信徒說自己被人詛咒時，替他們舉行驅魔儀式，並因此加深了此種迷信。他建議為了抵抗惡魔，這些參加驅魔儀式的人（無論是接受或主持）都應該被送到軍艦上做苦工，這樣所有關於巫婆的思想一定會立刻消失。

我們還可以在英國與法國，甚至是全歐洲，找到許多關於巫術殘存的影子。有些謬誤是如此根深蒂固，連時間也無法沖淡它們。這顆曾經以其枝葉遮蔽大地的毒樹，在賢者與智者的努力下，終於砍去其枝幹；耀眼的太陽照亮了那些曾經盤踞著毒素的土壤；但錯綜複雜的樹根依舊盤踞在地底下，只要挖開就會看見。如果再有一位如詹姆斯六世的國王，這場迫害就有可能復甦；更可怕的是如果再有一位教宗如依諾增爵八世，就有可能讓逐漸潰爛的根莖再次茁壯。值得慶幸的是，這場脫序的迫害已經結束；狂暴的瘋癲被溫和愚昧的態度取代。過去曾經需要以成千上萬來計算的受害者，以百萬為單位來統計的迷信者，到了現在已寥寥無幾。

第十一章
The Slow Poisoners
慢性毒殺

佩斯卡拉：這種人前所未見。
史蒂芬：依我之見，是它終於現身，大家都將見識到這最荒誕的寓言故事。
佩斯卡拉：確實，我將以我所能做到最簡潔的方式，告訴你，他們如何陷入此等瘋狂。

——《米蘭公爵》[1]

惡名昭彰的慢性毒殺，乃是以極少量的毒藥循序漸進地使人衰弱，並讓其誤以為是人體不可避免的衰老過程。此種投毒方式在各時代都可見到。對此感到好奇的讀者，不妨閱讀貝克曼《發明的歷史》（*History of Inventions*）中的祕密毒藥篇，他收錄了希臘、羅馬作家筆下的多樁例子。十六世紀早期，此種犯罪行為逐漸升高，直到十七世紀，此種犯罪才像瘟疫一樣席捲全歐洲。過去，這些行為總是由所謂的女巫和巫師執行，最後

1 《米蘭公爵》（*Duke of Milan*）為菲利普・馬辛傑（Philip Massinger）的舞台劇作品，發表於詹姆斯一世後期。

擴散到那些宣稱擁有魔術或超能力者的知識階級身上。亨利八世執政的第二十一年，通過一項法律，將此犯罪視為最高重罪，任何因下毒而被判有罪者，將被丟進沸水中烹煮。

記載時間最早、可能也是最殘暴的毒殺行為，當屬爵士湯瑪士．奧佛貝瑞（Thomas Overbury）的命案。該案件發生於一六一三年，更讓當時的掌權者詹姆斯一世蒙羞。對此案件的簡介，將是介紹慢性毒殺狂熱如何在法國與義大利肆虐五十年的最佳開場白。

來自蘇格蘭的年輕人羅伯特．科爾（Robert Kerr），受到詹姆斯國王的青睞，國王大肆褒獎此人，原因無他，只因羅伯特傾國傾城的俊俏容貌。詹姆斯在世的時候，人們對於他是否有斷袖之癖的猜測，未曾間斷，隨著我們挖掘出更多歷史，其同性戀的傾向也越來越明顯。不管事實為何，那位可人的科爾經常在公眾場合側著他細嫩的臉頰任他的皇家主人親吻，並因此迅速飛黃騰達。一六一三年，科爾成為蘇格蘭第一財政大臣，並得到羅徹斯特（Rochester）子爵的封號，晉升成英格蘭貴族的一員。眼前，還有各種榮華富貴等著他。

在他迅速崛起的過程中，還有位朋友一直在背後支持他。此人正是國王的祕書湯瑪士．奧佛貝瑞。在此人自己的書信中，我們可看出他顯然一直想辦法迎合國王這在當時見不得光的喜好，他不但了解國王的祕密，更用盡自己檯面下的人脈，大力拉捧科爾。而科爾顯然也以某些方法，回報這位朋友的親切。奧佛貝瑞的友情非常偉大（如果此兩人間真的存有情誼），他還負責擔任「皮條客」，協助羅徹斯特和埃塞克斯伯爵的妻子——法蘭西斯．霍爾德（Frances Howard）太太偷情。這名女子熱情如火，沒有絲毫羞恥。她的丈夫成為阻礙幸福的絆腳石，為了擺脫他，她選擇隱瞞自己的姦情，並以「任何一位樸實且心思細膩的女子，待在此人身邊只會因不幸而死」的原因，訴請離婚。她令人不齒的訴訟案贏了，她也立刻緊鑼密鼓地開始準備自己與羅徹斯特盛大的婚禮。

曾經協助自己的金主和埃塞克斯伯爵夫人偷情的湯瑪士·奧佛貝瑞，認為羅徹斯特如果和這樣聲名敗壞的女人結婚，可能會毀掉自己的前途。因此，他用盡辦法阻止這樁婚事，但羅徹斯特心意已決，他的心就跟伯爵夫人一樣熱切。某次，奧佛貝瑞和羅徹斯特子爵一起走在白廳的藝廊上，有人聽到前者說，「我的好友，如果你真的娶了那不光彩的女人，你將毀了自己的名譽和人生。對於此事，你永遠不會得到我的認同或幫助，如果你要一意孤行，最好趕快為自己的後半生打算。」羅徹斯特非常憤怒，惡狠狠地回他，「我會記著你的這句話。」這預示著奧佛貝瑞不幸的開始。奧佛貝瑞認為羅徹斯特的地位將在國王心中一落千丈的話語，徹底傷害子爵的自尊，子爵發誓，自己將不計代價，報復這個沒心沒肺、道德淪喪且魯莽的男子。

奧佛貝瑞這番無禮的言論傳到了伯爵夫人耳中，從那刻起，她也發誓自己一定要對付這可惡的男人。但在最虛偽的禮貌下，他們隱藏了彼此的惡意，而奧佛貝瑞更在羅徹斯特的舉薦下，出任俄羅斯大使。這個看似友好的舉動，卻只是陰謀的第一步。假裝對奧佛貝瑞關懷備至的羅徹斯特，建議他千萬不要接下這看似風光、實則只是要將他趕出英格蘭的職位。他也承諾，自己會盡力緩解他因拒絕職位可能引發的風波。奧佛貝瑞掉進了陷阱，並拒絕大使一職。受此冒犯的國王詹姆斯立刻將他逮捕，關進倫敦塔。

現在，他被監禁了，而他的敵人也可以開始他們的復仇。羅徹斯特的第一步便是利用自己在宮廷中的力量，解除倫敦塔的中尉職務，並舉薦自己的好友傑維斯·艾力斯（Jervis Elwes）爵士接任此空缺，這個男人只是一枚棋子。另一個必要的職位，則由之前曾任藥品採購員的理查·威斯頓（Richard Weston）接下，他被安排到管理職位，且直接負責看管奧佛貝瑞。到目前為止，陰謀者的計畫順利地進行著。

同時，羅徹斯特寫了一封最誠摯的信給奧佛貝瑞，請他再忍耐一下，並承諾自己會儘快讓他被釋放出來。這位親切的朋友還說，他們正在安撫國王不悅的情緒，為了表現自己對朋友承受痛苦的同情，他也隨信附上許多塔裡買不到的精緻糕點與美食。但這些食物全部都被下了毒。時不時地，就會有類似的禮物送到傑維斯爵士的手中，他們都知道：只要禮物沒有伴隨著信件，就意謂著食物是無毒的，當然，這些無毒食物都沒有送到那可憐的犯人手上。一名叫透納（Turner）的女人曾負責管理一幢名聲不太好的房子，她也曾數次將這房子借給羅徹斯特與埃塞克斯夫人進行苟且之事，後來，他們僱用此人負責購買毒藥。這些毒藥是由一名來自蘭貝斯的算命師佛曼（Forman）醫生準備，其手下還有一名藥劑師富蘭克林（Franklin）。兩人都知道毒藥的目的，並利用自己的能力少量少量地將毒藥混在糕點與食物中，好讓受害者的身體漸漸虛弱。透納女士會將這些下毒的食物送去給管理者，他們再將這些東西拿給奧佛貝瑞。除了吃的，喝的東西也被下毒。他吃進去的鹽參雜著砷，胡椒則參雜著斑蝥[2]。這些東西讓他的健康急劇衰退。他的身體一日日衰弱，但他對甜食與果凍的胃口又是如此執著。羅徹斯特繼續安慰他的好友，盡量滿足他的所有要求，送去各式各樣的糕點，有時還有山鶉肉等野味或乳豬。在野味的醬料中，透納女士混合了大量的斑蝥，豬肉則含有硝酸銀。如之後的審判所述，在此種方式下，奧佛貝瑞吞下了將近能殺死二十人的毒藥，但他的身體實在太強健，因此他依舊掙扎著沒有倒下。藥劑師富蘭克林承認，他替佛曼醫生準備了七種不同的毒藥，有硝酸、砷、水銀、鑽石粉末、硝酸銀、大蜘蛛和斑蝥。奧佛貝瑞實在撐了太久，久到羅徹斯特失去耐心，在寫給埃塞克斯夫人的信中表達自己對此事還沒了結的進展感到懷疑。埃塞克斯夫人立刻下令，要監獄內的管理者了結此事。至此，奧佛貝瑞也開始起疑，但他並沒有料到毒藥這一步。他只是猜測有人試圖要他的性命，並離間他和國王，使國王繼續討厭他。在他的一封信裡，他威脅羅徹斯特立刻讓他恢復自由，否則就要將他的祕密公諸於世。他說，「不久之後，你和我就會面對另外一場審判。」「不要逼我，否則我會公布讓我們兩個都後悔的祕密。」「無論我是死是活，你的恥辱永遠不會消失，你將是這世界上最聲名狼藉的人。」「我很驚訝你居然敢忽視一個知道你這麼多祕密的人。」「共享祕密難道不代表共享危險？」

但是威脅像羅徹斯特這樣一個魯莽的人，還不斷暗示他自己握有許多把柄，只會讓自己的處境更危險。與其救他，不如犧牲他，羅徹斯特的反應正是如此。毫無疑問地，他非常深信謀殺者的教條：死人不會說話。因此，在收到這些信後，他開始向情婦埋怨進度太緩慢。威斯頓決定快馬加鞭，了結此事，眾人的耐心都已磨盡，一六一三年，他們給他一劑氯化汞，終結了奧佛貝瑞落入他們手裡長達六個月的折磨。在奧佛貝瑞死掉的當天、屍體甚至還溫熱之時，他們草率地以毯子將他包起，並在沒有舉辦任何儀式的情況下，埋在倫敦塔的地下。

安東尼・威爾登（Anthony Weldon）爵士在其《詹姆斯一世的宮廷與人物》（*Court and Character of James I.*）書中，對這場悲劇的結尾有不一樣的描述。他說，「富蘭克林和威斯頓來到奧佛貝瑞的監牢，發現他強健的身體與毒藥僵持不下，並出現無比痛苦的症狀，看上去，強健的體魄就像要打敗毒藥了，而他們也很怕他身上的膿瘡、疙瘩、水痘會被監獄內的醫生察覺異狀，因此在兩人的想法下，他們以床單勒死他。奧佛貝瑞就這樣結束自己悲慘的命運，人們都以為他是被毒死，所以這兩名殺人犯一直逍遙法外。」

奧佛貝瑞的突然死亡、倉促且簡陋的埋葬、沒被檢驗的屍體，種種跡象讓揣測一發不可收拾。謠言甚囂塵上，而奧佛貝瑞的親屬更公開表示其親人是遭到謀殺。但羅徹斯特在宮廷裡的地位依舊崇高，沒有人敢當面質疑他的作為。不久後，他和埃塞克斯夫人舉辦了盛大且華麗的婚禮，國王本人也出席了儀式。

看來，奧佛貝瑞對國王的了解，比羅徹斯特更深，而他預言這場婚姻將降低詹姆斯一世對羅徹斯特的喜愛，也準確命中。然而，此刻的羅徹斯特就像是站在權力的最高峰，享盡國王的寵愛。然而，罪惡感開始作祟，謠言從未離去，長期受良心譴責的羅徹斯特變成一名可憐蟲。他的臉頰失去光澤，眼神變得晦暗；他開始喜怒無常、粗心大意且鬱鬱寡歡。國王在看到落魄的羅徹斯特後，不再喜歡他出現在自己身邊，並開始另覓新寵。此時，才思敏捷、英俊且視道德如無物的白金漢公爵喬治・維里爾斯（George Villiers），進入國王的眼簾。後兩種人格特質，讓他深獲詹姆斯的喜愛。隨著喬治的地位不斷攀升，羅徹斯特的影響力開始下滑。沒有

2 芫菁科昆蟲，含有劇毒。

寵愛，就沒有朋友，再一次，針對羅徹斯特的不利謠言捲土重來，準備扳倒他。新歡總是迫不及待地對舊愛落井下石，白金漢公爵為了徹底消滅國王心中對舊人殘存的眷戀，鼓勵奧佛貝瑞的家屬對其可疑的死亡提出告訴。

對於和自己沒有關係的罪惡，詹姆斯總是不遺餘力地大加撻伐。他經常以自己可以解開所有謎團的機智為傲，而奧佛貝瑞的事件正好給了他大展身手的舞台。第一步，他逮捕了傑維斯．艾力斯。在最初的調查中，詹姆斯根本沒有察覺到羅徹斯特在此事所扮演的重要角色。在對慢性毒殺的重大惡行震驚下，他召集所有法官。根據安東尼．威爾登爵士的說法，詹姆斯在他們面前屈膝，並說，「尊敬的法官們，我聽說你們最近在審理一樁毒殺案。上帝啊！如果義大利人的習俗傳染到我們國家，讓我們的桌上充滿陷阱，人們不能安心享用食物，這個國家將淪落成何等樣貌！為此，我任命你們，你們必須在這重大且駭人的審判案中，用最嚴謹的態度審判，放下一切成見、喜惡或偏袒之心。如果你們縱放任何一名罪犯，上帝將詛咒你與你的子孫！如果我偏袒任何一名罪犯，上帝將永世詛咒我與我的子孫！」

而這詛咒真的降靈了，降靈在斯圖亞特王朝身上。詹姆斯打破誓言，而上帝詛咒了他與他的子孫！

第二名被逮捕的人為管理員威斯頓，接著是富蘭克林與透納女士，最後則是薩默塞特伯爵（即羅徹斯特子爵）與其夫人，至此，在奧佛貝瑞死後，羅徹斯特的好日子也終結了。

威斯頓是第一名受審者。大眾的好奇心一發不可收拾，唯一的話題就是毒殺案，因此審判當天，好奇的民眾將法院擠得水洩不通。據《國家審判》（*State Trials*）報導，首席大法官寇克（Coke），向陪審團大肆撻伐下毒者的卑鄙與懦弱，企圖在對方毫無防備的情況下，奪人性命。而毒殺向來受到英國人的唾棄，也鮮少出現在國內。但在惡魔的指導下，那些潛伏的使者利用此種卑劣手段，可隨心所欲投毒，在一個月、兩個月或三個月等時間內，奪人生命。而他們更將毒殺的方法分成四種：吞食、品嘗、吸進和接觸。

在起訴書宣讀完畢後，威斯頓只說：「願上帝憐憫我！願上帝憐憫我！」在他被詢問到欲以何種方式接受審判，他拒絕讓自己國家的陪審團審判，並說只有上帝可以審判他。他就這樣堅持了好一陣子。最後，在畏懼被判藐視法庭的心理壓力下，他終於哀求陪審團判他無罪，最後也接受了法律的制裁。

法庭證實他的所有罪名，威斯頓被判有罪並在倫敦的刑場處決。接著是透納女士、富蘭克林和傑維斯・艾力斯爵士的審理，他們也皆被判有罪，分別在一六一五年的十月十九日至十二月四日間被處決。但薩默塞特伯爵與伯爵夫人的審理一直拖延到隔年五月，才正式展開。

在傑維斯・艾力斯的審判上，突發狀況發生了，他們發現薩默塞特夫人的叔叔諾桑普頓（Northampton）伯爵和湯瑪士・蒙森（Thomas Monson）爵士，也參與了毒殺。前者已經過世，但後者立即被逮捕並進行審理。然而，此人知道太多詹姆斯一世的祕密，如果將他推上斷頭台實在過於危險，他很有可能會在死前演說中，暴露皇室的祕密。為了掩飾往日的罪惡，就必須犯下新的罪行；湯瑪士・蒙森爵士的審理案倉促作結，他被無罪釋放。

此刻，詹姆斯已經違背其誓言。他開始擔心自己對這些下毒者的懲罰，可能過於倉促。毫無疑問，薩默塞特會被判有罪，而他一定會請求國王的寬恕與豁免。被關在倫敦塔中的薩默塞特信心滿滿地說，詹姆斯一定不敢讓他接受審判。在這點上，他錯了，但國王本人也非常煎熬。當然，我們無法得知兩人間存有什麼祕密，但真相昭然若揭。有些人立刻聯想到國王那特殊的癖好；還有些人則想起那位擁有極高聲譽，且對薩默塞特深惡痛絕的亨利（Henry）王子之死。這位王子非常年輕就去世，其父親詹姆斯對此並沒有非常悲痛，因此當時人們盛傳，這位王子是被薩默塞特毒死。或許國王靈魂深處為此慘案背負著極大的罪，因此，他的共犯薩默塞特不能被公開處決。在詹姆斯發現他的舊愛是奧佛貝瑞謀殺案的重大疑犯時，他開始寢食難安。這位備受煎熬的國王以各種方法，想確保薩默塞特不要激動。於是，犯人收到祕密的指示，要他認罪，並相信國王的恩慈。伯爵夫人也得到同樣的密旨。國王要培根（Bacon）以出於「仁慈與關愛」的原則，列下一張所有可能會成為薩默塞特罪證的內容；再一次，薩默塞特收到認罪的指示，並保證絕對不會有壞事發生在他身上。

伯爵夫人首先被審判。在宣讀判決書時，她顫抖著流下眼淚，並以微弱的聲音承認有罪。在被問到有任何原因可支持她不被判處死刑，她溫順地說，「我罪大惡極，任何處決都不能彌補我的惡。但我懇請庭上為我向國王求情。」她被判死刑。

隔日，薩默塞特的審判開始了。他對詹姆斯的承諾有所懷疑，因此他聲稱自己無罪。或許是憑著自己對國王個性的了解，他決定依靠自己的修養和自信，嚴厲反問證人，頑強地為自己辯護。在歷經十一個小時的審判後，他最終被認為有罪，並因重罪被判處死刑。

無論伯爵與國王之間的祕密究竟為何，發下重誓的國王卻害怕地不敢簽下死亡令。或許，他覺得這張死亡令就像是給自己的。伯爵和伯爵夫人被關在倫敦塔中，長達五年。五年結束後，兩人得到國王的赦免，並被下令要遠離宮廷，這讓所有人感到震驚並憤怒，國王的名聲更因此蒙羞。身為重罪犯的伯爵，其財產都被充公，但詹姆斯還讓他們可以繼續領取每年四千英鎊的利息！再也沒有什麼比這更無恥的了。

關於這兩位罪犯的往後人生，並沒有太多記載，只寫了兩人先前的熱情已完全消失，變得互相厭惡，雖然同住在一個屋簷下，卻曾好幾個月完全不說話。

他們暴行的曝光，並沒有阻止毒殺案的發生。從此後的案件我們可發現，此案反而引起人們瘋狂模仿，這或許是人性最奇特之處。據猜測，詹姆斯國王本人也極有可能就是此種模仿行為的受害者。在威廉・哈里斯（William Harris）的《詹姆斯一世的生活與寫作》（*Life and Writings of James I.*），裡面有充足的資訊顯示，儘管白金漢公爵的罪狀並非罪證確鑿，但基於很多情況的猜測，已足以將他和上百人送上斷頭台。他的動機是因為國王後來漸漸對他變得冷淡、忽視，導致他心生怨懟；此外，他也害怕詹姆斯會貶黜他的地位；他更希望在詹姆斯國王過世後，他對國王的影響力可以繼續維持到新王朝中。

在《哈林雜談》（*Harleian Miscellany*）的第二卷中，有一篇叫〈復仇的先行者〉（Forerunner of Revenge），作者為詹姆斯國王的醫生喬治・安格利雪（George Eglisham）。引述此段內容的哈里斯表示，其文字充滿成見與仇視，但儘管內容過分誇大，卻也確實串聯起許多證據。安格利雪說，「國王因瘧疾而生病，而公爵立刻善用此機會，趁國王的醫生去用晚餐時，要他吞下白色的藥粉，但國王總是拒絕。最後在抗拒不了其浮誇的諂媚下，國王配著酒吃下了藥，病況立刻加重，且越來越不樂觀，腸胃翻攪、疼痛難耐，甚至暈厥，在極痛苦的狀態下，國王大聲地說到這些白色粉末，『真希望上帝當初阻止我吞下這些！』」作者接著告訴我們，「白金漢公爵的母親在國王的胸膛敷上熱石膏後，他開始呼吸急促，變得虛弱，並感到痛苦，醫生們立刻認為國王被下毒。白金漢公爵要求所有人離開房間，只留下其中一人，並以嫌犯的名義關在自己的房間裡，接著又把另一名醫生趕出宮。在國王過世後，屍體的頭部與軀體嚴重浮腫；他的頭髮連著頭皮，牢牢黏在枕頭上，手指與腳趾的指甲都變得鬆動。」身為公爵同黨的克萊倫頓（Clarendon），對於國王的死則有另一番說法。他說，「一開始是瘧疾（因痛風導致有一陣子不太舒服），而五十八歲的國王有著臃腫肥胖的身體，在四、五次痙攣之後，他就離世了——而他的死訊也導致各種揣測，許多人更根據那嚴謹且充滿惡意的驗屍結果，發表無憑無據的中傷言論。在一段時間內，大家都不再害怕冒犯國王，而那些指控最高權威或皇室成員的人，還會為自己博得聲譽。」儘管有了這份自信滿滿的聲明，還是很難說服大眾不要相信謠言。但調查過程並沒有如他所說的那般嚴謹，國王寵臣的所有不合規定的權力，都被視為他的罪證。在起訴白金漢公爵的知名起訴書中，毒害詹姆斯國王的事例被放在最後一條；在那些講求簡明與證據的史記中，更經常將此條犯罪事實拿掉。

人們傳說白金漢公爵是向一位人稱蘭博醫生的江湖術士，取得毒藥，此人除了下毒外，還稱自己懂得算命。對其金主無計可施的大眾，將憤怒的矛頭指向了他，導致他不敢在倫敦街頭行走。他的下場極為悲慘。某天，認為自己偽裝很好的蘭博醫生，走在齊普賽的街道上，卻被幾名閒蕩的男孩認出，他們開始噓他並對他丟石頭，一邊叫著「下毒者！下毒者！打倒巫師！打倒他！」很快地，就有一群暴徒聚集，醫生拔腿就跑。眾人在伍德街追上他並抓住他，扯著他的頭髮，拖著他走過聖保羅十字路口的泥濘地；暴民用石頭和棍子打他，一邊喊著「殺死巫師！殺死下毒者！」

查理一世在得知這場暴動後，從白廳騎著馬試圖驅散人群。但他來得太遲，這名受害者的每一根骨頭都斷了，人也差不多沒了氣息。查理一世非常生氣，並因該城市無法將主犯繩之以法，罰了全體市民六百鎊。

但在義大利，下毒是非常普遍的行為。在很早以前，該國就視下毒為擺脫敵人最理想且正當的手段。在十六、十七世紀，義大利人對於下毒毫無愧疚感，就跟現在的英國人總愛隨便到法庭上控告任何一位害他受傷的人一般。當代作家告訴我們，那時，史帕拉（Spara）和托帕妮亞（La Tophania）公開販售毒藥，而婦女們也公開地在自己的梳妝台上擺著毒藥，並以現代人使用古龍水或薰衣草水的方式，少量地使用在他人身上。流行的影響力是如此巨大，當時人們甚至視此罪為可寬恕的小罪惡。

在吉斯（Guise）公爵的回憶錄中，記錄自己在一六八四年曾做了一個破天荒的嘗試，試圖襲擊那不勒斯的統治者。從中，我們可以窺探當時大眾對下毒的感受。一名叫吉納洛．安尼斯（Gennaro Annese）的男人在馬薩尼洛當了一陣時間的漁夫後，因其了不起的事跡讓他成為當時民眾心中的領袖，這對吉斯公爵造成威脅，並試圖謀殺他。公爵冷靜地告訴我們，他的士兵長接下了這個任務。人們建議他使用匕首，認為這是最有效的工具，但這名男子不喜歡匕首的血腥味。他準備以毒藥執行任務；他認為使用匕首是不道德的，會害他丟了職位！最後，大家都同意使用毒藥，公爵的親信奧古斯丁．莫拉（Augustino Molla）為他的主人獻上一瓶液體。

下面是公爵自己的說法：

「某個晚上，奧古斯丁來找我，告訴我：『我帶來一件可讓您脫離吉納洛威脅的東西。他理當受死，沒有什麼方法比現在流行的正義更適合他。看看這瓶藥，清澈且美麗的液體，只要四天，就能讓他為自己的反叛付出代價。士兵長已經承諾會執行此任務，此藥嚐起來毫無味道，吉納洛什麼都不會察覺。』」

公爵更告訴我們，這整瓶藥都使用了。但幸運的吉納洛在當天晚上用餐時，什麼都沒吃，只吃了淋著油的甘藍菜，而這成為了解毒劑，讓他吐了許多東西，並因此救了他一命。此後五天，他虛弱地養著病，完全沒發覺自己被下毒。

隨著時間過去，販售毒藥變成利潤極高的生意。至此之後的十一年間，羅馬販售毒藥的生意實在過於猖獗，導致政府不得不介入。貝克曼的《發明的歷史》，與李伯特（Lebret）的《國教會歷史素材》（*Magazine of Materials for a History of a State Church*）中，都提到一六五九年，教宗亞歷山大七世（Alexander VII.）對於有大量年輕女性在懺悔時承認，自己對其先生下毒的事，感到吃驚。天主教神職人員一般會對他人懺悔的內容守口如瓶，但他們對此犯罪行為的普及感到非常震驚與恐慌。儘管他們沒有公布懺悔者的名字，但他們還是設法讓上層知道社會不斷發生的罪惡。在羅馬經常被討論到的問題，也包括其大量守寡的年輕女性。當時也有人說，如果一對夫妻沒辦法快樂的生活，那麼先生就該生病並死掉。教宗下令調查此事，並發現有許多年輕太太組成了一個團體，她們會在半夜因某些神祕的原因，聚集到一名老女人希耶羅妮瑪．史帕拉（Hieronyma Spara）的家中。此人為惡名昭彰的女巫與算命師，更是這群年輕潑婦的首領。事後查明，其成員還包括幾名羅馬的皇室成員。

為了找出這些女子的罪證，政府祕密僱用一名女性打入她們的組織。她穿著最華麗的服裝，在提供大量的金錢後，她發現自己輕易地取得史帕拉的注意與友誼。她假裝自己為先生的不忠和虐待感到痛苦，並請求史帕拉給予她幾滴神奇的液體，好讓她那殘酷的先生可以和其他羅馬女性的丈夫那般「長眠不醒」。史帕拉中了計，並以和買方身分相稱的金額，賣了一點毒藥給她。

他們將取得的液體立刻進行分析，並發現這正是他們所懷疑的慢性毒藥，清澈、無味、透明，與吉斯公爵形容的一模一樣。根據這項罪證，警察包圍了史帕拉的家，女主人和她的客人都被逮捕。據說長相有些醜陋的史帕拉被推上拷問檯，但卻頑強地拒絕認罪。另一名叫格拉蒂歐莎（Gratiosa）的女人則沒有這麼堅強，她一五一十地招認姐妹會的祕密。儘管出於痛苦所承認的自白書不具有任何參考價值，但還有更多證據可證明她們的罪孽。她們通通被判處有罪，並依其罪行程度得到不同的懲罰。史帕拉、格拉蒂歐莎和另外三名對其丈夫下毒的女性，一起在羅馬被吊死。超過十五名女性被判處公開鞭刑；還有幾名出身高貴的女性免於遭受此種羞辱，並在繳交高昂的罰鍰後被驅逐出境。幾個月後，有九名女性因下毒被吊死；還有另一群包含年輕且漂亮的女性，在羅馬街頭半赤裸地接受鞭刑。

但殘酷的刑罰沒能遏阻此種風氣，急著繼承父親、叔叔、兄弟財產的貪婪男子與善妒女子，繼續用著毒藥。由於其無色、無味，因此很難被人察覺。手法嫻熟的攤販將藥劑調配成各種強度，下毒者可以自行選擇要讓對方在一個禮拜、一個月、六個月等期間內死亡。這些商人多為女性，最知名且被吊死的女人為托帕妮亞，她以此種藥劑奪走超過六百人的性命。這名女子在其還是少女的時候，就開始販賣毒藥，一開始在巴勒莫，後來到了那不勒斯。一名有趣的旅人雷貝特（Lebat）神父在其從義大利寄出的信中，描述許多關於此人的事跡。一七一九年，他到了奇維塔韋基亞，當時的那不勒斯總督發現該城市的毒藥交易非常猖狂。當時，最受歡迎的毒藥為「阿奎塔」（aqueta）或「小水滴」。在進一步調查後，他們發現年近七十的托帕妮亞，將毒藥裝在小玻璃瓶裡，以「巴里的聖尼古拉甘露」（Manna of St. Nicholas of Barri）名字，大量送往義大利所有城市。根據調查，托帕妮亞在史帕拉被處死後，立刻開始經營她邪惡的事業。

全義大利的人都知道巴里的聖尼古拉之墳。據傳，墳墓中會滲出一種神奇的油，可治癒所有肉體的疾病，因此她使用此名作為寄件者，善用民眾的信仰。托帕妮亞更利用此名字逃避海關人員的檢查，因為海關也和所有人一樣，非常尊敬聖尼古拉和那神奇的油。

此種毒藥與史帕拉製作的非常相似。順勢療法之父山姆．赫尼曼（Samuel Hahnemann）醫生，在寫到此件事時，表示此藥包含砷中性鹽，會讓受害者逐漸失去胃口，意識模糊，胃部絞痛，體力衰退，並對肺造成損害。神父加利亞迪（Gagliardi）表示，只需在茶、巧克力或湯裡加幾滴這種藥，就能緩慢地產生效果，且幾乎不會被察覺。奧地利皇朝的醫生加賴利（Garelli）在寫給霍夫曼（Hoffmann）的信中，認為這是砷的結晶，只要在大量熬煮的水中加入鐃鈸花（未解釋其原因），就能完全溶解。那不勒斯人稱之為托法娜仙液（Aqua Toffnina）；此毒藥更以「托帕妮亞仙液」之名聞名全歐洲。

儘管這名女子的邪惡事業規模宏偉，但要見她一面並不容易。因害怕被人發現，她經常改變自己的名字與住所，且偽裝成非常虔誠的信徒，住在修道院中長達幾個月。每當她感受到不尋常的搜索時，就會跑去尋求神職人員的庇護。在她一得知那不勒斯總督命人追緝她時，她立刻使用老方法：跑去修道院住。不確定究竟是她太會躲，還是搜索得不夠仔細，好幾年過去了，她總是能逃過執法者的搜索。另一個更了不起的事跡，則是她龐大的事業在這幾年中，未曾受影響或中斷。雷貝特告訴我們，她是如此同情那些怨恨丈夫、渴望擺脫其束縛、卻無力負擔毒藥的太太們，她甚至會將毒藥當成禮物送給她們。

然而，她的事業是不可能長久繼續下去，最後，她在一間修道院中被發現，無處可逃。總督立刻和修道院進行交涉，希望將此人移交到當局手中，卻無結果。背後有教區大主教撐腰的神父，持續拒絕總督。大眾對於此罪大惡極的人犯實在太過好奇，因此有上千人擠到修道院中，企圖看看她的廬山真面目。

此事如此拖延使得總督的忍耐已到極限。身為一位有理智，且對天主教不是太過狂熱的長官，他下定決心即便是教會，也不能隱匿如此罪大惡極的罪犯。在無視修道院的特權下，他派出一支軍隊，攻破磚瓦，以武力強行帶走托帕妮亞。紅衣主教皮亞泰利（Pignatelli）非常憤怒，以逐出教會和讓所有人不得參與禮拜作為威脅。那些低階的神職人員在出於虔誠的感召下，大聲質疑政府，並煽動那些迷信且狂妄的人們，表示大眾隨時準備好闖進總督的行宮中，拯救犯人。

局面非常艱險，但這位總督不是一位輕言放棄的人。他以罕見的精明、冷靜與心力處理此事。為了化解被逐出教會的嚴重懲罰，他派出軍隊包圍紅衣主教的住所，並向對方表示：出於仁慈之德，想必主教一定不會讓自己所在的城市和他本人，一起陷入絕境。如果這座城市被天主教逐出教會，那麼人們再也不敢來此，在此影響下，主教與所有教會兄弟們都將大受影響。如總督的預期，紅衣主教在其他場合中收回自己的威脅。

然而，政府還要面臨起事的民眾。為了平息眾人的激動，避免可能發生的暴動，政府悄悄派人混入人群，散播消息說托帕妮亞在城市的水井與噴泉倒入毒藥。只需謠言就夠了。大眾立刻將憤怒的矛頭指向犯人。前一刻還視她為聖人的群眾，下一秒立刻咒罵她是惡魔，並以先前企圖協助她逃跑的熱誠要求政府嚴懲此人。托帕妮亞被綁上拷問檯。她承認了一長串的罪名，並說出所有曾僱用她的人。她很快就被勒死，屍體被丟進先前她躲避的修道院後院。此舉動對神職人員來說反而成為一種寬慰，他們可以為曾經尋求他們庇護的人，舉行葬禮。

在托帕妮亞死後，瘋狂投毒的行為似乎減少了，但我們還沒回顧到法國人在進入此時期前，對於慢性毒殺的熱誠。在一六七〇至一六八〇年間，法國徹底感染下毒風氣，塞維涅夫人（Sevigne）更在其書信中，擔憂地說道「法國人」一詞，幾乎等同於「下毒者」的同義詞。

與義大利相同，政府第一次意識到這種犯罪行為的來源，也是神職人員的通報，神父表示部分出身高貴的女士及其他中、低產階級的婦女，在告解時承認自己對丈夫下毒。為此，兩名叫艾希利（Exili）和葛拉瑟（Glaser）的義大利人因製作毒藥並販售而被逮捕，關進巴士底監獄。葛拉瑟在獄中過世，而艾希利則被關在監獄中數月，等待審判；在此期間，他認識另一名其犯罪手法引起法國人熱切討論的犯人——聖特·夸克斯（Sainte Croix）。

承襲這兩名重罪犯邪惡知識的人，正是惡名昭彰的巴希維里耶（Brinvilliers）夫人。這名年輕女性出身高貴，結婚對象也是法國貴族。她在年輕時便展露其殘忍且墮落的性格。如果她的自白確實正確，我們可看到她在十幾歲時就展露其邪惡的作風。然而，她是一位美麗、才藝出眾的女子，在世人眼中更堪稱女性楷模，為人親切。她在一六五一年嫁給巴希維里耶侯爵，陰鬱地度過好幾年。這位侯爵是一位好逸惡勞的男子，並糊塗地將聖特·夸克斯介紹給自己的妻子。正是此人讓她沾染上惡習，犯下一件又一件的罪行，直到當她自己想起兩人可能面臨的後果，都忍不住顫抖起來。因為這名男子，她獲得了罪惡的喜悅，墜入罪惡的萬丈深淵。在報應降臨前，她已犯下各種令人髮指的罪行。

在外人眼中，她依舊端莊可人，並輕易取得與那墮落丈夫合法分居的許可。但這種做法讓她的家人極度不滿。自此，她就像徹底拋開面具，公然地和自己的戀人聖特·夸克斯出雙入對。她的父親德奧貝（D'Aubray）在盛怒之下，寫了一封密函，將她的情夫送進巴士底，關了十二個月。

聖特·夸克斯在義大利時，曾是製毒的業餘愛好者。他知道一點史帕拉的祕密，並在新朋友艾希利的指導下，精進了自己的知識。艾希利不只告訴夸克斯該如何製作義大利極為流行的液態毒藥，更教他研製後來在法國造成轟動的粉狀毒藥。和他的情婦相似，他看上去友善、機靈且聰明，外人根本看不出他的內心早被強烈的復仇與貪婪侵蝕。不幸的德奧貝家族，成為他一切惡意的目標。他不僅要報被關進監獄的仇，還要奪走他們豐厚的家產。出手闊綽且奢華的作風，讓他總是急需許多金錢，而巴希維里耶夫人的財產根本不足以供他花用。在想到自己與財富是如此接近，他冒出了惡毒的念頭，決定毒害情婦的父親德奧貝先生與她兩個哥哥，好讓巴希維里耶夫人順理成章繼承家產。對悖德者來說，三起謀殺案算不上什麼。他向巴希維里耶夫人表達自己的計畫，而她毫無遲疑立刻表示贊成。於是男方負責製作毒藥，女方負責下毒。她帶著熱情與歡快的情緒，執行歹毒的計畫。聖特．夸克斯發現她是一個傑出的學生；巴希維里耶夫人的製毒技術進步神速。為了試驗自己製作的藥劑，她試著對狗、兔子和鴿子下毒。之後，她又到醫院，在自己帶去救濟病患的濃湯裡下藥，實驗毒藥的藥效。這些毒藥如果僅使用一劑，不會造成任何人死亡，所以她可以大膽地針對個體進行實驗。她更在父親請回來的客人身上進行實驗，在鴿肉餡餅中下毒！為了更明白藥效，她甚至對自己下藥！在如此大膽的做法下，她終於確信這些毒藥是有效的，於是她向聖特．夸克斯拿了解藥，準備開始對鬢髮灰白的父親下藥。她親手使用了第一份藥，下在父親的巧克力裡。毒藥的效果不錯。父親生病了，看似焦急且溫柔的女兒，悉心照顧父親。隔天，她送來一些高湯，聲稱這些食物非常有營養。這份湯裡也下了藥。透過這種方法，她漸漸消磨父親的健康，不到十日，他就撒手歸天！他的死亡看上去就像是因疾病而起，沒有引起任何人懷疑。

當那兩位兄長從別處趕回家，傷心地替父親舉辦喪禮時，見到悲痛欲絕的妹妹，但他們沒意識到自己的死期。他們阻擋在聖特．夸克斯與快要得手的財產之間，他們在劫難逃。聖特．夸克斯僱用了男子喬西（Chaussee），協助下毒，不到六個禮拜，兩人從此一睡不起。現在，人們開始起了疑心，但陰謀執行的過程太過縝密，沒有人找到可懷疑的目標。侯爵夫人還有一名姊妹，可以繼承一半的遺產。整份遺產都很難令聖特．夸克斯感到滿意，更何況要被瓜分一半，因此他決定讓她跟自己的兄弟一同死去。然而，這名女性生性多疑，迅即離開了巴黎，因此逃過一劫。

侯爵夫人為了取悅愛人，犯下這些謀殺案。現在，她還需要為自己進行一項謀殺。她渴望和情人結婚，但她還沒離婚。她認為毒死丈夫比訴請離婚來得簡單，更何況離婚還不一定會被批准。但此刻聖特．夸克斯心中已沒有激情。壞人不會欣賞跟自己一樣邪惡的人。儘管他本人也很邪惡，但他並不打算娶這樣的女子，更不期待侯爵被毒死。然而，他還是捲入了這椿陰謀，並提供毒藥給侯爵夫人，但他也小心翼翼地給予解藥。今天，侯爵夫人下藥；隔天，聖特・夸克斯想辦法讓侯爵吃下解藥。在這種情況下，侯爵成為兩人較量的對象，最後，在虛弱不堪、心臟衰竭的情況下，他脫離了這種折磨。

但報應就在眼前，一場橫禍，讓凶手暴露在陽光下。由於聖特・夸克斯煉製的毒藥毒性強大，因此他在製作時，需要帶著面罩以防窒息。某一天，他的面罩滑掉了，這個可憐蟲就這麼死在自己手裡。隔日早晨，人們在他的實驗室的暗室中，發現他的屍體。由於他沒有任何親友，因此警察扣押了他的所有物。在這些東西中，他們發現一個小盒子，上面貼了這樣一份聲明：

無論是誰，我恭敬地請求得到這個小盒子的人，幫我將此物品轉交給住在聖保羅納芙街上的巴希維里耶侯爵夫人，此盒子中的東西都與她有關，且屬於她，而這些東西除了對她有用外，對其他人都沒有任何用處。假設她在我之前死了，我希望閣下不要打開盒子，並將裡面的東西原封不動地燒掉。為了防止有人以不知情為藉口，我以最神聖的方法向上帝發誓，我所說的一切內容都是真的。如果我合情合理的意圖被任何人扭曲，我將詛咒他們，無論是在這個世界或死後的世界，都要受到良心的譴責。這就是我的最後遺言。

聖特・夸克斯書於巴黎，一六七二年五月二十五日

這份真誠的聲明，並沒有得到尊重，反而引起好奇。他們打開了盒子，並發現裡面有一些紙和幾瓶藥罐跟粉末。其中一張紙被交到化學家手中分析，其餘的則被警察打開閱讀。裡面有一張侯爵夫人寫給聖特・夸克斯的三千法郎本票。其他的文件更為機密，裡面皆指認侯爵夫人與其僕人喬西參與了這幾場謀殺案。在她得知聖特・夸克斯過世後，她曾企圖取得那些文件和小盒子，但她的要求遭到拒絕。在發現大勢不妙後，她趕緊出

逃。隔天，警察準備逮捕她，卻發現她已經逃到英格蘭。然而，喬西就沒這麼幸運。對事情發展一無所知的喬西，沒預期到自己大難臨頭。他被逮捕並交付審判，在被施以酷刑後，他承認自己對德奧貝一家下毒，並因此得到一百個金幣，聖特．夸克斯和巴希維里耶夫人也承諾給予他終身年金。他被判活生生接受車裂刑[3]，侯爵夫人則在缺席的情況下，被判處斬首。

巴希維里耶夫人在英國生活了三年。一六七六年初，她認為嚴格的搜捕行動已結束，因此決定返回歐洲大陸，並悄悄地住在列日。儘管她如此小心，法國當局還是掌握她返回的消息，並立刻和當地政府機關協商，取得在其管轄區內逮捕她的權力。騎警隊的長官迪格海（Desgrais）為此從巴黎出發。在他抵達列日時，發現嫌犯躲到修道院的庇護傘下。此處是國家公權力不得侵犯的地方，但迪格海沒有因此被嚇阻，並想了一個武力也無法辦到的好計謀。他將自己喬裝成牧師，並尋求進入修道院的許可，還安排了和巴希維里耶夫人的會面。他說，身為一位法國人，他不允許自己經過此地，卻沒有見上因其美麗且不幸遭遇而聞名的夫人一面。他的奉承讓對方虛榮心膨脹。迪格海認為，用通俗點的言語表示，就是「他抓住了對方的弱點」。於是他繼續表達自己的傾慕之情，直到這位侯爵夫人自動走出了修道院的保護傘。她在不加思索的情況下，答應與愛慕者在修道院的牆外會面，因為在修道院外幽會比較方便。她毫不懷疑地前往幽會地點，卻發現等著她的不是愛人，而是警察。

她的審判立刻展開，證據也非常充分。光是僕人喬西的死前聲明，就足以確認她的罪行。此外，檢方還掌握夸克斯的祕密文件、她逃離巴黎的舉動，以及最重要且關鍵的證據：一張她親筆寫下的信，向夸克斯說著自己曾做過的壞事，並談到謀害父親與兄弟的罪行。這下罪證確鑿。她的審判，讓整個巴黎為之騷動。人人嘴裡談的，都是巴希維里耶夫人。她的罪行被公開，大眾對此津津樂道。而祕密下毒的想法，也首次進入到數以百計的人們腦中，這些人日後也犯下了罪刑。

一六七六年七月十六日，巴黎的刑事最高法院宣讀此女因謀殺父親與其兄長、企圖奪取姊妹的性命，被判有罪。她赤著腳，脖子上綁著繩子，手裡握著燃燒的火炬，並被囚車拖到聖母院的大門口，進行公開謝罪；接著再送到格列夫廣場，並在那裡斬首示眾。之後，她的屍體被火化，並將其骨灰撒到風中。

判決確定後，她一五一十地吐露自己的罪行。她看上去對於死毫不畏懼，但支撐她的不是勇氣，而是輕率。塞維涅夫人說道，當巴希維里耶夫人關在囚車裡、被拉去斷頭台的途中，她懇求告解神父利用自己的影響力，讓劊子手站到她的身邊，要不然她會一直看到「那個欺騙她、可惡的小人迪格海。」她還對著那些敞開窗戶，看著遊行的婦女，問她們究竟有什麼好看？還說，「是不是很美的場景，這可是真的！」站到斷頭台上，她笑了，她死時也像她活著時一樣，執迷不悟、冷酷無情。隔天早晨，人們到廣場上撿拾她的骨灰，作為紀念。人們視她為殉教的聖人，而其骨灰在神聖的作用下，可以治癒疾病。大眾的無知經常將那些自詡為聖人的人神格化，但在這些例子裡，沒有任何一人比巴希維里耶夫人更叫人不齒。

在她死前，隆格多克省的財務長兼教會出納員貝努堤（Penautier）被人控告，指控者為聖羅倫特（St. Laurent）女士，她說此人毒害她的丈夫，企圖奪取他的職位。但此案的內容從未被揭露，更有龐大的勢力介入，避免案子進入審判。此人與聖特・夸克斯及巴希維里耶夫人關係密切，因此人們推測其毒藥來自兩人。然而此人拒絕談論任可能置他於罪的話題。在貝努堤被關進巴士底的幾個月後，調查陷入僵局。

謠言也指控紅衣主教蓬西（Bonzy）為貝努堤的共犯。這位紅衣主教因為必須支付幾筆龐大的年金費用，導致入不敷出，但就在下毒風氣盛行的同時，這些領取年金的人一個接一個死去。後來，紅衣教主在談到這些領取年金的人時，常說「感謝星星，我擺脫他們了！」一名機智的人，在看到紅衣主教與貝努堤乘著馬車經過時，大喊著「看吶！紅衣主教蓬西和他的星星！」

3 類似於五馬分屍。

從這時開始，人們的腦中深植著下毒的狂熱。從此時到一六八二年，法國的監獄擠滿了犯下此罪的人，更值得關注的是，其他犯罪情形都減少了許多。我們已經見識到義大利在此事件中的發展，其猖狂程度更勝法國。使用無色無味毒藥謀害性命的方法，成功率高，又輕鬆的驚人，因此吸引了大批惡徒。許多人在出於嫉妒、報復、貪婪，甚至是小小的惡意，選擇使用毒藥。那些不敢使用匕首、手槍或一次性毒藥者，紛紛選擇慢性毒殺。對富裕且握有權勢的貝努堤睜一隻眼、閉一隻眼的腐敗政府，面對這場不斷蔓延的犯罪依舊感到震怒。在歐洲人眼中，法國人成為最不道德的國家。路易十四為了重振社會風氣，成立了所謂的火焰法庭，以現存的公權力來審判並懲處犯人。

當時，出現了兩名罪行重大的女性，導致數百人因其而死，受人唾棄。兩人都住在巴黎，分別叫拉佛森（Lavoisin）和拉菲葛荷（Lavigoreux）。她們模仿史帕拉跟托帕妮亞，賣毒藥給企圖擺脫丈夫的婦女們；在某些案件中，她們也賣毒藥給企圖擺脫妻子的丈夫們。表面上，她們的職業為助產士。有時更佯裝成算命師，接待各階級的顧客。富人與窮人蜂擁到她們的閣樓中，期待知道未來。她們的預言內容總是死亡。她們向婦女預言丈夫的死期，更向那些等了太久太久的繼承者預言他們富有的親戚，究竟何時會死。她們通常也會謹慎地讓自己的預言成真：在以大筆金錢收買顧客家中的傭人們後，她們會要對方在特定時間點「意外地」弄破碗盤，接著再向顧客表示，破掉的瓷器正是死亡的預兆。身為助產士的職業，也讓她們間接得知許多家庭祕密，而這些祕密都成為她們的武器。

我們無從得知在她們被抓以前，經營這種邪惡的行業究竟有多久。一六七九年底，當局終於找上她們。兩人都被審判，並有罪定讞。一六八〇年二月二十二日，她們的雙手被燒紅的鐵刺穿、並砍下，接著在格列夫廣場上被活活燒死。她們在巴黎及各省的龐大餘黨也被逮捕，進行審判。根據各當局的記載，人數從三十到五十不等，主要為女性，並在各大城市中被吊死。

拉佛森詳細記錄了所有來拜訪她們的人。在她被逮捕時，這張紙落入警方手裡，並被詳細調查。在這張名單上，還包括盧森堡（Luxembourg）元帥、蘇瓦松（Soissons）伯爵夫人和布永（Bouillon）公爵夫人。元帥本人最大的錯，在其愚蠢至極地拜訪這名女子，但當時大眾的輿論不打算輕易放過他。《烏特勒之和平後的歐洲軼事集》（*Memoirs of the Affairs of Europe since the Peace of Utrecht*）的作者說道：「一群深陷在毒藥與預言故事的人們，宣稱他將自己的靈魂賣給惡魔，一名年輕女子杜萍（Dupin）就是被他毒死的。在其他故事中，他們說他和惡魔簽訂契約，好讓自己的兒子可以娶到盧福瓦（Louvois）侯爵的女兒。因為第一項罪名主動到巴士底投案的元帥，在聽到如此荒謬且惡毒的指控後，帶著驕傲與天真的態度回應，『當我的祖先馬修．蒙特莫朗西（Mathieu de Montmorenci）娶了路易．拉葛霍（Louis le Gros）的遺孀時，他靠著跟議會合作打交道，以蒙特莫朗西家族的力量穩住年幼國王的權勢，這絕不是依靠魔鬼的幫忙。』這名勇敢的男子被關進一個長六尺、寬三尺的小房間中，而他的審判期更長達十四個月，其中包括數個禮拜的中斷。最後，他沒有被起訴。」

蘇瓦松伯爵夫人沒有冒險，選擇逃到布魯塞爾，但她這輩子都背負著「企圖以毒粉末毒殺西班牙皇后」的羞恥罪惡。布永公爵夫人被逮捕，並在火焰法庭接受審判。然而，她似乎與慢性毒殺罪行沒有什麼關聯，只是想知道未來，並透過惡魔之力滿足自己的好奇心。其中一位面容醜惡、身形矮小的審判長拉黑尼（La Reynie），嚴肅地詢問她是否有看到惡魔。這名女子直視著對方的面容，回答：「噢，是的！我現在看到了。他化身成一個醜陋矮小的老男人，脾氣暴躁，還穿著審判長的長袍。」謹慎的拉黑尼先生決定再也不要對這位口齒伶俐的女子發問。公爵夫人被關在巴士底監獄數個月，在沒有任何證據的情況下，她有力的朋友介入，讓她獲釋。對此罪的嚴懲做法，有效遏止了那些企圖模仿的一般大眾，但對可以獲得赦免的上流社會，就沒什麼效果。有錢的紅衣主教蓬西和成功脫身的貝努堤，帶來最壞的示範。此後的兩年，此種犯罪仍極其猖獗，直到上百人因此罪被處以火刑或絞刑。

第十二章

Haunted House

鬼屋

敲門聲！……叩！叩！叩！……是誰，是鬼王巴力西卜嗎？……是誰，是惡魔嗎？叩！扣！扣！—永無安寧？

——《馬克白》（*Macbeth*）

門窗緊閉、無人居住、斑駁破舊、陰森恐佈——有誰沒見過或聽過這樣的房子？午夜時分，房裡常傳出奇怪的聲響——若有似無的敲門聲、椅子嘎嘎的拖動聲，和使人心慌意亂的鬼魂呻吟——入夜後，經過這些房子成為最危險的行為。而它們往往好幾年都找不到房客，即便倒貼錢，也沒人願意搬進去。今天，光是英格蘭就有好幾百棟這樣的房子。法國、德國……幾乎歐洲所有國家，都矗立著幾百棟讓人顫慄的恐懼之境——膽小者躲得遠遠的，虔誠者必須不停念著禱告以祈求上帝庇護，才敢通過鬼魂與惡靈遊蕩的處所。倫敦有許多這種房子，如果有任何人敢吹噓人類的聰明才智，他應該先認真數一數這些房子的數量，他就會知道在根除迷信的道路上，人類的才智還有很長的路要走。

鬼屋屬於巫術狂熱的殘跡，其相對之下較無害，且人們對此故事的狂熱程度也較輕微。與先前我們花了大篇幅討論因巫術狂熱而衍生出的各種怪念頭相比，這場狂熱並沒有將任何人推上火刑架或絞架，只出現幾名被判處枷刑的人。

許多房子盛傳鬧鬼的故事，那些膽小且心智脆弱者總會盡可能躲得遠遠的，但其實只需要一位思緒清晰的人，就能粉碎一切謠言。在亞琛，有一棟看上去就像被廢棄的大房子，長達五年都沒有人居住，人們盛傳這棟房子無論白天或晚上，都會出現神祕的敲門聲。無人可解釋此種聲音，傳聞甚囂塵上，最後連房子兩側的鄰居都被嚇跑，搬到那些較不容易遇到惡鬼的社區。長期無人居住打理的結果，讓房子外觀看上去更加淒涼，死氣沉沉，宛若廢墟，成為一個更符合遊魂出沒的地方。入夜後，幾乎沒有人敢從附近經過。這棟房子的樓上房間，總會出現敲門聲，不大聲，卻非常有規律。附近的鄰人說房子的地窖總是傳出呻吟聲，午夜的鐘聲敲響後，還會看到燈光依序經過一扇扇窗戶。有人看到一身慘白的鬼魂躲在窗後嘲笑或交談，但這些故事都經不起調查。然而，敲門聲確實是唯一無法解釋的現象，為此，屋主也進行了好幾次一無所獲的探察。他們在房間裡撒上聖水；牧師招喚出房間裡的惡靈，並將其驅逐到紅海；儘管所有事都做了，敲門聲卻不屈不撓地響著。終於，一場意外揭開了謎底，恢復了該區的安寧。焦慮的屋主，以極低的價格將房子脫手，擺脫這棟讓自己日夜煩心且賺不到錢的燙手山芋。當新的屋主站在二樓時，聽到通往樓下的門發出極大的聲響，接著門立刻彈開兩英寸。他靜靜地站著觀察了一分鐘，這個現象又發生了兩次。那扇門的門閂壞掉了，因此門無法固定，並依靠底部的鉸鏈來回擺動。緊鄰著門有一扇窗戶，上面有一小塊玻璃破了，每當風從窗戶上的破洞中吹進來時，產生強勁的氣流，以意想不到的蠻力打開了門。沒有門栓，門只好不斷開闔，開門的瞬間又會引進一股新氣流，導致門開闔不停。新屋主立刻找工人來裝玻璃，從此，再也沒有敲門聲。整棟房子重新砌牆、粉刷，慢慢恢復往日的好名聲。但直到兩三年後，這棟房子的名聲才算完全恢復，即便如此，還是有些人寧願繞路避開此地。

華特·史考特在其《魔鬼學與巫術之文學研究》（*Letters on Demonology and Witchcraft*）中，也說了一個類似的故事。故事的英雄是一位政界非常有名，出身高貴且傑出的紳士。在他繼承家產與頭銜後不久，僕人開始傳出謠言，說這棟宅邸在半夜時分會出現奇怪的聲響，但沒有人可以解釋聲音的來源。這名紳士決定自己找出原因，並和一位長年住在房子中的老僕人一起查找原因。這名老僕人跟所有人一樣，認為這個怪聲響是在前任主人過世後，才開始出現。他們一直等待，直到親耳聽見聲響，最後更追蹤聲音到了一間儲藏室。老僕人掏出了鑰匙，兩人一起走進房間，但奇怪的聲響消失了一段時間。終於，聲音再度出現，但這次的聲音明顯比之前在遠處聽到的低沉，兩個人心中充滿了激動。不費吹灰之力，他們就解開了謎題。一隻被舊式捕鼠籠困住的老鼠，企圖逃出去，但牠總是只能將陷阱的門打開到一定高度，接著門就會掉下來，並發出引起謠言的聲響。要不是屋主即時進行調查，這棟房子的壞名聲可能會讓他再也找不到傭人。後來，屋主將這個故事告訴了華特·史考特。

但是，一般來說，像這種因意外而導致鬧鬼謠言傳出的情況並不多見，更常見的總是因人類的惡作劇而起。六名修士對那位因信仰虔誠而被國內史學家自封為「聖人」的路易國王，使出類似的把戲。在聽到自己的牧師熱切讚頌聖布魯諾那區的修士們，是如何善良與博學後，國王表示自己想在巴黎為他們成立一個社區。修道院院長伯納德·德拉圖爾（Bernard de la Tour）為此派了六名教會弟兄，而國王將尚蒂利城鎮上一棟漂亮的房子賜給他們居住。當他們從宅邸的窗戶望出去時，總會看到為了羅伯特（Robert）國王建造的古色古香的沃維爾宅邸，但已荒廢數年。聰明的修士認為那幢宅邸正好適合他們，但他們的謙遜之心讓他們羞於向國王開口討那幢官邸。他們無法克服這樣的難為情，只好動腦想出另一個方法。自六人抵達後，從沒有傳出奇怪謠言的沃維爾宮，卻變得鬼影幢幢。夜晚，那裡傳出駭人的尖叫聲，窗戶突然亮起藍、紅和綠色的光，又瞬間消失，鏈條的摩擦聲，像是人因極度痛苦而發出的咆哮聲。這些騷動持續了好幾個月，人們都被嚇壞了，連遠在巴黎的國王，也對繪聲繪影傳到他耳中的誇大故事，大為震驚。終於，一個全身豌豆綠、留著長長的鬍鬚還長著惡魔尾巴的惡靈，固定在深夜時分現身於宮殿的主窗旁，對行經的路人舞動著拳頭。聽到各式各樣故事的尚蒂利六名修士，對於惡魔居然就在他們對面的宅邸中撒野，感到非常憤怒，並向路易國王派來調查此事的使者暗示，只要讓他們進駐宮殿，他們很快就可以淨化所有惡靈。國王對於他們的虔誠感到非常欣賞，更為了他們大公無私的精神，致上深深的謝意。於是，國王親筆署名的指令下達，沃維爾宮殿成為聖布魯諾修士們的住所。該命令於一二五九年發布。騷動立刻平息，燈光消失了，根據修士們所說，那個綠色的鬼魂已經被驅逐，並在紅海安息。

一五八〇年，一名叫吉爾．布雷卡（Gilles Blacre）的男子，在圖爾的郊區租下一棟房子，但他對自己和房東彼得．皮凱特（Peter Piquet）討價還價的過程不太滿意，因此試圖說服對方取消合約。然而彼得對於自己的新房客和規定很滿意，因此不願妥協。不久後，整個圖爾都盛傳著吉爾住的房子鬧鬼。吉爾本人更說，他認為這間房子是全法國邪靈與女巫們的聚會場所。這些不速之客製造的噪音是如此惱人，讓他徹夜難眠。他們敲打著牆壁，透著煙囪咆哮，打破他的窗戶，將廚房裡的鍋碗瓢盆四處亂丟，整晚都占用著他的椅子與桌子，狂歡地跳著舞。許多人聚集在屋子外，想聽聽那神祕的聲響。而那些早上忘了說主禱文就走出來的人，會被自行鬆脫的牆壁磚頭準準地砸在頭上。這些事情持續發生，吉爾向圖爾的市民法院抱怨，他們召喚了彼得，要他給出一個為什麼租客不能解約的原因。可憐的彼得無從解釋，因此陪審員一致同意在此種惡劣的處境下，兩人應該解約，而房東必須支付整場訴訟的費用。彼得不服，於是向巴黎的議院提起申訴，經歷很長一段時間的檢驗，議院確認了租約。法官說：「並不是因為證實該房子確實遭邪靈入侵的證據不夠充分，而是圖爾法院的審判過於潦草，導致其判決不具效力。」

一五九五年，波爾多的議院也出現了類似案件，指稱市中心的某棟房子鬧鬼。議會派神職人員檢查情況並給予報告，報告指出該房子確實鬧鬼，租屋合約因此解除，房客不必支付房租跟稅金。

最有名的鬼屋，莫過於胡士托的皇宮。一六四九年，倫敦的長期議會派遣數名委員占據宮殿，並將房子中的皇室徽章全部抹去，但所有的委員都被一個喜歡裝成小惡魔的淘氣騎士嚇跑，認為屋裡有惡靈而不敢進去。

這些委員在一六四九年十月十三日抵達，他們霸占皇宮，將華麗的寢宮與客廳改裝成廚房和碗碟洗滌室，會議室改成釀酒室，更將餐廳當成堆放木柴的地方。他們拆下所有皇室徽章，並將所有能讓他們聯想到國王查理一世的東西恣意毀壞。一名叫賈爾斯・夏普（Giles Sharp）的人，以辦事員的身分陪同他們，對他們的舉動也大力支持。他幫他們剷除一棵老樹，只因這顆樹叫「國王的橡樹」，並將砍下的木頭送到餐廳，升起大火取悅委員們。頭兩天，他們聽到一些奇怪的聲音，但眾人不以為意。直到第三天，他們發現自己有了不速之客，他們隱約聽到床底下傳來惡犬撕咬床單的聲音。隔天，所有的桌椅顯然依照自己的意志，隨便移位。第五天，有某種東西出現在寢宮，來來回回地走動，並將客廳中溫熱的鍋子扔出來，發出巨大的聲響，讓眾人以為就好像有五座鐘塔同時敲著。第六天，餐廳中的碗盤自己上上下下地飛舞。第七天，惡靈闖進臥室，用木柴霸占了委員們舒適柔軟的枕頭。第八與第九天晚上，所有惡作劇都停了。但到了第十天，煙囪中的每塊磚頭都不安分，整個晚上都在委員們的天花板上哐啷哐啷地跳著舞。第十一天，惡魔帶著他們的槍支跑了。第十二天，床上滿是白蠟盤子，他們根本不能上床睡覺。第十三天晚上，整棟皇宮的窗子莫名出現裂痕，最後碎成片片。第十四天，出現了巨大的聲響，就像發射四十座大砲，或大量石頭掉下來般，這些情況讓所有委員都驚呆了，並陷入莫大的恐慌中，向其他人大聲呼救。

他們一開始試圖以禱告來趕走惡靈，但徒勞無功，於是他們開始認真討論是否該離開此處，讓魔鬼霸占皇宮。然而，他們決定再試試看。在請求上帝寬恕他們的罪行後，眾人重新上床睡覺。這一晚，他們睡得格外香甜，但這只是暴風雨前的寧靜。隔天晚上，沒有任何異狀出現，他們開心地認為魔鬼已經被驅逐了，並準備整個冬天都住在此處。然而此刻的安寧，只是惡魔們再次肆虐前的歇息。十一月一日，他們聽見客廳傳來緩慢且莊嚴的來回踱步聲，接著，立刻有大量石頭、磚塊、灰泥及碎玻璃砸在地上的聲音傳來。二日，客廳再次傳來猶如大熊在踩踏地板的聲音，持續了十五分鐘。當這個聲音停止後，一個溫熱的大鍋子被暴力地扔到桌子上，緊接著是一堆亂石跟馬的下顎骨。一些大膽的人拿著劍與手槍，勇敢地走進客廳中，然而，裡面什麼都沒有。當天晚上眾人都很緊張，不敢睡覺，在每個房間點起火爐、大量的蠟燭與油燈，他們認為既然惡魔喜歡黑暗，光明或許能讓惡魔遠離自己。不料，他們被騙了，一桶水從煙囪裡倒下，澆熄了火爐，在無法解釋的情況下，蠟燭一個接一個熄滅。那些躺在床上睡覺的佣人們，才一躺下去，就被骯髒的溝水澆醒，他們在極大的恐懼下語無倫次地念著祈禱文，委員們不解地看著他們的床單沾到的綠色液體，而關節更像是被折磨般紅通通。當他們還說著話的時候，傳來一陣有如雷鳴或像一排大砲同時發射的聲音，所有人立刻跪倒在地，一邊躲避一邊尋求上帝的幫助。當其他人都跪在地上的時候，一名勇敢的委員起身，以上帝之名大聲詢問是誰在那裡，他們究竟做了什麼，要讓他這樣折磨眾人。沒有任何回答，過了一會兒，噪音停止。最後，情況正如委員們所說，「惡魔又回來了，還帶了其他七個更可怕的同伴。」在一片漆黑中，他們點了一支蠟燭並放在門邊，這樣這根蠟燭就能一次照亮兩邊的房間。突然間，蠟燭熄滅，其中一名委員說他「看到類似馬蹄的東西，將蠟燭和燭台移到房間中間，並連吹了三口氣弄熄燭火。」那名勇敢的人再次舉起他的長劍，但他說有隻無形的手抓住他，他根本無法從刀鞘裡將劍抽出來，那隻無形的手更用刀柄狠狠敲了他一下，嚇了他一大跳。接著，噪音又出現了，在這樣的氣氛下，所有人很有默契地據守當前的房間，並用禱告與唱歌度過漫漫長夜。

這次，他們終於決定不要再跟企圖占領胡士托的惡魔鬥智。這件事發生在禮拜六晚上，禮拜天又重演了一遍，所有人決定立刻離開，返回倫敦。星期二早晨，他們收拾好所有行囊，抖掉腳上的塵土，將胡士托與其居民留給惡魔，倉促離開此地。

幾年過後，鬧鬼的原因終於真相大白。在皇室復辟時期，委員們的辦事員賈爾斯．夏普，說出自己當時動的手腳。此人的本名為約瑟夫．柯林斯（Joseph Collins），為保皇黨的祕密成員，早年曾在胡士托的宅邸中居住過，因此，他對建築內的每個角落都很熟悉，包括大量的暗門與祕密通道，但委員們全部都沒察覺到他的身分，還以為他是忠誠的革命派，並因此非常信任他。他利用自己的資訊，找了幾名騎士，一起進行這場搞笑的惡作劇。

一六六一年，孟佩森（Mompesson）先生位於泰德沃斯的房子，也發生了同樣的把戲，約瑟夫．格倫威爾（Joseph Glanvil）神父曾描述了這個故事。一六六一年四月中，孟佩森先生從倫敦返回自己位於泰德沃斯的家，但他的太太告訴他，在他外出的這段時間裡，家裡一直出現奇怪的聲音。三天後，他也聽到了，他覺得這聲音聽起來「就像是有人用力敲著他的門和外面的牆」。憑著有小偷入侵的直覺思考，他立刻起身，穿好衣服，拿起一對手槍，勇敢地走出房間企圖找到入侵者。但隨著他每踏一步，那個聲音來源總是離他有段距離，最後，他來到一扇門前，確信對方就在裡面，可惜，裡面什麼都沒有，而那「奇怪且中空的聲音」卻依舊沒有停止。他想了好一陣子，也搜遍了房子的每一處，在一無所獲下，他又走回床上。當他脫下外衣後，那種聲音再次響起，且比以往都要激烈，就像「有人在他的屋頂上用力的蹦蹦跳跳，接著消失在空氣中」。

這樣的情況一直持續了好幾夜，這時，孟佩森先生突然回想起不久之前，他逮捕了一位流浪鼓手，並將其關進監獄。這名鼓手帶著一個巨大的鼓在各地流浪，他以演奏鼓維生，但打擾了某些民眾的安寧，所以他也扣押了那個鼓。他想，或許那名鼓手是個巫師，因此派了邪靈來報復他。之後，他的這種想法越來越強烈，尤其當他聽著與鼓聲非常相似的噪音傳來時，他認為就像「衛兵為了清醒而敲打的鼓聲」。孟佩森太太因此病倒，而這位惡魔樣的鼓手，倒也很「善良」地停止了一切噪音，但等她的病一痊癒，這些噪音再次以「更粗魯的方式出現，追著並騷擾年幼的孩子，瘋狂地敲著他們的床架，讓人以為床架會因此散掉」。孟佩森先生向他好奇的鄰居說道，這邪惡的鼓手會敲《圓顱黨和綠帽子》、《歸營曲》等軍隊曲目，且就像是士兵一樣清楚。這狀況持續很長一陣子後，惡魔改變了戰略，他將魔爪伸到孩子的床底下。約瑟夫神父說道：「十一月五日，出現了駭人的聲響，僕人看見孩子的房間裡有兩塊板子在移動，他要這未知的力量將其中一塊板子交給他。沒想到，板子真的自己移動，跑到他面前約一公尺處，但根本沒有人碰到板子。僕人又說，『不，還是放到我手裡吧。』聽到這句話，那個惡魔將板子推到僕人觸手可及的地方。」約瑟夫繼續說，「當時是白天，且這件事發生在眾人面前。那天早晨，房間充滿了有如硫磺般的氣味，真令人噁心。晚上，牧師克雷格（Gragg）和幾名鄰居來訪。克雷格先生帶領眾人一起禱告，並在孩子的床邊跪下，此時，噪音大作且非常惱人。在禱告期間，惡靈撤退到閣樓中，但禱告一結束，他又回到原處。接著，在眾人眼前，椅子開始在房間裡亂竄，小孩的鞋子紛紛砸向他們的腦門，所有沒固定的東西都開始移動。與此同時，一根床桿砸中了牧師的腳，但魔鬼手下留情，那根床桿只是非常輕柔地碰到牧師的小腿。」另一次，鎮上的鐵匠表示自己根本不相信鬼或惡魔，於是他決定去僕人約翰那裡睡一夜，而當晚聽到的聲音讓他再也不敢鐵齒。他說，「房間出現一陣聲響，就像有人替馬釘上馬蹄鐵般，接著有人拿著鉗子走進來……」可憐的鐵匠一整晚都有人不斷夾他的鼻子。隔天，惡魔發出像狗喘息的聲音，有些女人拿著床桿，準備找出聲音來源，「但她手中的棍子突然被奪走並丟得遠遠的，接著，整個房間裡充滿了令人厭惡的氣味，且溫度不斷升高，儘管外面是寒風刺骨的冬夜。喘息與刮東西的聲音持續了一個半小時，接著跑到隔壁房間敲了一會兒，並發出鏈子的喀啦聲。」

這神奇的故事立刻傳遍整個國家，各地的人都跑到泰德沃斯，企圖滿足自己的好奇心。最後，這件事傳到皇室的耳中，國王派了幾位大臣調查此事，並令他們報告自己的所見所聞。我們不清楚是國王的使者比孟佩森先生的鄰居更理智、企圖找出更多直接證據使然，還是他們肩負懲罰惡作劇者的權力讓幕後黑手感到緊張，但格倫威爾不情願地承認，當他們進到房子裡，怪聲音或怪現象都消失了。「但是，」他說，「當大臣們出現在屋子裡，周圍變得額外寧靜的原因，或許只是巧合，且也有可能惡魔並不想如此明目張膽地出現在眾人面前，尤其是那些被他認為應繼續維持其不信任惡魔存在之人。」

皇室使者前腳剛走，地獄的鼓手又開始了他的演奏，而每天都會有上百人來聆聽或挖掘背後的祕密。孟佩森先生的佣人是如此幸運，不僅可以聽到惡魔的鼓聲，甚至親眼見到站在床邊的惡魔本人。「他無法明確地看見其身體和外型，但他看見一個碩大的軀體，長著兩個通紅且有如火焰般的雙眼，有時還會凝視著他。最後，魔鬼終於消失。」後來，又有各式各樣的舉動。有一次，他像貓一樣發出呼嚕呼嚕的聲音；又有一次，他將孩子的腿打得青一塊、紫一塊。此外，惡魔還在孟佩森先生的床上放了一根大鐵釘，在其母親床上放了一把刀；在粥裡倒入灰燼；將《聖經》藏在壁爐下；將錢包裡的鈔票塗黑。在孟佩森寫給格倫威爾的信中提到，「有天晚上，有七、八個化成人形的惡魔出現，當你對著他們開槍，他們又通通跑到遠處的藤架下。」許多人緊閉雙眼，看都不敢看，但孟佩森先生瞪大了眼睛，終於確信迫害者並非人類。

與此同時，那位被視為始作俑者的鼓手，因為被當作流浪漢與無賴，關在監獄裡好一陣時光。某天，他住在泰德沃斯附近的朋友來探監，他問對方外頭有什麼新鮮事，人們是不是在談論某個人的家裡出現鼓聲？來者說這件事鬧得滿城風雨。聽到這個答案，鼓手坦誠：「是我做的。是我騷擾他的，除非他對奪走我的鼓做出令人滿意的補償，否則他是不可能獲得安寧的。」毫無疑問地，這個吉普賽人說的是真的，而他之前待的小團體，確實知曉孟佩森先生家中噪音的祕密。然而，因為這番自白，他被當作巫師，在索爾茲伯里進行審判；在被判有罪後，遭到放逐。在當時，此類罪名通常會落得火刑或絞刑，因此這樣寬大的判決引起大眾的好奇。格倫威爾表示，在鼓手被流放到海外後，噪音立刻消失了。但不知怎麼的，鼓手透過某些方法下，返回國內，據說，「他召來了暴風雨，還掀起駭人巨浪。」從此，這種騷擾又開始出現，並斷斷續續地持續了好幾年。當然，如果這名居無定所的吉普賽人如此努力不懈地折磨可憐的孟佩森先生，那他的復仇將是證明惡意能使人多麼痛苦的最佳例子。但當時有許多人認為，孟佩森先生對此心知肚明，卻默許並鼓勵他們在自己家裡搗蛋，好讓自己出名。但更有可能的是吉普賽人是真正的主謀，而孟佩森和鄰居只是在出於困惑與害怕下，編造了更誇大的故事。

「如滾雪球般，越滾越大。」

關於十七世紀的故事，你可以在格倫威爾等當時作家的作品中，找到許多相似案例，但這些故事差異不大，因此沒有進一步討論的必要。歷史上，最知名的鬼屋出現在離我們不遠的年代，當時大眾對這幢鬼屋心中充滿困惑，甚至連那些聰明且理性的人也輕易上當。種種現象，都讓此棟鬼屋成為值得探討的目標。被眾人稱為「寇克巷鬼魂」（Cock-Lane Ghost）的幽靈，讓倫敦有很長一段時間不得安寧，從學者到文盲、國王至農夫，每個人口中的話題都圍繞著他。

在一七六〇年年初，在西史密斯菲德附近的寇克巷裡，住著一位聖賽波卡教區的執事帕森斯（Parsons），他家有位名叫肯特（Kent）的股票經紀人。這名男子的太太在前年因難產過世，而他的小姨子芬尼（Fanny）小姐從諾福克郡過來，替他持家。兩人很快就產生了情愫，並決定互許終身。他們在帕森斯先生的家裡住了幾個月，期間，帕森斯因金錢上有困難，向肯特借了些錢。後來，房東與房客之間出現嫌隙，肯特先生因而搬離住所，並透過法律途徑向帕森斯催討欠款。

當事情懸而未決時，芬尼小姐突然染上天花。儘管受到無微不至的照顧，芬尼小姐依舊在幾天後不幸過世，並埋葬在克勒肯維爾的教堂中。帕森斯開始散播謠言，說芬尼小姐的死因不單純，而繼承所有遺產的肯特先生，早就覬覦著她的家產。此後兩年沒再傳出什麼紛爭，但顯然帕森斯先生是一位心胸狹隘的小人，從未忘記自己與肯特之間的衝突，更沒有忘記對方向自己討債的事。在這段期間裡，他那強烈的自尊心與貪婪數度作怪，試圖找出復仇的機會，但由於執行不易，因而放棄了許多機會。最後，他的目標終於來臨。一七六二年年初，寇克區的人都盛傳著帕森斯的家中鬧鬼，鬼魂正是芬尼小姐，而帕森斯十二歲的女兒曾數次和鬼魂交談，對方告訴她自己不是死於天花，而是被肯特先生下毒。編造這則謠言的帕森斯非常小心地散播謠言。在無數次的調查中，他總是回答自己的房子在芬尼小姐死後的整整兩年間，每到晚上就會鬧鬼，傳出響亮的敲門或敲牆壁的聲音。那些容易上當的鄰居就這樣接受了他的故事，並四處傳播，帕森斯也找了一位出身高貴的男士，到家中親眼見證這不尋常的事件。那位男士來到家中，發現獨自見到幽靈的帕森斯女兒躺在床上，床卻劇烈的搖晃。帕森斯的女兒說她剛剛才看到鬼魂離開，鬼魂又說了自己是被毒死的。此時，房間中傳來清晰的敲門聲，但這些現象對紳士來說過於離奇且難以理解，在不敢質疑卻又不想承認自己相信傳聞的情況下，這位紳士離開了，但承諾自己隔天會再帶著神父和一些人來，好好釐清這神祕的謎團。

隔天晚上，他依約出現，帶來三名神父和二十人等，其中包含兩名黑人。在跟帕森斯討論後，他們決定整晚坐在屋裡，等待鬼魂出現。接著，帕森斯開始解釋情況，儘管芬尼小姐的鬼魂從來不向女兒以外的人現身，但她也不會拒絕回答其他人的問題，並以「一下代表肯定，兩下代表否定」的方式溝通，或用刮東西的聲音表達憤怒。接著，帕森斯的女兒和姊妹一起躺到床上，神父檢查了床架與床單，敲敲每寸木頭，確保沒有任何騙人的機關。如同前夜，床開始劇烈搖晃。

他們很有耐心地等了幾個小時，終於聽到神祕的敲門聲，床上的孩子聲稱自己看到芬尼小姐可憐的鬼魂。接著，神父慎重地透過帕森斯先生的僕人瑪麗．弗雷澤（Mary Frazer）提出問題，因為他們說鬼魂似乎特別偏好瑪麗。回答的方式則是透過常見的敲擊模式：

「妳是否因為遭肯特先生的毒手，而製造這場騷動？」——「是。」

「妳是否因為毒藥而死？」——「是。」

「毒藥下在哪裡，啤酒或麥芽酒？」——「麥芽酒。」

「毒藥是在妳死前多久下的？」——「三小時。」

「妳的前佣人凱洛特（Carrots），是否可以告訴我們關於毒藥的資訊？」——「可以。」

「妳是肯特妻子的妹妹嗎？」——「是。」

「妳是在姊姊死後，嫁給肯特先生的嗎？」——「是。」

「除了肯特先生外，還有任何人與妳的死有關？」——「沒有。」

「如果妳願意，是否可以在任何人面前現身？」——「是。」

「妳會這麼做嗎？」——「會。」

「妳可以離開這個家嗎？」——「可以。」

「妳是根據自己的意願，跟著這個孩子嗎？」——「是。」

「妳很高興自己被問到這些問題嗎？」——「是。」
「此舉是否能安撫妳痛苦的靈魂？」——「是。」
（此時出現神祕的聲響，現場自作聰明的人認為這是翅膀拍動的聲音。）
「在妳死前多久，妳向佣人凱洛特說自己被下毒？一個小時前嗎？」——「是。」
（他們向在場的凱洛特確認，但她非常肯定當時請況並非如此，因為死者過世前一個小時幾乎說不出話。這些證詞讓在場的某些人產生動搖，但眾人還是決定繼續檢驗。）
「凱洛特伺候妳多久？」——「三或四天。」
（再次詢問凱洛特，她肯定這個答案是對的。）
「如果肯特先生因為此罪被逮捕，他會認罪嗎？」——「會。」
「如果肯特先生被吊死，妳的靈魂會因此安息嗎？」——「會。」
「他會因此而被吊死嗎？」——「會。」
「什麼時候呢？」——「三年。」
「現場有多少位神父？」——「三位。」
「有多少黑人？」——「兩位。」
「這支手錶（其中一名神父拿著）是白的嗎？」——「不。」
「是黃的嗎？」——「不。」

「是藍的嗎？」──「不。」

「是黑的嗎？」──「是。」

（手錶放在一個黑色皮套裡。）

「妳會在早晨幾點鐘離開？」

關於這個問題，傳來四下敲打聲，在場所有人都清楚聽見。四點時，如同鬼魂暗示那般，她離開了此處並跑到臨近的韋特謝爾夫酒館，不斷敲打酒館天花板，把店主夫婦嚇得魂不守舍。

關於這件事的謠言立刻傳遍整個倫敦。每天，寇克巷都擠得水洩不通，所有人都聚在帕森斯的家門外，企圖看到鬼魂或是親耳目睹那神祕的敲擊聲。這些好奇的人們製造了過多的混亂，導致最後他們不得不以收費的方式，隔絕一些圍觀民眾，而這個做法對於缺錢且貪婪的帕森斯先生來說，可謂求之不得。所有事情都朝著他預期的方向發展；他不但成功復仇，更賺了不少錢。而鬼魂更是每晚準時現身，娛樂在場的數百位人們，讓他們心中充滿迷惑。

然而，鬼魂在誘導下，承諾了一些最終將導致自己露出破綻的行為。為了回答克勒肯維爾神父艾里奇（Aldritch）的問題，鬼魂表示自己不僅僅可以跟著帕森斯小姐，也可以跟著他（神父）或任何人，一同走進放著自己屍首的聖約翰教堂內，屆時，她會以響亮的敲擊聲通知在場的所有人。作為預備，他們先讓帕森斯的女兒到艾里奇神父位於教堂附近的家中，到時還會請來許多身分高貴、家境富裕、學識豐富的女士與先生。二月一日的晚上十點，女孩乘著馬車離開寇克巷，抵達艾里奇神父的家，並在幾名女子的帶領下躺到床上。眾人嚴格檢查床架與床單，確保沒有任何機關。當所有的男人在隔壁房間討論著他們究竟該不該全部移動到教堂墓穴時，臥房中的女士們大聲呼喚他們，並說鬼魂來了，她們聽到敲擊與摩擦的聲音。紳士們立刻進入房間，決定確認自己有沒有受騙。在被問到自己有沒有看到鬼魂時，小女孩回答「沒有」，但她覺得自己的背上好像有隻老鼠。接著，他們要求她將手伸到被子外，讓旁邊的女士們握著。眾人開始召喚鬼魂，並說如果她在房間裡，請以過去的方式回應眾人。他們慎重地提出了幾個問題，但常見的敲擊聲或以指甲刮牆的聲音，卻沒有出現。接著，人們要求靈魂現身，但她沒有答應。接著，人們請她發出任何一點聲音或撫摸在場任何一人的臉頰或手，好讓他們知道她確實在此，但連這個要求，她也沒能完成。

現在，儀式中斷，一名神父走到樓下詢問在那裡等著的父親。他立刻否認這是一場騙局，情急之下甚至說自己也曾親眼看過這可怕的鬼魂。眾人知道此事後，一致同意決定再給鬼魂一次機會。神父大聲地向鬼魂說，那位得到她承諾的神父，準備前往教堂的墓穴裡，等著驗收她曾經做出的承諾。午夜過後一小時，所有人都到了教堂，而那位神父在一人的陪同下，進入墓穴，來到可憐的芬尼小姐棺木旁。他們又召喚了鬼魂，但她沒有出現；他們要她敲敲木板，但她沒有；他們要她發出刮東西的聲音，但她沒有。於是兩人離開墓穴，並深信這整場故事是帕森斯先生與其女兒的騙局。但有些人認為不該匆促下結論，並表示或許是他們的舉動讓這可怕且不尋常的鬼魂覺得不受尊重，因此在受冒犯的心情下，決定不理會眾人。所有人再次進行嚴肅的討論，並一致通過如果鬼魂願意回答所有人的問題，那麼她自然也願意回答謀殺嫌疑犯肯特先生的問題；在他們的要求下，肯特先生走進墓穴。在幾個人的陪同下，肯特先生問鬼魂，他是否真的有對她下毒。沒有回應。召喚鬼魂的艾里奇神父發問，要鬼魂澄清眾人的疑問，以任何方式暗示大家她的存在，並指出有罪之人。接下來的半小時內，他們耐心等著答案，卻遲遲沒有得到回應，於是他們回到艾里奇神父的家中，要那女孩起身並穿好衣服。接著他們嚴格質詢她，但她堅持自己絕對沒有騙人，而鬼魂也確實向她現身過。

許多人公開表示相信這次「訪鬼」的結果，更說除了帕森斯與其女兒之外，他們自己也是親眼見證鬼魂所作所為的目擊者。實驗結果說服了大部分的人，但儘管結果非常明確，卻缺乏實質證據，因此那些人開始散播謠言，說鬼魂之所以不現身的原因，是肯特先生動了手腳，事前將棺木移走。為這件事感到痛苦萬分的肯特先生，立刻公開徵求證人，並在其陪同下走進墓穴，打開可憐的芬尼小姐棺木，並因此贏得以前對他不利的見證。肯特先生接著以共謀的罪名，控告帕森斯先生、太太、女兒、幫傭瑪麗·弗雷澤、神父摩爾（Moor）、一名商人、兩名支持這場騙局的主要推手。七月十日，案件在最高法院首席大法官曼斯福爾德（Mansfield）的面前，展開質詢，在歷經整整十二個小時的調查後，策畫這場騙局的人被判有罪。摩爾神父和其朋友在公開法庭遭受嚴厲斥責，並建議他們對一直被他們迫害、詆毀的受害者，給予金錢賠償。帕森斯先生被判處入監兩年，公開枷刑三次；其太太刑期一年、佣人刑期六個月，在感化所服刑。至於替他們印刷刊物賺錢的印刷工，被處以五十鎊的罰鍰，並被解職。

然而，騙局究竟是如何執行的細節，卻沒有公布。負責敲打牆壁的人，是帕森斯的太太，而刮東西的聲音，則由女孩負責執行。如此拙劣的手段卻能騙倒這麼多人，確實叫人吃驚。但事實就是這樣，且屢見不鮮。如果兩到三個人就可以製造如此轟動的鬧劇，肯定有其他人也會效法他們。就像草地上的羊群，如果有一隻羊跳出了柵欄，其他羊一定會跟進。

大約十年後，倫敦再次盛傳著房子鬧鬼的消息。靠近沃克斯豪爾的斯托克韋爾，出現一個與寇克巷在史冊上幾乎同等馳名的新鬼魂。有一名年邁的老婦人叫高爾丁（Golding），她和佣人安妮·羅賓森（Anne Robinson）相依為命，但就在一七七二年的第十二天晚上，家中器皿出現不尋常的騷動，打破她們寧靜的生活。杯子和碟子從煙囪中哐當哐當的掉下來，鍋碗瓢盆翻倒在樓梯上或飛出窗外；火腿、起司和整條吐司就像被魔鬼附身般，自己跑到地上玩耍。這些全都是出自高爾丁女士之口。極度害怕的她，邀請鄰居和她一起住，好保護她不受惡魔騷擾。然而，鄰人的出現，並沒有壓制瓷器們的暴動，於是不久後，屋子裡的每間房間都散落著碎掉的瓷器。最後，連椅子和桌子都不肯安分，加入這場混戰。眼前的情況是如此可怕且難以理解，鄰居擔心房子成為下一個動起來並倒塌的目標，飛也似地逃離現場，丟下可憐的高爾丁太太獨自面對駭人的衝擊。

人們嚴正警告鬼魂，並催促其立刻離開，但同樣的破壞依舊持續著，從未減緩，最後高爾丁太太決定離開此地。她和安妮一起暫住到隔壁鄰居家，但屋主的玻璃器皿與餐具也立刻出現同樣的情形，最後他出於無奈，請高爾丁太太另覓他處。這下子，老太太只能回到家裡，並繼續忍受這樣的騷擾。最後，她發現這一切都是安妮的惡作劇，因此立刻叫她離開。不尋常的騷動也隨之停止，再也沒有發生，而這個結果也充分證明誰是始作俑者。很久之後，安妮向布瑞福爾德（Brayfield）牧師承認自己的作為。顯然，當時的安妮非常希望有一個地方可以和自己的情人私通，因此想出這個計謀。她仔細周密地擺放碗盤，好讓其只要受到一點震動，就會掉下來，再用馬毛綁在其他東西上，這樣她就能在不被發現的情況下，從隔壁房間移動物品。她的手法非常靈巧，如果轉行當魔術師，肯定會成為所有大師的敵手。

最近一件引起大眾恐慌的鬼屋事件，發生在蘇格蘭，時間是一八三八年的冬天。十二月五日，位在阿伯丁郡班科里市的鮑德洛奇小地方上，有間農舍裡的人因目睹大量的棍子、小石頭和一塊塊的泥土，在屋內和後院飛來飛去，全都驚懼不已。他們試圖揪出惡作劇的人，卻徒勞無功。連續五天，都有小石頭像雨一般，落在他們的房舍裡，最終，他們相信一定是惡魔與其部下導致這場騷動。謠言立刻傳遍了整個國家，有數百人從各地跑到這間農舍，企圖一睹魔鬼的風采。第五天，大量的泥塊與石頭落在農舍外頭，同樣的事也發生在農舍中。湯匙、刀子、盤子、芥末罐、桿麵棍、熨斗突然被賦予生命力，從一個房間掃到另一個房間，又以眾人無法解釋的方式從煙囪中掉下來。其中一個芥末罐的蓋子，在十幾人的見證下，被幫傭女孩放到碗櫃裡，但不出幾分鐘，它就從煙囪彈出來，嚇壞了所有人。同時，門和屋頂傳來巨大的聲響，許多木棍和小石子飛彈到窗戶上，打破了玻璃。附近的人們為此嚇壞了，方圓二十哩內，所有人、包括那些受教育或受人敬仰的農人，都相信這件事一定有不尋常的外力介入，並以最虔誠的禱告，試圖逃離撒旦的邪惡陰謀。和那些奇異的傳說相同，當恐慌的音符一旦敲響，眾人就會開始爭相比較，看誰見到的景象最特別、最厲害，不到一個禮拜，臨近區域全都相信惡魔曾出現在鮑德洛奇農舍的屋頂上。一名老人信誓旦旦地說，在刀子與芥末罐飛舞之後，他看到了一個巨大的黑人幽靈，在他頭上盤旋，發出嗖嗖的聲音，並在他耳邊刮起了強風，差點吹掉他的軟呢帽，而這個惡靈就這樣追著他三英里。此外，許多人聽說並相信只要狗和馬靠近這片被詛咒的土地，牠們就會被附身。一名什麼都不信的男子在看到奶油攪拌器自己跳到門上後，再也不敢鐵齒了。還有傳聞惡魔掀起了屋頂，稻田中的幾座乾草堆隨著惡魔從山間傳下來的魔笛聲，翩翩起舞。住在鮑德洛奇那間鬧鬼農舍中的女人們，更是滔滔不絕地用她們神奇的故事興風作浪。那位好太太與僕人們說道，只要她們躺上床，就會被石頭等東西砸中，有些還會鑽到毯子下，輕拍她們的腳底。一天晚上，當某些工人坐在閣樓中時，一隻鞋子徑自飛到另一端，其中一個試圖攔下鞋子的工人，發誓說那隻鞋子非常燙且異常笨重，他根本無法抓住。傳說，有一個需要好幾個大男人才能移動的大麥脫殼臼，自己逃離了穀倉，飛躍屋頂，降落在其中一個女佣的腳邊，雖然這個東西碰到了她，卻沒有造成受傷，她甚至一開始還沒發現。但她很清楚，即便惡魔任性地讓東西滿天飛舞，甚至落到人們的頭頂上，這些東西也不會傷到她。

許多人，包括高貴家族的繼承者們、牧師和科克的長老，聞訊趕到鮑德洛奇，在他們的監督下，立刻展開調查。但審查才開始幾天，謠言就跑到了遙遠的高地，且越傳越神奇、誇張。謠言說，一位好太太將馬鈴薯放到火爐上，等到水滾後，馬鈴薯卻一個個變成了惡魔，並在她打開蓋子檢查食物時，對她咧齒獰笑。除了椅子和桌子外，紅蘿蔔和甜菜根也以難以想像的方式溜過地面，雖然沒有任何人穿著靴子和鞋子，它們卻自在地跳起蘇格蘭高地舞。肉自己從儲藏室的鉤子上溜下來，跑到爐火上，滿屋子的人都試著將它掛回去，卻怎麼都動不了它，直到整塊肉都烤熟，接著，它飛進了煙囪中並發出巨大的爆炸聲。在鮑德洛奇本地，傳聞倒是沒有這麼離奇，但農夫確實相信是撒旦與其小惡魔在搗蛋，他更千里迢迢跑到四十英哩外的地方，找了一位年老的魔法師威利．佛曼（Willie Foreman），並以高價請他解除家中的詛咒。當然，還有一些理智和受過教育的人，在剔除所有誇大不實的描述後，替這些現象找出兩個可能的原因：第一，或許是某些吉普賽人或流浪漢，躲在附近的農場中，以捉弄這些易上當的村民為樂；第二，也有可能是鮑德洛奇的這位農夫，為著某些原因，捏造了故事。但這位農夫與其家人深受該區的居民尊敬，所以第二個原因只有少數人支持。還有很多人高調地表示自己相信所謂的超能力、靈魂等，而不願承認自己可能受騙。

終於，在騷動持續了兩個星期後，騙局被拆穿了。兩名年輕的女傭經嚴格審問後，並被關進監獄。顯然，此兩人正是整個計畫的核心主角，而男主人與女主人的迷信、鄰人與民眾的無知，讓她們的把戲輕易地就成功了。她們使用的只是一個常見的小技巧，但她們沒預料到的是，她們精彩萬分的故事反而讓大家起了疑心。她們先將煙囪的磚頭鬆動，再將碗盤以非常不穩的方式擺放，因此只需輕輕晃動，所有東西就會自動掉下來。簡而言之，她們使用的方法與斯托克韋爾的女傭非常類似，結果也很雷同，而她們同樣都是出於愛惡作劇的本能。在她們一被關進大牢後，噪音立刻消失，人們總算相信這一切都是人類搞的鬼。然而，還是有少數幾位極端迷信的人，拒絕接受任何解釋，堅持自己最初的想法。

儘管歷史上的所有鬼屋，尤其是近代發生的那些案例，讓我們忍不住為人類的迷信羞紅了臉，但它們卻有其存在的意義。這些案例讓我們見證人類的進步。如果帕森斯先生太太，或寇克巷的所有涉案人早出生個兩百年，他們的下場可能是因巫術之罪而被吊死，絕不會是坐牢而已。毫無疑問地，巧手安妮．羅賓森和鮑德洛奇的兩名小姑娘，下場也絕不樂觀。因此，我們可以欣慰地發現，儘管民眾或許還是同樣地愚昧或容易受騙，但與前人相比，至少他們擁有更多智慧與仁慈。立法者將前人留在法典中的荒謬、血腥法條廢除，為人民帶來正面的教化成果。我們期望在不久的將來，立法者會以更明確的方法，教育人民，確保領土上的每位孩童都能得到最先進且文明的教育，以預防此類幻象，或甚至如前幾章那般血腥的暴行再次發生。如果鬼魂與女巫的幻象還能再次捲土重來，那麼責任絕不在一般大眾，而是不願啟發人民的法律與政府。

第十三章 Popular Follies of Great Cities 盲目的都會流行

拉法希咚奈、拉法希咚咚，
生活就是法希咚奈！
——貝朗傑（Beranger）

對於一位充滿愛心，願意接納各類人的人來說，他們絕不願意嘲笑那些大口飲酒的工人、髒兮兮的乞丐、墮落的流浪兒、龍蛇混雜的流浪漢、瘋狂的賭徒，或大街小巷中刻意模仿當時流行穿著的人們，但大都市的流行用語，絕對是眾人娛己娛人的最佳靈感泉源。那些走在城市中，試圖找出催人熱淚靈感之人，可以在每個街角觀察到令人心痛的事實，但就讓這名男子憑著自己的勇氣，堅強地承受他內心翻攪的痛苦，因為我們的主題跟他一點都沒關係。那些故意尋找對象好炫耀自己同情心的人，他們的作為實際上也無法減輕世界可憐公民的慘況。那些留著淚的哲學家經常因為自身的苦痛而失去判斷力，充滿淚水的雙眼讓抵抗邪惡的挽救方法也失了焦。正因如此，那些看起來無動於衷的人，往往才是最值得信賴的慈善家，他們總能用自己最有活力的笑臉，面對一切的苦難。

已經有太多太多關於悲慘事跡的記錄，還有各種譴責罪惡與墮落等愚行的討論，因此讓我們就不要在這章裡，繼續增加心中的負擔。我們現在的任務是遊蕩在各大城市中，搜集純粹的娛樂，記錄下那些可憐蟲無害的愚行與邪念。

首先，當我們走在街上時，可以聽到各處傳來同樣的一句話，只要這句話登場，那些雙手粗糙，臉上沾有煤炭的工人、粗魯的年輕屠夫、打工的小伙子、低俗的女性，和遊蕩在街角的流浪漢，就會爆出一陣大笑。這句話總是成功地讓在場的所有人開懷大笑。這句話似乎適用於所有場合，更是所有答案的最佳解答，簡而言之，這是人們最愛的一句流行語。在其轉瞬即逝的光輝歲月裡，這句話為渾身髒兮兮的窮人與得不到合理報酬的勞工們帶來樂趣，增添笑意，讓他們擁有和那些有錢僱主、上流社會同樣開懷大笑的原因。

倫敦，正是這種流行語的天堂，從沒有人知道它們從何而來，更不知道它們是如何在短短的幾小時內，流傳到所有人耳中。許多年前，最流行的句子為「Quoz」（儘管它只有一個音節）。這個詭異的字虜獲無數大眾的心，更在短時間內被賦予各式各樣的意義。如果有人想要同時表達自己的不敢相信，又想同時大笑，沒有任何一句話比這個字更適合。當一個人被問到一個根本不想回答或答應的問題時，對於提問者如此厚臉皮的發問，他也可以用「Quoz!」來表達自己的心情。當淘氣的男童企圖騷擾路人，並替自己的同伴製造笑點，他只需要指著一個人的臉大喊「Quoz!」他的任務就絕不會失敗。處在爭辯中的其中一人如果想要質疑對手言論的真實性，並擺脫這個他根本吵不贏的爭執，他只需輕蔑地癟嘴說出「Quoz」，然後不以為然地聳聳肩。單單這個字，就可以傳遞出他認為對手在說謊的意思，還能同時表示對手的言論太笨了，只有傻子才會相信他的說法。每間小酒館都迴盪著「Quoz」；每個街角都能聽到「Quoz」；每面牆上都有粉筆寫著「Quoz」。

但與地球上的萬物相同，「Quoz」也有它的季節，一個瞬間，它便消失得無影無蹤，再也沒有回到人們的對話中。新歡將舊愛趕出家門，盡情享受人們的專寵，直到再一次，眾人拋下了它，又有新人取代它的王位。

「這是什麼嚇人的醜帽子！」則是下一個潮流。沒過一陣子，所有無所事事的人們都以最犀利的眼光凝視著路人的帽子，試圖找出任何一點過時的跡象。只要有任何一點蛛絲馬跡，他們便會大聲喊著這句話，接著這句話便會此起彼落地出現在所有人口中。如果是個聰明人，當他發現自己成為所有觀察者的對象時，他會溫順地表現自己的骨氣。但只要此人對眾人的揶揄稍微表現出一絲絲難為情，就會讓自己落入難堪的處境。騷動的民眾總是能立刻分辨出對方是否可以欺負，如果發現對方跟自己出身一樣，他們絕對會好好消遣一番。因此，內向的人如果配著彎腳的帽子，他會情願走在人潮洶湧的街道，這樣一來，那些愛鬧事的傢伙只能對著人群吼叫，無法盡情消遣他。有些愛動手動腳的人，甚至會伸手扯下他人的醜帽子，丟到水溝裡，從水溝中撈起的帽子往往粘著泥巴，這時一旁圍觀的人就會開心的捧腹大笑，並喊著：「噢，這是什麼嚇人的醜帽子！這是什麼嚇人的醜帽子！」許多緊張兮兮的可憐男人，儘管口袋裡根本沒有什麼錢，卻還是立刻衝去買了一頂新帽子，好避免這樣可怕的場面。

這個流行了數個月，以嘲笑都會人為主的特殊用語，並不像「Quoz」等流行語那樣，起源於不知名的狀況下。當時，自治市南華克進行了一場非常激烈的競選，而其中一位參選人是非常傑出的帽商。這位參選人在拉票時，為了爭取民眾的好感，決定以不著痕跡的方式賄賂對方。當他和選民們見面時，只要觀察到對方的帽子不是最棒的材質，或看起來不夠漂亮時，他總會說：「這是什麼嚇人的醜帽子，到我的商店，你值得擁有一頂更棒的帽子！」投票日來臨，大家想到了這件事，而他的對手更是不斷利用「這是什麼嚇人的醜帽子！」來激怒民眾。於是，這句話就從南華克一路流行到倫敦，登上流行話寶座。

「Hookey Walker」（翹課的沃克）則是一首受歡迎的民謠歌詞，這句話和「Quoz」一般，成為當時最受歡迎，且可以應用在任何情境上的萬用語。隨著時間過去，「Walker」（走人）單獨成為大家的最愛，人們通常會拉長第一個音節，並在最後來個急轉彎。如果一個活潑的小女傭被自己不喜歡的人纏著索討香吻，她會喊著「Walker」。如果清潔工打算跟朋友借一先令，但他的朋友不想、或沒辦法借，這名清潔工得到的回應將是

「Walker」。如果一名醉醺醺的男子走在大街上，調皮的小孩拉著他的外套一角或某個人將他的帽子往下拉直到遮住眼睛，這些惡作劇的人口中也會喊著「Walker」。這個字在引領潮流二、三個月後，黯然退場，再也沒有成為人們取樂、嬉鬧的主角。

下一個流行語，則堪稱最傻的一個。從來沒有人知道這句話是誰發明、如何流傳、第一次出現在哪。眾人對它一無所知，但數個月來，它成為倫敦人最常用的句子，並為他們帶來極大的滿足。「他／她兩眼瞪得老大地過來了！」成為倫敦人的口頭禪。頭腦清醒的人們與那些成天將這句話掛在嘴邊的粗俗大眾相同，對於這句沒頭沒腦的流行語感到不解。聰明人認為這句話很笨，但有更多人覺得這句話很好笑，街頭閒蕩的人們為了找樂子，將這句話寫在牆上，或刻在紀念碑上。但正如「所有的光明都會熄滅」，流行語也不例外。人們厭倦了這種習慣。從此，「他兩眼瞪得老大地過來了！」從擁護者的口中消失了。

在這之後，一個非常奇怪的句子曾短暫地占據人們的心。這句話的內容並不太禮貌，也並非適用於所有情況上——「你媽賣掉軋布機了嗎？」由於此話受歡迎的程度並沒有非常廣泛，也因此無法久待流行語的王位。但上了年紀的人根本不能使用這句話，這也成為這句流行語的致命傷。最終，它只能如曇花一現，消失無蹤。但它的繼任者則非常長壽，且深得民心。即便流行來來去去，它始終能保有自己的一席之地長達數年。這句流行語為「燒起來了！」（Flare up）即便現在，它依舊是常見的口頭語。這句話起源於改革時期的暴動，當時布里斯托的一半建築，都被憤怒的民眾燒毀，城市到處都是火焰。我們很難判斷究竟是這句話的音律特別吸引人，還是其含義特殊，但不管原因為何，這句話得到下層民眾的喜愛，甚至冠壓其他流行語。「燒起來了！」獨霸全倫敦人的心。它可以用來回答任何問題，解決所有紛爭，使用在任何人、任何事、任何情況上，瞬間成為英語中最萬用的詞彙。那些在演講中逾越禮儀界限的人，大家會說他「燒起來了！」；那些時常去酒吧而弄壞自己身體的人，大家也會說他「燒起來了！」；因某件事而走火入魔的人、在夜晚外出閒蕩嬉鬧，擾亂居民安寧或引起任何騷動的人，都可以稱為「燒起來了！」；情侶間的爭吵是「燒起來了！」；流氓在街頭的鬥毆也是

「燒起來了！」；宣傳叛亂或革命行動的人也會建議讓英國「燒起來」，如法國那般。大家是如此熱愛這個詞，甚至會單純出於想聽而不斷重複著。顯然地，他們很高興從自己身上聽到這個詞，而那些向遠處同伴叫喚的工人們，經常讓那些使用西區流行語的貴族嚇一跳，因為他們沒想到東區也流行同樣的話。在最死寂的夜晚，那些上夜班或睡不著的人，也會以同樣的詞彙打招呼。醉醺醺的人在走回家的路上，為了證明自己還是個人、還是個好市民，總會一邊打嗝，一邊喊「燒起來了！」儘管醉意奪走了他的思考能力，讓他的智力就跟一頭野獸差不多，但單憑這句受歡迎的句子，就能保有最後的一點尊嚴。只要他能喊出這句話，他就擁有英國人的權利，他就不會像野狗一樣睡在水溝裡！沿路上，他的叫囂破壞了人們在夜晚中的美好寧靜，最後，在精疲力竭下，他再也撐不住，直接倒在街道上。一段時間後，巡邏的員警踩到躺在地上的他，員警將自己的提燈轉到最亮，照向腳邊的人，並說，「又一個可憐的惡魔燒起來了！」接著擔架來了，烈酒的受害者被送進了拘留所，一頭栽進骯髒的牢房裡，裡面還有十幾個跟他一樣的可憐蟲，他們拖著長長的尾音，向新進來的同伴打招呼，「燒起來了！」

這句話的用途是如此廣泛，其受歡迎程度更是無遠弗屆，一名投機者在沒有思考到流行語轉瞬即逝的性質下，以這句話作為一份週報的名稱。但他這就像在沙地上蓋房子，地基不穩，整棟房子就跟流行語一起被捲入深不見底的大海裡。最終，人們還是厭倦了一成不變的話，且由於「燒起來了」過於常見，人們因此開始嫌棄它。最後，只有那些還未見過世面的孩子口邊會掛著這句話，但漸漸地，它也消失了。現在，它再也不是一句流行語，但還是會被拿來使用在突然爆發的狀況上，如火災、騷動或壞事上。

下一個受到數百萬人寵愛的流行語則沒有這麼簡短，且本意似乎是針對那些還未成為真正的男人，卻試圖佯裝瀟灑的男孩們。當街上出現那些裝腔作勢、抽著雪茄、黏著假鬍子，以為自己看起來讓人無法抗拒的男孩時，大人就會以「Does your mother know you're out?」——「你媽知道你跑出來了嗎？」來挑釁他們。那些對著經過自己身邊的女性不斷打量其相貌的自負傢伙們，往往在聽到這一句話後，就被打回原形。那些年輕學徒或打扮極其時髦的年輕小伙子們，對這句話深惡痛絕，只要一聽到這句話，就會非常激動。儘管這句話其實非常具有教育意義，並讓年輕氣盛的虛榮者知道，他們並不一定如他們所想得那般了不起，但其質疑對方無法自理人生的語氣，卻為這句話增添了挑釁意味。「你媽知道你跑出來了嗎？」隱含著虛假的關心與牽掛，表達自己對眼前這位年幼且無知的孩子獨自跑到大城市感到緊張，並認為他的父母應該緊跟著他才是。自此，這句話成為那些急著想要成為男人，卻無法隨心所欲的男孩的心頭恨。但即便是大人也不喜歡聽到這句話，一名擁有公爵頭銜、戰士名聲的繼承者，在極端的憤怒下，將那位當面向他說這句話的不知天高地厚的馬車伕移送法院。此人為了彰顯自己尊貴的身分，要求雙倍的賠償金，但他的想法違反法律規定，對方因此挑釁地問他「你媽知道你跑出來了嗎？」所有旁聽席上的人都開始嘲笑他的幼稚，最後他只能在自己尊嚴所允許的範圍下，快步走出法院，逃離眾人的笑聲。車伕坦誠自己並不知道客人的身分，因此法院依此過失判處他罰金。

但當這句話也難逃色衰愛弛的命運時，「Who are you?」——「你是誰？」取代了它。這句話就跟香菇一樣，在黑夜中默默增生；又像齊普賽街的濃霧那般，瞬間籠罩全城。昨天，它還默默無聞；隔天，它就席捲了整個倫敦。小巷中傳出了這句話，大路上迴盪著這句話，大街小巷都迴盪著一句不變的吶喊。

在說這句話時，語速必須非常快，第一個和最後一個字則必須提高音調，中間的字只需比氣音更大聲些。與所有大受歡迎的流行語相同，這句話也可以使用在任何情況下。喜歡直白答案與直白問句的人，並沒有特別喜歡這句話。但驕傲的人喜歡用這句話頂撞他人，無知者用它來武裝自己，無所事事者則用它來製造笑聲。每個進到酒吧的新人都會被粗魯地問「你是誰？」如果他一臉呆樣，搔著腦袋不知該如何回答，所有人就會開心地大笑。這句話更經常用來羞辱並質疑那些自以為是的爭論者。在這句話最盛行的時候，一個發現小偷將手伸進自己口袋中的男人，可以突然轉身，並在對方措手不及時質問：「你是誰？」這時，旁邊的民眾就會撫掌大笑，認為這是聽過最好笑的都市笑話，簡直是富含幽默精髓的神來一筆。另一個類似的例子也給了這句話另一種刺激，並讓其起死回生。事情發生在本國的最高刑事法庭。犯人站在被告席的欄杆後，所有的證據都暗示著他的罪行，他的辯護律師替他陳情，雖然無法開脫嫌犯的罪行，卻以犯人過往的端正生活與人格，請求法庭在判決上能減輕刑責。「你的證人在哪？」主持的法官詢問。「拜託，我的好法官，我是在酒吧認識這個嫌犯的，我可以說，再也沒人比他更正直了。」旁聽席上傳來一個嘶啞的聲音。審判席上的官員們駭然轉頭，眾人無法抑制地竊笑。法官猛然抬頭，「你是誰？」話中帶著無比的冷靜與莊嚴。所有人笑到上氣不接下氣，竊笑變成哄堂大笑，就這樣喧騰了好幾分鐘，法庭這才恢復原有的秩序。當所有人終於能恢復理智，並試著找出那位破壞法院秩序的陌生人時，卻發現他已經不見蹤影。沒有人認識他，也沒有人再看到他。過了一會兒，法院審理繼續。下一名被帶上來的犯人，對自己的未來充滿信心，他聽說剛剛那位莊嚴的法官居然像他那樣使用最流行的大眾語。他相信這樣一位法官，絕對不會過分嚴厲，畢竟他的心是如此貼近平民百姓，他明白大家的語言，大家的舉止，自然可以理解那些讓人誤入歧途的誘惑。許多囚犯都是這麼想的，這位博學多聞的法官突然間人氣暴漲。他口中的智慧箴言出現在所有人口裡，「你是誰？」捲土重來，再次攻占人們的最愛流行語榜首。

當然，在前、後代流行語之間，難免會有空窗期。它們之間並非像從不間斷的王朝般代代相傳，它們必須和歌謠一起分享民眾的寵愛。因此當人們的歌唱模式開啟時，流行語就毫無用武之地了；當人們更喜歡流行語時，歌謠就只能黯然退場。大約三十年前，倫敦突然沉浸在一首歌謠的旋律中，它總能觸動每個人的心弦。女孩、男孩、年輕人、老人、小姐和太太，都熱愛音樂。全城陷入前所未見的歌唱狂熱，但最糟的地方在於許多人幾乎無法控制自己的音調。「採櫻桃！」「採櫻桃！」（Cheery ripe!）在每座城市中響起。不管如何五音不全的人都在唱著它。每把狂亂的小提琴、每支漏氣的長笛、每把咻咻響的管樂器、每個街頭藝人都演奏著同一首歌，直到那些用功念書或喜愛寧靜的人，不得不塞住自己的耳朵，或跑到幾哩外的森林與田野，以尋求平靜。這場災難持續了十二個月，直到人們連聽到「櫻桃」這個詞都反感為止。最終，熱潮退去，新流行出現。由於年代的距離，我們無法確認下一個熱潮是歌曲還是流行語，但可以確定的是，很快地，人們又陷入了另一個戲劇化的主題，所有人的口中都說著「Tommy and Jerry」——「湯米和傑瑞」。長久以來，眾人從機智妙語中得到無比的滿足，現在，他們的娛樂變成一種實際的行動。每個鎮上的年輕人都熱切渴望以打倒「蠢蛋」、被關在拘留所整夜，或在聖吉爾斯的風化區騷擾那些低俗的女子或小流氓，好證明自己比別人強。愛模仿的小男孩也不甘示弱地作怪，直到這實在低俗的熱情和其他愚行一樣失效，新的流行又來了，小鎮回歸寧靜與和諧。下一個大流行出自於粗俗的幽默：將大拇指指著鼻尖，其餘手指在空中舞動，這個動作就可以回答一切問題。如果某人試圖羞辱或讓對手惱怒，只需使用這個動作，保證一定可以讓對方氣個半死。如果有人試圖觀察聚集在每個街角的小團體舉動，不出兩分鐘，他一定可以看到這些團體之中的某些人將手放在鼻子前，用這個手勢表達自己的不敢置信、驚訝、拒絕或挖苦的意思。直到今天，我們還可以觀察到這個荒唐手勢的痕跡，但即便是平凡大眾，也認為這個手勢過分低俗。

大約在十六年前，倫敦再次飄揚著音樂。人民的聲音為了用力歌頌「The Sea, The Sea!」——「大海，大海！」都啞了嗓子。如果有個外地人（或哲學家）剛好來到倫敦，聽著處處傳來的歌聲，可能會為英國人如此熱愛大海的情感，譜出動聽的理論來，並認為英國人對於大海的知識想必遠超過其他國家。他或許會說，「難怪英國在海上總是立於不敗之地。這樣的愛融合在日常生活中，即便是在市集中，他們也會為大海慶祝。街道上的吟遊詩人以大海為題，博得路人的喝采，男女老少，不分你我，都歌頌著大海。對這樣熱愛戰爭的民族來說，愛情不是歌頌的主題——巴克斯[1]不是他們的神，他們有海的性格，心中只有「大海，大海！」並想著該如何征服大海。

如果他只觀察了當前時代的表現，這將是他對英國留下的印象。最可憐的，還是那些對音樂極度敏感的人，當上千個不和諧、不成曲調的音符同時響起，譜成最駭人的民族國歌時，他們即便想逃也無處可去。來自薩伏伊的流浪詩人也搭上順風車，打破了街道長久以來的寧靜氛圍，直到他們的內心與最遙遠的屋子裡都迴盪著惱人的樂曲。整整六個月，人們必須忍受肆無忌憚的音符，從厭倦到絕望，連大地上的人們，都開始暈船

1 巴克斯（Bacchus），希臘神話中的酒神，布施歡樂和愛。

了。

在接下來的時期，還有好幾首歌竄紅，但只有〈只有我的帽子〉（All round my Hat）得到眾人獨一無二的喜愛。接著，一位來自美國的演員帶來了令人不恥的歌曲〈黑吉姆〉（Jim Crow）[2]，占據眾人的心。在演唱歌曲時，歌手必須穿著得體，並使用怪誕的手勢，每一段的最後還要突然來個大扭身。這種表演立刻虜獲了人們的興趣，其後的數個月，老人們的耳中只有這些毫無意義的旋律——

轉過頭來轉個身，
就是這樣——
轉過頭來轉個身，
跳起來吧，黑吉姆！

街頭藝人將自己的臉塗黑，好符合歌詞的意思。那些無父無母的流浪兒們，不再靠偷竊維生，而以唱歌賺錢，只要找到大眾瞬息莫測的口味，這絕對是最賺錢的手段。在夜晚的市集廣場上，你可以看到這首歌伴隨著粗俗舞蹈，淋漓盡致地表演著；在熙攘嘈雜的人潮中，唯一傳出來的聲音就是這首歌的歌詞。

而那位我們之前提到透過海洋歌曲來分析英國人個性的哲學家，如果不經意地再次路過倫敦，或許會認為英國人為廢除奴隸交易而努力不懈。「多麼和藹可親之人！」他會這麼說，「你們的慈愛是如此廣博！那些僅僅在膚色上與你們不同的非洲基督兄弟們，和你們心連心，你們不吝付出，以兩千萬買下他們，更希望能時時刻刻看到關於他們的紀念。黑吉姆正是這個受壓迫民族的代表，更是你們的偶像！看看眾人是如何讚頌他！如何模仿他的特色！甚至在自己閒暇時刻也必須反覆念著他的名字！還在火爐上刻著他的圖像，永遠銘記他曾遭受的折磨與痛苦！噢，仁慈的大英帝國！噢，文明的先鋒！」

在沒有暴動、沒有處決、沒有謀殺、沒有戰爭、沒有稀奇古怪的點子時，這就是倫敦大眾的日常。這就是大眾的奇言異行，而這些無害的愚行，舒緩了他們生存在這世界上必經的苦悶重擔。即便是那些嘲笑他們言行的智者，也會忍不住帶著同情說，「如果他們能因此快樂，就讓他們盡情享受那些流行語與歌曲吧。如果他們無法幸福，至少他們可以展露笑容。」對英國人與貝朗傑歌曲中的法國人來說，在極小的事物如歌曲之中，也能帶來撫慰，因此我們只需明白：

悲傷的大眾，
為了什麼而歡欣鼓舞，
啊！是粗俗的笑語啊！

2「Jim Crow」一詞來源於一八二八年一位黑人喜劇作家湯瑪士・德・賴斯（Thomas D.Rice）創作的劇目《Jumping Jim Crow》，後來，「Jim Crow」專門用來指稱黑人，帶有歧視意味。

第十四章
Popular Admiration of Great Thieves
神偷狂想

傑克：我們該去哪裡找這麼一群視死亡如無物的賢者！
瓦特：謹慎且真誠！
羅賓：擁有嘗試的勇氣和不知疲倦的勤奮。
奈德：有誰在任何情況下都願意為朋友而死？
哈利：有誰在任何情況下會為著自己的利益背叛朋友？
麥特：讓我看看有哪位官員可以說出這樣義氣的話！

——《乞丐歌劇》（*Beggar's Opera*）

不管民眾是因貧窮受苦，而寄情於那些掠奪富人金銀珠寶的俠盜，抑或人們天生對多災多難冒險的嚮往；唯一可確定的是，各個國家的人民對於偉大且成功的俠盜，總是懷有崇敬之情。或許正是這兩者的結合，讓他們的事蹟充滿迷人的光環。歐洲每個國家都有自己的神偷，其英勇事蹟成為所有窮人的頌歌，其每一場犯罪——

都將成為歌謠，
讓孩子們傳唱下去。

那些以各國風俗民情作為其研究重點的旅行者，心中也經常出現這樣的感想。博學多聞的布朗克（Blanc）神父曾於十八世紀初在英國住了一段時間，在自己描寫英國與法國趣聞的信件中，表示他所遇過的英國人中，喜歡吹捧攔路賊精彩故事的人，絕對比喜歡炫耀其軍隊英勇事蹟的人還多。每個人的口中都談論著他們絕妙的手法、他們的足智多謀、他們的仁慈慷慨，更將小偷視為最了不起的英雄。他也說，各國民眾對於那些被吊死的罪犯，總是心存不忍，但英國人對於這樣的場景則有著更特殊的情感，他們讚許地看著這些人經歷最終審判，並為這些實踐上帝與人類正義之人的慷慨赴義，報以最熱烈的掌聲。就如古老歌謠中的知名盜賊麥克福森（Macpherson）：

如此的歡嚷吵鬧，如此的自由奔放，
他的舉止是如此炫目：
在絞架下，
他踏著輕快的步伐跳起舞來。

在這些知名盜賊中，全英國最了不起、也或許是全世界最著名的人，莫過於羅賓漢（Robin Hood），他的名字因大眾的喜愛而散發著獨一無二的光芒。他「劫富濟貧」而永世留傳的好名聲，是他得到的回報，儘管光是這種名聲的十分之一，就足以償還他的恩情。羅曼史與詩篇爭相將他作為自己的主角，而他與俠盜好友們在雪伍德森林裡，以長弓捍衛自己的家園，他們身穿林肯綠的衣服，他們的家園是朝聖者的避難所和紀念他的神聖場所。如果他只是一名老實安分的普通百姓，他所擁有的美德將不會受到人們的讚賞，但他選擇了另一條道路。而他的事蹟更在漫長七百年的頌揚下，成為所有英國人無法忘懷的傳說。他對窮人的慷慨，對女性的尊重與英勇，讓他成為世界上最了不起的俠盜。

近代的英國人，誰沒有聽過十八世紀的克勞德．杜瓦爾（Claude Duval）、迪克．特爾平（Dick Turpin）、強納生．威德（Jonathan Wild）和傑克．雪伯德（Jack Sheppard）？他們的騎士精神曾將英國推入恐懼與敬佩交織的複雜情懷中。在英國，所有年滿十歲的男孩與男人們，都知道特爾平的事蹟。他從倫敦馳馬疾奔約克的神奇事蹟，為他贏得數百萬人的愛戴；他殘忍地對老婦人縱火、逼其說出金銀財寶隱匿位置的事，則被視為天大的謊言；而他從容赴義的驕傲神情，更被眾人視為一種美德。布朗克神父在一七三七年寫道，自己一直非常喜歡特爾平的故事，像是他如何打劫那些紳士們。特爾平打劫後，總會留給對方足夠的旅費，並要對方許下絕不會去告發他的誓言，而這些紳士們也都正直地信守承諾。後來，他還聽到此生最讓人肅然起敬的特爾平事蹟。特爾平（或某位知名的俠盜）攔下一名非常有錢的男子，並致上自己最常用的招呼──「要錢還是要命！」但他在對方身上只搜到了五或六基尼，因此他放對方走，並以最親切的態度告知他，下次千萬別再帶這麼少錢就上路！他還說，如果下次再落進他手裡時身上還是只有這麼一點錢，他可是會好好揍他一頓的！另一個從特爾平仰慕者聽來的故事，則是他在劍橋附近對C先生所犯下的搶案。特爾平從C先生身上奪走手錶、鼻煙壺以及所有現金，但他留下兩先令。接著，他要C發誓自己絕不會告發特爾平，害他被追捕。C先生發下誓言，兩人禮貌地分道揚鑣。後來，他們在紐馬克特碰面，並認出彼此。C先生信守承諾，他沒有告發特爾平，還佯稱他後來以非常光明磊落的方法贏回了一些自己的錢。他說特爾平詢問他要不要賭馬，C先生愉快地答應了這位全英國最紳士的男子的邀約。後來特爾平輸了，也立刻付錢，並對C先生大方的態度感到欣賞，表示自己非常後悔當時打劫他，不然兩人就能坐下來好好喝一杯。說故事的人非常高興英國可以孕育出如此高尚的俠盜。

對英國人來說，傑克．雪伯德的事蹟也同樣著名，其殘酷的行徑曾讓英國蒙羞，但他最後依舊贏得了大眾的讚賞。他不像羅賓漢那樣，劫富濟貧，他也不像特爾平那般，禮貌地進行打劫，但他在被束上手鐐腳銬後，卻從紐蓋特的監獄中脫逃。這件知名且被傳頌千遍的事蹟，為他贏得不朽的光環，並成為大眾心目中的犯罪者典範。在他被處決時，年僅二十三歲，眾人對他的死感到惋惜。數個月，他的冒險事蹟成為眾人口中唯一的話題；印刷店忙著印刷他的肖像，理查・桑希爾（Richard Thornhill）爵士更為其畫下細膩的人物像。一七二四年十一月二十八日，《大英期刊》（*British Journal*）發表了對此藝術家的讚美詩詞：

桑希爾！是你讓那默默無聞、卑賤的名字
鑲上美麗的金邊；
讓雪伯德之名逃脫被遺忘的命運，
超越死亡的界線！
阿佩萊斯・亞歷山大（Apelles Alexander）筆下的
奧列利烏斯（Aurelius）成了凱撒大帝；
克倫威爾在利立的作品中閃耀，
而雪伯德、桑希爾，也將不朽！

這是一種話中有話的讚美，或許暗示著：如果阿佩萊斯可以為一個獨裁者畫畫，那麼桑希爾也可以為一個賊人畫畫。但畫家本人、甚至大眾，都沒有這樣想；大家都認為這首詩非常直白且無比奉承。雪伯德的名聲是如此響亮，人人都認為他值得成為畫作的主角。而由瑟蒙德傳來的啞劇《幽默傑克・雪伯德》（*Harlequin Jack Sheppard*），也在戲院造成極大轟動。每一幕場景都精心呈現，包括雪伯德經常出沒的酒吧「克萊爾市集」，還有他從紐蓋特監獄中脫逃的牢房。

一七五四年發行的《紐蓋特年史》（*Annals of Newgate*）編輯維萊特（Villette）神父，曾發表一段有趣的講道，他說這是朋友從一名街頭傳教士聽來的雪伯德處決事蹟。這名布道者批判人們總是過分關注肉體，卻鮮少關注靈魂，並列舉實例證明他的觀點：「我們可以從一個惡名昭彰的犯罪分子——傑克・雪伯德身上，找到最明顯的例子。他克服了多麼大的困難、成就了何等了不起之事！卻僅僅為了逃避那卑賤肉身被吊死的命運！他是如何使用彎曲的指甲，巧妙地將綁在身上的鐵鍊鎖頭打開！神勇地毀壞腳鐐，爬上煙囪，從鐵條間掙脫，一路逃到一堵石牆前，並在黑暗中讓那座堅實的大門為他敞開，終於，他逃到監獄前沿的教堂，並將事先綁好的毯子固定在尖刺上，垂降並逃出禮拜堂！他甚至還大膽地降落到工廠的頭頂上！從容不迫地走下階梯，大剌剌地從街上的門逃出去！」

「噢，你們全都該像傑克・雪伯德！別誤會我，兄弟——我不是指行為，而是精神。我的目標是提升你們的靈魂。如果我們認為自己不需付出同等的痛苦與精力，以雪伯德拯救肉身那般的毅力來拯救靈魂，這簡直是一種恥辱！」

「聽我的勸告吧，現在，就用你們充滿悔悟的指甲撬開心靈的枷鎖！毀滅慾望的腳鐐，爬上希望的煙囪，帶著毅力穿越鐵窗，突破絕望的石牆，憑藉信心穿越黑暗的死亡幽谷！在神聖啟示下，淨化自己，以信仰連結成毯子並固定在教堂的尖刺上，抱著毅然的決心爬上工人的屋頂，走下人性的階梯！接著，你們將來到原罪監獄的大門，逃離惡魔的殘酷處決！」

然而，因菲爾丁（Fielding）的作品而永遠留名的強納生・威德，卻沒有這般受人景仰。他不具任何可與罪行結合，並留下偉大俠盜名聲的美德。他是一位可鄙的人，舉發自己的同伴，畏懼死亡。他的卑劣行徑將永遠受眾人唾棄。在他去刑場的路上，人們不斷對他丟石頭和泥塊，以各種方法表達自己對他的鄙視。這與特爾平和雪伯德的待遇大不相同，他們容光煥發地赴死，鈕扣上插著芬芳的鮮花，臉上是眾人期待的堅毅與勇敢。當時，人們知道特爾平的屍體會被送到法醫處進行解剖後，許多人在倉促間集結，試圖挽救屍體，更成功地將其帶回鎮上，埋進一處非常深的墓穴中，還撒上大量石灰，以加速屍體的分解。他們絕不會忍受他們的英雄——用二十四小時的時間一路從倫敦飛馬快奔約克的英雄——屍體，被粗魯的法醫的無禮之手玷汙。

克勞德．杜瓦爾的死亡，則是另一場光榮的成功。克勞德是一位非常彬彬有禮的盜賊。根據巴特勒紀念他的知名頌詞，此人——

為野蠻的阿拉伯人指引道路，
如何以更文明的方式打劫；
比那些沒教養的小子更謙遜地接受戰利品；
在晦暗的大英帝國裡，
以前所未見的優雅姿態慷慨赴義。

確實，此人堪稱禮貌的楷模，其對待女性的正直，更是眾所皆知。當他最終被捕並關進「石牆、鐵牢」之內，他罕見的美德與名聲，讓眾人為他的處境感到悲痛。巴特勒說，在他的地牢中——

女士們從全國各地而來，
向親密的囚犯獻上她們的真心，
他坦然接受，就像是接受應得的貢品。

在法國知名的大盜中，沒有人比查理六世時期的艾默里固．泰德努瓦（Aimerigot Tetenoire）更出名了。此人手下有四、五百人，在利穆贊跟奧維芮還擁有兩座實力堅強的堡壘。擁有男爵頭銜對他來說其實也有很大的好處，儘管他不會收到地方收益，卻可以占有那些道路。在他死後，他留下一個非常特別的遺書。遺書裡寫道：「我留下並贈予，一千五百法郎給聖喬治禮拜堂，作為必要的修繕費用。兩千五百法郎，給那位一直深愛著我的美麗女孩。其餘財產全都留給我的同伴。我希望所有人都能像親兄弟那樣，和睦地分配財產。如果他們因利慾薰心而無法做到，這也不是我所能掌握的；我建議他們準備好鋒利的斧頭，好劈開我那頑固的寶箱，並恣意爭奪箱中的寶物，魔鬼將抓住他們之中的最後一人。」奧維芮的人至今依舊以欽佩的語氣講述著他的大膽創舉。

後來，法國的盜賊們開始胡作非為，導致人們根本無法平心靜氣地欣賞他們。缺乏身為一名俠盜必須擁有的仁慈、禮貌與英勇的卡赫杜什（Cartouche），其名字更在法文中變成惡棍的同義詞。他於十七世紀末出生於巴黎，並在一七二七年被處以車裂之刑。然而，他的名氣依舊讓人們為他的死而悲傷，並衍生出一齣以他為主角的戲劇，雖然故事中，他的作為變得較高尚，但該劇一七三四年五、六月在法國的劇院裡大受歡迎。直到當代，法國人也有了了不起的俠盜——維多克（Vidocq），他的名聲就跟特爾平、雪伯德一般響亮。在他活著的時候，他已經成為許多虛構小說的主角，而他的同胞們更拿他在各方面的成就，到處炫耀，並宣稱歐洲再也沒有任何一個國家可以培育出像維多克這樣聰明、成功且風度翩翩的大盜。

德國有辛登罕尼斯（Schinderhannes），匈牙利有舒博利（Schubry），義大利與西班牙更有一整窩的盜賊，他們的事蹟家喻戶曉，每個小孩、大人嘴裡談論的話題，都是他們。

義大利的強盜聞名天下，他們不僅虔誠（宗教在當時是一種流行），更具有俠義的心腸。人們從沒想過他們會給予自己援手，因此他們的善行更因此受到人們的愛戴。當他們其中一人在落入警察手中後，沿路喊著「我贈予的東西比本地任意三個修道院所加起來的，都還要多。」而他的話確實不假。

在倫巴第，人們依舊珍惜著兩個世紀前、被西班牙政府視為眼中釘的兩名盜賊的故事。根據查爾斯・麥克法倫（Charles Macfarlane）的說法，他們的故事被放在該省所有小孩會看的小小故事書中，且比《聖經》更受小孩喜愛。

深受萊茵河畔民眾喜愛的強盜辛登罕尼斯，長期受到民眾的敬畏。許多農夫口中總是說著辛登罕尼斯如何用狡詐的把戲，戲弄那些有錢的猶太富翁及專斷獨行的執法官們，人們更因他慷慨為懷、英勇的特質而懷念著他。簡而言之，人們非常以他為傲，即便要將「埃倫布賴特施泰因的巨岩」[1]炸個粉碎，他們也絕不願意讓其英勇事蹟在萊茵河畔失傳。

在德國還有另一位非常有名的俠盜英雄，人們總是欽佩萬分地談論著他的為人與事蹟。在一八二四至一八二六年間，毛許・奈德（Mausch Nadel）帶領一大群盜賊，出沒於萊茵河、瑞士。與傑克・雪伯德相同，他以極端危險的越獄舉動，贏得民眾的愛戴。當時，奈德被關在不來梅監獄中的第三層，但他卻在哨兵沒有察覺的情況下，背著沉重的鐵鍊，爬下監獄，游過威悉河。游到一半時，其中一名哨兵發現奈德，並開槍射中他的小腿，但他沒有氣餒，繼續前行，終於抵達對岸，並在官兵準備好小船搜捕他之前，逃之夭夭。一八二六年，他再次被逮捕，並在美茵茨接受審判：他被判處死刑。他是一位英俊挺拔，體格健碩的男子，而他算是罪有應得的下場，卻讓所有德國人感到心碎。女士們更是大聲嘆息著居然沒有任何方法可拯救這名外表英挺、作風浪漫的冒險者，免於劊子手的褻瀆。

查爾斯・麥克法倫先生在談到義大利的盜賊時，認為天主教執政時期對於赦免與告解上的濫權，是助長此種罪惡的幫凶。但他也認為說書人與街頭賣唱者的推波助瀾，比牧師及修士更為嚴重。不過，如果他再多加上一個劇作家，那麼他的論點就完美了。哪間劇院不希望大受歡迎？因此他們特意迎合觀眾的口味，不斷以觀眾最喜愛的竊盜和強匪英雄作為演出主角。這些劇場搶匪們，穿著華麗的衣裳，神出鬼沒、尋歡作樂，他們粗莽、不顧一切的舉動，極大地豐富了人們的想像。無論他們的擁護者如何替他們辯解，這些罪犯的故事依舊對大眾道德造成很大程度的影響。吉斯公爵在其回憶錄中提到，在那不勒斯革命時期的一六四七至一六四八年

1 又稱「譽石要塞」，隔著萊茵河可遠眺德意志之角。歷年來為兵家必爭的重要地理位置。

間，舞台上的那不勒斯強盜穿著、舉止和生活模式是如此迷人，讓當局認為必須禁止其繼續出現在舞台上，甚至禁止任何人在化妝舞會中打扮成盜匪。當時的強盜數量非常多，因此吉斯公爵輕易地號召一批以強盜為主的軍隊，協助他取得那不勒斯的王位。他如此描述這些人：「他們總共有三千五百人，最年長的不超過四十五歲，而最年輕的有二十多歲。他們全都身材挺拔，留著長長的黑捲髮，穿著西班牙黑色皮外套，搭配天鵝絨袖子或金色衣服，以金蕾絲和深紅色布料做成的馬褲；腰帶兩側各有一把手槍，皮帶上掛著彎刀寬三指，長二英呎，打磨光亮，脖子上則以絲帶繫著一罐火藥粉。有些人會帶著火槍，也有人帶短槍，他們的鞋子都很高級，穿著絲質長襪，頭上戴著五彩繽紛的帽子，看上去非常賞心悅目。」

而英國的《乞丐歌劇》則是另一個在舞台上公開歌頌盜賊的例子。在其首度登台且大獲好評後，《愚人志》（*The Dunciad*）針對了這個例子寫下一段評論，塞繆爾・強森（Samuel Johnson）更在其《詩人傳》（*Lives of the Poets*）引述此段。「這部劇作取得空前絕後的大成功。在倫敦連續公演了六十三天，未曾間斷，其第二季也取得同樣的成功，並到英國各大城市巡迴。有些地方甚至演出十三或十四次，巴斯、布里斯托等地，更多達五十場。接著，該劇前進威爾斯、蘇格蘭，更在愛爾蘭連續舉辦公演二十四天。仕女們無時無刻都哼著劇中的歌曲，許多房子更被裝潢成如劇中的場景一般。這場成功不只捧紅了作者，扮演波莉（Polly）的演員也從默默無聞的身分，變成鎮上最受歡迎的人。她的畫像大量印刷並賣出；她的故事、書信或為她而寫的詩句大量出版，甚至還有人蒐集她說過的話或玩笑，以小冊子發行。更了不起的是這部歌劇將流行十年多的義大利歌劇，趕出了英國。」強森博士更在書中說道，後來的坎特伯里大主教海里（Herring）大力譴責此歌劇，因其鼓勵了犯罪與邪惡，更將犯人視為英雄，還在最後的審判中放走主角；大主教還表示，在這齣劇出現後，結夥強盜的犯罪率增高。但博士不認同這樣的看法，他認為那些強盜、小偷根本不會出現在劇院裡，而那些生活幸福的人也不太可能因為看到主角馬奇斯（Macheath）在舞台上的演出，就鋌而走險。但如果強森願意接受事實，他其實可以輕易地發現那些強盜與小偷確實經常出入戲院，而歡樂的氣氛也確實極有可能引誘那些本質已趨向墮落的年輕人。當時擔任弓街行政長官的約翰・菲爾丁（John Fielding）爵士表示，當歌劇大為興盛的同時，竊盜案顯著地增加，當時的官方紀錄可證實他這樣的論點。

席勒（Schiller）描寫青澀少年的精彩劇本《強盜》（*Räuber*），吸引了德國無數青澀少年的喜愛與模仿。知名的評論家威廉．海茲利特（William Hazlitt）在提到本劇時，表示諸多戲劇裡，只有這齣對他影響最大，「就像一記重擊，使我暈頭轉向。」二十五年後，他依舊對此劇無法忘懷，就如他自己所說，這部劇依舊「深埋在他記憶深處」，他甚至無法從當初的震懾中恢復，以至於遲遲無法描述對這部劇的感想。劇中那絕頂聰明、充滿哲思的小偷受到所有人的愛戴，一些年輕人在出於崇拜與模仿的心態下，放棄了學校與家庭，住到森林與曠野中，致力於打劫旅人。他們認為自己就像主角摩爾（Moor）那樣，打劫富人，並在鮮紅的日落中留下雄辯的獨白。他們還會在遇到窮人時給予援手，並自由自在地與同伴們在崎嶇的山路邊，或瀰漫著濃霧的森林帳篷中，飲著萊茵河畔的釀酒。但一件小事，平息了他們的激情：他們發現真正的強盜跟舞台上虛構的俠盜有著天壤之別的差異，而三個月的牢獄經驗——吃著簡單的麵包與清水，躺在潮濕的稻草堆上，雖然讀起來特別有韻味，實際體驗後卻糟透了。

拜倫（Byron）勳爵創造的那位高貴的盜賊，在某些程度上，也稍微扭轉了英國少年們的品味。然而，他們的理智比德國少年來得堅強，沒有真的遁入叢林，成為強盜。即便他們異常崇拜海盜康拉德（Conrad），也沒有選擇流浪大海，守衛他的海盜旗。他們用自己的言語而不是行動，表達個人的欽佩，並用自己讚美海盜、海盜新娘及其冒險事蹟的詩詞，占據期刊與音樂店的所有版面。

但主要的傷害依舊是劇作家所造成，而拜倫的罪只是比席勒和蓋（Gay）輕一些。在威風凜凜、華美服飾與音樂的推波助瀾下，劇作家在毫無意識的情況下，以錯誤的觀念扭曲大眾的價值觀。

在倫敦那些貧窮且人口眾多的地區裡，有許多廉價的劇場，裡面充斥著各式無所事事的年輕人與放蕩的人們，也因此所有關於小偷與謀殺犯的故事，總是比其他表演更受歡迎，更吸引大量觀眾。在這些劇場裡，攔路賊、竊賊、馬賊的表演鮮活無比，讓台下的觀眾們盡情享受罪惡。盜賊與謀殺者的故事充滿了最深層的悲傷與最浮誇的鬧劇，吸引觀眾最真摯且感同身受的喝采。所有罕見且邪惡的罪行都被放上舞台，並在最真實的環境中上演，娛樂那些或許將成為模仿犯的觀眾們。

對純粹的讀者來說，其影響各不相同，許多人總是特別熟知那些惡名昭彰大盜的冒險故事。即便在小說裡，他們依舊迷人，沒有人害怕陷入這股潮流。詩人也加入了這股狂熱，隨自己的喜好讚頌這些英雄，或以不朽的詩歌慶賀惡人的惡行，以及蘇格蘭大盜羅布・羅伊（Rob Roy）的復仇。在甜美的音樂伴和下，他們可以輕易說服世界，這些英雄只是身不由己的哲學家，出生的世代太晚，但心中滿溢著——

> 古老的傳統，簡單的原則，
> 有能力者得以奪取所需，保其所有。

有一天，世界或許會變得更聰明，懂得如何分配其擁有的資源，讓盜賊為時代妥協，讓時代為盜賊改變。或許，總有那麼一天，迷人的英雄們不再迷人，他們聰明的手段也不再引誘人心。

第十五章 Duels and Ordeals 決鬥與神裁

曾有位古老賢明的哲學家，
用自己的一切起誓，
說整個世界已為決鬥而狂。

——《赫迪布雷斯》

多數作家在談到決鬥起源時，認為這是早期基督教時代統治歐洲的野蠻民族憑自己喜好戰鬥的精神，而衍生出來的習慣，並認為這是解決爭端的最有效方法。事實上，如果以最原始且廣泛的含義來定義決鬥，其本質就只是打鬥，也是所有野生動物（包括人類）用來增加或捍衛自己領土，及討回公道的方式。兩隻狗會為了一根骨頭打架，兩隻矮腳公雞也會為了站在堆肥上的美麗母雞而戰，兩個傻瓜也會為了滿足捍衛自己名譽的規矩，站在溫布頓草地上向彼此開槍。以這種觀點來看，牠／他們全都是決鬥者。隨著文明發展，高知識分子開始認為這種解決紛爭的模式非常可恥，並透過法律讓傷者可以得到某些程度的補償。然而，在很多情況下，即便原告有充分的證據，依舊無法證實被告的罪，這或許是早期歐洲所面臨的困境，也因此衍生了鬥毆的風氣。一旦決鬥有了結果，就不能繼續上訴。人們認為上帝會牽引正義一方的手臂，讓他贏得對手。孟德斯鳩（Montesquieu）說得好，對剛邁入文明化的野蠻人來說，此種想法不足為奇。他們的舉動充滿暴戾之氣，對他們來說，缺乏勇氣美德的男子，除了暴露其自身的懦弱，更帶有潛在背叛同胞的心。因此，一個能在困境中展露無比勇氣的男人，大眾願意免除此人因決鬥而可能犯下的罪。但隨著社會發展，如果那些以智慧治國的人（和那些以行動治國者不同），沒有試圖以各種方法來嚇阻其國人對此野蠻作風的偏好，社會將自然而然退化到原始的型態。作為起點，許多政府先是縮小決鬥的適用範疇，並規定在此規範內，決鬥的結果可作為有罪或無罪的法律判決。勃艮第人的國王岡多巴德（Gondebaldus）於五〇一年通過法案，規定決鬥的結果可以替代法院審理程序中的證詞。到了查理大帝時期，勃艮第的法律被推廣到全法國，且適用者不限於被告與原告兩人，證人甚至是法官都必須以決鬥來維護自己的說詞、證據或判決。其繼位者虔誠者路易，則致力於減輕此種罪惡，規定只有重罪判決、市民案件或專利案糾紛，以及捍衛騎士名聲時，可以進行決鬥。女人、病患、身障者、十五歲以下或六十歲以上的人，可以避免決鬥。神職人員被允許使用替身上場。漸漸地，這種做法更擴展到所有民事與刑事案件上，其結果都必須以決鬥來判定。

而聰明的神職人員在其統治期間，未曾認可任何一條將事情交由「誰的拳頭比較大」來判定公理正義的法令。從最開始，他們便堅決反對決鬥，並憑藉自身影響社會輿論的能力，遏止好鬥且違反宗教信念的風氣。巴倫西亞的會議和後來的特倫托會議上，教會將所有進行決鬥者驅逐出教會，除了決鬥者，所有圍觀者與協助者也被驅逐，並重申此種行為非常邪惡且可憎，是惡魔為了摧毀人類心智與肉身而創造。他們也表示，所有縱容決鬥的君王，應被剝奪其縱容決鬥發生地的世俗權力、合法性與統治權。然而，我們可發現，這些宣言不但沒有遏止決鬥，反而助長其氣焰。

這就是早期無知人民的錯誤觀念，褻瀆地認為全能的天神會用自己的方式，替那些含冤的人伸張正義。儘管神職人員不斷譴責決鬥者，卻沒有譴責決鬥生成的原因。他們繼續煽動上帝會直接干涉人類或甚至是國家糾紛的信念。而這也是神裁之所以誕生的主因，他們動用本該拿來禁止決鬥的影響力，全力推動神裁。透過此種觀念，他們可以全權決定一個人的有罪或無罪，然而決鬥卻不容他們插手。基於這種考量（如果沒有其他原因的話），就不難想見神職人員為什麼要向民眾努力區分這兩者的差別。在神裁的處境下，他們將是決定結果的最高權威，但如果讓人們可以單憑自己的能力來決定勝負，教會的權力與影響力將屈居於世俗君主之下。

因此，教會祭出絕罰（逐出教會）如此嚴重的手段來禁止決鬥，絕非只是因為其造成流血事件；他們的目標是維持權力，但公平來說，那個時代，確實是一個野蠻時代。知識與文明的關鍵都掌握在他們的手上，他們就像是智慧的代表，如同貴族們是肉體權力的代表般。為了將所有權力向教會中心集中，並讓自己成為民事與刑事法庭的最後主宰者，他們頒布了五種全權由自己管理的審判方法。這五種方法分別為：對《聖經》起誓；十字架與火的試煉（適用於身分較高者）；水的試煉（適用一般民眾）；麵包或起司試煉（適用於神職人員）。

對《聖經》起誓的審判過程如下。根據《貝特朗．杜．蓋特蘭回憶錄》（*Memoirs of Bertrand du Guesclin*），表示伯爵保羅．黑（Paul Hay）曾接受過這種審判，他們要他對著《新約聖經》發誓，並在殉道者的聖物或墳墓前，表示自己是無辜的。他還必須找來十二名以正直聞名的人，讓他們發誓願意相信他的清白。此種審判模式被大肆濫用，尤其是繼承人紛爭上，但那些奮力傾訴自己清白之人，往往就是有罪之人。而濫用的情形更導致了人們寧願選擇決鬥。因此，不難想像封建伯爵或早期的將軍們情願和對手公平戰鬥，也不願選擇充滿謊言的審判。

而那個讓查理大帝苦求兒子接受試煉、以平息彼此爭端的十字架試煉，執行方法如下：當任何人如被控有罪，而他選擇以誓言捍衛自己的清白、並爭取十字架評斷其所作所為時，他將被帶到教堂的祭壇前。牧師會事先準備好兩隻一模一樣的棍子，其中一根刻上十字架的圖樣，然後，以大量上等的羊毛將其包起，進行種儀式，並放到祭壇或聖人的聖物上。接著，莊嚴的禱告者向上帝禱告，表示自己願意在上帝十字架的引導下，發現被控告之人的罪惡或清白。緊接著，牧師靠近祭壇，拿起其中一根棍子，助手立刻上前虔誠地打開。如果棍子上有十字架，代表此人無罪；如果沒有，就是有罪。當然，我們無法說所有以此種方式進行的審判都是錯的，但如果認為此種試煉只是碰運氣，也是荒謬不實的想法。確實有許多非常精準且正確的判決，是透過此方式得到，為此，我們只能相信牧師事前透過祕密調查與嚴格的檢驗，確認犯罪事實，並根據結果有意識地選擇有刻或沒刻十字架的棍子。儘管對旁觀者來說，包在羊毛布裡的棍子看上去一模一樣，但對親自裹上羊毛布的人來說，要分辨兩者簡直易如反掌。

至於火的試煉，生殺大權就完全落入神職人員之手。當時的人認為火不會燒傷無辜之人，而神職人員自然會替那些無辜，或是與教會利益密切相關之人，做好萬全的準備，讓他們能毫髮無傷地經過火焰。另一種試煉方式是將燒得火紅的犁頭放在地上，接著矇上被告的眼睛，讓他們走過去並跨越障礙物。如果此人準確地踩在安全的地面，避開了火，他就會被視為無罪；如果燙著自己，就是有罪。由於犁頭擺放的地點是由神職人員決定，因此在試煉開始前，他們早就知道結果。如果要讓一個人有罪，他們只需將犁頭以不規則的方式擺放，這樣被告一定會不小心踩中一個。國王埃塞爾雷德（Ethelred）的妻子、懺悔者愛德華的母親艾瑪（Emma），被指控和溫徹斯特主教艾爾文（Alwyn）走太近，她便以此種試煉證明自己的清白。由於此事危及教會自身的秩序，更危及皇后是否會被送上火刑柱，因此他們盡力讓被告沒有踩上牧師所擺放的任何一個犁頭。此種試煉稱為「上帝的審判」，有時也稱「一般神裁」，在執行上還有其他方式。其中一種是以手握著一塊重一、二或三磅的赤紅鐵塊，且不能受傷。在讀到除了手掌粗厚的男人、連細皮嫩肉的女性也能通過此試煉時，我們必然可猜想到這些人事先已在手上裹了一些東西，再不然就是赤紅的鐵只是漆了紅漆的冷卻鐵塊。另一種方式，則是將赤裸的手臂放到裝滿滾水的大鍋裡。接著，牧師會以麻布和棉絨將手臂包紮好，並將被告交由教會監視與照料，等待三天。如果三天後手臂沒有留下任何疤痕，人們就能確信此人的無辜。

至於水的試煉則沒有那麼複雜。此種試煉方法只會使用在窮人與貧民身上，沒有人在意他們會沉下去或漂浮著。這就像後來的女巫試煉，被告會被丟進池子或河水中：如果此人沉下去並被淹死，他的親友就能欣慰地知道他是無辜的；如果他浮在水面上，就代表其有罪。無論結果如何，社會都能成功地擺脫他們。

至於神職人員留給自己的試煉方法，則是怎麼樣都不可能測出有罪的試煉。在此種方法下，作惡多端的撒旦也能全身而退。這種方法稱為「神意」，執行方法如下。他們會在祭壇上放著一塊全麥麵包和一片起司，被控告的牧師穿著神職人員服裝上前，身旁站滿服飾華而不實的羅馬教廷人員，負責進行一段長達數分鐘熱切且虔誠的禱告詞。如果此人有罪，上帝將派遣天使加百列來阻止神父繼續吞下起司與麵包，如此一來，他就會被判有罪。沒有任何記錄顯示曾有神職人員在試煉中被嗆到。

到了教宗額我略七世（Gregory VII.）時，卡斯提爾王國（古代西班牙北部王國）想要引進葛利果聖歌（Gregorian chant），取代當地教會的聖依西多祿（St. Isidore）所創下的莫札拉比聖歌（Musarabic），為此，兩方出現極大的爭吵。教會拒絕接受改變，因此有人認為雙方應各派一位代表，進行決鬥，讓糾紛落幕。但神職人員不願意接受他們長期以來大肆撻伐的決鬥手段，只願意接受火的試煉。於是，眾人生起一場大火，並將葛利果聖歌歌譜和莫札拉比聖歌歌譜丟進火裡，而上帝將透過不使其燒毀的方式，告訴眾人哪本聖歌祂最喜歡。聲稱自己親眼見證奇蹟的紅衣主教巴洛尼（Baronius）說，在葛利果聖歌歌本丟進火中沒多久，就毫髮無傷地蹦出來，同時還發出很大的聲響。在場的人都認為聖人決定幫額我略七世一個忙。很快地，火被撲滅了，但更神奇的事發生了！另一本歌本同樣完好無缺地躺在灰燼中，摸起來甚至不燙。針對試煉的結果，眾人知道上帝對於這兩首聖歌的喜愛不分軒輊，因此當地的教會決定輪流使用兩首歌。

如果所謂的試煉只是用來評斷此類爭端，那麼一般人其實根本不在意神職人員的操控，但如果這種方式掌控了評斷世人紛爭的權力，那些熱愛逞凶鬥勇的人們自然會感到不滿。事實上，早在很久之前，貴族們就對教會的力量感到嫉妒。他們很快就發現教會企圖讓自己成為宰治市民與犯罪的最高權威，但讓貴族傾向使用古老決鬥的原因不僅於此。他們認為透過戰鬥時的英勇與表現所換取的無罪判決，絕對比什麼都不用做的試煉更能讓同儕感到心服。除此之外，還有一個讓決鬥比試煉更受歡迎的主因。當時，所謂的騎士精神正在貴族間萌芽，儘管教會大聲撻伐，但戰鬥是他們生活的重心，更是貴族最優雅的娛樂。榮譽感的概念成形，任何榮譽被侵犯者，都應在歡呼的眾人面前進行復仇，而這絕對比冰冷且制式化的試煉來的有趣且讓人滿足。虔誠者路易（Louis I.）的兒子洛泰爾（Lothaire）在其統治期間，廢除了火與十字架的試煉，但英國一直等到亨利三世（Henry III.）統治的早期階段，議會才通過法令明文禁止。與此同時，十字軍將騎士精神推展到最高境界。很快地，騎士精神讓衰退的試煉體系更猶如雪上加霜，並同時穩固了決鬥的基礎，使其難以動搖。確實，當騎士精神熱潮冷卻後，騎士的騎馬武術錦標和決鬥的數量驟降，但無論聖人與哲學家如何努力消滅決鬥，決鬥的蹤跡依舊留存至今。在那些野蠻時代流傳給我們的錯誤中，決鬥證明了其無畏打壓的韌性。決鬥，分化了人的理智與榮譽，讓聰明的人變得像傻瓜一般，並讓成千上萬的人為它瘋狂。

如果讀者對於決鬥的細節該如何規範感到興趣，不妨參閱智者孟德斯鳩的書籍，你將找到大量關於古代決鬥規矩的記錄。在談到決鬥的規矩制定得如此清晰且絕妙的時候，孟德斯鳩說了一句非常貼切的評語，他認為如同許多聰明事總是以愚蠢的方式執行，許多蠢事也是以極其聰明的方式進行。確實，如此荒謬且近乎褻瀆神明的決鬥，卻占用了如此多的智慧與宗教教條。

十字軍與新時代之間的序幕，由火藥的發明與印刷術的精進揭開，並促成一個更合理的立法體系。那些追求交易與工業發展的都市居民們，對於法官與治安官處理彼此糾紛的模式，感到滿意。與上層社會的貴族們不同，這些市民沒有發生一點小事就要決鬥的習慣與喜好。許多紛爭如一袋稻穀、一捆寬幅織布、一隻牛的價格，也經常可在市長或治安官出面之前就調解好。漸漸地，連逞凶好鬥的騎士與貴族們，也開始覺得過於頻繁的決鬥只會降低其格調，更會失去其尊嚴與榮譽。政府的看法也是如此，且在幾次場合中，他們也以合法的方法阻止決鬥的發生。法國在路易九世之前，只有在特定情況下：冒犯君主、強暴、縱火、刺殺和入室強盜，才可以進行決鬥。但路易九世取消所有限制，所有民事糾紛皆可以決鬥解決。但此令一出，情況變得很糟糕，一三〇三年，腓力四世（Philip the Fair）認為有必要限制決鬥，他下令在冒犯、強暴和縱火刑事案件上，必須禁止決鬥；民事上則禁止因繼承問題決鬥。騎士可成為自己榮譽的主審，捍衛自己的名譽或復仇，而這種情況確實經常發生。

在歷史早期記載中的決鬥中，有一件非常特別，發生在路易二世（Louis II.）（西元前八七八年）時期。某日早晨，加斯蒂努瓦（Gastinois）伯爵夫人發現躺在身邊的先生伊格利葛魯斯（Ingelgerius）伯爵，死在床上。伯爵的親戚辜彭（Gontran）指控伯爵夫人謀殺，並說伯爵曾提到自己夫人長期對他不忠，因此辜彭要伯爵夫人去找一個人代替自己，和他進行決鬥，而他將殺了對方，證明夫人的罪行。伯爵夫人的朋友與親戚們，皆深信她的清白，但辜彭是如此的頑固、魯莽，還是出了名的勇士，因此沒有人願意出戰。就在悲傷的伯爵夫人陷入絕望時，年僅十六歲的安茹（Anjou）伯爵伊格利葛魯斯突然現身，表示願意出戰。安茹伯爵的名字就是伯爵夫人在替他施洗時，以其先生為其命名的，因此敬愛伯爵夫人的年輕人，表示願意為她迎戰一切挑戰他的敵人。國王極力勸阻慷慨的年輕人，要其退出決鬥，不斷強調對手擁有強大的力量、身經百戰的經驗和無窮的勇氣，但伯爵不願妥協，宮廷中的所有人都深感悲傷，認為看著這麼一位勇敢又俊秀的孩子就這樣赴死，實在是太殘酷了。

當清單準備完畢後，伯爵夫人立即通知了她的鬥士，決鬥於是開始。辜彭凶暴地朝對手飛奔而去，並猛力地擊中對方的盾牌，卻因為用力過猛失去重心，滾落馬下。年輕的伯爵在辜彭落馬的瞬間，將自己的長槍刺穿對方身體，並跳下馬，將對手的頭砍下。當時有人說道，「他將戰利品向國王展示，國王大為喜悅，就好像有人獻上一座城市般。」接著，伯爵夫人的清譽也在一片慶賀聲中，得到證明；在眾人面前，她親吻了自己的義子，喜悅的淚水更沾濕了他的脖子。

一一六二年，羅伯特．蒙特福特（Robert de Montfort）在國王亨利二世面前，控告埃塞克斯伯爵於五年前，在威爾斯的科爾斯希爾與人發生衝突，丟了英國皇室的臉面，為此，他向伯爵挑戰，以一場戰鬥來決定真相。埃塞克斯伯爵接受挑戰，決鬥地點訂在雷丁。大量群眾聚集到此，想一睹決鬥的刺激。一開始，埃塞克斯伯爵穩健迎戰，但在漸漸失去耐心與控制後，給了對手一個占上風的機會，戰鬥結果呼之欲出。他落馬並嚴重受傷，在場所有人都以為他死了。在其親屬的哀求下，雷丁大教堂的修士上前，準備移走屍首進行安葬，而蒙特福特成為勝利者。然而，埃塞克斯並沒有死，只是被打暈，在修士的照料下，他的傷勢在幾個禮拜後就痊癒。然而，心靈上的創傷並沒有這麼容易痊癒。儘管他是一位忠誠又勇敢的鬥士，但戰敗的結果只讓全國相信他是叛徒與懦夫。他再也無法恢復自己昔日的好名聲，為此，他決定成為修士，餘生都住在大教堂中。

還有一個發生在西班牙的特殊決鬥，一名塞維爾的基督教紳士向穆斯林摩爾騎士發出挑戰，他要對方任選決鬥武器，而他將以戰鬥結果來證明耶穌基督的神聖，而穆罕默德是冒犯神意且可鄙之輩。西班牙大主教認為基督教的神聖性不該用此種野蠻戰鬥決定，又或許那名被挑戰的摩爾鬥士比挑戰者強壯許多，因此教會召來了騎士，用盡方法才撤回這場決鬥。

有作家也提到，在奧托一世（Otho I.）統治下，當時的法律學者們對於父親過世的孫子，是否和叔叔們享有繼承爺爺遺產的同等資格，出現極大分歧。眾人認為這個難題實在無法克服，當時的法學家也處理不了。最後，他們決定以決鬥來定奪。選出兩名戰士，其中一名代表孫子的權利，另一名為反對。在僵持不下的決鬥中，代表叔叔方的鬥士落馬並被殺害，眾人於是決定了孫子的權益，規定孫子可代表其父親，跟叔叔等人享有同等的繼承權。

儘管許多決鬥的起因非常奇怪甚至相當隨便，決鬥的習慣還是一直流傳到了十四、十五世紀，且在歐洲各國都可看到。其中，在英勇的法國大元帥杜．蓋克蘭的回憶錄中，記錄了一個因最微不足道藉口而起，卻迫使一名男子丟了性命的決鬥。當時，杜．蓋克蘭因為在雷恩與英國將領威廉．布蘭伯（William Bremre）的一場小衝突中，取得上風，讓後者最忠實的朋友威廉．楚魯索（William Troussel）大受打擊，認為只有戰鬥可以撫平他受傷的心靈。楚魯索向蘭卡斯特（Lancaster）公爵申請許可，但公爵出於對局勢的不確定，禁止兩人決鬥。但楚魯索內心的渴望如熊熊烈火，誓要與杜．蓋克蘭一較高下。於是他想盡辦法挑起爭端。在他的努力下，終於找到一個理由：他的一名親戚被大元帥關進監牢，並要求支付賠償金，否則就無法重獲自由。楚魯索決定以此為由，並派人向杜．蓋克蘭傳信，要求釋放人犯，並願意以一張很久之後才兌換的債券支付賠償金。杜．蓋克蘭在收到對方充滿敵意的訊息後，立刻回覆自己不會接受那張債券，更不會在收到全部的贖金前釋放人犯。楚魯索一收到回覆，立即發出挑戰，要求對方賠償自己因被拒絕而受損的名譽，並以長矛、劍和匕首各進行三場比試。因瘧疾而倒在床上的杜．蓋克蘭接受挑戰，並通知國王在下諾曼地區的元帥安德赫耿（Andreghem），請他決定決鬥的日期與地點。元帥安排了一切事宜，並規定輸家必須拿出一百佛羅林金幣，款待作為見證人的貴族仕紳們。

蘭卡斯特公爵對於自己將領的作為感到非常憤怒，並告訴楚魯索，如果他硬要此刻挑戰因疾病而虛弱地倒在沙發上的勇士杜．蓋克蘭，只會讓國家和他自己的騎士名譽蒙羞。聽到這番話，楚魯索感到非常羞愧，並向杜．蓋克蘭表示自己願意延期，直到他的身體健康完全復原。杜．蓋克蘭回覆，他無法想像在這麼多貴族都收到通知的情況下，該如何延期，而且他擁有足夠的體力，足以應付他這樣的對手，並表示，如果決鬥當天他沒有現身，他將四處散播他不配被稱為騎士，更不配攜帶象徵榮譽的長劍。楚魯索將這封高傲的信送到蘭卡斯特公爵手中，決鬥立刻被批准。

決鬥當天，在幾千人的見證下，雙方現身了。杜．蓋克蘭的助手為元帥伯瑪努瓦（Beaumanoir）、奧利維耶．德穆尼（Olivier de Mauny）、聖佩爾恩的貝特朗（Bertrand）和子爵畢利耶赫（Belliere）等名門貴族；然而，英國參賽者身邊只有兩名助手、兩名鄉紳、兩名士兵與兩名號角手。第一場決鬥杜．蓋克蘭屈居下風。他的盾牌被重重地擊中，他因此朝馬脖子的左側傾斜，因高燒而虛弱的他，差點跌落馬。他的朋友都以為他不可能恢復坐姿，因此開始為他的不幸哀嘆，但杜．蓋克蘭重新振作，並迅速且凶猛地刺中敵人的肩膀，讓對方跌到地上，嚴重受創。接著，他跳下馬，手持長劍，準備砍下敵人的頭，此時元帥安德赫耿將金色的權杖拋出來，代表所有的敵對行為必須結束。在群眾歡欣鼓舞的喝彩聲中，杜．蓋克蘭成為贏家並退場，將場地讓給接下來身分較低等的戰鬥者，作為民眾的娛樂。有四名英國鄉紳與許多法國鄉紳進行了一段無意義的長矛戰，而在法國取得優勢後，活動宣告結束。

到了十五世紀初，查理六世的統治時期，巴黎議會下令進行一場知名的決鬥。卡魯（Carrouges）先生因為去聖地朝聖而離家，此段時間內，他的妻子遭到魯格西（Legris）先生的侵犯。卡魯回來後，向魯格西發出挑戰，因其侵犯其妻子，又宣稱妻子是自願而否認犯行，更對其名譽造成傷害。對議會來說，他們沒有證據可證明這位女士的清白，因此認為決鬥確實有其必要。根據記錄「到了當天，這名女士乘著馬車前來觀戰，但國王要求其離開馬車，並認為在她的清白通過上帝的旨意——以決鬥結果證明前，她只是一名卑賤的罪犯，因此命令其站在行刑台上。在一陣短暫的糾纏後，卡魯取得上風，並讓對方坦承自己的罪行。接著，魯格西被送上絞架並在眾人面前吊死，官員宣布該女士的清白，她重獲丈夫、國王與所有見證人的接納。」

無數的決鬥因類似的原因而起，直到一件不幸的決鬥意外，讓法國國王亨利二世鄭重宣布，往後無論是民法、刑法糾紛，或一名男士的聲譽，他都不會再批准任何一件決鬥。

一件不幸的決鬥發生在一五四七年。香特努赫勳爵弗朗索瓦．德維方（Francois de Vivonne）和賈納克勳爵蓋德．夏伯特（Guy de Chabot）兩人，自幼就是好朋友，且因其不凡的勇氣和輝煌的事蹟，在弗朗索瓦一世時期非常有名。香特努赫知道朋友的手頭並不是很寬裕，因此出於彼此信任的基礎下，問了對方為什麼他的生活如此闊綽？賈納克回答，他的父親娶了一名年輕漂亮的太太，但這名太太明顯地喜歡繼子多過於丈夫，且她提供了充足的資金供他花用。香特努赫背叛了信賴基礎，將祕密告訴皇太子，皇太子又跟國王說，國王再跟所有朝臣分享，朝臣轉述給親友們。很快地，消息傳到老賈納克勳爵的耳中，他立刻找兒子質問此事，問他是否卑劣地與繼母私通還無恥地到處炫耀？賈納克氣憤地否認自己曾說過，或做出讓別人產生誤會的舉動，並要求父親和自己一起到宮廷上進行對質，他將當面駁斥對方的謊言。於是，他們二人去到了皇宮，年輕的賈納克走進香特努赫、皇太子等幾位朝臣同在的房間，大聲地質問，「不管是誰謠傳他和繼母私通，那個人都是騙子、是懦夫！」所有人的視線都移向皇太子和香特努赫，後者起身並說，這些都是賈納克自己說的，他會讓他自己再親口說一遍。但法律無法調解這樣的糾紛，因此皇室委員會要求兩人進行一場決鬥。然而，國王本人卻不樂見這場決鬥，並禁止兩人未來再重提此事，否則他將嚴懲雙方。然而，弗朗索瓦一世隔年去世了，繼位的皇太子亨利二世，認為自己當初受到委屈，因此這場決鬥必須進行。

決鬥的日期為一五四七年七月十日，場地訂在聖日耳曼昂萊城堡的庭院。準備工作盛大展開，國王更暗示自己將到場觀戰。香特努赫非常確信自己會成功，並邀請國王與朝廷中一百五十位要員在決鬥後的晚宴上，一同在布置奢華的帳篷中，共飲作樂。賈納克對於戰鬥的結果則沒這麼樂觀，甚至有些絕望。決鬥當天的中午，兩名鬥士登場，並嚴肅地起誓自己身上沒有攜帶任何護身符或符咒，也沒有使用巫術好讓自己擊敗對手。接著，他們開始以手中的劍攻擊對方。香特努赫是一位勇健的戰士，但過於自滿；賈納克是一位身手矯健、機敏的戰士，小心翼翼並做了最壞的打算。局勢一直僵持不下，直到賈納克為了抵檔對手的猛力一擊，用盾牌護著頭部，並趨身向前，以敏捷的動作來彌補自己力量上的缺陷。在這樣蜷曲的姿勢下，他順勢擊中香特努赫那為了避免影響進攻而完全沒有擋護的左大腿兩下。這兩下都很成功，在觀眾的驚呼聲與國王後悔萬分的懊惱中，香特努赫滾到沙地上。他抓住匕首，試著對賈納克進行最後反擊，但他沒能撐住自己，並虛弱地倒到助手的手臂上。於是，官員進場，宣布賈納克勝利，他跪下，拿下頭盔並緊握雙手，叫道：「主啊！全知、全智、全能的主啊！」香特努赫為這樣的結果深感羞恥，固執地拒絕別人替他包紮傷口。他撕掉醫生替他纏上的繃帶，並於兩天後過世。自此之後，所有狡猾且出乎預料的攻擊，都被法國人稱為「賈納克之擊」（coup de Jarnac）。

亨利對於摯友的過世非常難過，因此發下重誓，在他有生之年，絕不會再允許任何一件決鬥發生。部分史學家宣稱，國王頒布了皇家法令，禁止決鬥。然而這種說法深受質疑，因為沒有任何皇家委員會留下通過法條的記錄，最有可能的情況就是法令沒有發布。兩年後，議會下令進行另一場起因相似，但戰鬥者地位較低、較不精彩的決鬥，而他們的做法加深了上述的觀點。儘管亨利曾發下重誓，但並非所有人都認為他想消弭這場決鬥；相反地，他們認為他甚至鼓勵決鬥，還任命馬克（Marque）元帥去檢查這場決鬥過程是否符合騎士精神。這場糾紛的主角為皇室的兩位成員馮迪耶（Fendille）和達蓋爾（D'Aguerre），他們在國王的寢宮中發生爭執，甚至大打出手。皇家委員會得知此事後，認為糾紛只能通過決鬥解決。馬克元帥在國王的同意下，決定決鬥地點為色當。馮狄耶的劍術很差，因此一直極力避免與劍術一流的達蓋爾交手，但委員會蠻橫地要求他接受，否則就要褫奪他一切榮譽。達蓋爾在弗朗索瓦・德・旺多姆（Francois de Vendome）、沙特爾（Chartres）公爵的陪同下出場，馮迪耶的身邊則是內維爾（Nevers）公爵。馮迪耶不僅不擅長用劍，更是一名懦夫，在第一次交戰中，他拋下了戰馬，並跪在地上坦承一切對手要他承認的事，可恥地從舞台上落荒而逃。

有人將亨利二世的死亡，視為其違反禁止決鬥誓言，所得到的報應。在他女兒婚禮上的騎士比武大會上，他擊敗了數位在當時堪稱數一數二的騎士。但他的野心沒有得到滿足，在他打敗年輕的蒙哥馬利（Montgommeri）伯爵之前，他不願意停手。但對手的長矛刺中了他的眼睛，不久後，年僅四十一歲的亨利負傷去世。

在後來連續幾位國王弗朗索瓦二世、查理九世和亨利三世的統治下，決鬥風氣日漸猖狂。在同時期的其他歐洲國家裡，決鬥也絕非罕見，但與各國相比，法國是如此熱衷於決鬥，因此歷史學家將那個時代的法國稱為「決鬥狂的時代」。巴黎議會盡一切所能，遏止這種高漲的歪風。一五五九年六月二十六日，頒布一項法令，所有參加、協助、教唆決鬥者，都是背叛君王、破壞法律、危害公眾和諧者。

當亨利三世被刺身亡時，曾受亨利三世喜愛的利里・馬西弗特（L'Isle-Marivaut）非常傷心，對於國王的死無法釋懷，更下定決心要追隨國王的腳步。他認為自殺不是光榮的死法，希望可以和國王一樣（照他的意思）光榮犧牲，因此他公開宣稱，只要有任何人認為國王的暗殺不是一場悲劇，他將和對方決一死戰。性格火爆且驍勇善戰的年輕人——馬霍爾（Marolles）站出來，接受他的挑戰，決鬥的時間與地點也很快就出爐了。決鬥開始，所有人都到了，這時馬霍爾轉身詢問助手，對手是不是戴了頭盔、穿著盔甲。在聽到助手回答只戴了頭盔後，他高興地說，「太好了，你可以說我是世上最邪惡的人，但我向你保證，我的長矛一定會直接刺穿他的頭盔，擊斃他。」事實證明，他確實在第一回合就做到了，而悲傷的利里沒來得及吭一聲，就直接斷氣。引述這個故事的人更說，贏家可以決定如何處理屍體，像是割下頭、將屍體拖出場外或將其放在驢子背上曝曬，但馬霍爾是一位聰明有禮的紳士，他將屍體留給其親屬，讓他們光榮地埋葬他，並繼續追求自己的冠軍生涯，更因此得到全巴黎仕女們的愛慕。

亨利四世繼位後，決心壓制決鬥風氣，但因其自身早期的教育和根植於社會的成見，讓他從未認真處罰任何犯下此罪的人。他認為決鬥能培養民眾好戰的精神。當英勇的克利奇（Crequi）向國王尋求和薩伏伊的唐・菲利浦（Don Philippe）決鬥時，根據記錄，他說，「去吧！要不是我是國王，我願做你的助手。」這也是為什麼當國王頒布這項禁令時，根本沒有引起注意。洛梅尼（Lomenie）先生計算自一五八九年亨利遭刺殺後至一六〇七年間，有超過四千名法國人因為決鬥而失去性命，因此在這十八年中，平均每個禮拜有四到五人、或每個月有十八人因決鬥而死！敘利公爵在其回憶錄中也引述此事，且非常相信數據的精確性，他還補充，這樣的情況主要肇因於那容易說服且耳根軟的國王，無法以身作則，並對宮廷、城市、國家產生負面影響。這位聰明的首相耗費極多時間與精力在此一議題上，他表示這樣的暴行讓他與國王非常痛心。在那些出身良好的人之中，幾乎沒有任何一個人未曾參與決鬥（無論是作為主角或助手），就算真有人沒有參加過，他唯一的目標就是利用任何爭端，好讓自己盡快擺脫毫無經歷的地位。敘利持續寫信給國王，懇請他重新發布反對此野蠻風俗的法令，加重觸法者的刑罰，並再也不要赦免那些參與決鬥的人，不管他是否殺害了他人性命或傷害了對方。他也建議成立裁判所或榮譽法庭，特別審理那些很有可能導致決鬥發生的誹謗或中傷言語，而此裁判所所判決的結果必須具備安撫爭端的效力，並讓冒犯他人者誠心悔改。

面對這位好友與好首相的督促，亨利四世在楓丹白露宮的會議室召開一場隆重的會議，準備好好處理這個議題。在所有成員入座後，國王要求對此議題有研究的人向他報告決鬥的起源、發展及各種不同的模式。敘利得意地說，沒有任何一位委員能回答國王的問題，並讓其滿意。事實上，所有人只是保持安靜。敘利也跟大家一樣安靜，但他的臉明顯知道些什麼，讓國王忍不住轉身問他，「大師！從你的臉我就知道你對此事有非常驚人的知識。我懇請、並命令你告訴我們你的想法與所知。」出於不要冒犯到同事尊嚴的禮貌，首相假意拒絕了，但國王繼續堅持，於是他開始講述決鬥在古時候與現代的歷史。他沒有在回憶錄中保留這段內容，而在場的人們也沒有人留下隻字片語，因此我們再也沒有機會可以得知這段肯定非常周詳且豐富的內容。在敘利的努力下，一條讓他巴不得立刻發行到全國各地的皇家法令通過，並明確表示國王對於未來違反此法令者，將採取最嚴厲的刑罰。敘利並沒有提到新法令的明確內容，但神父馬蒂亞斯（Matthias）清楚告訴我們，法國元帥成立了裁判法庭，以騎士精神負責審理所有貴族或仕紳們在名譽上的糾紛，那些沒有經法庭審判而進行決鬥者：打鬥雙方將被處以死刑，且財產充公；助手將褫奪封號或職權，且被逐出宮廷。

但國王的心智深受當時代的教育與觀念影響，因此儘管他理智地譴責決鬥，卻在情感上認同決鬥。儘管新頒布的法令非常嚴苛，但並沒對當時盛行、且幾乎要將社會土崩瓦解的邪惡風氣，產生嚇阻效果，這讓聰明的敘利感慨萬千。在接下來的時代，決鬥風氣依舊不減，直到紅衣主教黎塞留（Richelieu）的出現，他的處理方法比敘利更高明，並以幾件名門貴族的嚴懲案例，警惕社會大眾。路易十三統治時期，英國的大使赫伯特（Herbert）勳爵曾在信中表示，根據之前對亨利四世統治時期的觀察，幾乎每一位出身高貴或具社會地位的法國人，都曾在決鬥中殺死自己的同胞。米略特（Millot）神父也曾對此時代做出評論，表示對決鬥的狂熱，導致了無數的復仇。人們為戰鬥的滋味瘋狂。任性、虛榮加上熱情的衝動，構成一場場決鬥的源頭。如果不主動為朋友的糾紛挺身而出，他們將成為下一場爭端的主角，而許多家庭之間的世仇關係也越來越嚴重。根據統計，在這二十年間，總共出現八千封赦免那些在決鬥中殺死對方導致犯下殺人罪的特赦令。

其他作家也證實了這項數據。艾默略特・德霍瑟（Amelot de Houssaye）在其回憶錄中表示，在路易十三掌權的早期，決鬥案例非常頻繁，人們早晨碰面的第一句話，都變成「你知道昨天誰決鬥了嗎？」而晚餐後的話題則是「你猜今天早上誰進行了決鬥？」在那段時間裡，最可恥的決鬥莫過於布特維爾（Bouteville）的戰鬥。對於這位嗜血的鬥士來說，他根本不需要糾紛當作藉口。只要聽到有人被稱讚英勇，他就會立刻走向此人，並說「人們都說你很勇敢，因此我們必須戰一場！」每天早晨，那些凶暴和逞凶好鬥之輩全都聚集到布特維爾家前，吃著麵包和酒，練習劍術。後來成為紅衣教主的瓦朗塞（Valencay），在布特維爾這幫暴徒中，占有非常高的地位。幾乎每天，他都會參加一場決鬥，有時是主角，有時是助手。某次，他甚至挑戰自己最要好的朋友布特維爾，因為他在一場決鬥中沒有邀請自己擔任助手。這場紛爭在摯友保證下次一定會找他的承諾中化解了。為了滿足朋友，布特維爾在同一天找了侯爵波特斯（Portes）決鬥。根據兩人的約定，瓦朗塞開心地擔任朋友的助手。他在戰鬥中殺死了波特斯侯爵的助手卡弗瓦（Cavois），此人跟他無冤無仇，而他事後更發現，自己根本沒見過這個人。

紅衣主教黎塞留非常關注此種墮落行徑，並以前人敘利的經歷為參考，認為除了嚴刑峻法，沒有任何手段可以遏止歪風。而他自身痛苦的經歷，讓他有了無比的決心。當他還只是呂松主教的時候，曾講過瑪麗・德・美第奇的事，蘇敏（Themines）侯爵認為他言語間有冒犯之意，卻礙於他是神職人員，不能挑戰對方，因此他決定對黎塞留的兄弟下手。很快地，他就找到機會。蘇敏主動向黎塞留的兄弟黎塞留侯爵搭訕，並以侮辱人的方式表示呂松主教違背了自己的信仰。對其說話方式與內容感到憤怒的黎塞留侯爵，答應對方的挑戰。他們約在黎古萊姆街交手，不幸的黎塞留侯爵被刺中心臟，立即斃命。從這一刻起，這位主教便成為反對決鬥的中堅分子。出於理智和手足之愛，使他極端厭惡決鬥，更在自己於法國的勢力穩固後，全力打壓此陋習。在他的《政治遺囑》（*Testament Politique*）一書裡，交代自己對此議題的完整看法。儘管他頒布了法令，貴族成員們依舊為了瑣碎、荒謬的理由，執行決鬥。最後，黎塞留決定殺雞儆猴。一次，惡名昭彰的布特維爾向貝弗隆（Beuvron）侯爵下戰帖，儘管這場決鬥沒有一人死亡，但他們的舉動卻為自己帶來了致命的後果。黎塞留認為，儘管他們身分尊貴，但仍需守法，因此兩人都被判有罪，然後斬首示眾。終於，社會擺脫了這極度嗜血的陋習。

一六三二年，兩名貴族在一場決鬥中，雙雙身亡。執法人員在得知消息後，趕在其親友還來不及收拾屍體的情況下，抵達現場。根據紅衣主教嚴厲的法令，兩具屍體在眾人面前被恥辱地剝光衣服，並以頭上腳下的方式吊在絞架上數小時。嚴厲的手段澆熄了沉浸在狂熱氛圍中的法國，但人們很快就故態復萌。民眾的心中深植著錯誤的榮譽思想，迷失自我，儘管殘酷的例子讓他們畏懼，卻無法引導他們走回正道，只能在他們走錯路時，給予懲罰。黎塞留用盡心機，卻錯估決鬥的精神。參加決鬥的人並不畏懼死亡；他們畏懼的是朋友的鄙視和恥辱。如同艾迪生在八十年後所留下的註解：「對人們來說，死亡不足以嚇阻他們追求榮譽的心，但如果每位參與決鬥者都必須被處以公開枷刑，將可以快速減少那些為虛假榮譽而戰的男人，並封印這荒謬的習俗。」黎塞留從未想到這點。

敘利曾說，在他的年代，德國人也同樣熱衷於決鬥。有三個地方可以合法進行決鬥：法蘭克尼亞的烏茨堡，以及士瓦本的烏斯巴赫和哈雷。有無數的人跑到此地，在法律的許可下殺害同胞。在德國早期，拒絕戰鬥被視為極端不榮譽的舉動。任何因一點小傷而向對手投降的人，將因此名聲盡失，且往後都不可以刮鬍子、從軍或騎馬。在決鬥中死亡的人則會被盛大且隆重地埋葬。

一六五二年，在路易十四重新掌權不久之後，公爵伯福特（Beaufort）和德．內穆爾（De Nermours）進行了一場嚴肅的決鬥，兩人各找了四名助手。儘管他們在法律上屬於姻親關係，但長久以來一直互相敵視，而他們從不歇止的糾紛更讓彼此統帥的軍隊產生極大的嫌隙。他們一直在找藉口進行決鬥，終於，一名親戚在議會中犯下的錯誤，讓他們有了藉口。第一場，他們以手槍決鬥，而內穆爾被子彈射穿身體，差點當場斃命。見狀，他的助手維拉爾（Villars）侯爵向素未謀面的伯福特的助手艾里庫爾（Hericourt）挑戰；對方接受挑戰，於是一場更激烈的決鬥開始了。這場以長劍為武器的決鬥，比前一場耗時更久，一旁的六個人興奮地當他們的見證人。最後，維拉爾的劍刺進艾里庫爾的心臟，艾里庫爾一命嗚呼。再也沒有任何情況比這更野蠻的了。伏爾泰表示決鬥頻繁地發生，而《瑣事典》（*Dictionnaire d'Anecdotes*）的編輯也告訴我們，決鬥的助手人數不定。常見的人數為十、十二、二十（較少見），而這些人往往在主角無法戰鬥後，繼續進行決鬥。友誼的最高認證，就是請對方當你的決鬥助手，而人人都想擁有這份殊榮，因此他們總是盡可能地挑起事端，這樣他們就能心滿意足地見證彼此的友誼。布西．拉布丹（Bussy Rabutin）伯爵在自己的回憶錄中，記下一則故事。他說，某天晚上在他從劇院走出來時，一名從未見過的男士布魯克（Bruc）走過來，將他請到一旁並問蒂昂熱（Thianges）伯爵是否背地裡說他（布魯克）是酒鬼？布西說他不知道，因為他很少和對方見面。布魯克說，「拜託！他是你叔叔！因為他實在住得太遠，我無法質問他，只能來找你。」布西於是說，「我懂你的意思，如果你要我以叔叔的身分來回答你，那我會說：告訴你這句話的人在撒謊！」布魯克回應，「是我弟弟這麼說的，他還是個孩子，不會撒謊。」「為了他的錯誤懲罰他。」布西這麼回應。布魯克大怒，「我不會容忍別人說我的弟弟是騙子。」布魯克決定和布西決鬥，「拔出你的劍，準備好！」兩人在大街上一起拔出劍，旁人趕緊將他們分開。但他們約定之後進行一場正式決鬥。幾天後，一名布西素未謀面、連名字都不知道的人叫住他，並詢問他是否可以讓自己擔任他在決鬥中的助手。此人說，他不認識他（布西）或布魯克，只聽過他們的名聲，但他決心要當他們其中一個人的助手，而他覺得布西是兩人之中比較勇敢的一方。布西誠摯地感謝他的誇獎，並同時請他諒解，他已經找了四個人擔任他的助手，如果再增加人數，他怕讓場面會變成一場混戰而不是決鬥。

當這樣的戰鬥已被眾人視為理所當然時，社會秩序自然是無比混亂。路易十四很早就體認到此種邪惡，並決定盡快採取措施。但一直到一六七九年在他成立火刑法庭處理慢性毒殺與使用巫術者時，他才立法反對決鬥。此年，路易十四的著名法令頒布，重申並確立前國王亨利四世和路易十三的嚴刑峻法，並表示自己再也不會給予任何決鬥者特赦，以表自己的決心。根據這項法令，由法國元帥組成的榮譽最高法院成立。他們必須處理向他們提出正當控訴者的陳情，並還給他們公道（像是判處賠償金）。任何拒絕聽從榮譽法庭判決結果的人，將處以罰鍰或入監，如果這兩種方式都無法辦到（像是人不在國內），他的財產將被充公，直到此人返國。

那些發出挑戰書為糾紛的罪魁禍首，因此將在榮譽法庭上得不到任何賠償，三年內禁止行使與國家事務相關的權力，入監兩年，繳交半年的薪水作為罰金。

接受挑戰者的下場也是一樣。任何知悉卻還是幫忙傳遞決鬥信的人或僕人，其罪行確定後，首次違法者將被處以枷刑並被公開鞭刑，再犯者，將在軍艦上擔任苦役三年。

那些進行決鬥者，即便無人傷亡，也會以謀殺罪起訴，並依謀殺罪懲處。身分較高者，將判處斬首，中產階級者將被吊死，而他們的屍首都不能以基督教徒的方式埋葬。

在路易十四頒布這項嚴厲的法令同時，他也同時脅迫那些名門貴族許下承諾，表明自己再也不會參與決鬥。他企圖根絕所有決鬥的強硬態度，從未改變，許多決鬥者也在各地被處死。惡行的發生大幅降低，過去平均發生十二起的地方，在之後好幾年內，都沒有再進行過任何決鬥。國王下令鑄造一面獎牌，紀念這樣的成就。他對於廢除決鬥非常重視，更在遺言中特地叮囑繼位者，務必繼續執行禁止決鬥的法令，更不能輕縱那些魯莽的犯法者。

在馬爾他，曾有一條與決鬥相關的奇異法令。在那條法令中，規定只有一條街是進行決鬥的合法場地。如果民眾試圖在其他地點決鬥，他們將依謀殺罪被起訴並判刑。更奇特的是，如果有牧師、騎士或女性要求他們收劍而他們不從，將被懲處極高的罰鍰。然而，很少有騎士或女性善用此種溫和且有助社會的特權；前者本身經常就是決鬥的常客，而後者又因過分迷戀因決鬥而受傷男子的氣概光環，而捨不得將打鬥者分開，只有牧師不遺餘力地維護和平。布萊登（Brydone）說在那些貴族戰鬥身亡的地方，對面總是會被漆上一個十字架，而他曾數過「決鬥街」大約有二十個十字架。

在十六世紀末、十七世紀初，私下決鬥的風氣在英國大為風行，甚至到了一個讓人感到羞恥的程度。司法決鬥的例子已不多見，但歷史依舊記載了幾件。其中一件發生在伊莉莎白時期，另一件則在非常近代的查理一世。亨利．斯佩爾曼（Henry Spelman）勳爵記錄了伊莉莎白時的案例，這件決鬥最奇怪的地方在於：它居然是合法的！而類似的決鬥甚至一直到一八一九年才消失。當時，民事訴訟法庭正在審理一樁肯特郡的特定領地權恢復案，而被告可以利用決鬥結果，證明自己擁有正當的占地權。原告接受了挑戰，由於法院無權阻止此事，就同意雙方各挑選一名代表，進行決鬥。女王下令兩方進行調解，但他們向女王表示法律賦予他們進行決鬥的權力，因此她只能答應。到了決鬥當日，法官與雙方律師紛紛到場裁判，所有人聚集到了決鬥場地。兩位鬥士準備妥當後，被告與原告被叫上前，確認身分。被告應聲上前，並進行辨認決鬥代表的程序，但原告卻沒有出現。沒有他，決鬥便無法進行，而他的缺席被視為放棄自己的權益，案件宣告撤銷，且終身禁止在任何法院上因同樣的原由提起訴訟。

儘管女王不認同這樣處理糾紛的手段，但她的法官與法律顧問們都不願改變野蠻的法律。幾乎每天發生的私下決鬥，則更叫人憤慨。在詹姆斯一世時，英國人完全感染了法國人的瘋狂，身為當時總檢察長的培根，更以自己能言善辯的言語，盡力促成改革。當時，星室法庭收到兩名分別被控以助手和決鬥者身分參與決鬥的人——普里斯特（Priest）和賴特（Wright）。培根依此罪行對兩人提起控訴，他的作為甚至得到最高法院法官們的認可，並下令在全國各地印刷並發布這起案件內容，因其「符合且值得世人銘記。」培根也開始思考決鬥的本質與氾濫程度。「決鬥破壞社會安寧，引發爭端，為人們帶來毀滅，對國家造成危害，更使法律蒙羞。」在進一步檢視後，他如此觀察，「毫無疑問地，其背後的動機為虛假且錯誤的榮譽想像，但這個種子在自負的言語和幼稚的驕傲中茁壯、成長。據此，我們可以說人們已經完全悖離真正的意義，更誤解何謂勇氣與毅力。他們認為在爭吵中無論是否有理都堅決不退讓的態度，就叫不屈不撓，卻不在乎自己堅持的主張是否值得以人的性命作為代價。我也懷疑，正是人類的脆弱與驕傲，使其將另一人的性命置於這俗劣的表演中。人命並非如此卑賤，每條生命都應是光榮目標、公眾利益、民眾運動或偉大冒險的獻祭品。但鮮血成了金錢，被恣意消費。如果金錢不該任意花費在空泛的場合上，那麼鮮血也不該為了無意義之事而流。」

在此時代最著名的決鬥事件，發生在蘇格蘭貴族薩因柯（Sanquir）勳爵與劍術老師透納（Turner）之間。在兩人比試期間，勳爵的眼睛不小心被透納的劍刺中。透納為此極度自責，而薩因柯勳爵認為自己是主人，因此以豁達的態度面對此事，更原諒了他的對手。三年後，薩因柯來到巴黎，並成為亨利四世宮廷中的常客。一天，在閒談間，友善的統治者詢問他為何失去一隻眼睛。號稱當時代劍術最頂尖的薩因柯，羞紅了臉，回覆是被劍術老師刺傷的。亨利完全忘記自己身為反決鬥者的立場，不經意地問了那對方還活著嗎？事已至此，什麼都不用多說，這位自負的蘇格蘭男爵心中有了一道傷口，而他在抱著復仇的熊熊烈火下，立刻返回英國。他一開始想直接挑戰對方，進行單場決鬥，但在深思熟慮後，他認為公開地將對方和自己放在同等地位上，有辱他的尊嚴。於是他雇用了兩名刺客，他們設計了透納，並在透納位於懷特弗利的家中殺害了他。兩名刺客被捕並處死，政府更懸賞一千鎊捉拿幕後主使。薩因柯勳爵在躲躲藏藏了幾年後，決定自首面對審判，希望（好險沒有成真）正義會為他網開一面，並因他貴為貴族的身分、且捍衛名譽的做法，給予通融。各種大人物紛紛替他求情，但詹姆斯為著自己的主張，對他們的求情置若罔聞。身為總檢察長的培根，將犯人起訴並定罪。薩因柯勳爵於一六一二年六月二十九日，以重犯的身分在英國高等法院威斯敏斯特廳外被吊死。

除了公開決鬥或因以決鬥定真理外，那些尋法律途徑卻無法解決的糾紛，因而在法律規範下進行的決鬥，也受到培根的反對，更認為無論是何種情況，都不能同意決鬥。他建議國家必須豎立堅定且持續的決心，好徹底根除決鬥，眾人應小心避免縱容它，更不能任由興致餵養它，對於所有違反規定者，都應被星室法庭嚴加懲罰，而那些地位顯赫者更應被驅逐出法院。

在接下來的朝代，首任雷伊勳爵唐納德·麥凱（Donald Mackay）控告大衛·瑞姆席（David Ramsay）叛國，和漢米爾頓（Hamilton）侯爵串通，企圖奪取蘇格蘭王位。大衛為此挑戰雷伊勳爵，要求對方以決鬥證明自己的主張。最初，政府試圖透過一般法律來解決此案，但大衛認為如果使用那古老且幾乎全面禁止（但被控叛國者依舊可採取）的手段，比較有機會可逃脫制裁。雷伊勳爵立刻接受挑戰，於是兩人都被關到倫敦塔裡，直到確保雙方都可以在法院指定的決鬥日現身後。此場決鬥由威斯敏斯特的軍事法院安排，而英格蘭軍事總長則由林塞（Lindsay）伯爵擔當。在指定的日子到來前不久，大衛承認雷伊勳爵的所有指控，查理一世立即宣布停止決鬥。

但此刻的英國，卻出現多起嚴重糾紛，其程度勝過以往那些因私人小恩怨而引發的決鬥。英格蘭聯邦政府並不鼓勵決鬥，被壓抑的貴族階級只好帶著自己的習慣與偏好，到國外的法庭進行決鬥。然而，儘管此時的決鬥風氣並不算盛行，克倫威爾議會依舊於一六五四年頒布一項法令，明令一切懲罰以禁止決鬥。查理二世復辟後，也針對此議題頒布公告。但就在他統治時期，發生一件臭名昭彰的決鬥事件，其邪惡不僅僅是來自事件本身，更因參與決鬥者所得到的寬恕。

無能的白金漢公爵因和什魯斯伯里（Shrewsbury）伯爵夫人私通，而被其丈夫於一六六八年一月發出決鬥挑戰書。查理二世出於自己對此人的喜愛（而非公眾道德），試圖避免決鬥發生。於是，他命令艾爾伯馬（Albemarle）公爵將白金漢監禁在自己家中，或想辦法讓他不可以出現在決鬥現場。但艾爾伯馬認為國王應該會以更可靠的方法終止決鬥，因而沒有照命令去做。決鬥在巴恩艾姆斯展開，受傷的什魯斯伯里請來親戚約翰．塔波特（John Talbot）爵士和阿倫德爾（Arundel）伯爵之子伯納德．霍爾德（Bernard Howard）勳爵，作為他的助手。白金漢則請來兩名親屬霍姆斯（Holmes）上校和約翰．詹金斯（John Jenkins）爵士。根據此野蠻習俗在當時的規定，除了主角外，助手們也必須彼此決鬥。詹金斯被刺中心臟，倒在決鬥場上身亡，而約翰．塔波特雙臂都受了極重的傷。白金漢公爵在躲開攻擊時受了一點輕傷，並用劍刺穿那不幸男子的身體，接著，他就和引起這場糾紛的伯爵夫人攜手逃亡。當男人們在場上戰鬥的同時，男爵夫人早已身著男僕裝束，牽著情夫的馬躲在鄰近的森林中。後來，位高權重之人紛紛利用自己的影響力，為參與決鬥者取得豁免，而做事向來出於個人好惡的君王，也輕易地答應眾人的請求。在皇家聲明中，查理二世正式赦免雙方的謀殺罪，並宣稱自己未來再也不會給予任何人同等的豁免。在這樣的事件中，我們很難評斷究竟是哪一個人的罪更邪惡：是國王、白金漢公爵還是那個無恥的伯爵夫人。

在安妮女王時代，復甦的決鬥風氣屢遭舉發。艾迪生、史威福特、斯蒂爾等作家以自己強力的言語，圍剿決鬥此種陋習。斯蒂爾在《閒談者》（*Tartler*）和《保衛者》（*Guardian*）兩本期刊上上，奮力抨擊決鬥不但褻瀆信仰，更極端荒謬，並試著以輿論和取笑的方式，將國民的心拉回正道。他的喜劇《理性的愛人》（*The Conscious Lovers*）展示了人們如何大肆濫用「榮譽」，並陷入一場又一場悲慘的錯誤。史威福特在寫到決鬥時，說他倒是不反對看到暴徒和蠢蛋拿著槍互射。艾迪生跟斯蒂爾甚至更進一步，斯蒂爾在《保衛者》上以極其出色的文筆，將關於此議題所能引導出的一切言論作結如下：「基督徒的身分與紳士的名譽，無法在單獨個體上協調共生。如果你不能寬恕傷害自己者，將無法獲得永生，但如果你無法謀殺那些中傷自己之人，你的俗世生命又將變得極其苦澀。那些沉浸於自身狂熱之人，背棄其所有良心與宗教信仰，在一切爭端中放縱報復之心，卻不明白寬恕才是人類本性中最難展現的光榮美德。懦夫不停戰鬥著，卻經常獲得勝利，但只有弱者才不懂得寬恕。」斯蒂爾還發行了一本小冊子，裡面詳細記載路易十四的命令，以及這位君王如何利用各種方法，拯救那些浸淫在謀殺愚行中的臣民。

一七一一年五月八日，肯特郡的下議院代表康姆利・蒂爾瑞（Cholmely Deering）爵士，在決鬥中被同為下議院代表的理查・桑希爾殺死。三天後，彼得・金（Peter King）爵士在立法機關中提出此議題；有鑒於長期以來決鬥的情況顯著增長，眾人決定制定一套預防並嚴懲決鬥的法案。當天，一讀通過，並在隔週進入二讀。

與此同時，上議院的成員們也以沉痛的心態，關注到此議題。當時，有兩位知名的上議院成員正準備決鬥，安妮女王得知後，立刻下令兩人停手。幾個月後，上議院又有兩名成員在另一起非常知名的決鬥中，失去性命。第一場被即時阻止的決鬥，發生在馬爾博羅（Marlborough）公爵和包雷特（Pawlet）伯爵之間；第二起致命的事件則發生在漢米爾頓公爵與莫文（Mohun）勳爵間。

第一起爭端發生在上議院中，當時眾人正在討論奧爾蒙（Ormond）公爵拒絕冒著風險跟敵軍交戰，而包雷特伯爵認為沒有人可以質疑奧爾蒙公爵的勇氣。「他跟某些將軍不同，不會帶著軍隊去赴死，也不願平白讓軍官們在戰爭中送命，或逼他們抵抗強敵，好拿眾人的撫卹金肥了自己的口袋。」大家都覺得他此番話是針對馬爾博羅公爵而說，儘管公爵不發一語，卻明顯面露慍怒。會議結束後，莫文勳爵找了包雷特伯爵，並說馬爾博羅急著找他對質，要他解釋自己在辯論中說那些話的意思，因此請求他「一起到鄉間享受那裡的新鮮空氣」。包雷特聽懂了對方的暗示，直接詢問公爵是不是提出了挑戰。莫文表示自己的訊息非常清楚，他（莫文）必須回到馬爾博羅公爵的身邊。包雷特伯爵回到家，跟夫人說自己即將和馬爾博羅公爵決鬥。對丈夫安危感到焦慮的夫人，趕緊向達特茅斯（Dartmouth）伯爵傳遞此事，後者也立刻以女王的名義，派人找到馬爾博羅公爵，要求其不可在海外滋事。他更派出兩名哨兵在包雷特的房子外守衛，做完這些緊急應變後，達特茅斯向女王稟告此事。女王派人請來公爵，向他表達自己對決鬥惡習的深惡痛絕，更請他以自己的名譽擔保，絕不會再重提此事。公爵依女王的要求許下承諾，決鬥終止。

漢米爾頓公爵與莫文勳爵令人悲痛的決鬥，則發生在一七一二年十一月。當時，兩人之間有件長達十一年的訴訟案未了，而這件案子讓他們對彼此有著一定程度的敵意。十一月十三日，他們一起出現在大法官歐巴爾（Orlebar）的辦公室中。交談間，漢米爾頓提到其中一個案件的證人，他認為此人心中沒有真理正義。莫文對於他這樣評論支持自己的證人感到不悅，因此馬上回敬說這名證人懷特沃斯（Whiteworth）的信用，跟漢米爾頓公爵是同等的。公爵不發一語，在場的人也沒有感覺他受到冒犯。在他走出房間後，還向莫文勳爵禮貌地行了個禮。當天晚上，馬爾尼（Macartney）將軍帶著莫文勳爵的挑戰書，找了公爵兩次，卻撲了個空。終於，他在一間小酒館中找到公爵，並遞上訊息。公爵接受挑戰，並決定於後天十一月十五日禮拜天早晨七點，進行決鬥。

到了指定的時間，兩人出現在海德公園，公爵的助手是自己的親戚漢米爾頓上校，而勳爵的助手則是馬爾尼將軍。他們越過一條溝，來到一個叫尼瑟瑞的地方，準備進行決鬥。漢米爾頓公爵轉身面對馬爾尼，並說，「先生，整件事也算因你而起，就讓事情如你所願吧。」但莫文並不想讓助手參戰，公爵卻堅持「馬爾尼必須參與決鬥之舞。」一切準備就緒後，兩名主角站上自己的位置，以長劍進行激烈的廝殺，因此沒過多久，兩人就身負重傷倒地。莫文在決鬥場上死去，而公爵在僕人抬著他上馬車的過程中，死在他們的手臂上。

這件慘案不僅讓整個城市為之激動，更影響到整個國家。痛失漢米爾頓公爵的保守黨，指控提出這場致命決鬥的輝格黨，更認為就是因為他們的領導者馬爾博羅公爵之前立下政治決鬥的先例，導致這場悲劇。他們稱莫文勳爵是「輝格黨的惡棍」（他已在決鬥中殺了三人，且兩度以謀殺罪被起訴），並公開宣稱這起紛爭是他和馬爾尼將軍企圖奪權，因此決定謀殺漢米爾頓公爵的陰謀。他們也說，奪走公爵生命的那一刀，不是來自莫文，而是馬爾尼，他們用盡各種方法散播此一說法。而針對此案所召集的法醫陪審團，認定漢米爾頓上校和馬爾尼為故意殺人，公爵的助手漢米爾頓上校於幾天後自首，並接受樞密院的訊問。他在宣誓後表示，在看見莫文倒地、公爵側倒在莫文身旁的時候，他立刻衝過去幫忙，為了便於撐起公爵，他將兩人的劍放到地上，但就在他撐起公爵時，他看到馬爾尼刺殺公爵。根據這份證詞，皇家會議立即發布公告，以五百鎊懸賞馬爾尼，而漢米爾頓公爵夫人後來更額外加上三百鎊。

在接下來的詢問中，眾人發現漢米爾頓上校在某些重大細節的描述上，明顯矛盾，因此認為不能片面採納他的證詞。最後，他因謀殺莫文勳爵的罪名被刑事法庭起訴，整個倫敦的政治圈都為這起案件騷動。保守黨紛紛祈禱他能無罪開釋，在開庭的幾個小時前，一群保守黨暴民包圍了法院的所有出入口。審訊聽證會長達七個小時。被告依舊主張馬爾尼將軍謀殺漢米爾頓公爵，但根據當天的報紙描述，被告對於其他案情則支吾其詞。他被判過失殺人。這樣的判決得到大家的歡呼，「除了法院在場的紳士們都很滿意外，一般人也很滿意這樣的結果，不斷大聲地喊著萬歲。」

在大眾的狂熱消退後，人們開始冷靜地評斷此事，眾人都不相信漢米爾頓上校所說的「馬爾尼刺殺公爵」，儘管他確實是一個會落井下石的人。過去曾支持上校的人都開始迴避他，而他的生活亦變得鬱鬱寡歡，他甚至賣掉侍衛隊，過著隱居的生活，並於四年後因心臟病過世。

馬爾尼則剛好在此時自首，高等法院以謀殺罪進行審理。然而，他卻只被判了過失殺人。

在一七一三年的議會會期開始前，女王在其演講中暗指決鬥過於頻繁，建議立法機關制定有效且迅速的方法，遏止此風氣。議會於是提出一條法案，卻在二讀時被推翻，社會上的有志之士對此感到扼腕。

一七六五年，發生另一起知名的決鬥，主角為拜倫勳爵與喬沃斯（Chaworth）先生。糾紛發生在一場俱樂部晚宴上，兩人爭論著，究竟誰的領土上擁有最多的獵物。在酒精與熱情的催化下，兩人情緒激昂，並衝動地到隔壁的房間中，在昏暗的燭光下，隔著桌子以長劍決鬥。兩人之中，明顯劍術較高明的喬沃斯先生被狠狠刺中一刀，並在不久後過世。拜倫勳爵於是被依謀殺罪，在上議院進行審判，由於此場決鬥明顯地並非出於計畫，只是偶然與激動的結果，因此他只被判了過失殺人，並在支付其應付的費用後，就被釋放了。此案例給了全國非常不好的示範，更助長了決鬥的氣焰。

在法國，情況更為嚴重。在一七六九年，格列諾布爾議會發現其成員杜契拉（Duchelas）的罪行。此人向弗拉芒軍團的上尉提出挑戰，並在決鬥中殺死對方。杜契拉的僕人在決鬥中擔任助手，並和主人一起被起訴，罪名是謀殺。兩人都被判有罪。杜契拉被處以車裂，僕人則終身須在軍艦上當苦役。

一七七八年十一月，一樁野蠻且引起極大爭議的決鬥發生在巴斯的兩位外國冒險家之間，他們是賴斯（Rice）伯爵和巴希（Barri）子爵。爭端發生在一起賭博交易中，而巴希為了反駁對方的說法，說了一句「他說的不是真的！」賴斯伯爵立刻詢問對方是否知道他剛說了一句讓人非常不悅的話。巴希說他完全清楚自己在說什麼，隨他愛怎麼想。戰帖立刻發出，而對方也旋即接受。儘管當時已是午夜過後，助手們還是紛紛抵達此處，於是所有人動身前往一個叫克拉佛頓的地方，並在那裡和一位醫生一直等到天亮。接著，兩人開始為決鬥做準備，他們各自裝備了兩把手槍與一把劍。助手將場地範圍界定出來，巴希率先開槍，並射中對手的大腿。賴斯公爵接著瞄準對方，射中巴希的胸膛，並造成嚴重的大傷口。兩名鬥士都非常激動，不願終止決鬥。他們先是退後幾步，又朝著前方衝過去，且紛紛朝對方拔出自己的第二把槍。兩發都沒有中，他們憤怒地丟下手槍，拔出長劍，準備終結戰鬥。他們各據一方，逐漸靠近，突然間，巴希子爵踉蹌了幾步，面色慘白，並倒向地上，喊著「救救我」。他的對手才剛回過神來回應，可憐的巴希就翻過草地，一臉痛苦地死去。在這場野蠻衝突中保住一命的挑戰者，被送回住所，接下來的幾個禮拜都在與死神搏鬥。在這期間，法醫陪審團對巴希的遺體進行勘驗，做出了使自己蒙羞的判斷——只以過失殺人罪提起訴訟。在審判中，賴斯不斷為自己的行為辯解，強調決鬥的公正性，以及結果的不可預期性；同時，他也表示自己對巴希的死感到很後悔，更表示兩人數年來都一直是非常好的朋友。他的這套說詞對陪審團起了很大的作用，於是這場野蠻的決鬥只被判處了過失殺人罪，並在進行一些名義上的懲罰後就沒事了。

一七八九年，另一件情況較不特殊，但參與者位階更高的決鬥發生了。決鬥雙方為約克（York）公爵和萊諾克斯（Lenox）上校，後者為里奇蒙公爵的姪子和繼承人。挑起事端者為約克公爵，他在幾名衛兵的軍官面前，說杜比尼（Daubigny）表示萊諾克斯上校的話沒有人要遵守。萊諾克斯在閱兵儀式中找上了約克公爵，當眾問他是否真的這樣說。約克公爵沒有回答他的質問，冷漠地要他回到自己的崗位上。遊行結束後，公爵找了機會在文書室裡當著上校的面，說自己並不會以身為親王的身分，作為躲避一名指揮官的藉口，並說自己下班後，總是穿著咖啡色大衣就跟一般紳士沒什麼不同，而他也準備好接受任何提議。這番說法正中萊諾克斯的心意：只有射穿公爵的身體，或被公爵射中，他才會滿意。於是，他向公爵發出挑戰，兩人在溫布頓草地見面。萊諾克斯先開槍，子彈驚險地擦過公爵臉頰兩側的鬢髮。公爵拒絕開槍，助手出面干涉，決鬥結束。

不久之後，萊諾克斯又因這件事參加了另一場決鬥。史威福特在自己發行的小冊子上，描寫了兩人之間的決鬥，但他的某些字句讓萊諾克斯深感羞辱，認為只有向作家開槍才能消弭自己的怨氣。兩人在阿克布里奇路碰面，雙方都沒受傷。

有很長一段時間，愛爾蘭人以熱愛決鬥聞名。即便是最微不足道的小爭端，也能作為發下戰帖的充分理由。喬納・巴林頓（Jonah Barrington）爵士在《回憶錄》（*Memoirs*）中講述了，在聯邦成立前，都柏林曾舉辦一次充滿爭議的選舉，在選舉期間，每天發生的決鬥數竟高達二十三件。即便在民情較不浮動的時候，決鬥依舊頻繁，那些沒有死上一、兩個人的決鬥，編年史學家連提都不會提到。

在這些日子裡，所有人（並非只有軍人）都必須依靠長劍或手槍，來博得名聲。每個政黨都有自己的槍隊或神射手，這些人會花上所有心力射殺他人。他們總是吹噓自己可以打中對手的任何一個部位，而他們往往在出戰前就盤算好此趟是要將對手殺死，還是弄殘對方，或是讓其毀容——也就是說要讓對方整整躺在床上一年受苦，還是只要弄斷其幾根手腳。

就這樣子，決鬥風氣進入使人緊繃的巔峰，到了一八〇八年，國王喬治三世（George III.）得到一個機會，表達自己對此種風俗的憎恨，並以自己的作為告訴大眾，參與決鬥者將不會得到國王的豁免。一八〇七年，坎貝爾（Campbell）市長和愛爾蘭軍團第二十一任軍官博伊德（Boyd）上尉，為了遊行中如何才能妥善的下指令起了爭執。但這場小小的爭議卻引發各種火爆話語，坎貝爾更向博伊德發出了挑戰書。緊接著，兩人進入了媒體室，雙方各據一個角落，彼此留了七步的距離。在沒有任何友人或助手的參與下，他們向對方開火，博伊德因第四、第五肋骨處中槍而倒下。醫生旋即趕來，並看到傷者坐在椅子上，不住地嘔吐且非常痛苦。他們將他帶到另一間房間，坎貝爾遠遠地跟在後面，心中滿是慌亂和憂慮。博伊德支撐了十八個小時候，最後還是沒能撐過去，在他臨終前，聽到坎貝爾詢問決鬥是否公正時，他說，「你一直催我，坎貝爾——你這個壞蛋。」「很好！很好！」坎貝爾回應，「你是不是要在大家面前說，這個決鬥不公平？你難道沒有說你已經準備好了？」博伊德虛弱地說，「不！你明知道我希望你等一等，讓朋友一起進來。」但最後再被問到決鬥究竟是否公正時，垂死的男子虛弱地回應，「是的。」但是一分鐘後，他又說了，「你這個壞蛋。」此時，坎貝爾的心中五味雜陳，他焦躁地搓著雙手，喊著，「噢，博伊德！你是我們之中最幸運的人了！你願意原諒我嗎？」博伊德回答，「我原諒你——我同情你的處境，正如你也同情我這般。」不久後，他嚥下最後一口氣，而坎貝爾市長立刻逃出愛爾蘭，和家人使用假名在切爾西附近，安全度過了幾個月。然而，一八〇八年，他被逮捕，並在阿馬進行審判。在監獄中，他說如果他被判謀殺罪，那麼他將成為愛爾蘭決鬥者中的首例，但他不斷鼓勵自己，試著抱著希望，或許他只會被判過失殺人。在審判中，證據顯示坎貝爾市長並不是在受到冒犯後立刻展開決鬥，他先回過家，與家人喝了茶，才去和博伊德進行決鬥。陪審團判處他蓄意殺人，但認為決鬥過程非常公正，因此認為他可以請求赦免。他的死刑訂在接下來的禮拜一，但後來又被暫緩了幾天。與此同時，他可憐的太太跪在威爾斯親王的面前，懇求他動用自己對國王的影響力，赦免他可憐的丈夫。任何一名深情且勇敢的太太願意做的事，她都做了，只為了得到國王的垂憐。但喬治三世心意已決，並認為必須開先例給所有愛爾蘭人看，以儆效尤。於是，法院依法執行處決，而這位受虛假榮譽精神洗腦的受害者，以重罪犯的身分被處死。

在現代，對決鬥還有著根深蒂固信念的人，該屬德國大學的學生們。各種小事，他們都要決鬥，面對那些在其他國家可能會用拳頭來解決的幼稚爭端，他們都要以劍和手槍來解決。曾有一段時間，在這些喜愛用劍決鬥的野蠻學子之間，流行將對手的鼻子割下，好滿足自己。醜化對方的容貌可滿足他們的野心，而這些德國決鬥者就像戰勝的將軍般，收藏這些噁心的戰利品，如同在數著自己征服、占據哪些城一般。

如果詳細交代我們當代所發生的決鬥細節，將只會使讀者感到厭煩。在一一檢驗這些決鬥發生的成因後，你將發現這些都只是基於非常瑣碎且不值一提的理由。議員間的決鬥曾一度非常普遍，即便對如此聰明之人來說，要將自己從錯誤的觀念中解放出來依舊是件難事——他們之中沒有一人曾發自內心地譴責自己犯下如此愚蠢的罪行。那些如鋼鐵般強壯的理智，卻能被愚見輕易地突破；愚行如河岸邊的燈心草，雖然渺小且脆弱，卻連最鐵石心腸的人也難輕易消滅它。因為一場決鬥而喪命的禁衛軍長官湯瑪士（Thomas）上校，在其臨死遺言中加上，「首先，我將自己的靈魂交給全能的主，懇情上帝慈悲，赦免我所犯下的不敬、卻是絕對必要的罪孽。」有多少像他這樣聰明卻愚昧之人，沉浸在這可怕的謬誤中！他知道自己犯了錯，也憎恨此罪，卻依舊畏懼著他人偏頗且不成熟的成見。沒有人會因為他拒絕決鬥而懲罰他，除了世俗眼光。

因名譽受損而產生的決鬥清單，簡直長到無窮無盡的地步。大量的人們為了撲克牌（有很多還因此喪命）、甚至是戲院的座位決鬥；同時，還有上百起發生在醉漢間的決鬥，魯莽的他們在一夜之間立下挑戰，並於隔日清晨戰個你死我活。

其中兩起本世紀最惡名昭彰的決鬥，其理由簡單來說就是兩隻狗爭地盤和為風塵女子爭風吃醋：第一起發生在麥克納馬拉（Macnamara）和蒙哥馬利（Montgomery）間；第二起則發生在卡繆弗德（Camelford）勳爵與貝斯特（Best）之間。蒙哥馬利家的狗攻擊了麥克馬拉家的狗，兩隻狗的主人也介入其中想幫自己的狗，於是雙方開始惡言相向。結果就是一方發出挑戰，一方接受。隔日，雙方人馬會面，蒙哥馬利被射殺，對手重傷。這起事件在當時引起了極大的風波，而在場待命的醫生西維塞德（Heaviside）也被逮捕，成為謀殺案的共犯，並被關進紐蓋特監獄。

至於第二起決鬥，貝斯特與卡繆弗德決定使用當時全英國公認最棒的手槍，進行廝殺。其中一人的技巧稍高於另一人，而雙方決定以丟銅板的方式來取捨使用的武器。貝斯特搶到手槍，而他的第一發子彈就讓卡繆弗德勳爵痛苦地倒下。但大家對於他的命運並不感到同情，他是名熱愛決鬥者，曾面對無數次的決鬥，在他手中葬送的性命也絕不只一人。天理循環，報應不爽，這位激情的男子也算是死得適得其所。

現在，我們需要關注的是各文明世界的政府們，是透過何種手段來消滅此種錯誤的榮譽信仰。法國與英國政府的努力，我們已在前述提過，而他們渴望成功的心情我們也深能體會。同樣的努力也可以在其他地方看見。在專制國家裡，只要統治者強烈展現其打壓此種罪惡的決心與毅力，總能在一段時間後看到成效，但這些成效往往在繼承者後繼無力的施政下，死灰復燃。這正是普魯士在偉大的腓特烈二世（Frederick II.）統治時所經歷的狀況。當時有一則展示了他有多麼厭惡決鬥的趣聞被記錄下來。人們說他准許自己的軍隊發生決鬥，但此兩人必須在全營士兵的見證下，才能進行，以保證其過程的公正。而士兵們也收到嚴格的命令，要求見到決鬥一方倒下時，必須立即射殺另一方。人們更說，國王這般殘酷的決心，有效地阻止了決鬥發生。

奧地利的約瑟夫二世（Joseph II.）所採取的手段則沒有如此激烈，但他的心跟腓特烈一樣堅定。下面的信，透露了他對決鬥的看法：

給 XXX 將軍

親愛的將軍，

你必須立刻逮捕K伯爵和W上校。這位年輕、熱血的伯爵對於出身有著錯誤的想法，對於榮譽也有著不正確的信念。W上校是一位老派的軍人，擅長用劍與手槍解決一切紛爭，而他卻收到這位年輕伯爵不適當的挑戰。

我不允許軍隊裡發生決鬥。我鄙視所有企圖為此陋習辯護之人，以及所有為此原因冷血謀害他人性命者。當我的士官們憑著勇敢，讓自己暴露在敵人的威脅下，且時時展現著不凡的勇氣、毅力與決心時，我以最尊敬的心看待他們。在這些情況中，他們所展現的噬人冷血，是為了國家，也是為了自己的榮譽，但對於那些輕率地為著自己的憤怒、復仇之心，獻上性命者，我鄙視他們。我認為他們就跟羅馬那些為了娛樂而殺戮的戰鬥士沒兩樣。

請以軍法法庭審判這兩位軍官。每位法官都必須以公正的心調查此二人間的爭端，而那位必須承擔責任者，就讓他成為自己的命運與法律的犧牲者。

這種風俗如此野蠻，只適合存在於帖木兒[1]時代，它摧毀無數家庭，即便犧牲半數軍隊的性命，我也必盡力箝制與懲罰。現在依舊有許多人知道如何融合英雄本色與好臣子的特質，他們所需做的，不過是尊重法治。

約瑟夫，一七七一年八月

1 帖木兒（Tamerlane），是史上最後一位「征服者」，十五世紀時其強大的武力威脅著歐亞諸王，其征討的範圍西達地中海濱，東抵中國邊境。

在美國，法律的差異非常大。在其中一、兩個非常荒涼且簡樸的西部地區，決鬥從未發生，因此也從未有法律為此而生，他們有的只是十誡的教條：「不可殺人」，但決鬥卻隨著文明的腳步拓展勢力。那些住在偏遠地方的人們，成為了所謂的市民，吸收了歐洲與周遭大為興盛的錯誤榮譽觀，並效仿自己的先人，隨時準備用手槍解決一切紛爭。大多數美國境內對於發出挑戰、戰鬥或擔任決鬥助手者的懲罰為一年以下的單獨監禁和苦役，二十年不得擔任公職。在佛蒙特州，其處罰是終身不得出任公職，褫奪公權，並處以罰鍰，如果決鬥出現死亡，將以謀殺罪處置。在羅德島，任何參與決鬥（就算沒有死亡）者必須以囚車送到絞架檯，脖子上套著繩子，並在圍觀民眾面前接受眾人扔石頭等行為一個小時。他也有可能接著被關進監獄一年，全視法官裁決而定。在康乃狄克州，其懲罰方式為終身不得出任公職或在公家機關工作，並處以美金一百元到一千元不等的罰鍰。伊利諾州的法令則規定某些官員在就職宣誓中，必須承諾自己從未、也永遠不會參與任何一件決鬥。

在歐洲各年代頒布的禁止決鬥法令中，有一些法令特別值得注意，波蘭的奧古斯都二世（Augustus II.）於一七一二年下令，參與決鬥的主角與助手都需處死，而傳遞挑戰書的人也需接受輕微處罰。一七七三年，慕尼黑頒布一道法令，任何參與決鬥者（無論結果是否有傷亡），都將被吊死，其屍體必須埋葬在絞架之下。

那不勒斯國王於一八三八年通過一條禁止決鬥的法令，任何與死亡決鬥有關之人，將全部處以死刑，且所有屍體（包括死在決鬥中與被處死者）將被埋葬在未被淨化的土中，不得舉辦任何宗教儀式，地面上也禁止豎立任何紀念碑或墓碑。其餘未造成死亡或傷亡的決鬥，則根據各案件情況處以罰鍰、監禁、褫奪位階或封號，且不得擔任任何公職。傳遞挑戰書者，則也會被處以罰鍰或監禁。

讀者或許會想，各文明世界都頒布了如此嚴格的法令，這受到所有智者與賢者譴責的惡習最終將消失在世界上。但這些嚴刑峻法從未能感召與教化人民，只要人們發現統治者的心中有那麼一絲的同情，邪惡就不會停止。嚴肅的法官或許會在法庭上對那些被稱為騙子的不幸之人說，「如果你挑戰他，就是謀殺，將被判處謀殺罪！」但同樣一位法官在脫下法官袍後，可能會參雜著其他情緒對其他人說，「如果你不挑戰他、不冒著讓自己成為謀殺犯的風險，你會被別人視為卑鄙的可憐蟲，不配跟其他人做朋友，只能得到眾人的輕視與咒罵！」真正該被譴責的，不是決鬥者，而是社會。對男人影響力極大的女人，在這場狂熱中也經常扮演著興風作浪的角色。不幸的是，如野獸般的勇猛在女性眼中是如此迷人，因此決鬥勝利者經常被視為英雄；而拒絕決鬥的男人，儘管他們才是真正的勇者，卻被視作膽小鬼，遭人唾棄。美國立法機關成員葛雷夫（Graves）先生在一八三八年的決鬥中，殺死西力（Cilley）先生。據說，他站在眾議院的殿堂上，真誠且滔滔不絕地辯解，引起這起悲慘事件的是社會，而不是他。這名發表懺悔稿的演說家說，「輿論，才是這片土地上最重要的法律。其他的法律無論是人法或神的教條，都不被尊重。是啊！與輿論相比，它們只能枯萎與凋零。而就在這條被全國、全議院視為最高法律、違者必被處以不榮譽譴責的威脅下，我不得不做出違背意願且導致整場悲劇的行動。這個國家的領導者與眾議院的大門上，都沾著我這雙不幸之手曾經沾過的鮮血！」

無論法律如何嚴酷，只要社會一日不脫離此狀況，只要人們持續認為受侮辱者不起身反抗就代表其甘願受侮辱，只要這樣的恐懼一日不消失，決鬥就會存在。人必須彌補自己鑄成的傷害，當法律無法還給被害者公道，人類就會自己尋求正義，並在同伴的支持下賦予自己傷害他人的權力。儘管聖人試圖讓大眾鄙視此種觀念，但許多人寧願讓自己的性命暴露在危險之下，也不願一輩子苟活著，更不願成為周遭所有人鄙視的對象。

消滅此種強韌陋習的唯一可行的方法，或許就是成立榮譽法庭，並在這些內心纖細且難以捉摸的對象真正流血前，審理這些案件。路易十四所建立的法庭，或許可視為典範。一旦有了適當的道歉，就能阻止決鬥產生，因此該法庭的任務便是公正地衡量每位名譽受損者的輕重程度，並要求被告以文字或行動進行公開道歉。如果被告拒絕道歉，他將因此觸法；如果被告違抗法庭，他將被處以罰鍰或監禁，直到他能認清自己的錯誤，並執行法院所要求的行為。

在法庭的運作下，如果有原告對於和平的判決無法接受，一定要訴諸武力以洩心頭之恨的話，對於此類嗜血之人，我們或許可用其他方法處置。處死他們絕不是好方法，因為他們並不畏懼死亡。但是羞辱不同，羞辱能讓他們頭腦清醒。遊行示眾、踏車[2]或公開鞭刑，或許足矣。

2 踏車（tread-wheel）一種刑罰，利用犯人的勞動來產生電力或水力。

第十六章 Relics
聖物崇拜

破爛不堪的物品，
鏽跡斑斑的帽子及叮噹作響的夾克，
他穿著釘鞋，在洛錫安三郡待了整整一年。
還有那些老舊的麥片罐以及鹽盤，
追溯洪水來臨以前。

——伯恩斯（Burns）

只要情感和愛戀依舊留存，人們就難以割捨對遺物的珍愛。這是人類本性上最容易出現與激發的情緒，很少有人能冷血無情地割捨情分。誰能蔑視那絡曾妝點在忠誠亡妻額前的青絲？誰能不珍惜那個曾經配戴在愛子頭上的飾品？沒有人可以！這些是家傳遺物，我們都能理解它們的價值：這些從墳墓中拯救出來的遺物，是活者對已故之人的留戀，是情感上的無價之寶。對一位妻子來說，如果亡夫曾看過的書缺了一頁，將是多麼大的遺憾！如果他那已經冰冷的手，曾在書頁上寫下一點想法、意見或名字，不知能帶來多少價值！除了這些甜蜜的家傳遺物外，還有其他不會受到譴責的遺物：那些出於欽佩至聖先賢偉大及善行，而使之神聖化的遺物，這是一種類似於愛慕的情緒；像是蒙泰涅（Montaigne）的《隨筆集》（*Florio*），書頁上寫著莎士比亞的名字，被當代的詩人們傳抄；或是魯本斯（Rubens）在畫下不朽的《下十字架》（*Descent from the Cross*）時坐著、並被保存在安特衛普的那張椅子；抑或是那副被保存在佛羅倫斯博物館，幫助伽利略（Galileo）完成他偉大發現的望遠鏡。誰不會崇敬地望著威廉．泰爾（William Tell）那百步穿的箭、瓦勒斯（Wallace）或漢普敦（Hampden）之劍，或書頁被虔誠老神父們仔細翻閱的那本《聖經》？

因此，聖物崇拜主義的原則是出於愛而產生的神格化與紀念。然而，如此純淨的珍寶竟造成了數不盡的錯誤及迷信！人類啊，在出於他們對偉人的崇敬之情及那些附屬於他們的遺物前，忘記了善良本身才是構成偉大的元素，卻讓自己像個傻子般，為著聖人的顎骨、使徒的腳趾甲、某個國王擤過鼻涕的手帕，或是用來吊死犯人的繩子而大大地出醜。無論是善人與惡人、流芳百世與遺臭萬年者，都有人企圖拯救他們墓中的貼身物品。聖人和罪人、哲學家和騙子、征服者和殺人魔、牧師和盜賊，都有自己的欽慕者，這些人遠從赤道至南北極，四處搜索著先人的遺物。

現在的聖物崇拜主義可以追溯回十字軍誕生的前一世紀。第一批到聖地的朝聖者把數以千計真偽難辨的聖物帶回歐洲，那些是他們耗盡所有財物換來的。當中最受歡迎的要數「真十字架」（True Cross）的木頭，它就像是寡婦之油一樣，永遠不會減少。根據天主教教會的傳統說法，真正的「真十字架」是由聖海倫納（Empress Helen）、也就是君士坦丁大帝的母親前往耶路撒冷朝聖時所發現的。狄奧多西一世則將它的大部分獻給了米蘭主教聖安波羅修（St. Ambrose），此人又以寶石加以裝飾，並存放在城市的主教堂內。後來，真十字架被匈奴人帶走，在他們挖下珍貴的寶石後，直接將其燒毀。在十一、十二世紀時，幾乎所有歐洲教堂都聲稱擁有從「真十字架」上切下的碎片，如果將這些碎片全部聚集起來，大概可以以此建造一座大教堂。對罪人來說，能見到這些碎片已是莫大的幸福，若能擁有它們，更是其樂無窮！要想得到這些碎片，需要勇氣面對極大的危險。人們認為這些「真十字架」的碎片不僅可以辟邪，也可以治癒痼疾。因此，每年都有朝聖者湧入供奉這些碎片的聖堂朝拜，為聖堂帶來可觀的收入。

第二有名的珍貴聖物，該屬救世主的眼淚。奇妙的是，信徒從不過問是誰用什麼方法將其保存下來，只要聖地的教徒擔保它們是真的，眾人就滿足了。此外，還有聖母瑪莉亞和聖彼得的眼淚，它們被小心地封存在小匣子裡，掛在虔誠信徒們的胸前。接下來，最為人所知的聖物則是耶穌和殉道者的血液，以及聖母瑪莉亞的母乳。但頭髮和指甲也不遑多讓，往往能賣上驚人的價格。在十一、十二世紀時，每年都有數以千計的朝聖者前往巴勒斯坦購買聖物，並帶回家鄉銷售，而這些人唯一的謀生之道，往往就是依靠買賣仿冒品。許多指甲是從某些肆無忌憚的神職人員骯髒的腳上所剪下來的，並在剪下來的六個月內，搖身一變成了某位聖人或使徒的遺物，要價一顆鑽石。聖彼得的腳趾甲異常多產，在克萊蒙會議時期，整個歐洲有超過一麻袋分量的指甲，都被認為來自這位聖人的貴腳。一部分的指甲目前還在亞琛大教堂展示，許多虔誠的信徒們長途跋涉，只為一飽眼福。

在巴黎的皇家港聖堂有一棵被悉心照料的荊棘，神學院的牧師們聲稱這株荊棘和聖子耶穌所戴的荊棘冠為同株，但它是怎麼來到此地，又是被誰保存的？這些問題從來沒人解釋。而這棵荊棘也是楊森主義[1]和莫利納主義[2]長期爭論中名聞遐邇的那棵，它更在佩里耶（Perrier）小姐身上發生了奇蹟：她透過親吻荊棘，就治癒了多年的眼疾。

1 楊森主義（Jansenism），羅馬天主教在十七世紀的運動，由康內留斯・奧圖・楊森（Cornelius Otto Jansen）領導。其理論強調原罪、人類的全然敗壞、恩典的必要和宿命論。

2 莫利納主義（Molinism），由十六世紀的耶穌會神學家路易・德・莫利納（Luis de Molina）提出，是一種宗教教義，試圖調和上帝的旨意和人類的自由意志。

此外，有哪個去過羅馬的旅人不知道「聖階」之名？它們和「真十字架」一同被聖海倫納從耶路撒冷帶回來，根據民間傳說，它們是在本丟．彼拉多[3]的故居裡被發現。據說當年耶穌晉見羅馬總督時，就是踩著這些階梯上下。它們在羅馬享有異常崇高的地位：信徒認為腳踏聖階，簡直就是褻瀆，因此只有在虔誠地親吻聖階後，朝聖者才能跪著爬上爬下。

歐洲現在依然蜂擁似地收藏這些宗教聖物。西班牙、葡萄牙、義大利、法國以及比利時幾乎找不到沒有收藏任何宗教聖物的天主教教堂。即便是再窮的鄉村教堂也吹噓自己擁有羅馬歷史上那些數不盡的神奇聖人大腿骨。亞琛以珍藏的「真聖髑匣」，或能治好跛腳的查理大帝大腿骨為榮。哈雷聲稱自己擁有聖母瑪莉亞的大腿骨；西班牙宣稱自己更有七到八個，個個都是無庸置疑的珍品。布魯塞爾曾經、甚至是至今依舊保存著聖古都勒（St. Gudule）的牙齒。有名虔誠的信徒僅僅盯著它祈禱，就治好了長年牙疼的毛病。歐洲各地都埋有這些聖體，據說在埋了一段時間後，它們會滲出水並形成泉源，忠誠的信徒可以以此治癒百病。

值得玩味的是，各時代的人們都貪婪地想要得到名人、甚至是大惡人的遺物。當理查一世時期的平民領袖長鬍子威廉，被吊死在史密斯菲爾德時，人們極其渴望得到一撮從他頭上拔下的毛髮，或是衣物的碎片。女人們從埃塞克斯、肯特等鄰近區域趕來，只為獲得絞架底部的一塊木頭。他的一根鬍鬚據說可以辟邪，而他的一塊碎布可以讓身體免於各種病痛。

更近代一些，這種對遺物的渴望也展現在倒楣的那不勒斯的漁夫馬薩涅洛（Masaniello）的身上。在他被暴民們擁護而成為比任何暴君都來得專橫的領導者後，他在街頭上被同一群暴民們射殺，如同一隻瘋狗般被弄死。他的無頭屍在泥地裡被拖了好幾個小時，並在夜幕低垂時被丟進了水溝。第二天，風向轉變，群眾突然又站到了他這邊。人們找到他的屍首，幫他穿上王袍，並以火炬作為前導，隆重地將他埋在大教堂，有上萬武裝民兵和上萬憑弔者來參加他的出殯儀式。這名漁夫曾穿過的衣服被人們撕成一塊塊碎布當作遺物收藏，他家的木門被一群婦女拆下，熱情地切成小塊，並雕刻成肖像、放遺物的匣子，或各式各樣紀念品。他那家徒四壁小屋的破爛傢具，比皇宮裡的裝飾品更有價值。他曾踩過的土地被視為聖地，被裝在小罐子裡收藏，並以黃金般的價格出售，人們則將其當作護身符戴在胸前。

當邪惡的巴希維里耶夫人被處死時，巴黎居民也展現了類似的異常狂熱。馬薩涅洛個人的罪孽沒有使他的形象受損，這或許還有幾分道理；但巴希維里耶公爵夫人的罪行，本質上除了讓人感到噁心和厭惡外，就沒有別的感受了。她因毒殺七人，被判處在河岸廣場燒死，並將其骨灰散在風中。然而，在她被處刑的那天，人們震懾於她的優雅與美貌，痛斥不該施以如此重的刑罰。這份同情很快就變成了崇拜，並使她在當天晚上就成了聖人。人們一點一點地努力收集她的骨灰，就連那些用來燒死她的焦黑木頭，也被搶購一空。她的骨灰據說可以用來防禦巫術。

在英格蘭，許多人對小偷、殺人犯，或其他罪犯的遺物情有獨鍾。用來絞死他們的繩索通常是以一英尺一基尼的價格販賣。一八二八年，科德（Corder）謀害瑪麗．馬汀（Maria Marten）的案件，激起全國的興趣。威爾斯、蘇格蘭，甚至是愛爾蘭的人全都慕名而來，趕著參觀曾埋過受害者屍體的穀倉。每個人離開前都想帶走一些紀念品。因此，人們熱切地尋求穀倉房門上的木頭、屋頂上的瓦片，尤其是那無辜受害者的衣服碎片。她的一綹頭髮可以賣到兩基尼，有些買家還覺得自己幸運地撿到便宜。

一八三七年，那間位於坎伯威爾巷的凶宅，因格里納克（Greenacre）在此地殺害漢娜．布朗（Hannah Brown），而吸引大量人潮，人潮多到必須派遣一大隊的警察來現場維持秩序。人們熱切地想得到這邪惡凶宅的紀念品，以至於警察必須動用武力才能阻止屋子裡的桌椅，甚至房門被人搬走。

3 本丟．彼拉多（Pontius Pilate），羅馬帝國猶太行省的第五任行政官。他最出名的審判便是將耶穌釘上十字架。

更早的時期，還有一些關於死刑犯雙手的迷信傳說。人們認為只要被這死人的手搓一下，患有頸部結核性淋巴結炎的人就能痊癒。紐蓋特監獄的劊子手們藉由這愚蠢的迷信，大發橫財。傳說擁有這死人之手，不但可以治百病，還能消災解禍。在查理二世時期，若能以十基尼買到這噁心的遺物，這筆買賣絕對划算。

瘋子湯姆（Thom），或稱考特尼（Courtenay），在一八三八年春天被槍殺時，那些遺物獵人馬上開始尋找這位非凡人物的紀念品。他那又黑又長的鬍鬚及頭髮被外科醫師剪下，交給他的信徒們，並被群眾恭敬地當作珍寶。不只是他的信徒們，連坎特伯里地區的富豪們都願意以極高的拍賣價買下他的一綹毛髮。他被擊斃時靠著的那棵樹，樹皮被有心人一片片地削下；有他署名的一信件，可以賣上許多金幣；連他生前的愛馬也變得和主人一樣名聞遐邇。許多紳士淑女成群地從一百五十哩外來到包頓，只為了看一眼他斃命的戰地，或是撫摸「馬爾他瘋騎士」的愛馬馬背。要不是他的墳墓連續好幾個月都被嚴加看管，人們大概會挖出他的屍體，並把骨頭帶回家作紀念。

在中國人看來，沒有什麼遺物比清官曾穿過的舊靴更珍貴的了。我們從戴維斯（Davis）對帝制時期中國生動的描述中可知，每當一名非常廉潔正直的父母官退休後，百姓都會圍著他，向他致敬。當他要離開他的就任地時，人們會簇擁著他從官邸走到城門，並對他行脫靴大禮，再將舊靴保存至衙門的大堂裡。然後，百姓們馬上替他換上一雙新靴，並在不到五分鐘之內又脫下來換上另一雙新靴，而這些靴子都會被當成吉祥物那樣地收藏、崇拜。

在當代歐洲，最受推崇的遺物當屬莎士比亞的桑樹、拿破崙的柳枝，以及他在滑鐵盧寫公文的那張桌子。用莎士比亞的桑木做成的鼻煙盒相對來說比較罕見，不過無庸置疑的是，市面上的產品肯定比用這民族詩人親手種下的桑樹所做成的量來得多，許多不同種的木頭製品都打著莎士比亞的旗號。同樣的情形也發生在拿破崙於滑鐵盧使用的那張桌子。原先的那張桌子老早就被毀掉，然而有整整一打的贗品隨之出現。很多人只收藏著一根木棍，有些人把它刻成胸章或其他小飾品，但大多數人還是把它做成鼻煙盒。在法國，它們被做成精緻的甜點盒，被那些只要一聽到拿破崙名字依舊會神采飛揚、兩眼熠熠生輝的人們，視為珍品。

滑鐵盧戰役上的彈殼、陣亡士兵大衣上的鈕扣，在歐洲仍被視為最珍貴的遺物。但它們的真實性就如同那些在真品毀掉之後，隨之而來的新桌子一般。人們又開始仿造那時的子彈。那些認為自己擁有一枚在那值得紀念的日子，為世界和平做出貢獻的子彈的人們，其實擁有的不過是十二年後，從礦坑裡挖出的一小塊廢鐵罷了。願所有的遺物愛好者能看好他們的錢，不要便宜了滑鐵盧村那些成群的導遊們！

在拿破崙的遺體被路易．菲利普一世（Louis Philippe）的政府移到別處之前，到聖赫勒拿這座孤島的旅客，很少有人不在他的墓前折一隻柳枝。許多柳枝被帶回歐洲各地種植，長成了和母親一般的大樹。那些得不到原樹樹枝的遺物收藏者，對於這些後代的枝葉，也十分滿意。有些柳枝也被種在倫敦周圍。

和所有的事物一樣，遺物崇拜也有其可取、不可取的一面。那些真正的偉人遺物、重大事件的紀念物，永遠能讓我們沉思緬懷並昇華。很少有人不想像考利所奢望的那樣，坐在由法蘭西斯．德瑞克（Francis Drake）爵士環球航海時的船隻殘骸所做成的椅子上寫作：

> 我自己現在也喜歡安靜，
> 就像是一把椅子一樣，
> 但我們仍有最後一程，
> 要看著車輪老舊的馬車，
> 猛然急煞。

Extraordinary Popular Delusions and the Madness of Crowds

異常流行幻象與群眾瘋狂

作　　者 查爾斯・麥凱 Charles Mackay
譯　　者 李祐寧
主　　編 李映慧
編　　輯 林玟萱

總 編 輯 陳旭華
電　　郵 ymal@ms14.hinet.net

印務經理 黃禮賢
封面設計 許晉維
印　　刷 成陽印刷股份有限公司
法律顧問 華洋法律事務所 蘇文生律師

定　　價 580 元
初　　版 2015 年 10 月
二　　版 2017 年 2 月

社　　長 郭重興
發行人兼出版總監 曾大福
出　　版 大牌出版／遠足文化事業股份有限公司
發　　行 遠足文化事業股份有限公司
地　　址 23141 新北市新店區民權路 108-2 號 9 樓
電　　話 +886- 2- 2218 1417
傳　　真 +886- 2- 8667 1851

國家圖書館出版品預行編目（CIP）資料

異常流行幻象與群眾瘋狂 / 查爾斯・麥凱（Charles Mackay）著 ; 李祐寧 譯 . -- 二版 . -- 新北市 : 大牌出版 , 遠足文化發行 , 2017.02

面；　公分

譯自：Extraordinary Popular Delusions and the Madness of Crowds

ISBN 978-986-94080-2-8 (平裝)

1. 群眾心理學

541.773　　105024160